Ulrich Sarcinelli

Politische Kommunikation in Deutschland

Ulrich Sarcinelli

Politische Kommunikation in Deutschland

Medien und Politikvermittlung im demokratischen System

3., erweiterte und überarbeitete Auflage

VS VERLAG

Bibliografische Information der Deutschen Nationalbibliothek
Die Deutsche Nationalbibliothek verzeichnet diese Publikation in der
Deutschen Nationalbibliografie; detaillierte bibliografische Daten sind im Internet über
http://dnb.d-nb.de abrufbar.

1. Auflage 2005
2. Auflage 2009
3., erweiterte und überarbeitete Auflage 2011

Alle Rechte vorbehalten
© VS Verlag für Sozialwissenschaften | Springer Fachmedien Wiesbaden GmbH 2011

Lektorat: Barbara Emig-Roller / Eva Brechtel-Wahl

VS Verlag für Sozialwissenschaften ist eine Marke von Springer Fachmedien.
Springer Fachmedien ist Teil der Fachverlagsgruppe Springer Science+Business Media.
www.vs-verlag.de

Das Werk einschließlich aller seiner Teile ist urheberrechtlich geschützt. Jede Verwertung außerhalb der engen Grenzen des Urheberrechtsgesetzes ist ohne Zustimmung des Verlags unzulässig und strafbar. Das gilt insbesondere für Vervielfältigungen, Übersetzungen, Mikroverfilmungen und die Einspeicherung und Verarbeitung in elektronischen Systemen.

Die Wiedergabe von Gebrauchsnamen, Handelsnamen, Warenbezeichnungen usw. in diesem Werk berechtigt auch ohne besondere Kennzeichnung nicht zu der Annahme, dass solche Namen im Sinne der Warenzeichen- und Markenschutz-Gesetzgebung als frei zu betrachten wären und daher von jedermann benutzt werden dürften.

Umschlaggestaltung: KünkelLopka Medienentwicklung, Heidelberg
Druck und buchbinderische Verarbeitung: Ten Brink, Meppel
Gedruckt auf säurefreiem und chlorfrei gebleichtem Papier
Printed in the Netherlands

ISBN 978-3-531-17610-9

Inhalt

Vorwort zur 3. Auflage 11

Teil 1:
Politische Kommunikation als Forschungsgegenstand
und als politisches Handlungsfeld

Politische Kommunikation und Kommunikationspolitik

1 Politische Kommunikation in der deutschen Politikwissenschaft –
   akademischer Appendix oder mehr? 17
1.1 Politische Kommunikation als Begriff und als Forschungsgegenstand 17
1.2 Zur politikwissenschaftlichen Kommunikationsforschung in
     Deutschland 21
1.3 Sozialtechnologische Kurzschlüsse politischer
     Kommunikationsforschung 24
1.4 Politische Kommunikation im institutionellen Kontext: Für eine
     „Kontextualisierung" der politikwissenschaftlichen
     Kommunikationsforschung 28
1.5 Forschungspraktische Konsequenzen 30

2 **Medienpolitik – Meinungsvielfalt, Demokratie und Markt** 33
2.1 Einleitung und Problemstellung 33
2.2 Begriffliche Grundlegung: Medienpolitik oder Kommunikationspolitik? .. 34
2.3 Mediengesellschaft im Wandel: Der politische, gesellschaftliche und
     ökonomische Bezugsrahmen medienpolitischen Handelns 37
2.4 Akteure, Akteurskonstellationen und Kompetenzen der Medienpolitik 40
2.5 Steuerung und Selbststeuerung: Theoretische und praktische Elemente
     kooperativer Medienpolitik 44
2.6 Institutionalisierung von Medienkritik als medienpolitisches Regulativ 51

Teil 2:
Legitimation durch Kommunikation:
Demokratie- und kommunikationstheoretische Grundlegung

Öffentlichkeit und Vertraulichkeit

3 Öffentlichkeit, öffentliche Meinung und Demokratie 55
3.1 Einleitung 55
3.2 Historische, demokratietheoretische und verfassungsrechtliche Aspekte ... 55
3.3 Theoretische Erklärungsansätze 57
3.4 Öffentliche Meinung, veröffentlichte Meinung und politisches System in Deutschland 62
3.5 Exkurs: Die Web 2.0-Welt – Öffentlichkeitswandel durch neue Medien? .. 66

4 Publizität und Vertraulichkeit im kooperativen Staat 75
4.1 Politik im kooperativen Staat: Einleitung und Problemstellung 75
4.2 Vertraulichkeit in der Politik: Demokratieprobleme und Effizienzchancen 76
4.3 Diskrete Willensbildung und Entscheidungsvorbereitung in der „Verhandlungsdemokratie" 79
4.4 Publizitäts- und Diskretionsspiele: Politiker, Öffentlichkeitsarbeiter und Journalisten 82
4.5 Fazit: Publizität, Diskretion und Indiskretion als Kommunikationsmodi ... 87

Legitimation und Präsentation

5 Legitimität durch politische Kommunikation 89
5.1 Definition und analytische Differenzierungen 89
5.2 Problemstellungen, Gegenstände und systematische Zugänge 91
5.3 Legitimitätserzeugung im Medium der Öffentlichkeit: Demokratietheoretische Grundmodelle 93
5.4 Zur Anschlussfähigkeit von Legitimität an Arbeits- und Handlungsfelder politischer Kommunikation 98
5.5 Legitimitätsempfindlichkeit und politische Kommunikation: Tendenzen und Ambivalenzen 102

6 Politischer Stil in der Mediengesellschaft 105
6.1 Stilwandel als Demokratiewandel 105
6.2 Stilbewusstsein und Stilbrüche: Drei Beispiele 107

6.3 Stile: Zur Dimensionierung einer wissenschaftlich peripheren Kategorie 109
6.4 Elemente mediendemokratischer Stilbildung 111
6.5 Stildefizite der Mediendemokratie: das Verblassen des Amtsethos 115

Darstellungspolitik und Entscheidungspolitik

7 Die Medien und das politische System: Zum Spannungsverhältnis zwischen „Darstellungspolitik" und „Entscheidungspolitik" 119
7.1 Demokratie als „Herrschaft der öffentlichen Meinung"? 119
7.2 Politik und Medien: Drei Sichtweisen und ihre Konsequenzen 122
7.3 Zur Unterscheidung zwischen „Entscheidungspolitik" und „Darstellungspolitik" 125
7.4 „Darstellungspolitik" und „Entscheidungspolitik" in konstruktiver und destruktiver Beziehung 134

8 Symbolische Politik: Einschätzungen und Fehleinschätzungen einer politischen Allerweltsformel 137
8.1 Das Symbolische als Konstitutivum sozialer Realität 138
8.2 Exkurs: Murray Edelmans „Politik als Ritual" 142
8.3 Funktionen „symbolischer Politik" 144
8.4 Symbolische Politik im massenmedialen Kontext 148
8.5 Das neue Interesse für das Symbolische in der Politik 149
8.6 Fazit: Zur Ambivalenz symbolischer Politik 151

Teil 3:
Politische Kommunikation und
Demokratieentwicklung in Deutschland

Bürger und politische Eliten

9 Bürger in der Mediendemokratie: Medienkompetenz und politische Bildung 155
9.1 Medienkompetenz für die politische Bildung – was sonst? 155
9.2 Der lange Weg der Kommunikationsgesellschaft 157
9.3 Medien als gesellschaftliche und politische Wirklichkeitsgeneratoren 160
9.4 Wandel der Legitimitätsgrundlagen des demokratischen Systems 162
9.5 Medienkompetenz in der politischen Bildung 164
9.6 Einige praktische Hinweise 170

10 Von der politischen Elite zur Prominenz? Politisches Führungspersonal zwischen Medien- und Verhandlungsdemokratie ... 173
10.1 Eliten und Demokratie ... 173
10.2 Mediencharisma und Amtsverantwortung ... 175
10.3 Max Weber revised: Die Mediendemokratie als Variante einer plebiszitären Führerdemokratie ... 178
10.4 Medienprominenz und politische Kompetenz ... 180
10.5 Politiker als Stars ... 185
10.6 Politikvermittlungsexperten: eine neue Elite in der demokratischen Grauzone? ... 186
10.7 Mediale Präsenz, institutionelle Bindungen und Charisma ... 188

Parteien und Wahlen

11 Parteien und Politikvermittlung: Von der Parteien- zur Mediendemokratie? ... 193
11.1 „Parteienstaat - oder was sonst?": Einführung und Problemstellung ... 193
11.2 Vom Aufmerksamkeitsprivileg zum Flexibilitätsmanagement: Funktionen und Funktionswandel ... 196
11.3 Grundlagen der Politikvermittlung „nach innen" und „nach außen": Parteien als Kommunikatoren und als Kommunikationsraum ... 201
11.4 Politikvermittlung im Rahmen neuer institutioneller Arrangements ... 205
11.5 Auf der Suche nach einem neuen Parteitypus ... 214
11.6 Von der Mitgliederpartei zur Medienpartei? Befunde und Forschungsdefizite ... 216
11.7 Ausblick: Die Parteien in der Mediengesellschaft ... 220

12 Wahlkampfkommunikation: Modernisierung von Wahlkämpfen und Modernisierung von Demokratie ... 225
12.1 Wahlkampf für den homo oeconomicus oder für den homo politicus? ... 225
12.2 Parteiendemokratie in der Mediengesellschaft ... 228
12.3 „Amerikanisierung" oder „Modernisierung" der Wahlkämpfe? ... 231
12.4 Die individualisierte Mediendemokratie als Wahlkampfumfeld ... 234
12.5 Modernisierungstrends: Wahlkampfkommunikation und Öffentlichkeit im Wandel ... 237
12.6 Politik als Dauerwahlkampf? – Begrenzung und Entgrenzung ... 243

Parlament und Öffentlichkeit

13 Parlamentarische Öffentlichkeit und Öffentlichkeitsarbeit: Zwischen Public Relations und Parlamentsdidaktik 247
13.1 Parlament und Öffentlichkeit 247
13.2 Parlamentsimage und Parlamentsverdrossenheit 249
13.3 Die Entzauberung des Parlaments 252
13.4 Dimensionen parlamentarischer Öffentlichkeitsarbeit in der Gegenwart . 254
13.5 Parlamentarische Öffentlichkeitsarbeit: Thesen zur Einlösung einer kommunikativen Bringschuld 258

14 Arenen parlamentarischer Kommunikation: Vom repräsentativen zum präsentativen Parlamentarismus? 263
14.1 Einleitung und Problemstellung 263
14.2 Medienattraktive Versammlungsöffentlichkeit und das Ideal des klassisch-liberalen Parlamentarismus 264
14.3 Das Parlament als Politikvermittler in der (post)parlamentarischen Demokratie 267
14.4 Arenen parlamentarischen Handelns in der Mediengesellschaft 269
14.5 Schlussfolgerungen 279

Regieren, Repräsentieren und Strategieentwicklung

15 Stilbildung und Machtsicherung: Bundespräsident und Bundeskanzler in der politischen Kommunikation 283
15.1 Staatsamt und politische Kommunikation 284
15.2 Der Bundespräsident: Stilbildung durch Staatsrepräsentation 284
15.3 Der Bundeskanzler: Machtsicherung durch Politikpräsentation 292
15.4 Zur Medialisierung der „Kanzlerdemokratie": Von Kohl über Schröder zu Merkel 296
15.5 Demokratiegewinne oder Demokratieverluste? 304

16 Demokratie unter Kommunikationsstress? Das parlamentarische Regierungssystem in der Mediengesellschaft 307
16.1 Politische Legitimation in der Mediengesellschaft 307
16.2 Die Parteiendemokratie in der Mediengesellschaft 312
16.3 Das Parlament: medienattraktives Staatsnotariat oder mehr? 316
16.4 Medialisierung des Regierungsstils 321
16.5 Die liberale Demokratie im Medienzeitalter 326

**17 Politik über den Tag hinaus: Strategie und politische
    Kommunikation** 329
17.1 Kommunikation, Politik und Macht.. 330
17.2 Strategische Politik auf der Vorder- und Hinterbühne............................. 332
17.3 Strategieentwicklung und Strategievermittlung....................................... 335
17.4 Institutionelle Kontexte: Strategiediskurse, Arenen und Akteure............ 338
17.5 Mehr als die Legitimation des Augenblicks – Thesen............................. 349

Literatur 355

Nachweise 407

Vorwort zur 3. Auflage

Politische Kommunikation ist keine Erfindung der Mediengesellschaft. Zu allen Zeiten wurde Politik nicht nur ‚gemacht', sondern auch vermittelt, wurden Macht und Herrschaft mit Hilfe der jeweils zur Verfügung stehenden Kommunikationsmedien ausgeübt. Dabei reicht die Palette der Instrumentarien von der klassischen Rhetorik, die noch mit Politik gleichgesetzt wurde, bis hin zu den modernen Massenmedien und dem Internet.

Die Vorstellung, Politik sei „pur", also ohne Kommunikation zu haben, gehört zu den politischen Lebenslügen obrigkeitsstaatlicher und technokratischer Politikvorstellungen. In der aufgeregten medienöffentlichen Kritik am Politikbetrieb, auch in einigen populären Publikationen, kann man einen ähnlichen Tenor feststellen. Danach erschöpfe sich Politik in Inszenierung und Politainment und verkomme zu einem mediokratischen Geschehen. Das könnte dem alten Missverständnis neue Nahrung geben, Politik sei auch ohne Kommunikation als Vollzug sachlogischer Gegebenheiten denkbar. Kommunikation aber ist nicht Appendix, sondern Bestandteil von Politik selbst.

In der Demokratie ist Politik zustimmungsabhängig und deshalb begründungspflichtig. Politischer Kommunikation kommt deshalb die Aufgabe zu, Bürgerinnen und Bürger zu informieren und zu überzeugen. Dabei stellt sich die Frage, ob Deutschland über adäquate institutionelle und mediale Voraussetzungen verfügt. Dass Politik unter Dauerbeobachtung der Medien steht, ist zwar nicht neu. Doch seit dem Wechsel vom „Treibhaus" (Koeppen) der beschaulichen ‚Bonner Republik' zum hektischeren Treiben der ‚Berliner Republik' fordert der Medienbetrieb in Deutschland seinen Tribut. So wächst im schärfer gewordenen Kampf um Aufmerksamkeit die Bereitschaft, notfalls auch professionelle Spielregeln des politischen Journalismus zu verletzen. Zugleich begünstigen das Aufweichen politisch-weltanschaulicher Koordinatensysteme und der Verlust von entsprechenden Bindungen den Zwang zur permanenten Organisation von Zustimmung. Damit stehen politische Akteure in der Versuchung, einer stimmungsdemokratischen Legitimation des Augenblicks zu erliegen: durch Populismus und Opportunismus sowie durch Umgehung demokratischer Institutionen zu Gunsten direkter Ansprache des Medienpublikums. Institutionell vermittelte Legitimation verliert an Gewicht, während Medien und Mediales in den Vordergrund treten. Deshalb nimmt die Legitimationsempfindlichkeit von Politik zu.

Nun hat sich die politische Kommunikationsforschung in den vergangenen Jahrzehnten in Deutschland auch mit diesen Fragen beschäftigt. Sie wurde zu einem produktiven Forschungszweig innerhalb der Publizistik- und Kommunikationswissenschaft, der politischen Soziologie und der Politikwissenschaft. Dabei sind im Zuge stark sozialwissenschaftlicher Orientierung die Grenzen zwischen diesen Disziplinen fließend geworden. Die interdisziplinäre Ausrichtung hat einerseits zu Erkenntnisfortschritten geführt, vor allem was die Klärung kausaler Zusammenhänge anbelangt. Sie hat andererseits aber auch begünstigt, dass spezifisch politikwissenschaftliche – auch normative – Fragen oft nicht mehr gestellt werden. Mag dies die Folge einer Konzentration auf das medienöffentliche Politikbild bzw. auf empirisch beforschbare, spezielle Ausschnitte politischer Prozesse sein, so gilt es in diesem Buch umso mehr auf politische und demokratietheoretische Problemstellungen in Verbindung mit institutionellen Kontexten des politischen Systems in Deutschland zu achten.

Unbeschadet der Notwendigkeit, im Wege von Grundlagenforschung ggf. auch interkulturell und systemunabhängig gültige Mechanismen und Wirkungen von Kommunikation vor allem auf der Mikroebene zu untersuchen, wird in diesem Buch eine andere Forschungsstrategie verfolgt. Hier wird davon ausgegangen, dass politische Kommunikation stets kontextabhängig ist. Akteure verfügen in der politischen Kommunikation aufgrund der jeweiligen institutionellen Bedingungen über spezifische Handlungsmöglichkeiten. In einem parlamentarischen Regierungssystem mit Kanzlerhegemonie ergeben sich dabei andere Handlungskorridore als in einer präsidentiellen oder semipräsidentiellen Demokratie. Bei aller verdienstvollen Suche nach intersubjektiv überprüfbaren, möglicherweise system-, gesellschafts- und politikunabhängigen Gesetzmäßigkeiten in der Präsentation und Rezeption von Politik stellt das Buch deshalb einen engen Bezug zu den politisch-institutionellen und politisch-kulturellen Kontextbedingungen in Deutschland her. Insofern kann man den Band über weite Strecken (insb. Teil 3) auch als eine Auseinandersetzung mit dem politischen System der Bundesrepublik Deutschland unter einer speziellen, politisch-kommunikativen Perspektive lesen.

Das Buch konzentriert sich nach den Kapiteln zur begrifflichen Grundlegung (Teil 1) sowie zur demokratie- und kommunikationstheoretischen sowie zu funktionalen Fragen politischer Kommunikation (Teil 2) auf zentrale Akteure und auf Strategieprobleme im politischen System Deutschlands (Teil 3). Damit für den selektiv interessierten Leser die isolierte Lektüre der Kapitel möglich ist, wurden vereinzelte Überschneidungen ausdrücklich beibehalten. Zugleich versteht sich der Band aber auch als systematische Auseinandersetzung mit der politischen Kommunikation im demokratischen System. Dabei kommt, wie in zahlreichen früheren Arbeiten des Verfassers zur Politikvermittlung und politischen Kommunikation auch, mehr die Akteurs- als die Publikumsperspektive in den Blick.

Soweit dieser Band frühere, in Fachzeitschriften und Sammelwerken verstreute Studien des Verfassers aufgreift, erfolgte eine Aktualisierung und systematische Einordnung. Für die 3. Auflage wurde das Buch erweitert und in Teilen überarbeitet. Die Erweiterung betrifft vor allem neue Abschnitte, die sich mit der öffentlichkeitstheoretischen und -praktischen Bedeutung von Onlinekommunikation beschäftigen. Hinzu kommt ein neues Abschlusskapitel zu Strategieentwicklung und –vermittlung als Kommunikationsproblem. Moderat überarbeitet wurden neben dem Kapitel zur symbolischen Politik auch Teile, die sich mit Fragen des Regierungsstils und mit kommunikativen Aspekten des Regierens beschäftigen.

War die politische Kommunikationsforschung lange Zeit ein eher exotisches Arbeitsfeld, so hat sich dies inzwischen geändert. Das erfreulich starke Interesse an Fragen politischer Kommunikation zeigt sich auch darin, dass die 2. Auflage dieses Buches bereits nach zwei Jahren vergriffen war. Freilich besteht zwischen dem hohen studentischen Interesse und dem universitären Institutionalisierungsgrad der politischen Kommunikationsforschung eine deutliche Diskrepanz. Zudem haben der wissenschaftliche Fortschritt und die zunehmende Spezialisierung der Forschungsperspektiven ihren Preis. So verstärkt sich der Eindruck, dass sich weite Teile der kommunikationswissenschaftlichen Forschung von politikwissenschaftlichen, insbesondere demokratietheoretischen und politisch-institutionellen, Kernfragen mehr und mehr entfernen. Dies hängt wohl auch damit zusammen, dass sich die einschlägige Forschung, inzwischen stark kommunikationswissenschaftlich beeinflusst, nahezu ausschließlich auf medienadressierte Kommunikationsprozesse konzentriert. Formelle und informelle Kommunikation im Kontext politischer Institutionen kommt dabei kaum in den Blick. Die nicht aufzulösende Verbindung von „Darstellungspolitik" und „Entscheidungspolitik" einmal mehr deutlich zu machen, ist deshalb ein mit diesem Buch verbundenes Anliegen.

Die erste Auflage des Buches hatte eine lange Inkubationszeit. Danken möchte ich vor allem den Studentinnen und Studenten sowie den Mitarbeitern und wissenschaftlichen Hilfskräften, die ich zunächst an der Universität und an der Pädagogischen Hochschule in Kiel, später dann an der Universität Koblenz-Landau und im Verlaufe eines Gastsemesters am IPMZ der Universität Zürich mit Fragen politischer Kommunikation konfrontiert habe. Viele Ideen sind im Rahmen von Gastvorträgen und Tagungen erstmals diskutiert worden. Kluge Ratschläge und kritische Nachfragen zur ersten Auflage verdanke ich Manfred Müller bei gelegentlichen Aufenthalten in Alaró/Mallorca. Gewidmet ist das Buch aber meiner Frau Hanne, die mein Interesse an Fragen der Politikvermittlung und politischen Kommunikation immer wieder durch kritischen Rat und geschicktes Familienmanagement zu erden wusste.

Landau i.d.Pfalz, im Herbst 2010   Ulrich Sarcinelli

Teil 1:
Politische Kommunikation als Forschungsgegenstand und als politisches Handlungsfeld

Politische Kommunikation und Kommunikationspolitik

1 Politische Kommunikation in der deutschen Politikwissenschaft – akademischer Appendix oder mehr?

1.1 Politische Kommunikation als Begriff und als Forschungsgegenstand

Das Interesse an politischer Kommunikation beschränkt sich nicht auf den akademischen Bereich. Auch im außerwissenschaftlichen Diskurs ist politische Kommunikation ein immer wieder lebhaft diskutiertes Thema. Das gilt etwa für die alltagssprachliche Rede von der „Mediendemokratie" oder auch für die Versuche, spezifische Bedingungen politischen Handelns in der „Mediengesellschaft" zu beschreiben. Mit dem nicht selten eher metaphorischen Gebrauch dieser populären Begriffe verbindet sich nicht nur die Einschätzung, dass öffentliche Kommunikation für die Produktion und Durchsetzung kollektiv verbindlicher Entscheidungen von großer Bedeutung sind. Popularisiert wird damit auch „die Vorstellung einer von den Medien getriebenen Demokratie. Danach scheint für die Beteiligten längst entschieden, was in der Wissenschaft noch zurückhaltend und durchaus kontrovers diskutiert wird" (Marcinkowski 2007: 97), nämlich das Wechselverhältnis von Medien und Politik.

Kommunikation im Kontext von Politik ist nicht und war nie lediglich ein Ausdrucks- und Verständigungsmittel. Weil politische Kommunikation mit der Durchsetzung einer bestimmten Sicht von Welt, mit Macht und Herrschaft also zu tun hat, sind Fragen politischer Kommunikation immer auch von öffentlichem Interesse. Das gilt seit über politische Angelegenheiten in wissenschaftlicher Absicht reflektiert und über das Wesen des Politischen gestritten wird. Schon auf die weltgeschichtlich erste bürgerliche Gesellschaft, die griechische Polis, trifft diese enge Verbindung von Politik und Kommunikation zu. Hier entstand mit der Bildung einer politischen (Präsenz-)Öffentlichkeit erstmals die Notwendigkeit, „in offener Rede und Auseinandersetzung zu überzeugen. Es kam also entscheidend auf persönliche Autorität und Rhetorik an" (Meier 1983: 263). „Öffentliches Redenkönnen wurde in dieser ersten Demokratie als zivilisatorische Macht geschätzt, die Rhetorik als politische Führungskunst entwickelt und die rhetorikaffine Philosophie der Sophisten als Bildungsinstanz geachtet" (Österreich 1994: 39). Unverkennbar sind die Anfänge der Demokratie als politischer Form mit der „excessive(n) Schätzung der Rede" verbunden, die Nietzsche einmal als „das größte Machtmittel inter pares" (Nietzsche, zit. nach Österreich 1994: 39) bezeichnet hat.

Ob es also um die Rhetorik der Antike geht, in der politisches Handeln als untrennbare Verbindung von Politik und Kommunikation, ja Reden unmittelbar als politisches Handeln begriffen wurde, um die Handlungsanweisungen in mittelalterlichen Fürstenspiegeln oder um neuzeitliche Konzepte der Staats- und Herrschaftslegitimation, um moderne demokratietheoretische Entwürfe oder um aktuelle Politikanalysen – vielfach vermischen sich politische und kommunika-tive Dimensionen in einer Weise, dass eine Trennung zwischen Politik und Kommunikation erschwert wird und oft auch gar nicht sinnvoll erscheint (vgl. Münkler/Llanque 1998). Folgt man Hannah Arendts neorepublikanischem Politikverständnis, dann ist die „prinzipielle Scheidung von Reden und Handeln nicht statthaft", weil „Reden selbst als eine Art Handeln" (Arendt 1993: 48) aufgefasst werden muss.

Hinzu kommt, dass im Zeitalter nahezu allgegenwärtiger Massenmedien Politik mehr denn je auf die Erzeugung publizistischer Resonanz angelegt ist. Dafür aber interessieren sich wiederum die an der politischen Kommunikation Beteiligten, seien es die im Mediensystem selbst Tätigen oder seien es politische Akteure. Politische Akteure beobachten das eigene Handeln und das anderer politischer Akteure im Spiegel der Medien. Ebenso nehmen Medien das politische Geschehen nicht nur unmittelbar, sondern in hohem Maße auch medienvermittelt wahr: Medien beobachten Medien! Insofern ist politische Kommunikation zunächst einmal ein politisch-publizistischer Resonanzraum mit wechselseitiger Beobachtung der am Kommunikationsprozess beteiligten politischen und medialen Akteure.

Für die Demokratie als die auf Zustimmung angewiesene politische Ordnungsform und für Politik als komplexes Regelungssystem für die Herstellung kollektiv verbindlicher Entscheidungen stellt Kommunikation ein universales Strukturelement dar. Sie ist eine notwendige, keineswegs aber hinreichende Bedingung von Politik. Mit anderen Worten: Politik erschöpft sich nicht in Kommunikation. In weiten Teilen der Routinepolitik sowie in langen Phasen der politischen Problembearbeitung und internen Entscheidungsvorbereitung spielt das Kommunikative, jedenfalls die auf massenmediale Resonanz zielende Kommunikation, eine eher untergeordnete Rolle. Wo Politik aber öffentlich wird, vor allem in Phasen der Problemartikulation und dann auch der Politikentscheidung, wird Kommunikation dominant. In diesen Phasen entscheidet politische Kommunikation darüber, ob ein Thema auf die Tagesordnung kommt oder ob eine politische Entscheidung auf Akzeptanz stößt. In solchen Phasen verschmelzen Kommunikation und Politik zu einer ‚Legierung', deren ‚Grundstoffe' nicht immer ‚sauber' zu trennen sind.

Eine allgemein akzeptierte Definition von politischer Kommunikation sucht man nach wie vor vergeblich. Dies resultiert nicht allein aus der „Grenzenlosigkeit und Hyperkomplexität" des Untersuchungsgegenstandes politische Kommunikation als soziales „Totalphänomen" (Saxer 1998a: 22 und 28). Es hängt auch damit zusammen, dass sich unterschiedliche Wissenschaftsdisziplinen – neben der Politikwissenschaft vor allem die Publizistik- und Kommunikationswissenschaft, die Soziologie und Psychologie – auf der Basis je eigener theoretischer Ausgangspunkte und Erklärungsansätze, fachsystematischer Routinen, methodischer Präferenzen und Untersuchungsinteressen mit politischer Kommunikation beschäftigen. Entsprechend unterschiedlich sind die Akzente, die trotz aller gewünschten Interdisziplinarität und trotz eines unverkennbaren Trends zur ‚Versozialwissenschaftlichung' in den verschiedenen Disziplinen gesetzt werden.

Doris Graber hat einen die verschiedenen Sichtweisen und Disziplinen verbindenden Definitionsvorschlag gemacht. Danach beschäftigt sich politische Kommunikation mit der Produktion, Mitteilung und Verbreitung von Kommunikationsbotschaften, die das Potential haben, substantiell – direkt oder indirekt – Effekte auf den politischen Prozess auszuüben. Vor allem medienvermittelter Kommunikation wird eine solche Wirkungsmacht zugetraut. Dabei kommen als Sender entsprechender Botschaften insbesondere publizistische Organisationen in Betracht, aber auch Politiker, Interessenvertreter oder einfache Bürger, wenn sie über die Medien ein möglichst breites Publikum zu erreichen versuchen (vgl. Graber 2005: 479).

Es sollte nicht verwundern, wenn in den weiteren Kapiteln dieses Buches immer wieder spezifisch politikwissenschaftliche Sichtweisen, Begrifflichkeiten, Kategorien und Bezugsgrößen erkennbar und demokratietheoretische sowie politisch-institutionelle Interessen mit politik- und kommunikationssoziologischen Problemstellungen und Befunden verknüpft werden. Damit soll ausdrücklich ein Gegenakzent zum angloamerikanischen Mainstream der politischen Kommunikationsforschung gesetzt werden, der vor allem auf individualistische Wirkungsaspekte setzt und strukturelle Effekte, d.h. spezifisch institutionelle Kontextbedingungen politischer Kommunikation vernachlässigt. Der Band thematisiert insofern auch nicht bzw. nur am Rande die mit der Veränderung von Wissen, Denken, Meinen und Handeln von Bürgern verbundenen Medieneffekte. Dass die politische Kommunikation auf der Makro- und Mesoebene und auch mehr das Handeln von Akteuren als die Wirkungen politischer Kommunikation auf der Ebene der Bürger, der Mikroebene also, in den Blick genommen wird, hat nicht nur mit wissenschaftsbiographischen Merkmalen des Verfassers zu tun. Es entspricht durchaus auch einem genuin politikwissenschaftlichen Erkenntnisinteresse.

Natürlich ist inzwischen unstrittig, dass auch die politikorientierte kommunikationswissenschaftliche Forschung „am besten bei einer zu verschiedenen akademischen Disziplinen offenen Orientierung gedeiht" (Kaase/Schulz 1989: 10) und dass die disziplinären Konturen angesichts der unverkennbaren „Versozialwissenschaftlichung" (ebenda) verschwimmen. Vielleicht ist gerade dies aber ein Grund dafür, dass sich die politische Kommunikationforschung in der Politikwissenschaft schwerer als in der Publizistik- oder Kommunikationswissenschaft innerdisziplinär etablieren lässt und in der deutschen Politikwissenschaft trotz einer bemerkenswerten Produktivität nach wie vor ein Schattendasein fristet. Die interdisziplinäre Ausrichtung der politischen Kommunikationsforschung sollte deshalb auch nicht als Rechtfertigung dafür herhalten, dass zentrale politikwissenschaftliche Fragen im Zusammenhang mit politischer Kommunikation nicht bzw. nicht mehr gestellt werden. Denn zutreffend ist: „Eine klare Vorstellung von dem, was eine spezifisch politikwissenschaftliche Kommunikationsforschung zu den Kernfragen der Politikwissenschaft beizutragen hat und womit sie sich überhaupt beschäftigt, konnte im Fach bisher nicht etabliert werden" (Marcinkowski 2002: 238). Marcinkowski verbindet seine Diagnose zum Forschungsdefizit dann mit dem Vorschlag, Kommunikation „nicht als Teilbereich von Politik und auch nicht als eine Dimension", sondern als ihren „zentrale(n) Operationsmodus" (ebenda) zu verstehen. Dabei eigne sich politische Öffentlichkeit als „Leitbegriff einer politikwissenschaftlichen Kommunikationsforschung" (ebenda: 248), weil sich zwischen den Kategorien „Öffentlichkeit" und „politische Kommunikation" aus dem unüberschaubaren Universum ein gut erfassbarer und bearbeitbarer Bestand an Kommunikationen identifizieren lasse, der auf seine Bedeutung für den politischen Prozess abgeklopft werden müsse (vgl. Abb. 1).

Explizit werden die Schwierigkeiten einer präzisen Umschreibung des Forschungsgegenstandes politische Kommunikation auch in der Definition von Jarren und Donges: „Politische Kommunikation ist der zentrale Mechanismus bei der Formulierung, Aggregation, Herstellung und Durchsetzung kollektiv bindender Entscheidungen – und somit kaum von Politik zu trennen" (Jarren/Donges 2002a: 42). Das geht dann weit über Marcinkowskis Eingrenzung des Forschungsfeldes der politischen Kommunikationsforschung hinaus und fragt eben nicht nur „nach den Voraussetzungen, Inhalten und Folgen von prinzipiell frei zugänglicher Kommunikation über alle Angelegenheiten von öffentlichem Belang" (Marcinkowski 2002: 244).

Abbildung 1: Zusammenhang der Begriffe „Öffentlichkeit", „Politische Kommunikation" und „Politische Öffentlichkeit"

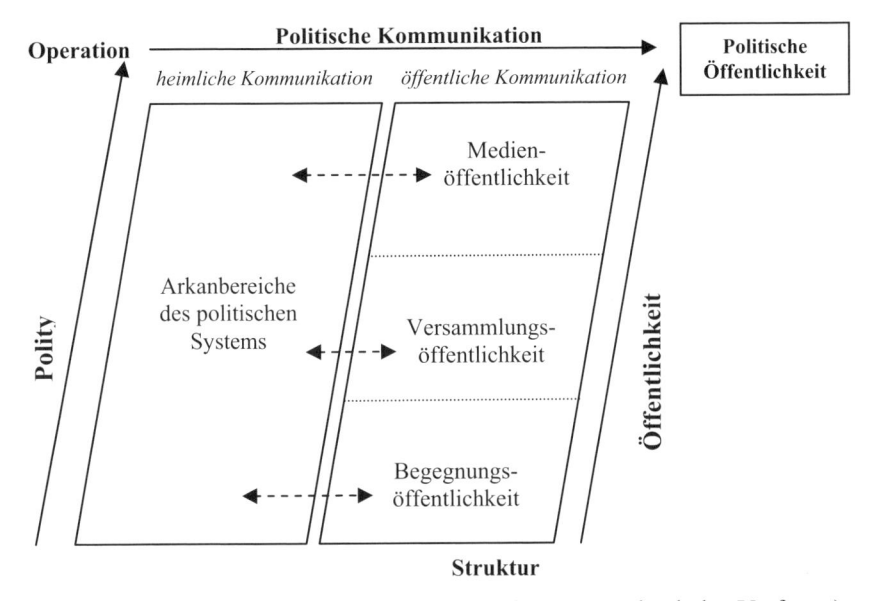

```
Operation          Politische Kommunikation              Politische
           heimliche Kommunikation  öffentliche Kommunikation   Öffentlichkeit

                                    Medien-
                              ◄----┼--► öffentlichkeit

         Arkanbereiche
         des politischen     Versammlungs-
Polity   Systems       ◄----┼--► öffentlichkeit                 Öffentlichkeit

                                    Begegnungs-
                              ◄----┼--► öffentlichkeit

                              Struktur
```

Quelle: Marcinkowski 2002: 246 (Pfeile in der Mitte ergänzt durch den Verfasser)

1.2 Zur politikwissenschaftlichen Kommunikationsforschung in Deutschland

Was die Stellung der politischen Kommunikationsforschung in der deutschen Politikwissenschaft anbelangt, so wurden über die Jahre hinweg immer wieder Zwischenbilanzen mit Hinweisen zu Forschungsdefiziten veröffentlicht. Nach einem frühen Beitrag „Zum Stand der politikwissenschaftlich relevanten Massenkommunikationsforschung in der Bundesrepublik Deutschland" von Heribert Schatz (1978) hat Max Kaase noch 1986 in seinem viel zitierten Aufsatz zum Thema „Massenkommunikation und politischer Prozeß" die auch von Schatz schon festgestellte Ignoranz der Politikwissenschaft gegenüber dem Feld der Massenkommunikation als „erklärungsbedürftige(n) Befund" (Kaase 1986: 359) bezeichnet und zugleich hellsichtige, auch heute zum Teil noch hilfreiche Diagnosen angeboten sowie Entwicklungslinien aufgezeigt. Im gleichen Jahr hat wiederum Max Kaase zusammen mit Wolfgang Langenbucher zu Forschungsstand und -defiziten der „Medienwirkungen auf Gesellschaft und Politik" in der Enquete der Senatskommission für Wirkungsforschung Stellung genommen. Die Wirkungsforschung sei zu stark an Kurzfristwirkungen orientiert, „thematisch disparat, methodisch unbefriedigend und theoretisch unterdefiniert" (Kaase/Langenbucher 1986: 22). Schließlich wurde ein weiterer State of the Art-Beitrag zur sozialwissenschaftlichen Massenkommunikationsforschung wiederum von Max Kaase im Sonderheft „Massenkommunikation" der Kölner Zeitschrift für Soziologie und Sozialpsychologie im Jahr 1989 mit dem ausdrücklichen „Plädoyer für die Interdisziplinarität in der Forschung und für die Überwindung der Fachgrenzen" (Kaase 1989: 25) publiziert.

Seit diesen forschungskritischen Zwischenbilanzen hat auch in Deutschland die Beschäftigung mit Fragen der Politikvermittlung und politischen Kommunikation in Wissenschaft, Bildung und politischer Öffentlichkeit einen starken Aufschwung erfahren. Dafür entscheidend waren nicht zuletzt die dynamische Veränderung im Mediensystem selbst und die daraus resultierenden Bedingungen für politische Kommunikation. Denn Politik hat sich zu allen Zeiten der Kommunikationsplattformen, -mittel und -strategien bedient, die in der jeweiligen historischen Situation zur Verfügung standen. Insofern haben die Fortschritte in der Medientechnologie, die Expansion des Medienmarktes und der damit verbundene Funktionswandel (vgl. Kapitel 2 in diesem Band) wesentlich dazu beigetragen, dass auch die Beschäftigung mit dem Zusammenhang von Politik und Kommunikation an Intensität zugenommen hat. Das gilt für das publizistische Interesse eines sich selbst kontinuierlich beobachtenden politisch-medialen Beziehungsgeflechts nicht weniger als für die wissenschaftliche Auseinandersetzung mit politischer Kommunikation. Und spätestens wenn der Versuch unternommen wird, ein Forschungsfeld in der Hand- oder Lehrbuchliteratur abzustecken, kann von einer gewissen Etablierung ausgegangen werden. Das betrifft etwa das Handbuch zur „Politische(n) Kommunikation in der demokratischen Gesellschaft" (Jarren/Sarcinelli/Saxer 1998), aber auch systematisch bilanzierende und auflagenstark über die Bundeszentrale für politische Bildung verbreitete Reader, wie etwa der bereits 1987 publizierte Band „Politikvermittlung. Beiträge zur politischen Kommunikationskultur (Sarcinelli 1987a), das Buch „Politikvermittlung und Demokratie in der Mediengesellschaft" (Sarcinelli 1998a), oder das zweibändige Lehrbuch zur „Politische(n) Kommunikation in der Mediengesellschaft" von Jarren und Donges (2002 und 2006).

Auch wenn auffällt, wie aktuell so manche früheren Ermahnungen, Kritiken und Hinweise auf Forschungsdefizite sind, so wird man heute sicherlich nicht mehr wie in der Wildenmann-Festschrift von 1986 von einem „dauerhafte(n) und nachhaltige(n) Desinteresse der Politikwissenschaft an Problemen der Massenkommunikation" (Kaase 1986: 361) sprechen können. Die politische Kommunikationsforschung hat sich in der deutschen Politikwissenschaft wenn nicht als ein

Forschungszweig, so doch als eine produktive Forschungsnische etablieren können, der sich zudem einer überdurchschnittlichen publizistischen Aufmerksamkeit ebenso wie eines besonderen studentischen Interesses erfreut. Dies gilt jedoch für die universitäre Lehre und für die Verankerung in den politikwissenschaftlichen Teildisziplinen nicht in gleicher Weise. Gemeinhin wird politische Kommunikation der politischen Soziologie zugeordnet, als Teil eines innerdisziplinäres Teilgebietes wahrgenommen, aber nicht als eine Dimension bzw. als ein „Operationsmodus" (Marcinkowski), von dem alle Teildisziplinen der Politikwissenschaft (Politische Theorie, Systemlehre und Vergleich politischer Systeme, Internationale Beziehungen, Didaktik der Politik und politisches Lernen) betroffen sein können. Unbeschadet des unbestreitbaren Bedeutungszuwachses von Kommunikation in der Politik ist es aufgrund des professionsinternen Beharrungsvermögens und einer verbreiteten Neigung, an tradierten curricularen Schwerpunkten festzuhalten, in Deutschland durchaus noch möglich, sich im politikwissenschaftlichen Studium mit Gegenstandbereichen, Fragestellungen und Befunden politischer Kommunikationsforschung ausdrücklich nicht zu beschäftigen. Dass es aktuell immer noch auflagenstarke Lehrbücher zum politischen System der Bundesrepublik Deutschland (vgl. z.B. von Beyme 2004, s. dagegen Marschall 2007: insb. 83ff.) gibt, die ohne ein Kapitel zum Verhältnis von Politik und Medien auskommen, mag symptomatisch sein für dieses Defizit. Wie man heute allerdings ein zeitgemäßes Verständnis von nationaler oder internationaler Politik erwerben, die Funktionslogik demokratischer oder auch nichtdemokratischer Systeme durchschauen, zentrale demokratietheoretische Prinzipien begreifen oder das Handeln und Verhalten politischer Akteure verstehen soll, ohne eine präzisere Vorstellung von den spezifischen politisch-kommunikativen Bedingungen zu haben, bleibt freilich schleierhaft.

Insofern ist die Frage nicht ganz abwegig, ob der politischen Kommunikation in der deutschen Politikwissenschaft nicht die Rolle eines akademischen Appendix zukommt? Von den Studierenden zwar sehr gefragt und interessiert aufgenommen, in den universitären Curricula wie auch innerdisziplinär aber immer noch „randständig", (Kaase/Schulz 1989: 9) ein Begriff, den Kaase und Schulz schon 1989 mit Blick auf den Stellenwert der Massenkommunikation in Soziologie und Politikwissenschaft gebrauchten. Was die institutionelle Verankerung politischer Kommunikation in der deutschen Politikwissenschaft anbelangt, dürfte diese Einschätzung auch gegenwärtig noch weithin zutreffen. Statt als Unterfall der politischen Soziologie sollte politische Kommunikation als wesentliche Dimension bzw. als „zentraler Operationsmodus" (Marcinkowski) in allen Teilgebieten der Politikwissenschaft begriffen werden.

Ganz im Gegensatz zur zögerlichen Etablierung der politischen Kommunikation im universitären Bereich hat der Arbeitsmarkt für Absolventen mit sozial- und insbesondere kommunikationswissenschaftlichen Kompetenzen in den unterschiedlichsten gesellschaftlichen und politischen Tätigkeitsfeldern eine enorme Expansion erfahren. Für Politik- und Sozialwissenschaftler gelten inzwischen Zusatzqualifikationen gerade auch in Themenfeldern, mit denen sich politische Kommunikationsforschung beschäftigt, als berufs- und arbeitsmarktrelevant. Vielfach werden kommunikative Kompetenzen unter der Rubrik „Zusatzkompetenzen" und „Praxiserfahrung" neben Sprachen, Auslandserfahrung, IT- und Multimediakenntnis verbucht. Inzwischen gilt als Binsenweisheit, dass bei Studierenden der politikwissenschaftlicher Studiengänge neben fundierten Kenntnissen in den Kernbereichen der Teildisziplinen des Faches auch Politikvermittlungskompetenzen, also nähere Kenntnisse des Informations- und Medienmarktes, Erfahrungen mit Öffentlichkeitsarbeit und Medienpraxis einstellungsförderlich sind. Dies zeigen Arbeitsmarktanalysen ebenso wie vereinzelte Verbleibstudien von Absolventen politik- und sozialwissenschaftlicher Studiengänge. In Zeiten, in denen Komplexität und Vernetzung zunehmen, Politik national wie international zu einem schwer durchschaubaren Mehrebenengeschehen geworden ist, für dessen Durchdringung klassische Ordnungskonzepte und Modelle hierarchischer politischer Steuerung an Bedeutung verlieren, sind Kenntnisse über das Vermittlungssystem und kommunikative Fähigkeiten mehr denn je gefragt.

Wer, in welcher Funktion auch immer, in politischen oder politiknahen Berufen und Tätigkeitsfeldern erfolgreich sein will, muss über die Fähigkeit zur Politikvermittlung in öffentlichen wie diskreten Räumen verfügen. In der Sprache Max Webers: ‚Politische Kommunikation als Beruf' – auch und gerade jenseits der klassischen Medienberufe – wird überall dort, wo im engeren und weiteren Sinne Interessenvermittlung geleistet werden muss, zu einer expandierenden Branche werden. Damit ist nicht nur und auch nicht in erster Linie der politische Journalismus angesprochen. Vielmehr geht es um die vielen politischen und politiknahen Handlungsfelder, sei es im Rahmen der Presse- und Öffentlichkeitsarbeit innerhalb politischer und gesellschaftlicher Institutionen, in Consulting-, Marktforschungs- oder Marketingfirmen oder auch in wissenschaftlichen Instituten innerhalb und mehr noch außerhalb von Universitäten. Insofern gibt es auch aus arbeitsmarktspezifischen Gesichtspunkten genügend Gründe, sich für eine stärkere universitäre und innerdisziplinäre Etablierung von Elementen der Theorie und Praxis politischer Kommunikation zu engagieren.

1.3 Sozialtechnologische Kurzschlüsse politischer Kommunikationsforschung

Über die Forderung nach einer besseren professionsinternen Verankerung der politischen Kommunikation hinaus, gilt es auch auf besondere wissenschaftliche Vorlieben und Defizite der politischen Kommunikationsforschung hinzuweisen;

Defizite, die mit ursächlich dafür sein dürften, dass sich politische Kommunikation als Forschungsgegenstand innerhalb der deutschen Politikwissenschaft nach wie vor noch nicht befriedigend hat etablieren können. So ist die politische Kommunikationsforschung in hohem Maße aktualitätsorientiert. Die starke Fixierung auf die medienöffentlich dauerpräsente Politikprominenz und damit verbundene Personalisierungsvorstellungen verkürzen vielfach das insgesamt komplexere politische und gesellschaftliche Handlungsfeld. Im besonderen Interesse für das Bildmedium Fernsehen geht bisweilen die nach wie vor große Bedeutung der meinungsführenden, zunehmend aber auch der Boulevardpresse unter. Eine Sichtweise schließlich, die auf Amerika(nisierung) als Modernisierungsvorreiter politischer bzw. unpolitischer Kommunikation setzt, unterstützt nicht selten die Neigung zur vorschnellen Übertragung US-amerikanischer Entwicklungen auf die anders gelagerten politisch-kulturellen und politisch-institutionellen Verhältnisse europäischer Demokratien. Zwar verwundert nicht, dass Wahlkämpfe und Kampagnen seit jeher ein bevorzugtes wissenschaftliches Beobachtungsfeld politischer Kommunikationsforschung waren und sein müssen, zumal es dazu eine hohe Nachfrage von Seiten investitionsbereiter Interessenten gibt. Dennoch führt die besondere Vorliebe für die kommunikative Sondersituation von Medienwahlkämpfen und -kampagnen, die gleichsam nur den Medien-Event-Ausschnitt von Politik in den Blick nimmt, zu einer ‚amputierten' Wahrnehmung politisch-kommunikativer Wirklichkeit.

Natürlich kann die folgende tabellarische Übersicht (vgl. Tab. 1) eine systematische und methodisch abgesicherte Einzelwürdigung der zahlreichen wissenschaftlichen Anstrengungen in der politischen Kommunikationsforschung, ihrer theoretischen Ansätze, methodischen Designs, Ergebnisse und Prognosen nicht ersetzen. Und für jede kritisch angemerkte Forschungsperspektive ließe sich gewiss die eine oder andere gelungene Studie anführen, die als ‚Gegenbeweis' herhalten könnte. Dennoch kann die pointierende Zusammenstellung einen Überblick über Forschungsschwerpunkte geben. Sie macht die in der öffentlichen Wahrnehmung und Instrumentalisierung, bisweilen aber auch in der Wissenschaft selbst zu beobachtende Neigung zu sozialtechnologischen Kurzschlüsse deutlich. Zugleich soll sie zu einer kritischen Auseinandersetzung mit der Frage anregen, welchen Weg die politische Kommunikationsforschung in der Politikwissenschaft einnehmen kann bzw. einnehmen sollte.

Insgesamt hat sich trotz aller Fortschritte wenig an einem schon früh beklagten Befund (vgl. Kaase/Langenbucher 1986: 14) geändert: Nach wie vor gibt es einen „starken Überhang kommunikationswissenschaftlicher Mikroansätze auf Kosten von Wissen über die strukturelle Wirkung der Massenmedien auf die Demokratie" (Saxer 1998: 23; Marcinkowski 2007: 97f.). Vor allem bei der öffentlichen Verwertung wissenschaftlicher Befunde ist die verbreitete Tendenz erkennbar, mikroskopische Diagnosen zur politischen Kommunikation in zum

Teil spekulativer Weise makroanalytisch (ggf. noch politisch-prognostisch) zu verwerten (Kaase 1998b: 103). Nicht selten drängt sich der Eindruck auf, die politische Kommunikationsforschung bewege sich auf schmalen Pfaden zu weiten Horizonten, neige zu großen Aussagen auf der Basis von kleinen Forschungsdesigns. Dabei gilt das auch in anderen Feldern der politischen Soziologie beklagte Defizit an Langzeitstudien, die bekanntermaßen teuer sind und damit weder zu den kurzfristigen Verwertungsinteressen externer Auftraggeber passen, noch in eine insgesamt immer noch kurzatmige Forschungsförderungspraxis. Das ist allerdings kein spezielles Problem der politischen Kommunikationsforschung, sondern gilt für weite Teile der empirischen Sozialforschung auch.

Ziemlich zahlreich sind inzwischen die punktuellen Analysen und mikroskopischen Detailbeobachtungen und -befunde etwa zur Inszenierung von Politik, aus denen dann langfristige Prognosen zur Entwicklung des Systems oder der Demokratie, nicht selten verbunden mit Demokratieverfallsprognosen und Untergangsdiagnosen, erstellt werden (vgl. Tabelle 1).

Leidet die politische Kommunikationsforschung nicht an einer Art kurzsichtiger Weitsichtigkeit, wenn es um die Einschätzung der politischen Folgen der Mediatisierung oder besser Medialisierung von Politik geht? Vor allem aber stellt sich die Frage, ob die nahezu exklusive Konzentration politischer Kommunikationsforschung auf Massenkommunikation nicht zu einer Vernachlässigung verbreiteter alltagspraktischer Kommunikationstechniken und -gewohnheiten führt. Gemeint ist damit nicht nur das Problem, dass die Grenzen zwischen Individual- und Massenkommunikation mit wachsender Bedeutung der Internetnutzung und auch mit dem Handy als schnellem Abstimmungs- und Verständigungsmedium in der politischen Kommunikation zunehmend verschwimmen. Gemeint ist damit auch, dass die Konzentration von politischer Kommunikation allein auf den öffentlich sicht-, hör- und lesbaren Teil des politischen Geschehens nur einen Ausschnitt des politischen Geschehens beleuchtet, der unter dem Gesichtspunkt demokratischer Legitimation allerdings von besonderer Bedeutung ist (vgl. Kap. 5 in diesem Band). Deshalb ist einer politikwissenschaftlich akzentuierten politischen Kommunikationsforschung generell eine stärkere Beachtung politisch-institutioneller Kontexte zu empfehlen.

Tabelle 1: Forschungsperspektiven und Kurzschlüsse politischer Kommunikationsforschung

Forschungs-perspektiven	Schwerpunkte	Kurzschlüsse
Aktualitätszentrierte Perspektive	Gegenwartsorientierung unter Vernachlässigung der Prozessdimension von Politik	Gegenwartsfixierte Kurzschlüsse und Zukunftsprojektionen
Prominenzfixierte Perspektive	Personalisierung medienvermittelter Politik auf die medienpräsente Politprominenz	Handlungstheoretische Kurzschlüsse
Fernsehfixierte Perspektive	Reduktion politisch-kommunikativer Wirklichkeit auf das Fernsehbild von Politik	Bildfixierte Kurzschlüsse und Vernachlässigung der meinungsführenden Printmedien
Empirisch-reduktionistische Perspektive	Konzentration auf die Beschreibung und Analyse von Akteursverhalten	Mikrospezifische Kurzschlüsse bei gleichzeitiger Vernachlässigung institutioneller und normativer Fragen
Amerikazentrierte Perspektive	Amerika(nisierung) als Modernisierungsvorreiter (un)politischer Kommunikation	Reduktion auf den Game-Charakter von Politik u. vorschnelle Übertragung amerikanischer Entwicklungen auf europäische De-
Wahlkampfzentrierte Perspektive	Wahlkampf als Prototyp von politischer Kommunikation und von Politik überhaupt	Reduktion von Politik auf die kommunikative Sondersituation moderner Medienwahlkämpfe
Kampagnenzentrierte Perspektive	Politik als medienöffentliche Kampagne	Reduktion von Politik auf kampagnenöffentliche „Darstellungspolitik" und Vernachlässigung von kommunikationsrelevanten Fragen in der „Entscheidungspolitik"
Instrumentelle Perspektive	Interesse für medientechnologische Innovationen, Instrumente und Strategien	Technikfixierte Kurzschlüsse, Vernachlässigung herkömmlicher politisch-institutioneller Strukturen und politischer Verhaltensweisen

1.4 Politische Kommunikation im institutionellen Kontext: Für eine „Kontextualisierung" der politikwissenschaftlichen Kommunikationsforschung

Politische Kommunikation findet nicht im Labor statt, sondern in konkreten historisch-politischen Situationen, in kaum wiederholbaren Akteurskonstellationen und unter spezifischen institutionellen Kontextbedingungen. Worauf zielt nun das Plädoyer für eine ‚Kontextualisierung' im Sinne eines ‚institutional turn' politikwissenschaftlich akzentuierter politischer Kommunikationsforschung? Es zielt auf die Überwindung einer systematischen Unterschätzung der Eigenlogik des Politischen, genauer des Politisch-Institutionellen und einer Überschätzung der medialen Logik. Damit wird ein deutlicher Gegenakzent gesetzt zu der verbreiteten These, dass die moderne Mediengesellschaft zwangsläufig Mediengewinne und Institutionenverluste produziere. Die ebenso populäre, wie viel zitierte Formel hat wichtige Anstöße gegeben und erscheint sicherlich aus einer vor allem kommunikationswissenschaftlichen Sicht auch hoch plausibel (vgl. Jarren 1994c). Insgesamt aber begünstigt sie eine Neigung, zentrale politikwissenschaftliche Problemstellungen aus den Augen zu verlieren und politisch-mediale Entwicklungen mehr oder weniger isoliert von politisch-institutionellen und politisch-kulturellen Kontexten zu betrachten.

Demgegenüber findet zu wenig Beachtung, dass es eine Eigenlogik des Politischen gibt, die nicht in der Medienlogik gänzlich aufgeht. Der vermittelte Eindruck, alles löse sich in einer Art universaler, medialer „Transformation desPolitischen" (Meyer 1994) auf, täuscht über faktische politisch-institutionelle und politisch-kulturelle Widerständigkeit gegen Medialisierungsprozesse hinweg und verkürzt Politik auf den ‚sichtbaren' Ausschnitt einer mehr oder weniger spaktakulären „Darstellungspolitik" (vgl. Kap. 7 in diesem Band). Dies könnte auch eine Folge der Tatsache sein, dass die politische Kommunikationsforschung allzu oft den schwankenden Aufmerksamkeitszyklen der Medienberichterstattung folgt. Gibt es in kommunikationsspezifischer Hinsicht nicht zahlreiche Non-Issues, ebenso wie medial ausgeblendete, gleichwohl relevante Akteure und Akteursgruppen? Und finden nicht spezifische Formen von Kommunikation im politischen Prozess auch außerhalb der medial beachteten Problemfindungs-, Problemdefinitions- und Entscheidungsphasen statt?

Nun ist die Konzentration des Interesses auf Ausschnitte medienvermittelter politischer Kommunikation gewiss auch eine mehr oder weniger zwangsläufige Folge funktionaler Differenzierung, in der Politik ebenso wie in der Wissenschaft. Politische Kommunikation und politische Kommunikationsforschung haben einen Professionalisierungsprozess durchlaufen. Und es ist kaum zu bestreiten, dass die beiden Kommunikationswelten „Darstellungspolitik" und „Entscheidungspolitik" (vgl. Korte/Hirscher 2000; Sarcinelli 1987b: 66 sowie Kapitel 7 in diesem Band) auseinander driften.

Der Aufmerksamkeitswettbewerb verselbständigt sich mehr und mehr gegenüber dem politischen Entscheidungshandeln. Politische Kommunikation mutiert zu „einem zentralen strategischen Spiel" (Münch 1995: 83), zu einer Sozialtechnik, die sich als Teilsystem innerhalb des politischen Systems ausdifferenziert hat – mit steigenden Investitionen in die zunehmend ingenieurhafte Planung von Sichtbarkeit und Darstellungskompetenz. Mit diesem Teilsystem der Politikvermittlung hat sich die politische Kommunikationsforschung besonders intensiv beschäftigt, allerdings vielfach ziemlich isoliert, kontextfern, losgelöst von politisch-strukturellen und politisch-kulturellen Rahmenbedingungen. Das hat dann zu so manchen Perspektivverengungen in der politischen Kommunikationsforschung geführt, mit fragwürdigen Hypothesen, die es aufgrund empirischer Befunde nach und nach zu relativieren, wenn nicht sogar grundsätzlich in Frage zu stellen gilt. Dazu sind vom Verfasser verschiedentlich schon kritische und auch selbstkritische Anmerkungen gemacht und viel zitierte Thesen zum Wandel des politischen Systems relativiert worden (vgl. Sarcinelli 2002c; 2002d; 2002e; Sarcinelli/Schatz 2002). Umso mehr spricht deshalb für das Plädoyer zu einer ‚Kontextualisierung'. Denn der Handlungsspielraum für politische Kommunikation ist zwar nicht politisch-institutionell oder politisch-kulturell determiniert. Er ist aber pfadabhängig und von der Eigenlogik der jeweiligen institutionellen Bedingungen mehr beeinflusst, als dies in vielen Arbeiten der politischen Kommunikationsforschung zum Ausdruck kommt. Das lässt sich für verschiedene Themenbereiche, die in diesem Band zum Teil auch angesprochen werden, näher verdeutlichen: etwa für die Kommunikationsverhältnisse im Kontext von Parteien, Parlament und Regierung, für das Kommunikationsverhalten eines Bundeskanzlers oder eines Bundespräsidenten. Für alle diese institutionellen Kontexte kann gezeigt werden, dass unterstellte Wandlungs- und Transformationsprozesse viel voraussetzungsvoller sind, keineswegs linear und auf allen Ebenen in gleicher Weise ablaufen und dass die institutionelle Eigenlogik und nationale – oft auch regionale – politisch-kulturelle Faktoren politische Kommunikation fördern oder behindern können, in jedem Falle aber stark beeinflussen.

Nicht dass es nicht lohnte, sich mit medialer Politikdarstellung kritisch auseinander zu setzen. Notwendig sind jedoch ein längerer Atem und komplexere Forschungsdesigns, in denen Binnen- und Außenbereiche des politischen Geschehens, Entscheidungs- und Darstellungspolitik stärker miteinander verknüpft und durch das Wechselspiel (vgl. die gestrichelten Pfeile in Abb. 1) zwischen vertraulichen, halböffentlichen und öffentlichen Formen politischer Kommunikation in den Blick genommen werden (vgl. Jarren/Sarcinelli 1998: 19).

1.5 Forschungspraktische Konsequenzen

Vorschlag 1: Theoriearbeit leisten. Die Unsicherheit über den Gegenstandsbereich und die spezifisch politikwissenschaftlichen Problemstellungen in der politischen Kommunikationsforschung hängen auch mit grundsätzlichen Theorieproblemen zusammen. Sieht man einmal von einflussreichen Essays ab, sucht man in der Politikwissenschaft vergeblich nach größeren demokratie- und gesellschaftstheoretischen Entwürfen, die der Bedeutung von Kommunikation Rechnung tragen. Es gibt keine spezifisch politikwissenschaftliche Theorie von Öffentlichkeit, ‚Mediengesellschaft' oder ‚Mediendemokratie', die etwa den Rang von Karl W. Deutschs Klassiker „Politische Kybernetik" (1973) oder Ernst Fraenkels von neopluralistischem Denken inspiriertes Kapitel über Öffentlichkeit und parlamentarische Demokratie in seinem Klassiker über „Deutschland und die westlichen Demokratien" (Fraenkel 1991) erreicht. Es bedarf theoretischer Klärungen, was die zentralen demokratietheoretischen Bezugsgrößen unseres Systems anbelangt. So müssen „Repräsentation", „Pluralismus", „Legitimität", „Responsivität" oder „Vertrauen", um nur einige Beispiele zu nennen, heute anders definiert werden als zu Zeiten, als Nachrichten noch mit der Postkutsche befördert wurden, als es nur einen öffentlich-rechtlichen Rundfunk und eine politische Richtungspresse gab. Die meisten der theoretischen und konzeptionellen Arbeiten stammen von Soziologen und sind überwiegend systemtheoretisch ‚kontaminiert' (vgl. z.B. Münch: 1991 und 1995; Gerhards/Neidhardt 1990). Nur weniges ist auf eine politikwissenschaftliche Gesamtschau hin angelegt (vgl. Beierwaltes 1999). Das alles ist nützlich, analytisch hilfreich. Was jedoch fehlt, ist eine politikwissenschaftliche Theorie der Interessenvermittlung, die anschlussfähig ist an klassische Ansätze des Pluralismus, Korporatismus und aktuell mehr und mehr auch der Lobbyismusforschung.

Eine solche Theorie muss den spezifischen Stellenwert von Kommunikation in der politischen Willensbildung und Interessenvermittlung unter den Bedingungen moderner Mediengesellschaften reflektieren. Sie sollte vor allem aber einen anspruchsvollen Rahmen bieten für die stärkere Verknüpfung von Binnen- und Außenkommunikation in den verschiedenen institutionellen Kontexten und Politikfeldern. Notwendig ist ein plausibler Theorierahmen für das Spannungsverhältnis zwischen „drinnen" und „draußen", zwischen dem medienöffentlichen Bild einer Mehrheits- oder Wettbewerbsdemokratie einerseits und der politischen Alltagsrealität einer Verhandlungsdemokratie andererseits. Und in diesem Theorierahmen zur Politikvermittlung in der Mediengesellschaft muss der Stellenwert zentraler demokratietheoretischer Bezugsgrößen ausbuchstabiert und dann auch empirisch überprüft werden (vgl. dazu auch Jarren/Sarcinelli/Saxer 1998: 253-311).

Vorschlag 2: Die institutionellen Kontexte ernst nehmen. Dass das öffentliche Erscheinungsbild politischer Akteure so ist, wie es ist, dass und warum es sich in der Mediengesellschaft wandelt, vielleicht aber auch bei näherer Betrachtung gar nicht so sehr wandelt, ist nur zu würdigen, wenn die spezifischen institutionellen Kontexte und amtsspezifischen Gegebenheiten berücksichtigt werden. Das betrifft auch politikfeldspezifische Besonderheiten im Zusammenhang mit politischer Kommunikation. So geht der von Renate Mayntz und Fritz Scharpf entwickelte Ansatz des „akteurszentrierten Institutionalismus" von der Annahme aus, „daß soziale Phänomene als das Produkt von Interaktionen zwischen intentional handelnden – individuellen, kollektiven oder korporativen – Akteuren erklärt werden müssen. Diese Interaktionen werden jedoch durch den institutionellen Kontext, in dem sie stattfinden, strukturiert und ihre Ergebnisse dadurch beeinflußt" (Scharpf 2000: 17). Institutionen sind nicht starr, beeinflussen zwar das Handeln von Akteuren, determinieren es aber nicht. Sie lassen indessen dem jeweiligen Amtsinhaber, Mandatsträger etc. einen „Handlungskorridor" (Mayntz/Scharpf 1995: 52). Institutionen reduzieren, so Fritz Scharpf, empirische Vielfalt. Sie bestimmen „die Präferenzen der Akteure im Hinblick auf die möglichen Optionen" (Scharpf 2000: 79).

Zu den maßgeblichen Institutionen gehören nicht nur Normen der Verfassung, die politischen Institutionen im engeren und weiteren Sinne, die politische Kultur u.a.m. Institutionelle, kontextrelevante Verfahrensregeln berücksichtigen heißt auch, stärker den Prozesscharakter politischer Kommunikation in den Blick nehmen und genauer zwischen den politischen Ebenen zu differenzieren. Stattdessen ist festzustellen: Politische Kommunikation ist nicht nur prominenzlastig, sondern auch bundeslastig. Bisweilen erscheint sie – trotz bundesstaatlicher Ordnung – als ein zentralistisches Phänomen. Die Kommunikationsbedingungen für politische Akteure und Institutionen sind aber auf den verschiedenen Ebenen durchaus different. Man vergleiche nur das Kommunikationsverhalten eines Bundeskanzlers mit dem so mancher Ministerpräsidenten in ihren jeweiligen Bundesländern (vgl. z.B. Mielke 2003 und 2005). Mit der Konzentration auf Bundespolitik ergeben sich deshalb viele blinde Flecken in der politischen Kommunikationsforschung.

Vorschlag 3: Die vergleichende Perspektive beachten. In der Wahlkampfforschung lässt sich sehr schön zeigen, wie stark die Konzentration auf das Instrumentelle, auf die gleichsam technische Seite der politischen Kommunikation, aber auch auf das Tagesaktuelle immer wieder zu problematischen Analogieschlüssen und zu Übertreibungen führt. Die Berücksichtigung und vergleichende Betrachtung der konstitutionellen, politisch-institutionellen und politisch-kulturellen Kontextbedingungen kann vor vorschnellen Übertragungen bestimmter Kommunikationsmuster, Wirkungsannahmen etc. bewahren (vgl. Pfetsch 2003; Esser/Pfetsch 2003; Donges 2005; Blum/Meier/Gysin 2006; Filzmaier/Plaikner/Duffek 2007).

Die Notwendigkeit zu einer verstärkt vergleichenden Betrachtung gilt nicht nur synchron über die Grenzen politischer und gesellschaftlicher Systeme hinweg, sondern auch diachron. Beispielhaft dafür ist etwa die verbreitete These zunehmender Personalisierung in Wahlkämpfen. Natürlich hat sich hier einiges verändert, was mit der Rolle des Fernsehens und einem verschärften Aufmerksamkeitswettbewerb zu tun hat. Aber personalisiert waren alle Bundestagswahlkämpfe. Kandidatenduelle hat es auch früher schon gegeben, auch wenn sich Plattformen, Formate und Wirkungsweisen geändert haben. Der Vergleich über eine Zeitreihe hinweg ist natürlich mühsam, forschungspraktisch schwierig, aber dennoch ratsam und aufschlussreich, weil er vor so mancher aufgeregten Einschätzung vermeintlich dynamischer Veränderung schützt.

Vorschlag 4: Kommunikationsspezifische Politikfeldanalyse betreiben. Im Fokus der Öffentlichkeit sind nur wenige Politikfelder und diese in sehr unterschiedlichen Aufmerksamkeitszyklen. Es gibt aber kaum politikwissenschaftliche Fallstudien, die Informationen über policy-spezifische Kontextbedingungen für politische Kommunikation enthalten. Auch hier gilt es auf die Pfadabhängigkeit von Problemlösungsansätzen sowie Interessenvermittlungs- und Entscheidungsstrukturen und -kulturen zu achten. Dass hierzulande beispielsweise gesundheitspolitische Fragen so kommuniziert werden, wie das in den vergangenen Jahren der Fall war, hat nicht nur mit aktuellen politischen Mehrheitsverhältnissen, sondern auch mit institutionellen Vetospielern, mit langjährig erfolgreichem Lobbyismus und nicht zuletzt mit den politisch-kulturellen Bedingungen einer spezifisch deutschen wohlfahrtsstaatlichen Tradition zu tun. In der Außenpolitik oder in der Innen- und Rechtspolitik gelten wiederum ganz andere Kontextbedingungen für politische Kommunikation.

Notwendig erscheint eine Selbstverständigung über den spezifisch politikwissenschaftlichen Beitrag zur politischen Kommunikationsforschung. Dabei kann es nicht darum gehen, neue Schranken zwischen den sozialwissenschaftlichen Disziplinen aufzurichten. Der Erfolg der politischen Kommunikationsforschung ist und bleibt in hohem Maße ein Erfolg der „Versozialwissenschaftlichung" dieses Problemfeldes. So wie für die Soziologie, Publizistik- und Kommunikationswissenschaft oder auch die Psychologie sollte allerdings auch für die Politikwissenschaft deutlich werden, welchen spezifisch politikwissenschaftlichen Beitrag sie zum Verständnis und zur Erklärung politischer Kommunikationsverhältnisse leisten kann bzw. müsste.

2 Medienpolitik – Meinungsvielfalt, Demokratie und Markt

2.1 Einleitung und Problemstellung

Ein zentrales Merkmal aller modernen Gesellschaften ist ihre Ausdifferenzierung in funktionale Teilsysteme. Nur dadurch können die gesellschaftlich geforderten Leistungen erbracht werden. Dabei gilt für Politik und Medien nicht weniger als für andere gesellschaftliche Bereiche, dass sie relativ autonom sind und über eine Eigendynamik der Verselbständigung verfügen. Beide erfüllen für das Gesamtsystem jeweils spezifische Funktionen: die Politik, indem sie – und nur sie – kollektiv verbindliche Entscheidungen herbeiführen kann; die Medien, indem sie – und nur sie – die Voraussetzungen für die Herstellung von Öffentlichkeit und damit angesichts zunehmender Komplexität erst die Möglichkeit für Wirklichkeitsvermittlung und -wahrnehmung schaffen.

„Politik vertritt gegenüber dem Spezifischen das allgemeine Interesse an ihrem Zusammenhang. Als mit besonderen Ressourcen ausgestattetes System übernimmt (sie) Steuerungsaufgaben gegenüber den Teilsystemen und deren Problemproduktion" (Gerhards/Neidhardt 1993: 82). Im Verhältnis zum Mediensystem beschränkt sich das Interesse der Politik allerdings nicht allein auf die Gemeinwohlverpflichtung, durch Sicherstellung eines offenen Zugangs zu den Medien Meinungsvielfalt zu ermöglichen. Politik, zumal demokratische Politik, die zustimmungsabhängig und deshalb auch öffentlich begründungspflichtig ist, braucht selbst Publizität und muss deshalb mangels eigener Medien die allgemein zugänglichen Massenmedien als Resonanzboden und Bühne zur „Politikdarstellung" nutzen (vgl. Kap. 3 und 5 in diesem Buch). Insofern steht Politik, vor allem wenn es um das Verhältnis zu den Medien und damit auch um medienpolitische Gestaltung geht, immer in einem latenten Spannungsverhältnis zwischen politischem Eigeninteresse und Gemeinwohlverpflichtung. In der Medienpolitik geht es nicht in erster Linie um die Beeinflussung kommunikativen Handelns politischer Akteure, sondern darum, den „Strukturrahmen für kluges öffentlich-kommunikatives Verhalten" abzustecken, ohne Kommunikation im Einzelfall zu determinieren (Rühl 1973: 12). Dabei ist Normativität, also der Bezug auf Werte und Ziele für die wissenschaftliche ebenso wie für die praktische Medienpolitik konstitutiv. Medienpolitik ist jedoch kein Politikfeld wie andere Politikfelder. Sie ist eine Art Meta-Politik, denn durch Handeln oder Unterlassen wird medienpolitisch mitentschieden, wie über das Politische insgesamt gedacht und geredet wird.

Bei Medienpolitik handelt es sich um „ein schwach institutionalisiertes und stark fragmentiertes Politikfeld mit vielen horizontal wie vertikal verteilten Regelungskompetenzen" (Jarren/Donges 2006b: 385). Die Fragmentierung ergibt sich zum einen aufgrund unterschiedlicher Kompetenzzuweisungen an den Bund und an die Länder, zum anderen in Folge der zunehmenden Überwölbung nationalstaatlicher Zuständigkeiten durch übergeordnete Politikebenen (insb. EU, Europarat). Allein im deutschen Kontext sind für medienpolitisches Handeln neben den Landesmedien- und Pressegesetzen die „Rundfunkstaatsverträge", das allgemeine Kartellrecht, der „Jugendmedienschutz-Staatsvertrag", das „Telekommunikationsgesetz (TKG)" und das vor allem auf das Internet bezogene „Telemediengesetz (TMG)" maßgeblich. Hinzu kommen zahlreiche Gremien (KEF, KEK, ZAK, ALM oder KJM) sowie die Rundfunk- und Fernsehräte.

In den ersten Jahrzehnten der Bundesrepublik konzentrierte sich das medienpolitische Interesse vor allem darauf, wie eine einseitige Instrumentalisierung der Medien verhindert werden kann. Fernsehpolitik war Machtpolitik. Das galt etwa für die Rundfunkpolitik der frühen 1960er Jahre mit dem Streit um das staatliche „Adenauer-Fernsehen" oder auch für die in den 1970er Jahren geführte Auseinandersetzung über den „Rot-Funk" und die damit verbundene Forderung vor allem der Unionsparteien nach einer Zulassung privater Rundfunkbetreiber. Nach der Etablierung einer dualen Rundfunklandschaft und auch nach den inzwischen dynamisch sich entwickelnden Online-Angeboten scheint die Frage der politischen Instrumentalisierung der Medien nicht mehr im Mittelpunkt des politischen Problemhaushaltes und der medienpolitischen Forschung zu stehen. Im Zuge einer ebenso konzentrierten wie hochgradig ausdifferenzierten und mehr und mehr den Gesetzen des Marktes unterliegenden elektronischen und Printmedienlandschaft hat eine andere Problemstellung Priorität: Ist das politische System in einer zunehmend komplexer werdenden Medienwirklichkeit medienpolitisch überhaupt noch steuerungsfähig, ein System, das selbst in permanentem „Kommunikationsstress" (vgl. Kap. 16 in diesem Band) steht, zugleich aber dafür Sorge tragen muss, dass die medialen Voraussetzungen für Meinungsvielfalt in und für die Demokratie erhalten oder entsprechend neue Räume dafür geschaffen werden?

2.2 Begriffliche Grundlegung: Medienpolitik oder Kommunikationspolitik?

So wichtig Medienpolitik als Handlungsfeld aus wissenschaftlicher und politischer Sicht ist, so schwierig wird es, seinen genauen Gegenstandsbereich zu bestimmen. Dass es dabei um die „Ausgestaltung einer der Gesellschaft angemessenen Kommunikationsordnung" (Scholten-Reichlin/Jarren 2001: 233) geht, um Entscheidungen also, „die der öffentlichen Kommunikation einen Rahmen setzen und sie damit zugleich ermöglichen und beschränken" (Vowe/Opitz/Dohle 2008) dürfte noch weithin unstritten sein. Offen bleiben bei dieser schlanken Definition jedoch we-

2.2 Begriffliche Grundlegung: Medienpolitik oder Kommunikationspolitik?

sentliche Elemente, die erst den konkreten wissenschaftlichen und praktischen Zugang zur Medienpolitik ermöglichen. Das betrifft den Kreis möglicher Akteure ebenso wie die normativen Prinzipien, nach denen gehandelt werden soll, und nicht zuletzt bleiben die Adressaten ebenso offen wie Reichweite und Geltung medienpolitischen Handelns. Hinzu kommt, dass die bisherigen Versuche, zwischen dem vor allem in den Medienwissenschaften gebräuchlichen Begriff „Kommunikationspolitik" und dem in der Politikwissenschaft verbreiteten Begriff „Medienpolitik" klare Konturen abzustecken, bisher kaum überzeugen können (vgl. kritisch dazu Donges 2002: 25-28 sowie Jarren/Donges 2006a; Jarren 1998b: 616-619; Kleinsteuber 1989: 172-174; ders. 1989 sowie 2003: 92-96).

Über die innerwissenschaftliche – vornehmlich kommunikationswissenschaftliche – Verwendung hinaus hat sich „Kommunikationspolitik" (vgl. Tonnenmacher 1996; Ronneberger 1978 und 1986) gegenüber „Medienpolitik" nicht im öffentlichen Sprachgebrauch durchsetzen können. Unverkennbar ist allerdings das Bemühen auf kommunikationswissenschaftlicher Seite, mit dem Terminus „Kommunikationspolitik" das Kommunikationsgeschehen breiter zu fassen, indem damit alles Handeln gemeint ist, das auf die Durchsetzung „rechtsverbindlicher Regeln für die Individual- *und* Massenkommunikation ausgerichtet zielt" (Kepplinger 1994: 116ff). Interessanterweise wurde das Stichwort Kommunikationspolitik in der letzten Auflage des „Fischer-Lexikons Publizistik – Massenkommunikation" mit der Begründung wieder aufgegeben, die politische Dimension sei in vielen anderen Artikeln enthalten (vgl. Noelle-Neumann 2002b: 12). Medienpolitische Regulierung, die im Kern auf die Rahmenbedingungen für mediale öffentliche Kommunikation zielt, wäre demnach ein Teilbereich der Kommunikationspolitik.

Unbeschadet dessen werden „Kommunikationspolitik" und „Medienpolitik" inzwischen vielfach auch synonym verwendet. Wo eine theoriegesättigte und allgemein anerkannte Definition fehlt, sollen einige pragmatische Differenzierungen helfen, Gegenstandsbereich und Aufgaben von Medienpolitik einzugrenzen. Zunächst kann zwischen einem engeren und weiteren medienpolitischen Verständnis unterschieden werden. So heben ältere Konkretisierungsversuche exklusiv auf den Staat als medienpolitischen Akteur ab. Danach umfasst Medienpolitik „die Gesamtheit der Maßnahmen des politisch-administrativen Systems (Parteien, Parlamente, Regierungen und Ministerialverwaltungen des Bundes und der Länder), die direkt oder indirekt auf die Produktion, Distribution und den Konsum (Rezeption) massenmedial verbreiteter Inhalte einwirken" (Schatz/Habig/Immer 1990: 332). Zu den direkten und indirekten medienpolitischen Instrumenten des Staates rechnet Jarren

1. „die Ordungspolitik (z.B. duale Rundfunkordnung),
2. die Infrastrukturpolitik (z.B. Zurverfügungstellung von Sendefrequenzen),

3. die Medien-Organisationspolitik (z.B. Formen der Rundfunkorganisation und -kontrolle) und
4. die Personalpolitik (z.B. Besetzung von Positionen in den Aufsichtsgremien öffentlich-rechtlicher Rundfunkveranstalter oder die Besetzung von Positionen in den Aufsichtsgremien der für die Privatfunkaufsicht zuständigen Landesmedienanstalten),
5. die Programm- und Informationspolitik (z.b. durch politische PR)" (Jarren 1998b: 617).

So hilfreich diese Ausdifferenzierung medienpolitischer Handlungsfelder ist, so besteht in der neueren wissenschaftlichen Debatte der Rechts-, Kommunikations- und Politikwissenschaft weitgehend Konsens, dass es in einer modernen Gesellschaft nicht mehr der Staat allein sein kann, der ein leistungsfähiges Kommunikationssystem garantierte. Die herrschende Lehre geht deshalb inzwischen von einem erweiterten medienpolitischen Verständnis aus, das weniger politisch-institutionell und hoheitlich-hierarchisch allein auf staatliche Akteure als Legitimation beschaffende Instanzen abhebt und statt dessen weit in die gesellschaftliche Sphäre hineinreicht und dem komplexen Regelungs- und Steuerungsbedarf moderner demokratischer Gesellschaften Rechnung trägt. Aus politisch-ökonomischer Sicht ergibt sich hier „eine spezielle *Tauschbeziehung* zwischen strategisch handelnden Akteuren" (Vowe 2003: 215), die das gemeinsame Interesse an medialer öffentlicher Kommunikation verbindet. „Die Akteure operieren als Anbieter und Nachfrager von kommunikativen Gütern und Dienstleistungen auf spezifischen Märkten, die durch die Regulierungen ein institutionelles Gerüst bekommen. Regulierungen wirken als Restriktionen. Sie steuern weder das kommunikative Handeln der Akteure – in dem Sinne, dass sie ihnen Ziel und Weg vorgeben – noch deren Präferenzen; aber sie beeinflussen beides, indem sie durch die Festlegung von Grenzen den Handlungsraum für manche Akteure erweitern, für andere verengen" (ebenda: 215). Medienpolitik ist danach ein eigenständiges und „offenes Handlungssystem, das vorrangig durch Kommunikation konstituiert wird und sich auf die Massenmedien als Regelungsfeld bezieht" (Jarren/Donges 1997: 239).

Zunehmend ist die Rede ist von einem medienpolitischen Paradigmenwandel von Government zu Governance (vgl. Jarren/Donges 2007). Gemeint sind damit neue Instrumente, Verfahren und Akteurskonstellationen politischer Steuerung, bei denen „Formen der prozeduralen Regulierung" an Bedeutung gewinnen. Zumindest die Erwartung seitens medienpolitisch kundiger Wissenschaftler geht in diesem Zusammenhang dahin, dass der nur schwach mobilisierte Bereich zivilgesellschaftlicher Akteure, die bisher nur als Nutzer wahrgenommen werden, an medienpolitischem Gewicht gewinnen sollte, vor allem wenn es gilt, „künftig verstärkt Formen der Selbstverantwortung oder Modelle der Ko-Regulierung" (Jarren/Donges 2007: 400) zu implementieren.

Medienpolitik bleibt ein „offenes Handlungssystem", das in der normativen Verpflichtung steht, „den Massenmedien jenen Raum an Freiheit und Unabhängigkeit vom Staat, von anderen gesellschaftlichen Machtgebilden oder von privaten Monopolen zu sichern, dessen sie bedürfen, um die publizistischen Funktionen angemessen und ungehindert erfüllen zu können (...) Sie hat die Informations- und Meinungsvielfalt durch ein plurales Angebot der Massenmedien nach Programm und Inhalt zu gewährleisten" (Wilhelm 1994: 229). Mit der Freiheitssicherung im Medienbereich durch chancengerechten Zugang zum Kommunikationssystem obliegt deshalb jeder Medienpolitik ein elementares Stück einer nicht nur in rechtlicher Hinsicht, sondern auch im umfassenden Sinne gesellschaftlich verstandenen Verfassungspolitik. Es geht, so der programmatische Titel der Festschrift zu Ehren von Ulrich Saxers 75. Geburtstag, in einem umfassenden Sinn um die Ermöglichung sozialer „Ordnung durch Medienpolitik" (Jarren/Donges 2007).

2.3 Mediengesellschaft im Wandel: Der politische, gesellschaftliche und ökonomische Bezugsrahmen medienpolitischen Handelns

Die ‚Verfassung' von Politik und Gesellschaft hängt also zentral mit den Kommunikationsleistungen zusammen, die vom Mediensystem erbracht werden müssen und die zu ermöglichen Aufgabe der Medienpolitik ist. Dabei wird inzwischen auch von Nichtkonstruktivisten kaum mehr bestritten, dass die Medien zu einem die Gesellschaft maßgeblich konstituierenden Faktor geworden sind (vgl. Luhmann 1995: 5). Insofern lassen sich moderne Gesellschaften auch als „Mediengesellschaften" (vgl. zur Begriffskarriere Saxer 1998) charakterisieren. Erst durch die Publizitätsleistungen der Massenmedien entsteht in der modernen Gesellschaft Öffentlichkeit, d.h. ein Raum, der Themen und Meinungen zur Verfügung stellt, die kritisches Räsonnement ermöglichen und so dem Souverän eine Entscheidungsgrundlage verschaffen. Idealiter sollen sich die Massenmedien „als Mandatar eines aufgeklärten Publikums verstehen, dessen Lernbereitschaft und Kritikfähigkeit sie zugleich voraussetzen, beanspruchen und bestärken" (Habermas 1992a: 457). Mit dieser Erwartung wurde „Öffentlichkeit" schon seit der Aufklärung befrachtet.

Trotz eines vielfältigen „Strukturwandels der Öffentlichkeit" (Habermas 1962) bleibt dieser normative Anspruch in der Mediengesellschaft der Gegenwart ein zentrales regulatives Prinzip demokratischer Entwicklung (vgl. Imhof 2003). Verfassungsrechtlich findet dieses Prinzip seinen Ausdruck in der dreifachen Vorgabe des Grundrechts (Art. 5 GG) der Meinungs-, Informations- und Pressefreiheit – als individuelles Schutz- und Abwehrrecht gegenüber dem Staat, als politisches Teilhaberecht am staatlichen und gesellschaftlichen Leben sowie als institutionelle Garantie für ein staatsfreies Mediensystem.

Eine kaum weniger relevante und für das Funktionsverständnis von Medienöffentlichkeit zentrale Gegenposition zu Habermas' diskurstheoretischem Öffentlichkeitsbegriff ist aus systemtheoretischer Perspektive entwickelt worden. Danach wird Öffentlichkeit – völlig unabhängig von der Frage ihrer Qualität – als intermediäres System begriffen. Erst über das Kommunikationssystem Öffentlichkeit können sich Bürger und Akteure des politischen und gesellschaftlichen Systems wechselseitig beobachten, können via Öffentlichkeit miteinander kommunizieren und auf die öffentliche Meinung Einfluss nehmen. Insofern ist die vor allem durch Massenmedien zu gewährleistende Öffentlichkeit ein unverzichtbares Mittel für die Fremd- und Selbstbeobachtung von Gesellschaft (vgl. Luhmann 1995; Gerhards 1998).

Angesichts dieser in normativer und funktionalistischer Hinsicht zentralen Bedeutung von Medienöffentlichkeit stellt sich die Frage nach den realen Rahmenbedingungen, unter denen die Herstellung von Öffentlichkeit möglich bzw. erschwert wird, sowie nach den daraus resultierenden Herausforderungen für medienpolitisches Handeln. Vor allem auf drei Aspekte mediengesellschaftlicher Veränderung ist dabei aufmerksam zu machen: ein legitimatorischer (1.), ein politisch-weltanschaulicher (2.) und ein (medien)ökonomisch-technologischer (3.).

1. *Der legitimatorische Aspekt:* Ob von Informations-, Kommunikations- oder einfach von Mediengesellschaft die Rede ist – in der modernen Gesellschaft jedenfalls wird „Kommunikation ... zum strategischen Spiel, das über Erfolg und Misserfolg von Individuen, Organisationen, gesellschaftlichen Gruppen und ganzen Gesellschaften entscheidet" (vgl. Münch 1995: 85). Kommunikation verstanden als die Fähigkeit, sich im öffentlichen Raum, also in der Medienöffentlichkeit, mit Themen und Meinungen zu behaupten, ist zu einem zentralen Leistungsbereich nicht nur für politische, sondern auch für gesellschaftliche und wirtschaftliche Akteure geworden. Galt „Legitimation durch Kommunikation" als demokratische Selbstverständlichkeit für eine öffentlich begründungspflichtige weil zustimmungsabhängige Politik im demokratischen System, so gilt dieses Prinzip in der Mediengesellschaft zunehmend auch für andere relevante Akteure. Wer politisch, gesellschaftlich oder ökonomisch Einfluss ausüben will und dabei Legitimität beansprucht, kann dies nur im Lichte der Öffentlichkeit erreichen. Mit der Erschütterung des Glaubens an eine „lineare Legitimationshierarchie" hoheitlicher Institutionen sind auch Privatpersonen, Unternehmen, Verbände oder Expertengruppen, aber auch virtuelle Kommunikationsgemeinschaften des World Wide Web „Legitimationsmittler" (Hoffmann-Riem: 2003: 30f.) und bedienen sich der Medien als Plattform. Die Sicherung des freien Zugangs zu den Massenmedien wird

damit zu einer existentiellen Voraussetzung für eine „offene Gesellschaft" (Popper) und zu einer nicht allein staatlichen Aufgabe.

2. *Der politisch-weltanschauliche Aspekt:* Dass die Massenmedien nicht nur „Medium" im Sinne von Forum oder Plattform unterschiedlicher Meinungen und Interessen sind, sondern auch ein „eminenter Faktor der öffentlichen Meinungsbildung" (BVerfGE 12: 205ff.), hat das Bundesverfassungsgericht bereits in seinem ersten Fernsehurteil konstatiert. Mehr als drei Jahrzehnte später ist der Medienmarkt in Deutschland weithin liberalisiert und zunehmend auch kommerzialisiert. Die quantitative Ausweitung der Anbieter im elektronischen Bereich mit der Konkurrenz zwischen öffentlich-rechtlichen und privaten Medien und die Differenzierung der Printangebote bei gleichzeitiger Konzentration der Medienunternehmen haben die medialen Verhältnisse unübersichtlicher gemacht. Vor allem aber hat diese Entwicklung dazu geführt, dass sich das Verhältnis von Medien und politischen sowie gesellschaftlichen Akteuren zunehmend entkoppelt hat. Selbst zu einem zunehmend ausdifferenzierten System geworden, folgen Medien mehr und mehr ihrer eigenen Logik und nicht der Logik politischer und gesellschaftlicher Akteure. Denn unter dem Kommerzialisierungsdruck verspricht die Orientierung an den Erwartungen des Marktes mehr Reichweite und damit höheren Gewinn als die Orientierung an richtungspolitischen Präferenzen bestimmter Akteure oder Institutionen. Kurz: Die Medien haben sich vom politischen System und seinen Institutionen weg- und zum Publikum hinbewegt. Unter historischer Perspektive wird dieser grundlegende Wandel noch deutlicher. So war die Presse in ihrer Entstehungsphase dem Räsonnement eines elitären Bürgertums vorbehalten. Später mit dem Aufkommen von politischen Bewegungen und Parteien mutierte sie dann zur Gesinnungs-, Partei- und Gruppenpresse mit deutlich höherem Verbreitungsgrad. Inzwischen ist auch die auf eine mehr oder weniger klar definierte Klientel ausgerichtete politische und konfessionelle Gesinnungspresse in Deutschland fast völlig verschwunden und abgelöst worden von einer weithin gruppen-unabhängigen Forums- und Geschäftspresse, die einen möglichst breiten Markt bedienen will und sich insofern mehr und mehr durch eine Publikumsorientierung auszeichnet. Dies verweist auf den dritten, also den ökonomisch-technologischen Aspekt medienpolitischer Rahmenbedingungen.

3. *Der ökonomisch-technologische Aspekt:* Sieht man einmal von Ausnahmen ab – ein viel diskutiertes und besonders drastisches Gegenbeispiel wäre etwa Italien unter den Berlusconi-Regierungen – so ergeben sich in fortgeschrittenen demokratischen Systemen Gefährdungen der Meinungs- und Pressefreiheit weniger durch politische Instrumentalisierung der Medien oder gar durch direkte staatliche Intervention. Vielmehr sind es ökonomische, publizistische und redaktionelle Konzentrationsprozesse auf der natio-

nalen und internationalen Ebene, die eine weitere Rahmenbedingung und zugleich Herausforderung für medienpolitisches Handeln in Gegenwart und Zukunft darstellen. Ursächlich dafür sind einmal massive Umsatzverluste und rückläufige Werbeeinnahmen insbesondere bei den Printmedien. Aber auch medientechnische Entwicklungen vor allem im elektronischen Bereich und damit zusammenhängende Investitionserfordernisse beschleunigen den strukturellen Umbruch auf dem Medienmarkt, führen zu neuen strategischen Allianzen mit horizontalen und vertikalen Unternehmensverflechtungen im europäischen und internationalen Maßstab. Zudem beschleunigen neue Finanzierungs-, Produktions- und Distributionsstrukturen auf dem Hörfunk-, Fernseh- und Onlinemarkt den Konzentrationsprozess.

Ökonomisch vielfach sinnvoll werden hohe Konzentration und Medienverflechtung medienpolitisch problematisch dann, wenn sie Unternehmen eine Marktstellung auf einem oder mehreren Medienmärkten verschaffen, die den freien Zugang zu Informationen kontrollieren und die Gewährleistung von Meinungsvielfalt durch die Behinderung des Marktzutritts Dritter erschweren. Aufgabe der Medienpolitik muss es deshalb sein, einem Prozess entgegenzuwirken, in dessen Folge aus einer „konzentrierten Öffentlichkeit" die für ein freiheitliches System unverzichtbare „konkurrierende Öffentlichkeit" (Knoche 1999: 730) erschwert bzw. ausgeschlossen wird. Dies bezieht sich zum einen auf die medienspezifische Konzentrationskontrolle, über die einerseits *Medien*vielfalt (Außen- und Binnenpluralismus von Medien) und andererseits *Meinungs*vielfalt (politischer und gesellschaftlicher Pluralismus) gewährleistet werden soll. Es betrifft aber auch die wettbewerbsrechtliche Konzentrationskontrolle, die auf die Sicherstellung eines ausreichenden wirtschaftlichen Wettbewerbs zielt (vgl. Meier 2004: 5). Soweit der Staat als medienpolitische Kontrollinstanz in Aktion tritt, liegt der Schwerpunkt seiner Regulierung auf der Wettbewerbskontrolle, die sich derzeit nach dem Marktanteilsmodell richtet.

2.4 Akteure, Akteurskonstellationen und Kompetenzen der Medienpolitik

Medienpolitik ist kein eigenständiges, etwa der Außen-, Sozial- oder Verteidigungspolitik vergleichbares ressortmäßig zuordenbares Politikfeld. Als „Querschnittsbereich" (Jarren 1998b: 619) unterliegt sie den Einflüssen von Akteuren in vielen Politikfeldern. So können wirtschafts- und rechtspolitische Entscheidungen, tarifrechtliche Vereinbarungen oder sozialpolitische Maßnahmen ebenso wie die Förderung technologiepolitischer Innovationen oder ökonomische Entwicklungen medienpolitische Wirkungen entfalten. Hinzu kommt, dass der Staat immer weniger als geschlossenes Handlungszentrum in Erscheinung tritt. Eher geht es um

2.4 Akteure, Akteurskonstellationen und Kompetenzen der Medienpolitik 41

„polyzentrische Einflussnahme" (Prätorius 2003: 12), um medienpolitischen Interessenausgleich im Rahmen von „Policy-Netzwerken" (Donges 2002: 30; ebenso Jarren 1998b: 618). Dabei handelt es sich um ein komplexes Beziehungsgeflecht von Akteuren des politisch-administrativen (Staat, Verwaltung, supranationale Handlungsträger), des intermediären (Parteien, Verbände, Institutionen, Kirchen etc.) und des ökonomischen Systems (Verleger, Konzerne, Rundfunkanstalten etc.). Hier kann zwischen „gestaltenden" und „beeinflussenden" (Wulff-Nienhüser 1999: 22), „mittelbaren" und „unmittelbaren" (Scholten-Reichlin/Jarren 2001: 242) Handlungsträgern bzw. Akteuren unterschieden werden. Während gestaltende Handlungsträger wie etwa die Akteure des politisch-administrativen Systems formelle und rechtlich verbindliche Entscheidungen (Gesetze, Verordnungen, Lizenzvergabe etc.) herbeiführen können und diese auch verantworten müssen, versuchen beeinflussende Handlungsträger unter Ausnutzung ihrer wirtschaftlichen, gesellschaftlichen oder politischen Möglichkeiten auf den Gang der Medienpolitik einzuwirken. Allerdings sagt diese akademisch erscheinende Unterscheidung noch nichts über die medienpolitische Durchsetzungsmacht aus. Gewichtet man die Bedeutung medienpolitischer Akteure in langfristiger Perspektive, so ist „eine Verschiebung im Kräfteparallelogramm von öffentlich-rechtlichen und den mit ihnen verbundenen Non-Profit-Organisationen hin zu den kommerziellen Einzelakteuren sowie zu den Verbänden" (Jarren 1998b: 625) unverkennbar.

Die gerade in Deutschland schwach institutionalisierte und hochgradig fragmentierte Medienpolitik lässt sich am ehesten noch als offenes Handlungssystem für die Bildung von „Policy-Netzwerken" im Sinne von „kooperativen Arrangements" (Grimm 1991: 170) mit je nach Problemlösungsbedarf unterschiedlichen Akteurskonstellationen aus staatlichen und nichtstaatlichen Akteuren beschreiben. Mehr noch als bei anderen Staatsaufgaben ist hier der Staat auf nichtstaatliche Kooperationspartner angewiesen, steht er doch gerade in der Medienpolitik im latenten Verdacht, über die ihm zukommende Aufgabe der chancengerechten Zugangssicherung zum Mediensystem hinaus sich eine politisch genehme Medienordnung schaffen zu wollen. Während die medienpolitischen Interessen und Motive nicht-staatlicher Akteure wie etwa im Falle der Parteien, der Wirtschaftsverbände, der Gewerkschaften sowie der öffentlich-rechtlichen und privaten Medienorganisationen sehr unterschiedlicher (z.B. politischer, gesellschaftlicher, kultureller oder ökonomischer) Natur sein können, sind die Kompetenzen der gestaltenden staatlichen Handlungsträger formell geregelt (vgl. Tonnenmacher 1996: 79ff.). Im Einzelnen ist dabei auf folgende Zuständigkeiten zu verweisen:

1. *Die europäische und internationale Ebene:* Die bereits 1989 verabschiedete und 1991 in nationale Gesetzgebung umgewandelte Fernsehrichtlinie stellt das wichtigste Instrument europäischer Medienpolitik dar. Mit der Beseitigung von Behinderungen der freien grenzüberschreitenden Verbreitung auch

von Fernsehsendungen sollte auch im Informations- und Unterhaltungssektor der freie Binnenmarkt gewährleistet werden. Die Fernsehrichtlinie stützt sich außerdem noch auf den Art. 10 der Europäischen Menschenrechtskonvention, der die Freiheit der Meinungsäußerung sichert. Medienpolitisch zielt die EG/EU-Richtlinie auf eine Quotierung zugunsten europäischer Medienproduktionen, auf eine Begrenzung der Werbung sowie auf kinder- und jugendschutzrelevante Regelungen. Im Bereich der Mediendienste verdient noch die „e-commerce-Richtlinie" Beachtung, die im nationalen Medienrecht aller EU-Mitgliedsstaaten berücksichtigt werden muss.

2. *Der Bund:* Medienpolitisch relevant ist die Rolle des Bundes vor allem durch seine ausschließliche Zuständigkeit für das Post- und Fernmeldewesen und für den Auslandsrundfunk, durch seine Rahmenkompetenz für das Presse- und Filmwesen sowie durch eine Reihe weiterer ergänzender medienspezifischer Kompetenzen, die sich u.a. aus dem Strafrecht, dem Steuerrecht, dem Jugendschutz oder dem Urheberrecht ergeben. Obwohl weitgehende Zuständigkeiten fehlen und von der presserechtlichen Rahmengesetzgebungskompetenz seitens des Bundes kein Gebrauch gemacht wurde, haben es die Bundesregierungen immer wieder verstanden, über die Einsetzung hochkarätig besetzter Kommissionen (z.B. „Günther-Kommission", „KtK") sowie durch Förderprogramme etwa zum Ausbau der informations- und kommunikationstechnischen Infrastruktur medienpolitische Akzente zu setzen. Indirekt, deshalb aber nicht weniger nachhaltig, können sich aus rechtspolitischen Entscheidungen des Bundes medienpolitisch weittragende Folgen ergeben. Exemplarisch dafür sind die Konsequenzen möglicher Neuregelungen zum „Großen Lauschangriff", der den Schutz von Journalisten vor staatlichen Abhörmaßnahmen weitgehend beseitigt. Nicht zu vergessen ist auf der Bundesebene die gar nicht hoch genug einzuschätzende Rolle des Bundesverfassungsgerichts als medienpolitisch Norm bildende Instanz mit vielfach Ersatzgesetzgeberfunktion. Dies gilt für die Weiterentwicklung des Grundrechtsschutzes (Meinungs- und Informationsfreiheit, informationelle Selbstbestimmung), für Aufgabenstellung und publizistisches Verständnis von Rundfunk, für den Zugang öffentlich-rechtlicher und privater Anbieter zum Rundfunkbereich wie überhaupt für Maßstäbe zur Gewährleistung eines freien und mit dem technologischen Wandel Schritt haltenden Mediensystems. Im Gegensatz zu den bundespolitisch-staatlichen Akteuren mit formellen Kompetenzen findet die medienpolitische Sorge insbesondere im Kontext der Entwicklung des Fernsehens gelegentlich auch informell Ausdruck in rhetorischen Interventionen von Bundespräsidenten oder anderen Spitzenakteuren. Deren konkrete medienpolitische Wirkung ist jedoch ebenso schwer messbar wie etwa der Einfluss, der vom „Bericht

zur Lage des Fernsehens" (1995) ausging, den eine durch den Bundespräsidenten Richard von Weizsäcker berufene Kommission erarbeitet hatte.
3. *Die Bundesländer:* Im Rahmen ihrer Kulturhoheit sind die Länder auch primär für die Medien zuständig. Sie verabschieden Landespressegesetze und Landesrundfunkgesetze und schließen, soweit es sich um länderübergreifende Angelegenheiten des Rundfunks handelt, untereinander Staatsverträge ab. Während privatwirtschaftlich organisierte Printmedien – von besonderen Bestimmungen in Landespressegesetzen abgesehen – ähnlichen Regeln unterliegen wie sonstige Wirtschaftsunternehmen, üben von Land zu Land allerdings unterschiedlich organisierte öffentlich-rechtliche Landesmedienanstalten bzw. -zentralen die Rechtsaufsicht über die privaten Rundfunkbetreiber aus. Alle Bundesländer richten dabei ihre Rundfunkpolitik nach ähnlichen medienpolitischen Leitlinien aus. Dies betrifft die prinzipielle Anerkennung von Rundfunk als Kulturgut, das nicht allein wirtschaftlichen Interessen dient; die Stärkung der dualen Rundfunkordnung durch programmliche, technische und finanzielle Bestands- und Entwicklungsgarantien für die öffentlich-rechtlichen Rundfunkanstalten; die Schaffung guter wirtschaftlicher Rahmenbedingungen für private Medienanbieter; den diskriminierungsfreien und chancengleichen Zugang von öffentlich-rechtlichem und privatem Rundfunk über alle Verbreitungstechniken; die Förderung individueller Medienkompetenz, mit der insbesondere die Landesmedienanstalten beauftragt sind, sowie vielfach auch die länderübergreifende Zusammenarbeit in Angelegenheiten des Rundfunks. Mit dem exklusiven Recht zur Vergabe und zum Entzug von Lizenzen verfügen die Landesmedienanstalten über eine Schlüsselstellung nicht nur bei der Verhinderung unzulässiger Medienkonzentration, was vor allem regionale und lokale Monopolstellungen durch Anbieter verhindern soll, die sowohl Print- als auch Rundfunkmedien produzieren (vgl. Gruber 1995). Aufgabe der Landesmedienanstalten ist es auch, durch entsprechende Auflagen Mindeststandards im Hinblick auf Meinungsvielfalt, Informationsanteile, tagesaktuelle Berichterstattung etc., sicherzustellen.
4. *Die Kommunen:* Sie verfügen nicht direkt über medienpolitische Kompetenzen. Beteiligungen an kommerziellen Lokalradio- oder Fernsehprogrammen blieben die Ausnahme, zumal die damit verbundenen Erwartungen für eine Belebung des bürgergesellschaftlichen Engagements nicht erfüllt wurden. Selbst anfängliche Zuständigkeitsansprüche von Städten und Gemeinden bei der Verkabelung haben sich nicht durchsetzen lassen und sind auf die Beteiligung bei der Planung durch die zuständige Telekom zurückgestutzt worden. Auf Besonderheiten medienrelevanter gemeindlicher Rechte in Bayern und Nordrhein-Westfalen soll hier nicht näher eingegangen werden (vgl. Tonnenmacher 1996: 69f.). Besonders erwähnenswert ist allerdings das kommunale medienpolitische Engagement einiger Städte (z.B. Hamburg, Köln,

Mainz, München etc.), die sich durch entsprechende Ansiedlungs- und Wirtschaftsförderungspolitik als Medienstandort zu profilieren versuchen.

2.5 Steuerung und Selbststeuerung: Theoretische und praktische Elemente kooperativer Medienpolitik

Im Zuge einer fortschreitenden Liberalisierung und Marktöffnung auch im Medienbereich stellt sich nicht nur politisch die Frage nach den medienpolitischen Regulierungschancen in zunehmend deregulierten Märkten. Angesichts eines international zu beobachtenden Paradigmenwechsels „vom Treuhänder- zum Marktmodell" bzw. „von der kulturellen zur ökonomischen Legitimation" (Hoffmann-Riem 1996: 340f.) bedarf es auch wissenschaftlicher Anstrengungen im Zusammenhang mit der Suche nach einer für den Medienbereich geeigneten und zeitgemäßen Steuerungstheorie (vgl. Abb. 2).

Abbildung 2: Arenen und Kontexte der Medienpolitik

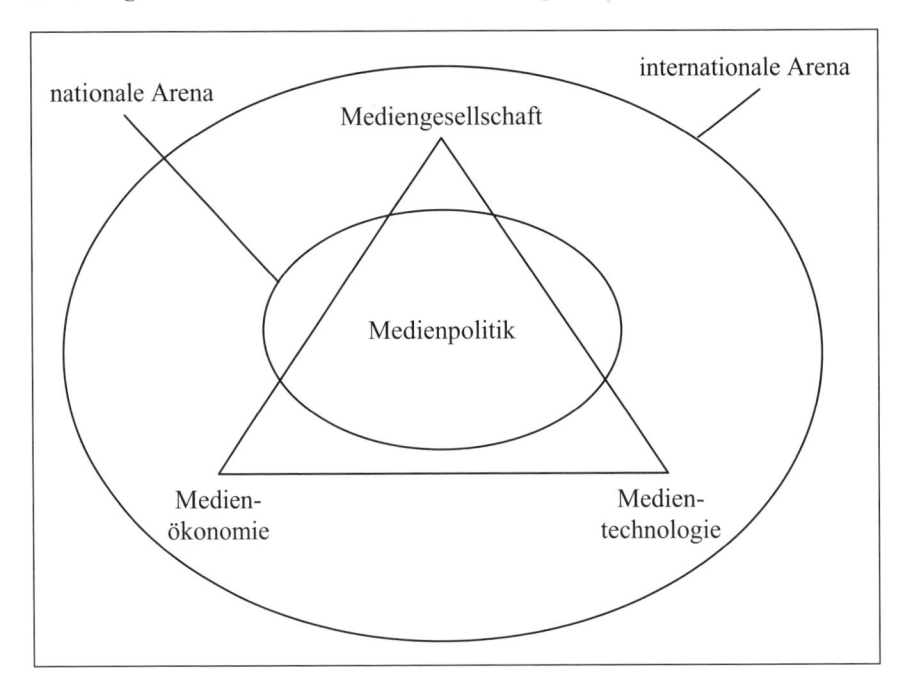

2.5 Steuerung und Selbststeuerung

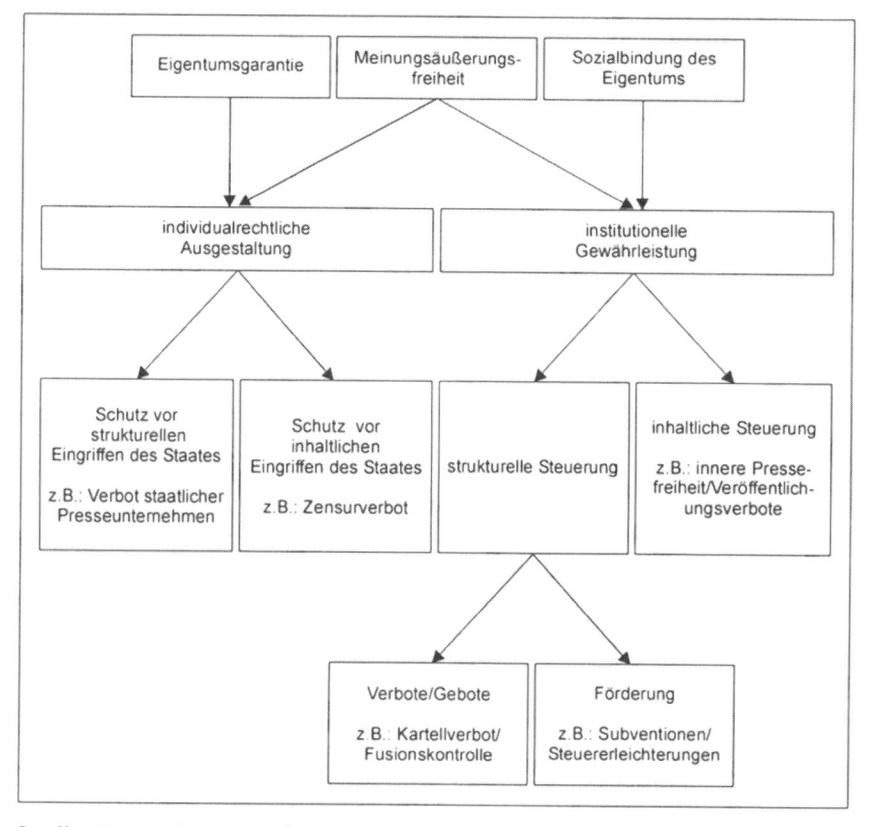

Abbildung 3: Medienpolitische Zieldimensionen

```
                Eigentumsgarantie   Meinungsäußerungs-   Sozialbindung des
                                         freiheit            Eigentums

                      individualrechtliche          institutionelle
                         Ausgestaltung              Gewährleistung

   Schutz vor          Schutz vor                              inhaltliche Steuerung
   strukturellen       inhaltlichen       strukturelle
   Eingriffen des      Eingriffen des     Steuerung            z.B.: innere Presse-
   Staates             Staates                                 freiheit/Veröffentlich-
                                                               ungsverbote
   z.B.: Verbot        z.B.: Zensurverbot
   staatlicher
   Presseunternehmen

                                          Verbote/Gebote      Förderung

                                          z.B.: Kartellverbot/ z.B.: Subventionen/
                                          Fusionskontrolle     Steuererleichterungen
```

Quelle: Kopper/Rager et al. 1994: 4

Versteht man medienpolitische Steuerung als absichtsvolle Gestaltung medialer Verhältnisse, die unter den Bedingungen einer modernen Gesellschaft Informationsfreiheit und Meinungsvielfalt ermöglichen, so ist dabei, wie bereits betont, nicht nur der Staat als Steuerungssubjekt in den Blick zu nehmen. Denn verfassungsrechtlich sind medienpolitischen Steuerungsbemühungen seitens des Staates enge Grenzen gesetzt, die mit Blick auf die Grundrechtsgewährleistung des Art. 5 des Grundgesetzes (Meinungs-, Informations- und Pressefreiheit) vor allem in zwei Richtungen zielen: Zum einen auf die Sicherung von Meinungs- und Informationsfreiheit im Sinne eines individuellen Abwehrrechts gegenüber möglichen staatlichen Eingriffen in dieses Freiheitsrecht. Zum anderen hat der Staat dafür Sorge zu tragen, dass diese Freiheit auch institutionell, d.h. durch lebensfähige

Presseorgane überhaupt erst ermöglicht wird. – Allerdings garantiert die institutionelle Gewährleistung eines freien Mediensystems nicht den Erhalt eines jeden Mediums, das sich am Markt nicht behaupten kann (vgl. Abb. 3).

2.5.1 Regulierte Selbstregulierung

Auffallend ist in der steuerungstheoretischen Debatte nicht allein der Zweifel an der Steuerungsfähigkeit des Staates. Durchgängig erkennbar wird auch eine generelle Skepsis gegenüber Steuerungsmöglichkeiten von Systemen mit funktional differenzierten und weithin autonom operierenden Teilsystemen. Am weitesten gehen dabei Positionen in der Folge von Luhmanns autopoietisch gewendeter Systemtheorie (vgl. Luhmann 1991), die mit Verweis auf die Autonomie selbstreferentieller Systeme die Möglichkeit politischer Steuerung grundsätzlich in Frage stellen. Das Mediensystem durch die Politik oder durch ein anderes Teilsystem zu steuern, wäre danach ausgeschlossen, weil Systeme sich nur selbst steuern, aber nicht gezielt von außen gesteuert, sondern allenfalls „irritiert" werden können. Weniger rigorosen Vertretern der Systemtheorie erscheint „Selbststeuerung eines komplexen Systems" und „Kontextsteuerung" im Falle externer Einflussnahme, die „als wechselseitige Abstimmung in Form eines Dialogs über die Verträglichkeit von Optionen" angelegt sein muss, angemessener und produktiver (vgl. Willke 1995: 336).

Auch akteurs- und handlungstheoretisch argumentierende Autoren teilen die grundsätzliche Skepsis gegenüber hierarchischen Steuerungserwartungen. Sie richten aber verstärkt den Blick auf die institutionellen Kontexte und auf die „kooperativen Arrangements" (Vowe 2003: 217), in denen korporative Akteure (insb. Medienorganisationen) mit staatlichen Instanzen kooperieren und in engen Policy-Netzwerken und Verhandlungssystemen verbunden sind. Danach ergeben sich Steuerungsmöglichkeiten für das politische System dadurch, dass es institutionelle Regelungen als Handlungskontexte für politische und andere Akteure setzt, die in Netzwerken und Verhandlungssystemen miteinander verbunden sind (vgl. Mayntz/ Scharpf 1995: 47f.). Über die Vor- und Nachteile der zentralen Steuerungsmodi Hierarchie, Markt, Verhandlung und Selbststeuerung informiert Tabelle 2.

Für die medienpolitische Entwicklung zukunftsweisend könnte eine Anregung aus der neueren steuerungstheoretischen Diskussion sein. Hier wird ein Perspektivenwechsel empfohlen: weg von einem strukturorientierten Ansatz, wie er in der Systemtheorie und älteren Machttheorien vorherrscht, hin zu einem „prozessorientierten Ansatz, bei dem Interessenkoalitionen, Perzeptionen und Tauschmöglichkeiten die entscheidenden Bausteine darstellen" (Braun 2000: 172). Ähnlich argumentiert Gerhard Vowe (2003: 212ff.) in Anlehnung an die Ökonomik aus eher entscheidungstheoretischer Sicht.

2.5 Steuerung und Selbststeuerung

Für Medienpolitik gilt wie für viele andere Politikfelder in modernen funktional differenzierten Systemen auch: Sie kann nur erfolgreich sein, „wenn sie in der Lage ist, sich mit geeigneten Strategien in einer Umwelt durchzusetzen, in der eine Vielzahl von Akteuren mit eigenen Interessen und erheblicher Vetomacht agieren" (Braun 1995: 617). Steuerung zur Selbststeuerung, „regulierte Selbstregulierung" (Schuppert 2003: 261), „prozedurale Regulierung" sowie Modelle der „Ko-Regulierung" (Jarren/Donges 2006b: 400) könnten demzufolge richtungsbestimmende medienpolitische Maximen sein bzw. werden. Dabei übernimmt der Staat eine „Gewährleistungsverantwortung", mit der „durch einen gesetzlichen Ordnungsrahmen die Gemeinwohlverträglichkeit nichtstaatlicher Rechtssetzung" (Schuppert 2003: 261) sichergestellt werden soll.

Unbeschadet dieser generellen Anmerkungen zu steuerungstheoretischen Konzepten und Entwicklungstendenzen ergeben sich gleichwohl im Bereich des öffentlich-rechtlichen und des privatwirtschaftlich organisierten Mediensystems jeweils unterschiedliche medienpolitische Handlungsoptionen. Im Falle der öffentlich-rechtlichen Medien haben die Landesgesetzgeber mit der Kompetenz zur Entscheidung über Rundfunkstaatsverträge und damit über das Verfahren zur Bildung von Aufsichtsgremien, über die Rekrutierung des Leitungspersonals und vor allem über die Höhe der Rundfunkgebühren (vgl. das Rundfunkgebührenurteil des BVerfG vom 11.9.2007) Möglichkeiten medienpolitischer Einflussnahme zur Gewährleistung des öffentlichen Auftrages. ‚Einfallstor' für Einflüsse politischer und gesellschaftlicher Akteure auf den Rundfunk sind dabei nach wie vor insbesondere die Rundfunkräte.

Inzwischen hat sich eine duale Rundfunkordnung etabliert, in der neben den öffentlich-rechtlichen Rundfunkanstalten auch privatwirtschaftliche, zum Teil mächtige Rundfunkveranstalter existieren, bei denen ökonomische und journalistische Interessen aufs Engste verflochten sind. Gerade hier verschieben sich die Gewichte von der ursprünglichen Forderung nach Gemeinwohldienlichkeit und sozialer Verträglichkeit mehr und mehr hin zur privaten Gratifikation. Medienprodukte gelten dabei in erster Linie als Wirtschaftsgut. Wurde Rundfunkpolitik von den Bundesländern ursprünglich unter – im weiteren Sinne – kultureller Perspektive betrieben, so versteht sich die auf den Rundfunk bezogene Medienpolitik der Länder inzwischen auch als Wirtschafts- und vor allem Medienstandortpolitik. Im Zuge dieser neuen rundfunkpolitischen Zielrichtung und der inzwischen entstandenen Akteurskonstellationen muss die Frage nach jeweils angemessenen, auch neuen medienpolitischen Regulierungskonzepten immer wieder gestellt werden (vgl. mit weiteren Hinweisen Jarren 1998b: 622; Jarren/Donges 2007).

Tabelle 2: Strukturelle Vor- und Nachteile der wichtigsten Steuerungsmodi

Modus	Vorteile	Nachteile
Hierarchie	▪ Eindeutigkeit und Verbindlichkeit der Vorgaben ▪ Sanktionsgewalt ▪ Verallgemeinerungsfähigkeit der Steuerung	▪ Kompetenzmängel ▪ Trägheit, reaktiver Modus ▪ Vollzugsdefizite ▪ hoher Verwaltungsaufwand
Markt	▪ kein direkter Zugang ▪ flexible, rasche Anpassung von Kosten ▪ geringer bürokratischer Aufwand	▪ Tendenz zur Externalisierung ▪ Vernachlässigung nicht marktfähiger Güter
Verhandlung	▪ relativ breite Problemperzeption ▪ Bündelung von Wissen und Kompetenzen ▪ breiter politischer Rückhalt	▪ Ausschluss nicht organisierter Interessen ▪ prekäre Basis (Veto- und Exit-Optionen) ▪ organisationsinterne Durchsetzungsprobleme
Selbst-Steuerung	▪ Orts- und Problemnähe ▪ flexible Problembearbeitung ▪ geringer bürokratischer Aufwand	▪ Dominanz interner Rationalitätskriterien ▪ fehlende externe Kontrolle ▪ Unverbindlichkeit nach außen

Quelle: Jarren/Donges 2000: 61

Deutlich eingeschränkt waren und sind die staatlichen Interventionsmöglichkeiten im privatwirtschaftlich organisierten Bereich der Printmedien. Typisch ist dabei mehr noch als im Falle medienpolitischer Einflussnahme im öffentlich-rechtlichen Sektor, dass sie in der Regel reaktiv, also nach politischen Debatten über Missstände auf dem Pressemarkt oder nach entsprechender Kritik an marktbeherrschenden Entwicklungen von Seiten Marktbeteiligter selbst erfolgen. Hier verbinden sich dann vor allem bei der Konzentrationskontrolle wirtschaftspolitische und wettbewerbsrechtliche mit medienpolitischen Gestaltungserwartungen bzw. -absichten. Dem Marktversagen soll gegengesteuert werden mit dem Ziel, durch Sicherung oder Wiederherstellung eines offenen Marktzutritts und eines freien Wettbewerbs die Entstehung von Meinungsmacht zu verhindern. Dabei ist der Staat selbst nicht legitimiert, Marktversagen festzustellen. Dazu bedarf es unabhängiger Einrichtungen (z.B. Kartellbehörden). Hier ist allerdings zu konstatieren, dass Pressepolitik das Entstehen vor allem regionaler und lokaler Pressemonopole (vgl. sog. Einzeitungskreise) nicht verhindert hat. Während hier unter angebotspolitischen Gesichtspunkten die Erhaltung publizistischer Vielfalt vor allem zu einer Aufgabe der Gewährleistung innerer Pressefreiheit geworden ist, hängt – in nachfragepolitischer Perspektive – die Chance zur Wahrnehmung eines pluralen Informations- und Meinungsbildes von der Möglichkeit, Bereitschaft und Fähigkeit zur vergleichenden Nutzung verschiedener Medien durch die Rezipienten ab.

Im Zuge einer wachsenden Europäisierung und Internationalisierung sowie mit Blick auf die zunehmende Integration von Medien und Telekommunikation („Mediamatik") wird auch der Ruf nach „transnationalen Politik-Strategien" und nach einer „integrierten Kommunikationspolitik" laut (Latzer 1999: 282f. und 295f.; vgl. Deutscher Bundestag 1998). Damit beschäftigte sich bereits 1997 die Europäische Kommission in ihrem „Grünbuch zur Konvergenz der Branchen Telekommunikation, Medien und Informationstechnologien und ihren ordnungspolitischen Auswirkungen" (vgl. Europäische Kommission 1999). Sie löste mit diesem vor allem die technische Dimension von Konvergenz betonenden Grünbuch eine Diskussion um die Zukunft des Rundfunks und seiner Regulierung aus, ohne jedoch in die Hoheit nationaler rundfunkpolitischer Entscheidungen eingreifen zu können. Ob es tatsächlich, wie verschiedentlich gefordert, in überschaubarer Zeit zu einem neuen Regulierungsmodell für alle Arten von Diensten kommt, bleibt abzuwarten. In Deutschland jedenfalls sind die Reserven gegenüber solchen Überlegungen nicht zuletzt deshalb manifest, weil sie mit einem Kompetenzverlust der Länder im Medien- und Kulturbereich verbunden wären (vgl. Jarren/Donges 2006b: 399), einer der wenigen eigenständige Landespolitik begründenden Politikfelder.

Plausibel und naheliegend erscheint demgegenüber die Forderung nach einem Umsteuern der Medienpolitik „von der Pressefreiheit zur Kommunikationsfreiheit" (vgl. Haller 2003: insb. S. 108f.). Der traditionelle Dualismus Rundfunk versus Presse und Massen- versus Individualkommunikation sei im Zuge des schnellen technologischen Wandels mehr und mehr in Frage zu stellen. Entsprechend müsse auch die Medienpolitik „flexibel auf stetig sich ändernde Machtkonstellationen einwirken und zu diesem Zweck schnelle Lern- und Reaktionsfähigkeit erwerben" (Recke 1998: 88f.). Als abstraktes medienpolitisches Postulat dürfte dies kaum strittig sein. Doch dürfte der medienpolitische „Teufel" in den Details entsprechender Regelungen stecken.

Insgesamt spricht viel dafür, dass der Primat der Politik, der im medienpolitischen Bereich ohnedies immer strittig sein muss, wenn es um die direkte Einflussnahme auf das Mediensystem geht, mehr und mehr an Gewicht verliert.

Medienpolitisch kann man das politisch-administrative System durchaus mit einem gefesselten Riesen vergleichen, dessen Handeln stets einer besonderen Legitimation bedarf, die sich vielfach erst aus einem öffentlich artikulierten medienpolitischen Problemdruck ergibt.

2.5.2 Media Governance als Ausdruck unternehmerischer Verantwortung

Zur Diskussion gestellt wird inzwischen in der Medienforschung ein „Media Governance-Modell" als medienpolitische Handlungsoption, um unerwünschten Folgen der Medienkonzentration und -konvergenz entgegenzuwirken. Dieses Modell zielt „im Kern auf eine Verpflichtung von Medienunternehmen unter Einbeziehung der Medienschaffenden..., ihr unternehmerisches und publizistisches Handeln öffentlich zu rechtfertigen und auf diese Weise Akzeptanz für ihre unternehmerischen Entscheidungen zu erreichen" (Trappel et al. 2002: 131). Denn Medienkonzentration und Medienmacht bergen auch geschäftliche Risiken in sich. Mit Media Governance sollten Unternehmen die Verpflichtung eingehen, regelmäßig das gesellschaftlich-publizistische Risikopotential zu erfassen, zu evaluieren und gleichzeitig über die von Medienunternehmen ergriffenen Maßnahmen zur Verringerung des Risikopotentials zu informieren. Vorgeschlagen werden im Rahmen einer solchen Media Governance-Initiative Antworten auf die folgenden Fragen:

1. „Was unternimmt der Medienkonzern, um die journalistische Unabhängigkeit der einzelnen Redaktionen zu wahren?
2. Was unternimmt der Medienkonzern, um unterschiedlichen Stimmen im Lokalraum ein Forum zu bieten?
3. Was unternimmt der Medienkonzern, um den Einfluss von Werbekunden auf die publizistischen Inhalte zu minimieren?
4. Was unternimmt der Medienkonzern, um der inhaltlichen Homogenisierung entgegenzuwirken, wenn mehrere Medien im gleichen Markt tätig sind?
5. Was unternimmt der Medienkonzern, um zu verhindern, dass Eigentümerinteressen bei konglomerater Konzentration nicht die Berichterstattung dominieren?
6. Was unternimmt der Medienkonzern, um trotz Zentralredaktion unterschiedliche Standpunkte zu berücksichtigen?
7. Was unternimmt der Medienkonzern, um die Innovationsleistung aufrechtzuerhalten, auch wenn dazu aus Konkurrenzgründen kein unmittelbarer Anreiz besteht?

8. Was unternimmt der Medienkonzern, um Produkte und Dienstleistungen von Wettbewerbern aus anderen Medienkonzernen in den konzerneigenen Medien nicht zu diskriminieren?
9. Was unternimmt der Medienkonzern, um den Einflussversuchen von politischen oder wirtschaftlichen Akteuren zu widerstehen?
10. Was unternimmt der Medienkonzern, um auch kleineren oder oppositionellen Gruppen Gelegenheit zur Darstellung ihrer Meinungen zu gewähren?
11. Was unternimmt der Medienkonzern, um den Nachrichten innerhalb des Gesamtangebotes die angemessene gesellschaftliche Bedeutung zu verleihen?
12. Was unternimmt der Medienkonzern, um das „Squeezing" von Konkurrenzunternehmen im Beschaffungsbereich zu vermeiden?
13. Was unternimmt der Medienkonzern, um trotz Konzentration ein hohes Maß an hochwertigen journalistischen Arbeitsplätzen aufrechtzuerhalten?
14. Was unternimmt der Medienkonzern, um eine Vielfalt von Meinungen, die von Fachleuten im eigenen Medium vertreten werden, sicherzustellen?"
(Ebenda: 135)

Letztlich läuft diese Initiative in ähnlicher Weise wie andere Vorschläge auf die Befähigung zur kritischen Auseinandersetzung mit den Medien hinaus. Damit wird der öffentlichen Medienkritik eine medienpolitisch lenkende Schlüsselrolle zugemessen.

2.6 Institutionalisierung von Medienkritik als medienpolitisches Regulativ

Wenn die Beobachtung zutreffend ist, dass die Beziehungen des gesamten Mediensystems zum Publikum als Abnehmer seiner Produkte immer ökonomischer werden, Information und Kommunikation sich somit zunehmend zu einem „über Märkte vermittelte(n) Austausch von individuell zurechenbaren Leistungen und individuell gezahlten Entgelten" (Heinrich 1999: 250) entwickeln und somit Medien mehr und mehr als Wirtschaftsgut begriffen werden, dann werden auch Präferenzen und Preise als die klassischen Steuerungsmechanismen marktgerechter Produktion verstärkt zur Anwendung kommen.

Wie aber kann unter solchen Bedingungen noch sinnvoll Medienpolitik betrieben werden? Welche strategische Ausrichtung kann medienpolitische Steuerung dann noch haben? Die Ausrichtung des Medienrechts am Modell der Rundfunkregulierung dürfte langfristig kaum mehr tragfähig sein. Das legt schon die wachsende Bedeutung der Onlinedienste wie überhaupt das Zusammenwachsen der unterschiedlichen Medienangebote und -plattformen nahe. Aus einer streng medienökonomischen Sicht (vgl. Heinrich 1999: 255ff.), in der dem Medienrezipienten als Nutzer und „Verbraucher" von Medienangeboten eine Schlüsselrolle zuerkannt wird, bietet sich hier ein duales Konzept medienpolitischer Entwicklung an. So stellt der reale Medienbetrieb einerseits Güter bereit, die einen hinreichenden Gebrauchs- und Tauschwert haben. Hier übt der Rezipient durch Kauf oder Nichtkauf Kontrolle aus. Andererseits funktioniert im Bereich der meritorischen und öffentlichen Güter der ökonomische Wettbewerb als Steuerungsverfahren nicht. Wo der Anreiz zur individuellen Aneignung und Kontrolle gesellschaftlich wichtiger Güter (z.B. Wahrheit, Objektivität, relevante Informations- und Kulturgüter, die nicht dem Mehrheitsgeschmack entsprechen etc.) fehlt, weil der private Tausch- und/oder Gebrauchswert gering oder nicht vorhanden ist, muss das Angebot kollektiv organisiert, finanziert und sichergestellt werden. Heinrich nennt diesen den „Forumsbereich" (ebenda: 256), der staatsfrei und flexibel ausgestaltet und einer Reihe von Grundprinzipien und Qualitätsmaßstäben gerecht werden sollte. Zu diesen Qualitätsmaßstäben gehören ein Höchstmaß an redaktioneller Autonomie ebenso wie generelle Staats- und Parteiferne bei der Medienbewertung; Maßstäbe publizistischen Qualitätswettbewerbs ebenso wie die Einhaltung von Standesregeln eines guten Journalismus; kritischer Medienjournalismus ebenso wie wissenschaftlich gestützte Medienbeobachtung und -bewertung. Dass allerdings auch diese Qualitätsnormen einem zunehmenden Marktdruck ausgesetzt sind, ist nicht zu übersehen.

Die Skepsis gegenüber einem allein auf seine Selbstregulierungsfähigkeit setzenden Medien-„Markt" mündet nicht automatisch in die Forderung zur Einrichtung einer neuen Regulierungsbehörde. Sie zielt vielmehr auf die verstärkte „Herstellung von Medienöffentlichkeit über Medienfragen" (Jarren 1998b: 626), also auf die Institutionalisierung von Medienkritik in Form eines Netzwerkes von medienkritischen Aktivitäten. Das betrifft etwa das Plädoyer für kritischen Medienjournalismus (vgl. Ruß-Mohl 1999; Quast 1999) oder auch Überlegungen zur Einrichtung einer „Stiftung Medientest" (vgl. u.a. Krotz 1996). Bei beiden Vorschlägen zu einer institutionalisierten „Medienkritik" (vgl. Blumler 1996) geht es zum einen um die Qualitätsförderung in den Medien selbst, dann aber auch um die Entwicklung von Medienkompetenz beim Mediennutzer als Verbraucher und entscheidendem medienpolitischem Regulativ. Letztlich wird hier der Herstellung von Medienöffentlichkeit über Medienfragen in normativer und empirischer Hinsicht eine zentrale Bedeutung zugewiesen (vgl. Jarren 1998b: 626). Damit würde sich der Schwerpunkt einer ursprünglich ausschließlich staatlich verorteten Medienpolitik mehr und mehr in die Gesellschaft verlagern, einer Gesellschaft von Mediennutzern und -konsumenten eines dann allerdings, so zumindest die medienkritische Hoffnung, immer wieder aufzuklärenden Publikums.

Teil 2:
Legitimation durch Kommunikation: Demokratie- und kommunikationstheoretische Grundlegung

Öffentlichkeit und Vertraulichkeit

3 Öffentlichkeit, öffentliche Meinung und Demokratie

3.1 Einleitung

Öffentlich wird eine Angelegenheit nicht nur deshalb genannt, weil sie allgemein zugänglich und nicht geheim ist. Öffentlich ist etwas vor allem dann, wenn es mit der „res publica" zu tun hat, wenn es von öffentlichem Belang ist, also alle angeht (vgl. Sarcinelli 2008). Von politischer Öffentlichkeit ist zu sprechen, wenn Öffentlichkeit in politischen Angelegenheiten Transparenz herstellt, Diskursivität über Themen, Meinungen und Überzeugungen ermöglicht und Orientierung in der Meinungsvielfalt bietet (vgl. Neidhardt 1994b). Öffentliche Meinung als politischer Begriff ergibt sich nicht automatisch aus der Addition öffentlich geäußerter, individueller Meinungen. Sie ist weder ein quasi-statistisches Aggregat demoskopisch erhobener Bevölkerungseinstellungen, noch ist sie gleichzusetzen mit der veröffentlichten Meinung. Vielmehr muss sie begriffen werden als „ein kollektives Produkt von Kommunikationen, das sich zwischen den Sprechern als ‚herrschende' Meinung darstellt. Erst die Unterstellung einer normativen Kraft macht öffentliche Meinung zu einer Wirkungsgröße, die soziologische Beachtung verdient" (Neidhardt 1994: 26). Für die Bestimmung der Legitimität demokratischer Herrschaft ist öffentliche Meinung eine zentrale Kategorie. Dennoch: Eine allgemein akzeptierte Definition von öffentlicher Meinung gibt es nicht (vgl. Davidson 1968; Scherer 1998).

3.2 Historische, demokratietheoretische und verfassungsrechtliche Aspekte

Demokratische Herrschaft ist zustimmungsabhängig und deshalb auch öffentlich begründungs- und rechenschaftspflichtig. Öffentlichkeit stellt somit einen unentbehrlichen Faktor im Prozess der politischen Willensbildung aller freiheitlichen Systeme dar. Selbst diktatorische Regime können auf Dauer nicht existieren, ohne sich in gewissen Abständen durch Scheinakklamation im Wege von Wahlen, Plebisziten, Referenden etc. auf die Öffentlichkeit und auf die vermeintliche Meinung der Herrschaftsunterworfenen zu berufen. Die Vorstellung allerdings, Demokratie beruhe letztlich auf öffentlicher Meinung, sei Herrschaft der öffentlichen Meinung, ist eine zumindest missverständliche Vereinfachung. Sie verkennt den Doppelcharakter politischer Öffentlichkeit. Denn in ihr manifestieren sich nicht automatisch Meinungen und Wünsche des Volkes. Politische Öffentlichkeit ist gerade in modernen wohlfahrtsstaatlichen Demokratien mit ihren ausdifferenzierten Mediensystemen ganz wesentlich das Produkt aktiver Meinungspflege, sei es des Staates oder wichtiger, meinungsbildender gesellschaftlicher Akteure wie Parteien, Verbänden etc.

Historisch gesehen ist Öffentlichkeit als Kernelement demokratischer Kontrolle jeder Staatstätigkeit ein entscheidendes Prinzip der Freiheitsgewährleistung und ein Motor im Rahmen der Entwicklung des modernen demokratischen Verfassungsstaats. Bereits in der Antike war Öffentlichkeit der Ort des Politischen. Dort und nur dort fand die Auseinandersetzung der Freien und Gleichen über die öffentlichen, also die Allgemeinheit betreffenden Angelegenheiten statt. Gab es schon vereinzelt im antiken Staatsdenken und dann vor allem in der Tradition der mittelalterlichen „Fürstenspiegel" Hinweise bzw. Empfehlungen seitens der „Klassiker" (z.B. Machiavelli), dass ein Herrscher auch die öffentlichen Wirkungen staatlicher Machtanwendungen für sein Handeln in Rechnung stellen müsse, so ist die Herausbildung von Öffentlichkeit als einer eigenen, zwischen Staat und Gesellschaft vermittelnden Sphäre, in der sich das Publikum als Träger der öffentlichen Meinung artikuliert, vor allem ein Produkt des Zeitalters der Aufklärung und des Rationalismus. Mit der „Unterordnung der Moral unter die Politik" (Koselleck 1973: 8) als Folge der Erschütterung des Glaubens an die religiöse Letztbegründung politischen Handelns und im Zuge der radikalen Kritik am christlichen Naturrecht gewinnt die öffentliche Meinung im frühneuzeitlichen Staatsdenken für Begründung und Rechtfertigung von Herrschaft einen Eigenwert. Glaubens- und Gewissensfragen werden zur Privatsache. Doch mit der Freisetzung von Gewissen und Meinungen entsteht auch der Bedarf nach Räumen, in denen kritisches Räsonnement über die öffentlichen Dinge stattfinden kann. So nimmt die Aufklärung ihren Siegeszug in dem Maße, wie sie den privaten Innenraum zur Öffentlichkeit ausweitet. In Salons, Aristokratentreffs und Kaffeehauszirkeln manifestieren sich gerade im 18. Jahrhundert private und halböffentliche Räume. Nach und nach werden diese zu gesellschaftlichen Foren, die schließlich an die Türen der politischen Machthaber pochen, um auch hier Öffentlichkeit und Machtteilhabe einzufordern. Die Politisierung des Begriffs und die Verbindung mit dem Rousseau'schen Gedanken der Volkssouveränität nehmen dem Begriff schließlich „den abschätzigen Sinn des bloßen Meinens" und verschmelzen ihn mit der Vorstellung, „dass die menschliche Vernunft der Öffentlichkeit bedürfe, um sich selbst zu testen. Öffentliche Meinung wird damit für den Funktionsbereich der Politik zum Wahrheitsäquivalent" (Luhmann 2000: 280).

So entwickelt sich öffentliche Meinung zunächst als Waffe im Kampf des erstarkenden Bürgertums um die Ausweitung seiner Rechte, schließlich aber auch als Waffe zum Schutz der Privilegien des Bürgertums gegenüber den Beteiligungsansprüchen der nichtbürgerlichen Schichten. Dabei haben sich, worauf Ernst Fraenkel in vergleichender Betrachtung der ideengeschichtlichen Grundlinien westlicher Demokratien hinweist, durchaus unterschiedliche Traditionslinien von öffentlicher Meinung herausgebildet. Während sich in Frankreich die Vorstellung von öffentlicher Meinung traditionellerweise mit der Theorie der „volonté générale" verbunden hat, setzte sich in England der Gedanke eines „government by public opinion" im Kampf gegen das Gespenst einer Herrschaft der „volonté générale" durch. So schwingt in dem französischen „opinion publique" die Idee mit, öffentliche Meinung habe Regierungsgewalt selbst auszuüben. Demgegenüber gibt sich das angelsächsische „public opinion" damit zufrieden, Regierungsgewalt zu kontrollieren (vgl. Fraenkel 1991: 232). Dem kontinentaleuropäischen Partizipationsideal steht die lange englische Machtbegrenzungstradition einer parlamentarisierten Monarchie gegenüber.

Skeptische Einschätzungen zur öffentlichen Meinung gewannen allerdings sowohl in Frankreich als auch in England an Boden, als die bürgerliche Öffentlichkeit ihre Exklusivität verlor und sich auch innerhalb des Bürgertums eine zunehmende Interessenheterogenität ausbildete. In der politischen Kultur Deutschlands hat eine gewisse Reserve, ja Abscheu gegenüber der öffentlichen Meinung, Tradition. Maßgeblich dafür ist die verspätete Demokratieentwicklung im Deutschland des 19. und 20. Jahrhunderts. Nicht aus Beobachtung und Erfahrung gewonnene Vorstellungen von öffentlicher Meinung, sondern ein idealisiertes normatives oder auch elitäres Verständnis fanden lange Zeit staatstheoretisches Interesse. Danach konstituiert sich die öffentliche Meinung aus politisch informierten, selbständig und rational urteilenden Bürgern und begreift sich als „Korrelat von Herrschaft", das kritisch auf diese einwirkt (vgl. Noelle-Neumann 1989).

3.3 Theoretische Erklärungsansätze

Für das Verständnis von öffentlicher Meinung gibt es eine Reihe von Erklärungsansätzen, die das Problemfeld von Politik und Öffentlichkeit im Allgemeinen und von Herrschaft und öffentlicher Meinung im Besonderen jeweils unterschiedlich akzentuieren. Im Folgenden sollen einige Ansätze kurz skizziert werden, die vor allem aus politikwissenschaftlicher Sicht besonderes Interesse verdienen.

3.3.1 Der sozialpsychologische Ansatz: öffentliche Meinung als „soziale Haut"

Im Rahmen ihrer wissenschaftlich international beachteten und im deutschen politischen Kontext einflussreichen Theorie der „Schweigespirale" versucht Elisabeth Noelle-Neumann, den Prozess und die Funktion von öffentlicher Meinung neu zu beschreiben und der empirischen Überprüfung zugänglich zu machen: Danach ist öffentliche Meinung „gegründet auf das unbewußte Bestreben von in einem Verband lebenden Menschen, zu einem gemeinsamen Urteil zu gelangen, zu einer Übereinstimmung, wie sie erforderlich ist, um handeln und wenn notwendig entscheiden zu können" (Noelle-Neumann 2002a: 393). Ein wesentlicher Antrieb für Einstellungsbildung und soziales Verhalten von Menschen basiert auf dem Wunsch, sich in der sozialen Umwelt nicht zu isolieren. Durch ein „quasistatistisches" Wahrnehmungsorgan besitzt der Mensch die Fähigkeit, in seiner Umwelt die Zu- und Abnahme von Meinungsverteilungen zu bestimmten Themen zu registrieren. Aufgrund einer – als sozialpsychologische Konstante unterstellten – „Isolationsfurcht" werden eigene Meinungen verschwiegen, wenn sie dem wahrgenommenen „Meinungsklima" nicht entsprechen. Umgekehrt tendieren die Menschen zum öffentlichen Bekenntnis ihrer Überzeugungen, wenn sie die gegenwärtige bzw. die zukünftige Mehrheitsmeinung auf ihrer Seite sehen. Dabei entsteht im Laufe der Zeit eine dynamische Entwicklung. Die tatsächlich oder scheinbar abnehmende Meinungsfraktion erscheint immer schwächer als sie wirklich ist, die tatsächlich oder vermeintlich zunehmende hingegen als stärker. Dieser Vorgang entwickelt sich nach Art eines spiralförmigen Prozesses zunehmenden Schweigens („Schweigespirale") auf der einen bzw. wachsender Redebereitschaft auf der anderen Seite. Kommunikationstheoretisch sind dabei für das Individuum zwei Quellen der Umweltbeobachtung von Bedeutung: die direkte, im sozialen Kontext vermittelte Umweltbeobachtung und das indirekt, vor allem massenmedial vermittelte Bild darüber, wie die Mehrheit denkt.

Kommunikationspolitisch erhielt und erhält das Konzept der „Schweigespirale" besondere Brisanz dadurch, dass sie – unbeschadet der Kritik an Methodik und immer wieder bezweifelter empirischer Evidenz – einen plausiblen Erklärungsrahmen für mögliche politische Einflüsse der Massenmedien liefert. Dies galt insbesondere für die Zeit, in der die öffentlich-rechtlichen Medien und vor allem das seinerzeit in der Bundesrepublik noch ausschließlich öffentlich-rechtliche Fernsehen die politische Berichterstattung (z.B. Wahlkampf) im elektronischen Bereich dominierten. Ein „doppeltes Meinungsklima" entsteht Noelle-Neumanns Schweigespiral-Theorie zufolge dann, wenn die demoskopisch messbare Bevölkerungsmeinung und der Tenor der veröffentlichten Meinung differieren. Sind zudem noch die Medieninhalte stark konsonant, dann kann nach dieser Theorie die Macht der Medien dadurch zum Tragen kommen, dass die massenmedial transportierte und ggf. politisch einseitige Meinung als besonders stark erscheint und auf diese Weise das Meinungsklima in der Bevölkerung (z.B. vor Wahlen) entsprechend verändert.

3.3.2 Der systemtheoretische Ansatz: öffentliche Meinung als Konstrukt auf der Basis von „Aufmerksamkeitsregeln"

Niklas Luhmann (1970) sieht öffentliche Meinung nicht mehr als ein Ergebnis, das aus politisch relevanten Ereignissen folgt. Sein Konzept verzichtet auf normative Ansprüche und „befreit" öffentliche Meinung von allen Resten eines aufklärerischen Pathos. Nach seinem systemtheoretischen Verständnis erfordert die allen modernen Gesellschaften eigene, hohe funktionale Differenzierung zur Vermeidung von Überkomplexität unweigerlich Selektionszwang. Diese Selektionleistung erbringt auch öffentliche Meinung. Sie gibt der öffentlichen Kommunikation eine thematische Struktur dadurch, dass sie auf der Basis von „Aufmerksamkeitsregeln" nicht Informationen einfach überträgt sondern selektiert. Selektionsregeln bilden sich aufgrund der Knappheit von Aufmerksamkeit als Regeln über die Zuwendung von Aufmerksamkeit heraus. Während „Entscheidungsregeln" die Meinungsbildung in den entscheidungsbefugten Instanzen des Systems steuern, entscheiden „Aufmerksamkeitsregeln" (Luhmann 1970: 11), wie beispielsweise die Neuigkeit von Ereignissen, der Status des Absenders, Kriterien des Erfolgs, Krisen oder Krisensymptome etc., die Konstruktion der Wirklichkeit, über die kommuniziert wird. Entscheidend ist dabei nicht so sehr die inhaltliche Transformation individueller Meinungen auf allgemeine, für alle als vernünftig akzeptierbare Formeln, sondern die Anpassung der Themenstruktur des politischen Kommunikationsprozesses an den jeweiligen Entscheidungsbedarf der Gesellschaft und ihres politischen Systems.

Themen dienen der „strukturellen Koppelung" der Massenmedien mit anderen gesellschaftlichen Bereichen. Für Luhmann wird damit öffentliche Meinung in modernen Systemen zu einem „Kommunikationsnetz ohne Anschlusszwang" (Luhmann 1990: 172).

Die Leistung der öffentlichen Meinung erfüllt sich für den Systemtheoretiker einmal in der „Thematisierung", dadurch also, dass „ein Thema auf den Verhandlungstisch" gebracht wird; zum anderen durch die Reduktion von Problemkomplexität, so dass die an sich nicht überschaubaren politischen Sachverhalte durch Vereinfachungen nachvollziehbar und damit überhaupt erst entscheidungsfähig gemacht werden. Nicht auf die prinzipiell unerreichbare Öffentlichkeit aller politischen Kommunikation komme es an, sondern auf die Strukturierung aller, auch der nichtöffentlichen politischen Kommunikation durch institutionalisierte Themen. Luhmann verzichtet demnach auf alle „Rationalitätserwartungen und auf Hoffnungen auf eine Revitalisierung zivilrepublikanischen ‚Lebens'" (Luhmann 1990: 182). Den Massenmedien weist er im Prozess politischer Meinungsbildung die Rolle von eher passiven Verbreitungsorganen zu, deren Stellung zu anderen Teilsystemen der Gesellschaft (Wirtschaft, Politik, Kultur etc.) vage bleibt (vgl. Marcinkowski 1993). Der Spiegel der öffentlichen Meinung („Spiegelmodell") ermögliche die „Bobachtung von Beobachtern" und befähige das politische System mit Hilfe der öffentlichen Meinung zur „Selbstbeobachtung und zur Ausbildung entsprechender Erwartungsstrukturen" (Luhmann 1990: 181f.). Für Luhmann hat sich öffentliche Meinung zu einem Medium eigener Art entwickelt, zum „Medium der Meinungsbildung", die er – nicht frei von Ironie – als den „heiligen Geist des Systems" (ebenda: 286) umschreibt. Weil öffentliche Meinung aber nicht irgendetwas beobachtet, sondern nur über die Beobachtung von Beobachtern funktioniert, bezeichnet Luhmann sie als „Medium für ein Beobachten zweiter Ordnung" (ebenda: 287).

3.3.3 Der radikaldemokratisch-kommunikationstheoretische Ansatz: öffentliche Meinung als kritische Instanz gegenüber politischer Herrschaft

Jürgen Habermas macht aus sozialphilosophisch-kritischer Sicht deutlich, dass das liberale Modell von Öffentlichkeit als ein Publikum räsonierender Privatleute, die im Interesse der Herausbildung des Gemeinwohls selbsttätig zusammentreten, auf die sozialstaatlich verfasste Massendemokratie nicht mehr zutrifft. Er vertritt demgegenüber einen Öffentlichkeitsbegriff auf der Basis deliberativer Demokratie. Deliberative Politik „setzt auf die gemeinsame politische Beteiligung handelnder Menschen, anstatt politisches Denken und Handeln elitären Institutionen oder nicht-öffentlichen Ausschüssen zu überlassen oder an anonymisierte Verfahren zu binden" (Lösch 2005: 193). Die deliberative Perspektive liegt demzufolge in der Betonung der Potentiale gesellschaftlicher Demokratisierung im Sinne eines unabschließbaren Prozesses. Kennzeichnend sind für diesen gemeinsame Beratung und politische Beteiligung.

Historisch weit ausgreifend diagnostiziert er den „Strukturwandel der Öffentlichkeit" (Habermas 1981) als Phänomen eines kontinuierlichen politischen Verfalls. Öffentlichkeit entsteht heute im Feld der Konkurrenz organisierter Interessen durch „Entfaltung demonstrativer Publizität", vor allem im Wege organisierter, vornehmlich an die Massenmedien adressierter Öffentlichkeitsarbeit. „Öffentlichkeit muss ‚gemacht' werden, es ‚gibt' sie nicht mehr" (Habermas 1981: 239). Der kritische Sozialphilosoph sieht darin einen Zerfall und eine Refeudalisierung politischer Öffentlichkeit. Während einst die Publizität Personen oder Sachen dem öffentlichen Räsonnement unterwarf und politische Entscheidungen vor der Instanz der öffentlichen Meinung revisionsbedürftig machen sollte, werde sie heute vielfach zur Hilfe einer Arkanpolitik organisierter Interessen. Die öffentliche Meinung ist nicht länger Kontrollorgan staatlicher Politik, sondern ein Resonanzboden, auf dem durch öffentliches Prestige und Publicity Politik akklamationsfähig gemacht wird. An die Stelle des räsonierenden Publikums sei das konsumierende Publikum getreten.

Habermas hält aus einer fundamentaldemokratischen Perspektive und nicht ohne Emphase an einem voraussetzungsvollen normativen Begriff von öffentlicher Meinung fest und setzt auf die Neubestimmung des Verhältnisses zwischen einem räsonierenden Publikum und dem politischen System. Dabei kommt es ihm auf das erfolgreiche Zusammenspiel der institutionell verfassten politischen Willensbildung mit den spontanen, nicht vermachteten Kommunikationsströmen einer nicht auf Beschlussfassung programmierten und insoweit nicht-organisierten Öffentlichkeit an. Für Habermas entfaltet sich demnach Demokratie in einer Art „Gegenkreislauf von Macht und Kommunikation zwischen staatlichen Institutionen und der zivilen Gesellschaft als nicht-organisierter Öffentlichkeit" (Lösch 2005: 173).

Inzwischen, einige Jahrzehnte später, konzediert Habermas allerdings, „einem fragwürdig gewordenen Totalitätskonzept von Gesellschaft und gesellschaftlicher Selbstorganisation verhaftet" (Habermas 1990: 30) und zu sehr an der Weiterentwicklung des demokratischen und sozialen Rechtsstaates zu einer sozialistischen Demokratie orientiert gewesen zu sein. Setzt Habermas (1992a) auch weiterhin auf das emanzipatorische Potential einer kritischen Öffentlichkeit im Kontext eines deliberativen Demokratiemodells, so betont er mittlerweile verstärkt das Wechselspiel zwischen den Institutionen rechtsstaatlicher Herrschaft einerseits und den Öffentlichkeit bzw. Gegenöffentlichkeit erzeugenden Akteuren der Zivilgesellschaft andererseits.

Popularisierte Varianten eines eher normativ-kritischen Verständnisses von öffentlicher Meinung sind nach wie vor prominent, nicht zuletzt in Verbindung mit der anhaltenden kritischen Debatte über politische Inszenierung (vgl. z.B. Meyer 1992), symbolische Politik oder ganz generell über „Politik als Ritual" (Edelman 1976). Zugleich formiert sich eine kulturalistisch gespeiste Gegenbewegung, die Öffentlichkeit als einen auch in politischer Hinsicht ernst zu nehmenden Erfahrungsraum begreift, in dem unterhaltende Politik und politische Unterhaltung miteinander verschmelzen können, zugleich aber politische Aufklärung nicht ausschließen (vgl. Dörner 2000; ders. 2001).

3.3.4 Der liberaldemokratische Ansatz: Das Wechselspiel von „aktiver" und „passiver" Öffentlichkeit

In der liberaldemokratischen Tradition stehende Gesellschaftskonzepte sind im direkten Gegensatz zum radikaldemokratischen Postulat eines allseits aktiven Publikums zu sehen. So fragt der Soziologe Ralf Dahrendorf (1971 und 1986) grundsätzlich nach dem konstitutionellen Sinn einer aktiven Öffentlichkeit unter Beteiligung aller Bürger. Er bezweifelt, dass in der modernen Demokratie tatsächlich ein Strukturwandel der Öffentlichkeit stattgefunden habe. Auch heute sei die Beteiligung der Öffentlichkeit am politischen Prozess sporadisch und punktuell. Sie sei zudem durch vermittelnde, mit starkem Eigengewicht versehene Instanzen wie Parteien und Verbände in einer Weise geprägt worden, die mit der Vorstellung des freien Bürgers nicht immer verträglich sei. Dennoch geht für ihn das fundamentaldemokratische Verständnis der Rolle von öffentlicher Meinung an der Wirklichkeit der modernen Gesellschaft vorbei. Die Öffentlichkeit besteht danach nicht aus einer Menge gleich motivierter und in gleicher Weise teilnahmeorientierter Individuen. Vielmehr sei zu unterscheiden zwischen einer „latenten" Öffentlichkeit, einer „passiven" Öffentlichkeit und einer „aktiven" Öffentlichkeit. Nur Letztere nehme mit eigenen Vorstellungen regelmäßig am politischen Prozess teil, rekrutiere sich aus politischen Organisationen und übernehme Ämter. Die aktive Öffentlichkeit sei die Quelle politischer Initiative. Hingegen erweise sich die demokratische Utopie einer total aktivierten Öffentlichkeit als „Entwurf zur Realisierung so totalitär wie alle Utopien" (Dahrendorf 1968: 37). Nach Dahrendorf ist die Nichtteilnahme an der Politik sogar innerhalb gewisser Grenzen tragbar und geradezu wünschenswert. Für die Aufrechterhaltung marktrationaler Verhältnisse in einem demokratischen Gemeinwesen entscheidend sei vielmehr die Wechselbeziehung zwischen einer offenen, Vielfalt repräsentierenden und zur Erzeugung politischer Initiative fähigen „aktiven" Öffentlichkeit einerseits und der „passiven" Öffentlichkeit andererseits.

3.4 Öffentliche Meinung, veröffentlichte Meinung und politisches System in Deutschland

3.4.1 Verfassungsrechtliche Grundlagen und politische Interessen

Die freie Bildung öffentlicher Meinung gehört in Deutschland, so wie in vergleichbaren Demokratien auch, zu den verfassungsrechtlich besonders geschützten Prinzipien. Dem in Art. 5 des Grundgesetzes verankerten Grundrecht der Meinungs- und Informationsfreiheit kommt dabei ein Doppelcharakter zu. Es ist zum einen individuelles Abwehrrecht gegenüber staatlichem Einfluss. Zum anderen schützt es als „Institutsgarantie" auch alle jene Einrichtungen und Institutionen vor staatlichen Zugriffen, die den Prozess der Meinungsbildung publizistisch erst ermöglichen, also Presse und Rundfunk. Die so verfassungsrechtlich postulierte Staatsfreiheit in der Entwicklung der publizistischen und institutionellen Voraussetzungen einer freien Meinungsbildung kann jedoch nicht darüber hinwegtäuschen, dass der politische Meinungsbildungsprozess auch in Deutschland hochgradig organisiert ist. Akteure und Institutionen des politischen Systems selbst (z.B. Regierung, Parlament, Parteien), aus dem sog. politischen Vorfeld und aus der Gesellschaft (organisierte Interessen, Initiativen, Akteure politischer und sozialer Bewegungen und Aktionen etc.) konkurrieren um Aufmerksamkeit und versuchen durch permanente politische Öffentlichkeitsarbeit in hohem Maße das Timing und die Themen der Berichterstattung zu beeinflussen. In den öffentlich-rechtlichen Hörfunk- und Fernsehanstalten ist zudem die Besetzung von maßgeblichen Positionen nach nicht zuletzt parteipolitischen Proporzgesichtspunkten ein nach wie vor praktiziertes politisches Steuerungsinstrument, von dem man sich Einfluss auf die personellen und institutionellen Rahmenbedingungen zur Bildung und Beeinflussung öffentlicher Meinung verspricht.

Insgesamt haben die Vervielfältigung der „Kanäle" wie überhaupt der Wettbewerb um Zuschauer, Hörer und Leser in einer kaum mehr überschaubaren Medienlandschaft die Medien von den politischen und gesellschaftlichen Akteuren entfernt und eine Marktanteile sichernde verstärkte Publikumsorientierung begünstigt. Die wachsende Ökonomisierung des Medienmarktes führt dabei zu folgendem Effekt: Mit der „Senderausweitung", vor allem im elektronischen Bereich, werden die Zugänge zu den Medien auch für nicht etablierte Akteure erleichtert, das Erreichen einer Massenöffentlichkeit für alle jedoch erschwert. Konnten bis in die achtziger Jahre hinein mit den Hauptnachrichtensendungen der beiden öffentlich-rechtlichen Fernsehanstalten ein millionenfaches Massenpublikum erreicht werden, so verteilt sich das Publikum inzwischen auf viele Anbieter von Informationen und mehr noch von medialer Unterhaltungsware. Das Publikum zerstreut sich! Das gilt in quantitativer wie auch in qualitativer Hinsicht. Damit aber stehen auch etablierte politische Akteure in einer verschärften Konkurrenz um Aufmerksamkeit in den allgemein zugänglichen Massenmedien. Weniger denn je könne sich politische Akteure der Medienresonanz und des Einflusses auf die öffentliche Meinung sicher sein. Dem aus Konkurrenzdruck entstandenen verstärkten Zwang zur Professionalisierung und zur Ausweitung politischer Öffentlichkeitsarbeit korrespondiert also eine wachsende Unsicherheit über den Erfolg des steigenden Politikvermittlungsaufwandes.

Als verfassungspolitische Kontrastfolie verdient hier die DDR einen kurzen Exkurs: Auch in der DDR war nach Art. 27 der DDR-Verfassung von 1969 die Meinungs- und Pressefreiheit geschützt, allerdings nur „den Grundsätzen dieser Verfassung gemäß". Die „sozialistischen Massenmedien" galten als Führungs- und

Kampfinstrumente der Partei der Arbeiterklasse und des sozialistischen Staates. Wurden Journalisten als Propagandisten im Dienste der Staatsdoktrin begriffen, so gab es in den weithin gleichgeschalteten Medien für eine kritische Öffentlichkeit nur geringe Spielräume. Die Medien waren – von der kirchlichen Presse abgesehen – Eigentum des Staates, der Sozialistischen Einheitspartei Deutschlands (SED), des Freien Deutschen Gewerkschaftsbundes der DDR (FDGB) oder der vier Blockparteien und unterstanden den zentralen Weisungen der Partei- und Staatsführung. Durch Veröffentlichungsverbote, Sprachregelungsgebote, staatliche Papierzuteilung, Lizenzpflicht und politisch-ideologische Kontrolle der Journalistenausbildung sollte die Infiltration bürgerlicher Ideologie bei der öffentlichen Meinungsbildung verhindert und die sozialistische Ordnung gesichert werden.

Mit den Möglichkeiten des grenzüberschreitenden Empfangs elektronischer Medien, vor allem der bundesdeutschen Fernsehprogramme, und mit den im Zuge internationaler Abkommen eingegangenen Verpflichtungen zu einer freieren Berichterstattung (insb. sog. Korb III der KSZE-Akte) in und über die DDR konnte das Kalkül staatlicher Meinungslenkung dann aber immer weniger aufgehen. Die Diskrepanz zwischen offiziell gewünschter, die Realität des real existierenden Sozialismus weithin beschönigender und damit verzerrender öffentlicher Meinung einerseits und der in den westlichen Informationsmedien dargestellten veröffentlichten Meinung andererseits, begünstigte den schleichenden Entzug von Legitimation des Regimes. Dank der Berichterstattung der Westmedien konnten sich die Bürger der DDR ein realistisches Bild von der eigenen ökonomischen, gesellschaftlichen und politischen Lage machen. Die landes- und weltweite Sichtbarkeit gesellschaftlicher Unzufriedenheit, die Möglichkeit zur Selbstbeobachtung der Erfolge des politischen Widerstandes der Bürgergruppen und der offenkundigen Unsicherheit der Staatsorgane in der Schlussphase des Regimes beschleunigte die Protestspirale und begünstigte schließlich den Zusammenbruch des Systems.

3.4.2 Öffentliche Meinung, veröffentlichte Meinung und politischer Prozess

Öffentliche Meinung resultiert nicht automatisch aus der Summe der individuellen Meinungen. Zur öffentlichen Meinung werden Meinungen nur dann, wenn sie als herrschende Meinungen die Einschätzungen bedeutender Akteure, Gruppen oder Institutionen zu gesamtgesellschaftlich oder gesamtstaatlich relevanten Fragen bestimmen und in den Massenmedien ihren Niederschlag finden. Was nicht über die Massenmedien, insbesondere das reichweitenstarke Bildmedium Fernsehen, dargestellt bzw. thematisiert wird, kann in der Regel nicht öffentlich meinungsbildend werden. Trotz fortschreitender Medienkonzentration und zunehmender Verflechtung von Print- und elektronischen Medien repräsentieren die überregionalen Tageszeitungen (Die Welt, Frankfurter Allgemeine Zeitung, Süddeutsche Zeitung, Frankfurter Rundschau, taz) noch weithin das politische Meinungsspektrum in Deutschland. Zusammen mit den großen Wochenzeitungen (insb. DIE ZEIT), den politischen Magazinen (insb. Stern, Spiegel, Focus) und einzelnen Radio- (z.b. Deutschlandfunk) bzw. Fernsehsendern haben diese Medien zudem eine meinungsführende und insbesondere für die gesellschaftliche und politische Eliten des Landes zentrale Bedeutung. Nicht zu vergessen die Boulevard-Medien, allen voran die BILD-Zeitung, deren themensetzende und meinungsmachende Rolle nicht unterschätzt werden darf.

Damit wird deutlich, dass die öffentliche Meinung als herrschende Meinung mehr bzw. etwas anderes ist als die Summe der Bürgermeinungen, die mit Hilfe des „Ersatzindikators" Demoskopie gemessen werden kann und deren Gleichsetzung mit öffentlicher Meinung von Kritikern schon früh als schleichende plebiszitäre Aushöhlung des demokratischen Systems beurteilt wurde (vgl. Hennis 1957). Die empirische Meinungsforschung aber kann immer nur Momentaufnahmen des je aktuellen Stimmungsbildes liefern, also von politischen Einstellungen und momentanen Meinungsverteilungen mit Hilfe standardisierter Befragungen auf der Basis repräsentativer Stichproben der Bevölkerung. Das ist ein wichtiges Instrument zur Beurteilung politischer Entwicklungen. Und in jedem auf Zustimmung angewiesenen politischen System kommt Politik ohne die kontinuierliche Selbst- und Fremdbeobachtung im Medium der öffentlichen und veröffentlichten Meinung nicht aus. Dazu gehört auch die demoskopische Dauerbeobachtung.

Demokratisches Handeln bedarf zwar der ständigen Rückkoppelung mit den Meinungen der Bürger. Aufgabe von Politik ist es jedoch nicht nur, Meinungen zu beobachten und ggf. zu exekutieren. Denn politische Führungskompetenz erschöpft sich nicht in Kommunikation. Demokratische Politik im repräsentativen System muss immer wieder für den „hypothetischen Volkswillen" um Zustimmung kämpfen und dann entscheiden, nicht selten gegen den aktuellen „empirischen Volkswillen" (Fraenkel 1991: 153). Diese Aufgabe stellt sich einer politischen Führung immer dann, wenn sie z.B. umfassende Reformen oder Richtungsänderungen, die demoskopisch (noch) nicht mehrheitsfähig sind, trotzdem beginnen und durchsetzen muss. In der repräsentativen Demokratie sind dann die Wahlen das Regulativ, um – bilanzierend und ggf. im Rahmen einer Art Mischkalkulation – politische Akteure für die getroffenen Entscheidungen zu gratifizieren oder zu sanktionieren.

Auf Dauer ist politisches Handeln in der Demokratie gegen die öffentliche Meinung ungestraft jedoch nicht möglich. Dabei ergibt sich für Deutschland, so wie für andere moderne Wohlfahrtsstaaten auch, das Dilemma, dass für die Lösung der zentralen innerstaatlichen und globalen Herausforderungen schmerzhafte Einschnitte in individuelle und gesellschaftliche Besitzstände und Ansprüche unabdingbar sind. Deshalb wird demokratische Politik in Deutschland nur zukunftsfähig sein können, wenn sie sich nicht reaktiv an demoskopischen Momentaufnahmen ausrichtet, sondern aktiv die öffentliche Meinungsbildung über die Lösungsansätze zu den großen Herausforderungen der Zeit fördert. „Government by discussion" bedeutet in diesem Sinne nicht nur, die öffentliche Meinung durch Thematisierungskompetenz, professionelles politisches Marketing und durch die Perfektionierung politischer Inszenierungskunst zu beeinflussen. „Government by discussion" bedeutet zugleich auch kommunikative Kompetenz im Sinne politischer Führungskompetenz. Gemeint ist damit auch die Fähigkeit zur politischen Entscheidung in den komplexen verhandlungsdemokratischen Strukturen und korporatistischen Verhandlungssystemen des politischen und gesellschaftlichen Systems Deutschlands.

Somit geht es um Meinungsbildungskompetenz nach außen und Durchsetzungskompetenz nach innen. In der sach-, personen- und situationsspezifischen Verbindung von Außen- und Binnenkommunikation zeigt sich politische Kommunikationskompetenz. Dabei bedarf es auch der verstärkten institutionellen Berücksichtigung der Meinungsbildungen in den sog. deliberativen Foren („Runde Tische", Diskursverfahren, dialogische Kommunikationsformen auf verschiedenen Ebenen und in verschiedenen Konfliktsituationen), die bisweilen problemsensibler sind als etablierte politische Institutionen und deshalb institutionelle Verkrustungen aufbrechen können. Allerdings ist das prinzipielle Spannungsverhältnis zwischen dem Legitimationsgewinn im Wege einer breiteren öffentlichen Meinungsbildung einerseits und der Erhöhung von Entscheidungskosten andererseits nicht auflösbar (vgl. van den Daele/Neidhardt 1996).

3.5 Exkurs: Die Web 2.0-Welt – Öffentlichkeitswandel durch neue Medien?

Medientechnische Entwicklungsschübe mobilisieren die Phantasie. Das galt zu allen Zeiten und berührt auch das Feld der politischen Kommunikation, sei es in Richtung apokalyptischer Befürchtungen oder auch in Verbindung mit aufklärerischen Hoffnungen. Für letztere darf man Immanuel Kant in Anspruch nehmen: Wenn man ihm nur die Freiheit lasse, könne ein Publikum durchaus sich selbst aufklären. Dem einzelnen Menschen sei es hingegen schwer, sich selbst aus der zur Natur gewordenen Unmündigkeit zu befreien (vgl. Kant 1983: 54f.). Mit dieser Antwort auf die Frage, was Aufklärung sei, verweist der Königsberger Philosoph auf den Ort, an dem sich die Selbstbefreiung des Menschen aus seiner Unmündigkeit vollzieht: die Öffentlichkeit.

Im Gegensatz dazu und dennoch in der idealistischen Tradition Kants stehend kritisiert Jürgen Habermas in seinem historisch ausgreifenden Klassiker den „Strukturwandel der Öffentlichkeit" als einen kontinuierlichen Verfallsprozess von der – idealisierten und vor allem elitären – bürgerlichen Öffentlichkeit eines räsonierenden, aufgeklärten, hin zum konsumierenden Publikum der modernen Massenpublizistik. Am Postulat einer aufgeklärten Öffentlichkeit als regulative Idee festhaltend benennt er zugleich die Kriterien, an denen sich die Sphäre einer demokratischen Öffentlichkeit messen lassen muss: prinzipielle Zugangsoffenheit, Ebenbürtigkeit der Beteiligten, Offenheit der Themenwahl und Unabgeschlossenheit des Teilnehmerkreises (vgl. Kap. 3.3.3 in diesem Buch).

Sind es nicht gerade diese Kriterien, welche die Kant'sche Utopie einer emanzipierten Bürgerschaft, eines durch neue technologische Standards alle einschließenden Publikums, realisierbar erscheinen lassen? Bietet nicht die „schöne neue Welt" (Aldous Huxley) der „Neuen Medien", insbesondere die Weiterentwicklung des Internets im Web 2.0, historisch erstmals die Chance, dass Öffentlichkeit nicht mehr allein von Massenmedien ‚gemacht' wird, sondern als Artikulationsbühne einer aufgeklärten Aktivbürgerschaft ‚entsteht'? Dabei verbietet es sich eigentlich, die Öffentlichkeit des Internets isoliert von einer medienübergreifenden Öffentlichkeit zu betrachten, gibt es doch inzwischen vielfältige Verflechtungen zwischen dem Internet und den traditionellen Massenmedien Presse und Rundfunk. Auch wenn sich Leistungen und Defizite erst aus dem intermediären Zusammenspiel zwischen Presse, Rundfunk und Internet beurteilen lassen (vgl. Neuberger 2004), sollen hier doch kurz einige Besonderheiten des Web 2.0 skizziert und auf ihre öffentlichkeitsrelante Bedeutung hinterfragt werden.

3.5.1 Das Neue an den neuen Medien

Was ist neu an der Web 2.0-Welt, was ist neu an den „Neuen Medien"? Unter dem diffusen Begriff „Neue Medien" werden seit den 1990er Jahren alle elektronischen Medien zusammengefasst. Kennzeichen ist deren rechnergestützte Handhabung, die Digitalisierung der Daten und zunehmend auch die Chance zur interaktiven Nutzung. Im Gegensatz, mehr und mehr aber auch in Verbindung mit Zeitung, Hörfunk und Fernsehen, bietet das Internet die gemeinsame Plattform. Nun handelt es sich beim Internet nicht um ein Massenmedium, sondern um eine technische Infrastruktur für die Generierung von Medien – zu nahezu beliebigen Zwecken. Die Herstellung von Öffentlichkeit, die Bildung eines Resonanzbodens für politisch relevante Informationen und Meinungen ist dabei nur eine der ansonsten überwiegend Kapitalverwertungs- und Erwerbsinteressen folgenden Nutzungsmöglichkeiten.

Wie die Geschichte zeigt, sind medientechnologische Entwicklungsschübe nicht mehr reversibel. Sie führen in der Regel nicht zu einem Verschwinden ‚alter' Medien, sondern zu einem neuen Medienmix, was Funktionalität und Gebrauch vorhandener medientechnischer Möglichkeiten anbelangt. Das galt für die Erfindung des Buchdrucks, für die Erfindung der Massendruckpresse, für das

Aufkommen von Radio und Fernsehen und es gilt für die durch Digitalisierung gekennzeichneten neueren Entwicklungen. So bietet Digitalisierung inzwischen auch den traditionellen Massenmedien, die sich mehr und mehr als Content-Provider verstehen, neue internetgestützte Plattformen und Vertriebswege für ihre Produkte. Beeinflussen diese Trends inzwischen auch Produktion und Qualität massenmedialer Inhalte, so könnte sich der Schritt zum Web 2.0 einmal als historischer Quantensprung mit heute noch nicht absehbaren medialen und gesellschaftlichen Folgen erweisen. Dass dies auch die politische Kommunikation nachhaltig beeinflussen wird, dürfte kein virtuelles Phänomen sein. Ob allerdings die mit Internetforen verbundenen Erwartungen an eine deliberative Demokratie erfüllt werden, erscheint eher zweifelhaft (vgl. Perlot 2008). Über Umfang, Richtung und Wirkung der Einflüsse generalisierbare Aussagen zu machen, verbietet sich jedenfalls derzeit. Denn es handelt sich um ein bisher nur selektiv beforschtes und in seiner Entwicklung außerordentlich dynamisches Untersuchungsfeld, bei dem zudem vor einer Übertragung von Ergebnissen etwa aus dem in diesem Zusammenhang gern bemühten, amerikanischen Kontext auf die deutsche Politik schon mit Blick auf die politisch-institutionell und politisch-kulturell differenten Verhältnisse Zurückhaltung geboten erscheint.

Mit Web 2.0 wird keine neue technische Ausführung des World Wide Web (WWW) benannt. War und ist das Web 1.0 noch aus Seiten zusammengesetzt, die über Hypertext verlinkt sind und überwiegend von institutionellen Anbietern vorgehalten werden, so konstituiert sich das Web 2.0 ausschließlich aus dem, was Menschen im Netz offerieren und wie sie sich miteinander verbinden. Das Web 2.0 unterscheidet sich vom Web 1.0 folglich durch eine andere Internetlogik. Es ist nicht mehr bloße Angebotsplattform, sondern Anwendungsumgebung für Kommunikation, Interaktion und Partizipation. Web 2.0 besteht demnach ausschließlich aus dem, was die Nutzer aus ihm und mit ihm machen (vgl. Bieber u.a. 2009: 11).

3.5.2 Web 2.0 als interaktive Mitmachplattform

Bietet damit das Web 2.0 nicht die ideale Plattform für die Generierung einer demokratischen Öffentlichkeit? Jedenfalls entwickelt sich das Internet mit Web 2.0 weg von einer starren Informationsquelle, hin zu einem „globalen Mitmachmedium" (Stanoeveska-Slabeva 2008: 36), in dem jeder Nutzer zugleich potentieller Sender ist, der Inhalte in das Netz einspeisen („User Generated Content") und mit anderen Inhalten, Sendern und Empfängern verknüpfen kann. Nutzergeneriert, interaktiv und beliebig vernetzend hält das Web 2.0 Internetapplikationen mit einer Vielzahl von Gestaltungs- und Kommunikationsmöglichkeiten bereit. Zentrale Elemente von Web 2.0 sind also Mitmach-Plattformen. Sie unterstützen das Kreieren von User Generated Content (z.B. soziale Netzwerke wie Facebook, Plattformen wie YouTube etc.) sowie von neuen interaktiven Kommunikationsinstrumenten wie beispielsweise Chats, Podcasts, Weblogs und Wikis. Verbunden damit ist eine neue aktive Rolle der Anwender.

Bevor es um die Frage nach den öffentlichkeitstheoretischen und -praktischen Folgen dieser Entwicklungen geht, bedarf es noch eines Blicks auf die Akteure dieser ‚Schönen neuen Web 2.0-Welt' – die Bürger als Internetnutzer und -betreiber. Typologisch sehr vereinfachend ließe sich hier differenzieren zwischen dem Internet-Citoyen und dem Internet-Bourgeois. Dabei ist in Rechnung zu stellen, dass es auch im digitalen Zeitalter noch einen erheblichen Prozentsatz an Internetverweigerern gibt. Diese idealtypische Unterscheidung sollte auch nicht darüber hinwegtäuschen, dass es dabei um spezifische Rollen geht, die sich nicht wechselseitig ausschließen. Insofern dürfte es sich in der Realität zumeist um je spezifische Mischungen zwischen der Nutzung und Produktion politisch relevanter (Internet-Citoyen) einerseits sowie privater und unterhaltender Informations- und Kommunikationsangebote (Internet-Bourgeois) andererseits handeln, sofern das Politische überhaupt eine Rolle spielt. Denn ganz abgesehen von diesem Versuch, der politischen Relevanz von Web 2.0 typologisch auf die Spur zu kommen, muss der Blick auf die sog. Netzgeneration dann doch ernüchtern (vgl. Dworschak 2010).

Was sagen Nutzeranalysen? Den ARD/ZDF-Onlinestudien (vgl. ARD/ZDF-Online-Studie 1997-2009) zufolge nutzten im Jahr 2009 gut zwei Drittel der Erwachsenen in Deutschland zumindest ab und an das Internet, 2010 waren es bereits 69,4 Prozent der deutschsprachigen (!) Erwachsenen (vgl. Eimeren/Frees 2010: 379). Blickt man zehn Jahre zurück und vergleicht die in methodischer Hinsicht vergleichbaren Daten von 1999 mit 2009, so ergibt sich gegenüber dem Jahr 1999, in dem die gelegentliche Internetnutzung noch deutlich unter einem Fünftel der erwachsenen Bevölkerung lag, eine Zuwachsrate von knapp dem 2,8-Fachen. Griffen 1999 lediglich 11,2 Millionen Erwachsene in Deutschland mehr oder weniger regelmäßig auf das Internet zu, so waren es im Jahr 2009 bereits 43,5 Millionen. Auffällig ist dabei, dass die 14- bis 29-Jährigen schon seit Jahren die Gruppe mit der höchsten Internetverbreitung bilden.

Nun sagen diese pauschalen Befunde noch wenig. Denn trotz dieser relativ starken Internetnutzung in Deutschland informierten sich im Jahr 2009 „nur" 29 Prozent – 2007 waren es noch 25 Prozent – aller Wahlberechtigten im Internet über Politik, während zwei Drittel ihre politischen Informationen über die Tageszeitung und das öffentlich-rechtliche Fernsehen einholten. Dies ergaben repräsentative Umfragen des Meinungsforschungsinstituts dimap im Auftrag der Initiative ProDialog (vgl. Initiative Pro Dialog 2007; dies. 2009). Nach der ARD/ZDF-Onlinestudie 2010 informieren sich inzwischen 58 Prozent über das Neueste vom Tage im Netz. 2007 waren es noch 46 Prozent der Onlinenutzer. Zwar zeigt die Nutzerstatistik, dass die Technik immer größere Teile des Alltags gerade junger Menschen beansprucht (vgl. Medienpädagogischer Forschungsverbund Südwest 2009). Von den 14- bis 19-Jährigen in Deutschland nutzen inzwischen sogar 97,5 Prozent (2009) das Internet (vgl. Eimeren/Frees 2010: 379). Doch auch das „Heranwachsen mit dem Social Web" scheint bei der „Netzgeneration" für das Verhältnis zwischen Mensch und Medium weniger prägend als vielfach angenommen. Für die Heranwachsenden eröffnet das Internet keine neue Welt, sondern nützliche Erweiterungsmöglichkeiten der alten, so das Fazit einer aktuellen Studie (vgl. Schmidt/Hasebrink/Paus-Hasebrink 2009).

Auch wenn Tageszeitung, Fernsehen und Radio als politische Informationsquellen leicht an Reichweite verloren haben, kann nur von einem langsam voranschreitenden digitalen Wandel die Rede sein. Das Netz scheint zunehmend zu einem Komplementärmedium zu werden. Deutschlands öffentliche Meinung orientiert sich allerdings nach wie vor sehr stark an der historisch gewachsenen Leitmedienkultur. Diese wird vor allem von den meinungsführenden, überregionalen Elitemedien bestimmt. Der Grad der medialen Fragmentierung ist weniger ausgeprägt als in anderen (post-)modernen Industrienationen wie beispielsweise in den USA. Darüber hinaus erweist sich die politische Informationsaufnahme über das Internet größtenteils als Rezeption der klassischen Medien in neuem Gewand. Knapp zwei Drittel der Wahlberechtigten informierten sich 2009 auf den Nachrichtenportalen der Printmedien über Politik, weniger als ein Drittel auf den Nachrichtenportalen des Fernsehens (vgl. Initiative Pro Dialog 2009). Alle anderen Möglichkeiten, die das Internet bietet (z. B. Webseiten sozialer Netzwerke, Webseiten von NGOs, Weblogs, Webseiten von Regierungsstellen oder Parteien etc.), spielen bisher nur für kleinere Gruppen eine nennenswerte Rolle.

3.5.3 Potentiale zur Aktivierung von Öffentlichkeit

Ist die ‚Schöne neue Web 2.0-Welt' also gerade auch in politischer Hinsicht mehr Zukunftsmusik als ein öffentlichkeitsrelevanter und vor allem politischer Faktor der Gegenwart? Eindeutig ja, zumindest in Deutschland. Ein großer Teil dessen, was Social Web oder Social Media ausmacht, hat keine im engeren Sinne publizistische Funktion. Was als „sozial" bezeichnet wird, erweist sich in der Regel gesellschaftlich und politisch als nicht dauerhaft relevant. Denn es dient ganz überwiegend der Privat- und Gruppenkommunikation. Insofern sind die netzgestützten Communities auch nicht mit einer Kommunikation gleichzusetzen, die von öffentlichem Interesse ist. Allerdings bestätigen besondere Krisen oder Phasen (z.B. Kampagnen, Wahlkämpfe) als Ausnahmen diese Regel, wenn mit Hilfe des Social Web latent bereite Individuen oder Gruppen mobilisiert werden und sich als „aktive Öffentlichkeit" (vgl. Kap. 3.3.4 in diesem Buch) artikulieren. Mit Blick Web 2.0 ist jedenfalls aktuell zu konstatieren: „Nutzung steigt – Interesse an aktiver Teilhabe sinkt" (Busemann/Gescheidle 2010).

Aber die Entwicklung könnte schneller voranschreiten als Skeptiker vermuten. Dabei sollte der naheliegende Verweis auf den erfolgreichen, freilich in einer anderen Parteienlandschaft und politischen Kultur praktizierten, Internet-Wahlkampf des amerikanischen Präsidenten Barack Obama nicht über die strukturellen Beharrungskräfte der deutschen Parteiendemokratie hinwegtäuschen. Dennoch: Die Möglichkeiten zu mehr Kommunikation, Interaktion und Partizipation sind – aus technologischer Sicht jedenfalls – vorhanden. Sie werden jedoch nicht, vielleicht noch nicht, ausreichend genutzt. Das gilt für gesellschaftliche und politische Organisationen, die das Ziel verfolgen, Informationen bereitzustellen und mit der interessierten Öffentlichkeit in Kontakt zu treten. Und es trifft auf die Bürgerinnen und Bürger als Internetnutzer zu, auf multimediale, politische Angebote zu reagieren oder solche selbst zu generieren.

So nutzen etwa die Parteien das Internet in Wahlkämpfen zwar zunehmend intensiv. Allerdings drängt sich der Eindruck auf, dass diese Platttform und dass vor allem die technischen Möglichkeiten von Web 2.0 mehr als Modernität dokumentierendes Experimentierfeld denn im Rahmen einer mit aller Konsequenz durchdachten Strategie zur Information, Kommunikation und vor allem Partizipation genutzt werden (vgl. Unger 2010). Dies liegt vermutlich nicht nur an den begrenzten Verarbeitungskapazitäten in den Parteizentralen und an generellen Unsicherheiten, was den Umgang mit den Neuen Medien angeht. Vielmehr scheinen auch die derzeitigen Strukturen institutionalisierter Willensbildung und Entscheidungsfindung der Parteiendemokratie in Deutschland noch weitgehend inkompatibel mit einer breiten Umstellung auf internetgestützte Mobilisierung und Partizipation (vgl. Kap. 11 in diesem Buch). Denn mit einer solchen Umstellung sind nicht nur Veränderungen in der Kommunikationskultur verbunden, sondern auch institutionelle Herausforderungen. Das betrifft vor allem einen möglichen Kompetenz- und Steuerungsverlust von Funktionären und Parteiaktiven, weniger den Machtverlust eines hauptamtlichen Apparates, der mit einer solchen Entwicklung aufgerüstet die eigene Rolle stärken kann.

Ob bei kommenden Landtagswahlen und insbesondere bei der nächsten Bundestagswahl im Jahr 2013 mit dem ersten „echten" Onlinewahlkampf zu rechnen sein wird, bleibt offen. Jedenfalls haben es die Parteien bei der Bundestagswahl 2009 (bis auf wenige Ausnahmen) nicht geschafft, interessante Mitmach-Aktionen anzubieten und die Bürger im Netz sowie über das Netz hinaus für eigene Aktivitäten in nennenswerter Weise zu mobilisieren. Viel zu groß scheint noch immer die Angst vor politischen Kontrollverlusten. Ein breit angelegter, internetgestützter politischer Dialog – technisch möglich war er wohl im Wahlkampf noch nicht einmal politisch gewünscht. Ganz abgesehen davon, dass die Präsenz der Politik im Web 2.0 im Generellen und politische Mitmach-Aktivitäten im Speziellen, sofern überhaupt schon vorhanden, bisher stark auf Wahlkämpfe oder ähnliche kampagnenrelevante Großereignisse fokussiert sind.

Wenn das Internet mit den Möglichkeiten des Web 2.0 zum strukturbildenden Medium politischer Öffentlichkeit werden soll, dann muss in dieser schnelllebigen Technologie kommunikative Dauerpflege erste Priorität haben. Nur so lassen sich die Potentiale der Neuen Medien ausschöpfen. Ob sich die Bürgerinnen und Bürger als Nutzer und Gestalter dieser Medien nachhaltig in politische Kommunikationsprozesse einbinden lassen, scheint allerdings fraglich. Denn zweifelhaft ist, ob ein solcher, auf Dauer gestellter Dialog von und mit Internetnutzern und insbesondere von Web 2.0-Usern überhaupt gesucht wird. Alle Nutzeranalysen zeigen, dass einer kleinen Gruppe von Mitmachaktivisten, die sich in ihrer überwiegenden Mehrheit zudem auch nicht auf politische sondern private Inhalte konzentriert, die breite Masse nach wie vor passiver Rezipienten gegenübersteht.

Dem Prinzip von Aktivität und Teilhabe sowie den Möglichkeiten des User Generated Content fühlen sich bisher nur die wenigsten verpflichtet. So ist der Anteil derer, die Web 2.0-Angebote aktiv nutzen, indem sie beispielsweise Beiträge für Wikipedia verfassen oder Videos bei YouTube einstellen, im Vergleich zum Anteil derer, die diese Angebote passiv nutzen, noch immer sehr gering. Ganz abgesehen davon, dass es sich dabei ganz überwiegend nicht um politisch relevante Informationen handelt. Und selbst unter den Aktiven war 2009 nicht immer ein ernsthaftes Interesse an mehr Dialog, Interaktion und Partizipation zu erkennen. Oftmals dienten die Portale dazu, um – mehr oder weniger anonym – die eigene Unzufriedenheit mit der politischen Lage in Deutschland zu äußern. Vergleichsweise gering war hingegen das Interesse an politisch relevanten Dialogen mit anderen Internetnutzern, mit Wählern oder mit den Parteien (vgl. Initiative Pro Dialog 2009).

3.5.4 Öffentlichkeitswandel durch Web 2.0?

Was also bleibt von den Aussichten auf eine politisch innovative und demokratische ‚Schöne neue Web 2.0-Welt'? Wird das Internet zur Plattform für gesellschaftliche und politische Emanzipation und Teilhabe oder aber zum Werkzeug von Kontrolle und Unterdrückung? Die Frage lässt sich deshalb nicht eindeutig beantworten, weil das technologische Potential selbst ambivalent ist. Kein Zweifel, dass Internetforen, dass Twitter und Facebook als schnelles Nachrichten- und Mobilisierungsmedium etwa die Rebellion im Iran befeuert und dort wie in vielen anderen Staaten Informationskontrolle und -unterdrückung erschwert haben. Allerdings besteht auch kein Zweifel darin, dass die internetgestützte Selbstorganisation kritischer Gegenöffentlichkeit totalitäre Staaten zu massiver Repression veranlasst hat.

Dass das Internet langfristig die Strukturen des Öffentlichen (und des Privaten), aber auch die Funktionsweisen gesellschaftlicher und politischer Kommunikation beeinflussen und verändern kann, dürfte mit dem historischen Blick auf den bisherigen Einfluss aller medialen Entwicklungen auf das politische Leben wenig strittig sein. Rein technologisch bietet das Web 2.0 die Chance zum ‚Strukturwandel' hin zu einer neuen und aktiven Öffentlichkeit, die nicht allein von professionellen Anbietern ‚gemacht' wird, sondern in der sozialen Praxis der Beteiligten ‚entsteht'. Das ist Last und Chance zugleich. Eine große Herausforderung ergibt sich in diesem Zusammenhang darin, dass sich die bereits vorhandene mediale „Wissenskluft" (knowlegde gap) nicht in einer „digitalen Spaltung" (digital divide) der Gesellschaft weiter fortsetzt und vertieft. Während das Web 2.0 die Plattform für eine nie da gewesene Pluralisierung von Sichtweisen und für die Diversifikation von Öffentlichkeit bietet, zeichnen sich jedoch schon die Konturen neuer Hierarchien und Zentralitäten im virtuellen Raum ab. So spricht viel dafür, dass sich Macht nicht verflüssigt, sondern nur neu verteilt wird.

Die schwachen Bindungen der sozialen Medien des Web 2.0 mögen dabei durchaus den Entwicklungstrends moderner Gesellschaften entsprechen. Weil sich aber, wie schon heute beobachtbar, Privates und Öffentliches, Relevantes und Irrelevantes zunehmend mischen, gewinnt die Frage nach den Maßstäben, die Frage nach Qualität und Selektion von Information, neue Bedeutung. Dass Facebook oder ähnliches einmal zum Leitmedium werden könnte, ist unwahrscheinlich. Umso problematischer erscheint es, wenn die Orientierungsfunktion professioneller journalistischer Informationsselektion und -verarbeitung weiter an Bedeutung verlieren sollte. Denkbar und wünschenswert ist vielmehr ein Öffentlichkeitssystem, bei dem sich redaktionell-professionelle Informationsvermittlung auf der einen Seite und partizipative Vermittlung via Internet auf der anderen Seite ergänzen (vgl. Neuberger 2005) und wechselseitig Anschlusskommunikation ermöglichen.

Zwar vereinfacht das Internet gezielte Mobilisierungskampagnen fernab von regionalen und nationalen Begrenzungen und Organisationen. Auch erleichtert es neuen Akteuren den Zutritt zur politischen Bühne. Ob internetbasierte Hybrid-Organisationen und offene Plattformen im Netz allerdings auch in Deutschland auf absehbare Zeit das Potential haben, eine ernst zu nehmende Konkurrenz für die Organisationen der Politikvermittlung zu werden, also für Parteien, Verbände und NGO's, scheint fraglich. Hier sollte auch der Verweis auf erfolgreiches „Grassrootscampaigning" (z.B. MoveOn.org) in den USA nicht darüber hinwegtäuschen, dass eine Übertragung auf Deutschland aufgrund der Unterschiede in der politischen Kultur und im intermediären System problematisch ist (vgl. Voss 2010). Das schließt nicht aus, dass auch etablierte politische Organisationen hierzulande mit vereinzelten Grassrootscampaigning-Aktionen ihre Modernität unter Beweis stellen, Zielgruppen besser mobilisieren können und ihrer Kommunikation eine höhere Legitimation zu verleihen suchen. In der politischen Kommunikation in Deutschland werden solche Aktionen jedoch –

vorerst noch – die Ausnahme bleiben. Nach wie vor erweisen sich die herkömmmlichen Massenmedien als „der wichtigste Multiplikator, um Themen einer breiteren Öffentlichkeit bekannt zu machen" (ebenda: 33). Für die Zukunft der ‚Schönen neuen Web 2.0-Welt' wird es schließlich auch auf den politischen Mitgestaltungswillen einer zu aktivierenden Bürgerschaft ankommen. Dabei sollte man sich freilich von der „Illusion vom hyperaktiven Publikum" (so bereits Schönbach 1997) verabschieden. Die mobilisierende Wirkung des Internets ist sozial selektiv und sie verschiebt die Kosten-Nutzen-Relationen der Bürger für einige Formen der politischen Kommunikation (vgl. Emmer/Vowe 2004). Zudem müßten neue politisch-institutionelle Mitgestaltungschancen geschaffen werden. „Mehr Demokratie via Internet" (vgl. Hoecker 2002) ließe sich erst unter der Voraussetzung realisieren, dass die Partizipationsangebote politischer Eliten nicht primär Mittel politischer PR sind.

Notwendig ist deshalb die Entwicklung von neuen institutionellen Arrangements und Gelegenheitsstrukturen, die der internetgestützten Deliberation und Partizipation im demokratischen Willensbildungs- und Entscheidungssystem einen Platz und angemessen Raum geben. Eine solche Erweiterung von Kommunikations- und Beteiligungschancen im Rahmen „elektronischer Demokratie" kann die kanalisierende und integrierende Funktion intermediärer Organisationen der „repräsentativen Demokratie" ergänzen. Sie wird sie nach aller Erfahrung mit medialen Entwicklungen verändern, jedoch nicht ersetzen (vgl. Sarcinelli 1998f).

Jedenfalls zeigt diese kurze Skizze zur Bedeutung internetbasierter Informations- und Kommunikationsmöglichkeiten, dass der Wandel politischer Öffentlichkeit nicht die Folge technikdeterminierter Entwicklungen sein kann, sondern von vielfältigen institutionellen Konfigurationen und politisch-kulturellen Faktoren abhängt. So weist etwa eine international-vergleichende Analyse nach, dass der Grad der Nutzung des Internets zur direkten Wählerkommunikation in den untersuchten Parlamenten (USA, Schweden Deutschland) die Unterschiede der jeweiligen institutionellen Anreizstrukturen widerspiegeln (vgl. Zittel 2008). Auch führt das Internet nicht automatisch zu einer demokratischeren Kommunikation (vgl. Gerhards/Schäfer 2007), auch wenn gerade Web 2.0 die Dynamik der Wechselbeziehungen zwischen „passiver", „latenter" und „aktiver Öffentlichkeit" (vgl. Kap. 3.3 in diesem Buch) beeinflussen kann.

Den Wandel der Kommunikationskultur zu gestalten, bleibt eine politische Aufgabe, schließlich ist ein solcher Prozess mit Machtteilhabe und auch mit politisch-institutionellem Kontrollverlust verbunden. Ob es langfristig gelingt, den Wandel politischer Öffentlichkeit in emanzipatorischem und aufklärerischem Sinne voranzutreiben, wird von der Möglichkeit und Fähigkeit abhängen, das auch über das Web 2.0 zu generierende „soziale Kapital" (Robert Putnam) in politisches Kapital zu transformieren. Das kann für die weitere Entwicklung der Kommunikationskultur in Deutschland von Bedeutung sein.

4 Publizität und Vertraulichkeit im kooperativen Staat

4.1 Politik im kooperativen Staat: Einleitung und Problemstellung

Der Staat der Gegenwart ist „in der Gestalt des kooperativen Staates von seinem Thron gestiegen" (Grande 2000: 23). Mehr denn je ist er auf Kommunikation, d.h. öffentliche *und* vertrauliche Kommunikation angewiesen, um handlungs- und entscheidungsfähig zu bleiben. Zwar hat auch der moderne Staat rechtlich und vielfach noch tatsächlich „das letzte Wort", wenn es um die Herstellung kollektiv bindender Entscheidungen geht. Für die Lösung von Problemen in modernen wohlfahrtsstaatlichen Systemen ist das Gewaltmonopol jedoch eine stumpfe Waffe. Es dient allenfalls als politische „Handlungs-Reserve" (Herzog 1993a: 40) für besondere Konfliktfälle. Denn in der modernen, funktional differenzierten Gesellschaft ist das politische System zu einem Funktionssystem neben anderen geworden. Steuerungsfähig bleibt deshalb der Staat als Teil des politischen Systems in der „polyzentrischen Gesellschaft" (vgl. Willke 1992) nur dann, wenn er sich auf Kommunikation, Kooperation, Verhandlung kurz: auf Zusammenarbeit mit den für die Lösung der unterschiedlichen politischen (z.B. ökonomischen, sozialen, gesellschaftlichen etc.) Probleme relevanten Akteuren einläßt. Steuerungserfolge werden dabei vielfach mit einer Enthierarchisierung der Beziehung zwischen Staat und Gesellschaft erkauft.

In kommunikativer Hinsicht folgenreich ist weiterhin, was in dem Titel „Transformationen des Staates" (Leibfried/Zürn 2006a) seinen Ausdruck findet. Was Leibfried und Zürn als „Zerfaserung von Staatlichkeit" und mit Blick auf zunehmende internationale Verflechtungen als „post-nationale Konstellation" (dies. 2006b: 41 und 19) beschreiben, wird in der wissenschaftlichen Debatte schon seit längerem auch mit Blick auf innerstaatliche Verhältnisse als Souveränitätsverlust diskutiert. Denn in ihrer Entscheidungssouveränität eingehegt wird Politik in Deutschland nicht nur durch die Einbindung in das internationale System, in transnationale Organisationen und insbesondere in den EU-Kontext, sondern auch durch formelle und informelle Rahmenbedingungen der innerstaatlichen institutionellen Ordnung.

Bei diesen in der Politikforschung inzwischen verbreiteten Einschätzungen stellt sich die Frage nach den Kommunikationsmodi, mit denen in den unterschiedlichen institutionellen Arrangements operiert, verhandelt und (vor)entschieden wird. Denn Kooperationen erfolgen vielfach gerade nicht im Scheinwerferlicht der Medienöffentlichkeit und nicht selten ist der Erfolg erst dann möglich, wenn „im Schatten der Hierarchie", d.h. im Schatten mehrheitsdemokratischer Entscheidungen verhandelt wird und Kompromisse geschlossen werden. Wie aber lassen sich Diskretion, Vertraulichkeit, Halb- und Nichtöffentlichkeit in Demokratien rechtfertigen, in denen doch Öffentlichkeit zur institutionellen Grundausstattung gehört? Darf es in einer offenen Gesellschaft neben der öffentlichen „Bühne" der Politik überhaupt „Hinterzimmer" geben, also einen Bereich politischer Diskretion mit exklusiven Zugängen? Wie lassen sich Nichtöffentlichkeit und Vertraulichkeit unter demokratietheoretischen und funktionalen Gesichtspunkten rechtfertigen?

4.2 Vertraulichkeit in der Politik: Demokratieprobleme und Effizienzchancen

Aus normativer und insbesondere verfassungsrechtlicher Sicht ist Öffentlichkeit zentrale Bedingung für die „Rationalisierung des politischen Prozesses" (Hesse 1995: 62) und ein Garant für die Rationalität der politischen Willensbildung. Mit der Herausbildung des Bürgertums und im Zuge der Aufklärungsphilosophie werden Wahrheitsmonopole grundsätzlich in Frage gestellt. Öffentlichkeit wird zum Forum, auf dem sich konkurrierende politische Herrschaftsansprüche bewähren müssen. Entscheidungen über letzte Wahrheiten werden in den privaten Raum verlagert. Öffentlichkeit gilt fortan als „Chiffre für Freiheit der Diskussion, Vernunft der Argumente und Richtigkeit der Entscheidung". Das Prinzip der Öffentlichkeit gilt forthin als „eine spezifisch demokratische Eigenschaft, ist Lebensgesetz der Demokratie: Heimlichkeit hingegen – Kennzeichen aristokratischer Verfassungszustände – hat in der Demokratie keinen legitimen Stellenwert" (Depenheuer 2000: 7).

„Nur wo Publizität herrscht, kann es auch Verantwortung der Regierenden und das Bewusstsein der Verantwortlichkeit bei den Regierten geben" (Jestaedt 2000: 69). In dieser verfassungstheoretischen Sichtweise klingt noch die Vorstellung der alteuropäisch-naturrechtlichen Wahrheitsbindung der Politik durch die öffentliche Meinung an. Jürgen Habermas hat diese hohe normative Hürde zur regulativen Idee seiner Theorie kommunikativen Handelns (vgl. Habermas 1981) gemacht und in seinem Konzept von Zivilgesellschaft modernisiert. Er begreift Öffentlichkeit als „Resonanzboden für Probleme", als „sozialen Raum" mit „Signalfunktion" und als „Kommunikationsstruktur", die einerseits politischen Problemdruck im Institutionensystem erzeugt, andererseits aber auch von Entscheidungen entlastet (Habermas 1992a: 435-437). Damit soll eine Art „Gegenkreislauf von Macht und Kommunikation zwischen staatlichen Institutionen und der Zivilgesellschaft als nicht-organisierter Öffentlichkeit" (Lösch 2005: 173) entstehen.

In der freiheitlichen Demokratie, in der Kommunikation zur „Staatsaufgabe" (vgl. Czerwick 2001: 357f.; Hill 1993) geworden ist, besteht jedenfalls ein

„Rechtfertigungsgefälle" insofern, als Nicht-Öffentlichkeit, Vertraulichkeit und Geheimhaltung „die Abweichung von der Regel" (Jestaedt 2000: 88) darstellen. Deshalb ist „Nicht-Öffentlichkeit staatlicher Machtausübung generell begründungsbedürftig" (ebenda: 89). Dies ergibt sich aus der ‚Grundmechanik' jeder demokratischen Politik, die zustimmungsabhängig und deshalb stets auch öffentlich begründungspflichtig ist. Soweit die verfassungs- und politiktheoretische Sicht. Wie real und funktional notwendig gleichwohl auch Diskretion in der politischen Praxis demokratischer Regierungsweise ist und warum es in der politischen Realität nicht nur Öffentlichkeit, sondern auch „Hinterzimmer", Vertraulichkeit, d.h. Räume diskreter Interessenabklärung und Entscheidungsvorbereitung gibt und geben muss, wird schon an einem kleinen Gedankenexperiment plausibel: Man stelle sich für einen Moment vor, das Parlament, der Deutsche Bundestag, verhandle nicht nur öffentlich, wie es der Art 42 des Grundgesetzes gebietet, sondern ermögliche totale Öffentlichkeit, zu jeder Zeit, auf allen Ebenen und in allen innerparlamentarischen Gremien. Nicht nur Plenar- und dann vielleicht, wie vielfach gefordert und z.T. auch praktiziert, die Ausschusssitzungen, auch Fraktionen und Fraktionsarbeitskreise wären allgemein zugänglich, also jene Gremien, die für die gruppenspezifische Interessenabklärung und politisch-strategische Entscheidungsvorbereitung unabdingbar sind. Das Ergebnis einer solchen vermeintlichen Totaltransparenz ist unschwer vorhersagbar: Entweder viel Hinterzimmerpolitik und Kungelrunden, d.h. die Verlagerung der Vorberatung über politisch entscheidende Weichenstellungen in informelle Gremien und Kreise, was es auch jetzt schon reichlich gibt und gemeinhin als ‚Auswanderung der Politik aus den Institutionen' kritisiert wird. Oder, die zweite Möglichkeit, frühzeitige öffentliche Diskussion über intern noch nicht abgestimmte Positionen. Im politischen Jargon wird dies dann bisweilen als „Kakophonie" bezeichnet, will heißen: auf dem Markt der Öffentlichkeit werden politische Angebote gehandelt, über deren Relevanz, Repräsentativität und Verbindlichkeit die Öffentlichkeit im Unklaren bleibt. Die Frage aber, wer für wen spricht und welche Position Gültigkeit hat für welche politische Organisation, ist für die politische Orientierung der Bürger im repräsentativen System und für die Zumessung von Entscheidungsverantwortung nicht zuletzt auch für öffentliche Meinungsbildung und Kontrolle essentiell.

Das parlamentarische Beispiel lässt sich beliebig auf unterschiedliche individuelle oder kollektive Akteure der politischen Willensbildung und Interessenvermittlung übertragen: auf Parteien, Verbände, Kirchen, Gewerkschaften etc. , also jene Institutionen des intermediären Systems, die heterogene Interessen integrieren und repräsentieren und damit Pluralität im freiheitlich-liberalen System ausmachen. Alles, was politisch gedacht, geplant, vorgeschlagen werden soll, zu jeder Zeit auf dem offenen Markt zu präsentieren, würde nicht zu totaler Transparenz, sondern zu kollektiver Konfusion und Irritation führen. Totaltransparenz wäre nicht nur Ausdruck mangelnder politischer Klugheit. Sie mündet letztlich in Handlungsunfähigkeit und politische Machtlosigkeit. Tarifpartner, die ihre Verhandlungslinie schon vor den – im übrigen hinter verschlossenen Türen ablaufenden – Tarifgesprächen „auf den Tisch" der Öfentlichkeit legen, begeben sich ihrer Möglichkeiten zu Interessendurchsetzung oder Interessenausgleich im Rahmen von Kompromissen ohne Gesichtsverlust. Gleiches gilt für Koalitionspartner, wenn es um koalitionsinternen Interessenausgleich, für Fraktionen, wenn es um flügelübergreifende Interessenabklärung und dann um die Verdeutlichung klarer Alternativen oder auch für Regierungs- und Oppositionsparteien, wenn es um Kompromisssuche bei zustimmungsbedürftigen Gesetzen in Bundestag und Bundesrat geht. Dass der Vermittlungsausschuss zwischen Bundestag und Bundesrat so erfolgreich ist und die ganz überwiegende Zahl seiner Vermittlungsvorschläge schließlich Gesetzeskraft erlangen, hängt gerade damit zusammen, dass er nicht-öffentlich verhandelt und dass seine Mitglieder weisungsunabhängig verhandeln und Kompromisse aushandeln können (vgl. Hesse/Ellwein 1992: 292). Dass der Vermittlungsausschuss in der Praxis des unitarischen Föderalismus zu einer Art dritter Kammer geworden ist, steht auf einem anderen Blatt und wird zu Recht aus verfassungs- und demokratietheoretischer Hinsicht kritisiert. Dessen ungeachtet lassen sich die Beispiele politischer Diskretion auf viele Situationen notwendiger Interessenabklärung und politischer Entscheidungsvorbereitung übertragen.

Deshalb gilt beides: Gesellschaftlicher und politischer Pluralismus muss in einer nachvollziehbaren Vielfalt und Vielstimmigkeit in der öffentlichen Kommunikation seinen Ausdruck finden. Vielstimmigkeit setzt aber, um im Bilde zu bleiben, intensive ‚Stimmbildung' und ‚Probenarbeit' voraus, bevor das Werk oder diskussionsfähige Entwürfe der Öffentlichkeit vorgestellt werden. Ein bestimmtes Maß an Vertraulichkeit politischer Entscheidungsvorbereitung ist deshalb auch „strukturell notwendiges Korrelat zum umfassenden und permanenten Öffentlichkeitspostulat der Demokratie" (Depenheuer 2000: 16f.). Vertraulichkeit, dosierte Vertraulichkeit wohlgemerkt, ist nicht nur Bedingung für Sachlichkeit und Gemeinwohldienlichkeit. Sie ist auch Grundvoraussetzung dafür, dass sich politische Positionen formieren und dann ein öffentlicher Wettbewerb über politische Alternativen stattfinden kann. Im Jargon des Luhmann'schen Konzepts autopoietischer Systeme: Nicht-Öffentlichkeit wird zur Bedingung für die Herstellung „operativer Geschlossenheit" (Luhmann) des jeweiligen Teilsystems. So plausibel es ist, dass entgegen allen Erwartungen der Tradition Öffentlichkeit kein validiertes und als solches bekanntes Wissen, geschweige denn eine Art Vernunftauslese erzeuge, so überzogen scheint allerdings auch der systemtheoretische Generalverdacht, nach dem Öffentlichkeit geradezu „ein Symbol für die durch Transparenz erzeugte Intransparenz" sei (Luhmann 2000: 285).

Über das, was die angemessene Dosierung an Vertraulichkeit ist, gibt es unterschiedliche rechtliche Vorgaben und politische Erwartungen. Beispielsweise wird der Regierung ein „Kernbereich exekutiver Eigenverantwortung" (BVerfGE 67, 100) durch Zuerkennung eines Initiativ-, Beratungs- und Handlungsbereichs zugebilligt, der auch vor direkter Einsicht durch das Parlament geschützt ist. Andererseits wird man einer latenten Tendenz der Exekutive entgegentreten müssen, immer wieder neue politische Arkanbereiche zu legitimieren. Auch sind etwa die Erwartungen an politische Transparenz und Öffentlichkeit gegenüber Parteien schon aufgrund des verfassungsrechtlichen Gebots zu innerparteilicher Demokratie und zur Offenlegung der Finanzen höher als die gegenüber Interessenverbänden. Wähler und Organisationsmitglieder haben ein generell höheres Transparenzinteresse als politische Führungen. So fordern Parteiaktive Parteiöffentlichkeit und Teilhabe am Herrschaftswissen. Wähler wiederum erwarten anderes als Organisationsmitglieder. Insofern gibt es also institutionell und situativ unterschiedliche Kontexte mit differierenden Kommunikationsansprüchen. Dies trifft auch auf den Öffentlichkeits- bzw. Diskretionsbedarf im Rahmen des Politik-Zyklus zu. So können in Phasen der Beratung und Interessenabklärung Vertraulichkeit erforderlich und der teilweise oder gänzliche Ausschluss der Öffentlichkeit gerechtfertigt sein. Das gilt insbesondere dann, wenn es um Kommunikation in Verbindung mit politisch-strategischen Fragen geht (vgl. Raschke/Tils 2007: 41). Freilich steht dies in einem unauflöslichen Spannungsverhältnis zu verbreiteten Partizipationserwartungen und Transparenzforderungen.

4.3 Diskrete Willensbildung und Entscheidungsvorbereitung in der „Verhandlungsdemokratie"

Im Gegensatz zu den zahlreichen elaborierten ideengeschichtlichen sowie geistes- und sozialwissenschaftlichen Theorien und demokratietheoretischen Begründungen von Öffentlichkeit finden sich zu Vertraulichkeit oder Diskretion als Element des politischen Prozesses weder vergleichbare theoretisch fundierte Reflexionen, noch – was schon aus forschungspraktischen Gesichtspunkten verständlich ist – systematische empirische Studien. Allerdings hat sich eine inzwischen hoch entwickelte Politikfeldforschung etabliert, die sich mit der Praxis politischer Willensbildungs- und Entscheidungsprozesse in unterschiedlichen Politikfeldern beschäftigt und angesichts der „Selbstregulationsschwäche offener Kommunikationszirkel" (van den Daele/Neidhardt 1996: 41) die diskrete „Verhandlung" als einen für erfolgreiche Problemlösung entscheidenden Operationsmodus sieht. Die Beschäftigung mit „Verhandlungsdemokratie" (vgl. Czada/Schmidt 1993a; Czerwick 1999;

Czada 2003) bzw. mit „Verhandlungssystemen" ist inzwischen ein gerade für die politikfeldspezifische Politikberatung relevanter Forschungsbereich geworden. Der politikwissenschaftliche Fachterminus Verhandlungssystem wird dabei als Sammelbezeichnung für unterschiedliche Beziehungsgeflechte oder Netzwerke zwischen individuellen oder kollektiven Akteuren gebraucht, „bei denen Aushandeln und (freiwillige) Vereinbarung als Modus der Konfliktregelung dominieren, im Gegensatz zu den Politikstilen des hierarchisch-autoritären Entscheidens in Verwaltungen und des demokratisch-majoritären Entscheidens durch Parteienwettbewerb" (Schultze 2004: 1057).

So erweist sich Verhandlung in demokratischen Systemen als Steuerungstechnik neben Mehrheitsentscheidung und autoritativer Entscheidung mehr und mehr als ein wichtiger und eigenständiger dritter Verfahrens- und Entscheidungstypus. Denn „Politik geht heute zu einem erheblichen und vermutlich zunehmenden Teil aus innerstaatlichen und transnationalen Verhandlungen und Rücksichtnahmen hervor, die mit dem Modell des nach außen souveränen und nach innen hierarchischen Staates wenig gemein haben" (Scharpf 1993: 25). Dies gilt nicht nur für den Staat, sondern gleichermaßen auch für moderne funktional differenzierte Gesellschaften, die nicht als Einheit, sondern als „polyzentrische und polykontextuelle Netzwerke von Sozialsystemen, die zugleich autonom und strukturell gekoppelt zu begreifen sind" (Willke 1992: 8). Die wachsende Komplexität findet ihren Ausdruck in unterschiedlichen institutionellen Arrangements, wie Allparteienkoalitionen, föderalen Verflechtungen, in der Teilhabe der Interessenverbände an der sowie dem wachsenden Einfluss von Bewegungsakteuren auf die Politik. Das erzeugt Verhandlungszwänge, die – mit Bezug allerdings auf jeweils unterschiedliche Kontexte – inzwischen mit den Begriffen Proporzdemokratie, Netzwerkdemokratie, Politikverflechtung, liberaler Korporatismus etc. belegt sind.

Dieses alles hat die Institutionenordnung in Deutschland zu einer „eigentümlichen Mischung aus Konkurrenz- und Verhandlungsdemokratie" (Czada/Schmidt 1993b: 11) gemacht, in der es zahlreiche parteipolitische (insb. Fraktionen und Parteigremien) und staatliche (insb. Bundesverfassungsgericht und Bundesrat) Vetospieler sowie einspruchsberechtigte „Mitregenten" (insb. Gewerkschaften, Verbände, Sozialversicherungsträger) gibt (vgl. Schmidt 2002: 24). Damit wird zwar dem verfassungspolitischen Anliegen einer Verhinderung von Machtkonzentration in hohem Maße Rechnung getragen. Jedoch werden jedem politischen Veränderungswillen in materieller, institutioneller und prozessualer Hinsicht Fesseln angelegt. Denn das politische Institutionengeflecht ist so konstruiert, dass die „Opposition machtpolitisch stets mit von der Partie ist" (Walter 2004: 83), sei es durch die Ministerpräsidenten und durch den Bundesrat, sei es in öffentlich-rechtlichen Gremien und vor allem im Zusammenhang zahlreicher korporatistischer Bündnisse. Angesichts solcher institutioneller Arrangements wird jedes größere Reformvorhaben zum politischen Kraftakt.

4.3 Diskrete Willensbildung und Entscheidungsvorbereitung in der „Verhandlungsdemokratie"

Der „verhandelnde Staat" sieht sich zunehmend mit dem Problem konfrontiert, wie Authentizität und Effektivität, demokratische Willensbildung und gemeinwohlbezogene Politikergebnisse in Einklang zu bringen sind. In der neueren politiksoziologischen Forschung wird der Begriff „governance" (vgl. Benz 2004) zur Kennzeichnung der spezifischen Steuerungs- und Koordinierungsleistungen im „kooperativen Staat" gebraucht.

An der Schnittstelle zwischen politischer Führung und Bürgern zeigt sich im politisch-administrativen Prozess der Entscheidungsvorbereitung also ein Spannungsverhältnis zwischen zwei verschiedenen Rationalitäten: demokratische Legitimität durch Offenheit, Transparenz und Bürgernähe auf der einen und sachfragenorientierte Effektivität und politisch-strategische Interessenabklärung im Wege diskreter Aushandlung von Kompromissen zwischen entscheidungsbeteiligten Akteuren auf der anderen Seite. Im Gegensatz zu mehrheitsdemokratischen Verfahren, in denen die Interessen einer Seite bzw. politischen Mehrheit durchgesetzt werden können, sind Verhandlungen durch die „Logik des Kompromisses" (Mayntz 1993: 50) gekennzeichnet, eine Logik also, die nicht auf einseitiger Interessendurchsetzung, sondern auf dem Prinzip des Tausches beruht und so Chancen zur Verständigung bietet. Beides ist nur von diskreten Verfahren zu erwarten, „die den Beteiligten eine gewisse Binnenorientierung abverlangen und in denen Kommunikation wenigstens zeitweilig von strategischen Rücksichten und Gruppenloyalitäten entkoppelt werden können" (van den Daele/Neidhardt 1996: 38).

Diese in der Regel in Elitenzirkeln ablaufende Kommunikation betrifft die Interaktion politischer, administrativer und interessengruppenspezifischer Akteure in sog. Policy-Netzwerken, die Konfliktregulierung im Rahmen korporatistischer Strukturen zwischen Regierung, Verwaltung und zentralisierten Verbänden, die Bund-Länder-Verhandlungssysteme im Rahmen des kooperativen Föderalismus und nicht zuletzt auch Verflechtungen auf internationaler Ebene. Im Unterschied zu korporatistischen Verhandlungssystemen existieren Netzwerke praktisch in allen Politikfeldern und sind nicht auf wenige Themenbereiche begrenzt. „Wer in Netzwerken beteiligt ist, hat für die verantwortlichen staatlichen Akteure Gewicht, seine Argumente werden berücksichtigt, ihm wird vertraut. Abwehrhaltungen, die durch ‚pressure group'-Aktivitäten provoziert werden, sind in Netzwerken ausgeschlossen" (Benz 1997: 106).

Kompromisse setzen Kooperations- und Konzessionsbereitschaft mit dem Ziel der Einigung voraus. Sie erfordern die Fähigkeit zur wechselseitigen Perspektivenübernahme. Die Bereitschaft zu solchen Verhaltensorientierungen entwickelt sich aber weniger auf dem Markt der Medien, sondern oft erst auf der Basis direkter und eher diskreter Kommunikation. „Damit sich produktive kollektive Orientierungen in offenen und von äußeren Zwängen freien Kommunikationsprozessen entfalten können, versuchen Verhandlungspartner, sich von Außeneinflüssen abzuschirmen. Entscheidende Durchbrüche in Verhandlungen werden meist in nichtöffentlichen Sitzungen erzielt" (Benz 1993: 86f.). Deshalb gilt auch: „Kooperationsprozesse in Politiknetzwerken sind in besonderem Maße durch den für Verhandlungen üblicherweise festzustellenden Ausschluss der Öffentlichkeit geprägt" (Benz 1997: 106). So ist es vielfach erst das in diskreten Verhandlungen entwickelte Vertrauen, das angemessene Problemlösungen durch Reduktion von Komplexität möglich macht (vgl. Luhmann 1973: 9; Bentele 1998a).

Die demokratische Legitimation eines nicht auf Mehrheitsentscheidung und nach spektakulärem Streit, sondern auf Kompromiss in eher diskreten Verhandlungen angelegten Politikstils sollte nicht vorschnell mit dem Verweis auf mangelnde Öffentlichkeit prinzipiell in Frage gestellt werden. Auch bei Mehrheitsentscheidungen kann es Legitimitätsdefizite geben, wenn sich Bürgerinnen und Bürger ausschließlich am eigenen Nutzen orientieren. Schon Alexis de Tocqueville hat dies in seinen frühen Betrachtungen über die junge amerikanische Demokratie auf die berühmte Formel von der „Tyrannei der Mehrheit" gebracht (vgl. Tocqueville 1985) Legitimität gewinnt Politik nicht allein durch die Beteiligung der Bürger und die Verantwortlichkeit der Regierung, also die „Input-Perspektive", sondern auch durch die Effektivität, die sachliche Qualität der Politik und Orientierung auf das Gemeinwohl, also die „Output-Perspektive" (vgl. Scharpf 1970). Insofern erscheint in diesem Zusammenhang auch eine pauschale Gegenüberstellung von „Effizienzgewinnen" und „Demokratieverlusten" auch problematisch (vgl. van den Daele/Neidhardt 1996: 45; Papadopoulos 2004: 229 f.).

4.4 Publizitäts- und Diskretionsspiele: Politiker, Öffentlichkeitsarbeiter und Journalisten

Was bedeutet dies nun aber für das Verhältnis von „Publizität" und „Diskretion", für den Wechselbezug zwischen politischem Entscheidungsbereich und medienöffentlicher Vermittlung, zwischen „Entscheidungspolitik" und „Darstellungspolitik"? Klassischerweise wird Medienöffentlichkeit als kontrollierendes Gegenüber zur Politik, in einer Art Gewalten teilendes Verhältnis begriffen. Das ist eine verfassungsrechtlich gebotene und deshalb normativ immer noch gültige Perspektive. Die Realität ist damit aber ebenso unzulänglich beschrieben wie mit der Vorstellung, das Verhältnis sei durch einseitige Instrumentalisierung gekennzeichnet. Also Medien instrumentalisieren die Politik oder umgekehrt die Politik instrumentalisiert die Medien. Nicht, dass es dies nicht gäbe. Aber das Verhältnis der beiden Teilsysteme Politik und Medien ist damit nicht hinreichend gekennzeichnet. Typischer für den Alltagsbetrieb in der Politikvermittlung ist vielmehr eine oft diskrete symbiotische Beziehung, eine Art Tauschverhältnis mit wechselseitigen Abhängigkeiten. Publizität wird gegen Information getauscht. Journalisten suchen den

4.4 Publizitäts- und Diskretionsspiele: Politiker, Öffentlichkeitsarbeiter und Journalisten

möglichst exklusiven Informationszugang und brauchen deshalb die Politiker. Andererseits sind politische Akteure auf Publizität bedacht. Mangels eigener relevanter Publikationsorgane brauchen sie den möglichst reichweitenstarken Resonanzboden der Medienöffentlichkeit (vgl. Kap. 5 und 7 in diesem Buch).

Bisher wurde der politisch-mediale Interaktionsraum empirisch kaum ausgeleuchtet. Das ist verständlich, handelt es sich doch dabei um ein außerordentlich sensibles Beziehungsfeld mit Rollen und spezifischen, nicht selten diskreten Rollenspielen, die offen zu legen sich schon aus Gründen politischen oder journalistischen Gesichtsverlustes verbietet. Ein von der Deutschen Forschungsgemeinschaft (DFG) gefördertes Projekt des Instituts für Politikwissenschaft am Campus Landau der Universität Koblenz-Landau hat diese symbiotische Beziehung erforscht. (Der Titel des Projekts: „Politische Inszenierung als symbiotische Interaktion".) Mit einer Mischung aus eliten- und handlungstheoretischen Konzeptualisierungen wurde dabei versucht, den politisch-medialen Interaktionsraum zu erschließen. Befragt wurden insgesamt 122 Akteure aus dem professionellen Politikvermittlungsgeschäft, allesamt nach dem Positionsansatz identifizierte Eliten. Es handelt sich dabei um drei politische Sprechergruppen: Politiker, Journalisten und politische Öffentlichkeitsarbeiter, jeweils aktive und ausgeschiedene Spitzenakteure. Mit diesen Personen wurden gut einstündige Gespräche geführt, qualitative Leitfadeninterviews, die aufgezeichnet, transskribiert und mit Hilfe eines hermeneutisch-klassifikatorischen Verfahrens unter Rückgriff auf die Software von atlas-ti und in Verknüpfung qualitativer und quantitativer Verfahren inhaltsanalytisch ausgewertet wurden.

Die Untersuchungen erfolgten in zwei Teilprojekten. Eines befasste sich mit den Beziehungen zwischen Spitzenpolitikern und Medienvertretern, also Spitzenjournalisten, Redaktionschefs etc. Befragt wurden 13 aktive und 10 ehemalige Spitzenpolitiker, 17 aktive und 10 ehemalige Führungspersönlichkeiten aus dem Journalismus. Die andere Teilprojektstudie konzentrierte sich auf eine hierzulande etwas mystifizierte Personengruppe im Politikvermittlungsgeschäft, die Öffentlichkeitsarbeiter.

Zusammengefasst zeigt die Studie zum ersten Teilprojekt (vgl. Hoffmann 2002) ganz deutlich, dass das Verhältnis von politischen und journalistischen Eliten am besten mit einem Bühnenmodell (vgl. Goffmann 1996) dargestellt werden kann, einem Bühnenmodell allerdings mit Vorder- und Hinterbühne, mit Publizitäts- und Diskretionsräumen. Auf der Vorderbühne werden Rollen gespielt, welche zu der normativ gebotenen Autonomie von Politik und Journalismus passen. Es gehört eben zu den Berufsnormen von Journalisten, dass sie gegenüber der Politik unabhängig sind, sich als kontrollierendes Gegenüber zur Politik begreifen und sich auch so darzustellen. Ebenfalls erwartet man – normativ – eine gewisse Distanz politischer Akteure zum Journalismus. Soweit es um Fragen zum Verhalten auf der „Vorderbühne" geht, werden diese Rollenmuster weitgehend bestätigt. In der Einschätzung zu den Hinterbühnen-Rollen kommt demgegenüber klar zum Ausdruck, dass nicht Autonomie, sondern Interdependenz das Beziehungsverhältnis kennzeichnet. Aus dem umfangreichen Datenmaterial verdienen dabei folgende Befunde erwähnt zu werden:

1. Politische Journalisten sind selbstkritischer als Politiker. Sie sind zu selbstreflexiver Rollendistanz besser in der Lage. Journalisten sehen sich, auch wenn die Realität anders aussieht, durchaus der Objektivitätsnorm verpflichtet. Objektivität ist für Politiker demgegenüber kein Problem. Bei ihnen wird Neutralität ja nicht erwartet. Entsprechend gehört es zum Spiel, dass sie mit ihrer Botschaft den Anspruch auf Wahrheit verbinden können.
2. Der politisch-mediale Interaktionsraum ist gleichermaßen politisiert wie medialisiert. Die Einflussmöglichkeiten und damit zusammenhängend die Rollen sind allerdings unterschiedlich. In der Regel sind politische Eliten die Agenda-Setter, der Journalismus stellt die Agenda zur Verfügung.
3. Während politische Akteure eher die Themen öffentlicher Diskurse bestimmen, bleibt den Journalisten ein Vorsprung bei der Rahmung der Themen. Sie verfügen zwar nicht über die Deutungshoheit, haben aber doch das letzte Wort, wenn es um das „Wie" der Realitätsdarstellung geht.
4. Kennzeichnend für den politisch-medialen Interaktionsraum ist eine hohe Kontaktintensität mit kooperativen oder auch neutral-distanzierten Rollenmustern. Das spricht weniger für eine aus Politikern und Journalisten bestehende kohärente Machtelite nach Art eines politisch-medialen ‚Klüngels' als vielmehr für eine mehr oder weniger pluralistische Elite.
5. Das Tauschverhältnis „Publizität gegen Information" kann einerseits zur Verwischung professioneller Rollen führen. Interdependenz- und Kontingenzbewältigung erfolgt andererseits aber auch über Regelsetzung. Dazu dienen etwa Hintergrundkreise ebenso wie die konditionierte Informationsweitergabe. Dies schließt nicht aus, dass Publizitäts- und Diskretionsregeln zum Teil umstritten sind, unterschiedlich ausgelegt und in Einzelfällen dann bewusst auch nicht eingehalten werden.
6. Insgesamt erweist sich nach dieser Teilstudie der politisch-mediale Interaktionsraum als „eine Interdependenzzone und eine Interpenetrationszone. Die Handlungsfähigkeit der Akteure zeigt sich dabei nicht zuletzt in ihrem kreativen Umgang mit normativen Ansprüchen" (Hoffmann 2002: 228).

Auch im zweiten Teilprojekt wurden politisch-mediale Beziehungsspiele untersucht, nun aber mit Blick auf sog. Politikvermittlungsexperten (vgl. Tenscher 2003). Politikvermittlungsexperten sind jene heterogene Personengruppe, die als politische Berater, als Pressereferenten, Marketingstrategen, Imagespezialisten, Spindoktors oder wie auch immer bezeichnet, fungieren. Sie sind mit der Funktionslogik und den „Entscheidungsregeln" (Luhmann) des politischen Systems und des jeweiligen Teilsystems (Parteien, Verbände, Regierung etc.) bestens vertraut und diesem auch verpflichtet. Ihr Wert für politische Eliten besteht vor allem aber darin, dass sie die Logik des Mediensystems kennen und dessen Regeln professionell beherrschen (vgl. Jarren/Röttger 1998) und für ihre Organisation oder Auftraggeber nutzen. Welche Faktoren eine Information zu einer Nachricht machen, wie aus einem Thema ein politisches Event wird, wie personalisiert und dramatisiert wird, wie Timing und Themen der Berichterstattung beeinflusst werden können, wie Meinungen gemacht und Stimmungen erzeugt werden können – dies ist ihr professionelles Betätigungsfeld.

Bei Politikvermittlungsexperten/Öffentlichkeitsarbeitern handelt es sich um strategisch gut platzierte, vielfach auch einflussreiche Akteure, deren Aufgabe es zwar ist, öffentliche Resonanz zu erzeugen, die selbst öffentlich aber, sieht man einmal von einigen Spitzenvertretern (etwa Berater von Kanzlerkandidaten) ab, kaum in Erscheinung treten. Sie nehmen Einfluss auf den politischen Kommunikationsprozess, verfügen selbst aber nicht über ein politisches Mandat oder über die Legitimation der Medien. Ihr Handeln bewegt sich insofern in einer Art legitimatorischen Grauzone. Kein Wunder also, dass diese für das Politikvermittlungsgeschäft zunehmend relevante Personengruppe bisweilen mystifiziert wird. In den USA geht man damit nicht nur unverkrampfter um. Politikberatung, auch in Sachen Öffentlichkeitskompetenz, ist dort eine florierende Branche und gehört selbstverständlich zu professioneller Politik. Auf die Unterstützung der renommiertesten Berater oder Firmen im politischen Kommunikations- und consulting-Geschäft verweisen zu können, gilt dort bereits als strategischer und kommunikativer Vorteil.

In die von Jens Tenscher durchgeführte zweite Teilstudie des Inszenierungsprojekts wurden 62 aktive und 21 ehemalige nationale Politikvermittlungsexperten einbezogen. Die zentralen Befunde auf der Akteurs- und Handlungsebene lassen sich wie folgt zusammenfassen:

1. Politikvermittlungsexperten verorten sich selbst eher in der Sphäre des Politischen. Ihr Aufgabenspektrum umfasst die Routine des Politikdarstellungsgeschäfts nach außen sowie die Beratung des politischen Spitzenpersonals. Beides kann sich auf themen- und imagebezogene Ziele (Thematisierung, Themen-Framing, Image Building, Dethematisierung etc.), auf instrumentelle Ziele (Herstellung oder Vermeidung von Publizität) oder auf strategische Ziele (Strategie- und Kampagnenplanung etc.) beziehen. Entsprechend können die Rollen wechseln: Erklärer, Vermittler, Berater, Hintergrundarbeiter etc.
2. Politikvermittlungsexperten sind Beziehungsmakler, verfügen sie doch über eine außerordentlich hohe Kontaktdichte zum Journalismus. Dabei wird das Verhältnis überwiegend als „freundschaftlich" und eher „harmonisch" einge-

schätzt. Auch zu Spitzenpolitikern ist die Kontaktdichte hoch, das interpersonale Verhältnis aber eher geschäftsmäßig. Dienstliche Loyalität innerhalb der politischen Sphäre ist demnach gepaart mit freundschaftlichem Umgang in den Backstage-Bereichen der politisch-medialen Bühne. Für eine starke Orientierung an Professionsnormen spricht zudem der dichte Kontakt unter den Politikvermittlungsexperten unterschiedlicher politischer Couleur.
3. Sehr heterogen ist das Bürgerbild von Politikvermittlungsexperten. Es ist eher der Durchschnittsbürger als der „homo politicus", der für sie handlungsleitend ist. Dabei erfolgt die Orientierung an den Bedürfnissen und Erwartungen der Bürger über direkten Kontakt, mehr aber noch über die kontinuierliche Beobachtung des Meinungsmarktes. Die Demoskopie fungiert als relevanter Ersatzindikator für die Bevölkerungsmeinungen.
4. Im Hinblick auf das Bemühen, auf die Medienberichterstattung Einfluss zu nehmen, unterscheiden Politikvermittlungsexperten: Wenn es um News-Management geht, um die Beeinflussung der Themenagenda, läuft Vieles über diskrete Medienkontakte, vor allem mit den führenden Printmedien. Im Zusammenhang mit Strategien des Image-Building gilt das Leit- und Bildmedium Fernsehen als die bevorzugte Plattform. Beliebtes Format ist dabei die Talkshow, in welcher Form und Qualität auch immer.
5. Interesse verdient schließlich, dass Politikvermittlungsexperten den Medialisierungsprozess des Politischen nicht nur wahrnehmen und selbst mitgestalten, sondern auch selbstkritisch reflektieren. Etwa die Hälfte der Befragten sieht für die Bürger durchaus die Gefahr, über den „Nennwert" des Politischen getäuscht zu werden. Zugleich gilt als selbstverständlich, dass politische Inszenierung zum politischen ebenso wie zum Mediengeschäft gehört.

Insgesamt bestätigen die Ergebnisse der Elitenbefragung in beiden Teilstudien die Bedeutung eingespielter Rollen- und Beziehungsspiele zwischen Akteuren aus Politik, Öffentlichkeitsarbeit und Journalismus. Auch eine neuere, ebenfalls auf Befragungen dieser Akteursgruppe beruhende Studie, die sich mit den „'Zweckgemeinschaften' aus Politik und Journalismus" (Kramp/Weichert 2008) in der „Berliner Republik" beschäftigt, konstatiert einen engen Interaktionszusammenhang. Sie verweist zugleich auf die von den Akteuren aus Politik, Journalismus und Öffentlichkeitsarbeit selbst konstatierte „Entfremdung der politischen Klasse" (ebenda: 9). Die Studie zeigt zugleich, wie sich das Feld der politischen Sprecher ausdifferenziert – so ist die Rede u.a. von Alpha-Journalisten – und die Bedingungen politischer Kommunikation in der Berliner „Medienrepublik" verändert haben.

4.5 Fazit: Publizität, Diskretion und Indiskretion als Kommunikationsmodi

Medienzentrierte Öffentlichkeits-, Kommunikations-, Politikvermittlungskompetenz sind zu einem Leistungsbereich, zu einer Erfolgsbedingung gerade auch für das politische System geworden. Ähnliches gilt im Übrigen auch für andere gesellschaftliche Teilsysteme, für Wissenschaft, Wirtschaft, Kultur etc. Auch für diese erweist sich der Wettbewerb um Aufmerksamkeit als existenznotwendig. Kommunikation ist, so Richard Münch, zum „strategischen Spiel (geworden), das über Erfolg und Misserfolg von Individuen, Organisationen, gesellschaftlichen Gruppen und ganzen Gesellschaften entscheidet" (Münch 1995: 83).

Normativ und empirisch bleibt das Verhältnis von Diskretion und Publizität schon allein deshalb prekär, weil der Schutz von Herrschaftswissen durch den Rückzug in diskrete Räume immer auch ein Machtinstrument darstellt. Die amerikanische Politikphilosophin Seyla Benhabib bringt dies anschaulich zum Ausdruck: „Die Öffentlichkeit ist wie die Pupille im Auge der politischen Gemeinschaft: Wenn ihre Sicht getrübt ist, dann ist der Orientierungssinn des Gemeinwesens ebenfalls beeinträchtigt" (Benhabib 1997: 40). Seit den Anfängen neuzeitlichen Staats- und Verfassungsdenkens und spätestens seit der Aufklärung gründet freiheitlich demokratische Politik auf der Hoffnung, dass im öffentlichen Diskurs zwar nicht Wahrheitsfragen entschieden, aber doch die gravierendsten Irrtümer entdeckt werden. Hinter diese historisch-politische Errungenschaft kann und darf man nicht zurückgehen. Das kann nicht darüber hinwegtäuschen, dass die demokratische Leistung von Öffentlichkeit mit großem Pathos herausgestellt nicht selten überschätzt wird. Demgegenüber wird die Bedeutung auch im demokratischen Prozess notwendiger vertraulicher und diskreter Kommunikation in der Realität politischer Willensbildung und Entscheidungsvorbereitung systematisch unterschätzt. Ja mehr noch: in der politischen Kommunikationsforschung spielt diese keine Rolle. Nicht-Öffentlichkeit steht per se im Verdacht des Undemokratischen. Es ist sicherlich eine verzerrte Perspektive, das eigentliche Kerngeschäft der Politik als „nicht sichtbar" (de Maizière 2003: 40) zu bezeichnen. Gleichwohl ist Vertraulichkeit „strukturell notwendiges Korrelat zum umfassenden und permanenten Öffentlichkeitspostulat" (Depenheuer 2002: 25) in der pluralistischen Demokratie.

Die kurze Skizze zu Öffentlichkeit und Vertraulichkeit sollte deshalb einen Gegenakzent setzen zu den vielfach verklärenden Vorstellungen von Öffentlichkeit als Raum des rationalen Diskurses und wenn nicht garantierter, so zumindest angestrebter Wahrheitsfindung. Im Gegensatz dazu wurde die Aufmerksamkeit darauf gelenkt, dass es einerseits in der Demokratie keine Arkanbereiche geben darf, freiheitlich-liberale Systeme andererseits aber Räume politischer Diskretion brauchen, um Kompromissbildung ohne Gesichtsverlust zwischen diskussions- und entscheidungsbeteiligten Akteuren zu ermöglichen.

Auch in einer offenen Gesellschaft mit weitgehenden Transparenzansprüchen können politische Alternativen, kann also Pluralität nur verarbeitet werden, wenn Vorbereitungs- oder Rückzugsräume zur Verfügung stehen, die diskrete Interessenabklärung erlauben, bevor Entscheidungsalternativen publik werden. Der Rekurs auf einige empirische Befunde aus der Projektforschung zum Verhältnis von Spitzenakteuren aus Politik, Öffentlichkeitsarbeit und Journalismus hat darüber hinaus gezeigt, wie eingespielt die Rollen der Beteiligten an den „Publizitäts- und Diskretionsspielen" sind. Einmal mehr wird damit deutlich, dass das Verhältnis von Publizität und Diskretion prekär bleibt, stellt doch der Umgang mit Publizität ebenso wie der Rückzug in Diskretion immer auch ein Machtinstrument dar. Deshalb muss gewährleistet sein, dass die verbindlichen Entscheidungsprozesse nicht nur normativ, sondern auch faktisch durch wirksame Unterbrechungen von Verfahren diskreten Aushandelns getrennt gehalten werden. Was immer vertraulich ausgehandelt wird, bedarf dann aber der öffentlichen Prüfung, Begründung und Ratifikation (vgl. van den Daele/Neidhardt 1996: 45).

Operieren politische und gesellschaftliche Akteure auf politischen Bühnen mit themenspezifischen Diskursen unter Ausschluss der Öffentlichkeit und auf der Suche nach Kompromiss und Konsens, so wird der Erfolg im demokratischen System letztlich nicht in den politisch-institutionellen „Arenen", sondern auf der „Galerie" (Gerhards/Neidhardt 1993), vom Publikum der Bürger in freier Meinungsbildung entschieden. Hier zählt dann nur noch die „massendemokratische Qualität der öffentlich legitimierbaren Gründe" (Degenheuer 2002: 31), nicht aber die Güte der in vertraulicher Runde gefundenen politischen Problemlösungen.

Ein wirksames Regulativ dafür, dass Politik nicht in bürgerferne Arkanbereiche abwandert, kann dies allerdings nur sein, wenn die kritische Öffentlichkeit immer wieder und auch gegen Widerstände die Informationen einfordert, die sie für eine freie Meinungsbildung über politische Alternativen braucht. Ein weiteres Regulativ bildet das berufsbedingte Interesse konkurrierender Medien, die Spielräume politischer Geheimnisse, Vertraulichkeit und Nichtöffentlichkeit im Zweifelsfall klein zu halten oder zu durchlöchern.

Legitimation und Präsentation

5 Legitimität durch politische Kommunikation

„Das Wechselspiel zwischen Politik und Medien hat den politischen Betrieb und auch den Charakter unseres demokratischen Systems unrevidierbar verändert. Medienpräsenz ist heute die wichtigste Legitimationsgrundlage für politische Entscheidungen" (Leinemann 2004: 245).

5.1 Definition und analytische Differenzierungen

Legitimität bezeichnet die soziale Anerkennungswürdigkeit eines Gemeinwesens und seiner Herrschaftsordnung. Eine politiktheoretische Zentralkategorie stellt die Legitimitätsidee insofern dar, als sie historisch sich wandelnde und theoretisch unterschiedlich begründete Kriterien und Maßstäbe zur Beurteilung des Geltungsanspruchs politischer Herrschaft beinhaltet. Kommunikationstheoretische Relevanz gewinnt Legitimität insoweit, als sie auf den Zusammenhang von Kommunikation und Politik sowie auf die Frage nach der Qualität kommunikativ vermittelter Herrschaft verweist. Dabei ist grundsätzlich zwischen materialen und prozeduralen Geltungsansprüchen zu unterscheiden (vgl. Kielmansegg 1971, Mandt 1995). Während materiale Geltungsansprüche vor allem auf die Durchsetzung und Einhaltung von politischen Grundnormen zielen, rekurrieren prozedurale Geltungsansprüche – die Geltung von Normen voraussetzend oder vernachlässigend – auf die Verbindlichkeit von Verfahren der Willensbildung und Entscheidungsfindung.

Legitimität als eine demokratietheoretische Fundamentalkategorie politischer Kommunikation knüpft den Geltungsanspruch politischer Herrschaft an eine kommunikative Begründungsleistung. Ideengeschichtlich war dies über Jahrhunderte hinweg mehr eine Frage theoretischer (z.B. vertragstheoretischer) Konstruktion (vgl. Kersting 1994) als ein Gegenstand realer Herrschaftslegitimation. Jedenfalls werden Herrschaftsbegründungen spätestens seit dem spätneuzeitlichen Staatsdenken und vor allem im Zuge der Entwicklung zum demokratischen Verfassungsstaat auf den Willen der Herrschaftsunterworfenen zurückgeführt. Ausgangs- und Bezugspunkt für die Begründung von Herrschaft ist forthin der Mensch und nicht eine transzendentale Legitimationsfigur.

Um zu funktionieren benötigt jedes Regime oder System ein Mindestmaß an Anerkennung politischer Herrschaft. Ist die Legitimation durch das Volk ein Anspruch, über den sich inzwischen auch nichtdemokratische Regime öffentlich zu rechtfertigen suchen, so gilt die Rückbindung an die Volkssouveränitätsidee zumal für alle demokratischen Systeme im Sinne freiheitlich-rechtsstaatlicher Demokratie: Politische Herrschaft in der Demokratie ist zustimmungsabhängig und deshalb auch begründungspflichtig. Beide, Zustimmung und Begründung, finden ihre Realisierung durch und im Rahmen politischer Kommunikation. Der für die Beschäftigung mit politischer Kommunikation wesentliche Doppelcharakter von Legitimität als eine „spezifische Geltungserfahrung" (Kielmansegg 1971: 368) ergibt sich daraus, dass sie sich nicht rein empirisch in der Summe der Legitimitätsüberzeugungen erschöpft, sondern auch normativ auf die Qualität der Herrschaftsstruktur bezieht. Denn Legitimität beansprucht der weltanschaulich neutrale, jedoch nicht wertneutrale, demokratische Verfassungsstaat auch aufgrund seiner wertgebundenen Ordnung. Legitimität steht demnach im Spannungsfeld von politischer Kultur und politischer Struktur (vgl. Kaase 1995). Somit sind Öffentlichkeit und Kommunikation eine notwendige, keineswegs aber hinreichende Bedingung von Legitimität.

Theoriegeschichtlich lässt sich die politische Philosophie und insbesondere die Staatsphilosophie auch als eine geistesgeschichtliche Auseinandersetzung über Ziele und Mittel politischer Kommunikation lesen (vgl. Münkler 1993). Dabei sind von der Antike bis in die Gegenwart hinein vor allem zwei Grundströmungen im Legitimitätsdenken zu verfolgen. Eine politikphilosophisch-normative Richtung konzentriert sich auf Fragen nach den ethischen Fundamenten und rechtlichen Gründen für die Verbindlichkeit staatlicher Herrschaft sowie auf die epochenspezifisch unterschiedlichen Antworten auf diese Fragen. Förderung des Bonum Commune, Wahrung von Frieden und Ordnung, Rechtsbindung und Begrenzung der Staatsgewalt, Gewaltenteilung und Grundrechtssicherung, soziale Gerechtigkeit und Leistungsstaatlichkeit, Volkssouveränität und ihre Realisierung im Rahmen demokratischer Willensbildung – dies waren und sind wesentliche Muster normativ grundierter Rechtfertigung von Herrschaft. Die Rückbindung an den Willen der Herrschaftsunterworfenen und die mittelbare oder unmittelbare Ableitung kommunikativer Verpflichtungen von der Idee der Volkssouveränität stellt dabei eine relativ späte Legitimitätsvorstellung dar. Erst im Kontext des Siegeszuges des Volkssouveränitätsprinzips werden Information und Kommunikation zu einer konstitutiven Größe demokratischer Legitimität.

Eine historisch gesehen noch verhältnismäßig junge sozialwissenschaftlich-empirische Richtung des Legitimitätsdenkens setzt sich demgegenüber mit den subjektiven Voraussetzungen politischer Herrschaft und mit dem Grad ihrer Anerkennung seitens der Herrschaftsunterworfenen auseinander. Im Mittelpunkt stehen dabei Aufbau, Zusammensetzung und Veränderung von Legitimitätsüberzeugungen sowie Probleme ihrer empirischen Messbarkeit. Wissenschaftlicher Bezugsrahmen ist dabei die moderne politische Kulturforschung, die sich mit der subjektiven Seite von Politik, den für den Bestand des politischen Systems relevanten Einstellungen, Meinungen und Werthaltungen beschäftigt (vgl. Kaase 1995; Löwenthal 1979; Pickel/Pickel 2006).

Die Auseinandersetzung mit Legitimität in politisch-kultureller Perspektive konzentriert sich demnach auf den spezifischen Beitrag politischer Kommunikationsleistungen im Spannungsfeld von herrschaftlicher Setzung, Rechtsgeltung und politischer Unterstützung.Legitimität als Zustand beschreibt die spezifische, historisch sowie kulturell variable Ausprägung der Anerkennungswürdigkeit einer bestimmten politischen Ordnung. Legitimitätsideen verändern sich nicht nur im Zeitverlauf. Sie konkurrieren und überlagern sich auch vielfach. Legitimation als Prozess verweist demzufolge auf einen „Vorgang, der sich ununterbrochen vollzieht" (Kielmansegg 1971: 373). Legitimität begründet kein Wahrheitsmonopol. Sie muss sich gegenüber Alternativen behaupten. Denn in der liberalen Demokratie verbindet sich mit ihr kein universaler, sondern ein partikulär bleibender Geltungsanspruch. Legitimität in der modernen „offenen Gesellschaft" erfordert daher die ständige Erneuerung durch kommunikative Vermittlung ihrer Geltungsgründe. Deshalb ist politische Kommunikation eine conditio sine qua non von Legitimität. Legitimität bedarf der permanenten Legitimation durch Information und Kommunikation (vgl. Oberreuter 1989a; Ronneberger 1977). Deshalb ist Legitimität Determinante und Resultante politischer Kommunikation. Sie reicht weiter als das Legalitätspostulat, weil Legalität lediglich den rechtlich fixierten Handlungsrahmen (z.B. Verfassungsrecht, Presserecht, allgemeines Recht etc.) für politische Kommunikation bezeichnet.

5.2 Problemstellungen, Gegenstände und systematische Zugänge

Legitimität als alltagssprachlicher Begriff bezieht sich generell auf die Einschätzung der Akzeptabilität und Zulässigkeit von Über- und Unterordnungsverhältnissen in beliebigen sozialen Situationen. Politische Legitimität steht demgegenüber in einem besonderen Verwendungskontext. Je nach Wissenschaftsverständnis rekurriert sie auf politische Ordnung, Herrschaftsordnung oder System, also eher makrotheoretische Bezugsgrößen bzw. -ebenen. Erst im Rekurs auf die „Sinnfunktion staatlicher Macht" (Hermann Heller), einem Handlungsrahmen mit der Fähigkeit zur Durchsetzung allgemeinverbindlicher Entscheidungen, wird politische Legitimität plausibel. Dies betrifft in erster Linie den mit Gewaltmonopol ausgestatteten demokratischen Rechtsstaat. Im Zuge der wachsenden Bedeutung politischer Mehrebenensysteme, wie insbesondere der Europäischen Union sowie anderer zwischenstaatlicher Verflechtungen und Internationalisierungstendenzen, stellt sich die Legitimitätsfrage zunehmend aber auch im Zusammenhang mit internationalen Organisationen und Regimen. Hinzu kommen auch innerstaatlich verstärkte Tendenzen einer „Polyzentralisierung soziopolitischer Entscheidungsfindung" (Blatter 2007: 276).

Liegt es gerade bei „Legitimität" als einer demokratietheoretisch zentralen Bezugsgröße von politischer Kommunikation nahe, Politik als soziales Totalphänomen in den Blick zu nehmen, so kann die im angelsächsischen Sprachgebrauch geläufige Dimensionierung des Politikbegriffes (polity, policy und politics) helfen, unterschiedliche legitimitätsrelevante Forschungsgegenstände politischer Kommunikation und mit ihnen verbundene Problemstellungen zu identifizieren.

In normativer und institutioneller Hinsicht (polity-Dimension) stellt sich vor allem die Frage nach dem Verhältnis von Politik und Publizistik. Hier interessiert die Rolle der Medien als Zentralinstanzen zur Herstellung von Öffentlichkeit, als Instrumente der Informationsbeschaffung und -weitergabe, der demokratischen Meinungsbildung sowie der Kontrolle und Kritik im demokratischen System. Ob das Massenmediensystem im Verhältnis zum politischen System als „schwach" oder „stark" zu bezeichnen ist, ob noch von einer – normativ gewollten – Autonomie gesprochen werden kann, eher ein Interdependenz- oder auch instrumentalisierendes Verhältnis konstatiert werden muss, dies sind legitimitätsrelevante Problemstellungen, die das politische Institutionensystem und den Kernbereich demokratischer Normen betreffen (vgl. Kap. 7 in diesem Band; Jarren/Donges 2002a: 24ff.). Während dabei aus rechtlicher und insbesondere verfassungsrechtlicher Sicht vor allem Fragen nach Umfang und Qualität politischer Steuerung bzw. Selbststeuerung interessieren, kann die empirisch-sozialwissenschaftlich angelegte politische Kommunikationsforschung durch Analysen zu den Interaktionsbeziehungen zwischen dem politischen und dem publizistischen System und seinen jeweiligen Akteuren empirisch gesättigte Befunde liefern, die Aussagen über die institutionell und normativ angemessene bzw. unangemessene Nähe oder Distanz zwischen Politik und Publizistik erlauben bzw. Auskunft über die Balance zwischen Autonomie und Interdependenz geben.

Die Ebene der Politikinhalte, d.h. der zu bearbeitenden Politikfelder (policy-Dimension), ist für das Legitimitätsverständnis vor allem dann von Belang, wenn es darum geht, den Stellenwert politischer Kommunikation bei der Lösung der vom Staat oder generell von der Politik erwarteten Leistungen und sachpolitischen Problemlösungen sowie deren öffentliches geltend Machen zu bestimmen. Auf wachsendes Interesse in der Politik wie auch in der politik- und kommunikationswissenschaftlichen Forschung stößt deshalb der Bereich der Informationspolitik und Öffentlichkeitsarbeit als Instrument gezielter Legitimationsbeschaffung. Vor allem bei konflikträchtigen Materien zeigt sich zudem, dass neben den traditionellen Mustern massenmedialer Information und Meinungsbildung die Auseinandersetzung mit neuen Formen, eher medienferner, partizipativer und diskursiver Politikvermittlung wissenschaftlich an Bedeutung gewinnt (vgl. Renn/Oppermann 1998; van den Daele/Neidhardt 1996). Dies gilt vor allem dann, wenn es um moralische und ethische Konflikte geht (vgl. van den Daele 2008). Eine besondere politische und wissenschaftliche Herausforderung stellen dabei zum einen die notwendige Rückkoppelung solcher in neuen Beteiligungsverfahren praktizierten Diskurse an die mediale Öffentlichkeit dar und zum anderen ihre Einbindung in die institutionell vorgesehenen Entscheidungsverfahren.

Die Beschäftigung mit der Prozessebene von Politik (politics-Dimension) stellt schließlich die Untersuchung der Wechselbeziehungen zwischen politischen Entscheidungs- und öffentlichen Kommunikationsprozessen in den Mittelpunkt der Betrachtung. Legitimitätsrelevant ist dabei vor allem die übergreifende Frage, inwieweit der moderne Medienprozess den politischen Prozess verändert; ob eine allgemeine Medialisierung oder gar medienbedingt eine Plebiszitarisierung stattfindet; ob sich letztlich die Qualität der repräsentativ verfassten, pluralistischen Demokratie verändert; oder ob sich die Eigenlogik des politischen Systems generell bzw. unter spezifischen Bedingungen und in bestimmten Situationen gegenüber der Medienlogik als resistent erweist (vgl. dazu Kap. 7, 15 und 16 in diesem Band). Zu den für die Beschäftigung mit Legitimität ernst zu nehmenden Indikatoren wird man dabei nur kommen können, wenn empirische Einzelbefunde zu kurzphasigen Politik- und Kommunikationsprozessen in ein mehrdimensionales System integriert werden. Schließlich wird man erst in einer längerfristigen Perspektive beurteilen können, inwieweit sich einzelne Beobachtungen für die Anerkennungswürdigkeit der politischen Ordnung insgesamt als bedeutsam bewerten lassen. Insoweit greift auch die aus vielen Studien, vor allem solchen über die Rolle des Fernsehens in der politischen Kommunikation, direkt oder indirekt herauszulesende These einer medienbedingten Legitimitätskrise in der Regel empirisch und theoretisch zu kurz.

5.3 Legitimitätserzeugung im Medium der Öffentlichkeit: Demokratietheoretische Grundmodelle

Im demokratischen System erfolgt Legitimitätserzeugung im Medium der Öffentlichkeit. Dies geschieht in einem zweifachen Sinne. Öffentlichkeit ist zum einen institutionell zu verstehen als ein intermediäres System, das die notwendigen Austauschbeziehungen zwischen den politischen Führungs- und Entscheidungsebenen und den Bürgern besorgt. Andererseits beinhaltet „öffentlich" eine Eigenschaft, die das auf Zustimmung angewiesene Handeln politischer Institutionen, das Verhalten politischer Akteure und den politischen Prozess kennzeichnet bzw. kennzeichnen soll (vgl. Göhler 1995: 8; Kap. 3 und 4 in diesem Band).

Legitimatorisch bedeutsam für Fragen der politischen Kommunikation sind zwei, gleichsam als demokratietheoretische Basistheorien dienende und durchaus auch die öffentliche Debatte beeinflussende, Hauptströmungen: eine diskurstheoretische und eine am Modell parlamentarisch-repräsentativer Verfasstheit orientierte Sichtweise. In beiden Konzeptionen ist weithin unstrittig, dass vom Staat als einer omnipotenten politischen Steuerungsinstanz in modernen Gesellschaften nicht mehr die Rede sein kann (vgl. Scharpf 1989). So begriff Karl W. Deutsch (1969) politische Systeme noch als Zentralinstanzen, über die sich die Gesellschaft steuern lasse. Im Rahmen seiner viel beachteten „Politische(n) Kybernetik" verfolgte er die Absicht, den Bestand und die Entwicklung moderner Massendemokratien durch permanente Ausbildung von Informations- und Kommunikationskompetenz als lernfähige Systeme zu erhalten. Hatte Deutsch noch Staaten bzw. auch Staatensysteme als eine Art Handlungseinheit im Blick, so verliert der Staat in der neueren systemtheoretischen Betrachtung seinen Charakter als quasi-omnipotente Steuerungsinstanz. Politik gilt neben Verwaltung, Wirtschaft, Kunst etc. als eines von vielen gesellschaftlichen Teilsystemen, allerdings mit der besonderen Funktion ausgestattet, allgemeinverbindliche Entscheidungen zu treffen.

Bei allem Eigencharakter, der staatlicher Regelungs- und Entscheidungskompetenz nach wie vor zukommt, werden die kommunikativen Beziehungen zwischen dem Staat und den gesellschaftlichen Handlungsträgern als konstitutiv für die Qualität von Legitimität angesehen. Demgegenüber erweist sich in der alltäglichen Staatspraxis das Gewaltmonopol allenfalls noch als ein „Handlungs-Reserve" (Herzog 1993a: 40) und sind Verhandlungs-, Koordinatoren- und Moderatorenkompetenz, Akzeptanz- und Konsensmanagement, kurz: sind kommunikative Fähigkeiten in praktischer und auch theoretischer Hinsicht als legitimitätsrelevant erkannt worden. Diese gewinnen umso mehr an Bedeutung, „als die klassische Vorstellung eines einzigen Zentrums politischer Entscheidung und Verantwortlichkeit zugunsten von Konzeptionen polyzentraler politischer Systeme aufgegeben werden muss" (Blatter 2007: 275). So wenig streitig dies ist, so unterschiedlich sind – mit Blick auf die beiden genannten demokratietheoretischen Grundmodelle – freilich die ‚Legitimitätsdiagnosen' ebenso wie die Lösungsansätze.

5.3.1 Das repräsentationstheoretische Modell

Alle demokratische Herrschaft ist repräsentative Herrschaft! „Auch in der Demokratie mit gleichen sozialen Chancen", so formulierte es Hermann Heller in seiner Staatslehre, „kann das Volk nur herrschen mittels einer Herrschaftsorganisation. Jede Organisation bedarf aber einer Autorität, und alle Machtausübung unterliegt dem Gesetz der kleinen Zahl; immer müssen diejenigen, welche die organisatorisch vereinigten Machtleistungen aktualisieren, über ein gewisses Maß an Entscheidungsfreiheit und damit demokratisch nicht gebundener Macht verfügen" (Heller 1971: 247). Alle demokratischen Systeme sind so gesehen, in welcher konstitutionellen Ausprägung auch immer, repräsentative Systeme mit verfassungsmäßig bestellen Organen zur „rechtlich autorisierte(n) Ausübung von Herrschaftsfunktionen", die „im Namen des Volkes, jedoch ohne dessen bindenden Auftrag" (Fraenkel 1991: 153) handeln.

Zum Wesen politischer Repräsentation gehört demnach nicht nur, „dass etwas, was nicht präsent ist, gegenwärtig gemacht wird", wie es in der klassischen Definition von Repräsentation bei Gerhard Leibholz (1966) heißt. Wesensmerkmal demokratischer Repräsentation ist auch, dass das Handeln der Wenigen auf das Volk selbst zurückgeführt wird bzw. von ihm ausgeht (vgl. Böckenförde 1991: 299 und 387). Die ununterbrochene demokratische Legitimationskette, von der das Bundesverfassungsgericht immer wieder spricht (vgl. ebenda: 299), kann allerdings nur hergestellt werden, wenn Repräsentation als ein dynamischer und responsiver, insgesamt also als kommunikativer Prozess begriffen wird. Die neuere Repräsentationsforschung hat denn auch mit Blick auf die Bedeutungszunahme kommunikativer Leistungen den beiden repräsentationstheoretischen Grundfiguren des „trustee" (Repräsentant als treuhänderischer Anwalt) und des „delegate" (Repräsentant als Delegierter seiner Wählergruppe, Partei oder Organisation) einen dritten Repräsentationstypus hinzugefügt, den Dietrich Herzog in Anlehnung an Eulau/Wahlke (1978; dort „Politico" genannt) als „Politik-Vermittler" und „strategischen Koordinator" bezeichnet (Herzog 1993a: 27; vgl. ders. 1989).

Damit soll nicht nur der Rollenwandel von parlamentarischen Akteuren, sondern auch die Veränderung des Charakters parlamentarisch-repräsentativer Politik als einer in hohem Maße kommunikationsabhängigen Politik deutlich werden: „Repräsentative Demokratie muss kommunikative Demokratie sein" (Oberreuter: 1989b: 138f.). Politische Kommunikation und politische Repräsentation sind somit die beiden Seiten ein und derselben Münze. Die Pflicht zur ständigen Rückkopplung mit den Repräsentierten bezieht sich jedoch nicht nur darauf, artikulierte Interessen aufzunehmen. Sie beinhaltet auch die Verpflichtung, nicht-artikulierte Interessen zu erkennen. Sie hat den Auftrag zur Aggregation des Besonderen in das Allgemeine, d.h. zur Prüfung der Gemeinwohlverträglichkeit artikulierter und nicht-artikulierter Interessen, zur Abstimmung von „gemeinem Willen und Gemeinwillen" (Patzelt 1993: 33). Repräsentation verlangt deshalb eine moralische Orientierung öffentlichen Handelns von Repräsentanten durch Wahrnehmung und Vergegenwärtigung der realen Interessen und Willen der Repräsentierten im Medium des Allgemeinen. In den Worten von Immanuel Kant: Die „Tauglichkeit zur Allgemeinheit eines praktischen Gesetzes" wird zum Prüfkriterium (vgl. Maihofer 1992: 105ff.).

Gerade die neuere Repräsentationstheorie fordert die ständige kommunikative Rückkopplung zur Legitimation politischen Handelns. Die repräsentative Demokratie geht aber nicht in einer Art „kommunikativer Demokratie" auf. Sie bleibt in gewisser Weise institutionenfixiert, beharrt auf dem, was Wilhelm Hennis einmal den „Amtsgedanken" (Hennis 2000) bezeichnet hat. Damit die lautstarke Vertretung von Partikularinteressen nicht im kompromisslosen Klientelismus endet, bedarf es nicht nur der Artikulation und Kommunikation, sondern auch der institutionell, d.h. durch Repräsentativorgane gesicherten „Konversion" gegensätzlicher Standpunkte in tragfähige politische Strategien und hinlänglich gemeinwohlverträgliche Problemlösungen (Herzog 1993a: 52).

5.3.2 Das diskurstheoretische Modell

In der zweiten, vor allem mit dem Namen Jürgen Habermas verbundenen Hauptströmung steht die Idee einer diskursiven Begründung von Geltungsansprüchen im Mittelpunkt: Legitimitätserzeugung als nie abgeschlossener Prozess der Wahrheitssuche und -findung, dessen Hauptmerkmal der gleichsam „zwanglose Zwang des besseren Arguments" (Habermas 1986: 352) ist. Im Diskursmodell von Legitimität bemisst sich die Rationalität politischer Entscheidungen an der Güte der Gründe, mit denen in der Debatte mit dem Anspruch der Sachangemessenheit und normativen Richtigkeit operiert wird; dies alles unter einer, bei realen Kommunikationsbedingungen allerdings kaum unterstellbaren, Voraussetzung: alle Argumente sollen ungehindert und unverzerrt zur Geltung gebracht werden können. Dabei geht es in der Diskurstheorie von Legitimität nicht um den Entwurf einer Gesellschaftsordnung, sondern um die Entwicklung eines kritischen Standpunktes zur Beurteilung der Machtverhältnisse in der Gesellschaft, um die Identifizierung nicht öffentlich gemachter Themen und um die Berücksichtigung bisher ausgeschlossener Interessen und Gruppen, kurz: um die Klärung dessen, was verallgemeinerungsfähig, also im öffentlichen Interesse ist (vgl. Benhabib 1995). Die „Theorie des kommunikativen Handelns" (vgl. Habermas 1981) will das in der kommunikativen Alltagspraxis angelegte Vernunftpotential freilegen.

Ursprünglich durchaus als eine historische Grundlegung zur Kulturkritik der „Dialektik der Aufklärung" von Horkheimer und Adorno zu verstehen, bewertete Habermas den „Strukturwandel der Öffentlichkeit" (Habermas 1990) lange Zeit als einen kontinuierlichen Verfallsprozess. Das liberale Modell von Öffentlichkeit als Publikum räsonierender Privatleute, die zum Zwecke der Gemeinwohlfindung selbsttätig zusammentreten, treffe auf die moderne, sozialstaatlich verfasste Massendemokratie nicht mehr zu. In ihr entstehe Öffentlichkeit im Felde der Konkurrenz organisierter Interessen durch Entfaltung „demonstrativer Publizität" zu akklamatorischen Zwecken; werde Öffentlichkeit zum legitimatorischen Resonanzboden für interessenspezifisch vermachtete Arkanpolitik. Inzwischen selbst skeptisch geworden gegenüber jedem wie auch seinem eigenen „Totalitätskonzept von Gesellschaft und gesellschaftlicher Selbstorganisation", das der Weiterentwicklung des demokratischen und sozialen Rechtsstaates zur sozialistischen Demokratie verpflichtet war und das sich die Gesellschaft als eine Assoziation im großen vorstellte, präzisiert und modifiziert zugleich Habermas seine Vorstellungen einer diskursiven Legitimitätserzeugung. Entscheidend ist dabei seine Einsicht: „Diskurse herrschen nicht. Sie erzeugen eine kommunikative Macht, die die administrative nicht ersetzen, sondern nur beeinflussen kann. Dieser Einfluss beschränkt sich auf die Beschaffung und den Entzug von Legitimation" (Habermas 1990: 44).

Einerseits brauche, so Habermas, eine politisch fungierende Öffentlichkeit die Garantien rechtsstaatlicher Institutionen. Andererseits sei die Vitalität demokratischer Kultur auf Deliberation, d.h. auf Medien und Foren einer nicht vermachteten Kommunikation angewiesen. In solchen zivilgesellschaftlichen „Gegenöffentlichkeiten" sieht Habermas den zentralen Motor der Demokratie. In ihnen könnten „neue Problemlagen sensitiver wahrgenommen, Selbstverständigungsdiskurse breiter und expressiver geführt, kollektive Identitäten und Bedürfnisinterpretationen ungezwungener artikuliert werden", als es die Tagesordnung der allein verfahrenslegitimatorisch verorteten Politik (z.B. in Parteien, Parlamenten etc.) zulasse (Habermas 1992a: 374).

Inwieweit kommt dem Konzept einer „deliberativen Demokratie" für die Auseinandersetzung mit der Frage nach der legitimatorischen Rolle politischer Kommunikation erkenntnisleitende Bedeutung zu? Die Antwort ist: In diesem Konzept von Demokratie verschiebt sich der Ort der Legitimitätserzeugung weg von den traditionellen Kanälen der Interessenorganisation, politischen Willensbildung und demokratischen Entscheidung. Mit der Auflösung der Volkssouveränität in den zivilgesellschaftlichen Verfahren der permanenten Erzeugung kommunikativer Macht, die sich freilich auf die Beschaffung und den Entzug von Legitimation beschränkt, bleibe, so sagt Habermas, der symbolische Ort der Macht „leer". Seine diskurstheoretisch begründete Erwartung vernünftiger Ergebnisse gründet sich stattdessen auf das Zusammenspiel der institutionell verfassten politischen Willensbildung mit den spontanen, nicht-vermachteten Kommunikationsströmen einer nicht auf Beschlussfassung, sondern auf Entdeckung und Problemlösung programmierten, in diesem Sinne dann auch nicht-organisierten und weithin wohl auch nicht-medialen Öffentlichkeit (vgl. Habermas 1990: 43f.).

In diesem Modell von Demokratie, das in der sozialwissenschaftlichen Modernisierungsdiskussion eine prominente Rolle spielt, wird der vormals als vorpolitisch klassifizierte Raum gesellschaftlicher Willensbildung zum zentralen politischen Ort. Dies wirft einige kritische Fragen auf. Beispielsweise die Frage nach der „Machtvergessenheit der diskursiven Demokratiekonzeption" (Greven 1995: 83f); die Frage auch, inwieweit lebensweltliche Herkunft ein Garant für kommunikative Vernünftigkeit ist; oder die Frage, inwieweit der in die Verfassung und seine institutionelle Ordnung eingelagerte materiale Wertbestand zugunsten eines rein proceduralistischen Demokratieverständnisses relativiert, das normative Widerlager institutionalisierter Politik gleichsam verflüssigt wird (vgl.

Bermbach 1995: 25ff.). Die Grenzen deliberativer Politik werden gerade dort deutlich, wo etwa in hoch aufgeladenen Wertekonflikten weder in der öffentlichen Meinung noch zwischen dieser und dem politischen Entscheidungssystem mit einem Konsens gerechnet werden kann. Ausgleich, Mäßigung und Kompromiss, Verhinderung von Entscheidungsblockaden und letztendliche Tolerierung von dem, was mehrheitlich entschieden für alle verbindlich sein soll – dies bedarf stets vor allem auch institutionell vermittelter Politik.

Das demokratietheoretische Kernproblem einer diskurstheoretischen Dynamisierung von Demokratie ergibt sich nicht nur aus den Schwierigkeiten, den schwach institutionalisierten Raum (vor)politischer Meinungsbildung durch neue Organisationen und Formen der Konstitution pluraler gesellschaftlicher Öffentlichkeit auf unterschiedlichen Ebenen zu erschließen. Weitgehend ungelöst ist auch, wie eine Verklammerung der neuen deliberativen Politikforen mit den institutionalisierten Formen der politischen Willensbildung und verbindlichen Entscheidungsfindung, also gesellschaftliche Dauerreflexion und institutionalisierte Politik zusammen realisiert werden können.

Es wäre falsch, zwischen dem modernen Repräsentationsverständnis und dem Diskursmodell von Demokratie einen ‚Systemgegensatz' zu konstruieren. Offenkundig wird allerdings auch, dass beide Modelle die Art und den Stellenwert politischer Kommunikation und öffentlicher Meinungsbildung anders akzentuieren. Mit den Worten des Pluralismusklassikers Ernst Fraenkel gesprochen: Orientiert sich das parlamentarisch-repräsentative Demokratiemodell im Zweifel an einem „hypothetischen Volkswillen", so bringt das Diskursmodell von Demokratie im Zweifel den „empirischen Volkswillen" (Fraenkel 1991: 153) von Öffentlichkeit und mehr noch von Teilöffentlichkeiten ins Spiel – dies dann allerdings nicht ohne den Optimismus, dass sich im Rahmen nicht vermachteter Diskurse die Vernunft des „hypothetischen Volkswillens" durchsetze.

5.4 Zur Anschlussfähigkeit von Legitimität an Arbeits- und Handlungsfelder politischer Kommunikation

Der Doppelcharakter von Legitimität als normativ begründeter Geltungsanspruch und als empirisch messbare Anerkennung dieses Anspruches wirft die Frage nach der Wechselwirkung zwischen beiden Polen auf. Notwendig sind demnach einerseits akteursseitige Vermittlungsprozesse, welche die spezifischen Kommunikationsleistungen zur Rechtfertigung politischer Herrschaftsansprüche seitens politischer Institutionen und Akteure auf die politische Agenda bringen und durchzusetzen versuchen. Andererseits ist es das Publikum, das – direkt oder indirekt – Erwartung, Zustimmung oder Enttäuschung öffentlich artikulieren muss, um im politisch-administrativen System wahrgenommen zu werden. Die nachfolgende Unterscheidung in akteurs- bzw. systemzentrierte Ansätze einerseits und publikumszentrierte Ansätze andererseits beleuchtet insofern politische Kommunikationsprozesse im Kampf um die soziale Anerkennungswürdigkeit eines Gemeinwesens und seiner Herrschaftsordnung, also Legitimität, aus unterschiedlichen Perspektiven: der Perspektive des politischen Systems und seiner Akteure sowie der Perspektive des Publikums. Unter der Legitimitätsfrage verdienen dabei vor allem makrotheoretisch Ansätze Interesse, die das Gesamtsystem in den Blick nehmen und insofern auch demokratietheoretisch anschlussfähig sind.

5.4.1 System- und akteurszentrierte Ansätze

Im Zuge funktionaler Ausdifferenzierung und Fragmentierung moderner Gesellschaften sind Staat und Politik als vermeintlich zentrale Steuerungsinstanzen weithin „entzaubert" worden (vgl. Willke 1983; 1995). Damit endet aber nicht der besondere legitimatorische Anspruch des politisch-administrativen Systems auf die Beeinflussung sozialer Prozesse wie auch auf die Durchsetzung gesamtgesellschaftlich verbindlicher Regelungen. Gleichwohl ergibt sich ein „Formwandel politischer Aufgabenerfüllung" (Mayntz 1996). Dieser Formwandel lässt sich vereinfacht wie folgt zusammenfassen: Im intrastaatlichen Bereich sowie im Bereich staatlicher und gesellschaftlicher Aufgabenerfüllung sind vor allem binnenkommunikative Kompetenzen gefragt. Hier geht es, unbeschadet politischer Letztentscheidungskompetenz, um Verhandlungs-, Aushandlungs- und Durchsetzungsfähigkeit im Zusammenwirken mit korporativen Akteuren, insgesamt also um Leistungen, welche die besondere Rolle der Politik als „primus inter pares" im Spannungsfeld von politischer Steuerung und gesellschaftlicher Selbstregelung zur Geltung bringen. Dieses Feld politischer Kommunikation, das vor allem den Bereich organisierter Politik oder das Handeln von Positionseliten umfasst, ist nicht nur in politischen Transformationsphasen von besonderer legitimatorischer Bedeutung. Es verdient auch in politischen ‚Normalphasen' die Aufmerksamkeit der politischen Kommunikationsforschung, weil die zunehmende Komplexität in modernen Gesellschaften die Beherrschung entsprechender „Muster der Interdependenzbewältigung" (Schimank 2007: 29) politischer Steuerungsmodi erforderlich macht, die in der neueren Steuerungsdebatte inzwischen mit den Begriffen „Interdependenzmanagement" und „Governance" belegt sind (vgl. Benz 2004).

Die damit verbundene „Entzauberung" des Staates und der Politik tangiert jedoch auch die medienvermittelte Außenkommunikation, die in der politischen Kommunikationsforschung schon immer besondere Aufmerksamkeit findet. Trotz der nach wie vor bestehenden konstitutionellen Exklusivität steht das politischadminstrative System, stehen politische Akteure generell in einer zunehmend härter werdenden Anbieterkonkurrenz im Kampf um Aufmerksamkeit und in der Vermittlung von Geltungsansprüchen. Konzepte strategischer politischer Kommunikation, überhaupt verstärkte Expressivität, mit freilich unterschiedlichem demokratietheoretischem Anspruch, stoßen denn auch auf wachsendes Interesse in Politik und Wissenschaft. Dies betrifft vor allem die expandierende politische Öffentlichkeitsarbeit, deren Status zumindest in demokratietheoretischer Hinsicht noch ziemlich unklar ist. Denn Public Relations bzw. Öffentlichkeitsarbeit ist inzwischen mehr als eine Art publizistischer Arm legitimer Interessenvertretung in der pluralistischen Gesellschaft, kann sie doch als wesentlicher Teil eines Systems verstanden werden, dem die Beschaffung von „Legitimation durch Kommunikation" (Ronneberger 1977) zukommt. Demokratietheoretisch in einer Grauzone befindlich wird politische Öffentlichkeitsarbeit von Professionsvertretern inzwischen sogar als ein konstitutives Element demokratischer Kommunikationsgesellschaften oder gar als „demokratiekonstitutive Größe" (Bentele 1998b: 143) verteidigt. Mit Blick auf die Realität des professionellen politischen Kommunikationsbetriebs fällt der Glaube an die Treffsicherheit dieser edlen demokratischen Zuschreibung allerdings schwer. Zu oft erweist sich die Praxis politischer Öffentlichkeitsarbeit als mehr oder weniger persuasives marktpublizistisches Instrument der Vorteilssuche, wie kommerzielle Werbung eben auch.

Eine ähnliche Problemstellung ergibt sich in dem für die Erprobung expressiver Formen der Politikvermittlung am weitestgehend professionalisierten, kommunikativen Handlungsfeld, dem Wahlkampf, wie überhaupt in dem, was als „Symbolische Politik" (vgl. Sarcinelli 1987b; 1990; siehe auch Kap. 8 in diesem Band), als politische Inszenierung, Ritualisierung etc. bezeichnet wird. Unstrittig ist dabei, dass „Symbolpolitik" (Saxer 1993), wie Ulrich Saxer es nennt, in der Medienrealität kommunikative Steuerungsleistungen erbringt, Komplexität reduziert und selbstverständlicher Bestandteil von Politik und Politikvermittlung war und ist. Demokratietheoretisch durchaus strittig bewertet wird jedoch die politische Inszenierungspraxis in Wahlkämpfen wie auch generell politische Inszenierung im Alltagsgeschäft der Politikvermittlung. Zu kurz greift sicherlich die Kritik, die „Politik als Ritual" (Edelman 1976) in den Generalverdacht einer „Inszenierung des Scheins" (Meyer 1992) bringt, übersieht sie doch, dass Politik nicht zum Nennwert zu haben ist und immer spezifischer Vermittlungsleistungen bedarf. Ganz abgesehen davon stellt sich die Frage, von welchem – wohl eher idealisierten – Bürgerbild hier ausgegangen wird und welches Demokratiemodell solchen Einschätzungen zugrunde liegt. So macht es einen Unterschied, ob Demokratie als ein weithin entideologisiertes, marktähnliches Wettbewerbssystem begriffen wird (Beispiel USA) oder als eine parlamentarische Parteiendemokratie mit nach wie vor noch relativ starken ideologischen Grundmustern, wie sie etwa für viele kontinentaleuropäische Demokratien kennzeichnend sind.

5.4.2 Publikumszentrierte Ansätze

Legitimität wird es auf Dauer nicht geben, wenn das politische System, seine Institutionen und Akteure nicht auf ein Mindestmaß an Unterstützung rechnen können. Schon deshalb ist die Publikumsperspektive in der politischen Kommunikationsforschung von zentraler Bedeutung. Unter dem Legitimitätsaspekt interessiert in diesem Zusammenhang vor allem, ob und inwieweit – etwa mit Blick auf das Leitbild des mündigen Bürgers – das politische Informations- und Kommunikationsangebot Voraussetzungen schafft für die Ausbildung von politischem Interesse, für eigenständige Urteilsbildung, für gesellschaftliches und politisches Engagement oder auch für eine eher passive Hinnahmebereitschaft. Die fortschreitende gesellschaftliche Modernisierung, insbesondere die politische Auszehrung tradierter politisch-kultureller Milieus, die schleichende Ablösung politischen Verhaltens von Schicht- und Milieubindungen, insgesamt also das, was als Zunahme politischer Mobilität bezeichnet wird, hat die kommunikativen Bedingungen für die Erzeugung von Legitimität verändert. Zu beobachten ist eine zunehmende Subjektivierung von Legitimität. Legitimitätsüberzeugungen geraten immer mehr in Abhängigkeit zu eigenen Wahrnehmungen. Von Tradition gelöst werden sie so mehr und mehr auch Produkt variierender Informations- und Kommunikationsangebote.

Trotz einer inzwischen außerordentlich breiten rezeptionsanalytischen Diskussion lässt sich deren Anschlussfähigkeit an die Legitimitätsfrage nicht ohne weiteres herstellen. Sie ist am ehesten noch dort gegeben, wo über mikroanalytische Befunde auch eine gesamtgesellschaftliche Perspektive ins Spiel kommt, die Rückschlüsse auf die Ausbildung des „Legitimitätsglaubens" (Max Weber) erlaubt. Dabei verdient Beachtung, dass sich entgegen populärer Annahmen und häufig gemachter Behauptungen eine allgemeine Legitimitätskrise der Demokratie empirisch kaum nachweisen lässt, so sehr die isolierte Betrachtung einzelner Indikatoren dafür sprechen mag. Das betrifft insbesondere die berechtigte Sorge über das zurückgehende Institutionenvertrauen, zumal ältere international vergleichende Untersuchungen in langfristiger Sicht eine Zunahme der Demokratiezufriedenheit (vgl. z.B. Fuchs/Klingemann 1995) registriert haben.

Generelle Zusammenhänge zwischen Mediennutzung, politischer Entfremdung oder „Politikverdrossenheit" lassen sich nur herstellen im Zusammenhang mit Forschungsarbeiten, die längere Zeiträume in den Blick nehmen und dabei den „Wandel des politischen Weltbildes einer Generation und ihrer Sichtweisen" in Verbindung mit der sich verändernden politischen Berichterstattung untersuchen (Kepplinger 1998: 32). So vermutet Kepplinger in einer entsprechend angelegten Studie mit Langzeitdaten zur Berichterstattung, Mediennutzung und zum Wandel politischer Einstellungen, dass die Medien durch ihre zunehmend negative Darstellungsweise zur langsamen Ausbreitung von Politikverdrossenheit beigetragen haben. Kaum weniger problematisch als der Nachweis von Zusammenhängen zwischen Mediennutzung und Politikverdrossenheit erweisen sich Versuche einer pauschalen Übertragung der sog. Videomalaise-These. Die zumeist episodisch angelegten, an kurzzeitigem Einflussnachweis interessierten, auf einzelne Medienprodukte und überwiegend auf Fernsehkonsum konzentrierten Rezeptionsanalysen (vgl. Schulz 1992; Kaase/Schulz 1989) erlauben kaum legitimitätsrelevante Aussagen über langfristige prozessuale Beziehungen und Ursache – Wirkungsverhältnisse.

Dessen ungeachtet sensibilisieren Befunde der Agenda-Setting-Forschung, Untersuchungen zu Netzwerken interpersonaler Kommunikation, Ergebnisse der Involvementforschung und insbesondere auch der Wissenskluftforschung dafür, dass die Ausweitung des Medialen gesellschaftliche Disparitäten nicht automatisch ausgleicht und gesellschaftsintegrativ wirkt. Insgesamt stehen jedoch mikro- und makroanalytisch angelegte Arbeiten noch weithin unverbunden nebeneinander.

5.5 Legitimitätsempfindlichkeit und politische Kommunikation: Tendenzen und Ambivalenzen

Der Forschungsstand erlaubt keine abschließende Generalaussage über Legitimitätsgewinn oder -verlust im Zusammenhang mit politischer Kommunikation. Vieles spricht allerdings für die Annahme, dass die Legitimationsempfindlichkeit von Politik in modernen Mediengesellschaften zunimmt. Zwar führt die Ausweitung des Informations- und Kommunikationssektors nicht automatisch zu Legitimitätsverlusten oder zu einer allgemeinen politischen Legitimitätskrise, wie vielfach spekuliert wird. Aber sie begünstigt legitimatorische Zweifel. Legitimität wird kommunikationsabhängiger.

Weil sich Information und Kommunikation dank moderner Technologien immer weniger kontrollieren lassen, gilt der medieninduzierte legitimatorische Zweifel vor allem für defekte oder nicht-konsolidierte Demokratien, für politische Systeme im Übergang zur Demokratie und für nicht-demokratische Systeme. Dass dem Mediensektor bei der Delegitimierung und schließlich beim Sturz totalitärer und autokratischer Regime wie überhaupt in politischen Transformationsprozessen eine Schlüsselbedeutung zukommen kann und, wie die Entwicklungen seit der historischen Wende um das Epochenjahr 1989 zeigen, auch zugekommen ist, sollte man angesichts der verbreiteten Kritik an der medialen Entwicklung im allgemeinen und der medienvermittelten politischen Kommunikation im besonderen nicht vergessen.

Es sind vor allem folgende Argumentationen, Thesen und mehr noch Hypothesen, die für einen Legitimitätswandel sprechen:

- Das moderne, neophile Informations- und Nachrichtengeschäft, in dem nicht Normalität, sondern Abweichung Aufmerksamkeit erhält, führe langfristig zu Irritationen darüber, was denn die Norm sei, vermittle ein künst-lich dynamisiertes Bild des politischen Prozesses, begünstige eine Krise des Wertbewusstseins und trage letztlich zu einer „permanenten normativen Entstabilisierung" bei. So etwa diagnostizierte Otto B. Roegele (1979: 189) bereits in den 70er Jahren in Sorge um die „Regierbarkeit" der modernen Demokratie.
- Mit der Ausweitung des Mediensystems verlören politische Institutionen, so eine weitere Argumentation, an Thematisierungskompetenz. Mediengewinne, zumindest was Problemdefinition und Einfluss auf den zeitlichen Ablauf von politischen Prozessen anbelangt, stünden Institutionenverluste gegenüber (vgl. Jarren 1994c: 30 ff.). Manche sehen gar eine Art Legitimationsbonus der Medien und insbesondere des Fernsehens gegenüber der Politik (vgl. z.B. Kepplinger 1992; Bergsdorf 1983).
- Ein Trend zur „Plebiszitarisierung von Politik" (vgl. bereits Kaase 1986: 364) und zur „Stimmungsdemokratie" (Oberreuter 1987) sei schließlich darin zu sehen, dass die Orientierung am aktuellen medialen Meinungs- und Stimmungsbild den politischen Prozess zunehmend beeinflusse, die „Medienlogik" gegenüber der „politischen Entscheidungslogik" dominiere, die Diskrepanz zwischen der „Herstellung" und „Darstellung" von Politik und damit die Gefahr kollektiver Realitätstäuschung vergrößere (vgl. Kap. 7 in diesem Band).
- Insgesamt sei eine generelle eine Veränderung des Aggregatzustands der Politik, eine „Transformation", ja ein Verfall des Politischen (Meyer 1994) zu beklagen. Visualität werde zum beherrschenden Wahrnehmungsmodus, verdränge Diskursivität und letztlich politische Rationalität (vgl. Flaig/Meyer/Ueltzhöffer 1994: 11-32).

Die demokratische Gewinn- oder Verlustbilanz im Zusammenhang mit diesen Entwicklungsvermutungen bedarf noch intensivierter Forschung. Dabei bleibt politische Kommunikation legitimatorisch ambivalent. Diese Ambivalenz resultiert aus einem prinzipiell nicht auflösbaren Dilemma: Immer wieder kommt „Politik in die Lage, entscheiden zu müssen, auch wenn sie die öffentliche Meinung nicht hinter sich weiß. Ihre Legitimität bestimmt sich dann danach, ob sie die Gründe, die die öffentliche Diskussion stark macht, ernst nimmt und verarbeitet – nicht daran, dass sie ihnen folgt. Welchen Respekt die Entscheidungsträger dafür finden, kann in Wahlen abgerechnet werden" (Neidhardt 1996: 80).

Demokratien geraten im Zwang zur permanenten Legitimationsbeschaffung unter Stress. Modernisierung, Differenzierungs- und Individualisierungsprozesse in der Gesellschaft, Steuerungsprobleme des Staates, Globalisierungstendenzen etc. machen politische Legitimität zu einer zunehmend ungewissen Größe. Auch wenn sich Legitimität, Legitimitätsgewinne, -verluste oder überhaupt Legitimitätswandel mit empirischen Methoden allein nicht bestimmen lassen, so bedarf es doch insgesamt eines längeren wissenschaftlichen Atems, um zu derart weittragenden Aussagen zu kommen, wie sie hier abschließend beispielhaft skizziert wurden. Vor allem bedarf es der engeren Verknüpfung von politiktheoretischer, politisch-soziologischer und kommunikationswissenschaftlicher Forschung.

6 Politischer Stil in der Mediengesellschaft

„Der Stil ruht auf den tiefsten Grundfesten der Erkenntnis, auf dem Wesen der Dinge, insofern es uns erlaubt ist, es in sichtbaren und greiflichen Gestalten zu erkennen." So hat Goethe einmal Stil definiert (vgl. Bergstraesser 1963: 43). – Mit Stilfragen bewegt man sich also nicht nur in der Sphäre des individuellen oder kollektiven Geschmacks. Und Stillosigkeit in der Politik bezeichnet mehr als ästhetisch Degutantes. Bei Stilfragen geht nicht allein um eine Formsache. Es geht um Substanzielles, im täglichen Umgang nicht weniger als in der Politik.

Andererseits: Was heißt schon Stil und was heißt politische Stilbildung in der Mediengesellschaft? Guter Stil ist langweilig. Das Einhalten von Spielregeln und Konventionen, politisches Verhalten im Üblichen allgemeiner Erwartungen hat keinen Nachrichten- und schon gar keinen Unterhaltungswert. Aufmerksamkeit sichern demgegenüber Stilbrüche. Die demonstrative Verletzung formeller oder informeller Regeln ist eine sichere Nachricht. „Good news is bad news!", lautet denn auch die alte journalistische Regel. – Wo also ist die kalkulierte Entgleisung, die vielleicht sympathische Despektierlichkeit, der Anlass zur Skandalisierung, die unterhaltende Inszenierung möglichst mit schönen bunten Bewegtbildern? Für Stilfragen erscheint in der Mediengesellschaft jedenfalls hohe Aufmerksamkeit gesichert, wenn sie mit Regelverstößen, mit dem Nichteinhalten von Konventionen, kurz: wenn sie mit dem Besonderen und nicht mit dem Üblichen verbunden sind. Dass dabei der Faktor Spaß als Aufmerksamkeitsgenerator eine zentrale Rolle spielt, sollte in einem Medienmarkt nicht verwundern, in dem Information immer häufiger in Unterhaltung verpackt wird. Dennoch gibt es keinen Zweifel: Politische Stilfragen sind Machtfragen, und der instrumentelle Gebrauch unterschiedlicher Stile in der Politik ist ein Machtmittel. Ob es sich um einen Talkshow-Auftritt oder ein Exklusivinterview, um ein Hintergrundgespräch oder die demonstrative Geste oder um das diplomatische Protokoll im Rahmen eines Staatsbesuchs handelt, stets zielt der Einsatz von Stilmitteln nicht nur auf die Generierung von Aufmerksamkeit, sondern auch auf die Durchsetzung einer bestimmten Politik.

6.1 Stilwandel als Demokratiewandel

Fragt man, was Stil und Stilwandel in der Mediengesellschaft ausmachen und für das demokratische System bedeuten, so spricht viel für die inzwischen verbreitete und ob bereits mehrfach zitierte These, dass der moderne Medienbetrieb zu Mediengewinnen einerseits und Institutionenverlusten andererseits führe. Verfassungs- und demokratietheoretisch gesprochen: Die für die Lebensfähigkeit freiheitlicher Systeme notwendige Balance zwischen Volkssouveränität und Gewaltenteilung, zwischen demokratischer Legitimation durch Mobilisierung von Öffentlichkeit und Berufung auf die öffentliche Meinung einerseits und Legitimation im Wege rechtsgebundener Amtsautorität andererseits, kurz: zwischen Demokratie und Liberalität (vgl. Kielmansegg 1988: insb. 17ff.) verändert sich unter den Bedingungen moderner Mediengesellschaften. Immer mehr tritt das stimmungsdemokratische Element quasi-plebiszitärer Legitimationsbeschaffung über die Medien in den Vordergrund und die institutionell-verfassungsstaatliche Ordnung, aber auch das intermediäre System organisierter Willensbildung und Interessenvermittlung in den Hintergrund.

Gerade in Deutschland war den repräsentativ-demokratischen Institutionen wie auch den intermediären Organisationen seit Gründung der Republik für Gewaltenteilung und Machtbegrenzung hohe Bedeutung zugemessen worden. Nach den Erfahrungen der Massenmobilisierung in der Nazi-Zeit wurden sie als eine Art Legitimationspuffer gegenüber einem ungefilterten Volkswillen verstanden. Die historisch begründete Furcht vor den politischen Folgen eines propagandistisch geschürten Populismus war ursächlich dafür, dass die Mütter und Väter des Grundgesetzes eine ultrarepräsentative Verfassungsordnung mit einem komplizierten und auf Machtbegrenzung hin angelegten Institutionensystem geschaffen haben; mit Akteuren zudem, die – wie beispielsweise der Bundesrat im Gesetzgebungsprozess oder das Bundesverfassungsgericht in der verfassungsrechtlichen Überprüfung von Gesetzen – mit politischer Vetomacht ausgestattet sind.

Man kann darüber streiten, ob das veränderte, im Wesentlichen medienvermittelte Erscheinungsbild von Politik politische Wirklichkeit adäquat abbildet. Für die politische Wahrnehmung ist das mediale Politikbild nicht nur ein Wirklichkeitsvermittler, sondern auch aufgrund mangelnder unmittelbarer Politikerfahrungen ein wesentlicher Wirklichkeitsgenerator. Hier verschieben sich die Gewichte. Kennzeichnend für den politischen Stil in der Mediengesellschaft ist die Abkoppelung der Politikdarstellung von der Politikherstellung, der Darstellungspolitik von Willensbildung und Entscheidungspolitik in den sozialen und institutionellen Kontexten einerseits und die zunehmende Ankoppelung an den Medien- und Meinungsmarkt andererseits (vgl. Kap. 7 in diesem Band; Korte/Hirscher 2000). Bisweilen drohen telegener Schwung, optische Eindrücke, politische Events, kurz: mediale Effekte das Bewusstsein für den Wert einer im Wege institutioneller Verfahren zu erreichenden demokratischen Legitimität in Frage zu stellen. Das wirft die Frage auf, ob die parlamentarisch-repräsentative Demokratie mehr und mehr durch Vorstellungen einer „präsentativen Demokratie" (vgl. Schmolke 1988; Sarcinelli 1998d) bedrängt wird, ein System, das im allgemeinen Bewusstsein weniger auf den Grundlagen verfassungsstaatlicher Ordnung und mehr auf Medien- bzw. Fernsehlegitimität beruht.

6.2 Stilbewusstein und Stilbrüche: Drei Beispiele

Drei Beispiele, die für Stilfragen in der Mediengesellschaft exemplarisch sind, können einen ersten Einblick in die vielschichtige Dimensionierung der Stildebatte geben.

Beispiel 1: Mit der Diskrepanz zwischen der ästhetischen Attraktivität der Parlamentsarchitektur – man denke an die durch die Berliner Parlamentskuppel geschleusten Besucherströme – und der mangelnden Popularität des deutschen Parlamentarismus befasste sich Antje Vollmer, seinerzeit als Bundestagsvizepräsidentin, in einem Beitrag für eine Wochenzeitung. Das Parlament müsse in der modernen Mediendemokratie ankommen. Und mit Verweis auf die Konkurrenz zu Christiansens, Böhmes oder Illners Polit-Talkshows im Fernsehen sowie auf die öffentliche Aufmerksamkeit für außerparlamentarische Expertenrunden – sie nennt sie „Nebenparlamente" und „Nebenautoritäten ohne Mandat" – fordert Vollmer, das Parlament wieder mehr zu einer Arena zu machen, die einen „Gegenpol zum Fernsehen" bilde. Dabei empfiehlt sie einerseits Stilmittel des Medienbetriebs auch zum Gebrauch im parlamentarischen Alltag, wie beispielsweise die „Technik der Zuspitzung", oder die Prominenzierung der Plenardebatten durch die stärkere Präsenz politischer Spitzenrepräsentanten. Andererseits rät sie zu mehr Abstand gegenüber den Medien. In der Mediendemokratie anzukommen bedeute eben auch, „die Medien als eigenständige Machtsphäre statt als verlängerten Arm des Politischen zu begreifen" (Vollmer 2002).

Was Antje Vollmer letztlich anzutreiben scheint, ist die Furcht, dass die Vorbehalte gegen Entscheidungsverfahren der repräsentativen Demokratie durch spektakulär in Szene gesetzte Nebenautoritäten ohne demokratische Legitimation, vor allem aber durch Angriffe der selbst ernannten Sprecher der vermeintlichen Volksseele zunehmen, und das Vertrauen in die demokratischen Institutionen weiter schwindet. Deshalb votiert sie einerseits für eine den Erwartungen der Mediengesellschaft angepasste Modernisierung des Parlamentsstils und erhofft sich andererseits damit eine Stärkung der Amtsautorität des Parlaments als demokratischer Schlüsselinstitution.

Beispiel 2: Gerade einmal zwei Tage nach dem dramatischen Verlauf der entscheidenden Sitzung des Bundesrates, in der die Länderkammer im Frühjahr 2002 über das Zuwanderungs(begrenzungs)gesetz zu entscheiden hatte und in deren Verlauf ein umstrittenes, später vom Bundesverfassungsgericht für verfassungswidrig erklärtes Abstimmungsprocedere tumultartige Reaktionen in dem ansonsten eher für unterkühlte Sachbezogenheit bekannten Verfassungsorgan auslöste, beschäftigte sich der saarländische Ministerpräsident Peter Müller in einer Rede im Saarbrücker Staatstheater mit dem Thema „Politik und Theater – Darstellungskunst auf der politischen Bühne" (Müller 2002). Politik und Theater seien schon etwas anderes. Trotzdem erhebe sich die Frage, ob in der Politik oft und viel Theater gespielt werde; ob die Inszenierung nicht den Inhalt dominiere. Aufbauend auf seiner unspektakulären Generalthese, in der Politik gehe es nicht nur um die Gestaltung der Wirklichkeit nach eigenen Überzeugungen, sondern immer auch um die Herausforderung, Mehrheiten im demokratischen Prozess zu erringen, erging sich der Ministerpräsident dann in Reflexionen über Vergleich und Qualität des Schauspielerischen in Theater und Politik, in Hinweisen zur Bedeutung von Glaubwürdigkeit und Marktorientierung sowie in Anmerkungen zu den Möglichkeiten von Rollendistanz und Publikumsabhängigkeit. – Natürlich sei Politik auch Theater. Das sei gut, solange das politische Theater einen Beitrag dazu leiste, Aufmerksamkeit zu erreichen für die vertretenen Inhalte und Konzepte. Mit Blick auf Ereignisse würden Drehbücher geschrieben. Auch die Reaktionen im Bundesrat hätten sich nicht spontan ergeben, die Empörung sei verabredet gewesen, alles Theater, aber eben „legitimes Theater". Dies war alles in allem das nüchterne Eingeständnis, dass man sich auf die Logik der Medien einzustellen hat, wenn man Resonanz erreichen will. Nicht dass es sich dabei um allseits bekannte Grundregeln der Politikvermittlung handelt, löste in der Folge eine heftige öffentliche Debatte aus. Kern des Ärgernisses war wohl mehr die Tatsache, dass ein Vertreter der politischen ‚Klasse' in aller Offenheit über die politischen Kommunikationsspiele sprach und diese noch verteidigte.

Beispiel 3: Da lässt sich der inzwischen längst zum Vorsitzenden avancierte Generalsekretär der Freien Demokratischen Partei mit jungen Leuten in einen Container einsperren, um vor laufenden Kameras bei „Big Brother" über dies und jenes zu plaudern oder präsentiert sich in der reichweitenstärksten Talkshow mit bemalten Schuhsohlen – Wahlziel „18%" als Fußabdruck. Man hat dies ähnlich wie die bekannten Fallschirmsprünge und so manch anderen ernst gemeinten PR-Gag von Jürgen Möllemann lange und immer wieder belächelt als populären Ausdruck eines neuen, jugend- und mediengerechten Politikstils und als typische Inszenierung wirklichkeitsferner Kunstprodukte. Aber: „Projekt 18" wurde zum „Programm", wurde Teil einer neuen politischen, wenn auch mittlerweile gescheiterten Strategie mit dem Anspruch, eine Art Volkspartei sein bzw. werden zu wollen. Hier ging es nicht mehr allein um Politik als Aufmerksamkeitsgenerator, um Auffallen um jeden Preis, notfalls mit Regelverstoß und Tabubruch als systematisch eingesetztem Stilmittel. Zur Debatte stand vielmehr die Öffnung von Schleusen zur Aufnahme populistischer Strömungen, die Umwandlung der Partei des organisierten Liberalismus in eine Basis mobilisierende Protestpartei. „Dem Protest aus der breiten Mitte" solle „eine politische Heimat" gegeben werden, so dann zum Parteivorsitzenden der FDP avancierte Guido Westerwelle (Westerwelle, zit. nach Bannas 2002).

An allen drei Beispielen wird deutlich, dass die Anpassung der Politik an die Gesetze der Medienlogik nicht lediglich Ausdruck eines äußerlichen Stilmittels sein muss, sondern den Kern des Politischen berühren kann. Die Beispiele reflektieren also nicht lediglich vordergründige Aspekte der Politikdarstellung, die bloße „Inszenierung des Scheins" (Meyer), sondern substanzielle Politik: Zur Debatte steht im Falle von Beispiel 1 das Ansehen des Parlaments als einer Schlüsselinstitution demokratischer Legitimation. Der zweite Fall ist exemplarisch für die Einhegung streitiger Entscheidungen durch institutionalisierte Verfahren und Regeln. Und im dritten Beispiel wird die Veränderung der politischen Koordinaten nicht nur einer Partei erprobt, sondern wurde auch zeitweise ein Teil des Gründungskonsenses dieser Republik, nämlich antisemitischen Ressentiments im Spektrum der demokratischen Parteien keinen politischen Raum mehr in diesem Land zu geben, auf die Probe gestellt.

Man könnte die drei Beispiele durchaus als Anregung für eine erste Differenzierung des Stilbegriffs verstehen: das Plädoyer der Bundestagsvizepräsidentin als Beispiel für einen gewünschten Verhandlungs- oder Debattenstil, das Bundesratsspektakel als Exempel für einen umstrittenen Entscheidungsstil und den dritten Fall als typischen Ausdruck eines demonstrativen und spektakulären (Selbst-)Darstellungsstils.

6.3 Stile: Zur Dimensionierung einer wissenschaftlich peripheren Kategorie

Wie „Struktur", „System" und andere in die Alltagssprache übernommene Begriffe wird auch der Stil-Begriff im Kontext von Politik sehr unterschiedlich verwendet. So spricht man von nationalen Politikstilen, um damit eine spezifische Art und Weise politischer Willensbildung, Problemlösung und Entscheidungsfindung zum Ausdruck zu bringen. Das gilt etwa für die Charakterisierung von konsensdemokratischen Politikstilen in Verbindung mit einem wenig polarisierten Parteien- und einem korporatistischen Verbandssystem im Gegensatz zu einem eher konfliktorischen Stil in Verbindung mit wettbewerbsdemokratischen Entscheidungselementen.

Spricht man hingegen von Regierungsstil oder politischem Führungsstil, so meint dies eine bestimmte Art und Weise des Regierens und Führens (vgl. Murswieck 1991). Damit sind nicht nur „persönlich bedingte Besonderheiten" (Ellwein 1973: 358; in späteren Auflagen von Thomas Ellweins Standardwerk taucht „Stil" als politische Kategorie gar nicht mehr auf) gemeint. Die Regierungsstile der deutschen Bundeskanzler Adenauer, Erhard, Kiesinger, Brandt, Schmidt, Kohl und jetzt auch Schröder oder beispielsweise die Stile amerikanischer Präsidenten oder britischer Premierminister sind dabei nicht nur Ausdruck unterschiedlicher Charaktere. Sie sind auch das Ergebnis einer bestimmten institutionellen Ordnung, unterschiedlicher politischer Kräftekonstellationen, machtpolitischer Strukturen und Verankerungen in bestimmten historischen Kontexten.

Mit politischem Stil können des Weiteren unterschiedliche Rollen angesprochen sein, die mit einem Amt oder einer politischen Funktion verbunden sind. So verweist die im amerikanischen Parlamentarismus geläufige Unterscheidung zwischen „hill-style" und „home-style" auf die spezifischen Rollen eines Abgeordneten als Repräsentant des Capitol Hill, der Institution insgesamt also, und seiner Rolle als eine Art Cheflobbyist der Wahlkreisinteressen. Analog könnte man von einem „Berlin-Stil" versus „Basis-Stil" sprechen (vgl. Thaysen 1988). In Berlin vor allem auf die „Rolle als abhängig Beschäftigter des arbeitsteiligen Parlamentsbetriebs" verpflichtet, kann der oder die Bundestagsabgeordnete in der Regel nur als Teil der Regierungs- oder Oppositionsfraktionen politische Wirkung entfalten. An der politischen Basis, im Wahlkreis, wird sie oder er im Zweifelsfall jedoch zur politisch allzuständigen Prominenz aus der Hauptstadt, von der man ebenso erwartet, Auskunft über die große Politik geben zu können wie über „Sozialarbeiterqualifikationen" (Sarcinelli 1989a: 401) zu verfügen.

Stil kann schließlich als politisch-kulturelle Kategorie verstanden werden (vgl. Sarcinelli 1992b). Hier unterscheiden sich eher staatszentrierte politische Kulturen, wie sie für die meisten kontinentaleuropäischen Staaten mit langer wohlfahrtsstaatlicher Tradition typisch sind, von angelsächsischen politischen Kulturen mit einer dezidiert zivilgesellschaftlichen Tradition, in denen gegenüber staatlichen oder staatsnahen Lösungen eine größere Skepsis vorhanden ist als hierzulande (vgl. Richardson/Gustafsson/Jordan 1982: 2; Westle 2002). Allerdings lassen sich auch zwischen den politischen Kulturen europäischer Länder zum Teil bemerkenswerte Unterschiede feststellen (vgl. Gabriel 1992; Ismayr 1997).

Es scheint geradezu typisch für den Gebrauch des Stilbegriffs in der Politik, dass formelle und informelle, institutionelle und personelle, sachliche und ästhetische, strukturelle und ethische Aspekte bunt miteinander vermischt werden. Martin und Sylvia Greiffenhagen schreiben dazu in ihrem Buch „Ein schwieriges Vaterland. Zur politischen Kultur im vereinten Deutschland": „Der politische Stil ist nie nur eine Frage der äußeren Form, sondern hat auf intime Weise mit der ‚inneren Verfassung' eines Volkes zu tun. Am Ende hängt auch die Funktionsfähigkeit der politischen Institutionen davon ab, wie sie von der Politik dargestellt, ob sie geachtet oder missachtet werden" (Greiffenhagen/Greiffenhagen 1979: 116). Im politischen Stil, so lässt sich in Anlehnung an Arnold Bergstraesser formulieren, findet demnach nicht allein Äußerliches, sondern auch das „Wesen" (Bergstraesser 1963: 39) der Politik seinen Ausdruck.

In der wissenschaftlichen Beschäftigung mit Politik war Stil als Fachterminus lange Zeit und ist heute noch weitgehend eine „periphäre Kategorie" (Hennis 1964: 225), eine wissenschaftliche „quantité négligeable" (Sarcinelli 1986). Man kann dies als mehr oder weniger zwangsläufige Folge davon sehen, dass szientistische Ansätze und ‚Versozialwissenschaftlichung' die wissenschaftliche Beschäftigung mit Politik zunehmend kennzeichnen. Stil als „Ausdruck eines Wesens" (Arnold Bergstraesser), mit einer solchen ganzheitlichen, phänomenologisch-essentialistischen Betrachtungsweise tun sich die modernen Sozialwissenschaften schwer. Und obwohl es inzwischen zahlreiche Initiativen gibt, sozial- und kulturwissenschaftliche Betrachtungsweisen in der Auseinandersetzung mit gesellschaftlichen und politischen Entwicklungen zu verbinden und die Deutsche Forschungsgemeinschaft über Jahre hinweg das interdisziplinäre Forschungsprogramm „Theatralität" mit auch politik- und sozialwissenschaftlichen Arbeiten gefördert hat (vgl. Willems/Jurga 1998), haben es kulturalistische Ansätze in der deutschen Politikwissenschaft nach wie vor schwer. Dies gilt insbesondere dann, wenn politische Stilfragen mit kultursoziologischem Instrumentarium unter weitgehender Abstraktion von politisch-institutionellen Kontextbedingungen thematisiert werden und sich ausschließlich auf die Präsentationslogik konzentrieren (vgl. Soeffner 1986; Soeffner/Tänzler 2002a; s. dagegen Dörner 2000). Denn trotz aller Eigengesetzlichkeiten und Anpassungstendenzen in der Politikvermittlung ist der Politikdarstellungsstil nicht völlig vom Politikentscheidungsstil zu trennen.

6.4 Elemente mediendemokratischer Stilbildung

Im Weiteren sollen einige symptomatische Beispiele von Politikdarstellungsstilen skizziert, soll nach Begründungszusammenhängen für politischen Stilwandel gefragt und dann mit Blick auf die Ausgangsthese eine abschließende Bewertung vorgenommen werden. Welches sind nun typische Elemente „mediendemokratischer" Stilbildung? Ohne Anspruch auf Vollständigkeit kann auf folgende Stilmittel verwiesen werden:

1. *Stilbildung durch Aufmerksamkeitsmanagement:* Aufmerksamkeit wird in einer expandierenden medialen Umwelt mit einer Vielzahl von Anbietern ein sehr knappes Gut. Die Konkurrenz um Leser, Hörer- und vor allem Zuschauermärkte und damit um sich ausdifferenzierende Teilpublika nimmt auch in der Politik mehr und mehr Kapazitäten in Anspruch. Das hat seine zwei Seiten. Einerseits ist Demokratie die politische Ordnungsform, in der sich die Politik den Verpflichtungen einer ständig einzulösenden kommunikativen Bringschuld unterwirft. Anderseits ist der Zwang zur „Legitimation durch Kommunikation" (vgl. Kap. 5 in diesem Band) insofern systemgewollt. Herstellung von Öffentlichkeit, Transparenz, Nachvollziehbarkeit von Entscheidungsgründen sind notwendige Voraussetzungen für die Wahrnehmung einer aktiven Staatsbürgerrolle.

Hier geht es allerdings um mehr: nämlich um aktives politisches Aufmerksamkeitsmanagement, um professionelles Kommunikationsmarketing, insgesamt also um die Einlösung von Medienpräsenz als einer zentralen

Machtprämie. Fragen der Politikvermittlung sind deshalb nicht etwas, was zur „eigentlichen" Politik gleichsam hinzukommt. Frei nach dem Motto: Erst kommt die Sachentscheidung, dann die Vermittlung der Entscheidung; erst der Inhalt, dann die Verpackung; erst die Politikherstellung, dann die Politikdarstellung. Der verstärkte Zwang zum Aufmerksamkeitsmanagement macht Kommunikationsfragen zum integralen und manchmal dominierenden Bestandteil der Politik selbst. Dabei erscheint zweierlei problematisch: Die Vernachlässigung kommunikativer Vermittlungsleistungen in der Politik ebenso wie mediale Effekthascherei mit der Folge, dass die Sach- und Entscheidungsdimension von Politik bis zur Unkenntlichkeit überlagert wird.

2. *Stilbildung durch Expressivität und Visibilität:* Politischer Stil wird in hohem Maße expressiv. Die Suche nach dem passenden Ausdruck, der bündigen Formel, dem richtigen Eindruck, der möglichst gelungenen Inszenierung, der Aufmerksamkeit sichernden Pointe, dem unterhaltenden Gag vielleicht auch, dem schönen Bild vor allem, darauf muss zunehmend Wert gelegt werden. Das gilt für Zeiten des Wahlkampfes und zunehmend auch außerhalb von Wahlkampfzeiten. Dabei kommt dem Bild für die Politikvermittlung nicht erst in der Gegenwart eine zentrale, in der politischen Kommunikationsforschung nach wie vor unbelichtete Rolle zu (vgl. Müller 1997 und 2003). Inzwischen ist das Bildmedium Fernsehen „stilbildend" und zu einem „Leitmedium" der Politikvermittlung geworden. Dies gilt für die Darstellung ebenso wie für die Wahrnehmung von Politik; wie überhaupt das Fernsehen „Formate" für die Wirklichkeitsvermittlung und -wahrnehmung abgibt, auf die sich auch andere, z. B. viele Druckmedien, einstellen. Dass auch nicht wenige, vor allem regionale Zeitungen inzwischen wie eine Art gedrucktes Fernsehen aussehen, macht deutlich, dass sich auch Printmedien dem Trend zunehmender Visualisierung und Verpackung in kleinen „Formaten" anpassen.

Visualisierung und Telegenität sind nicht alles in der Politik und sie garantieren auf Dauer auch nicht den politischen Erfolg. Aber sie sind stilbestimmend. In einem von der Bertelsmann-Stiftung veröffentlichten Band mit dem Titel „Politik – überzeugend vermitteln" schreibt Peter Glotz dazu: „Politik ist im Zeitalter der Visualisierung erst gelungen, wenn sie ästhetisch gelingt und über den Schirm kommt". – „Projekte?", fragt dann der Autor weiter, „Es geht um hergezeigten Machtwillen, um das vorgereckte Kinn". Keineswegs bestimme Inszenierung alles. Auch heute könne man noch darauf dringen, dass ein bestimmtes Stück gespielt werde. Allerdings verlange die kontrollierte Zündung des politischen Rohstoffs sensible Sprengmeister. Die seien aber selten geworden (Glotz 1996: 29). Glotz kennt nach zahlreichen Führungsämtern nicht nur den Politikbetrieb. Er war gelernter und in seinen letzten beruflichen Jahren wieder aktiver Kommunikationswissenschaftler, war kurzeitig RTL-Moderator und auch sonst publizistisch überaus aktiv. Seine Einschätzung scheint typisch für Akteure, die Erfahrungen mit dem Politikvermittlungsgeschäft haben. So decken sich auch Peter Radunskis Empfehlungen, dem Politikvermittlungsexperten von der politisch anderen Seite (vgl. Radunski 1996; ders. 2004), mit den Einschätzungen von Peter Glotz zum politisch-medialen Betrieb. Radunski war es im übrigen auch, der bereits Anfang der achtziger Jahre in seiner viel beachteten Wahlkampfstudie die umstandslose Umstellung des Politikbetriebes auf die Gesetzmäßigkeiten der Fernsehdemokratie forderte und wie kaum ein Zweiter das Nachdenken und Schreiben über die Medialisierung von Politik anregte (vgl. Radunski 1980).

3. *Stilbildung durch Talkshowisierung:* Der mediale Prozess, insbesondere das Medium Fernsehen hat der Politik eine Reichweite verschafft, die sie historisch nie hatte. Gerade das Fernsehen hat die Distanz des Bürgers zum Politischen reduziert, Politik in die Wohnzimmer transportiert, hat bis zu einem gewissen Grade auch den Abstand zwischen den politischen „Treibhaus"-Insassen und den „Menschen draußen im Lande" verringert. – In seinem bereits 1953 veröffentlichten Roman „Das Treibhaus" hatte der Schriftsteller Wolfgang Koeppen den Bonner politischen Betrieb mit geradezu visionärer Kraft als eine eigene, in einer Art Dunstglocke abgeschottete Welt geschildert (vgl. Koeppen 1953).

Zweifellos haben die Medien und hat gerade das Fernsehen Verdienste bei der Popularisierung von Politik. Zugleich ist zu fragen, was Distanzlosigkeit bewirkt, wenn – zumindest in der Wahrnehmung vieler Bürger – mehr und mehr die Talkshow zum beispielgebenden und stilbildenden politischen Diskursmodell wird. Welche Folgen hat es, wenn jede ernsthafte Diskussion über sachlich-inhaltliche Fragen möglichst spektakulär personalisiert wird und wenn der Spiel- und Spaßfaktor auch ernste Themen überlagert? Was bewirkt es auf Dauer, wenn sich Öffentliches und Privates, Allgemeines und Besonderes, Kollektives und Individuelles auf der ideellen Gesamtcouch des Telediskurses talkshowisierter politischer Veranstaltungen bunt miteinander mischen? Welche Folgen hat langfristig die medienspezifische Neigung zur Moralisierung des Politischen und Gesellschaftlichen, der tendenzielle Umschlag von Interesse in Betroffenheit? Es wäre übertrieben zu sagen, dass der gesamte politische Betrieb oder auch die Politikvermittlung mittlerweile diesen vielen Talkshows zu entnehmenden Mustern folgten. Kommunikationsmuster dieser Art werden allerdings immer häufiger praktiziert; ob es um die Bemühungen geht, junge Menschen frühzeitiger an das gesellschaftliche und politische Leben heranzuführen oder etwa auch um die Anstrengungen der Parteien, ihr Binnenleben attraktiver zu gestalten (vgl. Kap. 11 in diesem Buch).

Talkshowisierung scheint jedenfalls ein probates Stilmittel zu sein, dem sich auch die Politik im Wettbewerb um die Aufmerksamkeit des Publikums nicht entziehen kann. Vor kulturkritischen Verdikten sei dabei allerdings ebenso gewarnt wie vor idealistischen Überhöhungen dieser Diskursform, geht es doch um ein medienattraktives Format, das durchaus mit sehr unterschiedlichen Qualitätsansprüchen vereinbar und deshalb auch als ambivalent zu beurteilen ist (vgl. Tenscher 2002a und 2003).

4. *Stilbildung durch Prominenzierung:* Die wachsende Bedeutung des Medialen hat nachhaltigen Einfluss auf die Wahrnehmung des politischen Personals. Dabei stellt sich die Frage, inwieweit der moderne Politikvermittlungsbetrieb den „Charakter" der „politischen Klasse im Parteienstaat" (vgl. von Beyme 1993; Klein 1992: 26) und insgesamt das politische Personal verändert. Gewiss, auch Personalisierung hat ihre zwei Seiten. Die personale Zuordnung von politischer Verantwortung gehört elementar zur Demokratie. Ein repräsentatives System braucht deshalb auch Repräsentanten, braucht politisches Führungspersonal, das – in welchen Funktionen auch immer – mit Mandaten auf Zeit ausgestattet ist und „im Namen des Volkes jedoch ohne dessen bindenden Auftrag" (Fraenkel 1991: 153) handelt, wie es in der klassischen Definition von Repräsentation bei Ernst Fraenkel heißt. Zweifel sind jedoch angebracht, ob diese verfassungsrechtlich abgeleiteten Repräsentationsvorstellungen die Repräsentationswirklichkeit des parteienstaatlich überformten Parlamentarismus in Deutschland noch adäquat erfassen (vgl. z.B. Herzog 1993a: insb. 27 sowie Kap. 13 und 14 in diesem Buch).

Sicher wäre es übertrieben zu sagen, in der „Mediendemokratie" würden aus den politischen Repräsentanten medienversierte Präsentanten, würde Elite durch Prominenz ersetzt (vgl. Sarcinelli 2001 und Kap. 10). Doch das Gewicht des Faktors Prominenz nimmt in der Mediendemokratie zu. Prominenz aber ist etwas anderes als Elite. Zur (Funktions-)Elite kann gerechnet werden, wer in modernen Gesellschaften bestimmte funktionale Leistungen erbringt und deshalb Führungspositionen wahrnimmt. Prominent ist man hingegen dann, wenn man über die Fähigkeit verfügt, Aufmerksamkeit zu erzeugen und dabei Beifall bekommt. Der Prominentenstatus wird nicht von Delegierten oder Experten in den politischen „Arenen" verliehen, sondern von Laien auf der (un)politischen „Galerie", vom Medienpublikum also (vgl. Neidhardt 1994b). Dabei kann sich Prominenz zu einer Ressource entwickeln, die auch unabhängig davon wirkt, was ihr jeweiliger Träger sagt und tut, weil die Aufmerksamkeit dem Prominenten selber gilt. Dieser ist qua Person Teil der öffentlichen Agenda und wird im Maße seiner Prominenz selbst zum Thema. Allerdings kann derzeit nicht oder noch nicht belegt werden, dass Medienprominenz und -kompetenz für die Rekrutierung des

Führungspersonals zum alles entscheidenden Kriterium geworden ist. Noch kommt der medienöffentliche „Beifall" in der Regel „nach (der) Auslese" durch Parteien und gesellschaftliche Organisationen etc. und nicht umgekehrt (vgl. Peters 1996). Noch sind politische Karrieren außerhalb der üblichen Rekrutierungswege und -instanzen vor allem der Parteien die seltene Ausnahme. Entsprechend haben es prominent gewordene politische Seiteneinsteiger ohne institutionelle Basisverankerung nach wie vor schwer, politisch Karriere zu machen. Für die großen Parteien gilt dies allerdings mehr als beispielsweise für kleine Parteien wie die FDP oder auch die PDS bzw. ihre Nachfolgeorganisationen. Denn dort ist die Bereitschaft zur Nominierung publikumsattraktiver und Aufmerksamkeit sichernder Kandidaten, die politisch bisher nicht besonders aufgefallen sind, stärker ausgeprägt. Ohne dass dies derzeit empirisch belegt werden kann, spricht dennoch viel für die Tendenz, dass Telegenität und Medienwirksamkeit für die Kandidatennominierung und für die Auswahl von Führungspersonal an Bedeutung gewinnen, was besonders dann problematisch wird, wenn sich die Urteile über die Starqualitäten verselbständigen und zum Ersatzindikator für eine breitere politische Kompetenz werden.

Bei aller Vorsicht vor Aussagen gegenüber weit tragenden Einflüssen auf den politischen Stil gilt aber auch: Die medienunterstützte Prominenzierung fördert den schnellen Aufstieg ebenso wie den jähen Abstieg (Meyrowitz 1990: 143ff.), vor allem dann, wenn die institutionelle Verankerung fehlt. Zwar gibt es auch das Gegenteil: den authentisch, glaubhaft wirkenden Akteur – unbequem, kompetent und nicht unbedingt auf den stimmungsdemokratischen Wogen surfend. Und manchmal kommen auch Glaubwürdigkeit und Medienversiertheit zusammen. Insgesamt aber verändert sich etwas im politischen Stil und entsprechend auch in der Wahrnehmung von Politik: Die optische Präsenz und die dabei entstehenden „Bilder im Kopf" bleiben hängen. Weniger, was gesagt wurde, als vielmehr, wie man ankam, setzt sich im Gedächtnis fest.

6.5 Stildefizite der Mediendemokratie: das Verblassen des Amtsethos

Man kann die genannten Stilmittel als vordergründige Merkmale einer medienspezifischen Präsentationslogik verstehen, von der die Substanz des Politischen im Kern nicht berührt wird. Richtig daran ist sicherlich, dass es in den verschiedenen politischen Bereichen unterschiedliche Grade der Anpassung an die Medienlogik gibt, auch dass sich bestimmte Kernbereiche des politischen Entscheidungssystems als resistent gegenüber vermeintlichen Anpassungszwängen an die Gesetzmäßigkeiten des Medialen erweisen. Dabei sollte jedoch nicht verkannt werden, dass Kommunikation – und das heißt in einer Mediengesellschaft vor allem massenmediale Kommunikation – zum axialen Prinzip demokratischer Legitimation geworden ist. Insofern stellt sich auch die Frage, inwieweit mit medienbedingtem politischem Stilwandel nicht auch ein Legitimitätswandel in der Politik einhergeht, schleichend, manchmal spektakulär, oft aber unspektakulär durch allmähliche Anpassung an moderne Präsentationslogiken und Wahrnehmungsmuster. Veränderte gesellschaftliche Rahmenbedingungen spielen hier eine entscheidende Rolle. Ralf Dahrendorf spricht zur Kennzeichnung des sozialen Wandels vom Zerbrechen der Ligaturen und von der Transformation von „status"-Verhältnissen in „contract"-Beziehungen (vgl. Dahrendorf 1994). Die Medien wirken in diesem Wandel wie eine Art Turbolader. Sie sind Medium und zugleich Faktor der Veränderung: nämlich einer Pluralisierung, Individualisierung und Säkularisierung (zumindest im Sinne einer Entkirchlichung), durch die sich die Bindungen an gesellschaftliche und politische Institutionen gelockert haben. In einer Gesellschaft aber, in der politisches Verhalten mit abnehmender Tendenz durch Tradition, Milieuzugehörigkeit, weltanschauliche Verankerung, Organisationstreue und stabiles Institutionenvertrauen bestimmt und mehr und mehr zu einem Verhalten der „Wahl", d. h. des „rationalen" Kalküls im Sinne individueller Nutzenorientierung wird, steigen die Chancen für kurzfristige kommunikative Einflüsse. In einer solchen Gesellschaft wächst der Einfluss des Medien- und Meinungsmarktes. Und diesen „Markt von Optionen" bedienen Massenmedien, die sich nicht nur in quantitativer Hinsicht, sondern auch in qualitativer Hinsicht grundlegend verändert haben. Qualitativ vor allem dadurch, dass sie sich von der Politik entfernen. Sie orientieren sich weniger denn je an der Erwartung politischer Akteure und an der Logik politischer Prozesse, Entscheidungen und Institutionen, sondern an ihrer eigenen Logik. Und das ist in einem zunehmend unter Kommerzialisierungsdruck stehenden Mediensystem vor allem die Logik des Marktes. Reichweite, Kaufinteresse, Einschaltquoten – kurz Publikumsorientierung ist zu einem zentralen Maßstab geworden.

Da aber die Medien nach Niklas Luhmann (vgl. Luhmann 1996) jenes gesellschaftliche Teilsystem sind, das Gesellschaft und Politik brauchen, um sich selbst beobachten zu können, kann auch die Politik die Funktionsmechanismen des Medienbetriebs nicht ignorieren. Die Folge ist eine Art medial-politischer Verdrängungswettbewerb, in der sich langfristig die Logik des Darstellbaren mehr und mehr von der Logik des Entscheidungsnotwendigen, die politische Kommunikation vom politischen Handlungsvollzug entkoppelt.

Das in demokratietheoretischer Hinsicht eigentlich Bedenkenswerte der hier exemplarisch skizzieren Stilfragen medialer Politikvermittlung ergibt sich damit aus der Tendenz einer Erosion des Institutionellen. Dies gilt vor allem für das öffentliche Erscheinungsbild von Politik und damit für die wahrgenommene Politik. Dass das mediale Erscheinungsbild von Politik à la longue nicht ohne

Auswirkungen auf das Verhalten politischer Akteure im Entscheidungssystem bleibt, erscheint allerdings, auch wenn es dazu erst vereinzelte empirische Nachweise gibt, mehr als plausibel. Indem die Politik die politische Berichterstattung kontinuierlich verfolgt und sich über die Medien selbst beobachtet, entsteht, was Kurt und Gladys Engel Lang schon früh als „reziproke Effekte" (vgl. Lang/Lang 1953; exemplarisch dafür: Kepplinger 2007) bezeichnet haben.

In einer „Mediendemokratie" haben Sichtbarkeit, Sympathie und Prominenz einen hohen Stellenwert. Dabei korrespondiert die Sehnsucht nach dem unmittelbaren Ausdruck eines medial dauerpräsenten Volkswillens mit einer „Abneigung gegen alles Institutionelle". So stellt sich die Frage, ob an die Stelle einer abstrakteren, institutionell vermittelten Form von Vertrauen, eines „Legitimitätsglaubens", der ganz wesentlich aus der „Integrität institutioneller Verfahren erwächst" (Seubert 2002: 1141ff), die Illusion einer Art Ted-Demokratie mit täglicher Zustimmungsmessung tritt. Auf der Strecke bliebe dann das Bewusstsein für den institutionell-rechtlich vermittelten Legitimationsmodus als unentbehrlicher normativer Kristallisationspunkt von Liberalität und Freiheit – auch in der „Mediendemokratie". Schließlich setzt denn die „freiheitliche Verfassung nicht auf identitäre Kurzschlüsse, sondern auf die vom Recht geformte Unterscheidung von Freiheit und Herrschaft" (Di Fabio 2002: 10). Mit einer weiteren Anpassung des politischen Stils an die Präsentationslogik der Medien würde jedoch die Balance zwischen Volkssouveränität und rechtsgebundener Amtsautorität, zwischen Demokratie und Amtsverantwortung mehr und mehr prekär.

Darstellungspolitik und Entscheidungspolitik

7 Die Medien und das politische System: Zum Spannungsverhältnis zwischen „Darstellungspolitik" und „Entscheidungspolitik"

7.1 Demokratie als „Herrschaft der öffentlichen Meinung"?

„Die weit verbreitete Auffassung, Demokratie bedeute Herrschaft der öffentlichen Meinung, ist eine jener schrecklichen Vereinfachungen, die nur allzu geeignet ist, das Verständnis für die öffentliche Meinung zu erschweren und die Missverständnisse über die Demokratie zu vertiefen" (Fraenkel 1991: 232). Zwar gehört es inzwischen zu den verfassungsrechtlich und politisch unbestrittenen Essentials, dass die öffentliche Meinung „einen unentbehrlichen und maßgeblichen Faktor in dem Prozess der politischen Willensbildung aller freiheitlichen Demokratien darstellt" (ders.: 246; vgl. Hesse 1995: 169-174), die „Grundentscheidungen für Volkssouveränität und freie Kommunikation" (Berka 1986: 26) im demokratischen Verfassungsstaat also zwingend miteinander verschränkt sind. Die Vorstellung allerdings, in der öffentlichen Meinung manifestiere sich jeweils der Gemeinwille, dessen Realisierung den Wesensgehalt der Politik ausmache, hat bereits Ernst Fraenkel zu Recht als unzutreffend zurückgewiesen.

Allerdings verflüchtigt sich die Idee eines Gemeinwillens in der pluralistischen Demokratiekonzeption – im Gegensatz etwa zur ökonomischen Theorie der Demokratie (z.B. Schumpeter) – nicht einfach im normativen Nichts. Mit der Wesensgehaltsgarantie des Art. 19 GG und dem Verbot, das Menschenwürdeprinzip des Art. 1 GG sowie die staatstragenden Grundsätze des Art. 20 GG (vgl. Art. 79,3 GG) zu ändern, postuliere die Verfassung „die Geltung eines genuinen Gemeinwillens, der auf der generellen Anerkennung eines allgemein verbindlichen Wertkodex beruht" (Fraenkel 1991: 253). Schließlich verweist Fraenkel noch auf eine in kommunikativer Hinsicht bedeutsame Differenzierung, die Unterscheidung zwischen einem „kontroversen" und einem „nicht-kontroversen Sektor des Gemeinwesens". Während sich der Gemeinwille im nicht-kontroversen Sektor des Gemeinwesens „in der Regel unterhalb der kollektiven Bewußtseinsschwelle" bewege, die er nur überschreite, wenn er herausgefordert werde und sich ansonsten administrativer Routinen und gesellschaftlicher Usancen bediene, die dem breiten Publikum so selbstverständlich und gleichgültig sind, dass es sich keine Gedanken mache und keine Meinung bilde, gelte dies für den kontroversen Sektor nicht (vgl.

ebenda: 254ff.). Dieser Sektor des Gemeinwesens ist für ihn der Schauplatz, auf dem unter „Verwendung vager Gemeinschaftsideologien" und im „Zusammenprall und Zusammenwirken der Partikularinteressen um die bestmögliche Regelung einer künftigen Staats- und Gesellschaftsordnung gerungen wird" (ebenda: 248). Die Bühne für den Austrag von Konflikten im kontroversen Sektor des Gemeinwesens ist die Öffentlichkeit, wo sich auf der Basis eines consensus omnium eine „konsolidierte(n) öffentliche(n) Meinung" oder bei fortdauerndem Streit der Partikularinteressen eine „fluide(n) öffentliche(n) Meinung" (ebenda: 250) herausbilden könne.

Was einstmals mit Blick auf ein aufgeklärtes Bürgertum erwartet werden konnte, ist im Massenzeitalter einer nüchternen Betrachtung gewichen: Die öffentliche Meinung ist weder der „heimliche Souverän" noch ein „Wahrheitsäquivalent" (Luhmann 2000: 279f.) der Politik. Im modernen, parteienstaatlich geprägten Wettbewerb der Bundesrepublik Deutschland manifestieren sich nicht automatisch alle Meinungen und Wünsche des Volkes, denn Öffentlichkeit ist wesentlich auch ein Produkt aktiver Meinungspflege solcher Interessen, die über Kompetenz und Kapazität zur Beeinflussung der öffentlichen Meinung verfügen.

Politische Öffentlichkeit ist selbst Teil eines komplexen Systems geworden, in dem sich politische Wirklichkeit erst konstituiert; eines Gesamtprozesses, in dem Politik hergestellt und dargestellt, politische Entscheidungen durchgesetzt und begründet werden müssen. Die Bedeutung der „Legitimation durch Kommunikation" resultiert dabei nicht allein aus der Verpflichtung, dass demokratische Politik begründungs- und zustimmungspflichtig ist, politische Entscheidungen also – gleichsam nachträglich – öffentlicher Rechtfertigung bedürfen. Politisches Handeln selbst ist in wesentlichen Teilen kommunikatives Handeln, der politische Prozess auch dann, wenn er nicht vor aller Öffentlichkeit abläuft, ein Kommunikationsprozess mit in der Regel vielen Entscheidungsbeteiligten.

Dennoch soll nicht nur aus analytischen, sondern auch aus demokratietheoretischen Gründen zwischen medialer Darstellung von Politik und politischem (Entscheidungs-)Handeln unterschieden werden. Denn einerseits geht es hier um zwei in spezifischer Weise aufeinander bezogene, gleichwohl unterschiedlichen Funktionslogiken folgende Teilsysteme des politischen Produktionsprozesses. Nach der viel zitierten Terminologie Niklas Luhmanns sind es „Aufmerksamkeitsregeln", die den medialen Prozess, und „Entscheidungsregeln", die den politischen Prozess steuern (vgl. Luhmann 1970). Dabei wird den Massenmedien im demokratischen System gerade auch verfassungsrechtlich eine zentrale Rolle bei der Legitimationsbeschaffung zugedacht. Sie gelten als Politikvermittlungsinstanz par excellence und schaffen erst die Grundlage dafür, dass das politische System sich selbst und seine Umwelt beobachten kann, indem es beobachtet, was Journalisten beobachtet haben. Niklas Luhmann spricht deshalb auch von einer

"Beobachtung zweiter Ordnung" (Luhmann 1995: 60; 1992b; 2000). Ohne sie ist die Gewährleistung eines stetigen kommunikativen Austauschprozesses zwischen dem Volk und der politischen Führung, aber auch zwischen den Führungseliten in modernen Systemen nicht zu organisieren. Erst über die Massenmedien erreicht die Politik ihr Publikum bzw. ihre Teilpublika. Umgekehrt sollen die Wünsche und Interessen des Publikums über die Massenmedien den politischen Akteuren und Institutionen vermittelt werden.

Dass diese idealtypische Zuschreibung nicht der politischen und medialen Wirklichkeit entspricht, ist Gegenstand einer Vielzahl von Studien und weithin unbestritten. Allerdings divergieren die Einschätzungen sowohl hinsichtlich kausaler Erklärungen für die vielfältigen Friktionen, als auch hinsichtlich der Bewertung der Folgen gestörter Kommunikationsbeziehungen für die Demokratie. Betrachtet man dazu die teils eher empirisch angelegten, teils eher normativ argumentierenden Studien unter einer demokratietheoretischen Perspektive, so verfolgen sie durchweg, wenn auch nicht immer explizit, die These: Zwischen der Herstellung von Politik im Entscheidungsprozess und der Politikdarstellung im Vermittlungsprozess bestehe eine immer größer werdende Kluft, öffne sich eine Schere, die für das demokratische System eine Art Legitimationsfalle darstellt. Vornehmlicher Gegenstand der Betrachtungen sind dabei die elektronischen Medien und insbesondere das Fernsehen. In eine Legitimationsfalle gerate die Demokratie vor allem dadurch, dass dem Publikum ein unzutreffendes Politikbild vermittelt werde. Vielfach würden Erwartungen geweckt, die von der Politik nicht eingelöst werden könnten.

Zunächst werden drei für die wissenschaftliche und auch politische Diskussion zentrale Paradigmen vorgestellt, in denen das Verhältnis von Politik und Medien eine grundsätzlich unterschiedliche Einschätzung erfährt und die jeweils mit spezifischen wissenschaftlichen Fragestellungen und Erkenntnisinteressen verbunden sind. Ausgehend davon, dass Politik und Publizistik als interdependente Systeme zu begreifen sind, werden dann (Abschnitt 3) die den Unterschied zwischen „Entscheidungspolitik" und „Darstellungspolitik" ausmachenden Kriterien thematisiert und problematisiert.

Auch wenn der Zusammenhang nicht explizit ausgeführt wird, so geht es doch letztlich bei diesem Versuch der analytischen Differenzierung des Verhältnisses von medialer Politikdarstellung und politischem Handeln um die Frage, ob und inwieweit spezifische Merkmale und Bedingungen dieses Verhältnisses geeignet sind, eine gemeinwohlorientierte Politik zu ermöglichen oder eben auch zu behindern. Das Fazit der nachfolgenden Überlegungen sei hier bereits vorweggenommen: Ergebnis der Überlegungen wird – gleichsam als Gegenthese zur eingangs skizzierten Scheren-These – sein, dass sich die beklagte Kluft in einem funktionierenden demokratischen Gemeinwesen nie ganz überbrücken lässt. Dies wäre weder empirisch realistisch noch aus normativer Sicht gar wünschenswert.

7.2 Politik und Medien: Drei Sichtweisen und ihre Konsequenzen

Lange Zeit war das Verhältnis von Politik und Massenkommunikation ein auch in der Literatur viel beklagtes Forschungsdesiderat (Langenbucher 1983; Kaase/Langenbucher 1986; Kaase 1986; Gerhards 1991; Sarcinelli 1992a). Inzwischen gibt es eine kaum mehr überschaubare Zahl von mehr oder weniger speziellen empirischen und theoretischen Studien. Auf die Vielzahl der nach wie vor unterschiedlichen Einschätzungen hinsichtlich der kommunikativen Relevanz von Politik und der politischen Relevanz von massenmedialer Kommunikation muss hier nicht eingegangen werden (vgl. Kap. 1 in diesem Buch). Auch erscheint es wenig sinnvoll, auf der Basis gängiger Funktionstypologien zu Rolle und Funktion der Massenmedien das Verhältnis zwischen medialer Darstellung von Politik und politischem Handeln zu thematisieren. Für die Beschäftigung mit der eingangs genannten Scheren-These zur Diskrepanz zwischen der politischen und massenmedialen Wirklichkeit sollen vielmehr eine eher pragmatisch getroffene und inzwischen breit akzeptierte Unterscheidung (vgl. Donges/Jarren 2001: 421ff.; Jarren/Donges 2002a: 25ff.) von drei in diesem Zusammenhang wesentlichen Paradigmen genügen: das Gewaltenteilungs-Paradigma, das Instrumentalisierungs-Paradigma und das Symbiose-Paradigma. Paradigma meint dabei eine spezifische Sichtweise in Verbindung mit einem übergreifenden Grundverständnis auf der Basis theoretischer, empirischer oder auch nur politischer Erkenntnisse und Interessen (vgl. Tab. 3).

7.2.1 Das Gewaltenteilungsparadigma: Medien als „Vierte Gewalt"

Das Gewaltenteilungsparadigma basiert auf der Grundannahme, dass sich die Massenmedien im Sinne einer kontrollierenden Öffentlichkeit betätigen bzw. aufgrund ihres verfassungsrechtlichen Auftrages betätigen sollten. Dabei ist die populäre Auffassung von den Medien als eine Art vierter Gewalt insofern missverständlich, als es nicht darum gehen kann, den drei konstitutionellen Gewalten Legislative, Exekutive und Judikative eine vierte Gewalt hinzuzufügen. Vielmehr werden die Medien als Widerpart oder Kontrollinstanz allen anderen Gewalten gegenübergestellt. Aus dieser Perspektive heraus wird jedenfalls die Autonomie des Mediensystems betont. Distanz zu und Unabhängigkeit von der Politik gelten in diesem Modell als unabdingbar für den demokratischen Prozess. Die Positionen zur Einschätzung der Rolle der Medien gegenüber der Politik reichen dabei je nach Bedeutungseinschätzung („schwache" bzw. „starke" Medien) von der Vorstellung, Medien sollten neutrale Vermittler zwischen der Bevölkerung auf der einen und den politischen Akteuren bzw. Institutionen auf der anderen Seite sein, über die Auffassung, ihre vornehmliche Aufgabe sei Kontrolle und Kritik, bis hin zu dem Plädoyer, ihnen komme eine anwaltliche oder gar kompensatorische Funktion im Dienste des Publikums zu (vgl. z.B. bereits Langenbucher 1979).

7.2.2 Das Instrumentalisierungparadigma: Medien als Instrument der Politik oder Politik als Instrument der Medien

Mit dem Instrumentalisierungsparadigma verbindet sich in der Regel eine steuerungstheoretische Sichtweise mit zwei zu unterscheidenden Einflussrichtungen. Die eine Richtung bemüht sich um den Nachweis, dass die Medien im Grunde „schwach" seien, wobei sich die funktionalen Einschätzungen wiederum in einem Spektrum bewegen, das von der Auffassung reicht, die Medien seien lediglich bzw. notwendigerweise Verlautbarungsorgan der Politik (z.B. Dorsch 1982) bis hin zu der Auffassung, vor allem das öffentlich-rechtliche Mediensystem leide unter einem Autonomieverlust und werde angesichts sich verschärfender sozioökonomischer Krisen vom politischen System instrumentalisiert, um Konflikten und Loyalitätskrisen vorzubeugen (vgl. z.B. Schatz 1979; Schatz u.a. 1981). Während der Nachweis direkter Instrumentalisierung der Medien durch die Politik in neuerer Zeit allenfalls ereignisbezogen thematisiert, aber kaum mehr als paradigmatisch für das Verhältnis von Medien bezeichnet wird, werden Einschätzungen zur „Übermacht der Medien" nach wie vor prominent vertreten (vgl. Kepplinger 1998). Medien sind danach eine Art selbst agierendes System im Rahmen eines „Dependenz-Dominanz-Verhältnisses" (z.B. Kepplinger 1985; ders. 1992: 31) geworden, bis hin zu der Kritik, politische Entscheidungen würden durch Massenmedien beeinflusst, gesteuert und medienspezifischen Eigengesetzlichkeiten (z.B. Oberreuter 1982; 1989; Meyer 2001) unterworfen.

7.2.3 Das Symbiose-Paradigma: Politik und Medien als Interaktionszusammenhang

Während in der Perspektive der beiden skizzierten Paradigmen die analytische Unterscheidung zwischen der „Herstellung" und der „Darstellung" von Politik zumeist vernachlässig wird, versuchen die eher dem Symbiose-Paradigma verpflichteten Arbeiten eben dies zu vermeiden. Danach besteht zwischen dem Mediensystem und dem politischen System im engeren Sinne ein Interaktions- und Handlungszusammenhang mit wechselseitigen Abhängigkeiten, der eher mit den Begriffen „Interdependenz", „Partnerschaft" oder „Symbiose" zu umschreiben ist (vgl. z.B. Sarcinelli 1987b: 213-222; Jarren 1988). Dabei wird vom Grundmodell einer Tauschbeziehung ausgegangen, bei dem Information gegen

Publizität – und umgekehrt – eingetauscht wird; eine Art „Doppelverpflichtung zu Nähe und Distanz" bis hin zur Gefahr einer „Beziehungskorruption" (Saxer 1992: 60; Jarren/Altmeppen/Schulz 1993: 155). Man ist wechselseitig aufeinander angewiesen: Politik braucht Publizität und die Medien sind auf der ständigen Suche nach der möglichst exklusiven Nachricht. Getauscht wird Einfluss in Form von Publizität, nicht selten im Wege vertraulich weitergegebener Informationsschnipsel. Grundlage für das Symbioseparadigma sind zum einen empirische Arbeiten zum Einfluss von politischer Öffentlichkeitsarbeit und Politik-Marketing auf die politische Berichterstattung in den Medien (vgl. z.B. Baerns 1985; Wangen 1983; Jarren/Röttger 1998). Zum anderen stehen für das enge Beziehungsspiel zwischen Politik und Medien Einschätzungen und praktische Erfahrungen von Parteimanagern, die in Anlehnung an amerikanische Kampagnenpolitik und vor allem im Kontext von Wahlkämpfen die Professionalisierung politischer Kommunikation und darstellungspolitische Kompetenz im Sinne einer Anpassung an die Logik des modernen Massenkommunikationsbetriebs anmahnen und als unabdingbares Leistungsmerkmal für moderne Politik empfehlen (z.B. Radunski 1980; vgl. Radunski, Machnig, Goergen in: Sarcinelli/Tenscher 2003). Schließlich weisen auch Daten aus der Elitenforschung (vgl. Bürklin u.a. 1997 und Kap. 10 in diesem Band), frühe Netzwerkanalysen (z.B. Kutteroff 1984) Abgeordnetenbefragungen (z.B. Puhe/Würzberg 1989; Saxer 1992) und Ergebnisse der Parlamentarismusforschung (z.B. Herzog 1993b; Patzelt 1993) auf Verflechtungen zwischen dem politischen Entscheidungsbereich und dem Mediensystem, die Max Kaase einmal treffend als „reflexive Verschränkung" (Kaase 1986: 370) bezeichnet hat. Diese „reflexive Verschränkung" kann nach Einschätzung eines langjährigen Beobachters des Politikbetriebs bis zur „professionell betriebenen Verschwörung zur Unterdrückung der Wirklichkeit" reichen, an der sich Politiker und Journalisten „mit augenzwinkernder Selbstverständlichkeit" (Leinemann 2004: 250) beteiligen, manche gar ohne es zu wissen.

Je nachdem, aus welcher paradigmatischen Perspektive man argumentiert, ergeben sich unterschiedliche Untersuchungsgegenstände, Forschungsinteressen und Fragestellungen, mit denen das Verhältnis zwischen „Entscheidungspolitik" und „Darstellungspolitik" thematisiert werden kann. Dabei ist davon auszugehen, dass die hier idealtypisch unterschiedenen Paradigmen jeweils für sich nie den gesamten Politik- und Kommunikationsprozess abzubilden oder zu erklären vermögen und insofern durchaus nicht als sich ausschließende Modelle betrachtet werden dürfen. Die Modelle zeigen eine Bandbreite auf, innerhalb derer sich das politisch-mediale Mit- und Gegeneinander abspielt.

Tabelle 3: Zum Verhältnis von Politik und Kommunikation

Paradigmen	Dominanter Beziehungsmodus	Medien im politischen Prozess	Analyseebenen
Gewaltenteilung	Autonomie	Neutralität Kritik und Kontrolle, Gegenmacht	vorwiegend makroanalytisch
Instrumentalisierung	Steuerung	a) Politik als Steuerungsobjekt der Medien b) Medien als Steuerungsobjekt der Politik	makro- und mikroanalytisch
Symbiose/ Interdependenz	Interaktion	Tauschbeziehung	vorwiegend mikroanalytisch

7.3 Zur Unterscheidung zwischen „Entscheidungspolitik" und „Darstellungspolitik"

7.3.1 Erkenntnisinteressen und Perspektiven in der politik- und kommunikationswissenschaftlichen Forschung

Trotz der aufgezeigten unterschiedlichen Sichtweisen und Untersuchungsansätze gibt es in der generellen Einschätzung, dass politisches Handeln im Kontext der veränderten, vor allem elektronischen Medienlandschaft erheblichen Wandlungen unterzogen ist, keinen Dissens. Umso mehr muss es verwundern, dass auf politikwissenschaftlicher ebenso wie auf kommunikationswissenschaftlicher Seite hinsichtlich theoretisch anspruchsvoller und empirisch fundierter Studien zur Bedeutung politischer Kommunikation für politische Entscheidungsprozesse im Allgemeinen und für Entscheidungsprozesse in spezifischen Politikfeldern im Besonderen nach wie vor weithin Fehlanzeige zu melden ist. Zwar fehlt es nicht an aufschlussreichen analytischen Differenzierungen, hilfreichen Prozess- und Phasenmodellen, Typologien und Strukturierungshilfen (vgl. zusammenfassend Jarren/Donges 2002b: 29-58; Kriesi 2001). Über mehr oder weniger generelle Einschätzungen, Wertungen und intelligente Vermutungen geht hier der Stand der Forschung aber kaum hinaus. Allenfalls werden einzelne i.d.R. öffentliche Prozesselemente bzw. Phasen z. B. im Rahmen von Wahlkämpfen oder etwa auch von parlamentarischen Verfahren in politik- und kommunikationstheoretischer Hinsicht punktuell beleuchtet und empirisch untersucht (vgl. Jarren/ Donges/Weßler 1996). Wie die Problemwahrnehmung, die Thematisierung, die Problembearbeitung und Entscheidungsfindung, insgesamt also die „institutionelle Struktur" (Kaase 1998a: 49) von „Entscheidungspolitik" durch den viel behaupteten Bedeutungszuwachs medienzentrierter „Darstellungspolitik" beeinflusst wird, dazu liegen bisher kaum systematische Forschungen vor. Geht es um die Erforschung von Massenkommunikation als relevante Strukturvariable für Prozesse der „Entscheidungspolitik", so ist nach wie vor ein großes Forschungsdefizit zu konstatieren. Ausschlaggebend für diese defizitäre Situation dürfte neben forschungspraktischen Problemen sowie inner- und zwischenfachlichen Routinen und Abgrenzungen vor allem sein, dass die langfristigen und latenten Wirkungen auf der Ebene von Institutionen und kollektiven Akteuren, die sich aus der strukturnotwendigen Verflechtung zwischen Politik und Kommunikation ergeben, „wegen ihrer Gradualität überhaupt nicht in das öffentliche Bewusstsein gedrungen sind" (Kaase 1989: 109; ders. 1986) und deshalb der unmittelbare Zusammenhang zwischen politischen Entscheidungsprozessen und politischen Kommunikationsprozessen unterbelichtet bleibt. Allerdings weisen ältere wie auch aktuelle Elitenbefragungen darauf hin, dass die Medien nach Einschätzung von Politikern einen zu großen Einfluss auf die Politik haben (vgl. Hoffmann-Lange/Schönbach 1979; Weßels 2005).

Kommunikationswissenschaftliche Studien konzentrieren sich demgegenüber überwiegend auf medienspezifische Selektionskriterien, mediendramaturgische Elemente oder nutzen- und wirkungstheoretische Spezialaspekte, sind insgesamt also ganz überwiegend kommunikator-, medien- und rezipientenorientiert. Über inhaltsanalytische Ergebnisse und Messungen von Publikumsreaktionen werden dann, sofern makropolitische Folgen überhaupt interessieren, Rückwirkungen auf den politischen Prozess angenommen.

Diese Forschungslücke kann im Rahmen dieses kurzen Abschnittes nur konstatiert werden. Mehr als einige Elemente zur systematischen Erschließung des komplexen Untersuchungsfeldes können hier nicht aufgezeigt werden. Dabei soll auch nicht auf den wissenschaftstheoretischen Grundsatzstreit im Zusammenhang mit der Konstruktivismusdebatte eingegangen werden, nach der die Frage zu stellen wäre, was politische Wirklichkeit überhaupt ist, ob diese durch politische Berichterstattung widergespiegelt werden kann oder sich erst über die politische Publizistik konstituiert (vgl. Bentele/Rühl 1993: 19-73; Merten/ Schmidt/Weischenberg 1992; Schulz 1989) und ob es ein politisches Entscheidungssystem jenseits massenpublizistischer und kommunikativer Prozesse überhaupt gibt. Dieser wissenschaftstheoretische Streit ist keineswegs trivial oder weltfremd. In der Sphäre effektiver „Entscheidungspolitik" sei, so Klaus von

Beyme mit Blick auf den Gesetzgebungsprozess, der Einfluss der Medien auf die Politik „eher bescheiden" (v. Beyme 1997: 88). Denn zum einen kann Politik die Aufmerksamkeit der Medien nicht dauerhaft binden, weil mediale Aufmerksamkeit selektiv ist und sich nicht nach politischen Relevanzkriterien richtet, sondern nach ihren eigenen publizistischen Regeln. Zum anderen gibt es auch eher medienresistente Entscheidungskerne, Entscheidungsstadien und Entscheidungstypen. So stoßen regulative Entscheidungen mit geringen Eingriffen in die bisherige Rechtslage im Gegensatz zu restriktiven Entscheidungen mit Einschränkungen bisheriger Rechte kaum auf Medieninteresse. Redistributive, d.h. umverteilende Gesetze mobilisieren hingegen die Medienöffentlichkeit eher als der Normalfall von Leistungsgesetzen. Insgesamt geht es dabei um mehrstufige Prozesse von Politikzyklen, die „Problemfindung und -selektion, Prioritätensetzung, Interessenselektion, Kompromissfindung, Überzeugung (und) Mehrheitsbildung" einschließen (Herzog 1989: 314; Windhoff-Héretier 1987: 65).

7.3.2 Politisches Handeln als „Entscheidungspolitik" und als „Darstellungspolitik": Zwei Realitätsebenen

Eine analytische Differenzierung zwischen den beiden politischen Realitätsebenen „Entscheidungspolitik" und „Darstellungspolitik" und die Auseinandersetzung mit deren jeweiligen Charakteristika macht also durchaus Sinn und sollte sich für empirische Studien zur Erforschung des Wechselverhältnisses zwischen beiden als hilfreich erweisen. Dass es dabei nur um eine stenogrammartige Übersicht gehen kann, in der weder auf Besonderheiten bestimmter Politikfelder (z.B. Außenpolitik, Bildungspolitik, Umweltpolitik etc.) noch auf Spezifika einzelner Medien oder gar Berichtgattungen eingegangen wird, versteht sich von selbst.

Um einen Vergleich anstellen zu können, sollen folgende Dimensionen jeweils thematisiert werden (vgl. Tab. 4):

1. *Die Strukturdimension:* Welche spezifischen Systemfaktoren stellen die jeweils wesentlichen Rahmenbedingungen dar?
2. *Die Akteursdimension:* Welche Rolle spielen auf der Entscheidungs- und Darstellungsebene institutionelle und personelle Faktoren?
3. *Die Kompetenzdimension:* Welche Bedeutung haben Kompetenz und Professionalität in Politik und Medien?
4. *Die Zeitdimension:* Welchen Einfluss hat der Faktor Zeit im Entscheidungs- und Vermittlungsprozess?
5. *Die Relevanzdimension:* Welche Faktoren sind für Gewichtung bzw. Bedeutungseinschätzungen jeweils zentral?

7.3.2.1 Strukturdimension

Tiefgreifende Veränderungen der Gesellschaftsstruktur („Individualisierung", „Wertewandel", verändertes politisches Beteiligungsverhalten etc.), des politischen Problemhaushalts sowie der Reichweite und Komplexität zu lösender politischer Probleme stellen das politische Willensbildungs- und Entscheidungssystem des modernen „Daseinsvorsorgestaates" (Forsthoff) vor gravierende Steuerungsprobleme. Weder auf der Ebene des gesamten politisch-administrativen Systems noch auf der Ebene von Einzelinstitutionen ist dabei die Vorstellung von einer „autoritativen" Spitze noch angemessen. Maßgeblich dafür sind nicht nur aufgrund institutioneller Besonderheiten (Parteienstaatlichkeit, Föderalismus, Verrechtlichung etc.) auszumachende deutsche „Politikstile" (vgl. v. Beyme 1990). Vielmehr wird in der staats-, verwaltungs- und politikwissenschaftlichen sowie politiksoziologischen Literatur in unterschiedlicher Weise aufgezeigt, „dass Hierarchie und institutionelle Autorität eingebunden sind in vielfältige Aushandlungssysteme, kommunikative Prozesse, politische Netzwerke und informelle Strukturen" (Sarcinelli 1993a: 7-9). Es geht um „Interdependenzbewältigung" (Schimank 2007: 30) als elementarer Regelungsmechanismus und Leistungsbereich von Politik.

Das konstitutionell auf Gewaltenbalance und demokratischen Wettbewerb angelegte Entscheidungssystem wird in der Praxis zunehmend überlagert von verhandlungsdemokratischen Strukturen. Nicht Hierarchie und Entscheidungssouveränität, sondern Kooperation zwischen staatlichen Institutionen und gesellschaftlichen Organisationen, nicht „government" im Sinne eines Gegenüber von Staat und Markt, sondern „governance" im Sinne komplementärer politischer Steuerung von Staat, Markt und politischen Netzwerken bestimmen mehr und mehr die politische Entscheidungswirklichkeit des „kooperativen Staates" (vgl. Benz 2004). Unstrittig ist dabei, dass unbeschadet politischer Letztentscheidungskompetenz und Entscheidungsverantwortung langfristig gesehen insgesamt eine Machtverlagerung von verfassungsrechtlich vorgegebenen Führungsstrukturen auf parakonstitutionelle Vermittlungs- und Verhandlungsebenen stattgefunden hat (vgl. Lehner 1986: 167; Jäger 1992: 72-78).

„Darstellungspolitik" interessiert sich jedoch in der Regel nicht für institutionelle Entscheidungsstrukturen, sondern für politische Momentaufnahmen und Augenblickserfolg. Im Mittelpunkt des darstellungspolitischen Interesses steht der „sichtbare" Ausschnitt (Sartori 1992: 242) einer potentiell publizitätsträchtigen Politik. Diskrete Verhandlungs- und Aushandlungsprozesse, Verfahrensabläufe, institutionelle und organisatorische Faktoren politischer Entscheidungsprozesse bleiben dabei ausgeblendet. Rechercheintensiv, also zeit- und kostenaufwendig und in der Regel unspektakulär, finden diese erst dann Interesse, wenn Konflikte zwischen identifizierbaren und wichtigen politischen Akteuren oder Institutionen verfahrensnotwendig öffentlich oder auch durch gezielte Indiskretionen, Inszenierungen oder Pseudopolitik „sichtbar" gemacht werden. Dabei kommt in der Regel eher das Akteurshandeln als die Folgen für die Betroffenen in den Blick. In struktureller Hinsicht ist für politische Problemlösungsprozesse des Weiteren von Bedeutung, dass Medien in der Phase der Problemidentifikation und -artikulation aufgrund ihrer Filter- und Verstärkungsfunktion durchaus großen, in den Phasen der Programmentwicklung, der Politikimplementation und -evaluation einen eher geringen Einfluss haben (vgl. Jarren/Donges 2002b: 47). Allerdings kommt es hier wesentlich auf die jeweils handelnden politischen Akteure, Akteurskonstellationen an, wie im Folgenden gezeigt wird.

7.3.2.2 Akteursdimension

Für die nähere Betrachtung des Akteurshandelns in der Politik ist Giovanni Sartoris (1992: 212-214) Differenzierung nach individuellen Entscheidungen, Gruppenentscheidungen (eine bestimmte Gruppe), kollektiven Entscheidungen (unbestimmt viele) und kollektivierten Entscheidungen (i.S. von Entscheidung für alle) hilfreich. Bei individuellen Entscheidungen ist das äußere Risiko am größten und sind die Entscheidungskosten am geringsten. Andererseits steigen mit der Zahl beteiligter Entscheidungsträger die Entscheidungskosten, während die äußeren Risiken abnehmen. Man kann davon ausgehen, dass Akteure bestrebt sein müssen, politische Entscheidungsverfahren, in denen wiederum unterschiedliche Entscheidungsregeln (z.B. Mehrheitsregel, Konsens) gelten können, schon aus Gründen des eigenen politischen ‚Überlebens', hinsichtlich des äußeren Risikos und aufgrund der Entscheidungskosten möglichst gering zu halten. Zudem wird das politische Entscheidungssystem nicht von einer Art „Akteurseinheit" (von Beyme 1993: 189) getragen, sondern von einer durch Pluralität gekennzeichneten politischen Elite. Das *ergibt sich nicht nur aus dem Wechselspiel zwischen Regierung und Opposi*tion und aus den bundesstaatlichen Kooperationszwängen, sondern auch aus einer pluralistischen Parteien- und Verbändelandschaft, die im Falle von Großparteien und Großverbänden die personelle Repräsentanz heterogener Interessen erforderlich macht. Ebenso wenig wie es ein homogenes Publikum gibt, existiert also in der „Entscheidungspolitik" ein kollektiver Akteur. Vielmehr sind es wechselnde Akteurskonstellationen, mit denen in unterschiedlichen Entscheidungsphasen und -verfahren des demokratischen Prozesses eine institutionelle und personelle Absicherung versucht wird.

Politik bedarf jedoch aus der Akteursperspektive nicht nur der apparate- und eliteninternen Absicherung, also der Legitimation ‚nach innen', sondern auch der Zustimmung ‚von außen'. Insofern ist gerade auch personenzentrierte Publizität nicht nur aus der Sicht politischer Akteure notwendiges Herrschaftsmittel und entscheidende Machtprämie. Sie ist sozialpsychologisch gesehen ein Element politischer Führung (vgl. Weber 1968: 37) und demokratietheoretisch unabdingbar für politische Verantwortungszumessung. Hier haben die Massenmedien eine verfassungspolitisch nicht zu ersetzende Aufgabe, die sich überschneidet mit dem in der Nachrichtenwertforschung (vgl. Schulz 1976) nachgewiesenen medienspezifischen Selektionskriterium „Personalisierung". Nicht die Personalisierung an sich, sondern die „Qualität" personalisierter Politikvermittlung über die Massenmedien bedarf dabei kritischer Betrachtung. Sie wird dann „unzivilisiert" (Sennett 1986: 288, 341 und 363), wenn Politik vornehmlich privatistisch, d.h. im Modus individueller Charakterzüge als mehr oder weniger unpolitischer Sympathiewettbewerb politischer Stars (vgl. Kap. 10 in diesem Buch) dargestellt wird und notwendige politische Auseinandersetzungen auf – vielleicht publikumswirksame – „Nebenkriegsschauplätze" verlagert werden. Zudem suggeriert die Darstellung von Politik als ein „charismatisches" (Max Weber) Phänomen, das politische Akteure einem öffentlichen Dauerreaktionstest unterzieht, eine personenzentrierte Handlungssouveränität, die aufgrund von vielfältigen Organisations- und Verfahrensbindungen weniger denn je gegeben ist.

7.3.2.3 Kompetenzdimension

Für die Qualifizierung politischen Entscheidungshandelns erweist sich nicht nur die „Legitimation durch Verfahren" (Luhmann 1983), die Verknüpfung von politischen Programmen mit zentralen politischen Rolleninhabern („Personalisierung") an sich, sondern auch die Kompetenz der Entscheidungsbeteiligten als legitimitätsrelevant. Kompetenz kann allerdings Unterschiedliches meinen: Sach- bzw. Fachkompetenz, Organisations-, Vermittlungs- und Durchsetzungskompetenz. Dabei bestimmen die Komplexität der Entscheidungsmaterie, der Grad an Öffentlichkeit im Rahmen des Politikzyklus und die politische Bedeutsamkeit, inwieweit eher Fach-, Organisations- oder eher Vermittlungskompetenz bei den Entscheidungsbeteiligten gefragt und wie viel politische Durchsetzungskompetenz notwendig ist.

Zentrales Stichwort in diesem Zusammenhang ist Professionalisierung; nicht notwendigerweise im Sinne von Professionalität zu verstehen, sondern zunächst rein empirisch als Verberuflichung von Politik. Denn „Politik als Beruf" (Max Weber) wird in der parlamentarischen Parteiendemokratie der Bundesrepublik Deutschland nach wie vor in geradezu laufbahnartig angelegten Karrieremustern ausgeübt. Sachkompetenz ist deshalb nicht etwas, das in der Regel etwa in einem längeren politikunabhängigen Berufsfeld erworben und in die Politik eingebracht, sondern erst im Verlaufe einer längeren politischen Karriere in der Politik selbst gelernt und für die Politik angewandt wird. Ein personeller Austausch mit anderen Elitesektoren (z.B. aus der Wirtschaft, der Wissenschaft, der Kultur) findet ebenso nur in Ausnahmen statt wie der Quereinstieg ohne eine vorausgegangene parteipolitisch-parlamentarische ‚Ochsentour' (Herzog 1975: 1992).

Die professionelle Sozialisation mit mehr oder weniger lebenslanger Abhängigkeit von der Politik und damit auch von regelmäßigen internen Abstimmungsprozessen und (extern) mehr oder weniger kurzfristigen Zustimmungsakten bzw. entsprechenden demoskopischen Daten begünstigt nicht nur eine „kommunikative Blickverengung auf die Perspektive der Verbände und Parteien" (Meyer 1992: 176). Sie bringt auch die Kompetenzelemente Fach-, Organisations- und Vermittlungskompetenz in ein Spannungsverhältnis, das Politiker zu der vermeintlichen „Schizophrenie" veranlasst, sich im Entscheidungsbereich von Politik anders zu verhalten als im Vermittlungsbereich. In gewissem Umfange ist diese politische „Schizophrenie" unvermeidlich, weil politische Durchsetzungfähigkeit „nach innen" nur im Wege von „Fach-" und „Organisationskompetenz", Legitimation „nach außen" aber in hohem Maße mit „Darstellungs-" und „Vermittlungskompetenz" verbunden ist.

Versteht man die genannten Kompetenzmerkmale als Voraussetzung, um spezifische politische Rollen kontextangemessen wahrnehmen zu können, so handelt es sich hier um funktional notwendige Differenzierungen. Problematisch wird das politisch ‚gespaltene' Akteursverhalten erst dann, wenn sich die drei Kompetenzaspekte Sach-, Organisations- und Vermittlungskompetenz entkoppeln und Politik zu einer Art Staatsschauspiel auf drei unterschiedlichen Bühnen wird, auf denen auch noch völlig verschiedene Stücke aufgeführt werden.

7.3.2.4 Zeitdimension

„Zeit ist Herrschaftsinstrument, Ordnungsfaktor und politische Strategie" (Riescher 2004: 1127). Auch im politischen Entscheidungsprozess wird Zeit zur knappen und politischen Akteuren nicht frei verfügbaren Ressource. Konstitutionell und institutionell wird Zeit im politischen Entscheidungssystem strukturiert durch zeitlich befristete Mandate, die in Wahlen auf den Ebenen von Bund, Ländern und Gemeinden erworben werden. Dies gilt für allgemeine Wahlen ebenso wie für Funktionszuweisungen in der Folge organisationsinterner Wahlen.

Wahlen sie sind der Zeit setzende Legitimations- und Handlungsrahmen für politische Akteure. Zeit gehört dabei zu den in komplexen, i.d.R. mehrstufigen und vielfach auch der internationalen Abstimmung bedürftigen Entscheidungsverfahren unabdingbaren und zugleich in Grenzen zu haltenden „Entscheidungskosten" (Sartori). Andererseits steigen die äußeren Risiken, wenn politischer Problemlösungsdruck, sei es aus Gründen erhöhten öffentlichen Interesses und/oder aus sachlicher Notwendigkeit, Zeitknappheit verursacht.

In der „Darstellungspolitik" spielt der Zeitfaktor eine andere Rolle als in der „Entscheidungspolitik". Hier in der massenmedialen Arena und vor allem im Medium Fernsehen ist Zeit gekennzeichnet durch die „überpräsente" Gegenwart sowie durch „weltumspannende Gleichzeitigkeit" (Nowotny 1993: 20). Dank moderner elektronischer Übertragungsmöglichkeiten vermag das Fernsehen nicht nur darzustellen, was zeitgleich in der Welt geschieht. Es vermittelt auch die Augenscheinillusion der Gleichzeitigkeit des politisch Ungleichzeitigen, verknüpft Ereignisse höchst unterschiedlicher Art und Reichweite. Unter Vernachlässigung institutioneller, prozeduraler und politisch-kultureller Bedingungen wird Politik im Minuten- oder Sekundentakt als Addition eines politischen Ereignispuzzles gegenwärtig. So erscheint Politik als ein Oberflächengeschehen mit einer überschaubaren Zahl von Akteuren, Handlungsroutinen und Ritualen.

In der Konkurrenz zwischen dem dauernden „Präsentismus" einer durch „postwendend erneuerte Aktualität" gekennzeichneten „Medienzeit" und einer durch langwierige Verfahren und rechtsstaatliches Procedere gekennzeichneten „politischen Prozesszeit" (Meyer 2001: 160) vermittelt „Darstellungspolitik" nicht selten den Eindruck bzw. die Erwartung, „Entscheidungspolitik" könne oder müsse im Takt medialer Produktionszeit betrieben werden. Sie schränkt die Zeitsouveränität politischer Akteure im Entscheidungsprozess ein, setzt sie unter einen allgegenwärtigen Rechtfertigungsdruck und begünstigt damit „Politik als Ritual" im Sinne einer alltäglich unter Beweis zu stellenden Handlungs- und Reaktionsfähigkeit (vgl. Edelman 1976; Sarcinelli 1987b). Auch wenn die These vom „Diktat der Medienzeit über die politische Zeit" (Meyer 2001: 157) als generelle Gesetzmäßigkeit empirisch kaum tragfähig sein dürfte, so trägt das medienvermittelte Bild eines immer mehr beschleunigten Ereignispuzzles doch zu dem Eindruck bei, institutionalisierte Politik sei zunehmend marginal.

7.3.2.5 Relevanzdimension

Demokratische Politik ist *auch* Prioritätensetzung im Sinne von gewichteter Wahl zwischen möglichen Entscheidungsalternativen. Das Prinzip der Reversibilität in der Mehrheitsdemokratie gilt dabei als Legitimationsgrund für zeitlich befristete Handlungsermächtigung auf der Akteurs- und Handlungszumutung auf der Bürgerseite. Die Beantwortung der Frage, welche Probleme mit Vorrang gelöst werden müssen, kann sowohl innerhalb des politischen Entscheidungssystems als auch zwischen politischen Akteuren und Bevölkerung (Wahlvolk, Parteivolk) strittig sein. Das Repräsentationsprinzip lässt gleichwohl den politischen Akteuren einen gewissen Handlungsfreiraum für politische Gewichtungen. Insofern ist demokratisch legitimierte politische Führung gerade nicht die Reaktion auf ein fiktives alltägliches Plebiszit einer medienzentrierten „Stimmungsdemokratie" (Oberreuter

1987; vgl. Kap. 5 in diesem Buch). Sie zeigt sich vielmehr auch in einer ‚Politik über den Tag hinaus', die um das bonum commune besorgt, das langfristig Bedeutsame und über die Interessen der eigenen Klientel Hinausreichende zum Gegenstand politischer Entscheidung auch dann macht, wenn es nicht populär ist.

Über das, was aus der Sicht der Medien politisch bedeutsam ist und Nachrichtenwert besitzt, sind die Auffassungen im politischen Journalismus aufgrund weithin akzeptierter Berufsnormen relativ konsonant. Dies heißt jedoch nicht, dass alles, was politisch bedeutsam ist oder relevant sein müsste, auch unter medialen Aspekten Beachtung findet. Denn die Relevanzzumessung erfolgt in der Politik eben nicht primär auf der Basis von ‚objektiven' Sachzwängen oder politischen Notwendigkeiten. Wer sollte diese in einem pluralistischen System auch verbindlich vorgeben? Sie wird vielmehr ganz wesentlich beeinflusst von medienspezifischen Selektions- und Darstellungskriterien sowie Produktionsbedingungen. Primärer Bezugspunkt ist dabei nicht (mehr) das politische System mit seinen Akteuren und Institutionen, sondern das Medienpublikum. Die Konzentration auf Gegenwart und Vordergrund politischen Geschehens sowie auf das beobachtbare Verhalten einiger weniger Spitzeakteure und Politstars führt dabei nicht selten zu dem, was der ehemalige Bundespräsident einmal als einen „unheilvollen Umkehrprozess der Wichtigkeiten" (Weizsäcker 1992: 157) bezeichnet hat.

Die folgend skizzierten Merkmalsausprägungen bedürfen entsprechend zu unterscheidender Phasen politischer Prozesse sowie bezogen auf die unterschiedlichen Politikfelder spezifischer Präzisierungen.

Tabelle 4: Dominante Merkmale politischer Entscheidungs- und Kommunikationsprozesse

Dimensionen	**Dominante Merkmale von Politik und Spannungsverhältnisse zwischen:**	
	„Entscheidungspolitik"	*„Darstellungspolitik"*
Strukturen	Verhandlungs- und Aushandlungsdemokratie	Konflikt- und Wettbewerbsdemokratie
Akteure	Legitimation durch Verfahren	Legitimation durch Personalisierung
Kompetenzen	Fach- und Organisationskompetenz	Darstellungs- und Vermittlungskompetenz
Zeit	Problem- und verfahrensbedingter Zeitbedarf	aktualitätsbedingte Zeitknappheit
Relevanz	Problemlösungsdruck durch Sachzwänge	mediendramaturgische ‚Umwertung'

7.4 „Darstellungspolitik" und „Entscheidungspolitik" in konstruktiver und destruktiver Beziehung

Der Versuch, in das Beziehungsgeflecht zwischen medialer Politikdarstellung und politischem Handeln einige systematische Raster einzuziehen, um das Problemfeld zu strukturieren, soll nicht durch mehr oder weniger pauschale Aussagen über die Folgen medialisierter Politik für die Demokratie ‚gekrönt' werden. Ebenso wenig angemessen wäre eine abschließende kritische Auseinandersetzung mit den in der Literatur zu findenden Wirkungsannahmen über die wechselseitige Durchdringung von „Darstellungspolitik" und „Entscheidungspolitik". Je nachdem, ob diese sich:

- auf das gesamte politisch-administrative System beziehen und infolge medialisierter Politik die „Regierbarkeit" (vgl. bereits Roegele 1979; Ronneberger 1983) als in Gefahr angesehen wird oder
- ob unter Bezugnahme auf einzelne politische Akteure bzw. Institutionen die politische „Führungsfähigkeit" in der „Kanzlerdemokratie" (z. B. Jäger 1992) infolge einer medienbedingten „Plebiszitarisierung" von Politik in Frage gestellt oder Anzeichen für einen Wandel von der Parteiendemokratie in eine Mediendemokratie erkannt werden,
- ob eine „Transformation des Politischen" (Meyer 1994) vermutet oder die zunehmend medialisierte Politik unter einen generellen „Mediokratie"-Verdacht gestellt und die „Kolonisierung der Politik durch das Mediensystem" (Meyer 2001) behauptet wird,
- ob eine „Entfremdung der Beobachter der Politik von den Gegenständen politischen Handelns" (Kepplinger 1998: 204) gesehen und die zunehmend negative Darstellung von Politik und Politikern für die „Demontage der Politik" (ebenda) sowie für eine wachsende Politikverdrossenheit verantwortlich gemacht wird,
- ob mit Verweis auf spezifische ressourcenschwache Medienrezipientengruppen eine zunehmende politische „Wissens-" bzw. „Bewusstseinskluft" (z.B. Schulz 1987: 136) oder generell eine politische „Entfremdung" (z.B. Kaase 1989: 113) befürchtet oder
- ob ganz allgemein vor einer Marginalisierung, und Entrationalisierung von Politik gewarnt wird: Der Umgang mit der auseinanderklaffenden „Schere" bzw. „Kluft" zwischen politischem Handeln im politischen Entscheidungsbereich und medienzentrierter „Politikvermittlung" (Sarcinelli 1998a; 2002a, 2005) erfordert jeweils unterschiedliche Vorsichtsmaßnahmen und Gegenstrategien. Stets aber bleibt Öffentlichkeit ein Konstitutivum des demokratisch verfassten Gemeinwesens. Dass es auch zum „Destruktivum" (Mahrenholz 1993) für den politischen Prozess werden kann, ist der Preis, der für eine „offene Gesellschaft" (Karl Popper) gezahlt werden muss.

Es kann kein Patentrezept geben, bei dessen Gebrauch die viel beklagte „Kluft" zwischen „Entscheidungspolitik" und „Darstellungspolitik" einfach geschlossen wird. Zwischen beiden bleibt ein unvermeidbares Spannungsverhältnis, das es immer wieder auszubalancieren und eine Legitimationslücke, die es zu überbrücken gilt, um einerseits den Rückfall in eine geheimniskrämerische Arkanpolitik und andererseits ein ‚Abrutschen' in bloßes Politikspektakel zu verhindern. Erreicht werden kann dies in einer Demokratie durch zweierlei: durch die Handlungsfähigkeit demokratischer Institutionen im Rahmen der rechtsstaatlichen Ordnung und durch eine wache und kritische Öffentlichkeit.

8 Symbolische Politik: Einschätzungen und Fehleinschätzungen einer politischen Allerweltsformel

Wie wenige Begriffe der politischen Kommunikation ist symbolische Politik inzwischen zu einer politischen Allerweltsformel geworden, deren umgangssprachliche Bedeutungszuschreibung den Blick für die eigentliche Relevanz des Symbolischen in der Politik eher verstellt als erhellt. Dies hat symbolische Politik etwa mit der im allgemeinen Sprachgebrauch ebenfalls viel bemühten „politischen Kultur" gemeinsam. Während letztere allerdings überwiegend positiv besetzt ist und vielfach normativ überladen wird – ganz im Gegensatz zur Rede von der „politischen Kultur" in den empirischen Sozialwissenschaften – gilt symbolische Politik gemeinhin als etwas Negatives. Sie steht für politische Schauspielerei, hohles Spektakel, für eine auf Täuschung angelegte politische Inszenierung, für politisch-unpolitisches Placebo, kurz für den „Ernstfall allen Unernstes in der Politik" (Soeffner/Tänzler 2002b: 17). Beispielhaft dafür ist etwa auch die Einschätzung von „symbolischer Gesetzgebung", die als rechtlich fragwürdig angesehen wird, weil sie auf Macht- und Informationsasymmetrien zwischen organisierten Interessen, dem Gesetzgeber und der Wählerschaft beruhe und „tendenziell die mächtigeren Interessen faktisch, die schwächeren bloß symbolisch bedient" (Newig 2004: 813; vgl. auch Hansjürgens/Lübbe-Wolf 2000). Nicht überzeugen kann dabei etwa die Unterscheidung, dass politische Symbolik als „Bestandteil der wirklichkeitskonstruktiv tatsächlich relevanten Deutungskultur einer Gesellschaft" unstrittig sein soll, symbolische Politik hingegen „symbolisch Vorgeblendetes [bezeichnet], welches durch tatsächlich ergriffene Maßnahmen eben nicht untersetzt und bestätigt wird" (exemplarisch dafür: Patzelt 2001: 53). Symbolische Politik gleichsam als Ersatzhandlung, als Politiksurrogat und mehr noch als Rationalitätsersatz, dies ist jedenfalls die verbreitete einseitig verkürzte Deutung eines allgemeineren und für politische Kommunikation unverzichtbaren Phänomens.

Während politische Symbolik den kommunikativen, optischen, sprachlichen oder gestischen Zeichenvorrat umschreibt, soll von ‚symbolischer Politik' immer dann gesprochen werden, wenn es um die Verwendung eines spezifischen Zeichenvorrats im politisch-strategischen Kommunikationszusammenhang geht (vgl. Sarcinelli 1987b: 9). In ähnlicher Weise versteht auch Andreas Dörner unter symbolischer Politik „den strategischen Einsatz von Zeichen, um den grundsätzlichen Orientierungsbedarf in der Gesellschaft zu bedienen und auf diesem Wege Loyalitäten und Handlungsbereitschaften zu sichern. Das ‚symbolische Kapital' der Zeichen kann so jeweils in politische Macht konvertiert werden" (Dörner 1993: 200; vgl. ders. 1996: 22-27).

Ein besonderes Verdienst einer Arbeitsgruppe um Gerhard Göhler ist es, im Rahmen mehrerer politiktheoretischer Studien das Symbolische in der Politik von dem Generalverdacht politischer Manipulationstechnik zu befreien. Stattdessen wird der gezielte Gebrauch von Symbolen, wird symbolische Politik als integraler Bestandteil von Politik gesehen (vgl. insb. Göhler 1999; 2005; 2007a). Dabei gelingt es auch, den Zusammenhang zwischen deliberativer Demokratie und symbolischer Repräsentation (vgl. ders. 2007b) und damit verbundene „neue Perspektiven politischer Steuerung" (vgl. ders. 2010) aufzuzeigen. Symbole seien insofern Mittel „weicher Steuerung", als sie „einen motivbildenden Orientierungsrahmen bereitstellen, der die Einschränkung und Ausrichtung von Handlungsoptionen bewirkt" (Cohen/Langenhan 2009: 181).

Im Gegensatz zu diesem der Thematik angemessenen, bewertungsoffenen Verständnis symbolischer Politik, hat sich im öffentlichen Sprachgebrauch ein negativ konnotierter Begriff von symbolischer Politik festgesetzt, der eine Auseinandersetzung mit diesem für die politische Kommunikation zentralen Phänomen erschwert. Demgegenüber wird hier die Auffassung vertreten, dass das Symbolische elementarer Bestandteil politischer Kommunikation und gelingende Symbolisierung eine wesentliche Voraussetzung für politischen Erfolg ist. Deshalb soll im Folgenden zunächst nach der Bedeutung des Symbolischen für soziales Handeln im Generellen und für politisches Handeln im Speziellen gefragt werden, bevor in einem Exkurs auf Murray Edelmans für die deutsche Diskussion einflussreiche Studie eingegangen wird und danach einige Aspekte einer funktional differenzierten Betrachtung des Phänomens symbolische Politik skizziert werden.

8.1 Das Symbolische als Konstitutivum sozialer Realität

Es ist das Verdienst sozialanthropologischer, ethnologischer, soziologischer wie überhaupt kulturtheoretischer Forschung, auf die für soziale Realität konstitutive Bedeutung des Symbolischen aufmerksam gemacht zu haben. Im Mittelpunkt steht dabei ein Verständnis, das nicht primär auf die Entdeckung von Kausalgesetzen abzielt, sondern Sozialwissenschaften auch als interpretierende Wissenschaft begreift, eben als Kulturwissenschaften im weitesten Sinne. Diesen geht es um die Beschäftigung mit „Handeln", also „menschlichem Verhalten", mit dem die Handelnden einen zu entdeckenden „subjektiven Sinn" (Weber 1980: 1) verbinden, der sich aus den Vorstellungen und Absichten der Akteure ergibt und so „soziale Vorgänge über das deutende Verstehen sozialen Handelns und der Erklärung seines Ablaufs und seiner Wirkungen" erschließen will (Esser 1999:

135). Im Zentrum stehen also Bedeutungen, steht das Deuten gesellschaftlicher Ausdrucksformen, was gemeinhin mit Kultur benannt wird. Als „Geflecht" und „geordnetes System von Bedeutungen und Symbolen" (Geertz 1987: 99) wird Kultur zum Medium, vermittels dessen gesellschaftliche Interaktion überhaupt erst stattfindet. Im Rahmen eines prozesshaften und akteurszentrierten Kulturbegriffs kann somit die Herstellung von Sinn und Bedeutung mittels Darstellung im Wege symbolischer Formen in den Mittelpunkt der Betrachtung rücken.

In seinen phänomenologisch-erkenntnistheoretischen Studien zur „Philosophie der symbolischen Formen" (Cassirer 1964: 18; ders. 1969: 174ff) hat Ernst Cassirer eine umfassende Symboltheorie entfaltet. Danach sind Symbole nicht bloßes Abbild der Wirklichkeit, sondern Teil der sinnhaften Welt des Menschen: „Eine Welt selbst geschaffener Zeichen und Bilder tritt dem, was wir die objektive Wirklichkeit nennen, gegenüber und behauptet sich gegen sie in selbständiger Fülle und ursprünglicher Kraft" (Cassirer 1969: 175f.). Als unabdingbarer Teil menschlicher Realität sind Symbole „nicht Stellvertretung ihrer Gegenstände, sondern Vehikel für die Vorstellung von Gegenständen" (Langer 1965: 65ff.). Für alles, also auch für das politische Handeln, gilt deshalb, dass Darstellung und Vorstellung eng aufeinander bezogen sind.

Cassirers Symboltheorie zielt auf „eine transzendentale Realitätskonstitution durch Symbole" insofern, als Symbole zur „Bedingung der Möglichkeit von Realität schlechthin" werden (Göhler 1999: 258). In Form von Sprache, Kunst, Religion, Wissenschaft etc. bilden sie Strukturen aus – in Cassirers Begrifflichkeit: „symbolische Formen" – und schaffen so erst die Voraussetzung, „um sich in der Vielfalt der Zeichen zu orientieren, diese selbst zu gestalten und so eine uns erfahrbare und zugängliche, mithin ‚objektive' Realität herzustellen" (ebenda: 259).

Symbole sind nicht einfach sinnliche Zeichen für einen schon unabhängig von ihnen bestehenden Sinn, sondern schließen diesen Sinn auf, machen ihn sichtbar und eröffnen erst den Zugang zu diesem Sinn, der auf andere Weise gar nicht erreichbar wäre (vgl. Bollnow 1982). Bei Symbolen handele es sich um spezifische Repräsentanten, mit denen Handeln und Erfahrungen mit bestimmten „Bedeutsamkeite(n)" (Soeffner 2000: 180) versehen werden können. Über diese allgemein erkenntnis- und kulturtheoretische Bedeutung hinaus schaffen Symbole aus psychologischer Sicht „Ordnung in der uns umgebenden und erfahrenen Unordnung, im Chaos. Symbole erlauben uns, zu interpretieren, was wir erfahren und (im weiteren Sinn) was wir sind" (Delhees 1994: 176).

Versteht man politische Kommunikation als einen Sinn konstituierenden Prozess, der auf einseitige Durchsetzung oder wechselseitige Verständigung über das zielt, was als kollektiv verbindlich gelten soll, so sind Symbolisches, Medialität und Inszenierung demnach auch politischer Kommunikation nicht äußerlich, sondern ihr integraler Bestandteil (vgl. SFB-Bielefeld 2000: 73; Rehberg 2001). Wie jede soziale Existenz, so sind politisch Handelnde auf soziale Anerkennung angewiesen. Soziale Anerkennung kann jedoch nur zustande kommen, wenn sich auch politisches Handeln als eine spezifische Form sozialen Handelns in wahrnehmbaren „Erscheinungs-‚Formen'" manifestiert. Deshalb gilt auch, „dass nur mächtig werden oder als mächtig erscheinen kann, der erfolgreich darstellt, was er zu sein beansprucht" (Soeffner 1998: 217). Es bedarf institutionalisierter Formen der Vermittlung, der Sichtbarmachung von Politik. Politischen Institutionen ist dabei ein Doppelcharakter eigen. Sie sind einerseits „Regelsysteme der Herstellung und Durchführung verbindlicher, gesamtgesellschaftlich relevanter Entscheidungen" und andererseits „Instanzen der symbolischen Darstellung von Orientierungsleistungen" (Göhler 1994: 38f.). Zielt ersteres auf ihre Steuerungsrolle, so dient die zweite Bedeutung der Integration des Gemeinwesens „durch symbolische Vermittlung eines Sinns, der den Mitgliedern ... [des Gemeinwesens] einen Orientierungsrahmen für ihr Handeln bietet" (ebenda).

Darstellung in Form von Repräsentation, Inszenierung, Ritual, also symbolisch zu Vermittelndem, ist demnach „nicht nur schmückendes Beiwerk oder ideologischer Ballast für effiziente Politik, sondern diese selbst wird nicht zuletzt symbolisch konstituiert. ... Symbole sind Motiv bildend für individuelles und kollektives Handeln, sie bieten auf einem bestimmten Resonanzboden Orientierungen an" (Göhler 1999: 263 und 266). Integrierend können sie wirken, indem sie „keine uniformen Ausrichtungen erzeugen, weil sie stets auf der Empfängerseite interpretiert werden". Sie transportieren „keinen klaren, fest umrissenen Standpunkt", überlassen diesen vielmehr „der weiterführenden Assoziation des Interpreten" und ermöglichen gerade dadurch ihre Integrationsleistung in die für moderne, fragmentierte Gesellschaften typischen, unterschiedlichen Werthorizonte (Göhler 2007b: 117).

Während Cassirer im Symbolischen eine transzendentale Bedingung der Realitätskonstitution des Menschen sieht, weisen Peter L. Berger und Thomas Luckmann in ihrem wissenssoziologischen Klassiker über „Die gesellschaftliche Konstruktion von Wirklichkeit" zudem darauf hin, dass gesellschaftliche Wirklichkeit weniger über direkte Erfahrung als über eine „symbolische Sinnwelt" wahrgenommen wird, welche die verschiedenen Wirklichkeitssphären „überwölbt". „Wenn ... erst einmal eine symbolische Sinnwelt da ist, so können widersprüchliche Ausschnitte des Alltagslebens durch direkten Bezug auf die symbolische Sinnwelt integriert werden" (Berger/Luckmann 1982: 104f und 106). Hier bietet sich dann der politisch-strategische Spielraum für symbolische Politik als Mittel politischer Herrschaft. Pierre Bourdieu macht zudem auf den engen Zusammenhang zwischen soziokulturellen und sozialstrukturellen Faktoren aufmerksam, insofern Symbole ihre spezifische Wirkung erst in sozialen Kontexten entfalten. So liegen soziale Beziehungen und Herrschaftsverhältnisse nicht offen zutage. Nach Bourdieu (1992: 277 ff.) sind sie nicht der willentlichen Kontrolle und bewussten Entscheidung zugänglich. Aber sie bestimmen alle Wahr-

8.1 Das Symbolische als Konstitutivum sozialer Realität

nehmungs-, Bewertungs- und Handlungsschemata, somit also das, was er mit „Habitus" bezeichnet, ein gleichsam in die Körper eingeprägtes Gesetz. Weil Sinn überhaupt erst in der sozialen Interaktion aktualisiert werden kann, ist gerade auch die Selbstkonstitution des Politischen an kulturelle, ökonomische und gesellschaftliche Rahmenbedingungen gebunden. Da alle soziale Interaktion in politischer Absicht nicht in einem herrschaftsfreien Interaktionsraum stattfindet, hat das Symbolische für soziale Beziehungen nicht nur konstituierende Bedeutung. Es geht nicht allein um ein allgemeines erkenntnis- und kulturtheoretisches Phänomen, sondern auch um Über- und Unterordnungsverhältnisse. Der Einsatz von Symbolen in der Politik kann deshalb zum „Kampf um die gesellschaftliche ‚Benennungsmacht'" werden (Dörner 1993: 201, mit Verweis auf Bourdieu 1985: 23-30). Denn die Durchsetzungschancen für spezifische politische Deutungen sind ungleich verteilt. Symbolische Politik zielt somit nicht nur auf politische Interaktion, sie wird zum Instrument politischer Herrschaft, wenn bestimmte Deutungsmuster durchgesetzt werden und andere nicht. Unter steuerungstheoretischen Gesichtspunkten kann der Gebrauch von Symbolen den Charakter „weicher Steuerung" in komplexen Kooperationsformen staatlicher und nicht-staatlicher Akteure annehmen. Diese Steuerung unterscheidet sich von hierarchischer Steuerung, weil Symbole durch ihre „Mehrdeutigkeit, Kontextabhängigkeit und geringe Berechenbarkeit" (Cohen/Langenhan 2009: 139) gekennzeichnet sind.

Angeregt wurde das politikwissenschaftliche Interesse an semiotischen Aspekten des Politischen in den siebziger Jahren auch in Deutschland nicht zuletzt durch den amerikanischen Politikwissenschaftler Murray Edelman. Das Buch „Politik als Ritual" (Edelman 1976) beeinflusste den wissenschaftlichen Diskurs über die Bedeutung von Sprache, Symbolen, Bildern und Inszenierungen nachhaltig. Sein Beitrag ist Teil des in der Politikwissenschaft erst spät, in der Philosophie und einigen Kultur- und Sozialwissenschaften schon früher erkennbaren „Linguistic" oder „Cultural Turn". Von Edelmans Konzept wurde auch die Studie „Symbolische Politik" des Verfassers beeinflusst, in der Denkmuster aus Edelmans „Politik als Ritual" aufgenommen und im konkreten Kontext symbolisch hochgradig aufgeladener Wahlkampfkommunikation einer kritischen empirischen Überprüfung unterzogen wurden (vgl. Sarcinelli 1987b). In diesen wie auch weiteren kleineren Arbeiten des Verfassers zur Bedeutung des Symbolischen in der Politik (vgl. Sarcinelli 1989b, 1989c, 1992b, 1995) werden zwar die Kerngedanken Edelmans zur symbolischen Funktion staatlicher Institutionen und politischen Handels aufgegriffen. Insgesamt wird dann allerdings ein von Edelman teilweise abweichendes Bild symbolischer Politik entwickelt (vgl. auch Sartor 2000: 51-58). Der ‚Grundmelodie' von Edelmans Studie, nach der symbolische Politik letztlich auf Täuschung und Ruhigstellung der Bürger angelegt ist, wird ausdrücklich nicht gefolgt, auch wenn die im Kontext der Wahlkampfkommunikation untersuchte symbolische Politik durchaus kritische Bewertungen nahe legt, für die Edelmans Einschätzungen hilfreich sind.

Dennoch: Auch wenn man Murray Edelmans Verdikt „symbolischer Politik" nicht teilt, so hat er mit seinen Studien doch wesentliche Impulse gegeben, politische Akteure und politische Institutionen unter einer spezifisch handlungstheoretischen Sicht in den Blick zu nehmen und nach der sichtbaren oder verschwiegenen Dramaturgie politischen Handelns zu fragen. Dass die sozialwissenschaftliche Auseinandersetzung mit Fragen der Politikvermittlung und politischen Kommunikation inzwischen zu einem weiten interdisziplinären Forschungsfeld geworden ist, dürfte nicht zuletzt einigen Anstößen zu verdanken sein, die auf Edelman zurückgehen. Deshalb sollen in einem kurzen Exkurs Edelmans Kerngedanken skizziert werden.

8.2 Exkurs: Murray Edelmans „Politik als Ritual"

Bekannt, obgleich sehr zögerlich rezipiert, wurde Murray Edelman in Deutschland mit der Veröffentlichung seines Buches „Politik als Ritual" im Jahre 1976, das die Übersetzung großer Teile seiner Schriften „The Symbolic Uses of Politics" (1964) und „Politics as Symbolic Action, Mass Arousal and Quiescence" (1971) enthält. Für die intellektuelle Öffentlichkeit der Generation der nachachtundsechziger Zeit in Deutschland lieferte Edelman einen neuen sozialtheoretisch fundierten Zugang zur kritischen Analyse politischer Herrschaft. Vergleichbar der politischen Kulturforschung richtet sich sein Ansatz gegen einseitig auf Institutionen zentrierte, normative Politikkonzepte, die auf formale Strukturen oder idealtypische Konstruktionen ausgerichtet sind, ohne auch die affektive und evaluative Seite des Politischen zu berücksichtigen.

Im Gegensatz zum Konzept der politischen Kultur basiert Edelmans analytisches Programm allerdings wesentlich auf Grundannahmen der interaktionistischen und interpretativen Soziologie. In Anlehnung an den Symbolischen Interaktionismus George Herbert Meads zielt es auf eine Verzahnung von individuellem Handeln und politischem System. Edelman lenkt dabei die Aufmerksamkeit auf jene sozialen und psychologischen Prozesse, durch die das Verhalten politischer Akteure und die politischen Anschauungen der Massen beeinflusst und geformt werden. Wertpräferenzen sind nach seinem Verständnis nicht die Ursache von Verhalten. Sie manifestieren sich vielmehr durch Rollenübernahme (role-taking) in der politischen Interaktion und prägen damit Herrschaftsverhältnisse. Edelman begreift politische Handlungen als die Handhabung bestimmter Rollen, die in dramatisierter, inszenierter oder symbolisierter Form ihren Ausdruck finden. Sein besonderes Interesse gilt subjektiven und intersubjektiven Deutungsmustern politischer und sozialer Wirklichkeit, also Mikrophänomenen, die mit der Produktion kollektiv verbindlicher Entscheidungen, also Makrophänomen, in Verbindung gebracht werden.

Insoweit gibt es eine weitgehende Kongruenz mit den eingangs angedeuteten kulturtheoretischen Vorstellungen. Der Unterschied wird dann allerdings in Edelmans nächstem Schritt deutlich, wenn er auf die Doppelung, die Brechung des Politischen in zwei Realitätsebenen aufmerksam macht. Mit dem Verweis auf politisches Handelns als ein Nebeneinander von Inszenierung und Wirklichkeit wendet er sich gegen einen naiven Objektivismus, der Politik gleichsam zum „Nennwert" nimmt. Für das Erkennen symbolischer Erscheinungen grundlegend sei die Unterscheidung zwischen Politik als „Zuschauersport" (Edelman 1976: 4) und politischer Tätigkeit organisierter Gruppen zur Durchsetzung spezifischer, greifbarer politischer Vorteile.

Ähnlich wie schon in der von ihm rezipierten klassischen Studie Walter Lippmanns (1922/1990) über die öffentliche Meinung ist nach seiner Einschätzung Politik für die Mehrheit zu komplex, um unmittelbar erfasst zu werden. Die Masse wolle Symbole, keine echten Nachrichten. Die Betrachtung einer dramatischen symbolischen Szenerie von Abstraktionen trete an die Stelle des Bedürfnisses, die konkreten Verhältnisse zu ändern (vgl. ebenda: 5 und 8). Bilder schafften so ein „Panoptikum", eine politische Ersatzwelt, die auf eine objektive Wirklichkeit verweisen („Verweisungssymbole") könne. Im Gegensatz zu „Verweisungssymbolen" täuschten „Verdichtungssymbole" über die erfahrbare Wirklichkeit hinweg (vgl. ebenda: 5). Auf Dauer eingerichtete demokratische Rituale (z.B. Wahlen oder Parlamentsdiskussionen) bestärkten den Glauben an staatsbürgerliche Mitwirkung und an rationale Grundlagen staatlichen Handelns, seien jedoch Instrumente des politischen „Quietismus" (ebenda: 22ff.). Denn die reine Form des Verfahrens beruhige das Publikum und die Betrachtung der dramatischen Szenerie von Abstraktionen lenke vom Bedürfnis ab, die konkreten Verhältnisse zu ändern.

Edelman lieferte damit einen neuen legitimationskritischen Ansatz: Öffentlich vermittelte Politik wird zum Ritual, zu einem Schauspiel politischer Legitimationsbeschaffung und zum manipulativen Instrument der Interessendurchsetzung für Eliten. Sein wissenschaftliches und herrschaftskritisches Anliegen ist es dabei, die verschwiegene Dramaturgie des Politischen aufzudecken. Denn die im politisch-adminstrativen System eingelagerten Symbole, Rituale und Spezialcodes (z.B. „appellative Sprache", „juristische Sprache") dienen nach seiner Einschätzung als Legitimationsinstanz und -verfahren für die herrschenden Interessen und als Katalysator für Interessenkonflikte. Gleiches gilt für den „Mythos" als eine von vielen Menschen geteilte, nicht hinterfragte und Massenbewegungen mobilisierende Überzeugung (vgl. ebenda: 110ff.).

Dem Symbolischen und dem Mythos als Rationalitätsersatz und dem durch symbolische Politik ausgelösten politischen Quietismus will Edelman gegensteuern. Ideologiekritisch bleibt der Grundtenor auch in seinen späteren, stärker konstruktivistisch argumentierenden Arbeiten. Auch hier kritisiert er den öffentlichen Prozess als ein „Spektakel" (Edelman 1988), das sich aus Führern, Feinden und Problemkonstrukten zusammensetzt, wobei die Privilegierten größeren Nutzen ziehen als die Benachteiligten.

8.3 Funktionen „symbolischer Politik"

So stark die internationale Beachtung Murray Edelmans war, so bleibt seine Wirkung gleichwohl begrenzt. Dies dürfte wesentlich damit zusammenhängen, dass es ihm nicht gelingt, eine theoretisch überzeugende Brücke zu schlagen zwischen der – vermeintlich – „eigentlichen Politik" und der Legitimationsbeschaffung durch symbolische Politik. Ganz abgesehen davon, dass diese Unterscheidung ohnedies nur analytisch verstanden und als idealtypische Abstraktion akzeptiert werden kann. Als spezifischer, kultureller Ausdruck muss sich Politik immer erst symbolisch konstituieren, um vermittelt und wahrgenommen werden zu können. Zudem hat es Politik vielfach mit Kollektivakteuren und Institutionen zu tun, die nicht als Summe von Individuen handeln. Als „symbolische Ordnungen" sind Institutionen selbst ein zentrales Element bei der Herstellung, Stabilisierung und Wandlung sozialer Beziehungen (vgl. Rehberg 2001: 3 und 9). Sie sind Teil der politischen Kultur und bedürfen der ständigen Pflege, wenn man nicht Gefahr läuft, dass der in den gesellschaftlichen und politischen Institutionen gespeicherte Sinn zerrinnt und ihre Formensprache im Formelhaften und Rituellen erstarrt.

„Das, was eine Gesellschaft zusammenhält, muss von Zeit zu Zeit zeichenhaft verdeutlicht werden, wenn sie ihre politisch-kulturellen Muster bewahren will" (Rohe 1994: 170). Ohne symbolische Politik kann deshalb auch keine Gesellschaft existieren. Denn politische Kultur ist wie alle Kultur beides, Struktur und Prozess, Objektivation und Handeln. „Politische Soziokultur" und „politische Deutungskultur", eine auf Karl Rohe (ebenda: 168ff) zurückgehende Unterscheidung, beziehen sich jeweils aufeinander und beeinflussen sich wechselseitig. Erst im „symbolischen Raum" (Bourdieu 1992: 175) erfährt der einzelne in der Begegnung und im weitenden Blick der anderen, wer er ist und wofür er steht. Damit wird nicht nur deutlich, dass mit „symbolischer Politik" ein spezifisches, wenn auch in der Regel mehrdeutiges, kontextabhängiges und schwer kalkulierbares, Deutungsrepertoire aktualisiert werden kann. Klar wird auch, dass diese Aktualisierung nur gelingt, wenn symbolische Politik an die im jeweiligen „symbolischen Raum" geltenden Deutungsmuster, an das „kulturelle Gedächtnis" (Assmann) anschlussfähig ist. So gesehen kann mit „symbolischer Politik" im politischen Handeln ein spezifisches Deutungsrepertoire aktualisiert werden.

8.3 Funktionen „symbolischer Politik"

Bei Edelman gerät demgegenüber nicht in den Blick, dass symbolische Politik im Sinne von Pseudo-Politik deshalb nur „ein Spezialfall eines basaleren Aspekts politischen Handelns ist, das in jeder Situation instrumentelle und expressive Anteile hat" (Soeffner/Tänzler 2002a: 6). Demzufolge kommt auch politisches Entscheidungshandeln nicht ohne symbolische Politik aus, auch wenn „Entscheidungspolitik" weniger expressiv ist als „Darstellungspolitik" (vgl. Kap. 7 in diesem Buch).

Überhaupt erscheint zweifelhaft, ob die Vorstellung reiner Sachpolitik, also von „Politik pur", sinnvoll ist. Dass auch auf der Hinterbühne der Politik „Theater" gespielt wird, politische Akteure mit einem – wenn auch möglicherweise anderen und weniger expressiven – Zeichenrepertoire, mit Symbolen und Ritualen handeln, interagieren und politische Interessen durchsetzen oder Kompromisse schließen wollen, kommt bei Edelmans einseitig negativ konnotiertem Konzept „symbolischer Politik", das zudem nur die politische Vorderbühne beleuchtet, zu wenig in den Blick. Symbolische Politik kann zwar eine über die Realität hinwegtäuschende politische Ersatzwelt schaffen. Sie kann aber auch für das politische System unabdingbar notwendige Steuerungsleistungen erbringen, indem sie den grundsätzlichen Orientierungsbedarf der Gesellschaft deckt und Formen einer politischen Loyalität sichert, die nicht per se auf Volksverdummung angelegt sind.

Vor allem vier Merkmale können beim Einsatz symbolischer Mittel in der Politik unterschieden werden:

1. Symbolische Politik hat Signalfunktion und dient damit als kommunikatives Steuerungsmittel zur Initiierung von Aufmerksamkeit. Durch demon-strative Akte, durch die Verwendung bestimmter Begriffe, optischer Effekte oder spezifischer Gesten im politischen Handeln kann Nachrichtenwert erzeugt und können damit Informationsroutinen durchbrochen werden. Symbolische Politik stiftet damit Ordnung und trägt zur Verhaltenssicherheit bei.
2. Symbolische Politik ist ein wichtiges Regulativ für die Bewältigung von Informationsmengen. Sie dient der Reduktion von Komplexität, wenn die Vielschichtigkeit von Informationen abstrahiert, vereinfacht, kurz: auf den Begriff gebracht bzw. ins Bild oder in Szene gesetzt wird (vgl. Elder/Cobb 1983: 143).
3. Symbolische Politik zielt nicht nur auf das Benennen eines politischen Sachverhalts. Im Einsatz symbolischer Mittel geht es auch um die Benennungsmacht, also um die Durchsetzung einer bestimmten Sicht von Welt (vgl. Bourdieu 1985: 18f.). Das betrifft inzwischen vor allem die „Macht der Bilder" (vgl. Müller 2003) ebenso wie die „Herrschaft durch Sprache" (vgl. Bergsdorf 1983; Klein 1998). Dabei entfaltet bildhaft Symbolisches eine stärkere Suggestivkraft. Bilder bleiben zudem auch besser haften als sprachliche Darstellungsformen.

4. Symbolische Politik spricht nicht allein die Ratio an, sondern mobilisiert auch Emotionen (vgl. Pross 1974: 71). Dazu trägt vor allem bei, dass die Wahrnehmung des Symbolischen „im Modus suggerierter Unmittelbarkeit" (Soeffner 2000: 208) erfolgt. In besonderen Situationen kann sie den Streit und die Routine des politischen Tagesgeschäfts überschreiten, einen quasi-sakralen Raum politischer Besinnung und Orientierung schaffen und damit emotionale Bindung erzeugen.

Dies alles gilt für starke symbolhaltige und in die Geschichtsbücher aufgenommene Staatsmannsgesten wie Konrad Adenauers Umarmung mit de Gaulle, Willy Brandts Kniefall in Warschau oder Richard von Weizsäckers Rede zum 8. Mai 1945 ebenso wie für symbolische Politik in Wahlkämpfen oder für die auch in der politischen Alltagskommunikation zu entdeckende symbolische Politik. Dass und wie sich die Relevanz des Symbolischen im Generellen und die situativen Muster symbolischer Politik im Policy-Zyklus im Speziellen ändern, ist bisher wenig erforscht worden (vgl. für die Umweltpolitik: von Prittwitz 2000). So aber, wie der Öffentlichkeitsgrad in und zwischen den Phasen des Policy-Zyklus variiert, dürften auch Art und Bedeutung „symbolischer Politik" im Politikprozess der Veränderung unterliegen. Denn was in der Phase der Problemwahrnehmung oder des agenda setting geeignet sein mag, um Aufmerksamkeit zu generieren, kann sich nach der Programmentscheidung und in der Phase der Politikimplementation als untaugliches symbolisches Mittel erweisen.

Nicht dass es symbolische Politik gibt, ist also ein Problem. Vielmehr muss gefragt werden, mit welcher Art von symbolischer Politik Bürger konfrontiert sind und wie diese verarbeitet wird. Ist sie nur regressiv oder kann sie auch zur Reflexion anregen? Hat sie rein privatistischen Charakter oder vermittelt sie auch eine bürgerschaftliche Perspektive? Liefert sie eine ausschließlich personalisierte Sicht von Politik oder verbindet sie diese mit einer sachpolitischen Dimension? Dient symbolische Politik Unterhaltungsinteressen oder ist sie auch informativ? Verschließt sie sich hermetisch anderen Positionen oder ist sie offen für Diskursivität? Dient sie nur einer emotionalisierenden, unpolitischen Imagepflege oder ist sie auch problemorientiert? Ist symbolische Politik ausschließlich akteurszentriert oder vermittelt sie auch Politik aus der Betroffenenperspektive (vgl. Tab. 5)? Hier handelt es sich freilich um idealtypische Gegenüberstellungen bzw. Gegensatzpaare, wohingegen im konkreten Kommunikationszusammenhang jeweils unterschiedliche Mischungsverhältnisse anzutreffen sind.

Mit einem solchen Kriterien- und Fragerster könnte ein differenzierterer Zugang zur Diskussion und Beurteilung symbolischer Politik in konkreten Kommunikationszusammenhängen gefunden werden. Denn es ist eine leider verbreitete Fehleinschätzung, symbolische Politik für einen Grundtatbestand „kollektiver

Realitätsuntüchtigkeit" (Offe 1976: IX) zu halten und in ihr eine zwingend auf den Verfall demokratischer Öffentlichkeit angelegte Kommunikationsweise zu sehen.

Tabelle 5: Kriterien symbolischer Politik

regressiv	reflexiv
privatistisch	Bürgerschaftlich
personalisiert	Sachpolitisch
unterhaltend	Informativ
hermetisch	Diskursiv
emotionalisierend	Problemorientiert
akteurszentriert	Betroffenenorientiert

So mögen sich Wahlkämpfe sicherlich für eine Vielzahl von Strategien und Methoden eignen, die symbolische Politik als ein inszeniertes und politisch inhaltsleeres Schauspiel erscheinen lassen. Allerdings gibt es auch hier hinsichtlich behaupteter Wirkungszusammenhänge zwischen Wahlkampfkommunikation und Wählerverhalten Entzauberungsbedarf. Eine Reihe von Befunden deutet darauf hin, dass Wahlkämpfe durchaus eine informierende und politisch aktivierende Wirkung entfalten können und keineswegs zwingend Politikverdrossenheit erzeugen (vgl. die kritische Auswertung von Befunden zur Wahlkampfforschung bei Schulz 2006; Sarcinelli 2006).

Es sollte nicht verkannt werden, dass symbolische Politik auch politische Problemlagen zuspitzen, treffend abbilden, politisch motivieren und mobilisieren und letztlich auch mit Anstößen zu einer reflektierten politischen Auseinandersetzung beitragen kann; dass nicht der Verfall von Öffentlichkeit die Folge sein muss, sondern auch demokratische Öffentlichkeit gefördert werden und Gegenöffentlichkeiten entstehen können. Man denke nur an das reichhaltige Repertoire medienwirksamer symbolischer Mittel, dessen sich Akteure neuer sozialer Bewegungen – und inzwischen nicht nur diese – bedienen, um mit optischen Mitteln, neuen Begriffen, anderem Habitus, demonstrativen Gesten und wohlinszenierten Situationen Aufmerksamkeit für politische Problemlagen zu erreichen. Dass dadurch immer wieder Themen gesetzt, öffentliche Debatten angeregt und auch politische Entscheidungsprozesse nachhaltig beeinflusst werden, ist evident. Daraus abzuleiten, symbolische Politik von unten sei demokratisch zu rechtfertigen, symbolische Politik von oben hingegen nicht, erscheint gleichwohl als eine wenig plausible sozialromantische Vereinfachung. Dass symbolische Politik von oben „strategisches Handeln" sein soll, „das keine Argumente bietet, sondern Wahrnehmung steuern will", hingegen symbolische Politik von unten zwar „die Natur des Scheins" teile, aber dann doch enthülle, was symbolische Politik von oben verschleiere, bringt die politische Kommunikationswirklichkeit zwar in ein überschaubares Muster (vgl. Meyer 1992a: 62f.). Allein eine solche Einteilung in gut und böse verhindert jedoch eine differenzierende Beurteilung symbolischer Politik, wer immer sie zu verantworten hat.

8.4 Symbolische Politik im massenmedialen Kontext

Symbolische Politik ist historisch kein Novum, und sie ist schon gar nicht eine Erfindung der Mediengesellschaft (vgl. dagegen Schulz 1987: 139). Doch ohne den Resonanzboden eines modernen Massenmediensystems, ohne die publizistische Periodizität und mediale Dauerpräsenz, ohne die Eindrücklichkeit visueller Darstellungsmöglichkeiten ist die Vermittlung und Wirkung „symbolischer Macht" (Pierre Bourdieu) durch politische Inszenierungen und Rituale nicht mehr zu verstehen. Dabei wird immer wieder die Befürchtung geäußert, im Zuge der Ästhetisierung der sozialen Welt würden die einen durch „die Verführung zur symbolischen Inszenierung als medienbedingter Dauerreiz ... vom täuschenden Schein fortwährend geblendet werden", andere würden jedoch das „Spiel bald durchschauen und sich verdrossen von ihm abwenden" (Flaig/Meyer/Ueltzhöffer 1993: 11ff.; Meyer 1992).

Kein Zweifel: Die zunehmende Bedeutung von Bildmedien und damit auch einer symbolischen Politik, die sich mehr und mehr visueller Reize bedient, verändert die Kommunikationskultur und damit auch die politische Kultur. Deshalb gleich vom Bildschirm als „Realitätspräservativ" (Guggenberger 1993: 284) oder „Nullmedium" (Enzensberger) zu sprechen, mag zwar einem verbreiteten kulturkritisch-intellektuellen Abwehrreflex Rechnung tragen, führt theoretisch aber nicht weiter und empirisch eher in die Irre. Gleiches gilt, wenn dem Medienmarkt und der dynamischen Entwicklung des Mediensystems als Plattform politischer Wirklichkeitsvermittlung und Wirklichkeitsdeutung eine eindimensionale Verfallslogik zugeschrieben wird, die angeblich zum Niedergang der politischen Kultur und zum Ende unserer gängigen Vorstellungen von Demokratie führen muss: Politik als eine medial dauerpräsente Scheinwelt, Täuschung als dominierendes Politikvermittlungs- und Politikwahrnehmungsprinzip, symbolische Politik als ein letztlich auf Delegitimierung angelegtes Handeln!

Ganz abgesehen von der empirischen Haltlosigkeit solcher Verfallsprognosen, muss gerade bei dieser Art von Fundamentalkritik die Frage erlaubt sein, ob die Wahrnehmungs-, Lern- und Urteilsfähigkeit des Publikums nicht systematisch unterschätzt wird. Wie überhaupt kritisch anzumerken ist, dass in der Debatte über symbolische Politik auch nicht ansatzweise die empirische Rezeptionsforschung verarbeitet wird (vgl. Sartor 2000). Gerade wenn es um eine realistische Einschätzung der Wirkung massenmedial vermittelter symbolischer Politik geht, bedarf der überwiegend kulturtheoretisch-interpretative Blick auf symbolische Politik der ergänzenden Berücksichtigung differenzierter Befunde zur Nutzungs- und Wirkungsforschung (vgl. den Überblick bei Bonfadelli 2004a sowie 2004b: 77-100). Dabei kann davon ausgegangen werden, dass es nicht *die* Wirkung symbolischer Politik gibt, weil es auch nicht *die* Wirkung politischer Meinungsbildung oder persuasiver Kommunikation geben kann.

8.5 Das neue Interesse für das Symbolische in der Politik

Eine intensive und umfangreichere kultur- und sozialwissenschaftlich ambitionierte Diskussion sowie eine systematische empirische Forschung zum Darstellenden, Theatralen und Ästhetischen in der Politik entwickelte sich in Deutschland, sieht man von einigen frühen Arbeiten einmal ab, erst relativ spät, nämlich etwa zwei Jahrzehnte nach der Veröffentlichung von Edelmans „Politik als Ritual" (1976). Wichtige Anstöße dazu gaben in wissenschaftlicher Hinsicht vor allem das DFG-Schwerpunktprogramm „Theatralität – Theater als kulturelles Modell in den Sozial- und Kulturwissenschaften" (vgl. Willems/Jurga 1998) und später zum Teil dann auch verschiedene kulturgeschichtlich ausgerichtete und von der Deutschen Forschungsgemeinschaft geförderte Sonderforschungsbereiche (vgl. z.B. SFB 584 „Das Politische als Kommunikationsraum in der Geschichte"; SFB 496 „Symbolische Kommunikation und gesellschaftliche Wertesysteme vom Mittelalter bis zur Französischen Revolution" sowie SFB 537 „Institutionalität und Geschichtlichkeit").

Auch in politischer Hinsicht fanden Fragen politischer Symbolik verstärktes publizistisches Interesse. Vor allem in der Folge zum Teil spektakulärer öffentlicher Debatten über die symbolischen Ausdrucksmöglichkeiten der neuen und alten Berliner Staatsarchitektur sowie über angemessene Formen praktizierter Erinnerungskultur, insbesondere der Holocaust-Gedenkstätten, wurde die dramaturgische Seite politischen Handeln verstärkt in den Blick genommen. Diese ebenso intensive wie wissenschaftlich und politisch späte Auseinandersetzung mit dem Symbolischen in der Politik der Bundesrepublik Deutschland dürfte vor allem historisch erklärbar sein. Staaten mit ungebrochener monarchischer oder nationalstaatlicher Tradition wie England und Frankreich tun sich hier leichter, ganz zu schweigen von der zivilreligiös aufgeladenen und bis in praktizierte Alltagsrituale reichende Staatssymbolik der Vereinigten Staaten (vgl. Halton 1992). Doch was in politisch-symbolischer Hinsicht für andere Nationen zum selbstverständlichen Bestandteil politisch-kultureller Folklore gehört, ist in Deutschland mit einer historischen Hypothek belastet. „Ästhetisierung der Politik" war bekanntlich Walter Benjamins Definition von Faschismus, von dessen

Fähigkeit zur planmäßigen Erzeugung eines Staats- und Parteimythos (vgl. Cassirer 1985) Leni Riefenstahls Film „Triumph des Willens" noch heute auf ebenso faszinierende wie abschreckende Weise Ausdruck gibt. Wenn nicht alles täuscht, haben sich diese Berührungsängste im Umgang mit dem Symbolischen in der Politik inzwischen abgeschwächt.

Gemeinsam ist den neueren wissenschaftlichen und politiktheoretischen Initiativen und Debatten eine kulturtheoretische Perspektive, die politikphilosophische, ästhetische und pragmatische Dimensionen politischen Handelns miteinander verbindet, Darstellung und Entscheidung von Politik somit als Einheit begreift. Danach ist alles Politische symbolisch verfasst, weil politisches Entscheidungshandeln immer auch eines „sichtbaren" Ausdrucks, also symbolischer Mittel, bedarf. An die Stelle eines Dualismus zwischen instrumenteller „Entscheidungspolitik" und symbolischer Schau- bzw. „Darstellungspolitik", zwischen „Hinterbühne" und „Vorderbühne", die immer auch einen Dualismus von Realität und Täuschung suggeriert, tritt ein „dramatologisches Modell politischen Handelns und ein semiotisches Konzept des politischen Raumes" (SFB-Bielefeld 2000: 19). Damit kann Murray Edelmans „sachlich unterdeterminierter Begriff des Politischen" (ebenda) und die in seiner einflussreichen Studie zur „Politik als Ritual" (1976) angelegte Tendenz, „‚symbolische Politik' prinzipiell mit einer Folklorisierung der politischen Kultur gleichzusetzen ... und als Folge der Medialisierung des Alltags und der Politikvermittlung zu sehen" (Soeffner/Tänzler 2002b: 18f.), überwunden werden.

In der Politik wird auf vielen Bühnen gleichzeitig gespielt und erfolgreich sein kann nur, wer verschiedene Rollen nebeneinander zu spielen weiß. „Die naive Annahme, auf der Hinterbühne werde die eigentliche Politik gemacht, die dann eingehüllt in eine Mogelpackung, als etwas ganz anderes auf der Vorderbühne ‚verkauft' werde, lebt immer noch vom Bild eines außerhalb der Bühne (der Gesellschaft) stehenden Marionettenspielers, der die Figuren an seinen Fäden tanzen lässt" (Soeffner 1998: 218). Zwar gibt es auch in der Politik „graue Eminenzen", die das Licht der Öffentlichkeit scheuen und eher im Diskreten zu wirken versuchen, wie überhaupt diskrete Willensbildung und Entscheidungsvorbereitung als eine notwendige Steuerungstechnik in komplexen verhandlungsdemokratischen Strukturen nicht unterschätzt werden dürfen (vgl. Kap. 4 in diesem Buch). Im parlamentarischen Regierungssystem Deutschlands, wie überhaupt in demokratischen Systemen, in denen politisches Handeln in weiten Teilen unter der „Aufsicht der Massenmedien" stattfindet, lässt sich jeweils wohl nur am Einzelfall entscheiden, wer wen auf welcher Bühne wie beeinflusst, wer „tatsächlich im Wechselspiel der Interessengruppen und im Spannungsfeld von politischer Entscheidung und öffentlicher Akzeptanz – wann und wessen – Puppe ist" (ebenda: 218f.).

Ein forschungspraktisches Problem stellt sich allerdings, wenn alles politische Handeln als symbolisch besetzt gilt und wenn sich damit symbolische Politik in kulturtheoretischer Verallgemeinerung verflüchtigt. Wird alles politische Handeln als symbolische Politik deklariert, dann drohen wissenschaftliche Aussagen zur Bedeutung „symbolischer Politik" belanglos zu werden. Dass sich die empirische Forschung zur symbolischen Politik – gleichgültig, ob eher quantitativ oder eher qualitativ ausgerichtet – gerne auf politisches Handeln auf der „Vorderbühne" konzentriert, mag nicht verwundern, zumal hier mit Blick auf beabsichtigte Publikumsreaktionen ein höheres Maß an Expressivität zu erwarten ist, ganz abgesehen von dem forschungspraktischen Vorteil der leichteren Zugänglichkeit und Beobachtbarkeit. Doch beschränkt sich das Repertoire symbolischer Politik nicht allein auf medienöffentliche Präsentation, auch wenn der Bedarf an symbolischen Elementen in der medienöffentlichen politischen Kommunikation unverkennbar größer ist als in Räumen eher diskreter Entscheidungspolitik.

8.6 Fazit: Zur Ambivalenz symbolischer Politik

Insgesamt lässt sich folgendes Fazit ziehen: Es sollte deutlich geworden sein, dass es einer unzulässige Verkürzung gleichkommt, symbolische Politik als ein von praktischen Sinn- und Leistungsanforderungen abgekoppeltes Handeln, als Verschleierungsstrategie oder gar als Politiksurrogat zu bezeichnen. Insofern geht der pauschale Irrationalitätsvorwurf an der Sache vorbei. Symbolische Politik ist Politik und als solche weder prinzipiell gut noch prinzipiell schlecht, sondern ein notwendiger Bestandteil politischer Kommunikation. Mehrdeutig, kontexabhängig und in ihren Wirkungen schwer kalkulierbar ist sie dennoch unverzichtbares Ausdrucksmittel, mit dem Macht ausgeübt werden kann. In freiheitlichen Systemen „erbringen Symbole eine Steuerungsleistung, indem sie ein normatives Orientierungs- und Identifikationsangebot bereitstellen. Symbole stecken damit einen Rahmen ab, dem nicht zuwider gehandelt werden soll und der insofern eine Einschränkung und Ausrichtung der Handlungsoptionen bewirkt" (Cohen/Langenhan 2009: 183; Göhler 2007). Unverzichtbar für die Politikdarstellung und Politikwahrnehmung muss dabei im Konkreten überprüft werden, wo symbolischen Politik in einem Möglichkeitsraum mit vielen graduellen Abstufungen zwischen politischer Täuschung oder angemessener politischer Information zu verorten ist. Dabei darf sich die Analyse symbolischer Politik nicht allein auf die Binnenlogik von Sinn- und Zeichensystemen festlegen, sondern hat diese immer auch rückzubeziehen auf die Struktur materialer und pragmatischer Problemkontexte.

Symbolische Politik-Analyse muss demnach „dem Wechselverhältnis von Praktischem und Symbolischem in Konstruktions- und Deutungsprozessen nachspüren" (Lamla/Neckel 2003: 625) und mögliche Widersprüche zwischen der „Sach- und Präsentationslogik" (von Prittwitz 2000: 265) aufdecken. Sie hat strukturanalytische und interpretative Zugangsweisen forschungsmethodisch miteinander zu verschränken, weil symbolische Konstruktionstätigkeit und politische Praxis zwar analytisch zu trennende, gleichwohl aber aufeinander verweisende Dimensionen des Politischen sind, die sich wechselseitig limitieren. Dies erscheint unter demokratietheoretischen und -praktischen Gesichtspunkten umso wichtiger, als Bürgerinnen und Bürgern ihr politisches Verhalten nicht allein nach der Deutung von Zeichen oder an dem symbolisch Repräsentierten ausrichten, sondern auch nach der praktischen Erfahrung mit dem Bezeichneten. Sich hieraus ergebende Diskrepanzerfahrungen sind für die Bewertung symbolischer Politik folgenreich. Denn die Chance, dass sich symbolische Politik in der Demokratie ihren emotionalen und identifikatorischen Mehrwert auf Dauer aus sich selbst heraus schaffen kann, ist im demokratischen System mit einer „offenen Gesellschaft" (Popper) eher gering. Symbolische Politik bleibt deshalb auch in der Mediengesellschaft ein ebenso notwendiger wie ambivalenter Bestandteil politischer Kommunikation und demokratischer Legitimation.

Teil 3:
Politische Kommunikation und
Demokratieentwicklung in Deutschland

Bürger und politische Eliten

9 Bürger in der Mediendemokratie: Medienkompetenz und politische Bildung

9.1 Medienkompetenz für die politische Bildung – was sonst?

Wie kein anderer Bildungsbereich unterliegt politische Bildungsarbeit den Schwankungen einer mehr oder weniger rasch wechselnden Aufmerksamkeits-, Themen- und Erwartungskonjunktur. Dies ist zunächst nicht weiter verwunderlich, gehört es doch zum Anspruch der politischen Bildung selbst, angemessene Antworten auf die sich verändernden gesellschaftlichen und politischen Herausforderungen von Gegenwart und Zukunft zu geben. Insofern wird man auch damit leben müssen, dass politische Bildung immer wieder mit der ihr zugewiesenen Feuerwehrfunktion gefordert und vielfach überfordert wird oder als pädagogischer Sündenbock für Fehlentwicklungen oder kurzfristig als politisch-pädagogisches Alibi herhalten muss.

Bildungstheorie und Bildungspraxis haben nicht nur die Aufgabe, auf gesellschaftliche Verhältnisse und Entwicklungen zu reagieren. Sie haben auch eine pädagogische und politische Verantwortung für gegenwärtige und zukünftige Lebens- und Entwicklungsverhältnisse der nachwachsenden Generation. Bildung und insbesondere politische Bildung orientiert sich deshalb immer auch an den epochalen Herausforderungen, sei es die Sicherung des Friedens, die Erhaltung der natürlichen Lebensgrundlagen, der Abbau von gesellschaftlich bedingter Ungleichheit, die Gleichberechtigung von Mann und Frau, die Globalisierung oder eben auch die Fähigkeit zur Orientierung in einer unübersichtlicher werdenden Informations- und Kommunikationswelt (vgl. Klafki 1991: 49ff.). Mehr als andere Bildungsbereiche steht gerade die politische Bildung unter dem Druck, nicht nur Ziele und Inhalte immer wieder neu zu überdenken. Nicht selten wird auch der Eindruck vermittelt, es bedürfe eines gänzlich neuen Selbstverständnisses politischer Bildungsarbeit. So war es eine Zeit lang die Friedenserziehung und dann später die Umweltbildung, denen man eine Art politisch-pädagogische Leitfunktion zumaß.

9.1.1 Medienkompetenz als pädagogische Allerweltsformel

Dauerkonjunktur hat inzwischen auch die Forderung nach Medienerziehung in der politischen Bildung. „Medienkompetenz" ist zu einem rhetorischen Passepartout geworden, dessen man sich bei passender oder unpassender Gelegenheit zur Thematisierung vermeintlich neuer kultureller, ökonomischer und politischer Herausforderungen bedient. Zum „Wort des Jahres" 1996 gekürt und in der Literatur breit diskutiert, erweist sich der Begriff „Medienkompetenz" als eine dehnbare Chiffre, über deren politische Bedeutung kaum Klarheit herrscht (vgl. Deutscher Bundestag 1998). Die Folge ist, dass auch bezogen auf dieses fraglos wichtige pädagogische Vermittlungsziel über das, was in diesem Zusammenhang politische Bildung leisten kann und leisten muss, keine präzisen Vorstellungen vorhanden sind. So wird Medienkompetenz mal als subjektive Handlungskompetenz, dann als fachübergreifende pädagogische Schlüsselqualifikation oder noch allgemeiner im Sinne einer elementaren Kulturtechnik eingefordert. Dies hat alles seine Berechtigung, kann aber als Basis und Proprium politischer Bildungsarbeit nicht überzeugen.

Selbst wenn mit Recht darauf verwiesen werden kann, dass politische Mündigkeit den kommunikationskompetenten Bürger voraussetzt, so hat Medienkompetenz auch dabei durchweg den Charakter einer im weitesten Sinne pädagogischen bzw. Bildungskategorie (vgl. Schell/Stolzenburg/Theunert 1999; dort insb. Kübler 1999; Hagedorn 1999: 172ff.). Dieser Begründungskontext ist zu allgemein und zu unspezifisch, als dass er für die politische Bildung identitätsstiftend sein könnte. Er reicht nicht aus, um Medienkompetenz als eine politische Kategorie einzufordern und zu realisieren. Stützte man sich allein auf generelle pädagogische Erwägungen und fachübergreifende bildungstheoretische Begründungen, so könnte man gleich die Frage stellen, ob sich politische Bildung in einer multimedialen Welt nicht eigentlich auf Medienerziehung konzentrieren müsste.

Die im Nachfolgenden näher zu begründende Antwort sei vorweggenommen: Politische Bildung sollte nicht in den Fehler verfallen, alles, was irgendwie mit Medien zu tun hat, zu ihrem Aufgabenbereich zu erklären. Politische Bildung ist keine Medienpädagogik, so wichtig medienpädagogische Elemente für die politische Bildungsarbeit sein können. Gegenstand der politischen Bildung ist Politik. Die Medien und das Mediale interessieren heute im Rahmen politischer Bildungsarbeit deshalb und nur deshalb, weil sich – so jedenfalls die hier vertretene These – die Politik selbst in der modernen Mediengesellschaft verändert hat und auch weiter verändern wird.

Nun lässt sich zwar vieles politisieren, aber nicht alles ist per se politisch, wie der modische Slogan von der „Erfindung des Politischen" (vgl. Beck 1993) suggerieren könnte. Medien interessieren politische Bildung nicht nur deshalb, weil sie die Schlüsselinstanz der Politikvermittlung sind (vgl. Sarcinelli 1998a).

Sie sind selbst zu einem zentralen Bestandteil des Politikprozesses geworden. Insofern verdient Medienkompetenz nicht nur als pädagogische, auf das Verhalten von Individuen zentrierte, sondern auch als politische, auf Akteure des demokratischen Systems zielende Kategorie das gesteigerte Interesse der politischen Bildung.

9.1.2 Medienkompetenz als politische Kategorie

Was also in der pädagogisch dominierten Medienkompetenzdebatte im Zusammenhang mit politischer Bildung zu kurz bzw. eigentlich nicht in den Blick kommt, ist das Faktum, dass Medienkompetenz auch eine *politische* Kategorie ist. Die Funktionslogik politischer Systeme ist ohne die Auseinandersetzung mit der Medialisierung des Politischen nicht mehr zu vermitteln. Wie zu keiner Zeit vorher sind die Medien nicht nur „Medium", sondern auch ein „Faktor" gesellschaftlicher und politischer Entwicklung. Wie zu keiner Zeit vorher ist die moderne Gesellschaft eine Mediengesellschaft, ist Politik in der Mediengesellschaft medienimprägnierte Politik!

Beides gilt es aus der Sicht der politischen Bildung in den Blick zu nehmen: Erstens die Mediengesellschaft, weil die Medien zu einem zentralen Modernisierungsfaktor geworden sind. Mit der Modernisierung der Gesellschaft aber verändert sich politisches Verhalten, verändert sich die politische Kultur demokratischer Gemeinwesen. Zweitens die zunehmend von der Medienlogik beeinflusste Politik, weil sich die institutionellen und prozessualen Bedingungen politischen Handelns, ja die Legitimitätsgrundlagen des demokratischen Systems insgesamt verändern.

9.2 Der lange Weg der Kommunikationsgesellschaft

Modernisierung meint zunächst einen bestimmten Typ des sozialen Wandels. Eingesetzt hat der Modernisierungsprozess nicht erst im Multimediazeitalter. Der lange Atem des Historikers kann hier vor so mancher aktualitätsfixierten Aufgeregtheit und Fehleinschätzung schützen. Denn bereits in der zweiten Hälfte des 18. Jahrhunderts erhielt gesellschaftliche Modernisierung eine besondere Dynamik. Ihre Hauptstoßkraft hatte sie in ökonomischer und sozialer Hinsicht in der englischen industriellen Revolution und in politisch-gesellschaftlicher Hinsicht in der Französischen Revolution. In der Folgezeit, also vor allem im 19. Jahrhundert, konnte mit dem Aufkommen der Massendruckpresse zum ersten Male von Massenmedien gesprochen werden. Deutschland erlebte, wie andere vergleichbare Staaten auch, eine „Leserevolution". Die moderne Gesellschaft sei „Kommunikationsgesellschaft" geworden. So beschreibt es Thomas Nipperdey in seiner dreibändigen „Deutschen Geschichte" des vorletzten Jahrhunderts. Und er charakterisiert dabei den Modernisierungsprozess infolge einer erfolgreichen Alphabetisierung und Ausbreitung von Zeitungen in einer Weise, die in der gegenwärtigen Debatte geradezu vertraut vorkommt: Kennzeichnend sei für die damalige Zeit „die Ablösung der Welt der Tradition, der Welt, in der Stand und Sitte, die mündliche und anschauliche Überlieferung das Verhalten und – mit der Religion zusammen – die Selbst- und Lebensdeutung bestimmten, der Welt der Statik, in der die alten und bleibenden Wahrheiten zentral waren, der Welt der nahen und partikularen Kommunikation". „Die neue Welt", so sagt Nipperdey weiter – wohlgemerkt mit Bezug auf die zweite Hälfte des 19. Jahrhunderts – „ist die des ‚persönlichen Standes', der Reflexion auf das Verhalten, der freien Wahl, der Selbst‚Bildung', die Welt der Änderungen und Fortschritte, für die das Neue und Zukünftige wie das jeweils Gegenwärtige wichtiger wird, die stärker auf universale und abstrakte Gemeinschaften und Normen bezogen ist, die Welt der freigesetzten Neugier." Jenseits der kirchlich-religiösen Deutungen habe es in dieser Welt einen steigenden Bedarf „nach neuen Formulierungen des Selbst- und Lebensverständnisses" gegeben. Und Nipperdey stellt dann eine für die Frage nach dem Stellenwert von Medienkompetenz auch heute noch interessante These auf. Die Lektüre gliche, so sagt er, die „Orientierungsprobleme" aus, die bei steigender Mobilität entstehen (vgl. Nipperdey 1994: 387f.; ders. 1993: 797ff.). Ausgleich der Orientierungsprobleme durch Lektüre, das ist eine auch heute gerade von medienpädagogischer Seite vielfach vorgebrachte Empfehlung. Heute spricht man von „Lesesozialisation" bzw. beklagt deren Mangel.

9.2.1 *Pluralisierung und Individualisierung durch Medien*

Die historische Reminiszenz erscheint angebracht angesichts der Aufgeregtheit, mit der in der Gegenwart bisweilen über die gesellschaftlichen Folgen der modernen Medien diskutiert wird. Was der Historiker Thomas Nipperdey zur gesellschaftlichen Modernisierung im Deutschland des 19. Jahrhunderts diagnostiziert, erscheint jedenfalls recht vertraut aus der aktuellen Debatte zum sozialen Wandel. Säkularisierung und Rationalisierung normativer Grundlagen, Steigerung der persönlichen und gesellschaftlichen Mobilität in geographischer, psychischer und sozialer Hinsicht, Pluralisierung der Lebensstile und damit verbunden eine Ausdifferenzierung und Individualisierung der Sozialcharaktere – dies alles sind die immer wieder beschriebenen Charakterisierungen gesellschaftlicher Veränderung im Zusammenhang mit einer ungeheuren ökonomischen Dynamik (vgl. Boudon/Bourricaud 1992: 343-350).

Mit Bezug auf Gegenwart und Zukunft spricht Ulrich Beck von „reflexiver Modernisierung", die auf eine „Radikalisierung der Moderne" hinauslaufe, keine Revolution, sondern eine „potenzierte Modernisierung mit gesellschaftsverändernder Reichweite" (Beck 1996: 29ff.). Auch wenn man nicht allen Diagnosen der modernisierungstheoretischen Debattenmoden folgt, so ist doch mit Blick auf den Zusammenhang von gesellschaftlichem Wandel und politischem Verhalten wichtig: dass sich die gesellschaftlichen Großgruppen und Sozialschichten ausdifferenzieren in komplexere Milieustrukturen; dass die Bindungskraft der kollektiven „Sinnproduzenten" (Schelsky) wie beispielsweise Parteien oder Kirchen nachlassen; dass Lebensphasen, Lebensstile, Biographien variabler, auch instabiler werden; dass damit Verhalten generell und speziell politisches Verhalten „mobiler", „flexibler" wird, man kann auch sagen instabiler und unberechenbarer. Die Medien, allen voran das Fernsehen und zunehmend auch die computergestützten Informations- und Kommunikationsmedien mit dem Internet als kaum mehr eingrenzbarem Möglichkeits- und Wirklichkeitsraum sind dabei mehr als nur ein „Spiegel" der Wirklichkeit. Sie sind Generator, Beschleuniger, ja Turbolader des gesellschaftlichen Wandels. Mehr als andere gesellschaftliche Agenturen ist die dynamische Veränderung der Medienlandschaft institutioneller Ausdruck einer „postmodernen" Gesellschaft, deren Kennzeichen die Zunahme von Optionen bei gleichzeitiger Abnahme von Verbindlichkeiten zu sein scheint.

9.2.2 Der „flexible Mensch" mit erhöhtem Kommunikationsbedarf

Nach den in der sozialwissenschaftlichen Forschung inzwischen vielfach belegten Befunden zum sozialen Wandel verändern sich die gesellschaftliche und politische Willensbildung gravierend. Dem im Wirtschaftsleben ungeniert geforderten total „flexiblen Menschen" (Sennett 1998) entspricht ein neuer politischer Verhaltenstypus, den man im Fachjargon als „rational choice-Typus" bezeichnet. Das politische Verhalten dieses homo oeconomicus löst sich mehr und mehr von traditionellen Bindungen und wird durch kurzfristiges Kalkül bestimmt. In den Worten des britischen Soziologen Antony Giddens: „In posttraditionalen Kontexten haben wir keine andere Wahl, als zu wählen, wer wir sein und wie wir handeln wollen" (Giddens 1996: 142). Bei Luhmann heißt es noch drastischer: Die Postmoderne „erträgt keine Abschlussgedanken, sie erträgt deshalb auch keine Autorität" (Luhmann 1992a: 42). Sie kenne keine Positionen, von denen aus die Gesellschaft in der Gesellschaft für andere verbindlich beschrieben werden könne.

Die „flexiblen Menschen" (Sennett) mögen noch nicht die Mehrheit stellen. Aber sie werden quantitativ zu einer politisch-strategischen Größe und bringen damit die Massenmedien verstärkt ins Spiel. Politisch mobiler werdende Bürger wollen immer wieder neu informiert, überzeugt, überredet und mehr und mehr auch unterhalten werden. Wo traditionelle sozial-moralische Milieus und damit auch die politisch-weltanschauliche Daueridentifikation mit diesen brüchig werden, wächst der Bedarf an Orientierung, an Bewertung, an Hilfe auch zur Entscheidung und eigenständigen Urteilsbildung; wächst damit auch der Informations- und Kommunikationsbedarf. Muss dies, wie vielfach behauptet, ein Nachteil für die Demokratie sein? War dieser aufgeschlossene, informationsinteressierte und „flexible Mensch" (Sennett) nicht schon immer eine Wunschvorstellung einer politischen Bildung, die sich kritisch-rationaler Urteilsbildung verpflichtet weiß?

9.3 Medien als gesellschaftliche und politische Wirklichkeitsgeneratoren

Die skizzierte Entwicklung der Mediengesellschaft hat jedenfalls Rückwirkungen nicht nur auf politisches Verhalten, sondern auch auf das politische System. Mehr denn je steht Politik, stehen politische und gesellschaftliche Akteure im Zwang zur Begründung und Rechtfertigung ihres Handelns. Mehr denn je werden ihnen kommunikative Leistungen, wird ihnen „Legitimation durch Kommunikation" abverlangt, wird Publizität zur gesellschaftlichen und politischen Eintritts- und Trumpfkarte. Das ist nicht völlig neu. Neu ist allerdings, dass die klassischen Konfliktmuster der Industriegesellschaft, die Auseinandersetzung zwischen mehr oder weniger stabilen Interessenorganisationen und gesellschaftlichen Großgruppen nicht völlig verschwunden sind. Dies zeigen auch aktuelle Interessenkonflikte, in denen ja durchaus gesellschaftliche Großgruppen, heißen sie nun Gewerkschaften oder Unternehmerverbände, Verteilungskämpfe austragen und auch zu konsensualen Entscheidungen fähig sind. Das alles gibt es noch, auch wenn zahlreiche Abspaltungstendenzen bei den Organisationen der Interessenvermittlung darauf hindeuteten, dass sich gesellschaftliche Großgruppen mit der Repräsentanz sich ausdifferenzierender Interessenstrukturen schwer tun. Hinzu kommt, dass die politische Kommunikation zunehmend bestimmt, oft auch überlagert und relativiert wird durch eine eher „themenzentrierte, an der massenmedialen Öffentlichkeit orientierte, vagabundierende Konfliktbereitschaft" (Lau 1997: 374). Wichtig ist das oder besser: für wichtig gehalten wird das, was medial gerade Beachtung findet, aber dies muss nicht notwendigerweise mit dem identisch sein, was politisch geboten ist.

9.3.1 Realitätskonstruktion durch Massenmedien

Man muss sich in seiner erkenntnistheoretischen und vor allem politischen Radikalität vorstellen, was Wirklichkeit, was politische Wirklichkeit heute eigentlich ist oder besser: was für die politische Wirklichkeit gehalten wird. Von der „Realität der Massenmedien", so der Titel seines Buches, spricht der Systemtheoretiker Niklas Luhmann deshalb, weil diese Realität „für sie (die Realität, U.S.) oder durch sie für andere als Realität erscheint" (Luhmann 1995: 1 und 16f.; vgl. Marcinkowski 1993). Die Massenmedien seien es, die Themen durchsetzten. Durch die Massenmedien beobachte sich das politische System selbst. Primärfunktion des Teilsystems Massenmedien sei, die Selbstbeobachtung für andere soziale Systeme zu ermöglichen. Das Mediensystem sei deshalb auf schnelles Vergessen und Erinnern angelegt, es veralte sich selber.

Man muss die konstruktivistische Zuspitzung Luhmanns nicht teilen, um zu akzeptieren, dass die Medien inzwischen zu einem integralen Bestandteil von Gesellschaft und Politik geworden sind. Sie sind nicht bloß „Spiegel" der Wirklichkeit, passive Vermittler im Sinne von Relais oder Reflektoren einer Realität, die autonom und unabhängig von Massenkommunikation existiert. Sie müssen stattdessen, so drückt es der Kommunikations- und Politikwissenschaftler Winfried Schulz aus, „als aktives Element in dem sozialen Prozess begriffen (werden), aus dem eine Vorstellung von Wirklichkeit erst hervorgeht". Sie haben damit „Teil am kollektiven Bemühen, eine Realität zu konstruieren und diese – durch Veröffentlichung – allgemein zugänglich zu machen, so daß eine gemeinsame Basis für soziales Handeln entsteht" (Schulz 1989: 142). Für Gesellschaft und Politik sind sie, so die Autoren des Funkkollegs Kommunikationswissenschaft, „Wirklichkeitsgeneratoren" (Merten/Schmidt/Weischenberg 1994: 1).

9.3.2 Medien als System der Selbstbeobachtung

Wie zu keiner Zeit vorher sind die Massenmedien inzwischen ein gesellschaftlicher und politischer „Ersatzindikator" (Gerhards 1995: 151f.), zum einen für politische Akteure hinsichtlich der Wahrnehmung von Bürgermeinungen und zum anderen für die Bürger, weil von ihnen in der Regel nur über die Massenmedien das politische Geschehen beobachtet werden kann. Gerade auch für die Einschätzung des Volkswillens hat ihre Bedeutung zugenommen; eines Volkswillens vor allem, den man mit Ernst Fraenkel mit „empirischem Volkswillen" (Fraenkel 1991: 153ff.) näher charakterisieren müsste – der Volkswille im Modus der medial transportierten politischen Tagesstimmung. Es ist ein fundamentales Faktum, dass es schwieriger geworden ist, gegen die veröffentlichte Meinung eine Zeitlang Politik zu machen, in der Innenpolitik nicht weniger als in der Außenpolitik. Dies eröffnet einerseits neue Chancen politischer Beteiligung über die Massenmedien, birgt aber auch Risiken für den politischen Prozess in sich. Wenn nämlich das Mediensystem auf schnelles Vergessen angelegt ist (Luhmann), hat dies zur Folge, dass Politik in der Mediengesellschaft zunehmend unter den Druck rasch wechselnder Erwartungslagen gerät, im Dauerstress einer medial gestützten „Stimmungsdemokratie" (Oberreuter 1987) steht. Wie ist politische Führung unter diesen Bedingungen möglich? Wie muss eine Politikvermittlung aussehen, der es um die Lösung legislaturperiodenübergreifender Probleme geht? Wie ist nachhaltige Politik, die die Verantwortung für die zukünftigen Generationen ernst nimmt, unter dem dauernden Druck einer medialen Zustimmungsöffentlichkeit möglich?

Diese Fragen lassen erkennen, dass Medienkompetenz in der politischen Bildung nicht allein ein pädagogisches Problem ist, nicht nur auf Erziehung und Bildung zielt, sondern Kernfragen des Politischen berührt.

9.4 Wandel der Legitimitätsgrundlagen des demokratischen Systems

Es wäre gewiss verkürzt, wollte man das Medienbild von Politik mit Politik, „Politikdarstellung" also mit „Politikherstellung" gleichsetzen (vgl. Kap. 7 in diesem Buch). Medien und Politik sind unterschiedliche Teilsysteme mit eigenen Codes für die Konstruktion und Verarbeitung von Realität. Gleichwohl sind es Teilsysteme, die in einer Art symbiotischem Tauschverhältnis stehen. Politik, zumal im demokratischen System, braucht Publizität und damit die Medienöffentlichkeit. Medien sind ihrerseits auf den – möglichst exklusiven – Zugang zu Informationen seitens der Politik angewiesen.

Aber ist nicht die publizistische Leistung im Zusammenhang mit der Aufdeckung von Skandalen und politischen Machenschaften immer wieder eine Bestätigung für die These von den Medien als sog. vierte Gewalt, als kontrollierendes Gegenüber zur Politik? – Die Wahrnehmung des demokratischen Wächteramtes in skandalträchtigen, bisweilen auch skandalisierten, Sondersituationen und dazu oft noch angestoßen durch staatsanwaltliche Ermittlungen sollte über den grundsätzlicheren „Strukturwandel" (Habermas) der Medienöffentlichkeit nicht hinwegtäuschen. Mehr denn je ist für Medien entscheidend, was öffentliche Aufmerksamkeit erreicht. Mit der quantitativen Ausweitung und der Vervielfachung der „Kanal-Kapazitäten" gerade auch für elektronische Medien stehen diese unter verstärktem Konkurrenzdruck. Damit aber löst sich das Mediensystem mehr und mehr von politischen Institutionen und orientiert sich an Marktbedingungen, d.h. am Geschmack zahlungskräftiger Publika. Doch mit der Umorientierung im Selbstverständnis der Massenmedien von publizistischen Angebotshin zu Nachfragemedien steht die Public Service-Rolle, die Informationsfunktion im Dienste einer kritischen Öffentlichkeit unter dem Druck der wachsenden Unterhaltungsnachfrage.

9.4.1 Einfluss der Medienlogik auf die Politik

Die Frage, welche Rückwirkungen die Veränderungen der medialen Umwelt auf das politische Entscheidungssystem haben, ist nicht einfach zu beantworten. Es gibt durchaus noch medienferne Verfahren und politische Prozesse, vor allem in der unspektakulären „Routinepolitik" (Kaase 1998a: 36; vgl. ebenso von Beyme/Weßler 1998: 312ff.). Doch der „Medienlogik" kann sich die Politik nicht völlig entziehen. Mangels Verfügung über eigene Medien ist sie auf die Ermöglichung von Publizität durch die allgemein zugänglichen Massenmedien angewiesen. Wer aber Publizität sucht, wer die politische Berichterstattung beeinflussen will, muss sich – auch – an publizitätsträchtigen Nachrichtenfaktoren (vgl. Schulz 1997: 195) orientieren: Aktualität, Personalisierung und Prominenz, Negativismus, Konflikt etc. Ohne sich der ‚Klaviatur' von Nachrichtenwerten zu bedienen, ist es faktisch nicht mehr möglich, kampagnenfähig zu sein. Kampagnenfähigkeit aber ist eine Schlüsselqualifikation für politische Akteure in der Mediengesellschaft.

Politische Potenz braucht Öffentlichkeitskompetenz und umgekehrt. Bezeichnend für die hohe Wertschätzung und bisweilen auch Überschätzung medialer Politikdarstellung ist die phasenweise und speziell nach Wahlniederlagen inflationär bemühte Klage darüber, dass man die doch eigentlich richtige Politik nicht habe „vermitteln" können.

Die Bedingungen der Mediengesellschaft beeinflussen die Politik selbst, die institutionellen Grundlagen politischen Handelns, das Verhalten des politischen Führungspersonals, die politische Willensbildung, den Regierungsstil, ja das demokratische System insgesamt. Dies ist es, was bei den zwar wohlwollenden, pädagogisch jedoch verengten Empfehlungen für die Ausbildung von Medienkompetenz in der politischen Bildung wie in der öffentlichen Diskussion zu wenig in den Blick kommt.

9.4.2 Von der parlamentarisch-repräsentativen zur medial-präsentativen Demokratie

Als Spezifikum politischer Bildungsarbeit muss in der Medienkompetenzdebatte demnach die Auseinandersetzung mit einer politisch folgenreichen Gewichtsverschiebung in den Mittelpunkt gerückt werden: vordergründig betrachtet handelt es sich um einen Mediengewinn, denen ein Institutionenverlust gegenübersteht. Demokratietheoretisch vielleicht etwas über pointiert lässt sich diese Entwicklung als Wandel von einer parlamentarisch-repräsentativen in eine medial-präsentative Demokratie charakterisieren. Wäre der Begriff nicht durch den ´68er Jargon besetzt, könnte man von einer Systemveränderung sprechen. Die gerade auch im pädagogischen Kontext zu thematisierende Frage ist deshalb, ob nicht ein schleichender Systemwandel die Legitimitätsgrundlagen des demokratischen Systems verändert. Der italienische Rechtsphilosoph Zolo (1997) nennt diesen neuen Typus einer medienbeeinflussten politischen Ordnung „Die demokratische Fürstenherrschaft". Das inzwischen korrigierte Kanzlerwort, man müsse Politik so betreiben, dass man jeden Sonntag Wahlen gewinnen könne, hat nicht nur die zunehmende Demoskopiefixierung, sondern auch Tendenzen medienpopulistische Plebiszitarisierungstendenz zum Ausdruck gebracht, dessen Grenzen inzwischen aber mehr als deutlich gesehen werden (vgl. Kap. 15 und 16 in diesem Buch).

Fand die „alte" Parteiendemokratie im Konfliktfalle ihre Machtbasis im Rückhalt von Parteifunktionären und Parteitagsdelegierten, so scheint die Mediendemokratie ihre Legitimationsbasis mehr und mehr im plebiszitären Schulterschluss mit dem Medienpublikum einerseits und in der quasi-präsidialen Moderation der konkurrierenden Interessen und Machtansprüche andererseits zu finden. Ein immer wichtiger gewordener Adressat ist jedenfalls das über die Medien anzusprechende Publikum und nicht mehr in erster Linie das Institutionengeflecht einer zu gewinnenden heterogenen Partei. Die politische Währung dieses Systems ist die Publikumssympathie in der Münze der Einschaltquote, eine instabile Währung also! Trotz aller konstitutionellen Unterschiede stehen politische Führungspersönlichkeiten vom Schlage eines Bill Clinton, Tony Blair, Gerhard Schröder, Nicolas Sarkozy oder Barak Obama für diesen neuen Typus demokratischer Führer mit einem ausgeprägten medialen Charisma. Dass dieser Systemwandel, der Weg von der traditionellen Parteiendemokratie in die Mediendemokratie, gerade auch in Deutschland nicht ohne Widerstände, Brüche und Rückschläge abgeht, auch dafür gibt es inzwischen reichlich aktuelles Anschauungsmaterial (vgl. Kap. 11 in diesem Band).

9.5 Medienkompetenz in der politischen Bildung

Was bedeutet dies alles für das Bemühen um Medienkompetenz in der politischen Bildungsarbeit? Inwieweit können die bisherigen Überlegungen zum gesellschaftlichen und politischen Wandel in einer modernen Medienumwelt weiterhelfen bei der Suche nach dem spezifisch Politischen im Zusammenhang mit Medienkompetenz? Kann es im Folgenden weniger um praktische Handlungsanleitungen als vielmehr um konzeptionelle Klarheit gehen, so lassen sich zunächst sehr vereinfacht drei Perspektiven unterscheiden, deren Eignung zu überprüfen wäre, wenn es um die Einschätzung von Maßnahmen zur Vermittlung von Medienkompetenz geht.

- *Die medienpädagogische Perspektive:* Dieses Modell lässt sich zugespitzt als „Medienerziehung statt politische Bildung" charakterisieren. Hier wird Medienkompetenz als Grundqualifikation der allgemeinen Persönlichkeitsentwicklung und Befähigung zu eigenständiger Wirklichkeitserschließung und -auseinandersetzung in und mit Medien missverstanden. Dieser unstrittig allgemeinpädagogische Begründungszusammenhang kann als Spezifikum politischer Bildungsarbeit nicht befriedigen, klammert er doch die Frage nach dem Politischen aus.
- *Die publizistische Perspektive:* Nach diesem Modell heißt Vermittlung von Medienkompetenz im Rahmen politischer Bildungsarbeit Hinführung zu den Medien und Einübung des richtigen Umgangs mit der Publizistik. Ein namhafter Vertreter der politischen Bildung hat für diese Position als pädagogische Hauptaufgabe plädiert, nicht zuletzt mit der Begründung, politische Bildung müsse erwachsen werden. Nach Jahrzehnten bewährter Demokratie sollte sie den politischen Umerziehungskomplex ablegen, sich von der Politik emanzipieren und als professionelle Disziplin verstehen. Schließlich erlaube eine differenzierte publizistische Landschaft die eigenständige politische Orientierung (vgl. Giesecke 1993: 25, 49, 85; ders. 1985). So richtig der Hinweis auf die Befähigung zum kompetenten Umgang mit der politischen Publizistik als zentrale pädagogisch-politische Aufgabe ist, so kommt in diesem Modell eine verkürzte Sicht zum Ausdruck: Die Medien als Spiegel einer zu erschließenden politischen Wirklichkeit. Die Konzentration politischer Bildungsarbeit auf eine medienpädagogische und publizistische Zubringerfunktion greift zu kurz, weil sie Politik mit dem medienvermittelten Bild von Politik gleichsetzt. Sie verkennt den komplexen Interaktions- und Wirkungszusammenhang von Politik und Publizistik in der modernen Mediengesellschaft, den zu erhellen gerade Aufgabe einer auf die Vermittlung von Medienkompetenz abzielenden politischen Bildungsarbeit sein sollte. Nicht zuletzt blendet diese Perspektive die politische Wirklichkeit jenseits der massenmedialen Scheinwerfer aus.
- *Die politische Perspektive:* Bei diesem hier favorisierten Modell geht es um politische Bildung über Politik unter den Bedingungen einer Mediengesellschaft. Im Mittelpunkt steht nicht nur die Aufklärung über die mediale „Darstellung" von Politik, sondern auch die vertiefende Auseinandersetzung mit den medienabhängigen und -unabhängigen Faktoren der „Herstellung" von Politik, also der „Entscheidungspolitik" (vgl. insb. Kap. 4 und 7 in diesem Buch). Mit Blick auf die Vermittlung einer politikrelevanten Medienkompetenz gilt es dabei zweierlei im Auge zu behalten, den Systembezug ebenso wie den Subjekt- bzw. Bürgerbezug. Deshalb interessieren die Medien einmal als Agenturen der Politikvermittlung, wie überhaupt das Media-

le als eine Dimension des Politischen bzw. auch Unpolitischen in den Blick kommen muss. Zum anderen ist Medienkompetenz als Teil einer spezifisch politischen Handlungskompetenz, nämlich als Basisqualifikation demokratischer Bürgerkompetenz zu begreifen.

9.5.1 Medienkompetenz für den „Medien-Citoyen" und den „Medien-Bourgeois"

Wer sind die Adressaten und um welches Bürgerbild geht es bei der Vermittlung von Medienkompetenz? Es gibt eine Neigung, Bürger als Adressaten zu vermittelnder Medienkompetenz zu idealisieren. Im normativen Horizont – nicht nur, aber gerade in der politischen Bildung – erscheint der Bürger dann als eine Art idealer „Medien-Citoyen": ein menschliches Wesen, das sich politisch interessiert und dauerhaft mit einer starken Informationsorientierung den Medien zuwendet. So oder so ähnlich ist das politisch-pädagogische Wunschbild. Natürlich braucht, wer nicht schwarze Pädagogik betreiben will, einen gewissen Idealismus, braucht ein am Aufklärungsgedanken, an humanistischen, emanzipatorischen, herrschaftskritischen etc. Prinzipien orientiertes Menschenbild. Dies erscheint unproblematisch, so lange das Ideal nicht den Blick für die Wirklichkeit menschlichen Verhaltens verstellt und zu falschen Schlussfolgerungen verleitet. Tatsächlich hat es politische Bildungsarbeit mit ‚real existierenden' Medienrezipienten, mit jungen Menschen vor allem, zu tun, die bereits über ausgeprägte Mediennutzungsgewohnheiten verfügen; Rezeptionsgewohnheiten, die es vielfach rechtfertigen, von einem „Medien-Bourgeois" zu sprechen, einem Bürger also mit starker Unterhaltungsorientierung.

Denn die Vorstellung, junge Menschen verfügten aufgrund entsprechender Mediennutzung über einen fundierten politischen Informationsvorrat, geht an der Wirklichkeit vorbei. Zwar hat sich durch intensiven Medienkonsum bei Jugendlichen Informationsballast und vielleicht auch Informationsmüll angehäuft. Und politische Bildung muss diesen „bearbeiten, abtragen, aufteilen und aussortieren, bevor sie sich an selbst gestreckte Informationsziele machen kann" (Kübler 1991: 173). Aber die Sorge über einen möglichen politischen „Informationsballast" ist unbegründet. Schon eher muss von einer informatorischen Unterversorgung in Sachen medienvermittelter Politik ausgegangen werden. Fraglich dabei ist, ob trotz oder wegen der Medien Jugendliche bildungsspezifisch zwar unterschiedlich, doch überwiegend mit selbst gewähltem politischem Informationsverzicht leben (vgl. Bonfadelli 1998).

9.5.2 Kompensation für die Informationsdiät des „anpolitisierten" Publikums

Wer in der politischen Bildungsarbeit politikspezifische Medienkompetenz nicht an den Adressaten vorbei vermitteln will, wird einige Befunde aus der Medienrezeptionsforschung zu berücksichtigen haben:

- Politische Informationsaufnahme ist in hohem Maße „ein Nebenprodukt von Alltagshandlungen" (Pfetsch 1998c: 406ff.), die in der Regel anderen Zwecken dienen. Das trifft auf junge Menschen ebenso zu wie auf ältere. Dabei sind der Hörfunk und der CD- und inzwischen MP3-Player (Stichwort „Musikteppich") die gerade von Jugendlichen besonders genutzten klassischen „Nebenbei-Medien".
- Die flächendeckende Versorgung mit Print- und elektronischen Medien bedingt keineswegs automatisch einen hohen Informationsgrad. Vielmehr variieren Umfang und Art der informationellen Teilnahme am politischen Geschehen in den verschiedenen Medien Zeitung, Hörfunk und Fernsehen je nach politischen Prädispositionen und sozialstrukturellem Hintergrund der Rezipienten. Unterschiedliche Präsentationsweisen und „Politikformate" von Druck-, Hör- und Bildmedien verstärken zudem die Selektivität in der Zuwendung zu politischen Informationen. Sie führen dazu, dass Intensität und Qualität der Informationsvermittlung und der politischen Mobilisierung in hohem Maße differieren. So gelten Printmedien in der Vermittlung politischen Faktenwissens dem Fernsehen gegenüber als überlegen. Dies wirkt sich vor allem bei der Gruppe, der politisch stark Interessierten und höher Gebildeten mit ausgeprägter Informationsaffinität und überdurchschnittlicher Lesebereitschaft aus.
- Mit der sog. Wissenskluft-Forschung kann inzwischen gut belegt werden, dass die Ausweitung des Mediensektors und der gestiegene Nutzungsumfang schichtspezifische Differenzen und Benachteiligungen nicht, wie dies als politisches Argument lange Zeit im Zusammenhang mit der Dualisierung des Rundfunks und der Ausweitung des elektronischen Mediensektors insgesamt vorgetragen wurde, ausgleichen können. Im Gegenteil. Die „Wissenskluft" zwischen informationsorientierten, vor allem auch die Druckmedien rezipierenden Mediennutzern und den auf das Fernsehen ausgerichteten eher unterhaltungsorientierten Publika nimmt tendenziell zu (vgl. Bonfadelli 1994). Eine annähernd gleiche Grundversorgung mit moderner Medieninfrastruktur ist demnach eine zwar wichtige Voraussetzung, keineswegs aber schon die Gewähr für eine politisch-mediale Chancengleichheit.
- Mit der Erhöhung des Bildungsgrades („kognitive Mobilisierung") verändert sich die Publikumsrolle. Nachweisbar ist, dass sich langfristig die „Be-

obachtungskompetenz für und die Beteiligungskompetenz ... sowie der faktische Beteiligungswunsch an Politik erhöht hat" (Gerhards 1994: 101; vgl. auch Fuchs/Klingemann 1995). Hier stellt sich allerdings die Frage, inwieweit das erhöhte politische Beteiligungsinteresse über ein mediales „Anpolitisiertsein" (Oberreuter 1987: 25; Bericht zur Lage des Fernsehens 1995: 71ff.) hinausgeht. Gerade das Fernsehen ist ein Medium, das in idealer Weise das „Spiel mit Oberflächen" und mit „Oberflächlichkeiten" (Nowotny 1992: 24) fördert und eine bequeme Vorlage für die „symbolische Teilnahme an der Politik" liefert (Sarcinelli 1987b: 11 und 199ff.).

- Winfried Schulz hat schon vor vielen Jahren den medieninduzierten, gestiegenen Partizipationsanspruch – nicht die tatsächliche Beteiligung – als eine „diskrepante Situation" bezeichnet. Obwohl die meisten Leute vom politischen Geschehen objektiv wenig wüssten, hätten sie doch zunehmend das Bedürfnis nach Anteilnahme und das Gefühl der Betroffenheit entwickelt. Sie lebten, salopp ausgedrückt, mit ihren partizipatorischen Ansprüchen über die Verhältnisse ihrer politischen Bildung (vgl. Schulz 1987: 143).
- Ein weiterer Befund weist auf eine ungebrochene Attraktivität des Fernsehens, zumindest bei der mittlerene und älteren Generation. Dieses hat in den letzten Jahrzehnten einen „Nutzungsschub" erfahren. Mit der Ausweitung des Programmangebots und vor allem mit der Verbreitung des Internets wurde jedoch die Fragmentierung des Publikums verstärkt. Die Unterscheidung zwischen Information und Unterhaltung fällt zunehmend schwerer (vgl. Hasebrinck 1998: 346) und die Möglichkeiten von Informations- auf Unterhaltungsangebote auszuweichen haben beständig zugenommen. Der bereits Mitte der 90er Jahre registrierte Trend einer zunehmenden Unterhaltungsorientierung und beiläufigen Inanspruchnahme bei gleichzeitig partieller Entpolitisierung des Programmangebots (vgl. Kiefer 1996: 245ff.; Reitze/Ridder 2006: 106ff.) hat sich weiter verstärkt. Damit reduzieren sich aber zugleich die subjektive Einschätzung von Glaubwürdigkeit und die Bedeutung der Medien als Mittler politischer Informationen. Bedeutsam ist dabei, dass diese Entwicklung nicht nur das „Leitmedium" Fernsehen betrifft, sondern auch auf die Nutzung von Tageszeitungen abstrahlt und sich langsam, aber doch merklich die Lesesozialisation verändert (vgl. Berg/Kiefer 2002).
- Die Medienforschung hat längst Abschied genommen von einfachen Medienwirkungsmodellen. Die alte Frage, „was machen die Medien mit den Mediennutzern?", wird schon lange umgekehrt: „Was machen die Mediennutzer mit den Medien?" Lange wurde das Publikum unter- und die Wirkung der Medien überschätzt. Netzwerkanalysen jedenfalls nähren Zweifel, inwieweit die apokalyptischen Befürchtungen über einen Verfall demokratischer Öffentlichkeit tatsächlich berechtigt sind. Denn Medienrezeption und

politische Meinungsbildung ist kein Akt überwiegend isolierter Informationsverarbeitung. Michael Schenk und seine Forschungsgruppe haben nachgewiesen, dass Menschen in ihrer persönlichen Umgebung durchaus eigene Ansichten und Meinungen zu relevanten Dingen besitzen und äußern und sich nicht von der Mediendarstellung blenden lassen. Sie sehen einen „zyklischen Zusammenhang von Massen- und interpersonaler Kommunikation". Massenmedien dienten der themenspezifischen Erstinformation und leiteten interpersonale Kommunikation ein, die zur Themengewichtung (Agenda-Setting) beitrage. Interpersonale Kommunikation über „wichtige" Themen führe dann zu weiterer Aufnahme von Informationen aus den Medien. „Interpersonale Kommunikation stellt somit ein entscheidendes Scharnier im Medienwirkungsprozess dar, indem sie die Themenwichtigkeit und die fortgesetzte Medienwahrnehmung stützt". Im „Wie" der Themengewichtung und im politischen Meinungsbildungsprozess des Alltags sind demnach Bezugsgruppeneinflüsse in Form von interpersonalen Umwelten bzw. persönlichen Netzwerken nach wie vor von Bedeutung. „Das Schutzschild ‚Interpersonaler Kommunikation' ist weithin intakt" (Schenk/Rössler 1994: 282f. und 293; vgl. Schenk 1995 und 1998). Wenn aber richtig ist, dass die Medienberichterstattung zwar starken Einfluss auf die Wahrnehmung eines Themas hat und weniger darauf, wie das Thema bewertet wird, dann liegt hier auch die Chance für die Orientierungsleistung durch politische Bildungsarbeit.

- Schließlich deuten Untersuchungen zum Einfluss des Internets darauf hin, dass dieses Medium durchaus einen Beitrag zur weiteren Belebung der „Zivilgesellschaft" leisten kann, die politische Mobilisierungsfähigkeit allerdings auch hier sozial selektiv ausfällt. Dabei zeigt sich ein altbekanntes Phänomen, das auch schon beim Aufkommen früherer Medien zu beobachten war. Wer das Internet als Informationsmedium nutzt, verzichtet nicht einfach auf die herkömmlichen Medien, sondern verwendet diese komplementär für seine spezifischen Informationszwecke. Insbesondere für solche Formen politischer Kommunikation, die auf interpersonale Kontakte (E-Mail) und auf den gezielten Informationsabruf ausgerichtet sind, hat das Internet die Kosten-Nutzen-Relationen drastisch zugunsten des Bürgers verschoben (vgl. Emmer/Vowe 2004), zugleich aber auch die Chancen zum flüchtigen Gebrauch erhöht.
- Insgesamt dürfte die zunehmend intensivere Nutzung des Internets allerdings die Gewichte verschieben. So zeigt die jüngste Online-Studie von ARD und ZDF (vgl. Eimeren/Freer 2008) zum ersten Mal, dass jüngere Internetnutzer das Internet bereits heute als All-in-one-Medium verstehen und mehr Zeit im Netz als mit Fernsehen und Radio verbringen. Die saubere

Trennung zwischen Fernsehen, Hörfunk, Print und Internet, die strikte Funktionsteilung zwischen den vier tagesaktuellen Medien also, verliert insbesondere für diese Generation der „digital natives" (Meckel 2008) an Bedeutung. Zum Mittelpunkt des Medienalltags wird für junge Menschen das Internet, das eine Vielzahl ihrer Medienbedürfnisse erfüllt. „Auf Anwenderseite beschreibt diese Entwicklung den Konsumenten auf dem Weg zum (inter-)aktive(re)n, mitteilsame(re)n ‚Mischwesen' aus Konsument, Kommunikator und Produzent, der gleichsam Inhalte nachfragen wie anbieten kann. Allerdings bleibt der Anteil der wirklich Aktiven unter den Onlinern noch weit hinter den Erwartungen zurück, da sich die überwiegende Mehrheit der Internetnutzer weiterhin mit einer eher konsumierend passiven Haltung im Netz bewegt. Eine zweite Entwicklung auf Nachfrageseite, die langsam, aber stetig voranschreitet, ist die Ausdifferenzierung der Internetnutzung vom Informations- und Kommunikationsmedium hin zu einem Medium, das Kommunikations-, Informations- und Unterhaltungsbedürfnisse gleichermaßen befriedigt" (Eimeren/Freer 2008: 344).

Auch wenn die Medien zu allgegenwärtigen ‚Miterziehern' geworden sind und insofern eine bedeutende Rolle im Prozess latenter politischer Sozialisation spielen, so können sie die intentionale, zielgerichtete und systematische politische Bildungsarbeit nicht ersetzen. Nicht zuletzt ist die politische Bildung selbst ein Schlüsselfaktor in dem Netzwerk interpersonaler Kommunikation, dem für die Verarbeitung von Medieninhalten große Bedeutung zukommt.

9.6 Einige praktische Hinweise

Insgesamt sind die Veränderungen im medialen Bereich doch zu vielschichtig, zu komplex, als dass sie sich auf einen Nenner bringen ließen. Pauschale Thesen, wie etwa die vom medienverursachten Niedergang der politischen Kultur oder die These von einer fernsehbedingten allgemeinen Politikverdrossenheit, die These von der angeblichen Totalentertainisierung des Medienangebots oder auch die Verheißung der „Cybercitizenship" im Zuge einer „Internetisierung von Öffentlichkeit und Demokratie" (Sarcinelli/Wissel 1997; dies. 1998) oder auch die Vorstellung vom Bürger als „Programmchef" helfen der politischen Bildung nicht viel weiter. Entscheidend erscheint, dass sich politische Bildung bei der Vermittlung von Medienkompetenz auf ihren zentralen Gegenstand, nämlich die Politik, konzentriert und auf die bewährten fachdidaktischen Kategorien stützt, die zum Zwecke der Auseinandersetzung mit der politisch-medialen Wirklichkeit nicht neu erfunden werden müssen. Dazu gibt es noch eine Reihe von praktischen Zugängen, die sich hier empfehlen:

- Die mediale Angebotsvielfalt überhaupt kennen- und mit Vielfalt umgehen lernen! – Welcher Schüler, welcher Student weiß beispielsweise, dass es ein werbefreies Radio gibt mit anspruchsvollen Informationsangeboten? Welche jungen Menschen haben regelmäßigen Zugang und praktische Erfahrung mit den meinungsführenden Zeitungen?
- Die Medienwirklichkeit entschlüsseln lernen! – Bildmedien, Nachrichtenwerte, Konkurrenz, Ökonomisierung, warum Zeitungen so sind wie sie heute sind, also Auseinandersetzung mit Arbeits- und Marktbedingungen des publizistischen Gewerbes, ist ein Stück Aufklärung.
- Mediale Wirklichkeitsangebote und -konstruktionen vergleichen lernen! – Der Vergleich ist der erste Schritt zur Informationserweiterung, ein Schritt zur Relativierung, zur inneren Distanz, Reflexion und Kritik.
- Durch Auseinandersetzung mit Druckmedien einen Gegenakzent gegen wachsende Visualisierung setzen! – Zwar ist das Fernsehen inzwischen zu einer Art politischem Leitmedium geworden. Doch bei aller Notwendigkeit zur Auseinandersetzung mit der ‚Macht der Bilder' dürfte in der politischen Bildung das Wort und die diskursive Auseinandersetzung ein bewährtes Medium für die Auseinandersetzung mit Politik sein und bleiben.
- Den Zugang zur individualisierten Informationssuche und mehr noch der Informationsbewertung über das Internet verschaffen! – Ähnlich wie das Radio kann das Internet als Erstinformationsquelle genutzt, dann aber auch viel mehr als alle anderen Medien als ein Medium der individuellen Abfrage und Recherche genutzt werden. Hier gilt es vor allem Qualitätsbewusstsein für und kritische Distanz gegenüber den nicht mehr überschaubaren Internetangeboten zu trainieren. Denn mit der weitgehenden Wegfall der Gatekeeper-Funktion des Journalismus, wie überhaupt von Informationsanbietern mit ausgewiesener „Qualitätsadresse" (z.B. Qualitätszeitungen, Fachverlage etc.) ist der Internetnutzer gezwungen, sich an eigenen Maßstäben orientieren.
- Über politische Prozesse jenseits medialer Darstellungen informieren und mit Realitäten jenseits der Medien konfrontieren! – Vorbereitete Realbegegnungen organisieren, Erfahrungen und vor allem auch personelle Begegnungen ermöglichen. Dies ist dann auch der Ort für einen „aufgeklärten Institutionalismus" (Sarcinelli 1991b), für die Auseinandersetzung mit der „Legitimation durch Verfahren" (Luhmann), mit den institutionalisierten Spielregeln der Demokratie.
- Medien und politische Informationen selber herstellen! – Handlungsorientierte politische Bildungsarbeit, selbsttätiger und selbst produzierender Umgang mit Druck-, Hör- und Bildmedien zwingt nicht nur zur Auseinandersetzung mit den medienspezifischen Codierungen. Sie bietet auch die Chance zur Selbstartikulation und individuellen sowie kollektiven Interessenvertretung.

10 Von der politischen Elite zur Prominenz? Politisches Führungspersonal zwischen Medien- und Verhandlungsdemokratie

10.1 Eliten und Demokratie

Es mag eine „Binsenweisheit" (Sartori 1992: 155) sein, dass im demokratischen System die Differenz zwischen Regierenden und Regierten, zwischen Basis und politischer Führung nicht aufgehoben werden kann. Auch die Demokratie braucht deshalb Eliten, verstanden als „Führungsgruppen, die bestimmte Aufgaben der Leitung, Koordination oder Planung haben und dabei unter formalisierter Verantwortlichkeit stehen und über mehr oder weniger Macht verfügen" (Herzog 2004: 172). Sind politische Eliten in der Demokratie einerseits unverzichtbar, so sind sie andererseits aber auch mehr als in anderen politischen Systemen der Öffentlichkeit rechenschaftspflichtig. Deshalb verwundert es auch nicht, dass Fragen der politischen Kommunikation im Zusammenhang mit Eliten in besonderer Weise interessieren. Das hängt einerseits damit zusammen, dass Personalisierung von Sachfragen in der Politik umso wichtiger wird, „je mehr Menschen sich nur nebenbei für Politik interessieren" (Kepplinger 1998: 180).

Es ist aber nicht nur das spezifische Interesse politisch Uninteressierter, das Personalisierung besonderes Gewicht gibt. Es gibt auch demokratietheoretische und politisch-praktische Gründe. Denn die personale Zuordnung politischer Verantwortlichkeiten öffentlich wahrnehmbarer Eliten kann als Voraussetzung dafür gelten, dass der Souverän seine politische Sanktionsmacht ausüben kann. Dabei geht es nicht nur um die Rekrutierung politischen Führungspersonals und auch nicht nur um die Beziehungen zwischen politischen Akteuren und Wählern, wie sie insbesondere unter dem Gesichtspunkt der Repräsentation untersucht werden. Es geht auch um das normative Problem, welche Eliten eine moderne, funktional differenzierte Gesellschaft braucht. Eine Richtung weisende Antwort auf diese Frage hat der ehemalige Bundesverfassungsrichter Dieter Grimm gegeben: Die Gesellschaft benötige solche Eliten, „die nicht auf den Augenblicksnutzen setzen, sondern Interdependenzbewusstsein und Folgenbewusstsein, kurz: eine stärkere Langfristorientierung entwickeln" (Grimm 1999: 54).

Ob und wie diese Anforderungen unter den Bedingungen einer modernen Mediengesellschaft erfüllt werden können, ist Gegenstand dieses Kapitels. Dabei wird argumentiert, dass politische Eliten Teil einer widersprüchlich erscheinenden Entwicklung sind, die den politischen Prozess enttäuschungsanfälliger machen und Legitimationsprobleme verursachen. Widersprüchlich erscheint die

Entwicklung dadurch, dass die politischen Eliten einerseits in der „Mediendemokratie" einen Bedeutungszuwachs erfahren, in der „Verhandlungsdemokratie" hingegen Handlungssouveränität einbüßen und damit einen politischen Bedeutungsverlust hinnehmen müssen. Deshalb kontrastiere auch die schleichende Entmachtung politischer Eliten, so Edgar Grande, mit der zunehmenden Personalisierung von Politik (vgl. Grande 2000: 122). Genau darin liegt die Widersprüchlichkeit der politischen Kommunikationsverhältnisse, wenn man sich mit Rolle und Funktion des politischen Führungspersonals in modernen Mediengesellschaften beschäftigt.

Es sei dahin gestellt, ob es gerechtfertigt ist, angesichts dieser Entwicklung von einem „Strukturbruch" (ebenda: 123) moderner Demokratien zu sprechen. Unverkennbar ist jedoch, dass politische Führungseliten, deren Handlungslegitimation in hohem Maße durch regelmäßig abgehaltene Wahlen bestimmt wird, unter permanentem Kommunikationszwang stehen. Sie werden in eine kommunikative Doppelrolle gedrängt und müssen insoweit auch zweigleisig fahren. Einerseits können sie sich den Gesetzen der „Ökonomie der Aufmerksamkeit" (vgl. Frank 1998) nicht entziehen. Ohne die Befähigung zum regelmäßigen publizitätsträchtigen Auftritt im Rahmen der „Mediendemokratie", ohne die Rituale des „öffentlichen Rechthabens" (so bereits Schelsky 1983: 69) sind mediale Sichtbarkeit, Bekanntheit und ggf. Zustimmung nicht zu erreichen. Andererseits haben sich politische Eliten auf den Foren der „Verhandlungsdemokratie" zu bewähren. Doch Kennzeichen von Verhandlungssystemen sind eher Vertraulichkeit, Diskretion und Informalität. Nur so können sich die Beteiligten im Rahmen ihrer Kooperationen ausreichende Konzessionsspielräume bewahren (vgl. Lehmbruch 1998: 26; s. auch Kap. 4 in diesem Buch). Je nach Politikfeld kann es sich dabei um pluralistische oder korporatistische Elitennetzwerke handeln, die den Zugang der Repräsentanten öffentlicher und privater Organisationen zu den politischen Herrschaftsträgern in unterschiedlicher Weise bestimmen. Der Unterschied zwischen diesen beiden Eliteformationen besteht darin, dass pluralistische Kommunikationsnetzwerke nicht-hierarchisch und inklusiv, korporatistische Kommunikationsstrukturen demgegenüber eher durch Hierarchie und Exklusivität (vgl. König 1995) gekennzeichnet sind.

Während nun aber die steigende Komplexität politischer Probleme eher diskrete und kooperative Kommunikationsprozesse in verhandlungsdemokratischen Strukturen erforderlich machen, gewinnen in modernen Mediengesellschaften medial vermittelte Informationen für die Bewertung von politischem Führungspersonal an Bedeutung. Denn mit der Abschwächung politisch-weltanschau-licher Bindungen schwindet der institutionelle Loyalitätspuffer. Die Lösung der Bürgerinnen und Bürger wie auch der politischen Akteure von ihrer Klassen- und Massenbasis verändert Stellenwert und Qualität der gesellschaftlichen und politischen

Kommunikationsbeziehungen. Die Erosion und Mutation traditioneller Wert- und Organisationsbindungen setzt die Meinungen zu aktuellen politischen Fragen frei, macht Bürgerinnen und Bürger wählerischer, verleiht dem politisch-publizistischen Prozess ein größeres Gewicht und unterwirft damit auch politische Eliten dem Druck möglichst kontinuierlicher Medienpräsenz und Meinungspflege.

Mehr denn je ist deshalb das Mediensystem zu jenem Teilsystem geworden, ohne das Politik und Gesellschaft für ihre Selbst- und Fremdbeobachtung nicht mehr auskommen (vgl. Luhmann 1996). Nach dem Ende der „Gewissheit" wird in dem zunehmend umkämpften und unübersichtlichen Kommunikationsmarkt die Herstellung von „Vertrauen" in die Spitzenakteure zu einem entscheidenden Erfolgskriterium (Giddens 1990; Neidhardt 1994: 29). Im Sinne von Massenloyalität kann Vertrauen in einer Demokratie jedoch kaum mehr durch Face to face-Kommunikation beschafft werden. Zur Arena der alltäglichen „trust"-Pflege sind in der Mediendemokratie die Massenmedien geworden.

10.2 Mediencharisma und Amtsverantwortung

Schon früh hat Helmut Schelsky die These aufgestellt, dass die mit dem Zugang zur Publizistik verbundenen Herrschafts- und Machtgewinne zu einem „neue(n) Typ von Politikern" und einer „andere(n) Form ‚Politik'" führe (Schelsky 1983: 62). Doch welche Rückwirkungen hat diese Entwicklung tatsächlich angesichts eines ebenso ausdifferenzierten wie konzentrierten Medienmarktes auf das politische Führungspersonal? Mutiert die politische Elite zur medienfixierten Politprominenz? Reichen Medienpräsenz und -prominenz als Erfolgskriterium bei der Rekrutierung politischer Eliten aus? Wie verändern sich die Beziehungen der Positionsinhaber in den Spitzen der Politik zur demokratischen Basis? Zeichnet sich gar die Wende von einer eher institutionen- hin zu einer eher personenzentrierten, von einer traditionell repräsentativen zu einer mehr und mehr plebiszitarisierten, von einer eher stabilen zu einer mehr und mehr variablen, d.h. stimmungsdemokratischen Politik ab?

Was inzwischen schon fast dem Common Sense wissenschaftlicher Insider ebenso wie kritischer Beobachter aus der politischen Publizistik zugerechnet werden darf, muss hier allerdings mit einigen eher politikwissenschaftlich grundierten Fragezeichen versehen werden. Der vielfach vermittelte Eindruck, die Erosion institutioneller Bindungen und (Ab)Sicherungen mache das politische Führungspersonals zu gleichsam freischwebenden politischen Seiltänzern in der Medienarena (vgl. Sarcinelli 2004b), entspricht zwar einem gängigen Medienbild von Politik. Diese populäre Sicht unterschätzt aber den Verpflichtungscharakter und die Rollen prägenden Wirkungen, die mit der Übernahme von Führungsämtern verbunden sind. Dem Kapitel liegt insofern auch eine im Vergleich zum Mainstream der Forschung teilweise umgekehrte Blickrichtung zugrunde. Es wird nicht nur nach dem Einfluss des modernen Medienbetriebs auf Rekrutierung und Verhalten politischer Eliten gefragt, sondern auch nach dem Einfluss institutioneller Rahmenbedingungen auf das Verhalten politischer Eliten in der Mediendemokratie.

Insofern zielt die Problemstellung auf das Spannungsverhältnis zwischen einer dem Gemeinwohl verpflichteten „Ämterdemokratie" und einer vom öffentlichen Austrag von Konflikten getragenen „Konkurrenzdemokratie" (Isensee 2002: 252). Denn Demokratie ist beides: Zum einen Konkurrenz der Machteliten, die im Kampf um die besseren Alternativen vor allem im Rahmen intermediärer Organisationen (insb. Parteien und Verbände), im parlamentarischen Prozess und dann ganz besonders im medienvermittelten politischen Wettbewerb zum Ausdruck kommt; zum anderen aber auch Amtsverantwortung, die dem Gemeinwohl als regulative Idee verpflichtet sich vor allem den Kompetenz- und Verfahrensregeln des Gewalten teilenden und verschränkten Systems unterwirft (vgl. ebenda: 250).

Stellt man die Frage, welche Anpassungsleistungen politische Eliten, allen voran die Spitzenrepräsentanten von Parteien, Parlament und Regierung, an die Bedingungen einer modernen Medienöffentlichkeit erbringen und wie diese demokratietheoretisch einzuordnen sind, so taucht *Plebiszitarisierung* (vgl. z. B. Jäger 1992; Sarcinelli 1999c) als eine Art Generalnenner auf. Plebiszitarisierung meint dabei, dass politische Akteure mehr und mehr die Medien zur direkten Bürgeransprache und damit als Plattform der Legitimationsbeschaffung nutzen; einer Legitimationsbeschaffung, durch welche die intermediären Institutionen der Willensbildung und Interessensvermittlung geschwächt, wenn nicht gar umgangen werden. In den Mittelpunkt rückt damit der quasi plebiszitär über die Medien bestätigte politische Führer.

Diese mediendemokratischen Vorstellungen rufen Erinnerungen an Max Webers Herrschaftssoziologie wach. Weber hatte bekanntlich große Sympathie für ein Demokratiemodell, das sich ganz aktuell im Zusammenhang mit der Medialisierung von Politik als erklärungsträchtig erweisen könnte. Bekanntlich plädierte der Nestor der modernen Sozialwissenschaften für eine „plebiszitäre Führerdemokratie" (Weber 1980: 156f.), nach seinem Verständnis eine Variante charismatischer Herrschaft. Danach herrscht der politische Führer „kraft der Anhänglichkeit und des Vertrauens seiner Anhängerschaft und des Vertrauens seiner politischen Gefolgschaft zu seiner Person als solcher" (ebenda: 156). Während sich rationale bzw. legale Herrschaft im Verständnis von Max Weber im Reich der Bürokratie verkörpert, vorgegebenen Regeln folgt, auf einer von Personen unabhängigen Verwaltung basiert und auf die Einhaltung von Amtspflichten achtet, bezieht charismatische Herrschaft ihre „Legitimität aus der Leidenschaft, mit welcher ein Politiker zum Wohle seiner Anhänger die Routine des Tagesgeschäfts durchbricht" (Lepenies 2003: 13).

Nun stand und steht Charisma als Grundbegriff der Politik und als Kategorie politischer Theorie in zweifelhaftem Ruf. Der Glaube an die außeralltägliche persönliche Leistung als Legitimitätsgrund – Weber spricht von „außeralltäglicher Gnadengabe" – ist nicht allein durch die historischen Erfahrungen mit politischer Massenverführung in Deutschland in Misskredit geraten. Denn dass sich auch und gerade der Nationalsozialismus insbesondere in der Figur des „Führers" eines ausgefeilten Instrumentariums charismatischer Herrschaftslegitimation mit vernichtender Wirkung ‚erfolgreich' bediente, ist unbestritten (vgl. z.B. Herbst 2010). Dafür kann jedoch Max Weber nicht in ‚Haftung' genommen werden, zumal er das Problem politischer Führung in einen universalgeschichtlichen Kontext eingebettet hatte. Er war geleitet von der Frage, „wie unter den Bedingungen des modernen okzidentalen Rationalismus, der Differenzierung sozialer Teilbereiche, insbesondere aber unter den Bedingungen des modernen Kapitalismus, politische Freiheit überhaupt noch möglich sein kann" (Stachura 2010: 22). Persönliches Eintreten für die Sache der Politik und persönliche Verantwortungsübernahme als Gegengewicht zu einer Staatsbürokratie, die sich durch effizientes Verwaltungshandeln auszeichnet, das waren die mit dem Charisma-Konzept verbundenen Leitideen, für die der Politiker im Parlament und in den Massen um Gefolgschaft zu kämpfen habe (vgl. Mommsen 1974: 49). Der Appell an das Charisma des „selbstgewählte(n) Vertrauensmann(s) der Massen" (ebenda: 499) erschien dem Nestor der Soziologie als der einzige Weg, um in „modernen bürokratischen Gesellschaften eine dynamische politische Ordnung und damit zugleich politische Freiheit ... aufrechtzuerhalten" (Mommsen 1989: 527). Erst in der Kombination von charismatischer Führung und bürokratischer Abstützung politischer Herrschaft versprach er sich eine für die Industriegesellschaft „weitsichtige, zu Innovationen befähigte Politik und damit indirekt eine Erhöhung der gesellschaftlichen Dynamik" (ebenda: 529).

In einer auf die Rationalität des Bürgers gründenden Vorstellung von Demokratie muss Charisma als eine irrationale Legitimationsquelle politischer Herrschaft erscheinen. Eine interessante Neuinterpretation vertritt demgegenüber der amerikanische Sozialwissenschaftler Richard Sennett in seinem Klassiker „Verfall und Ende des öffentlichen Lebens. Die Tyrannei der Intimität" (1986). Er grenzt sich von den Charisma-Theorien Max Webers und Sigmund Freuds ab. Soweit sich Rationalität an der empirischen Wahrheit dessen, was man sehen und fühlen kann, bemisst, bedürfe es „einer Form der Irrationalität" (Sennett 1986: 351). Es sei deshalb falsch, die charismatische Persönlichkeit mit Leidenschaftlichkeit und Illusion gleichzusetzen und ihr Rationalität gegenüberzustellen. Ganz im Gegenteil bilde in einer Kultur, die vom Glauben ans Unmittelbare, Immanente, Empirische geleitet sei und den Glauben an das nicht unmittelbar Erfahrbare als hypothetisch, mystisch und vormodern zurückweise, „das Charisma den Ausgangspunkt für ein rationales Verständnis von Politik" (ebenda 1986: 350). Denn die Empfindungen eines Politikers ließen sich unmittelbar wahrnehmen, nicht jedoch die künftigen Konsequenzen seiner Politik. Allerdings verurteilt Richard Sennett zugleich aus ethischen Gründen das Überhandnehmen einer auf Persönlichkeitseigenschaften von Akteuren ausgerichteten Politikvermittlung. In der Politik höhle der Auftritt der Persönlichkeit die politische Substanz aus. Sie sei unzivilisiert, weil sie die Menschen davon ablenke, was sie in der Gesellschaft gewinnen oder an ihr verändern könnten (vgl. ebenda: 364). Denn mit einem auf Persönlichkeitsmerkmale abstellenden „Charisma der Attraktivität" lässt sich leicht das „Charisma der Autorität" (Tänzler 2004: 286) verdrängen.

10.3 Max Weber revised: Die Mediendemokratie als Variante einer plebiszitären Führerdemokratie

Dennoch verdienen Max Webers Überlegungen zu einer plebiszitären Führerdemokratie unter den Bedingungen der modernen Mediengesellschaft ein neuerliches Interesse. Im Blick hatte Weber bekanntlich den direkt gewählten, starken und von Parteien und Parlament weitgehend unabhängigen Reichspräsidenten mit der Doppelfunktion, Hüter der Verfassung und zugleich Hüter der Politik zu sein (vgl. Weber 1988: 498ff.). In Übereinstimmung mit den zeitgenössischen Politikvorstellungen im Nach-Wilhelminischen Deutschland entwickelte Max Weber seine Theorie demokratischer Herrschaft nicht aus den Grundpostulaten der Selbstbestimmung des Einzelnen und der Volkssouveränität. Vielmehr sah er die Hervorbringung großer politischer Führerpersönlichkeiten als eine zentrale Aufgabe und als die wichtigste Legitimationsquelle der parlamentarischen Demokratie, deren politisches Schicksal für ihn noch nicht absehbar war (vgl. Mommsen 1989: 526). Vom Plädoyer für die plebiszitäre Führerauswahl versprach er sich denn auch die Überwindung der „Einengung des freien Zugangs zur Macht durch Parteibürokratie und Parlament" einerseits und einen Beitrag „gegen die ‚Meritokratie' in der Politik andererseits" (Schluchter 1985: 101f.). Plebiszitäres Führertum also als Gegengewicht zu Berufspolitik, Parteienklüngel und Verwaltungsdominanz sowie als Therapie gegen die eigennützige Herrschaft einer abgehobenen Elite? Statt „ohnmächtige(r) Preisgabe an Klüngel" die „Unterordnung unter selbstgewählte Führer" (Weber 1988: 501).

Der Appell an das Charisma des direkt legitimierten politischen Führers als „selbstgewählte(m) Vertrauensmann der Massen" (ebenda: 499) erschien Weber als der einzige Weg, um die moderne, offene Gesellschaft angesichts universaler Bürokratisierungstendenzen auch weiterhin offen zu halten, um in „modernen bürokratischen Gesellschaften eine dynamische politische Ordnung und damit zugleich politische Freiheit ... aufrechtzuerhalten" (Mommsen 1989: 527). Erst

10.3 Max Weber revised

in der Kombination von charismatischer politischer Führung und bürokratischer Abstützung politischer Herrschaft versprach er sich auch unter den Bedingungen einer egalitären Industriegesellschaft „weitsichtige, zu Innovationen befähigte Politik und damit indirekt eine Erhöhung der gesellschaftlichen Dynamik" (ebenda: 529). Nicht an Führungsgruppen im Sinne der modernen Elitentheorien war Max Weber interessiert. Sein besonderes Interesse galt vielmehr dem politischen Führer, der durch das Volk unmittelbar legitimiert und frei von den Zwängen des Apparates möglichst handlungsautonom und politisch gestaltungsmächtig ist. Statt einer „führerlosen Demokratie" aus Berufspolitikern ohne Mandat plädierte er für eine „Führerdemokratie" mit direkt legitimierten herausragenden Persönlichkeiten (vgl. Weber 1988: 320ff.).

Nun sind die historischen Umstände nicht vergleichbar. Max Weber argumentierte vor dem Hintergrund seines großen Rationalisierungsthemas nach dem Niedergang der Monarchie, in revolutionären Wirren und im Vorgriff auf eine vor allem institutionell noch völlig ungewisse demokratische Entwicklung in den Anfängen der Weimarer Republik. Dass die Idee vom plebiszitären Führer knapp zwei Jahrzehnte später politisch pervertiert und zur Abschaffung der Demokratie führen würde, konnte er nicht voraussehen. Gerade deshalb aber kann mit dem Führerbegriff heute nicht mehr in gleicher Weise wie zu Webers Zeiten unbefangen umgegangen werden. Abgesehen von dieser historischen Hypothek gibt es auch funktionale Gründe für die nur begrenzte Übertragbarkeit der Idee einer plebiszitären Führerdemokratie.

So lassen sich moderne Gesellschaften nicht mehr als hierarchische Systeme mit hoher Elitenautonomie beschreiben. Die vielfältigen Prozesse der „Interessenvermittlung" und vor allem die Anforderungen an die Fähigkeit zur „Interessenkonversion" (Herzog 1993b: 125) mit dem Ziel der Herstellung kollektiv verbindlicher Entscheidungen verlangen von politischen Eliten ausgeprägte Kommunikationskompetenz nach innen und nach außen. Insofern erfolgt politische Führung heute nicht primär über Hierarchie sondern über Kommunikation. Denn in der Demokratie kann politische Folgebereitschaft nicht erzwungen werden. Sie muss immer wieder kommunikativ erworben werden.

Dies nimmt nichts von der Faszination der Weberschen Plebiszitarisierungsidee, aus der etwas deutlich wird, was sich auch für die Rolle von Eliten in der Mediendemokratie als erklärungsrelevant erweist: Je stärker politische Führungspersönlichkeiten ihre Eigenlegitimation über massenmediale Beziehungen definieren, desto geringer wird der Verpflichtungscharakter, der sich für sie aus ursprünglichen Rekrutierungskontexten, aus Parteikarriere, institutionellen Bindungen und Amtsethos ergeben kann. Der Druck zur mediengestützten Plebiszitarisierung, d.h. zur direkten Ansprache des Medien- und damit eines Laienpublikums bei gleichzeitiger Schwächung der politischen Gremien, Institutionen, Verfahren und Funktionäre verlangt jedoch ein verändertes Anforderungsprofil beim politischen Führungspersonal. Mehr denn je dürften kommunikative – vor allem auch medienspezifische – Fähigkeiten und Politikvermittlungskompetenz, wenn nicht unbedingt für Personalrekrutierung, so doch für Positionsbehauptung und Aufstieg politischer Eliten von entscheidender Bedeutung sein. Interesse verdient dabei vor allem die Frage, ob und in welcher Weise sich die Gewichte zwischen medialer Politikvermittlung einerseits und institutionenspezifischer Kommunikationskompetenz (z.b. im Rahmen innerparteilicher Willensbildung) andererseits verschoben haben.

Folgt man Vertretern der inzwischen verbreiteten Kolonialisierungsthese (vgl. z.b. Meyer 2001), dann durchdringen, ja bestimmen die Regeln der Medienlogik mehr und mehr auch andere soziale Handlungsfelder und somit auch die Politik. Hier stellt sich allerdings die Frage, ob die Eigenlogik des Politischen nicht unterschätzt wird und ob sich nicht Kerne des politischen Willensbildungs- und mehr noch des Entscheidungssystems – vor allem, wenn es um politische Routinevorgänge und nicht um Spektakuläres geht – der Medienlogik gar widersetzen. Auch ist zu bezweifeln, dass es eine völlig institutionen- und amtsunabhängige, d.h. kontextfreie Anpassung an die Medienlogik gibt. Die Vorstellung jedenfalls, in der Mediendemokratie könne politische Kompetenz einfach durch Medienprominenz ersetzt werden, erscheint dann doch – unbeschadet des Bedeutungszuwachses von Medienprominenz als politisch relevantem Faktor – eine unzulässige Übertreibung.

10.4 Medienprominenz und politische Kompetenz

Aus populärer Sicht ist die Diagnose jedenfalls eindeutig: Unter dem Diktat des modernen Massenkommunikationssystems, allen voran des Fernsehens, vollzieht sich ein „Strukturwandel politischer Herrschaft" (Macho 1993), eine Mutation der politischen Elite zur medienfixierten Polit-Prominenz; entwickelt sich Politik zu einem „Starsystem" (Kepplinger 1997) mit vermeintlich steuerungssouveränen Akteuren (Beck 1986: 314); drohen infolge des „Überhandnehmen(s) einer persönlichkeitsorientierten Politik" unzivilisierte Verhältnisse (Sennett 1986: 364), ein neuer Typus politischer Ordnung, den der italienische Rechtsphilosoph Danilo Zolo einmal als „demokratische Fürstenherrschaft" (Zolo 1997) bezeichnet hat. Gemeint ist damit eine Art plebiszitarisiertes System auf der Basis von Fernsehlegitimität.

Diese Einschätzungen haben einen hohen zeitdiagnostischen Gebrauchswert. Allerdings stehen sie empirisch auf eher unsicheren Beinen. Haben wir es tatsächlich mit einer medienbedingten Mutation des politischen Führungspersonals zu tun? Wird Elitenkompetenz durch Medienprominenz ersetzt? Räumt die politische Elite unter den spezifischen Bedingungen des modernen Massenkommunikationssystems tatsächlich der Medienprominenz den Platz? Wie verändern sich Rekrutierung, Einstellungen, Kompetenz und Kommunikationsweisen des politischen Führungspersonals unter dem Diktat der „Ökonomie der Aufmerksamkeit" (Frank 1993 und 1998) in der modernen Mediendemokratie?

Die Evidenz eines über das Fernsehen vermittelten Politikbildes mit wenigen prominenten Akteuren sollte nicht zu vorschnellen Schlussfolgerungen verleiten. Was dem eifrigen Medienkonsumenten hoch plausibel erscheinen mag, nämlich Politik als eine Art Star-System, als ein überschaubares mediales Spiel mit einigen wenigen Prominenten, erweist sich bei näherem Besehen dann doch als zu vordergründig und empirisch als außerordentlich fragwürdig. Wichtige Hinweise dafür gibt eine der wenigen, leider älteren Studien zur Prominenzierung in der Mediengesellschaft. Sie stammt von Birgit Peters (1996). Rund zwei Jahrzehnte alt, sperren sich die Daten aus dieser Studie angesichts einer dynamischen Medienentwicklung allerdings gegen eine vorschnelle Generalisierung. Dennoch ist die Studie unter empirischen wie auch systematischen Gesichtspunkten von Interesse.

Als Prominente bezeichnet Birgit Peters solche Personen, „die dadurch hervorragen, dass sie dauernd präsent sind" (Peters 1996: 32f.). Unter Prominenz soll dabei „die generalisierte Fähigkeit eines Akteurs, öffentliche Aufmerksamkeit zu finden" (Gerhards/Neidhardt 1990: 36), verstanden werden. Während Eliten von Fachkreisen und Gremien ausgewählt würden, kennzeichne den Prominentenstatus eine große Laienöffentlichkeit. Peters rekurriert dabei auf das Öffentlichkeitsmodell von Gerhards und Neidhardt. Da öffentliche Aufmerksamkeit knapp ist, stellt nach diesem Modell „der Besitz von Prominenz ein Beziehungskapital dar, das unabhängig davon wirkt, was ihr Träger jeweils sagt und tut. Die Aufmerksamkeit gilt dem Prominenten selber..." (Gerhards/Neidhardt 1990: 36.). Der Prominente sei, so Gerhards und Neidhardt weiter, Teil der öffentlichen Agenda und werde im Maße seiner Prominenz selber zum Issue. Seine öffentliche Beachtung sei demnach nicht zwingend an Positionen geknüpft. Infolgedessen erweise sich der Prominentenstatus grundsätzlich als instabil. Er könne jederzeit aufgehoben werden (vgl. Peters 1996: 33).

Auf zwei Befunde gilt es hier besonders aufmerksam zu machen. Zum einen übernehmen die Medien erst den zweiten Schritt in der Elitenrekrutierung. Nach wie vor sind es die gesellschaftlichen Teilsysteme (im Bereich der Politikvermittlung insb. die Parteien, aber auch Gewerkschaften, Verbände und andere gesellschaftliche Organisationen), die spezifische Eliten nominieren und ausbilden. Erst nach der Nominierung möglicher Prominenzkandidaten innerhalb des Subsystems kommen die Medien ins Spiel, indem sie durch medienspezifische Selektionsmechanismen (s. u.a. Nachrichtenwert, Elitestatus, Personalisierung) einem Teil des Führungspersonals die Plattform für Massenpublikumsresonanz bieten, einem anderen nicht. Man kann das auf die Formel bringen „Beifall *nach*

Auslese" im Gegensatz zu „Beifall *statt* Auslese" (Peters 1996: 117). Abgeordnete selbst nennen als Voraussetzungen für ihre Mandatsübernahme vorausgegangene Berufserfahrung, persönliche Integrität, Responsivität sowie Führungsfähigkeit, Fachkompetenz, Parteiverankerung, kommunalpolitische Erfahrung sowie öffentliche Wirksamkeit (vgl. Patzelt 1999b: insb. 256). Dass ein Großteil dieser Qualifikationen nur in Verbindung mit Kommunikationskompetenz entfaltet werden kann, leuchtet ein, bedarf jedoch noch gezielter Erforschung. Ganz abgesehen davon, dass sich diese Selbsteinschätzungen von Abgeordneten zu den Nominierungsvoraussetzungen nicht unbedingt mit den Einschätzungen der nominierenden Parteimitglieder oder Delegierten decken müssen. Sicher ist jedenfalls, dass die Aufstellung von Direktkandidaten nach wie vor „die sorgsam gehütete Domäne der Parteiführungen in Orts- und Kreisverbänden ist" (Schüttemeyer/Sturm 2005: 546). Auch dies spricht für die Gültigkeit von Peters' Befund, dass auch in der Mediengesellschaft „Beifall nach Auslese" für die Eliterekrutierung maßgeblich ist. Auch in der Mediendemokratie wird politische Reputation nicht einfach durch Prominenz ersetzt. In der Regel verschaffen Medien nur dem Publizität, der politisch schon etwas gilt und vorzuweisen hat, wobei politische Leistung nicht automatisch ein Garantieschein für Publizität ist. Über die Verleihung des Prominentenstatus entscheidet dann allerdings das Medienpublikum. Medienpopularität steht jedenfalls normalerweise nicht am Anfang einer politischen Karriere.

Auch eine explorative Studie von Annette Knaut, in der im Rahmen von Leitfadengesprächen Abgeordnete des 16. Deutschen Bundestages zu ihrer Rolle als Politikvermittler befragt wurden, gemahnt zu Vorsicht gegenüber einem vorschnellen Medialisierungs- und Prominenzierungsverdacht, in den politische Eliten gerne gebracht werden. In ihrer empirisch und theoretisch abgeleiteten Abgeordnetentypologie spielt der Netzwerker-Typ, der dem von Dietrich Herzog deklarierten Typ des „Politik-,Vermittler'" und „strategischen Koordinator" (Herzog 1993: 27) sehr nahe kommt, eine zentrale Rolle. Kennzeichnend für diesen Abgeordnetentypus, der das politische „Geschäft" in der Regel über ein politiknahes Studium und entsprechende Referententätigkeiten gelernt, früh also schon politisch-institutionelle Erfahrungen gesammelt hat, ist die intensive informelle und formelle Pflege von internen und externen Kommunikations- und Interaktionsnetzen vor allem in Partei und Parlament. Keineswegs sind die Politikvermittlung dieser Abgeordneten bzw. deren politisches Führungs- und Responsivitätsverständnis in erster Linie medienfixiert. Parlamentarische Netzwerker und Netzwerkerinnen sehen die Darstellung über Massenmedien eher als unvermeidlichen Teil repräsentativen Handelns, so einer der zentralen Befunde von Knauts Studie über „Abgeordnete des Deutschen Bundestages als Politikvermittler" (vgl. Knaut 2010). Wichtiger erscheine ihnen der direkte Kontakt mit

10.4 Medienprominenz und politische Kompetenz

den Bürgern, sei es im Einzelgespräch in der Bürgersprechstunde oder über eine Vielzahl von Veranstaltungstypen, mit dem Ziel, auf die Bürger zuzugehen.

Auch wenn nicht ausgeschlossen werden kann, dass die Aussagen der Abgeordneten im Rahmen der Leitfadengespräche nicht völlig frei von sozialer Erwünschtheit sind, so bestätigt Knauts Studie einmal mehr die Notwendigkeit, das (politik)wissenschaftliche Interesse für politische Kommunikation nicht auf massenmediale Kommunikation zu verengen. Stattdessen sollten auch die diskreten Räume politischer Kommunikation, Beratung und Interessenabklärung (vgl. Kap. 4 in diesem Buch) in den Blick genommen werden. Das tangiert dann nicht nur die spezifischen kommunikativen Elemente im Spannungsverhältnis zwischen der „Politikherstellung und Politikdarstellung" (Sarcinelli/Tenscher 2008; vgl. Kap. 7 in diesem Buch), zwischen der Politik auf der Entscheidungs- und auf der Darstellungsebene. Es tangiert auch die vielfältigen kommunikativen Beziehungen zwischen politischen Akteuren und Bürgern.

Auch wenn dazu über sensible journalistische Beobachtungen und einzelne Akteursäußerungen hinaus nach wie vor keine genaueren empirischen Befunde vorliegen, so spricht doch alle Lebenserfahrung dagegen, dass bei der internen Vorauswahl von Führungspersonal (z.B. Kandidatennominierungen für Parlamentswahlen) Öffentlichkeitskompetenz überhaupt keine Rolle spielen soll. Denn politische Kompetenz ohne Medienkompetenz, Fach- und Sachkompetenz ohne Darstellungskompetenz ist nur halbierte Kompetenz. Die Frage, ob und wie sich eine Kandidatin oder ein Kandidat in der Öffentlichkeit vermitteln kann, ob sie oder er medial präsent und vorzeigbar ist, sich mehr als Expertin oder als Experte im Hintergrund begreift oder eher als Figur der Politikvermittlung, dürfte in organisationsinternen Nominierungsprozessen schon deshalb eine Rolle spielen, weil damit auch über die öffentliche Sichtbarkeit der jeweiligen Partei und über den Erfolg der eigenen Organisation entschieden wird.

Wer dann auch noch nach politischer Positionsübernahme prominent sein oder werden will, muss sowohl medienadäquat als auch publikumsgerecht agieren können, wobei Prominenz nicht notwendigerweise mit Popularität gleichzusetzen ist. Da Widerspruch einen höheren medialen Aufmerksamkeitswert hat als Zustimmung, erweist sich die Verkündung von Dissens, auch von Unpopulärem, also von Positionen, die von der Norm oder Mehrheitsmeinung abweichen, durchaus als probater Eigenbeitrag zur Prominenzierung.

Prominenzierung ist allerdings kein rein politisches Phänomen. Auf dem Informations- und Unterhaltungsmarkt konkurrieren politische Eliten mit Vertretern aus Sport, Show Business und vielen anderen Akteuren um den Prominentenstatus. Der Prominenz werden dabei generell hohe expressive, d.h. Unterhaltungsleistungen – gemessen mit den Eigenschaften „unterhaltsam" und „interessant" – zuerkannt. Bei der politischen Prominenz verbindet sich dies noch mit hohen moralischen Erwartungen. Peters vermutet, dass das Publikum mit Prominenz mehr verbindet als reinen Unterhaltungswert. Es erwartet „Orientierungsfunktion" (ebenda: 159). Kommen hohe moralische Qualitäten, ausgeprägte Unterhaltungskompetenz und gute Expertenfähigkeiten zusammen, so wird der Einfluss auf politische Meinungsbildung als wahrscheinlich angesehen (vgl. Peters 1996: 193; dies. 1994: 209).

Nun beschränkt sich der Prominentenstatus nicht allein auf den fernsehpräsenten Teil des bundespolitischen Spitzenpersonals. So kann auch ein typischer Hinterbänkler des Deutschen Bundestages aus der Sicht der Wähler und Parteimitglieder seines Wahlkreises bereits als Prominenter wahrgenommen werden. Das Phänomen lässt sich in Basis- und Alltagskontakten etwa von Abgeordneten gut beobachten. Zurückgekehrt in den Wahlkreis werden diese oft angesprochen, etwa mit der freudigen Aussage: „Frau oder Herr Abgeordnete(r), ich habe sie im Fernsehen gesehen..." Fragt die Mandatsträgerin bzw. der Mandatsträger dann aber zurück: „Was habe ich denn gesagt?", ernten sie bzw. er in der Regel verlegenes Achselzucken. ‚Ich werde gesehen, also bin ich', könnte man die berühmte Descartes'sche Formel auf die Mediengesellschaft ummünzen. Abgeordnete können zudem durch die kontinuierliche Medienpräsenz auf der Provinzbühne ihres Wahlkreises ihren lokalen Prominentenstatus pflegen und auch auf diese Weise ihre Machtbasis sichern.

Ob auf der Bundesebene oder in der politischen Provinz, Eliten sind gut beraten, ihre Prominenz durch entsprechende Medienpräsenz und Medienkompetenz zu pflegen. Wem dies nicht gelingt, der verliert zwar nicht gleich seinen Elitenstatus. Auch macht er sich weniger von schwankenden politischen Stimmungslagen und medialer Dauerbeobachtung abhängig. Mit dem Verlust an Prominenz nimmt jedoch die Gremienabhängigkeit zu. Zweifel sind allerdings angebracht, ob immer der Umkehrschluss gilt: „Wer die Ressource (knappe Medienzeit) erobert hat, der kann sich dann auch im innerparteilichen Machtkampf oder in den diversen Foren der Verhandlungsdemokratie leichter durchsetzen. Mediale Benennungsmacht wird in politische Verhandlungsmacht konvertiert" (Dörner 2004: 251).

Das gilt für Akteure mit fester politischer Verankerung in den verantwortlichen Gremien, nicht jedoch für solche, die dauerhaft ihre Außenseiterrolle pflegen. Denn Medien lieben zwar politische Dissidenten und geben diesen bereitwillig eine öffentliche Plattform, weil Kritik allemal mehr Aufmerksamkeit erzeugt als Zustimmung zur Mehrheitsmeinung. So attraktiv in medialer Hinsicht politische Dissidenz ist, so führt diese doch über kurz oder lang zumeist zu politischer Isolation in den Institutionen und Gremien oder gar zum politischen Scheitern; es sei denn, der Akteur kann sich mit seiner Außenseiterposition auf den Rückhalt einer starken Minderheit oder auf die Unterstützung durch die Basis (z.B. im Wahlkreis; in einem Verband oder einer innerorganisatorisch relevanten Gruppe) verlassen.

10.5 Politiker als Stars

Wer aufgrund seiner Führungsposition zur politischen Elite gerechnet wird, muss nicht unbedingt zur Prominenz gehören. Und nicht alle politischen Prominenten sind zugleich politische Stars, wiewohl die Grenzen zwischen Prominenz und Starsystem fließend sind. Auch der Status als politischer Star ist kein Merkmal, das man einfach erwerben kann, etwa als spezifische Karrierestation. Diesen Status erhalten lediglich die Prominentesten der Prominenten. Wie Prominenz, so ist auch der Sonderstatus als politischer Star keine Eigenschaft. Er ist das Ergebnis einer Zuschreibung durch das Medienpublikum aufgrund besonders auffälliger Auffälligkeit.

Im Kontext politischer Kommunikation kann man als Stars „expressive Meinungsführer" bezeichnen, „die im Mittelpunkt des öffentlichen Lebens stehen und eine wichtige Orientierungsfunktion" erfüllen (vgl. Faulstich 1998: 727). Starqualität hat der Spitzenakteur dann erreicht, wenn seine Prominenz zu einem Beziehungskapital geworden ist, das unabhängig davon wirkt, was er als politischer Akteur sagt und tut; wenn sich die Urteile über die Starqualität verselbständigen und auf die Einschätzung der Problemlösungsfähigkeit der Politikerin oder des Politikers abfärben.

Über die Wirkung von politischen Stars hat der Publizistikwissenschaftler Hans Mathias Kepplinger verschiedene Studien publiziert und dabei eine Argumentationskette geknüpft, die geradewegs ein Ursache-Wirkungsverhältnis zwischen Elitenverhalten und Politikverdrossenheit impliziert. Die Kompetenzzuschreibung für Politiker als Stars sei nicht notwendigerweise an Ämter geknüpft. Ja, die Urteile über die Starqualität politischer Akteure färbe auf die Einschätzung von deren Problemlösungskompetenz ab. Einerseits sei Fernsehperformanz eine Voraussetzung für Starruhm, andererseits sei Starruhm eine Ursache von Kompetenzvermutungen (Kepplinger 1997: 180 und 188). Zwischen Politik und Medien gibt es für Kepplinger demnach auch kein ausgewogenes Verhältnis des Gebens und Nehmens, sondern eher eine einseitige Ausrichtung der Politik an den Mechanismen des Mediensystems. Politische Akteure suchten Publizität und Publikumserfolge mit Hilfe der Massenmedien. Sie inszenierten und mediatisierten Ereignisse in Kenntnis der journalistischen Selektionskriterien und betrieben politisches „Ereignis-Management". Zunehmend überlagere „die Rationalität der Darstellung die Rationalität des Dargestellten" (ebenda: 176), unterwürfen sich die Politiker den Erfolgsbedingungen der Medien. Was unter dem Erfolgskriterium Aufmerksamkeit für den Akteur rational sei, habe jedoch weittragende Nebenfolgen. Die ohnedies erodierende Legitimationsbasis der Politik werde geschwächt und Politikverdrossenheit erzeugt (vgl. Keppliner 1998: 202). Es finde eine „Demontage der Politik" (Kepplinger 1998), so der Titel seines Buches, statt.

10.6 Politikvermittlungsexperten: eine neue Elite in der demokratischen Grauzone?

Unstrittig jedenfalls ist: Als politischer Akteur kann auf Dauer nicht erfolgreich sein, wer nicht zugleich auch über Politikvermittlungsqualitäten verfügt. Politikvermittlung ist demnach eine der Kompetenzen, die politische Eliten in der Mediengesellschaft entwickeln und pflegen müssen. Die Ausweitung des Mediensystems, die Zunahme der Anbieter und die wachsende Unübersichtlichkeit der Angebote setzen auch die politischen Akteure auf dem Medienmarkt unter Professionalisierungsdruck, wenn es darum geht, mediale Aufmerksamkeit zu erzeugen. Deshalb gilt es eine Personengruppe in Augenschein zu nehmen, die – zumindest in Deutschland und ganz im Gegensatz zu den USA – üblicherweise (noch) nicht zur politischen Elite gerechnet wird, gleichwohl aber über großen Einfluss verfügt. Die Rede ist von den politischen Öffentlichkeitsarbeitern. Hinter dieser Sammelbezeichnung verbirgt sich eine heterogene Personengruppe, die als politische Berater, als Pressereferenten, Marketingstrategen, Imagespezialisten, Spin Doctors oder wie auch immer bezeichnet, in jedem Falle also als „Politikvermittlungsexperten" (vgl. Tenscher 2000; ders. 2003), fungieren. Im Gegensatz zu den „graue(n) Eminenzen der Macht", denen in den „Küchenkabinetten der deutschen Kanzlerdemokratie" (Müller/Walter 2004) Beratungsfunktion in eher politisch-strategischen Fragen zukommt, sind Öffentlichkeitsarbeiter Experten des Politikvermittlungsgeschäfts. Die positionelle Spannweite diese „Souffleure der Macht" (zum Begriff vgl. Weischenberg/Malik/Scholl 2006) reicht von Pressereferenten, Redenschreibern, Image- und Politikberatern bis hin zu Bundesgeschäftsführern oder Generalsekretären von Parteien und Verbänden. Sie sind mit der Funktionslogik und den „Entscheidungsregeln" (Luhmann) des politischen Systems und ihres politischen Arbeitsgebers bestens vertraut und diesem auch verpflichtet. Ihr Wert für politische Eliten besteht vor allem darin, dass sie die Logik des Mediensystems kennen, dessen Regeln – vielfach aufgrund eigener beruflicher Erfahrungen im Mediensystem – beherrschen (vgl. Jarren/Röttger 1998) und für ihre Organisation oder ihren Auftraggeber nutzen. Was eine Information zur Nachricht macht, wie aus einem Thema ein politisches Event wird, wie personalisiert und dramatisiert wird, wie Timing und Themen der Berichterstattung beeinflusst werden können, wie Meinungen gemacht und Stimmungen erzeugt werden können – dies ist ihr professionelles Betätigungsfeld.

Was die theoretische Verortung und systematische Leistung von Öffentlichkeitsarbeit anbelangt, so gibt es inzwischen schon eine breitere Forschungsdiskussion (vgl. z.B. Ronneberger/Rühl 1992; Bentele 1998a und 1998b; Röttger 1997 und 2001) und eine noch breitere Palette mehr oder weniger anspruchsvoller Praktikerliteratur (vgl. z.B. Kock 2001). Inzwischen hat sich der Bereich

Public Relations/Öffentlichkeitsarbeit sogar als publizistikwissenschaftliche Teildisziplin etablieren können. Der publizistische und wissenschaftliche Streit darüber, wer im Verhältnis von Öffentlichkeitsarbeit und Medien wen beeinflusst oder vermeintlich gar determiniert, soll hier vernachlässigt werden.

Interesse verdient hier vielmehr die Positionierung dieses Personenkreises unter demokratietheoretischen Gesichtspunkten. Bei Politikvermittlungsexperten bzw. politischen Öffentlichkeitsarbeitern handelt es sich um strategisch gut platzierte, vielfach auch einflussreiche Akteure, deren Aufgabe es zwar ist, öffentliche Resonanz zu erzeugen, die selbst öffentlich aber kaum in Erscheinung treten. Verfassungsrechtlich und gewiss auch arbeitsrechtlich ist ihre Positionierung eindeutig. Es sind abhängig Beschäftigte, intern eingebunden oder extern beauftragt, i.d.R. Personen ohne eigenes politisches Mandat. Nicht gewählt, sondern angestellt für das öffentlichkeitswirksame Politikvermittlungsgeschäft, sind sie zuständig für den öffentlichkeitsadressierten Legitimationsprozess, für die „Darstellungspolitik" also (vgl. Sarcinelli 1987b: 66 und Kap. 7 in diesem Buch). Dennoch bleibt die Frage, ob hier eine neue Spezialelite in einer „legitimatorischen Grauzone" (Tenscher 2000: 13; Sarcinelli 2001: 129) entsteht, öffentlichkeitsrelevant aber nicht sichtbar, den Legitimationsprozess in starkem Maße beeinflussend, aber selbst in der Regel nicht demokratisch legitimiert.

Mag sein, dass hier ein gewisser Kampa-Mythos aufgebaut wird. – „Kampa" hieß bekanntlich die aus der Partei ausgelagerte Organisationseinheit, die für die SPD im Bundestagswahlkampf 1998 hochprofessionell und letztlich auch erfolgreich die Kampagnenplanung entwickelt und organisiert hat. – Dass Öffentlichkeitsarbeiter tendenziell unter Manipulationsverdacht stehen, hat sicherlich mit einer gewissen Geheimniskrämerei zu tun, die hierzulande um dieses Tätigkeitsfeld gemacht wird. In den USA und z.T. auch in Großbritannien gehört es mittlerweile zu den Image und Chancen fördernden Faktoren für Spitzenkandidatinnen und -kandidaten, sich in der Öffentlichkeit mit möglichst renommierten Politikberatungsfirmen und Politikvermittlungsexperten zu schmücken. Bisweilen treten die Spin Doctors sogar selbst als Stars auf und wird Spin Doctoring zum öffentlichen Thema. Demgegenüber bekennt man sich in Deutschland immer noch eher verschämt zur Professionalisierung der Politikvermittlung.

Sieht man einmal von der umfassenden Studie von Jens Tenscher (2003) über „Politikvermittlungsexperten" ab, so ist das Feld *politischer* Öffentlichkeitsarbeit(er) in Deutschland bisher empirisch wenig erschlossen. Das verwundert nicht, schließlich handelt es sich um eine hierzulande verhältnismäßig junge, vielfach zu Unrecht geheimnisumwitterte Branche. Erste vergleichende Untersuchungen über die Öffentlichkeitsarbeit von Regierungen in unterschiedlichen nationalen Kontexten zeigen, dass es beispielsweise zwischen PR-Experten in den USA und Deutschland erkennbare Unterschiede gibt. Spielen in Deutschland parteipolitische Handlungsorientierungen nach wie vor eine große Rolle, so sind in den USA die Kommunikationsrollen und -stile doch wesentlich stärker medienorientiert (vgl. Pfetsch 1998a; 2000; 2003). Dies stellt zwar die These von der Amerikanisierung der politischen Kommunikation nicht gänzlich in Frage. Es macht aber doch deutlich, dass die unterschiedlichen institutionellen Kontexte der politischen Systeme (parlamentarisches versus präsidentielles Regierungssystem, staatszentrierte versus gesellschaftszentrierte politische Kultur) und vor allem auch die Unterschiede der Mediensysteme (rein kommerzielles versus duales Mediensystem) die politischen Stile und Handlungsorientierungen der Akteure in Sachen politische Kommunikation beeinflussen (vgl. z.b. Esser/Pfetsch 2003; Klingemann/Römmele 2002). Dennoch gilt: „Trotz differenter nationaler Kommunikationskulturen fungieren die Medien ... als strategische Ressource, die politische Handlungsfähigkeit erhöhen, wenn nicht gar gänzlich herstellen soll" (WZB Bericht 2000: 130).

10.7 Mediale Präsenz, institutionelle Bindungen und Charisma

Nimmt man das Verhalten der politischen Eliten in der Mediendemokratie in den Blick, so wäre es falsch, sich ausschließlich auf deren medienöffentliche Kommunikation oder auf Prominenzierungsregeln zu konzentrieren. Eine solche Perspektive führt leicht zu einer Verzerrung der politischen Optik, weil politischinstitutionelle Faktoren, die das medienöffentliche Verhalten von politischen Eliten mit beeinflussen, dann ausgeblendet bleiben (vgl. insb. Kap. 1.4 in diesem Buch).

Mit den institutionellen Bedingungen politischen Handelns in komplexen Demokratien haben sich Renate Mayntz und Fritz W. Scharpf in vielen Arbeiten beschäftigt. Ihr zwischen System- und Handlungstheorie vermittelnder Ansatz, der sog. „akteurszentrierte Institutionalismus" (Mayntz/ Scharpf 1995; Scharpf 2000), geht von der Annahme aus, „dass soziale Phänomene als das Produkt von Interaktionen zwischen intentional handelnden – individuellen, kollektiven oder korporativen – Akteuren erklärt werden müssen. Diese Interaktionen werden jedoch durch den institutionellen Kontext, in dem sie stattfinden, strukturiert und ihre Ergebnisse dadurch beeinflusst" (Scharpf 2000: 79). Institutionen sind nicht starr, beeinflussen zwar das Handeln von Akteuren, lassen jedoch dem jeweiligen Amtsinhaber einen „Handlungskorridor". Institutionen reduzieren, so Fritz Scharpf, empirische Vielfalt. Sie bestimmen „die Präferenzen der Akteure im Hinblick auf die möglichen Optionen" (Scharpf 2000: 79).

Dass die politische Prominenz den Seiltanz in der Medienarena nicht ohne institutionelles Sicherungsnetz, Halteseil oder bisweilen auch Zwangskorsett vollführt, dafür geben die einschlägigen Elitenstudien sowie Beobachtungen zum Rollenverhalten des politischen Spitzenpersonals in der Mediengesellschaft klare

Anhaltspunkte. So verweisen Hoffmann-Lange und König darauf, dass für Sichtweisen und Verhalten der politischen Elite „der institutionelle Kontext", in dem diese tätig ist, wichtiger sei als soziale Herkunft (vgl. Hoffmann-Lange/König 1998: 451). In der Potsdamer Elitenstudie (vgl. Bürklin/Rebenstorf 1997) wird zwar einerseits ein sehr grundlegender, lebenszyklischer Einstellungswandel der deutschen Führungselite hin zu plebiszitären Demokratievorstellungen konstatiert, was auf eine erhöhte Bereitschaft schließen lässt, demokratische Legitimation durch direkten oder indirekten Kontakt zur Bevölkerung über inszenierte Medienpräsenz zu suchen. Andererseits kann auch nachgewiesen werden, dass mit der Dauer der Zugehörigkeit eines Mitglieds der Führungsschicht im Amt „die Akzeptanz der repräsentativen, auf politische Führung angelegten (und damit auch institutionalisierten, U.S.) Demokratie" (Bürklin 1997: 418) zunimmt. Beide großen Untersuchungen, die zweite Mannheimer Elitenstudie von Hoffmann-Lange (1992) wie auch die aktuellere Potsdamer Elitenstudie heben zudem auf ein dichtes Kommunikationsnetzwerk ab, in das die Eliten eingebunden sind, wobei dem politischen Elitensektor eine zentrale Bedeutung bei der Koordination gesellschaftlich bedeutsamer Entscheidungen zukommt. Im Gegensatz zum medienvermittelten Bild entscheidungssouveräner – oder bisweilen auch entscheidungsschwacher – Politprominenz spricht viel dafür, „dass die Entscheidungsstrukturen von Politikfeld zu Politikfeld variieren können" und „dass die relevanten Akteure in nationalen Politikfeldern nicht Individuen sondern Organisationen (vor allem Regierungsvertreter, politische Parteien und Interessengruppen, U.S.) sind" (Hoffmann-Lange/König 1998: 452).

Für das medienspezifische Verhalten von Inhabern politischer Führungspositionen bedeutet dies, dass institutionelle Lern- und Anpassungsmöglichkeiten (vgl. v. Beyme 1999) sowie Hindernisse keinen beliebigen Spielraum für eine Art medialen Determinismus lassen. Insofern zeugt eine Einschätzung wie die des Bundesverfassungsrichters Hoffmann-Riem, der nach langer Hochschullehrertätigkeit und einer kurzzeitigen Karriere als politischer Akteur die Politiker in den „Fesseln der Mediengesellschaft" (Hoffmann-Riem 2000: 109) gefangen sieht, eher von einem ‚Rückblick im Zorn' als von einer nüchternen Analyse der in der Regel wechselseitigen Anhängigkeiten zwischen Politik und Medien.

Auch erscheint es wenig hilfreich, von politischen Eliten so zu sprechen, als handele es sich um eine „politische Klasse" im Sinne einer kohärenten politischen Gruppe, die man als eigenständigen Faktor im politisch-medialen Prozess identifizieren könne (vgl. v. Beyme 1993: 14; Klingemann/Stöss/Weßels 1991: 27). Nimmt man politische Eliten nicht als vermeintlich homogene Akteursgruppe in den Blick, sondern betrachtet die medienöffentliche Wahrnehmung von Kommunikationsrollen einzelner Akteure unter Berücksichtigung von deren spezifischen, im politischen System verankerten Führungspositionen, so ergibt sich ein anderes Bild: Politische Eliten bilden ein institutionell und kontextspezifisch differenziertes Handlungsrepertoire mit sehr unterschiedlichen Kommunikationsrollen aus. Der Vergleich von professionell inszenierten Medienauftritten eines Bundeskanzlers, eines Bundespräsidenten, eines Ministerpräsidenten, von Bundestagsabgeordneten oder führenden Parteivertretern macht dies deutlich. Deren jeweils medienwirksames Verhalten ist nicht erklärbar ohne die Berücksichtigung von Rollen und Rollenerwartungen, die mit ihrer spezifischen „Amtsverantwortung" (Hennis 1973) verbunden sind (vgl. Korte 1998; Sarcinelli 1999a, 2002b und Kap. 15 und 16 in diesem Band). Im sprichwörtlichen Sinne gilt es hier als politischer Akteur darauf zu achten, auf der öffentlichen Bühne der Massenmedien nicht „aus der Rolle zu fallen".

Auch die medienöffentlich wahrnehmbaren „Spiele" politischer Eliten werden also „in hohem Maße durch Institutionen bestimmt" (Scharpf 2000: 80): Den Seiltanz vollführt die politische Prominenz in der Medienarena' in der Regel also nicht völlig frei, sondern an der institutionellen ‚Leine' – im einen Falle mehr, im anderen weniger. Wie alle Befestigungen, so kann auch diese ‚Leine' reißen. Mit Max Weber gesprochen bedeutet das: Wenn durch medienvermittelte Personalisierung ein „quasi-persönliches Band des Vertrauens ... an die Stelle einer abstrakteren, institutionell vermittelten Form von Vertrauen (tritt), eines ‚Legitimitätsglaubens', der aus der Integrität institutioneller Verfahren erwächst", dann begeben sich die politischen Eliten der Mediendemokratie auf „rutschiges Terrain" (Seubert 2002: 1141-1143). Die vermeintliche Attraktivität populistischer Politik, der unmittelbare Eindruck und die suggestive Zustimmungsfähigkeit nach Art einer mediensimulierten Augenblickslegitimation können über die stimmungsdemokratische Abhängigkeit eines solchen Legitimationsmodus nicht hinwegtäuschen. Kein Zweifel also, dass in der Mediendemokratie „die empfindliche Balancebeziehung zwischen Führung und Responsivität ... störanfälliger geworden ist" (Kaina 2002: 269).

Diese Störanfälligkeit betrifft insbesondere charismatische Herrschaftsformen, die sich gemeinhin besonderer Medienaufmerksamkeit erfreuen. Weil es jedoch bei „charismatisch" um ein Herrschaftsverständnis des Außeralltäglichen geht, lässt sich Charisma nicht auf Dauer stellen. Charismatische Herrschaft hat etwas Mobilisierendes, bricht Konventionen, löst Versäulungen auf. „Charismatiker sind Aktivierer" (Walter 2009: 11), die sich jedoch abnutzen und verbrauchen. Zum soliden politischen Alltagsgeschäft taugen sie nicht, schon gar nicht in einer funktionierenden Demokratie. Charismatiker mobilisieren und emotionalisieren. Unter kommunikationsspezifischen Gesichtspunkten sind sie von besonderem Interesse, denn ihre Legitimationsbasis ist die Öffentlichkeit. Für komplexe Verhandlungsdemokratien mit zahlreichen Vetospielern taugen sie in der Regel nicht. Der Charismatiker oder die Charismatikerin kann Dinge in Be-

10.7 Mediale Präsenz, institutionelle Bindungen und Charisma

wegung setzen, bisweilen auch mal den gordischen Knoten durchschlagen. Effiziente Problemlösung kann er oder kann sie jedoch nicht ersetzen. Das heißt dann auch: Personalisierung auch in Verbindung mit Charisma ist zur politischen Orientierung hilfreich, in politisch schwierigen Zeiten vielleicht auch unverzichtbar. „Charismatiker in Permanenz" können moderne Demokratien jedoch nicht verkraften, weil sie „keine ordentlichen Handwerker der Politik sind" (Walter 2009: 12). Also – ein wenig Charisma ist sicherlich auch in der Demokratie hilfreich. Zu viel Charisma aber ist demokratieschädlich!

Mehr denn je sind politische Zustimmung und Vertrauen in der modernen Mediendemokratie an einen voraussetzungsvollen Prozess gebunden bleiben, in dem es nicht nur auf auf persönliches Charisma und auf die gute mediale Performance der politischen Eliten, sondern vor allem auch auf deren Problemlösungsfähigkeit ankommt. Verschwörungstheorien, die politischen Akteuren grundsätzlich Täuschungsabsichten oder pauschal eine mediendemokratische Transformation des politischen Systems unterstellen, helfen hier nicht weiter. Vielmehr kommt es darauf an, dass politischen Eliten die Beherrschung und Koppelung von unterschiedlichen Kommunikationsrollen gelingt: Überzeugungskraft und Problemlösungsfähigkeit einerseits sowie Glaubwürdigkeit und Politikvermittlungskompetenz andererseits. Zwar stellt der „Überwachungscharakter der Medienaufmerksamkeit" (Dörner 2004: 253) politische Eliten unter Dauerbeobachtung. Es wäre jedoch schädlich für die Demokratie, wenn allein der „Augenblicksnutzen" (Grimm 1999: 54) von Medienattraktivität für die Legitimation politischer Führung ausreichen würde.

Parteien und Wahlen

11 Parteien und Politikvermittlung: Von der Parteien- zur Mediendemokratie?

11.1 „Parteienstaat - oder was sonst?": Einführung und Problemstellung

Unter dem Titel „Parteienstaat – oder was sonst?" (Grewe 1951) erschien bereits Anfang der fünfziger Jahre ein Aufsatz, der den Anstoß zu einer bis in die Gegenwart anhaltenden Serie von Diskussionen und Publikationen gab. Diese Debatte war und ist gekennzeichnet durch leidenschaftliche Plädoyers für die Parteien ebenso wie durch prinzipielle Infragestellungen der besonderen Rolle der Parteien in Deutschland. Die über engere Fachkreise hinausgehende Auseinandersetzung mit Parteien findet hierzulande allerdings vorwiegend im Modus von Verfallsprognosen, Untergangsszenarien, zumindest aber Legitimationskrisendiagnosen statt (vgl. z.B. Krippendorf 1962; Dittberner/Ebbighausen 1973; Scheer 1979; Wildenmann 1989; Wiesendahl 1992 und 2006; von Alemann 1996). Dies hat dazu geführt, dass das Parteiensystem in der Geschichte der Bundesrepublik Deutschland zu einem politischen ‚Patienten' mit einer Art wanderndem Sterbedatum geworden ist. Keiner anderen demokratischen Institution wurden so viele vorschnelle Nachrufe gewidmet wie den Parteien und ganz besonders den Volksparteien.

Gemessen am anhaltenden ‚nekrologischen' Interesse in Wissenschaft und Publizistik müssen Parteien in Deutschland eigentlich als eine Art „anachronistische(s) Wunder" (Dürr 1999: 205) und als politische Überlebenskünstler erscheinen. Es überrascht deshalb nicht, dass es immer wieder wissenschaftlichen Verdruss über die anhaltende Verdrossenheitsdebatte gibt (vgl. Lösche 1996). Auch angesichts neuer Herausforderungen in der modernen Mediengesellschaft dürfte deshalb die Rede vom „Ende der Parteien" eher der Steigerung publizistischer Aufmerksamkeit geschuldet sein als einer nüchternen Beschreibung der politischen Wirklichkeit entsprechen. Häufig tot gesagt, erweist sich das deutsche Parteiensystem trotz nicht zu übersehender Schwierigkeiten und Schwächen als robust und erstaunlich wandlungs- und anpassungsfähig. Daran ändert auch nichts der anhaltende, vor allem CDU und SPD betreffende und flächendeckende Mitgliederschwund (vgl. Niedermayer 2007: 370-375), der immer wieder als Krisensymptom der Volksparteien genannt, in langfristiger Perspektive aber durchaus auch als Normalisierungsprozess bewertet werden kann. So hat es in der Nachkriegsgeschichte der Parteien Phasen der Konzentration ebenso gegeben wie Phasen des Entstehens neuer Parteien, die dann das Parteienspektrum erweitert haben. Diesen Anpassungsprozess mag man als „Abstieg" (Wiesendahl 1992), als demokratischen Verfallsprozess oder als „Wechseljahre" (von Alemann 1996) bezeichnen. Von anderen Prämissen ausgehend kommt der Beobachter – zumal mit vergleichendem Blick und von außen betrachtend und historisch vergleichend – zu einer weit weniger pessimistischen Einschätzung des deutschen Parteiensystems. Es habe, so derDeutschlandkenner Gordon Smith, in nahezu jeder Hinsicht „eine eindrucksvolle Bilanz vorzuweisen. Über die Jahre hat es sich als eines der stabilsten in Westeuropa erwiesen" (Smith 1996: 221). Schließlich zeigt ein Blick über die Grenzen gerade auch in Transformationsländer, dass Parteien nach wie vor und auf nicht absehbare Zeit als die zentralen Vermittlungsinstanzen und Kommunikationsagenturen zwischen Bürger und Staat gebraucht werden (vgl. Klingemann 2000).

War in Deutschland lange Zeit – nicht zuletzt mit bundespräsidialem Segen (von Weizsäcker) – die Kritik an der Überdehnung des Parteienstaates und an der Uminterpretation des grundgesetzlichen Mitwirkungs- in einen politischen Allzuständigkeitsanspruch bestimmend, so scheint inzwischen eine andere Sorge vorherrschend. Bezweifelt wird, dass die Parteien ihr eigentliches politisches Privileg, die Vermittlung zwischen gesellschaftlicher Vielfalt und staatlicher Einheit, die Transformation von „Volkswillensbildung" in „Staatswillensbildung" (Grimm 1991: 265) zu organisieren, nicht mehr hinreichend gewährleisten könnten. Bei der Frage, ob Parteien noch zum Management zunehmender Komplexität und zur Legitimation des Entscheidungsnotwendigen in der Lage sind, kommt vor allem die „defizitäre(n) Kommunikation zwischen Parteien und Bürgern" (Stöss 2001: 35) in den Blick.

Dass sich in der modernen Mediengesellschaft mit all ihrer Dynamik in Angebot und Nutzung die Politikvermittlung (vgl. Sarcinelli 1998a) im Generellen und die der Parteien im Speziellen unter den Bedingungen des modernen Medienbetriebs verändert und Parteien sich vor neue Herausforderungen gestellt sehen, wird inzwischen lebhaft diskutiert (vgl. Wiesendahl 1998a und 2006; von Beyme 2000; von Alemann/Marschall 2002). Dabei sind das Bild von Parteien und die Auseinandersetzung mit der Parteiendemokratie selbst nicht frei von medienspezifischen Fokussierungen und Verzerrungen. Die Frage, ob sich Deutschland auf dem Weg „von der Parteien- zur Mediendemokratie?" (Sarcinelli 1997b und 1998b) befinde, sollte deshalb nicht als „Ende der Parteien" (Meng 1997) in dem Sinne verstanden werden, dass die Parteiendemokratie durch die Mediendemokratie abgelöst würde. Auch trifft die Vorstellung von einem plötzlichen „Wendepunkt" (Oberreuter 1996) nicht wirklich den Kern des Problems. Tatsächlich geht es vielmehr um die Auseinandersetzung mit einem

11.1 „Parteienstaat - oder was sonst?": Einführung und Problemstellung

langfristigen und deshalb schwer messbaren Veränderungsprozess in „Struktur" und „Kultur" (vgl. Kaase 1995) der deutschen Parteiendemokratie. Dieser Veränderungsprozess hängt entscheidend mit dem Wandel der medialen Umwelt zusammen. Die Medien und das Mediale sind zu einer allgegenwärtigen sozialen Selbstverständlichkeit geworden. Mediale Einflüsse auf die Politik im Allgemeinen und auf die Parteien im Besonderen können zwar allenthalben identifiziert werden. Im genaueren sind sie dann aber doch nicht so leicht operationalisierbar oder gar im Sinne von Kausalbeziehungen messbar. Insofern verwundert es auch nicht, dass es bisher nur kleinere Beiträge (vgl. Roth 1987; von Alemann 1997; Gellner 1995; Wiesendahl 1998a), aber keine größeren systematischen Studien zu der Frage gibt, ob und in welcher Weise sich der parlamentarische Parteienstaat kontinentaleuropäischer Prägung und insbesondere die deutsche Parteiendemokratie im Zuge der Medienentwicklung verändert. Punktuelle Ansatzpunkte, wie sie die zahlreichen Wahlkampfanalysen oder vereinzelte Parteiorganisationsstudien liefern, können hier ebenso wenig befriedigen wie auf Einzelaspekte zentrierte Essays oder sensible journalistische Beobachtungen und Prognosen.

Dieses Forschungsdefizit kann hier nicht kompensiert werden. Gleichwohl wird nachfolgend versucht, einen systematischen Einblick in die komplexe Wechselbeziehung zwischen parteiendemokratischer Entwicklung einerseits und medialem Wandel andererseits zu geben. Dabei spricht viel für die These, dass die Parteien organisationspolitischer Kristallisationskern eines Prozesses sind und auf absehbare Zeit auch bleiben werden, den man als einen langen Weg „von der parlamentarisch-repräsentativen Demokratie in eine medial-präsentative Demokratie" (Sarcinelli 1997a und 1997c) bezeichnen könnte. Vordergründig und kurzfristig betrachtet mag es ja plausibel erscheinen, die Politik auf Spektakel, Medienlärm und Symbolhandlungen zu reduzieren und in ihr nur noch eine „Sparte der Unterhaltungsindustrie" (Gunter Hofmann) zu sehen. Tatsächlich aber spricht mehr für eine sehr langfristige, in der populären Debatte gerne dramatisierten „Transformation des Politischen" (zum Begriff vgl. Meyer 1994). Dies sollte allerdings nicht nur als Anpassung der parteipolitischen Organisationslogik an die Medienlogik im Sinne einer Professionalisierung politischer Showkompetenz und damit als eine Art politisch-kulturelle Verfallserscheinung verstanden werden. Denn ausgeschlossen ist nicht, dass mit dieser Entwicklung auch demokratieförderliche strukturelle und politisch-kulturelle Veränderungen in den innerparteilichen Kommunikationsbeziehungen einhergehen können.

Dieser Veränderungsprozess ist zu vielschichtig, als dass er sich auf die griffige Formel von der „Unterminierung der Parteiendemokratie durch Medienmacht" (Oberreuter 1996: 20) bringen ließe. Zu kurz gegriffen und institutionenblind erscheint auch die ausschließlich auf die Politikdarstellung reduzierte Behauptung, Politik finde nur noch im „Medienformat" statt. Solche kategorischen Sichtweisen lassen sich einreihen in eine Diskussionskette, in der zunächst über die Ohnmacht der Bürger aufgrund der Allmacht der Parteien und nun über die Ohnmacht der Parteien aufgrund der vermeintlichen Allmacht der Medien geklagt wird.

Die nachfolgenden Überlegungen versuchen eine Annäherung an die Vielschichtigkeit der skizzierten Problemzusammenhänge auf drei Ebenen: der Makroebene, auf der das Parteiensystem in seiner Einbettung in das Regierungssystem betrachtet wird; der Mesoebene, auf der die Parteien als Teil des intermediären Systems und zugleich in Konkurrenz zu anderen Akteuren wie Verbänden, Sozialen Bewegungen, Medien etc. stehen; schließlich der Mikroebene, auf der die Parteien mit den Bürgern, den Parteimitgliedern und Wählern in Verbindung gebracht werden.

Zunächst geht es darum, die Rolle der Parteien im demokratischen System mit Blick auf ihre besondere kommunikative Verantwortung und unter Berücksichtigung zentraler gesellschaftlicher und politischer Herausforderungen zu thematisieren. Anschließend wird das Feld der inneren und äußeren Parteienkommunikation abgesteckt. Sodann werden die Merkmale veränderter Kommunikationsbedingungen und -weisen identifiziert und mögliche Konsequenzen thematisiert, bevor abschließend ein Ausblick auf die Zukunft der medialisierten Parteiendemokratie bzw. der parteiendemokratisch dominierten Mediengesellschaft gegeben wird.

11.2 Vom Aufmerksamkeitsprivileg zum Flexibilitätsmanagement: Funktionen und Funktionswandel

11.2.1 Die Parteien im Verfassungsgefüge

Parteien sind nicht die einzigen Akteure im intermediären System. Sie teilen sich die Aufgabe der Interessenvermittlung und Willensbildung mit vielen gesellschaftlichen Gruppen, mit organisierten Verbänden, mit Bürgerinitiativen und (Neuen) Sozialen Bewegungen sowie mit den Medien. Den Massenmedien kommt dabei eine Sonderrolle zu. Einerseits sind sie Vermittlungsinstanz und Plattform für andere Akteure. Andererseits entwachsen sie mehr und mehr der passiven Vermittlerrolle und sind inzwischen, wie das Bundesverfassungsgericht erstmals in seinem Spiegel-Urteil und dann in den nachfolgenden Rundfunkurteilen immer wieder konstatierte, „Medium und Faktor" (vgl. BVerfGE 20: 162 und 174f.; vgl. Hoffmann-Riem/Schulz 1998) im Kommunikationsprozess. Doch nur den Parteien kommt die „eigentümliche Doppelrolle" zu, legitimiert durch Wahlen „Meinungen und Interessen aus dem Volk nicht nur wie die anderen Vermittlungsinstanzen an den Staat heran(zutragen), sondern in ihn hinein, indem sie in den verfassten staatlichen Organen den Gesamtwillen bilden... Sie lösen also das in allen pluralistisch-repräsentativen Demokratien auftretende Vermittlungsproblem zwischen vorhandener gesellschaftlicher Vielfalt und aufgegebener staatlicher Einheit" (Grimm 1987: 132f.; ders. 1983).

Den Parteien kommt somit ein besonderer verfassungsrechtlicher Mischstatus aus Freiheit und Bindung zu, der den Parteien – in Abgrenzung zu den Staatsorganen – den Rang eines Verfassungsorgans zubilligt. Dabei sollen die Parteien „nicht soweit in den Bereich der institutionalisierten Staatlichkeit entrückt werden, dass sie ihre gesellschaftliche Verwurzelung verlieren, ihre Führungen Unabhängigkeit von den Mitgliedern gewinnen und sich die dauernde Rückkoppelung an die gesellschaftliche Vielfalt von Meinungen und Interessen auflöst" (Oberreuter 1992: 27).

Die Parteien sind es demnach, die den Kreislauf politischer Kommunikation zwischen Staatsorganen und Öffentlichkeit, zwischen der „Volkswillensbildung" und „Staatswillensbildung" in Gang halten sollen. Dabei steht nicht zur Debatte, „ob sie entweder zur Gesellschaft oder zum Staat gehören, sondern nur, in welchem Maße sie in beide integriert sein dürfen" (Grimm 1991: 265 und 274). Wie keinem anderen Akteur im politischen Prozess des demokratischen Systems kommt den Parteien also eine besondere kommunikative Scharnierfunktion zu.

11.2.2 Veränderte Rahmenbedingungen für die Politikvermittlung der Parteien

Es gehört zum Wesen einer offenen Gesellschaft und einer freiheitlichen Staatsordnung, dass die Bedingungen, unter denen Parteien ihre Schlüsselrolle in der Politikvermittlung wahrnehmen, nicht konstant sind. Dies betrifft vor allem ihre politisch-kulturelle Verankerung. Ebenso gilt es für die Kommunikationsverhältnisse in einer sich rapide verändernden Medienlandschaft sowie für die besonderen Kommunikationsanforderungen im staatlichen Institutionengeflecht. Welche übergreifenden Entwicklungslinien sind für dieses Bedingungsgefüge in den letzten Jahren kennzeichnend? Wie lässt sich der Funktionswandel der Parteien mit Blick auf die dynamische Veränderung der Medienlandschaft charakterisieren? Dazu zusammenfassend nur einige Hinweise:

Zum Wandel der politischen Kultur: Parteien und Parteiensysteme sind in Entstehung und Entwicklung immer auch Ausdruck vorpolitischer und sozialer Konstellationen, auf die sie als kollektive Sinnproduzenten Einfluss nehmen, von deren Wandel sie andererseits aber mehr noch als andere intermediäre Organisationen betroffen sind. Was inzwischen in seinen Symptomen weithin bekannt ist, hat Wolfgang Streeck einmal treffend als „Verflüssigung einstmals als gegeben voraussetzbare(r) Handlungsbedingungen" bezeichnet (Streeck 1987: 484). Lange Zeit waren die Parteien als Repräsentanten grundlegender gesellschaftlicher

Konfliktlinien (z.B. Kapital vs. Arbeit, Stadt vs. Land, Kirchennähe vs. Trennung zwischen Kirche und Staat etc.) fest verankert in sozialen Kontexten, Schichten und Milieus. Auch heute noch sind sie trotz starker Angleichung der Mitglieder- und Wählerbasis „weltanschaulich und sozialstrukturell deutlich identifizierbare und unterscheidbare ‚Tendenzbetriebe'" (Mintzel/Oberreuter 1992: 487). Gleichwohl findet im Zuge gesellschaftlicher Modernisierung (Stichworte: sozialstrukturelle Verflüssigung, Individualisierung, Säkularisierung bzw. Entkirchlichung, kognitive Mobilisierung etc.) eine tendenzielle Entkoppelung von Sozialstruktur und politischem Verhalten statt.

Für die Parteien schlägt sich die abnehmende gesellschaftliche und politische Bindungskraft (vgl. Rucht 1993: 271ff.) in einem Rückgang bzw. einer Abschwächung der Parteiidentifikation, in Mitgliederschwund, in der Schrumpfung des Stammwählerpotentials und erhöhter Wechselwahlbereitschaft, in einer sich ausbreitenden parteipolitischen Gleichgültigkeit und Abstinenz nieder, wie überhaupt in einer eher instrumentellen, nämlich zunehmend situations-, nutzen- und zweckbestimmten Orientierung (vgl. Niedermayer 2002). Es ist weniger die in der Literatur viel beschworene „partizipatorische Revolution", auf die sich Parteien in ihrer Politikvermittlung gegenwärtig und zukünftig einzustellen haben. Vielmehr ist es ein Wandel in der politischen Kultur, den man realistischer als gesteigertes mitreden wollen, ohne unbedingt dazugehören zu müssen umschreiben kann. Konfrontiert sind die Parteien mit einem zwar gewachsenen, insgesamt aber flüchtigeren Beteiligungsinteresse, dessen Kennzeichen ein abnehmender Verpflichtungscharakter ist. Dieser Wandel zwingt alle Parteien um des politischen Überlebens willen zu neuen „institutionelle(n) Arrangements" (Kaase 1998: 187) im Innern sowie zu intensivierter Kommunikation nach außen.

Zu den Veränderungen der medialen Umwelt: Von der Lösung individualisierter Gesellschaften aus bindenden Reglementierungen ist das Mediensystem nicht nur betroffen. Massenmedien sind für den gesellschaftlichen Wandlungsprozess selbst ein dynamischer Faktor. Als „soziales Totalphänomen" (Saxer 1998: 53; vgl. Jarren 1994a) scheint Massenkommunikation von nahezu beliebiger Funktionalität zu sein. Der neue „Strukturwandel der Öffentlichkeit" (Jürgen Habermas) ergibt sich dabei einmal aus der quantitativen Ausweitung und der damit verbundenen Vervielfachung der Kanal-Kapazitäten und zum anderen aus einer kommerzialisierten, zunehmend an Marktbedingungen orientierten, d.h. auf Publikumsgeschmack und Mediennachfrage ausgerichteten Entwicklungsdynamik. So stehen Public Service-Funktionen unter dem Druck von Unterhaltungskonkurrenz; wird der Medienzugang für unterschiedlichste Akteure erleichtert, während es angesichts eines zunehmend fragmentierten Publikums tendenziell schwerer wird, von einer Massenöffentlichkeit gelesen, gehört oder gesehen zu werden. Damit aber unterliegt schließlich Politik im Generellen und unterliegen Parteien im Speziellen einem medialen Autoritätsverlust.

Parteien operieren zudem in einem öffentlichen Raum, in dem sie mit parteieigenen Medien kaum mehr über massenmediale Thematisierungskompetenz verfügen. Eine nennenswerte Parteipresse gibt es in Deutschland, abgesehen von der Sonderstellung des CSU-Parteiblattes „Bayernkurier", nicht mehr. Parteien sind deshalb in gleicher Weise wie das allgemeine Publikum nahezu ausschließlich auf die Massenmedien angewiesen. Doch dies hat Folgen für die Politikvermittlung. Denn die Medien haben sich inzwischen weithin von sozialen und politischen Institutionen entkoppelt und operieren nicht selten als eigenständige Akteure (vgl. Jarren 1998a). Angesichts dieses Wandels des Medienumfeldes mutet die Frage aus den achtziger Jahren „Kontrollieren Parteien die politische Kommunikation?" (Langenbucher/Lipp 1982) schon reichlich antiquiert an. Sie traf den Kern des Problems in einer Zeit, in der die Politik im Kontext eines recht überschaubaren Mediensystems eine Art Exklusivitätsvorbehalt und einen genuinen Aufmerksamkeitsbonus beanspruchen konnte. Das hinter dieser Frage stehende einseitige Instrumentalisierungsmodell erscheint heute jedoch ebenso wenig den Kern des Verhältnisses von Medien und Politik zu treffen wie die normativ zwar begründbare, die Realität aber nicht wiederspiegelnde Vorstellung von den Medien als „Vierte-Gewalt" (vgl. Kap. 7 in diesem Band). Kennzeichnend für die Gegenwart ist eher – bei allerdings erheblichen Unterschieden zwischen Medien und journalistischen Typen mit divergierendem beruflichem Selbstverständnis – ein schwer durchschaubares „Beziehungsspiel" mit eher symbiotischen Interaktionsbeziehungen zwischen Eliten aus Politik und Medien.

Die Politikvermittlung der Parteien spielt sich inzwischen in einem medialen Umfeld ab, in dem die „Kontrolle über die sozialen Institutionen der Massenkommunikation", die Karl W. Deutsch in seiner „Politischen Kybernetik" zu Recht als „ein(en) Hauptbestandteil der Macht" (Deutsch 1973: 280) bezeichnet hat, tendenziell erschwert ist; eine Entwicklung, die man in einer offenen Gesellschaft eigentlich nicht beklagen muss. Dies hat jedoch auch zur Konsequenz, dass die Parteien mit ihrer Politikvermittlung in einem hart umkämpften und deshalb ständig zu bedienenden, instabilen Markt öffentlicher Aufmerksamkeit operieren und von politischen Stimmungsschwankungen abhängiger werden.

Zu den Herausforderungen im Staats- und Institutionensystem: Ihre Doppelrolle, Offenheit der Gesellschaft und Entscheidungsfähigkeit des Staates, insbesondere von Parlament und Regierung, zu gewährleisten, verkoppelt die Parteien mit dem vorpolitischen Raum ebenso wie mit der institutionalisierten Staatlichkeit. Insofern sind Parteien im parlamentarischen Regierungssystem nicht nur maßgebliche Akteure des offenen „Diskurses", sondern auch Institutionen gesamtstaatlicher „Repräsentation". Als Teil eines Systems von „government by discussion" nehmen sie mehr als jeder andere Akteur im intermediären System „auf den institutionellen Kontext des Entscheidungshandelns und der Machtzuweisung selbst Einfluss" (Greven 1993: 292). Sie stehen in der besonderen Verantwortung, ihre Politikvermittlung so zu betreiben, dass nicht nur Interessen vertreten werden. Sie sind auch verantwortlich dafür, dass Mehrheiten möglich sind, Gesetze verabschiedet und die anstehenden Staatsaufgaben erledigt werden, kurz: dass kollektiv verbindliche Entscheidungen zustande kommen können. Nun stellt Politik in komplexen Demokratien längst nicht mehr eine Art hierarchische Spitze der Gesellschaft oder ihr Steuerungszentrum dar. Mit der Zunahme der „Binnenkomplexität des Staates" haben sich „die institutionellen Bedingungen des Regierens entscheidend verändert", entsteht „eine neue Architektur von Staatlichkeit" (Grande 1995: 328f.; vgl. Hesse/Benz 1990), in der die Steuerungserfolge staatlicher Institutionen durch die Enthierarchisierung der Beziehung zwischen Staat und Gesellschaft und durch ein Nebeneinander von hierarchischer Steuerung und horizontaler Selbstkoordination (vgl. Scharpf 1991) erkauft werden. Regulative und autoritative Politiken bedürfen zunehmend der Ergänzung durch kooperative und partizipative, auf Motivation, Kommunikation und Akzeptanzförderung zielende Handlungsmuster.

Politikvermittlung der Parteien findet demnach nicht nur in einem sich verändernden Medienumfeld statt. Sie operiert auch im Rahmen einer politischen Institutionenordnung, für die „eine eigentümliche Mischung aus Konkurrenz- und Verhandlungsdemokratie" (Czada/Schmidt 1993b: 11) typisch ist. Die kommunikativen Anforderungen unterscheiden sich hier prinzipiell von den tendenziell einfachen, oft dualistischen, weil primär nach dem Regierungs-Oppositionsschema verlaufenden, medienzentrierten und deshalb oft spektakulären Wettbewerbsmustern. Politikvermittlung spielt sich hier in einem komplexen Machtverteilungssystem mit Verhandlungszwängen ab. Sie hat es mit „vielen Varianten von konkordant, korporatistisch und föderal verflochtenen Prozessen der Politikformulierung und Implementation" (Scharpf 1989: 26) zu tun. Diese, zudem durch wachsende internationale Verflechtung gekennzeichnete, neue „Staatsarchitektur" stellt an die Politikvermittlung der Parteien hohe Anforderungen. Dabei ergeben sich vielfältige Herausforderungen an ein kompetentes „Flexibilitätsmanagement" (Nedelmann 1995: 22). Gemeint sind damit neue Fähigkeiten und Muster der politischen Steuerung und Handlungskoordination, die inzwischen mit dem schon inflationär gebrauchten ‚Zauberwort' „governance" belegt werden (vgl. Benz/Lück/Schimank/ Simons 2006). Das funktioniert im medienfernen Entscheidungsbereich und in der Routinepolitik oft erstaunlich gut. Es bietet andererseits aber auch im demokratischen System Deutschlands mit seinen zahlreichen Vetospielern die Chance für politische Blockaden. Parteien bzw. Parteiakteure müssen deshalb nicht nur über eine gewisse Virtuosität in der Erzeugung von Publizität, sondern auch über die Fähigkeit zu unterschiedlichen Graden kommunikativer Diskretion verfügen, wenn sie den Anforderungen des politischen Entscheidungssystems gerecht werden wollen (vgl. Kap. 4 in diesem Band).

Insgesamt wird deutlich: Die Veränderungen in der politischen Kultur des Landes und in der medialen Umwelt sowie im politischen Institutionensystem fordern die Lernfähigkeit der Parteien in Sachen Politikvermittlung, politischer Willensbildung und Entscheidungsfindung heraus. Darauf haben sich alle deutschen Parteien in ihrer Kommunikation nach innen und außen einzustellen.

11.3 Grundlagen der Politikvermittlung „nach innen" und „nach außen": Parteien als Kommunikatoren und als Kommunikationsraum

Mit welchen „institutionellen Arrangements" (Max Kaase) haben die Parteien auf die veränderten Rahmenbedingungen reagiert? Welche Spielräume und Strategien für unterschiedliche Formen der Politikvermittlung „nach innen" und „nach außen" lassen sich ausmachen? Vollzieht sich ein fundamentaler Form- und Strukturwandel der Parteien als intermediäre Organisationen, ein Veränderungsprozess, dessen grundsätzliche Bedeutung vielleicht auch deshalb als wenig dramatisch erscheint, weil sich das öffentliche Interesse in der Mediengesellschaft immer nur aktuell auf punktuelle und spektakuläre Ereignisse konzentriert? Oder haben wir es möglicherweise mit einem Nebeneinander unterschiedlicher Kommunikationswirklichkeiten zu tun, einem parteienstaatlich geprägten und traditionsverhafteten Organisationsleben an der Mitgliederbasis einerseits und einer medienzentrierten Event-Politik auf der Stabsebene andererseits? Welche Folgen hätte eine wachsende Spaltung in zwei unterschiedliche „Organisationsrationalitäten" und Kommunikationslogiken" (Wiesendahl 2002: 364; 1998: 443)? Lassen sich die Veränderungen generell als Demokratieverluste qualifizieren oder gibt es auch Chancen und neue Spielräume für Demokratiegewinne?

Eine generalisierende Antwort auf diese Fragen wird den unterschiedlichen Kommunikationsbedingungen und -kompetenzen sowie den verschiedenen Reformansätzen (vgl. Reichart-Dreyer 2001) der Parteien aus mehreren Gründen kaum gerecht. So sind die Voraussetzungen für Binnenkommunikation in einer heterogenen Volkspartei andere als in einer eher klientelistischen Kleinpartei; bieten sich für mitgliederstarke Großparteien mit bundesweit flächendeckender Präsenz und komplexer Binnenstruktur andere Chancen der öffentlichen Sichtbarkeit sowie der internen und externen Politikvermittlung als für Parteien mit geringer Mitgliederzahl und schwacher Organisationsdichte. Die Bereitschaft zur umstandslosen Nutzung von Erkenntnissen und Möglichkeiten eines professionellen Kommunikationsmanagements ist nicht mit allen Organisationskulturen und Parteitraditionen in gleicher Weise vereinbar. Andererseits zeigt gerade das Beispiel von Bündnis 90/Die Grünen, zu welchen Lern- und Anpassungsprozessen Parteien unter dem Druck mediengesellschaftlicher Realität fähig sein können (vgl. Knoche/Lindgens 1993: insb. 755f.). Schließlich ist die FDP ein gutes

Beispiel dafür, wie die konsequente Ausrichtung einer Partei auf medienattraktive Publikumseffekte im Sinne einer „Spaßpartei" zu politischen Einbrüchen und nachhaltigen Glaubwürdigkeitsverlusten führen kann.

Ohne auf Spezifika der einzelnen Parteien eingehen zu können, sollen im Folgenden einige Grundsatzfragen der Binnen- und Außenkommunikation der demokratischen Parteien thematisiert werden. Zunächst sind analog zu der oben skizzierten „Doppelrolle" (Grimm) der Parteien zwei „unterschiedliche Kommunikationssphären mit je eigentümlichen Kommunikationslogiken" (Wiesendahl 1998a: 443) zu unterscheiden: Die Politikvermittlung im Rahmen der Partei-Binnenkommunikation und die Politikvermittlung im Rahmen der Partei-Außenkommunikation.

11.3.1 Politikvermittlung „nach innen"

Fragt man, welche Bedeutung die auf das Verfassungsgebot der innerparteilichen Demokratie zu beziehende Politikvermittlung im Rahmen der Parteibinnenkommunikation (Tab. 6) für Parteimitglieder einerseits und für das Parteimanagement andererseits hat, so lassen sich doch einige wesentliche Unterschiede festmachen, was den Kreis der Beteiligten, die Kommunikationsabsicht, die generelle Struktur der Kommunikationsbeziehungen sowie die Bedeutung von Medien anbelangt.

So ist nur eine Minderheit der Mitglieder ständig in die Kontakt- und Kommunikationsnetze der Parteien, i.d.R. auf Ortsvereinsebene, integriert. Dabei hat Mitgliederkommunikation immer mit gemeinschaftlicher Wirklichkeitserfahrung, Erlebnisverarbeitung und Interessenartikulation im Rahmen der Organisationskultur der jeweiligen Partei zu tun. Sie dient in hohem Maße der politisch-weltanschaulichen und sozio-emotionalen Selbstvergewisserung und bedient „die primären gesinnungsexpressiven und sozialintegrativen Kommunikationsbedürfnisse der freiwilligen Mitglieder" (Wiesendahl 2002: 365). Sie dient zum Teil aber auch dem Aufbau affektiver und ideologischer Distanz zum politischen Gegner. Die Binnenkommunikation der Mitglieder ist eher für Verständigungsorientierung offen als die auf innerparteilichen Machtaustrag und strategisch-instrumentelles Handeln angelegte Politikvermittlung seitens des Parteimanagements. Andererseits ergeben sich Spannungen im Rahmen der Partei-Binnenkommunikation insofern, als die Minderheit der „Basisaktive(n)" im Vergleich zu den in öffentlichen Ämtern stehenden Parteiführungen und den Wählern gewöhnlich profiliertere und weniger moderate Vorstellungen und Präferenzen an den Tag legen". Volksparteien befänden sich deshalb, so Wiesendahl weiter, in einem „kaum lösbaren Mobilisierungsdilemma", weil ihre unpolitische Wähleransprache mit dem „gesinnungsethischen Enthusiasmus der Parteiaktivisten kaum kompatibel" sei (Wiesendahl 1996: 415ff.).

Parteiinformationsmedien werden nur noch von einer aktiven Minderheit als Informationsgrundlage zur Wahrnehmung auch der eigenen Partei genutzt (vgl. am Beispiel der CDU Veen/Neu 1995: 18). Für die Masse der Parteimitglieder jedoch gewinnen die allgemein zugänglichen Massenmedien auch als Informationsgrundlage über die eigene Organisationswirklichkeit an Bedeutung. Sie sind zu den Hauptträgern innerparteilicher Kommunikation geworden (vgl. von Alemann 1992: 121ff.).

Tabelle 6: Politikvermittlung im Rahmen der Partei-Binnenkommunikation

	Parteimitglieder	*Parteimanagement*
Generelles Merkmal	„Talk"	„politisches Tun"
Beteiligte und Kommunikationsumfeld	kleine Minderheit (10-15 v.H.) der Mitglieder in Kontakt- und Kommunikationsnetzen; i.d.R. auf Ortsverbandsebene	Vertreter der Parteiführung, hauptamtliches Management über Massenmedien und Organisationskontaktnetze
Absicht	Interessenartikulation und vor allem Befriedigung von egozentrierten Kommunikationsbedürfnissen; Selbstvergewisserung	Interessenartikulation und -integration, politische Führung und innerparteilicher Machtaustrag
Struktur	tendenziell: interessengeleitete Verständigungsorientierung bei Aktivistengruppen: Neigung zu Programmradikalismus	tendenziell: interessengeleitetes strategisch-instrumentelles Handeln bei Amtsträgern: weniger profilierte politische Präferenzen
Medien	primär Orientierung an Massenmedien, aber auch an persönlichen Kommunikationsnetzen; Nutzung von Parteiinformationsmedien durch aktive Minderheiten; geringe Nutzung der IuK-Technik zur Information oder Interaktion	Orientierung an Massenmedien und an Parteiorganisationsebenen und -untergliederungen; Parteiinformationsmedien als (Rest)Element elitengesteuerter Kommunikation; neue IuK-Technik zur Optimierung innerparteilicher Information und Steuerung

Nach anfänglich euphorischen Kommunikationshoffnungen und Partizipationserwartungen im Zusammenhang mit dem Einsatz neuer Informations- und Kommunikationstechniken (IuK) ist inzwischen Ernüchterung eingekehrt. Die IuK-Technik wird zwar weithin als selbstverständliches Instrument innerparteilicher Information und Steuerung genutzt. Sie ist für die Durchführung politischer Kampagnen unverzichtbar. So trägt auch die flächendeckende Vernetzung der hauptamtlich besetzten Geschäftsstellen der Parteien nicht nur zur Verbesserung der Informationsabrufmöglichkeiten in den Untergliederungen und zur Erhöhung der Fähigkeit zur geschlossenen, schnelleren Aktion und Reaktion im politischen Kommunikationsprozess bei. Doch haben sich hier die Parteien der allgemeinen Praxis medientechnologischer Aufrüstung in Organisationen lediglich angepasst. „Eine digitale partizipatorische Revolution findet in den Parteien nicht statt, genauso wenig wie Online-Politics im hergebrachten Prozess innerparteilicher Willensbildung eine Fußnote wert wäre" (Wiesendahl 2002: 385). Denn Kampagnenfähigkeit ist weniger ein medientechnisches Problem, als vielmehr eine Frage der Motivation, der Fähigkeit also, Menschen (Mitglieder, Anhänger, Wähler) zu überzeugen und politisch zu mobilisieren.

11.3.2 Politikvermittlung „nach außen"

Die zu vernachlässigende Bedeutung von Parteimedien, die lediglich eine Minderheit aus Parteiaktiven und Experten erreicht, wird noch offenkundiger in der Politikvermittlung im Rahmen der Partei-Außenkommunikation (Tab. 7), die letztlich auf Durchsetzungsfähigkeit im medialen Aufmerksamkeitswettbewerb zielt. Unübersehbar ist der Zwang zum „Going public", zur „Medifizierung" (vgl. Plasser 1985; Wiesendahl 2001: 601) bei der Außendarstellung der Parteien. Dabei ist das Medium Fernsehen aufgrund seiner Reichweite, seiner noch relativ hohen Glaubwürdigkeit und aufgrund der visualisierenden Vermittlung auch für Parteien das politische Leitmedium, vor allem wenn es um Breitenwirkung geht. Auf dieses „Hauptwerkzeug der Kommunikation in politisch-gesellschaftlichen Diskursen" (Radunski 1996: 34) haben sich alle Parteien in ihrer Öffentlichkeitsarbeit und insbesondere in der Wahlkampfkommunikation schon längst eingestellt. Über Wahlkampfzeiten hinaus scheinen sich Parteien einer Art Fernsehzwang nicht mehr entziehen zu können. Die formatspezifischen Möglichkeiten gerade dieses Mediums, Sachverhalte relativ beliebig zu thematisieren und zu rahmen sowie Personen zu popularisieren oder zu dämonisieren, nötigt politische Akteure zu einer Intensivierung ihrer Darstellungskompetenz und politische Organisationen zu Ausbau und Professionalisierung der Öffentlichkeitsarbeit.

Damit aber geraten Akteur und Organisation in der Mediengesellschaft in ein ambivalentes Spannungsverhältnis. Dies gilt insbesondere für das Parteimanagement und überregionale Führungszirkel, weil das öffentliche Erscheinungsbild der Parteien auf dieser Ebene ganz überwiegend geprägt wird durch medien- und möglichst fernsehzentrierte Politikvermittlung. Dabei kommt kaum mehr in den Blick, dass Partei-Außenkommunikation auch im Rahmen vielfältiger, nicht unbedingt medienspektakulärer Basiskontakte stattfindet und dass hier Politikvermittlung durchaus auch responsiv sein kann und entgegen verbreiteter Antiparteienaffekte auch ist. So werden die zumeist unspektakulären Kommunikationsleistungen und die Kontaktdichte etwa von Abgeordneten in den Wahlkreisen systematisch unterschätzt. Das findet auch darin seinen Ausdruck, dass demoskopische Erhebungen, die allgemein nach dem Verhältnis von Politikern zu Bürgern deutlich negativere Ergebnisse erzielen als Untersuchungen, die nach den individuellen Kommunikationserfahrungen mit konkreten Abgeordnetenpersönlichkeiten fragen.

Vor allem die Volksparteien im Blick kam Elmar Wiesendahl hinsichtlich der Parteibinnen- wie auch der Außenkommunikation schon vor mehr als einem Jahrzehnt zu einem pessimistischen Resümee: „Im Strukturwandel der politischen Kommunikation und der ‚New Politics' einerseits und der ‚partizipatorischen Revolution' andererseits sind die Parteien längst nur noch ohnmächtige Zeugen einer Entwicklung, bei der ihnen vor allem von den Massenmedien und den losen Netzwerken bürgerschaftlichen Aufbegehrens die traditionelle Rolle als staatsbürgerliche Sozialisationsinstanz nachhaltig streitig gemacht wird" (Wiesendahl 1996: 419). Zu beklagen sei der Bedeutungsverlust der Parteien als Mitgliederorganisationen mit ihren Freiwilligen und Ehrenamtlichen. Deren Arbeit würde immer entbehrlicher, weil „Medientheater" Aktivitäten der Mitgliederbasis übertünche. Immer mehr komme es für den Erfolg auf „Inszenierenkönnen und Darstellungsvermögen einiger weniger Prominenter des Politik-Starsystems" (ders. 1997b: 379) an. In der Folge entwickelten sich „Mitglieder- und Berufspolitikerpartei kognitiv immer stärker auseinander" (ders. 2002: 379).

11.4 Politikvermittlung im Rahmen neuer institutioneller Arrangements

Es stellt sich die Frage, ob man mit einer solchen Grundsatzkritik, die letztlich einer vehementen Verteidigung des Konzepts der Mitgliederpartei in Verbindung mit Groß- bzw. Volksparteien entspringt, den veränderten Kommunikationsbedingungen und -zwängen in der Mediengesellschaft gerecht wird. So ist zwar evident, dass Parteien in ihrer tradierten Funktion als in sozialen Milieus verankerte kollektive „Gesinnungsgemeinschaften" an Bedeutung verlieren. Zugleich wird ein langfristiger Trend zur Partei als politischem – und manchmal auch gar nicht so sehr politischem – „Dienstleistungsbetrieb" (Immerfall 1998: 4) in einem zunehmend entideologisierten Wettbewerbssystem erkennbar.

Hier stellt sich dann die Frage, ob die Parteien mehr Getriebene als selbst die treibende Kraft des viel beschriebenen gesellschaftlichen Modernisierungsprozesses sind. Denn wenn erhöhte Partizipationsorientierung zugleich verbunden ist mit einem geringeren Verbindlichkeitsgrad politischer Beteiligung, wenn gerade jüngere Altersgruppen (vgl. Sarcinelli 2002e) formale Beteiligung zunehmend in Frage stellen, wenn der „Legitimationspuffer einer prinzipiell geneigten Stammwählerschaft" (Bürklin 1992: 36) schrumpft, wenn sich die Verankerung der Parteien in Traditionsmilieus und gesellschaftlichen Vorfeldorganisationen lockert, politisches Verhalten mehr und mehr von rationalem Kalkül abhängt, Parteieintritt und -engagement demnach zunehmend von Nutzenmotiven (vgl. Bürklin/Neu/Veen 1997) bestimmt werden, wenn die Bereitschaft zur dauerhaften Organisationsbindung abnimmt, und wenn es dem eher pragmatischen, selbstbewussten, problemorientierten und kritischen „neue(n) Typ von Parteimitgliedern ... weniger um die soziale Einbindung als zunehmend darum geht, die gemeinsamen Überzeugungen politisch mitzugestalten" (Veen/Neu 1995: 9), dann hilft der Ruf nach dem alten Typus von Mitgliederpartei, nach Programmparteien oder nach parteipolitischer Grundsatztreue ebenso wenig wie die Sehnsucht nach deutlicher unterscheidbaren politischen Lagern. Dann müssen sich Parteien zwangsläufig neuen Bedingungen des politischen Wettbewerbs stellen und durch neue „institutionelle Arrangements" (Kaase) den „Trend der De-Institutionalisierung der politischen Willensbildung" (Veen/Neu 1995: 8) zu stoppen versuchen. Mehr denn je kommt es dabei darauf an, auch mit neuen Organisations- und Kommunikationsformen nach innen und außen Resonanz zu erzeugen, Kommunikationsfähigkeit und Politikvermittlungskompetenz zu beweisen und niederschwellige Beteiligungschancen mit geringerem parteipolitischem Verpflichtungscharakter zu schaffen.

Die Parteien haben auf diese Herausforderung unterschiedlich schnell reagiert und auch in den konkreten Konsequenzen verschiedene Akzente gesetzt. Aufgrund der unbefriedigenden Forschungslage zu den organisations- und kommunikationspolitischen Reformen und Erfahrungen in diesem Problemfeld kann hier weder systematisch noch mit der gewünschten empirischen Absicherung, sondern nur beispielhaft auf die Entwicklungen neuer Kommunikations- und Beteiligungsmöglichkeiten in den verschiedenen Parteien eingegangen werden.

Tabelle 7: Politikvermittlung im Rahmen der Partei-Außenkommunikation

Ziele: Kampagnenfähigkeit	*Tendenz: Bekanntheit, Sympathiewerbung, Kompetenznachweis durch Aufmerksamkeitswettbewerb; Medienpräsenz mit dem Ziel der „Stimmenmaximierung"*
Parteiorganisation	*Tendenz: von der politischen „Gesinnungsgemeinschaft" zum optimierten „Dienstleistungsbetrieb"*
Beobachtungskompetenz	*Kontinuierliche Beobachtung des Meinungsmarktes, Presseanalyse, Auftragsforschung, Demoskopie*
Professionalisierung des Kommunikationsapparates	*Ausweitung und organisatorische Ausdifferenzierung von Pressestellen, Öffentlichkeitsreferaten, politische Kommunikation als Leistungsbereich*
Medien	*Tendenz: „going public"*
Parteimedien	*geringe Bedeutung von Parteimedien, allenfalls zur Information von Experten*
Fernsehen	*Fernsehen als politisches „Leitmedium" mit der größten Reichweite und noch relativ hoher Glaubwürdigkeit; Politik der Bilder, Visualisierung, fernsehgerechte Inszenierung*
Hörfunk	*Zur Themensetzung und als Erstinformationsquelle und Nebenbei-Medium vor allem für Parteiakteursinterviews interessant*
Zeitungen	*Kontaktpflege und Themensetzung über die überregionalen Meinungsführerzeitungen; Regionalzeitungen für Medienpräsenz der Parteien auf der kommunalen Ebene*
Kommunikationssituation	*Tendenz: Konzentration auf öffentlichkeitswirksame „Darstellung" von Politik, Orientierung an „Medienlogik" im Gegensatz zur „Entscheidungslogik"*
Alltagskommunikation	*vielfältige Basis-Kontakte mit allenfalls lokaler und regionaler öffentlicher Resonanz*
Öffentlichkeitsarbeit	*Orientierung an und Beeinflussung von Timing, Themen und Stilen der Berichterstattung; Professionalisierung von Öffentlichkeitsarbeit als journalistisches Vorprodukt für Agenturen und Medien*
Wahlkampfkommunikation	*professionell organisiertes Kommunikationsmanagement unter Einsatz aller Medien, intensive Symbolproduktion, Kauf von Sendezeiten in privaten Medien, Anzeigenkampagnen, Plakatierung, Wahlkampfzeitung, Fernsehen als Wahlkampfleitmedium; Wahlkampf als Testphase für die Erprobung neuer Politikvermittlungsstrategien und Medien*

Teils handelt es sich bei diesen um Ansätze einer mitgliederunabhängigen, teils um solche einer Verbesserung der „mitgliederabhängigen Flexibilität" (Linnemann 1995: 1) mit dem Ziel, die Kommunikation innerhalb der Parteien zu beleben und die Chancen der Politikvermittlung zu verbessern. Teils gingen die Bemühungen um eine Reform der Parteiarbeit wie im Falle der SPD von der Parteispitze aus. Teils waren wie im Falle der CDU (Beil/Lepzy 1995) die Landesverbände treibende Kraft. Bei allen Unterschieden lassen sich aber doch einige gemeinsame Grundtendenzen erkennen, die in Anlehnung an Tab. 8 skizziert werden sollen.

11.4.1 Öffnung der Parteien

So ist die „Öffnung" von Parteien zu einem generellen Anliegen geworden. Der Mitgliederschwund, die schwächer werdende Organisationsbindung, die Überalterung der Mitgliederschaft und die zunehmenden Mobilisierungsprobleme haben die Parteien dazu veranlasst, Modelle zu erproben, mit denen nicht nur die Beitrittsschwelle etwa durch sog. Schnuppermitgliedschaften (vgl. Steffani 1994: 7) oder durch verlockende und bisweilen auch kurios (vgl. Wähler im Tank 1996: 35) anmutende Serviceangebote gesenkt, sondern generell auch Barrieren zur Teilnahme an innerparteilicher Kommunikation aus dem Weg geräumt werden sollen. Das Bestreben zur „Öffnung der Parteien" zielt demnach – trotz Beibehaltung der Grenzziehung zwischen Mitgliedern und Nichtmitgliedern im Ernstfall – auf Überwindung oder zumindest partielle Durchbrechung parteiexklusiver Kommunikation. Verstärkt sollen auch Nichtmitglieder einbezogen werden, sei es auf der Ebene von Experten zu kontroversen Debatten über Sachfragen oder auf der Ebene von Sympathisanten und sonstigen potentiell Interessenten, die verstärkt in Parteiveranstaltungen einbezogen werden sollen. Zugleich besteht die Erwartung, damit auch Seiteneinsteigern eine Chance für innerparteilichen Ein- und Aufstieg zu geben (vgl. Deupmann 1994: 5).

11.4.2 Veränderung der Organisations- und Veranstaltungskultur

Verschiedenartige Bemühungen gibt es auch im Zusammenhang mit der Modernisierung der Organisations- und Veranstaltungskultur. So werden etwa eingespielte Versammlungsroutinen wie überhaupt die erlebnisarme Veranstaltungsatmosphäre traditioneller Parteikultur wenn nicht prinzipiell infrage gestellt, so doch zunehmend für ergänzungsbedürftig gehalten. Durch Betonung des Forumscharakters eines Teils der Parteiveranstaltungen wird auf die Kritik an Referenten zentrierten

Vortragsveranstaltungen mit der verstärkten Berücksichtigung von Unterhaltungsangeboten und Elementen mit dialogischem Charakter reagiert. Schließlich trägt man mehr und mehr dem medienverwöhnten Publikumsgeschmack durch Einbau von Talkshow- sowie anderen medienspezifischen Stilelementen Rechnung und setzt auf die Attraktivität durch spannende Präsentation.

Während in besonders traditionsbewussten Parteien wie der CSU bzw. in einigen Landesverbänden vor allem der Volksparteien die Veranstaltungskultur nach wie vor durch die regionale Folklore mitgeprägt ist, scheint insgesamt doch eine verstärkte Orientierung an medialen Darstellungs- und Wahrnehmungsgewohnheiten Ablauf und Gestaltung politischer Veranstaltungen zu kennzeichnen. Allerdings fehlen dazu systematische Studien, die belegen könnten, inwieweit sich Parteiorganisation und Veranstaltungskultur an der Basis mediengesellschaftlichen Anforderungen angepasst haben, vielleicht auch traditionsverhaftet solchen vermeintlichen Anpassungszwängen entziehen oder Modernität und Tradition nebeneinander existieren.

11.4.3 Mitgliederbeteiligung bei Sach- und Personalentscheidungen

Die Frage, inwieweit durch Beteiligung der Mitglieder an Sach- und Personalentscheidungen eine Demokratisierung innerparteilicher Kommunikation erreicht werden kann, muss differenzierend beantwortet werden. So gehen bereits die Satzungsbestimmungen der Parteien unterschiedlich weit. Während beispielsweise nach der Satzung der Partei Bündnis 90/Die Grünen „alle Fragen der Politik" (§ 21) einschließlich Programm und Satzung auf Antrag von fünf Prozent der Mitglieder, einem Zehntel der Kreisverbände, drei Landesverbänden, dem Länderrat, der Bundesversammlung oder dem Frauenrat zur Urabstimmung gebracht werden können, sieht die SPD-Satzung für dieses innerparteiliche Partizipationsinstrument eine deutlich höhere Hürde vor. So kann ein Mitgliederentscheid nur durch ein Mitgliederbegehren von zehn Prozent der Mitglieder, durch eine Mehrheit des Parteitages, eine Zweidrittelmehrheit des Parteivorstandes oder auf Antrag von mindestens zwei Fünftel der Bezirksvorstände zustande kommen. Er kann Beschlüsse eines Organs ändern, aufheben oder einen solchen Beschluss anstelle eines Organs fassen (vgl. § 39a des Organisationsstatuts der SPD; Stand 1.1.2002). Dass Mitgliederentscheide in Sachfragen eine Partei in personeller und politisch-programmatischer Hinsicht einer Zerreißprobe aussetzen und auch deren zwischenparteiliche Wettbewerbsfähigkeit zeitweise beeinträchtigen können, wurde am Beispiel des F.D.P.-Mitgliederentscheids über den Großen Lauschangriff Ende des Jahres 1995 offenkundig (vgl. Schieren 1996: 223f.; Becker 1996).

Man darf annehmen, dass schließlich auch die Praxis einer im Bundeswahlgesetz (§ 21) ausdrücklich zugelassenen direkten Wahl von Wahlkreiskandidaten durch Parteimitglieder zur kurzzeitigen Belebung innerparteilicher Kommunikation, auf Dauer allerdings zu einer Schwächung des professionellen Elements in den Parteien führen wird. Insgesamt wirkt die bisherige Diskussion um die Bewertung beider Instrumente eher akademisch, zumal die Erfahrungen einer politischen Dauererprobung von Mitgliederentscheiden in Sach- bzw. Personalfragen bislang fehlen und die Kontrahenten eher aus der Perspektive des traditionellen Parteienverständnisses im Repräsentativsystem oder auch mit bisweilen verklärendem Blick auf die amerikanischen Vorwahlen argumentieren (zur Kritik vgl. Eméri/Parodi 1995; Zelle 1996). Denn innerparteiliche Demokratie ist kein Selbstzweck. Sie hat letztlich dem demokratischen Wettbewerb um politische und personelle Alternativen in der Konkurrenzdemokratie zu dienen und kann insofern den politischen Führungsauftrag von Parteien in der Demokratie auch nicht ersetzen (vgl. Raschke 1994: 52f.).

11.4.4 Personalisierung von Politik

Mehr noch als die in der politischen Praxis bisher seltenen Mitgliederentscheide in Personalfragen verdient die Frage Aufmerksamkeit, ob nicht gerade die Personalisierung von Politik den Wandel von der Parteien- zur Mediendemokratie begünstigt. Nun ist Personalisierung von Politik historisch weder neu noch allein ein Phänomen der Mediengesellschaft. Demokratietheoretisch ist sie ein politisches Essential, weil die personale Zuordnung von Verantwortung zum Wesen demokratischer Politik gehört. Bereits Max Weber verweist in seiner Herrschaftssoziologie darauf, dass „legale Herrschaftsverhältnisse" auf „gemischten Grundlagen" beruhen. Sie bedürften formaler und legaler Korrektheit, traditioneller Gewöhnung und persönlichen Prestiges und Charismas (vgl. Weber 1980: 122 ff.).

Während Weber wohl eher die unmittelbare persönliche Ausstrahlungskraft politischer Führungspersönlichkeiten im Auge hatte, bedeutet Personalisierung unter den Bedingungen einer Mediengesellschaft mehr. So vermutet Franz Walter, dass medienversierte und erfolgreiche Personen einen Teil der herkömmlichen Parteistrukturen ersetzen. Die Parteiorganisationen seien zu schwerfällig, um auf die rasch wechselnden Herausforderungen schnell reagieren zu können. Das sei mittlerweile die „Aufgabe der modernen politischen Führungsfigur, die in Habitus, Symbolik, Stil und Sprache flexibel auf gewandelte Erwartungslagen und verschiedene Milieus reagieren muss. Sie wird zur Schlüsselgestalt, durch die sich Parteien darstellen und über die Medien den Wählern präsentieren" (Walter 1995a: 713). Walter hat das Anforderungsprofil an personalisierte Politik in der Mediengesellschaft treffend umschrieben: „Der erfolgreiche Politikertypus verbindet politischen Instinkt, Populismus, Stimmungs- und Problemsensibilität, Konzentration auf das Wesentliche, virtuose Medienpräsenz und Pragmatismus miteinander" (Walter 1995b).

Medienadressierte Personalisierung zielt in der Wirkung auf direkte Legitimation über die Öffentlichkeit unter tendenzieller Umgehung der Aktiven, Funktionäre, Gremien und Delegierten wie überhaupt unter Vernachlässigung der Partei als Organisations- und Willenseinheit. Während die Spitze der Partei gestützt auf einen professionellen Vermittlungsapparat und auf Experten- oder Beraterstäbe, ggf. außerhalb der traditionellen Parteiorganisation (Plasser/Scheucher/Senft 1998: 21), via Fernsehen direkt mit der Basis in Kontakt tritt, verliert vor allem die mittlere Parteiebene an Gewicht. Darüber, wie sich dies langfristig auf den Führungsstil in den Parteien, auf die Elitenrekrutierung, die Binnenstruktur, die mittlere Funktionärsschicht, die innerparteiliche Demokratie, wie überhaupt auf die Parteiendemokratie insgesamt auswirkt, wird spekuliert. So spricht Peter Lösche von einer Entwicklung zum „Neo-Bonapartismus" (Lösche 1996: 25f; Grönig 1998: 10; Thomas 1998: 35). Gunter Hofmann sieht ähnlich akzentuierend einen Trend zur „Präsidialpartei" (Hofmann 1994: 4), in der über die richtige Politik von oben entschieden werde.

Vorschnelle Analogien zu den amerikanischen Parteien oder zur britischen New Labour sind angesichts der heterogenen Binnenstruktur deutscher Parteien und der Nichtvergleichbarkeit der politischen Kulturen nur begrenzt hilfreich. So stützt sich der medienpräsente politische „Star" im plebiszitär-medialen Schulterschluss mit dem politischen „Zuschauer" gerade in Deutschland auf eine riskante (Zu)Stimmung, die ihn vor dem politischen Fall insbesondere dann nicht bewahren kann, wenn er seine Medienprominenz nicht in innerparteiliche Zustimmung umsetzen kann; wie überhaupt Aufstieg und Abstieg etwa des öffentlichkeitskompetenten ehemaligen britischen Premierministers Blair zeigen, dass der ebenso virtuose wie strategisch kalkulierte Umgang mit den Medien erst dann zum politischen Erfolgsrezept wird, wenn die medienzentrierte Personalisierung durch eine weitgehende Organisationsreform in der Partei auch strukturell abgesichert ist und wenn Medienpopularität mit der Pflege einer innerparteilichen Machtbasis einhergeht. Von einer solchen organisationspolitischen Reform hin zum Typus reiner Medienparteien sind die deutschen Großparteien jedoch noch weit entfernt.

11.4.5 Professionalisierung von Politikdarstellung und Kampagnenfähigkeit

Vergleicht man Organigramme der Parteien aus den sechziger Jahren mit heutigen, so wird generell deutlich, dass der Bereich, bei dem es um Politikvermittlungskompetenz geht, den stärksten Zuwachs erfahren hat. Dies betrifft die Professionalisierung von Öffentlichkeitsarbeit „nach innen" und „nach außen", die Pressearbeit wie überhaupt die Fähigkeit zur kontinuierlichen Beobachtung und Beeinflussung der veröffentlichten Meinung (vgl. Tenscher 2003). Während dabei die im föderalistischen Deutschland bekanntlich zahlreichen Wahlkämpfe nach wie vor ein Erprobungsfeld für neue Formen der politischen Mobilisierung sowie der medienvermittelten und zunehmend auch durch gekaufte Medienzeit bzw. gekauften Medienraum ermöglichten Wähleransprache sind, gewinnt die von Wahlkampfzeiten unabhängige politische Kampagnenfähigkeit der Parteien in der Mediengesellschaft an Bedeutung. Gemeint ist damit die Kompetenz, im Konkurrenzkampf um mediale Aufmerksamkeit und um politische Deutungshoheit jederzeit mit adäquaten Kommunikationsangeboten gleichsam prozesskompetent zu sein (vgl. Jarren/Donges/Weßler 1996: 13).

Noch gibt es in deutschen Parteien nicht die allgegenwärtigen und auch innerparteilich durchsetzungsfähigen „Spin Doctors", die für den richtigen „Drall" der politischen Geschäfte sorgen und – stets das richtige Image im Auge – Einfluss auf sämtliche potentiell medienrelevanten Außenkontakte der Spitzenakteure nehmen; wiewohl auch hierzulande Medien- und Kampagnenprofis zu den engeren Beraterkreisen gehören und insbesondere in Wahlkampfphasen eingekaufte Medien- und Politikberater den Feinschliff der Spitzenkandidaten besorgen.

11.4 Politikvermittlung im Rahmen neuer institutioneller Arrangements

Tabelle 8: Politikvermittlung der Parteien in der Mediengesellschaft – Anpassung an die Mediengesellschaft oder Demokratisierung?

Institutionelle Arrangements	Bedeutung für die Politikvermittlung von Parteien
„Öffnung der Parteien"; Veränderung der Organisations- und Veranstaltungskultur, Schnuppermitgliedschaften	Tendenz: Überwindung parteiexklusiver Kommunikation durch Einbeziehung von Externen; Dabei sein ohne dazugehören zu müssen; Erprobung einer offeneren Veranstaltungskultur
Offene Foren	Öffnung der Partei für Nichtmitglieder ohne Verpflichtung zum formellen Parteibeitritt, Senkung der Beitrittsschwelle durch Mitgliedschaft auf Probe; kontroverse Diskussionen auch mit politisch Andersdenkenden
Themen-, Aktions- und Erlebnisorientierung; Talkshowisierung	Kritik an Referenten zentrierten Vortragsstilen; stärkere Orientierung an aktuellen Interessen sowie an Freizeit- und Unterhaltungswünschen; Anpassung an medienzentrierte Vermittlungsgewohnheiten durch dialogische und unterhaltende Veranstaltungselemente
Beteiligung bei Sach- und Personalentscheidungen	Vermutete Tendenz: Belebung der Mitgliederkommunikation; Schwächung der Funktionäre und des Parteiapparates
Mitgliederbefragung/-entscheid in Sachfragen	Ambivalente Beurteilung dieses bisher wenig genutzten Instruments
Urwahl von Wahlkreiskandidaten	Stärkung des/der Gewählten durch unmittelbare Legitimation, Stärkung der Parteibasis gegenüber übergeordneten Ebenen
Urwahl von Parteivorsitz/Kanzlerkandidat	Stärkung des Kandidaten durch die Parteibasis, Schwächung der Parteigremien
Personalisierung	Tendenz: Direkte Legitimation über die Öffentlichkeit unter Umgehung von Delegierten, Gremien und Parteiapparat; Stärkung medienprominenter Parteispitzen; Unterstützung durch professionelle Politikvermittler
Medienkompetenz als Machtprämie, „Präsidialisierung" und „Neo-Bonapartismus"	Stärkung der Durchsetzungsmacht „von oben"; aber Konfliktpotential in heterogenen Großparteien mit selbstbewussten Untergliederungen
Professionalisierung der Politikdarstellung	Tendenz: Orientierung an der Medienlogik. Zunehmende Diskrepanz zwischen Organisationslogik der Parteien und Medienlogik
Öffentlichkeitsarbeit	Professionalisierung und organisatorische Ausdifferenzierung der Kompetenz zur Beeinflussung von Timing, Themen und Bildern der Politikdarstellung in den Medien
Wahlkampf	Professionalisierung und Anpassung an marktübliche Vermittlungsmethoden; Kommerzialisierung durch Kauf von Medienzugängen und –zeiten
Gesamttrends:	Tendenz: Verlust des Primats der Organisation durch medienvermittelte Legitimation über das Wahlvolk
von der Mitglieder- zur Medien- und Präsidial-Partei?	„plebiszitärer Schulterschluss" an der Mitgliederbasis und an Parteidelegierten vorbei; zunehmende Orientierung am politischen Meinungsklima und am Medienbild; Schwächung der Parteigremien
von der Programm- zur Dienstleistungs- und Fraktionspartei?	Partei als professioneller Dienstleistungsbetrieb im verstärkt personalisierten, (un)politischen Wettbewerb um Stimmenmaximierung

11.5 Auf der Suche nach einem neuen Parteitypus

Obwohl für Parteien als besonders privilegierte Akteure des intermediären Systems Kommunikation grundlegend ist, waren Fragen der Kommunikation und des Medieneinsatzes lange Zeit kein relevanter Gegenstand der Parteienforschung (vgl. z.B. Kaack 1971). Erst mit Otto Kirchheimers (1965) These von der Entwicklung der Massenparteien zu „catch-all parties" stieß die ganz auf Wählermobilisierung ausgerichtete und zunehmend auch an den Regeln des kommerziellen Produktmarketings orientierte Parteienkommunikation auf wachsendes Interesse. In dieser Hinsicht hatten, so Leon D. Epstein in seiner Studie über „Political Parties in Western Democracies" (1967), die mitgliederschwachen US-amerikanischen Parteien bereits einen Modernitätsvorsprung. Die deutschen Parteien konnten die Reichweiten- und Mobilisierungseffekte, die sich mit der Ausbreitung des Bildmediums Fernsehen als Plattform für die direkte Wähleransprache boten, erst relativ spät nutzen (vgl. Hetterich 2000). Demgegenüber verfügten die amerikanischen Parteien, die sich ohnedies vor allem als Wählermobilisierungsmaschinen verstehen, schon über langjährige politische Kampagnenerfahrungen in der Nutzung elektronischer Medien.

Auf der Suche nach einem neuen, dem Medienzeitalter angepassten Parteitypus, wird auch in Deutschland schon seit geraumer Zeit die Frage gestellt, ob die Epoche der Volksparteien abgelaufen sei. Die Party-Chance-Debatte kreist dabei um eine ganze Reihe von Begriffen mit vermeintlich neuartigen Nachfolgetypen, in die sich die traditionellen Mitgliederparteien angeblich transformieren. An prominentester Stelle der Transformationsthese steht die „Kartellpartei" und deren entwicklungstypologische Herleitung durch Katz und Mair (1995; vgl. Detterbeck 2002). Damit wird ein Typus von Partei charakterisiert, dessen Hauptkennzeichen es ist, staatliche Ressourcen und Privilegien zu nutzen, um durch den Ausschluss anderer politischer Akteure politische Wettbewerbsvorteile zu erzielen. Etwas anders akzentuiert Klaus von Beyme (2001). Er sieht in „Berufspolitikerparteien" eine historische Entwicklungslinie, die einmal mit Honoratioren- und Eliteparteien begonnen hat, sich über Massenparteien als Repräsentanten scharfer Klassenkonflikte hin zu Volksparteien mit aufgeweichten politisch-ideologischen Lagern entwickelt schließlich in „Profiparteien" ihr vorläufiges Ende gefunden habe. Den Blick stärker auf die parlamentarische Ebene gerichtet und an der Stärkung der medialen Vermittlungskompetenz interessiert, hat Peter Radunski schon früh (1991) die „Fraktionspartei" als gewünschtes Zukunftsmodell in die Debatte eingebracht. Im Mittelpunkt des Interesses steht hier eine parlamentarisch verankerte Gruppe aus Berufspolitikern, deren Wahl- und Wiederwahlinteressen von professionellen Kommunikations- und Kampagnenexperten bedient werden.

11.5 Auf der Suche nach einem neuen Parteitypus

Die meisten Modelle unterstellen, dass die Volkspartei in Gestalt der „Mitglieder- und Funktionärspartei" über kurz oder lang verschwindet, was nach Auffassung von Peter Lösche (2000a) auf einen neuen Mischtypus in Überlappung von „Fraktionspartei", „Dienstleistungsorganisation" und „Medienpartei" hinauslaufen könnte (vgl. Lösche 2000b). Für die Medienpartei sei dabei charakteristisch, dass an den Ehrenamtlichen und Aktiven vorbei von der Parteispitze direkte parteiexterne Kommunikationskanäle zu Wählern und Mitgliedern gleichermaßen etabliert würden. Das erleichtert top-down gerichtete Einwegkommunikation. Es schließt durchaus aber auch die Möglichkeit der Aktivierung direkter Kommunikationskanäle (bottom-up) zwischen Parteibasis und Parteispitze ein, etwa im Wege von Mitgliederbefragungen, Urabstimmungen etc.

In der Verbindung zwischen der wachsenden Bedeutung von Berufspolitikern sowie zunehmender Medien- und Wählerorientierung bei modernen Großparteien sieht Uwe Jun einen Trend zu „professionalisierten Medienkommunikationsparteien" (Jun 2004: 115). Jun hat die Entwicklung von SPD und Labour Party verglichen. Vor allen Dingen verkörpert durch den Prototyp der britischen Labour Party würde sich diese neuartige Medienpartei durch professionelles Kommunikationsmanagement, Unterwerfung von Personen und Inhalten unter die Medienlogik, ein entscheidungsdominantes strategisches Zentrum, Flexibilisierung von Politikpositionen und durch den Bedeutungsverlust der Massenmitgliedschaft für Wahlkämpfe auszeichnen.

Insgesamt werfen die hier nur exemplarisch beschriebenen bzw. prognostizierten „neuen" Parteitypen eine Reihe von Fragen auf. Das betrifft die entwicklungstypologische Logik ebenso wie die empirische Evidenz der vermuteten Transformationen. So sind Tiefgang und Reichweite des parteispezifischen Strukturwandels umstritten. Völlig ungeklärt ist, ab wann und anhand welcher kritischen Indikatoren normaler Organisationswandel die Qualität einer Transformation annimmt und in den Aggregatzustand eines neuen Parteityps übergeht (vgl. Decker 1999). Das ist nicht nur eine empirische Frage, sondern auch ein demokratietheoretisch relevantes Problem. Denn die Legitimationsgrundlagen der Parteien im demokratischen System können sich je nach Parteityp fundamental ändern, wobei der Parteienkommunikation in funktionaler wie auch normativer Hinsicht jeweils unterschiedliche Bedeutungen zukommen können.

Auch in der Mediengesellschaft spricht viel dafür, dass Parteien hybride Mischtypen bleiben, die nicht einer einzigen Funktionslogik folgen. Die behaupteten neuen Parteitypen heben allesamt jeweils nur einen partiellen Aspekt des organisatorischen Strukturwandels (Eindringen in den Staat, Kartellbildung, Dominanz von Berufspolitikern, Aufstieg professioneller Experten, medienzentrierte Kommunikation) hervor und verabsolutieren diesen typologisch (vgl. Wiesendahl 2004).

Ist also prinzipiell Vorsicht geboten gegenüber vorschnellen Prognosen zu kommunikationsbedingten Parteimetamorphosen, so hat dennoch die innerdeutsche Transformationsdebatte in den Jahren nach der deutschen Einheit einen Schub und einen besonderen Akzent erhalten. Denn in den neuen Bundesländern sind Strukturen und Entwicklungen zu beobachten, die für die Zukunft der gesamtdeutschen Parteienlandschaft richtungsbestimmend sein könnten. Welche parteientypologischen Konsequenzen die deutlich geringere Organisationsbindung in den neuen Bundesländern im Vergleich zu den alten Bundesländern hat, ist bisher kaum systematisch erforscht (vgl. Birschl/Lösche 1998: 21ff.). Spekulieren lässt sich dabei trefflich über die Frage, ob deshalb die Parteienkommunikation im Osten der Republik möglicherweise eine Art Modernisierungsvorreiter für Kommunikationsverhältnisse ist bzw. wird, die den etablierten Parteien im Westen der Republik noch bevorstehen.

Mögen die in der Transformationsdebatte diskutierten neuen Parteitypen als erste Abstraktionen zur Generierung von Hypothesen durchaus sinnvoll sein, so besteht doch noch ein großer Bedarf an empirischer Forschung, die sich mit der Komplexität einer insgesamt nach wie vor differenzierten Organisations- und Kommunikationskultur der Parteien wissenschaftlich auseinandersetzt. Auch hier gilt: Bei aller Entwicklungsdynamik, die sich aus Anpassungen an eine sich dynamisch verändernde Umwelt ergibt, sollte man den Organisationskonservatismus, d.h. das Beharrungsvermögen der Parteien, an traditionellen Parteistrukturen und -kulturen festzuhalten, nicht unterschätzen. Ebenso ist Vorsicht geboten bei internationalen Vergleichen und bei der Übertragung von parteienspezifischen Entwicklungen aus anderen Systemen und politischen Kulturen auf die Parteienlandschaft in Deutschland.

11.6 Von der Mitgliederpartei zur Medienpartei? Befunde und Forschungsdefizite

Letztlich scheiden sich die Geister in der Debatte um die mediendemokratischen Herausforderungen vor allem an der Frage, welche Rolle zukünftig den Parteien als Mitgliederorganisationen zukommen wird. Die Frage mag in Zeiten, in denen CDU und SPD trotz kontinuierlicher Schrumpfung (vgl. Niedermayer 2007) mit jeweils noch über fünfhunderttausend Mitgliedern durchaus noch ansehnliche Massenorganisationen darstellen, zunächst akademisch erscheinen. Perspektivisch und auch mit Blick auf die Modernisierungsdebatte in den Parteien ist diese Frage keineswegs eine rein theoretische: Sind Parteimitglieder überhaupt noch notwendige Kommunikatoren für Parteien in der Mediengesellschaft oder werden sie mehr und mehr als organisationspolitische Störfaktoren empfunden, weil sich die Kommunikation mehr und mehr am Wählermarkt und weniger an innerparteilichen Kommunikationsinteressen orientiert? Welche Relevanz kommt in der Mediengesellschaft der Mitgliederkommunikation in Parteien zu? So könnten die Strukturveränderungen, wie sie sich u.a. im Ausbau parteispezifischer Politikvermittlungsagenturen wie Pressestellen, Referaten für Öffentlichkeitsarbeit, Kampagnenabteilungen etc. niederschlagen (vgl. Tenscher 2002b: 123ff.), zu einem Bedeutungsverlust der Parteimitglieder führen, weil deren Humankapital nicht mehr benötigt wird und sich deren Kommunikationsleistung durch Medienkommunikation ersetzen lässt. Für die Vertreter dieser Substitutionsthese (vgl. Radunski 1991; Niedermayer 2000) stellt das Austrocknen der Mitgliederparteien die Funktionsfähigkeit und den Fortbestand elektoral-professioneller Berufspolitikerparteien nicht in Frage, wird doch die notwendige Wählerunterstützung durch Medienkommunikation kompensiert (vgl. Wiesendahl 2006). Deshalb könne, so die Logik dieser Position, die Pflege der Binnenkommunikation mit expressiver Kommunikationskultur wegen ihres instrumentellen Nutzenverlustes vernachlässigt werden. Letztlich läuft dies auf Parteien hinaus, die nur das organisatorische Dach für zwei miteinander lose verkoppelt, temporär und partiell in Austauschbeziehungen tretenden Kommunikationswelten bilden.

Dem steht die Auffassung gegenüber, dass im Zuge zunehmender Wählerorientierung und Professionalisierung der Außenkommunikation durch Politikprofis die Binnenkommunikation zum Zwecke effektiverer Außenkommunikation zentralisiert und instrumentalisiert werden muss. Dies setzt allerdings den Einsatz wirksamer Mittel zur Beeinflussung der Mitglieder und Basiseinheiten voraus, die für elektorale Kommunikationsanstrengungen einspannt werden (vgl. Gellner/Strohmeier 2002: 193f.). Überprüfungsbedürftig ist dabei die Vermutung, ob durch die direkte Online-Kommunikation zwischen Parteiführung und -mitgliedern die innerparteiliche Vermittlungsleistung der mittleren Führungsschicht umgangen wird. Zudem sind Zweifel angebracht, dass sich die Binnenkommunikation vor allem der Großparteien mit ihrer lose verkoppelten und eher anarchischen Struktur überhaupt zentralisieren und für Zwecke optimierter Außenkommunikation instrumentalisieren lasse.

Es bleibt eine offene Forschungsfrage, ob elektoral-professionelle Berufspolitikerparteien Binnenkommunikation auf der Basis der Substitutions- oder Instrumentalisierungsthese oder durch ein strategisches Mix im Sinne eines Komplementärverhältnisses betreiben. Hier gehen die Meinungen zwischen den Vertretern medienzentrierter Wahlkampfforschung und Parteienforschern, die den Erfolg der Parteienkommunikation innerhalb (Hetterich 2000: 162ff.; Linden 2003; Schmitt-Beck/Farrell 2002: 7ff.) und außerhalb von Wahlkämpfen mehr als Organisations- und Kommunikationsleistung der Gesamtpartei sowie ihrer Untergliederungen und Mitglieder sehen (vgl. insb. Fisher 1997; Clark 2003), deutlich auseinander. Werden bei den einen die Parteimitglieder als Kommunikatoren à la longue nicht mehr gebraucht, so sind die Mitglieder für die anderen unverzichtbar als Sensoren und politische Botschafter (vgl. u.a. Gabriel/Walter-Rogg 2004: 17; Pedersen et al. 2004; Seyd/Whiteley 2002: 81, 2004: 361).

Infolge langjähriger Vernachlässigung der Erforschung innerparteilicher Demokratie in Deutschland fehlt es trotz richtungsweisender Vorüberlegungen (vgl. Wiesendahl 1998a, 1998b, Sarcinelli 1998, 2003b) an Studien zu den Kommunikationserwartungen der „party on the ground" ebenso, wie an gezielten Analysen zu den unterschiedlichen Bedingungen der Binnenkommunikation von Parteien (vgl. Gabriel/Walter-Rogg 2004: 13). Dabei wurden vor allem die spezifischen Kommunikationskulturen regionaler und lokaler Parteieinheiten vernachlässigt (vgl. Geser 1999: 4). Spezielle Untersuchungen etwa zur Parteitagskommunikation kranken zudem daran, dass sie der wenig aussagekräftigen Amerikanisierungsthese folgen (vgl. Hebecker 2002: 233) oder sich auf medienzentrierte Oberflächenphänomene konzentrieren (vgl. Müller 2002a; 2002b). Insgesamt scheint das innerparteiliche Kommunikationsgeschehen weit differenzierter als die medienspezifische Optik und als das durch Parteien- und politische Kommunikationsforschung vermittelte Erscheinungsbild. So belegen auch Studien für die USA, Großbritannien und für die skandinavischen Länder, dass medienzentrierte moderne Wahlkampfformen konventionelle Aktivitäten wie etwa Straßen- und Versammlungswahlkämpfe keineswegs verdrängen. US-amerikanische Studien von Parteiaktivisten gehen zudem weitaus präziser der Frage nach, inwieweit sich Wahlkampfeinsatz von aktivierten Freiwilligen auf die Wahlresultate des Einsatzumfeldes auswirkt (vgl. Blumberg et al. 1999; Wielhouwer 2000).

Differenzierte Auskünfte über das *interaktive Kommunikationsverhalten* von Parteimitgliedern in Deutschland liefern Parteimitgliederstudien nicht. Für dieses Forschungsgebiet haben ältere Mitgliederbefragungen (vgl. Eldersveld 1964; Falke 1982) Bahn brechende Vorleistungen erbracht. Das Hauptinteresse neuerer lokaler, regionaler und bundesweiter Erhebungen richtet sich zwar auf die Erfassung der Einstellungen und Aktivitäten von Parteimitgliedern. Berücksichtigt werden dabei aber lediglich die rezeptiven Informations- und Mediennutzungsaktivitäten, allerdings ohne diese in einen für die Kommunikationsleistung von Parteimitgliedern ergiebigen analytischen Kontext zu stellen. Für die instrumentelle Parteibinnenkommunikation bestätigte sich, dass parteiinterne Medien geringe Nutzerreichweiten erzielen und dass ein eklatantes Nutzungsgefälle unter den Parteimitgliedern besteht. Aussagen über die – vielfach enttäuschten – Kommunikationserwartungen der Parteimitglieder finden sich nur vereinzelt (vgl. Blessing 1993: 217f.; Becker 1998; Scarrow 1996: 61). Der Bereich der internen und externen Kommunikationsbeziehungen und der Prozess der Weitergabe von Umweltinformationen von der Parteiführung an die Basis fallen aus dem Befragungsspektrum gänzlich heraus. Allein eine ältere Mitgliederstudie von Michael Greven (1987) wendet sich der Analyse von Außenkontakten zur primären Umwelt und Kommunikationsnetzwerken von Parteimitglicdcrn zu. Ebenfalls ältere regionale Parteistudien (z.b. für Oldenburg: Suckow 1989; für Berlin: Arbeitsgruppe Wahlanalyse 1989; für Passau: Immerfall 1991, 1993) liefern ergänzende Befunde. Weithin ausgeblendet bleiben also das akteursspezifische Kommunikationsverhalten und die Kommunikationskultur in Parteien.

Inwieweit neben der Außenkommunikation auch das interne Kommunikationssystem der Parteien einem Professionalisierungstrend unterliegt, ist bisher kaum erforscht (vgl. Tenscher 2003). In früheren Studien zur innerparteilichen Modernisierung (vgl. Schönbohm 1984; Lange 1995) ist dieser Bereich ausgeklammert. Zwar spricht viel dafür, dass moderne Kommunikationstechniken für eine effizientere Betreuung der Mitglieder eingesetzt werden können (vgl. Römmele 2002; Wiesendahl 2002). Doch liegt im Dunkeln, inwieweit der Einsatz des Internets in der Binnenkommunikation vorangeschritten ist und welche Wirkungen damit einhergehen. Diesbezügliche Literatur zur Digitalisierung der Parteienkommunikation konzentriert sich noch zu sehr auf Vermutungen über die technologischen Potenziale (vgl. Bieber 2001a, 2001b; Marschall 2001a, 2001b; Harth 2001). Dabei stehen einem verbreiteten emphatischen Erwartungsüberschuss innerparteiliche Organisations- und Mentalitätshürden gegenüber (vgl. Gellner/Strohmeier 2002: 201). Abgesehen von einer gründlichen Studie über einen Online-Parteitag der Grünen Baden-Württembergs (vgl. Westermeier 2001a, 2001b) ist über die Reichweite und den Nutzungsgrad von Internet und Intranet durch Parteimitglieder in Deutschland wenig Gesichertes bekannt. Studien zu den innerparteilichen Kommunikationsverhältnissen in England, den USA und in den skandinavischen Ländern (vgl. Ward et al. 2002; Ward et al. 2003; Lusoli/Ward 2003; Margetts 2001; Löfgren/Smith 2003; Pedersen 2003) vermitteln demgegenüber einen wesentlich größeren Kenntnisgrad. Relativ intensiv beforscht sind dagegen die Internetauftritte der Parteien, wenn auch einseitig auf die Außenkommunikation konzentriert (vgl. Bieber 1999, 2001a, 2001b, Rederer 2000). Dabei ist, sieht man einmal von ersten explorativen Befunden der SPD (vgl. Polis 2004) ab, die Frage noch nicht geklärt, welche Bedeutung der Online-Kommunikation für die instrumentelle Binnenkommunikation und die Vernetzung der Parteimitglieder unter Einschluss von Interimspartizipanten zukommt.

Insgesamt gibt es ein Erkenntnisdefizit hinsichtlich der Kommunikationserwartungen und -logiken der „party on the ground" und der „Berufpolitikerpartei". Es fehlt an differenzierten Befunden zur Kommunikationskultur der Mitgliederbasis und der Parteieliten auf allen Ebenen der Parteien (Bund-, Länder-, Bezirks- und Ortsvereinsebene). Vergeblich sucht man nach einer ganzheitlichen Forschungsperspektive, die das Kommunikationsgeschehen von Parteien in all seinen Facetten erschließt. Deshalb bleibt unklar, inwieweit informations- und kommunikationstechnologische Innovationen zu einer Modernisierung bisheriger Kommunikationsroutinen und gewachsener Kommunikationskulturen führen kann. Dieser Forschungsbedarf gilt nicht zuletzt für das im deutschen (vgl. Machnig 2000; Leggewie 2002,) und europäischen Kontext (vgl. Margetts 2001; Löfgren/Smith 2003, Heidar/Saglie 2003) propagierte Zukunftsmodell der „Netzwerkpartei".

11.7 Ausblick: Die Parteien in der Mediengesellschaft

Nach diesen Exkursen auf die internationale Debatte über die Herausforderungen der Parteiendemokratie durch die mediengesellschaftliche Entwicklung ist abschließend der Blick wieder auf die deutsche Parteienlandschaft gerichtet. Wohin treibt das deutsche Parteiensystem? Welche Politikvermittlung betreiben die Parteien in der Mediengesellschaft? Zu welcher Politikvermittlung werden die Parteien möglicherweise in der Mediengesellschaft getrieben? – Bei allen Forschungsdefiziten zum Zusammenhang von Parteien und Kommunikation und bei allen Unterschieden zwischen den Parteien ist doch unverkennbar, dass sich die im Deutschen Bundestag vertretenen Parteien in einem Modernisierungsdilemma befinden. Nach wie vor verstehen sie sich als Mitgliederparteien. Trotz kontinuierlichem Mitgliederschwund (vgl. Niedermayer 2007) spricht wenig für ein kurz- oder mittelfristiges Ende von Mitgliederparteien mit ihren zahlreichen „Kollateralorganisationen" und ihren relativ stabilen organisatorischen Beziehungsgeflechten auf der horizontalen und vertikalen Ebene (vgl. Poguntke 2000: 159, 187, 244).

Parteien sind deshalb gut beraten, diese Kommunikationsnetze zu modernisieren und zu pflegen. Dafür sprechen nicht nur normative Gründe wie das Verfassungsgebot zu innerparteilicher Demokratie. Stabile innerparteiliche Kommunikationsnetze werden mehr denn je gebraucht als Schutz gegen „launische Stimmungstrends" und „demütigende plebiszitäre Abstrafaktionen" (Wiesendahl 2001: 596) des Wahlvolkes. Zugleich nimmt der Sog zu, sich verstärkt an Logik und Gesetzmäßigkeiten der Mediengesellschaft, am schwankenden Markt öffentlicher Meinungsbildung und veröffentlichter Meinungen zu orientieren. Insofern wird die deutsche Parteiendemokratie unverkennbar „amerikanischer". Aber sie wird nicht „amerikanisch". Denn verkannt wird in dem allgemeinen Amerikanisierungsverdacht, dass dem politischen Wettbewerb in Europa und speziell auch in Deutschland aufgrund der doch erheblich unterschiedlichen institutionellen Rahmenbedingungen und politischen Kulturen andere Grenzen gesetzt sind als in den USA (vgl. Pfetsch 2003; Esser/Pfetsch 2003).

Dennoch: Zum Zwecke medialer Resonanz müssen die Parteien ihre medienzentrierte Kommunikation optimieren und sich zugleich um die Erweiterung von Spielräumen und Chancen zur „handlungsorientierten Kommunikation" (Blessing 1993: 29) bemühen. Sie halten an alten Formen der Parteiarbeit fest und erproben zugleich neue institutionelle Arrangements für Kommunikation und Bürgerbeteiligung. Von der Fähigkeit, unterschiedliche Kommunikationslogiken immer wieder miteinander zu verbinden, wird ihre politische Wettbewerbsfähigkeit abhängen.

Dabei sind und bleiben die deutschen Parteien politische Tendenzbetriebe, die sich nicht umstandslos auf ein gänzlich entpolitisiertes Beliebigkeitsangebot zur öffentlichen Unterhaltung umstellen lassen. Ganz abgesehen davon, dass dies demokratietheoretisch und politisch-praktisch nicht wünschenswert ist. Sie sind und bleiben im demokratischen System Anbieter in einem härter gewordenen Wettbewerb um Aufmerksamkeit. Gefragt sind dabei letztlich nicht medienresonante Spielchen, sondern Überzeugungsarbeit mit erkennbar alternativen Politikangeboten. Vor allem davon und nicht vom Performancewettstreit wird à la longue die politische Glaubwürdigkeit von Parteien abhängen.

Diese Ambivalenzen können jedoch nicht über eine Verschiebung der Gewichte parteiendemokratischer Legitimation hinwegtäuschen, eine Gewichtsverschiebung weg von einer organisationsgestützten hin zu einer mehr und mehr mediengestützten Legitimation. Zusammenfassend gilt es hier abschließend auf folgende Trends und Entwicklungen aufmerksam zu machen:

1. Die in Parteitraditionen und politisch-weltanschaulichen Verankerungen begründeten „ideologischen" Differenzen zwischen den Parteien werden sich weiter abschwächen. Das schließt eine Re-Ideologisierung der politischen Rhetorik vor allem in Wahlkampfzeiten nicht aus. Jedenfalls gewinnen aber die Orientierung am politischen „Markt" und insbesondere die Beobachtung des Medien- und Meinungsmarktes eine zunehmende Bedeutung für den Parteienwettbewerb in der Mediengesellschaft.
2. Die Parteien werden sich von ihrer Klassen- und Massenbasis weiter lösen, schon weil diese Basis selber fluider wird und der gesellschaftliche Modernisierungsprozess nicht einfach gestoppt werden kann. Als eher lose Rahmenorganisationen werden sie der traditionellen Mitgliederpflege geringere Priorität einräumen und neuen offenen Formen der Kommunikation verstärkt Aufmerksamkeit widmen.
3. Weil sich die Mitgliederpartei alten Typs mit ihren festen Milieus und geschlossenen Kommunikationswelten in der modernen Gesellschaft nicht einfach wiederbeleben lässt, wird die politische Schwächung traditioneller Partei-Binnenkommunikation mit einer weiteren Professionalisierung der medienzentrierten Partei-Außenkommunikation einhergehen.
4. Die innere Erosion der Parteien als politisch-weltanschauliche Gesinnungsgemeinschaften, die Abschwächung von Tradition und „ansozialisierten" Zugehörigkeitsgefühlen wird den Trend zu Dienstleistungsparteien im Verhältnis zu den Bürgern einerseits und zu Fraktionsparteien im Kontext des politischen Systems andererseits verstärken.

5. Dem Parteiensystem in den neuen Bundesländern kommt im gesellschaftlichen Modernisierungsprozess aufgrund fehlender langjähriger Organisationsbindung und Parteisozialisation die Rolle von Trendsettern zu. Hier muss mehr noch als im Westen der Republik die notorische Mitglieder- und Organisationsschwäche durch professionalisiertes Management und personalisierte Politikvermittlung einerseits sowie wählernahe Vertrauensarbeit andererseits kompensiert werden. Andererseits stoßen moderne Formen der Politikvermittlung gerade in den sog. Neuen Bundesländern auf große Skepsis in der Bevölkerung.
6. Im Zuge einer medienzentrierten Personalisierung werden sich Tendenzen einer Präsidialisierung der Parteien verstärken. In der Folge verlieren Parteigremien und verliert insbesondere die mittlere Führungsschicht an Gewicht, weil die direkte Legitimation von Spitzenakteuren über die Medien an Bedeutung gewinnt. Die Protagonisten des neuen Parteityps gehen „am liebsten direkt zum Volk" (Dahrendorf 1998: 27).
7. Langfristig wird sich der Trend zu Parteien fortsetzen, an deren Spitze eine markt-, d.h. wählerorientierte politische Verkaufsorganisation mit professioneller Führung steht, die besonders zu Wahlen und in den Ländern sowie Kommunen zunehmend auch zu Abstimmungen aktiviert werden kann.
8. Neue Informations- und Kommunikationsmedien erlauben eine immer passgenauere Zielgruppenansprache und die Bedienung von Wählersegmenten mit speziellen Informationsangeboten. Sie bieten zugleich aber auch die bisher noch wenig genutzte Chance für erhöhte Interaktivität und Responsivität in der Politikvermittlung. Entgegen bisweilen verbreiteter politischpädagogischer Euphorie ist eine digitale partizipative Revolution in den Parteien allerdings nicht in Sicht.
9. Der Trend weg von der langfristigen Vertrauensarbeit mit intensiver und überwiegend nichtmedialer Binnenkommunikation und hin zu einer Außenkommunikation im Rahmen eines professionellen, medienzentrierten Aufmerksamkeits- und Akzeptanzmanagements wird sich verstärken, auch wenn ein in den Parteien verbreiteter Organisationskonservatismus diese Entwicklung immer wieder bremsen und dabei die Modernitätskluft zwischen Basis und Führung immer wieder offenkundig werden wird.
10. Die Spaltung der Parteien in unterschiedliche Kommunikationswelten, eine traditionsverhaftete und zugleich schrumpfende Mitgliederpartei und eine „elektoral-professionelle Berufspolitikerpartei" (Wiesendahl 2001), deren hauptamtlicher Kompetenzkern vor allem an der Optimierung medienadressierter Wähleransprache interessiert ist, wird sich vertiefen.

Dies alles bedeutet noch lange nicht den Untergang der Parteien. Sie bleiben auch in der Mediengesellschaft der Bundesrepublik Deutschland in der überschaubaren Zukunft dominante politische Akteure, aber sie verlieren an Autorität. Sie operieren in einem außerordentlich dynamischen Markt mit härter werdender Konkurrenz um Aufmerksamkeit und Stimmungen. Allerdings bemisst sich die politische Leistungsfähigkeit und Glaubwürdigkeit demokratischer Parteien auf Dauer nicht daran, welchen Medienlärm sie zu veranstalten in der Lage sind, sondern wie sie mit ihren politischen Angeboten in der medialen und nichtmedialen Politikvermittlung überzeugen. Ihr Modernisierungsdilemma besteht darin, dass sie im Zwang stehen, ihre mediale Thematisierungskompetenz weiter zu optimieren, ohne sich der politischen Thematisierungsresonanz sicher sein zu können. Insofern wird Politikvermittlung für die Parteien in der Mediengesellschaft mehr denn je zu einer riskanten Kommunikation, ein Risiko, das in einer „offenen Gesellschaft" (Popper) unvermeidlich ist.

Nicht nur in der Bundesrepublik Deutschland, sondern in ganz Europa scheint die Parteienlandschaft im Umbruch; eine Parteienlandschaft, die weithin ihre politisch-weltanschaulichen Wurzeln in der zweiten Hälfte des vorletzten Jahrhunderts hat. In der Dynamik der politischen, gesellschaftlichen und ökonomischen Veränderungen verlieren die Parteien, wie die Politik überhaupt, mehr und mehr an politischer Gestaltungshoheit. Ralf Dahrendorfs Diagnose ist immer noch richtig: „Sicher ist einstweilen nur, dass wir uns von der vertrauten Parteienlandschaft der Nachkriegszeit – und vielleicht sogar des Jahrhunderts – verabschieden müssen" (Dahrendorf 1998: 27). Dabei wird die „Parteiendemokratie" traditioneller Art nicht einfach durch eine „Mediendemokratie" abgelöst. Vielmehr erfährt die Parteiendemokratie im Zuge des mediengesellschaftlichen Wandels eine schleichende Transformation, deren Folgen für die Demokratie erst in Konturen erkennbar sind. Diese Transformation der Parteiendemokratie in der Mediengesellschaft wird sich in einem langfristigen und keineswegs kontinuierlich und linear verlaufenden Prozess vollziehen. Aller Wahrscheinlichkeit nach bleiben dabei Parteien auch in Zukunft die verfassungsrechtlich privilegierten und politisch maßgeblichen Politikvermittlungsagenturen zwischen Volkswillensbildung und Staatswillensbildung. Auch die „Mediendemokratie" in Deutschland wird eine „Parteiendemokratie" sein, eine Parteiendemokratie allerdings, die weltanschaulich und sozialstrukturell mehr und mehr entwurzelt, zugleich aber auch weniger versäult ist, die in hochmobilen Wählermärkten operieren muss und neue Koalitionsoptionen eröffnet. In diesem veränderten Parteiensystem wird Kommunikation mehr denn je zu einer mitentscheidenden, politischen Währung, wird Kommunikationskompetenz zur Machtprämie.

Parteien sind nicht die einzigen Akteure des intermediären Systems. Aber sie sind und bleiben die Politikvermittler mit einem privilegierten Kommunikationsauftrag. Deshalb wird auch die Frage, wie sich die Parteien als Kommunikationsagenturen unter den Bedingungen einer modernen Mediengesellschaft weiterentwickeln und bewähren, wie sie sich selbst als reformfähig erweisen und Reformanstöße geben können (vgl. Sarcinelli 2007), entscheidend sein für die Zukunft der Demokratie in Deutschland.

12 Wahlkampfkommunikation: Modernisierung von Wahlkämpfen und Modernisierung von Demokratie

12.1 Wahlkampf für den homo oeconomicus oder für den homo politicus?

Als Vorspiel zu Wahlen sind Wahlkämpfe Schlüsselphasen demokratischer Legitimation im repräsentativen System. In kommunikativer Hinsicht kann man Wahlkämpfe auch als ‚Hochämter' in der politischen Alltagsliturgie bezeichnen. Zwar ist immer wieder und insbesondere auch mit Blick auf US-amerikanische Kampagnen die Rede davon, dass sich wahlkampffreie von Wahlkampfzeiten kaum mehr unterschieden; dass sich das politische Leben in der Mediengesellschaft verändere und im Zustand einer „Permanent Campaigning" (Filzmeier/Plasser 2001: 252) befinde; dass auch hierzulande im Wahlkampfstil regiert werde und sich die Grenzen zwischen Wahlkampf- und Routinekommunikation zunehmend verwischen (vgl. Korte 2001: 10f.; Thunert 2004: 221).

Dennoch stellt die Wahl und die in ihrem unmittelbaren zeitlichen Kontext stattfindende Wahlkampagne eine politische Zäsur mit einer mehr oder weniger deutlich abgrenzbaren Phase politischer Kommunikation dar, in der besondere organisatorische, inhaltliche, personelle und kommunikative Leistungen erbracht werden, um Wähler zu mobilisieren und Stimmen zu gewinnen. Dies gilt sowohl in prozessualer Hinsicht für das politisch-kommunikative Geschehen, als auch in demokratietheoretischer Hinsicht. Parteien werben im Wahlkampf um die Zustimmung der Bürger zu ihren personellen und programmatischen Angeboten. Durch die Wahl verschaffen die Bürgerinnen und Bürger dem politischen Regime demokratische Legitimation und verleihen Herrschaft auf Zeit.

Freie Wahlen sind zwar nicht der einzige, im Vergleich mit anderen Formen der politischen Beteiligung allerdings ein einzigartiger und deshalb auch konstitutiver Bestandteil des demokratischen Wettbewerbs (vgl. Kaase 1998a: 44f.). Daran ändert auch nichts, dass die Wahlbeteiligung, das gilt vor allem für die sog. Nebenwahlen (Landtagswahlen, Kommunalwahlen und ganz besonders für die Europawahl) und weniger dramatisch für die Bundestagswahlen, zurückgegangen ist. Denn nur demokratische Wahlen können die allgemeine, wirkungsgleiche und zudem auch mit vergleichsweise geringen sozialen Kosten verbundene Beteiligung aller am politischen Geschehen gewährleisten.

Das demokratische Ideal, wie immer man es inhaltlich ausfüllt, lebt von der Vorstellung, einer gleichberechtigten Teilhabe freier Bürger an der politischen Willensbildung und am Prozess der Machtzuteilung. Zahlreich sind die Versuche, dieses Ideal gerade auch mit Blick auf Wahlen als Chimäre zu entlarven. Speziell die Motive und Methoden des Werbens um die Gunst der Wählerinnen und Wähler und die damit verbundenen Kommunikationsweisen standen und stehen hierbei immer wieder im Mittelpunkt der Kritik.

Wer sich für Politik interessiert und seine Aufmerksamkeit ausschließlich auf das Geschehen einige Wochen vor dem Wahltermin konzentriert, kann jedoch ähnlichen Täuschungen bzw. Selbsttäuschungen erliegen wie derjenige, der sich von Kirche und kirchlichem Leben ein Bild macht, indem er sich allein auf Festtagsgottesdienste kapriziert. Die große Kulisse, die aufwändige Inszenierung seitens der Akteure, das mediale und oft lautstarke Spektakel sowie die vergleichsweise starke Mobilisierung des Publikums vermitteln hier wie dort den Eindruck eines lebhaften Gemeindelebens. Die Folge sind deshalb nicht selten Übertreibungen und Fehleinschätzungen. Bei der Auseinandersetzung mit Wahlkämpfen bewegt sich dabei das Spektrum der Betrachtungen und Kommentierungen zwischen kulturkritisch grundierten Demokratieuntergangsszenarien, über interessierte Auseinandersetzungen mit technokratischen Konzepten zur Optimierung der Wahlkampfkommunikation und der Wählerbeeinflussung, bis hin zu partizipatorischen Überhöhungen und idealisierenden Hoffnungen, was politisches Interesse, Involviertheit und Beteiligungsbereitschaft anbelangt. Hier wie dort kommt es jedoch auf die Perspektive an, auf den Blick hinter die Kulissen, auf die Substanz dessen, was sich hinter dem schönen Schein des Dargebotenen verbirgt.

Sind Wahlkämpfe nicht lediglich Spiegel der gesellschaftlichen und politischen Verhältnisse? Bei der Beantwortung der Frage, ob mit der Modernisierung von Wahlkämpfen auch eine Modernisierung der Demokratie einhergehe und ob Wahlkämpfe zu Demokratiegewinnen oder Demokratieverlusten beitragen, sind die Sozialwissenschaften ebenso gespalten wie die öffentliche Meinung. Je nach dem, welche demokratietheoretische Brille aufgesetzt und welche spezielle Fragestellung verfolgt wird, lassen sich Befunde sehr unterschiedlicher Art anführen. Die inzwischen hochentwickelte internationale Wahl- und Wahlkampfforschung (vgl. den profunden Überblick bei Schoen 2005) gibt hier viele Antworten und wirft noch mehr Fragen auf.

Bereits die Orientierung an zwei Grundmodellen, die man vereinfacht als „realistische" und als „idealistische" Demokratievorstellungen bezeichnen kann, hilft bei der Sortierung von Sichtweisen und Perspektiven zur modernen Wahlkampfführung und ihrer demokratietheoretischen Verortung. Der italo-amerikanische Politikwissenschaftler Giovanni Sartori macht die in diesem Zusammenhang hilfreiche Unterscheidung zwischen „Wahldemokratie" und „Mitwirkungsdemokratie" (vgl. Sartori 1992: 113 ff.). Wahlen, so der den Realisten zuzuordnende Demokratietheoretiker, setzten keine Programme in Kraft, sondern entscheiden, wer das tun werde. Nur in einem schwachen und undeutlichen Sinne gäben Wahlen an, wie regiert werden solle. Vor allem die für idealistische oder normative Demokratietheorien unverzichtbare Figur des „mündigen Bürgers" steht in diesem, stark elitedemokratisch gefärbten Ansatz Sartoris zur Disposition.

‚Klassisch' ist in diesem Kontext die Argumentation des Nationalökonomen Joseph A. Schumpeter, eines Begründers des modernen ökonomisch-politischen Denkens. Schumpeters Urteil über das politische Subjekt fällt vernichtend aus. Seine Ausführungen zur raison d'être politischer Parteien und zum politischen Wettbewerb sind Ausdruck eines schlanken, auf die Legitimation allein durch das Verfahren der Auswahl eingeschränkten Demokratieverständnisses: „Eine Partei ist eine Gruppe, deren Mitglieder willens sind, im Konkurrenzkampf um die politische Macht in Übereinstimmung miteinander zu handeln.(...) Parteipolitiker und Parteimaschinen sind nur die Antwort auf die Tatsache, dass die Wählermasse keiner anderen Handlung als der Panik fähig ist und sie bilden einen Versuch, den politischen Konkurrenzkampf genau wie die entsprechenden Praktiken eines Wirtschaftsverbandes zu regulieren. Die Psychotechnik der Parteireklame, der Schlagworte und der Marschmusik sind kein bloßes Beiwerk. Sie gehören zum Wesen der Politik" (Schumpeter 1987: 428).

Leitbild bei dieser reduktionistischen Sicht von Demokratie ist der Mensch als homo oeconomicus, ein rational kalkulierendes, letztlich am eigenen Vorteil orientiertes Wesen. Antony Downs (1957) hat diese aus den Wirtschaftswissenschaften importierte Perspektive von „Demokratie als Methode" in seiner „Ökonomischen Theorie der Demokratie" weiterentwickelt. Für ihn sind die Wähler Nutzenmaximierer. Im Gegensatz zu Schumpeter hält er sie jedoch für durchaus lernfähig und kompetent, jedenfalls für entscheidungsfähig. Wahlkämpfe zielen nach dieser Lesart letztlich auf die Auswahl von Führerpersönlichkeiten in einem Wettbewerb, der mehr oder eben auch weniger politisch geprägt ist. Der Bürger wird zum (un)politischen Konsumenten, der sich nach kühlem Nutzenkalkül zwischen – idealiter – zwei Produkten auf dem politischen „Markt" entscheidet.

Die Funktionslogik dieses egozentrierten Entscheidungsmodells von Demokratie, das mit nur wenigen Annahmen auskommt, ist inzwischen in der Literatur viel kritisiert und mit guten Argumenten angezweifelt worden. Darauf muss hier nicht im Einzelnen eingegangen werden (vgl. Schmidt 2000: 197-226). Für die Beschäftigung mit der Frage, was moderne Wahlkampfführung heißt und wie diese zu bewerten ist, erscheint das Modell gleichwohl hilfreich, verweist es doch auf eine interessante Fragestellung: Sind Wahlkämpfe nichts weiter als ein Test für die Marktgängigkeit von Produkten mehr oder weniger beliebigen Inhalts?

Wesentlich voraussetzungsvoller ist eine Sorte von Demokratiekonzepten, die mit Sartori in die Kategorie „Mitwirkungsdemokratie" eingeordnet werden können. Deren Theorievarianten zielen alle auf das klassische Bürgerbild eines homo politicus. Solche partizipatorischen Demokratiekonzepte (vgl. Barber 1998) halten, ganz in der republikanischen Tradition der aristotelischen politischen Tugendlehre stehend, an einem anspruchsvollen Staatsbürgermodell fest. Sie zielen auf die gleiche und dem Gemeinwesen dienliche Teilhabe möglichst aller, nicht nur an der Wahlentscheidung. Demokratie hat sich danach über Wahlen hinaus in einem nie abgeschlossenen Prozess freier Meinungs- und Willensbildung mit dem Ziel einer Auseinandersetzung über die öffentlichen Angelegenheiten zu legitimieren. Dabei sollen die Erwartungen möglichst Vieler aufgegriffen und zum Wohle des Ganzen erfüllt werden. Wahlen und Wahlkämpfe könnte man nach diesem eher horizontalen, auf Kommunikation, Verständigung und Konsens gerichteten, proceduralistischen Konzept (vgl. Habermas 1992a; 1992 b) von Demokratie als eine Art staatsbürgerlichen Intensivkurs begreifen. Es lässt sich unschwer erkennen, dass es hier nicht wie in realistischen Demokratiekonzepten um eine rein instrumentelle Logik gehen kann, sondern um dialogische und partizipatorische Ansprüche, die Fragen der demokratischen Inklusion, des Diskurses und der konsensualen Verständigung aufwerfen.

Welche Demokratiegewinne oder -verluste sind mit Blick auf die beidenidealtypischen Demokratiekonzepte, „Wahldemokratie" einerseits und „Mitwirkungsdemokratie" (Sartori) andererseits, in Wahlkämpfen zu erwarten? Welche Konsequenzen hat es jeweils, wenn der homo oeconomicus oder der homo politicus zum Leitbild der Wahlkampfführung und moderner Wahlkampfkommunikation erhoben wird? Welche Bedeutung kommt dabei jeweils öffentlicher Meinungsbildung zu? – Im Falle der „Wahldemokratie" wird Öffentlichkeit zu einem tendenziell der Marktlogik unterworfenen Raum. Hingegen hält die „Mitwirkungsdemokratie" den Anspruch aufrecht, dass Wahlkampfkommunikation mehr ist als ein publikumswirksames exklusives Elitenspiel, nämlich ein inklusiver demokratischer Diskurs unter Beteiligung möglichst vieler. Doch Öffentlichkeit in der deutschen Parteiendemokratie, ob man sie nun als gewinnorientierten Marktplatz oder als diskursorientiertes Forum konzipiert, hat in den vergangenen Jahren und Jahrzehnten im Zuge mediengesellschaftlicher Modernisierungsprozesse eine tief greifende Wandlung erfahren.

12.2 Parteiendemokratie in der Mediengesellschaft

Die Kritik an den Parteien war und ist zumal in Deutschland ein ständiger Begleiter der Parteiendemokratie. Sie konzentrierte sich lange Zeit auf den Vorwurf der Monopolisierung politischen Willensbildung und Machtausübung durch den „Parteienstaat" (vgl. Oberreuter 1998: 40 f.) und plädierte für eine Stärkung des Bürgers gegenüber den gesellschaftlichen Eliten. Im Zuge des schleichenden Gewichtsverlust politischer Großorganisationen, von dem die Parteien in besonderer Weise betroffen sind (Mitgliederverluste, Stammwählerschwund, zunehmend volatiles Wählerverhalten), ist vor allem das Beziehungsspiel zwischen

Medien und Politik in den Mittelpunkt kritischer Betrachtungen gerückt. Als besonders drastischen Beleg für politische Gewichtsverschiebungen, Demokratieskepsis und politische Niedergangszenarien wird vielfach Italien genannt, wo mit der – erneuten – Regierungsübernahme des Medienzars Silvio Berlusconi die Verschmelzung von Medienmacht und politischer Macht nicht mehr bloß abstraktes Szenario, sondern politische Realität geworden ist. Hier erscheine die Forderung nach freier öffentlicher Meinungsbildung und nach chancengleicher Partizipation wie ein frommer Wunsch angesichts einer geradezu unbegrenzten mediengesteuerten Manipulationsmacht: „Die Herrschaft über die Fernsehkanäle, kombiniert mit den Instrumenten der Demoskopie und des Marketing, führt zu populistischen Formen direkter Demokratie und charismatischen Führertums. Berlusconi benutzt die Meinungsumfragen als politisches Kampfinstrument und macht sie zu einem wesentlichen Bestandteil seiner politischen Strategie [...] Die Videopolitik tendiert dazu, die Parteien herkömmlicher Art zu zerstören, die Teledemokratie begünstige selbstmörderische Formen direkter Demokratie, die die Leitungspositionen der Regierung Fahrern ohne Führerschein überlässt" (Petersen 2001).

Das Szenario ist zwar populär und muss vielfach als Menetekel einer bisweilen auch in Deutschland befürchteten Entwicklung herhalten. Es unterschätzt aber die unterschiedlichen strukturellen und politisch-kulturellen Bedingungen, vor allem aber unterschätzt es die Fähigkeit demokratischer Systeme zur Gegensteuerung. Die Erwartung einer allgemeinen „Berlusconisierung" berücksichtigt zu wenig die spezifischen Bedingungen der italienischen politischen Landschaft mit ihrem kompletten Zusammenbruch des intermediären Systems und insbesondere des Parteiensystems. Deshalb verbieten sich auch vorschnelle Analogien. Das gilt auch im Vergleich mit anderen politischen Kulturen und demokratischen Systemen. Dies kann jedoch nicht darüber hinwegtäuschen, dass das kommunikative Element, dass Publizität und Medienkompetenz als Machtressourcen einen Bedeutungszuwachs erfahren haben. Erkennbar sind mediendemokratische Tendenzen insoweit, als „die Individualisierung der Wählerschaft weit fortgeschritten ist, die politische Willensbildung immer weniger als Zwei-Stufen-Prozess über Parteien und politische Meinungsführer vermittelt ist, sondern über deregulierte elektronische Massenmedien erfolgt, sowie die durch Wettbewerb erzeugte Medienlogik zu einer Abhängigkeit von Politik und Medien geführt hat" (Bürklin/Klein 1998: 183). Der Siegeszug von Popularität und Showelementen über politische Integrität und inhaltliche Kompetenz des politischen Führungspersonals, Wahlen als Rituale in der Hand undurchschaubarer Zeremonienmeister – dies sind Szenarien, die als Folge mediengesellschaftlicher Veränderungen gerade auch im Wahlkampfkontext konstatiert oder befürchtet werden.

Das plebiszitär-charismatische Element einer solchen auf Legitimtät via Fernsehen gestützten „teledemokratischen" Herrschaft (vgl. Sarcinelli 1999c; Zolo 1997) unterliegt, so die geäußerten Bedenken, der professionellen Steuerung der medialen Wahrnehmungen, die wiederum für weite Teile der Öffentlichkeit mangels politischer Primärerfahrung Grundlage der politischen Meinungsbildung sind. Durch die manipulative Beeinflussung von Einstellungen, Meinungen und Werten gegenüber dem politischen System tangiert diese Entwicklung die Grundbestandteile des politischen Kulturkonzeptes. Diese Bestrebungen zur Steuerung des Wählerwillens finden vor allem zu Wahlkampfzeiten ihren Höhepunkt. Denn gerade in Wahlkämpfen, den Kristallisationspunkten der Parteienkonkurrenz um Aufmerksamkeit und Legitimation, lassen sich Grundzüge einer gar nicht mehr so neuen, in jedem Falle aber stärker medienorientierten Kommunikationskultur beobachten. Auch demokratietheoretisch ist deshalb von Interesse, was Wahlkampfkommunikation ausmacht, wie sich Wahlkämpfe unter den Bedingungen moderner Mediengesellschaften gewandelt haben und inwiefern sie möglicherweise Gewichtsverschiebungen in „Struktur" und „Kultur" (vgl. Kaase 1995) des demokratischen Systems anzeigen. Einen analytischen Zugang zu dem komplexen Forschungsfeld bietet Harald Schoens (2005: 507) Modell der Wahlkampfkommunikation (vgl. Abb. 4).

Abbildung 4: Modell der Wahlkampfkommunikation

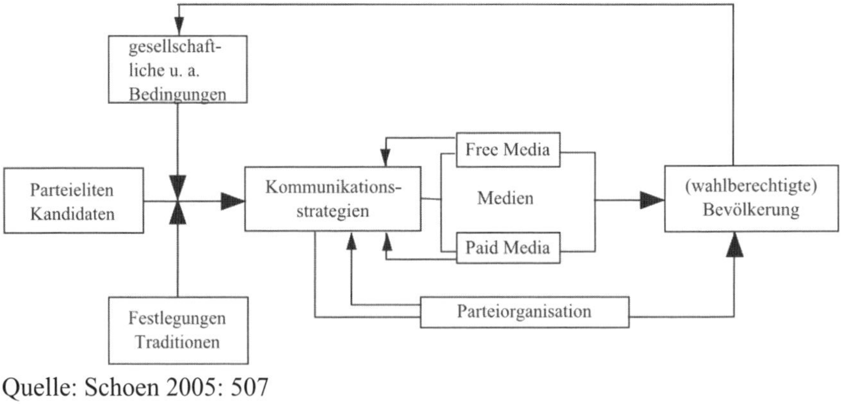

Quelle: Schoen 2005: 507

Das Modell weist Wahlkampf als kommunikatives Handeln aus, mit dem Parteieliten bzw. Kandidaten die wahlberechtigte Bevölkerung zu erreichen suchen. Die Kommunikation wird grundsätzlich beeinflusst von langfristigen (Traditionen, soziokulturellen Bedingungen etc.) und kurzfristigen Faktoren (aktuelle politische Ereignisse, Kandidatenkonstellation etc.). Beides gilt es bei den Überlegungen zu möglichen Kommunikationsstrategien zu berücksichtigen. Ein wichtiger Organisations- und Rückkoppelungsmechanismus zwischen den gewählten Kommunikationsstrategien und der Bevölkerung bildet wiederum die Parteiorganisation, über die inner- und zwischenparteilich Kommunikation im Wahlkampf nicht nur organisatorisch ‚abgewickelt' wird. Die Parteimitglieder zu mobilisieren, ist auch in kommunikativer Hinsicht von Bedeutung. Denn nach wie vor nehmen diese als ‚Botschafter', als Dialogpartner und Multiplikatoren im Rahmen direkter, also nicht medienvermittelter Kommunikation eine vielfach unterschätzte Rolle ein. Dennoch: Dies alles geht nicht ohne entsprechende mediale Kanäle, wobei in steuerungspraktischer Hinsicht zwischen Kommunikation über freie und über gekaufte Medien unterschieden werden muss. Während sich die Inhalte freier Medien über geschicktes Timing, Themensetzung und Ereignismanagement allenfalls beeinflussen, aber nicht bestimmen lassen, können die Inhalte von Paid Media auf der Basis wahlstrategischer und -taktischer Gesichtspunkte ausgewählt und bestimmt werden. Als eine Art Generalnenner der kritischen Beurteilung der Wahlkampfkommunikation dient in der publizistischen Begleitmusik, aber auch in der wissenschaftlichen Beschäftigung mit Kommunikationsprozessen und insbesondere mit Wahlkampfkommunikation, die Amerikanisierungsthese.

12.3 „Amerikanisierung" oder „Modernisierung" der Wahlkämpfe?

Begriffen wird „Amerikanisierung" als Chiffre für eine systemübergreifende Konvergenzentwicklung im Verhältnis von Politik und Medien. Dass es sich dabei um eine nicht sehr weit führende, um nicht zu sagen falsche, Parallelisierung moderner Gesellschaften mit unterschiedlichen institutionellen Kontexten, politisch-kulturellen Traditionen und je eigenen Entwicklungen handelt, wird im Folgenden gezeigt werden.

Es war vor allem eine Art KAMPA-Mythos, der nach der Bundestagswahl 1998 unter dem Eindruck des Erfolgs der SPD und ihrer aus der Partei ausgelagerten Wahlkampfzentrale KAMPA zu Spekulationen über eine tief greifende Veränderung der bundesrepublikanischen Kampagnenkultur stimulierte. Angesichts eines professionell in Szene gesetzten „Medienwahlkampfes par excellence" (Niedermayer 1999: 9) entstand nicht nur auf Seiten journalistischer Beobachter der Eindruck, nie zuvor sei ein Wahlkampf so „amerikanisiert" gewesen. Ähnliche Einschätzungen gibt es inzwischen bei Landtagswahlkämpfen. (vgl. z. B. Geisler/Tenscher 2001).

Auch wenn seinerzeit von Amerikanisierung noch nicht die Rede war, so sind die Negativdiagnosen zur Wahlkampfkommunikation keineswegs neu. Die

Rede, die gerade ablaufende Kampagne sei der bisher inhaltsloseste, am stärksten personalisierte und polarisierte Wahlkampf, ist wahrlich nicht neu. Obgleich sich aber derartige Diagnosen bereits seit Beginn der 80er Jahre wachsender Beliebtheit erfreuen, fehlte es lange an klaren inhaltlichen Abgrenzungen. So hat der Amerikanisierungsbegriff über den alltagssprachlichen Gebrauch hinaus längst auch Eingang in sozialwissenschaftliche Debatten gefunden. Dies trug jedoch nicht dazu bei, dessen inhaltliche Konturen zu schärfen (vgl. die Verweise bei Schoen 2005: 516). Zum einen bestimmen Überzeichnungen, die von einer konsequenten Angleichung europäischer Wahlkämpfe an US-amerikanische Modelle ausgehen, die diesbezügliche Auseinandersetzung. Andererseits wird angemahnt, dass von einer „Amerikanisierung" entweder überhaupt nicht die Rede sein könne, oder aber in weitaus weniger dramatischen Ausmaßen bereits seit Jahrzehnten die Rede sein müsse (vgl. Müller 1998: 40). Stellvertretend für die kritischen Stimmen sei in diesem Zusammenhang Heribert Prantl, Ressortchef für Innenpolitik bei der Süddeutschen Zeitung, zitiert: „Solange ‚Amerikanisierung' den Einzug der Parteioberen mit speziellen Lichteffekten unter Musik sein soll, dann kennen wir dies allerdings schon seit Jahrzehnten von der CSU und Bayerischem Defiliermarsch" (Prantl, zit. nach: Rettich/Schatz 1998: 35).

Eine konkrete Festlegung des „amorphen Begriffes" auf seine Inhalte fällt schwer. Bereits bei der Frage, welche Akteure und Prozesse des politischen Geschehens dem Generalverdacht einer „Amerikanisierung" zu unterwerfen seien, divergieren die Interpretationen. Nicht nur Politik und Medien sehen sich mit dem Vorwurf konfrontiert, sie würden „immer amerikanischer". Auch von einer „Amerikanisierung von Wahlen und Wählern" (Radunski 1996: 34) wird schon lange gesprochen. Die Vielzahl seiner disparaten Bezugsebenen macht den Amerikanisierungsbegriff als wissenschaftliches Instrument inzwischen nahezu unbrauchbar. Auf einige der Interpretationsweisen soll dennoch kurz eingegangen werden.

So nimmt „Amerikanisierung" zunächst einmal Bezug auf generelle Entwicklungslinien der Politikvermittlung innerhalb und außerhalb von Wahlkämpfen. Hierunter sind insbesondere die Tendenzen einer „zunehmenden Mediatisierung, Personalisierung und Entideologisierung" zu fassen, die Winfried Schulz als Charakteristika der zeitgenössischen politischen Kommunikation identifiziert (Schulz 1998: 379). Auf der Suche nach einer Bewertung der diesbezüglichen Beobachtungen werden Interpretationen aus diffusionstheoretischer oder aus modernisierungstheoretischer Sicht kontrovers diskutiert. Diffusionstheoretiker sehen dabei eine einseitige Annäherung an US-amerikanische Kommunikationsmuster. Hingegen argumentieren Modernisierungstheoretiker, die USA seien lediglich Vorreiter in einem umfassenderen Prozess des Strukturwandels, der Politik, Medien- und Gesellschaftssysteme moderner Gesellschaften gleichermaßen erfasst habe. Deshalb sei vielmehr von einem „Prozess der ungerichteten

Konvergenz" auszugehen, „der im Ergebnis zu einer Annährung der politischen Kommunikationslogik in medienzentrierten Demokratien führt" (Plasser 2000: 50). Diese Kontrastierung kann zudem um die Perspektive der Standardisierung bzw. Globalisierung erweitert werden. Gemeint ist damit die wechselseitige Inspiration und der gleichberechtigte Austausch von Werten und Handlungsmustern zwischen den Kulturen als Ursache einer mehr oder weniger universalen, dann auch als „Amerikanisierung" bezeichneten Vereinheitlichungstendenz (vgl. Donges 2000: 36 f.).

Gerade der Verweis auf Globalisierungsphänomene macht deutlich, mit wie vielen Perspektiven der unscharfe Amerikanisierungsbegriff überfrachtet wird. Denn auch die Diskussion um Globalisierung verwirrt sich in den diffusen kulturellen, ökonomischen und politischen Bezügen und erscheint, nicht erst seit den öffentlichkeitswirksamen Protesten heterogener Gruppen von Globalisierungsgegnern, mit normativem Ballast überladen. In synoptischer Perspektive umschließt die Globalisierungsdebatte ein breit gefächertes Spektrum verschiedener Entgrenzungsphänomene, deren Charakter und Relevanz jedoch keineswegs unumstritten sind. Mit der fortschreitenden Globalisierung der Märkte verschiebt sich die Machtbalance zu Ungunsten der politischen Durchsetzungsfähigkeit territorial gebundener Staaten und Gesellschaften. Die „transnationale Entzugsmacht" (Beck 1998: 18) der Konzerne und ihres global arbeitenden Kapitals zwingt, so die These, der nationalen Politik das Kalkül um Standortvorteile auf. Dem relativen Verlust von Handlungskompetenzen auf Seiten nationalstaatlicher Akteure steht somit ein gewachsener Problemdruck gegenüber. Die Versuche, Antworten auf diese Herausforderungen zu finden, erfolgen häufig auf supranationaler Ebene. Doch die auf diesem Wege getroffenen Entscheidungen sind nur durch Rückkoppelung mit nationalen Akteuren und Institutionen demokratisch zu legitimieren. Während nationalstaatliche Hoheitsräume, beispielsweise im Hinblick auf Menschenrechte, Klimaschutz und internationale Wirtschaftsordnung immer weiter aufgeweicht werden, verhärten sich die Demokratiedefizite auf Seiten der supranationalen Verhandlungsmechanik nationaler Entscheidungsträger. In diesem Sinne erscheint Globalisierung als konsequente Fortführung des gesellschaftlichen Modernisierungsprozesses, der uns, so Ulrich Beck, vom Fortschrittsglauben der ersten in die Risikogesellschaft der zweiten, „reflexiven" Moderne geführt hat. Deren Kennzeichen sei, dass „die gesellschaftlichen Normensysteme versprochener Sicherheit angesichts der durch Entscheidungen ausgelösten Gefahren versagen" (Beck 1993: 40). „Amerikanisierung" mag man insofern als Reaktion der Politik auf den unterstellten Verlust politischer und insbesondere staatlicher Handlungsfähigkeit interpretieren. – In der Folge der weltweiten Wirtschaftskrise im Herbst 2008 und dem allerorten zu hörenden Ruf nach dem starken, jedenfalls stärker regulierenden und die Märkte kontrollierenden Staat, wird man vermutlich auch hier zu einer insgesamt nüchterneren Einstellung, was den vermeintlichen Verlust staatlicher Handlungsfähigkeit anbelangt, kommen. Begrenzter staatlicher Handlungsspielraum schließt allerdings nicht aus, dass die schwer zu vermittelnde Komplexität politischer Entscheidungs- und Kompromissfindungsprozesse auf der Medienbühne durch demonstrative Publizität und Souveränitätsgesten überspielt wird, um die Sicherheitserwartungen der Bevölkerung zufrieden zu stellen: „Verrückterweise spielen die Politiker das Spiel mit. Das Publikum erwartet von ihnen die kraftvolle Pose, den starken Führungswillen. Also inszenieren sie dieses Stück. Sie übertünchen die Realität der kompromissbestimmten, unspektakulär und langsam funktionierenden Aushandlungsdemokratie durch forsches und energisches Auftreten" (Walter/Dürr 2000: 17).

Es bleibt festzuhalten, dass sich sowohl der „Amerikanisierungs-" als auch der „Globalisierungsbegriff" in ihren disparaten Interpretationen verhältnismäßig problemlos auf eine umfassendere modernisierungstheoretische Prämisse zurückführen lassen. Unabhängig von der jeweiligen Richtung und Charakterisierung der konvergierenden Politikvermittlungsziele und -techniken lässt sich am Beispiel der „Amerikanisierung" zeigen, dass der Begriff der Modernität, als Anpassung der politischen Kommunikation an den sozialen und politischen Wandel, allen Beobachtungen eines veränderten Interaktionszusammenhanges von Politik, Medien und Öffentlichkeit zugrunde liegt (s. Tab. 9).

Tabelle 9: Divergierende Amerikanisierungskonzeptionen

Diffusion	Globale Standardisierung	Modernisierung
Selektive Übernahme US-amerikanischer Muster als Leitbild und Zielvorstellung der Modernisierung	*Modernität als Ergebnis wechselseitiger Inspiration zwischen den USA und Europa*	*Universelle Konvergenzprozesse in Mediendemokratien. Die USA als Vorreiter universeller gesellschaftlicher Modernisierung*

12.4 Die individualisierte Mediendemokratie als Wahlkampfumfeld

In einer Mediengesellschaft mit labiler gewordener Parteiidentifikation und einem zunehmend sprunghaften Wählerverhalten verdienen Wahlkämpfe erhöhte Aufmerksamkeit. Denn, wo langfristige politische Bindungen brüchig geworden sind, werden die Wählerinnen und Wähler wieder empfänglicher für mediale Botschaften. Hier können Wahlkampagnen tatsächlich etwas bewirken und können Wahlen buchstäblich in letzter Minute entschieden werden. „Konversion ist dabei das ambitionierteste Ziel, Mobilisierung für die Stimmabgabe sowie Bestärkung der Wählerinnen und Wähler in ihren Parteineigungen haben daneben an Relevanz gewonnen und sind leichter zu erreichen" (Holtz-Bacha 1999: 11).

Als zentraler Bezugspunkt der Diagnosen in Sachen Wahlkampfmodernisierung gilt die medienadressierte und marketingfokussierte Ausrichtung der politischen Kommunikation in einer zunehmend individualisierten Gesellschaft. Als individualisiert werden Verhaltensmuster dann umschrieben, wenn die Zugehörigkeit zu sozialstrukturellen Kategorisierungen ihren systematischen Einfluss auf das alltägliche menschliche Handeln verliert. Das individuelle Tun rückt ins Zentrum des Interesses. Wo Selbstentfaltung und Selbstgestaltung zu zentralen Werten (vgl. Beck 2001: 3) werden, nimmt die Bedeutung kollektiver Institutionen als Sinnvermittler für normative Orientierungen und Verhalten der Gesellschaftsmitglieder ab. Verhalten, auch politisches und ganz besonders das Anonymität gewährleistende Wahlverhalten, wird situations- und damit kommunikationsabhängiger!

Alle Formen gesellschaftlicher Institutionenbildung, heißen sie nun Ehe und Familie, Religion und Kirche, Nachbarschaft und Verein oder eben auch Partei, spüren diese Entwicklung in teilweise drastischen Ausmaßen. Insofern lässt sich die Individualisierung als Entgrenzung subjektiver Lebenswelten der Globalisierung als Entgrenzungsprozess auf gesamtgesellschaftlicher und internationaler Ebene gegenüberstellen. Ähnlich wie die Globalisierung zu Unheil verkündenden Szenarien einer totalen Dominanz entterritorialisierter Kapitalformen einlädt, weckt auch die Individualisierung mahnende Stimmen, die einen Zerfall der Gesellschaft durch Hedonismus und totale Entsolidarisierung befürchten (vgl. Honneth 1997). Insofern bewegen sich Diskussionen um „Amerikanisierung" der Wahlkampfkommunikation, wie der Kommunikation überhaupt, an den Nahtstellen der individuellen und gesamtgesellschaftlichen Entgrenzungsprozesse (vgl. Gellner 1997). Während die Individualisierung nach und nach vor allem die Parteien ihrer lange Zeit lebenserhaltenden soziomoralischen Milieus beraubt, galt die Globalisierung über Jahre hinweg als ‚Sargnagel' nationalstaatlicher Handlungsfähigkeit politischer Akteure.

Im Spannungsfeld dieser Entwicklungen lavierend, kann es sich modernes Regieren deshalb weniger denn je leisten, auf die Mittel symbolischer Politik (vgl. Sarcinelli 1987b; Kap. 8 in diesem Buch) zu verzichten. Es gilt, allen Anfechtungen zum Trotz, Handlungsfähigkeit und Handlungskompetenz zu vermitteln, zumal sich gleichzeitig die Konkurrenz politisch-weltanschaulich allenfalls noch graduell differenter Parteien auf einem „liberalisierten" Wählermarkt verschärft. Für die Vermittlung des Politischen besteht heute mehr denn je der Zwang, durch mediale Angebote eine Nachfrage gerade auch für teilweise äußerst unpopuläre Produkte zu erzeugen. Als Triebfeder der neuen Dynamik gilt der Vormarsch individuell-rationaler Nutzenabwägungen als übergreifende kulturelle Orientierung des modernen Wählers. Mit der wachsenden Mobilität innerhalb der Sozialstruktur gewinnen individuelle Lebensentwürfe an Flexibilität. Gleichzeitig verlieren traditionelle Leitdifferenzen, beispielsweise die alten Konflikte zwischen Klassen oder Konfessionen, zunehmend an Brisanz. Ehemals verhältnismäßig homogene soziokulturelle Milieus, die sich entlang dieser als „Cleavages" bezeichneten Bruchstellen herausgebildet hatten, haben in den vergangenen Jahren an Bindekraft verloren. Der damit einhergehenden Pluralisierung der Lebensstile tragen die politischen Parteien gerade auch in Wahlkampfzeiten in besonderem Maße Rechnung. Für sie scheint es immer weniger darauf anzukommen, sich richtungspolitisch eindeutig zu exponieren, als vielmehr milieuunspezifisch (un)politische Breitbandkost im Kampf um die politische Mehrheit auf „komplexen Wählermärkten" zu servieren (Mair/Müller/Plasser 1999: 11).

Die deutsche Wiedervereinigung hat dazu beigetragen, etablierte Muster der politischen Anhängerschaft noch weiter aufzubrechen, zumal sich langfristige politische Bindungen im Rahmen des etablierten Parteiensystems im Osten der Republik noch nicht haben ausbilden können, wie überhaupt die Zahl der Parteimitglieder in den neuen Bundesländern proportional gesehen ungleich geringer ist als im Westen der Republik. Die Folge ist eine gesteigerte Bereitschaft zur Wahlverweigerung und Wechselwahl. Somit zwingt das fortschreitende „Dealignment" die politischen Konkurrenten, sich als „Allerweltsparteien" den Gegebenheiten eines dynamischen Wählermarktes anzupassen, auf dem traditionelle Loyalitäten zwar nicht bedeutungslos geworden sind, aber immer stärker mit rationalen Nutzenkalkülen und Leistungserwartungen konkurrieren. Das hat inzwischen die parteientypologische Debatte über die Frage belebt, welcher Parteityp sich angesichts der veränderten Kommunikationsverhältnisse herausbilde (vgl. Kap. 11.5 in diesem Buch).

Inzwischen gehört es zur nahezu alltäglichen Praxis zustimmungsabhängiger Akteure, die Erwartungen des Wahlvolkes mittels demoskopischer Instrumente zu ermitteln, zu wecken und möglichst zu steuern. Problematisch ist hierbei vor allem das ohnehin geringe Vertrauen in die Handlungswilligkeit bzw. Handlungsfähigkeit der politischen Parteien (vgl. Immerfall 1998: 11). Als „erlebnisarmer Raum" (Oberreuter 1996: 11) genügen diese kaum den Ansprüchen ihres wählerischer gewordenen Publikums. Die lange unabdingbare ‚Ochsentour' verliert als Mittel der politischen Beteiligung, Karriereplanung und Personalrekrutierung zunehmend an Reiz. Zwar bleibt die Gesellschaft mobilisierbar, doch wird der Erfolg auch klassischer Mitgliedergroßorganisationen zunehmend ereignisabhängig. Speziell im Umgang mit jungen Menschen gelingt es den demokratischen Parteien nur unzureichend, sich als attraktiven Raum politischer Kommunikation oder als Plattform für soziales und politisches Engagement zu präsentieren. Die Folgen sind Vergreisung, Mitgliederschwund und nachlassende Mobilisierungskraft (vgl. von Alemann 2001b: 183 ff.; Kap. 11 in diesem Band).

12.5 Modernisierungstrends: Wahlkampfkommunikation und Öffentlichkeit im Wandel

Vor allem in Wahlkämpfen gilt es deshalb, mit einem erweiterten Kommunikationsarsenal und mit erhöhter Kommunikationsintensität dem gestiegenen Aktivierungsbedarf Rechnung zu tragen und auch das wachsende Kontingent tendenziell parteiabstinenter Wähler zur Stimmabgabe zu bewegen. Bei aller Notwendigkeit zur innerparteilichen Mobilisierung gelingt dies nur über die Massenmedien. Denn Politik und Gesellschaft und somit auch Parteien können sich nur durch die Massenmedien selbst beobachten (vgl. Gerhards 1998: 269; Luhmann 1992; Marcinkowski 1993). Die Massenmedien sind deshalb in Wahlkampfzeiten mehr noch als außerhalb von Wahlen die zentrale Plattform der Politikvermittlung und zwar der Politikdarstellung ebenso wie der Politikwahrnehmung.

Mit der Entwicklung zu einer modernen und zunehmend auch kommerzialisierten Medienlandschaft ging eine, gemessen an Reichweite und Nutzungsdauer, sprunghafte Ausdifferenzierung des Medienpublikums einher. Mehr denn je erreichen Massenmedien heute auch und gerade die politisch weniger interessierten Teile der Bürgerschaft. Zwar darf die Rolle der interpersonalen Kommunikation auch weiterhin nicht unterschätzt werden. Denn das Gespräch über politische Fragen entscheidet über die Akzeptanz politischer Informationen und besitzt somit eine „Filterwirkung" für die medialisierte Politik (Schmitt-Beck 2000: 415; Schenk 1995). Dennoch ist davon auszugehen, dass diese „Filterwirkung", die Meinungsführern einmal eine starke Rolle bei der Wahrnehmung und Verarbeitung von Informationen einräumt (vgl. Zwei-Stufen-Flussmodell), durch viele Medienformate in denen Unterhaltendes und Informatives, Politisches und Unpolitisches bunt miteinander vermischt werden, an Bedeutung verloren hat.

Die Massenmedien bestimmen zwar nicht, aber sie beeinflussen und strukturieren die Tagesordnung der öffentlich diskutierten Themen (Agenda-Setting-Funktion) und entscheiden weitgehend über deren Bewertung und Interpretation (Framing). Gerade diese Möglichkeiten machen die Medienberichterstattung zu einem attraktiven Ziel nicht nur der politischen Öffentlichkeitsarbeit, im Wahlkampf mehr noch als außerhalb von Wahlen. Auch die Politik selbst scheint sich zunehmend auf die Eigengesetzlichkeiten des medialen Prozesses einzustellen. Die „Parteienlogik" steht unter dem Anpassungsdruck an die „Medienlogik". „Im Gegensatz zur traditionellen Parteienlogik bedient sich die neue Medienlogik der Techniken des politischen Marketings. Sie denkt in strategischen Zielgruppen, begreift Wähler als Konsumenten und bemüht sich, ein symbolisches Produkt anzubieten, das in empirischer Kenntnis der Stimmungslagen und diffuser Emotionen einer launenhaften und unberechenbaren Wählerschaft konstruiert und mediengerecht vermarktet wird" (Plasser/Sommer/Scheucher 1996: 86).

Will Politik in der Berichterstattung erfolgreich sein, dann darf sie mediale Nachrichtenwerte und Unterhaltungsregeln nicht ignorieren. Dies umso weniger, als die Fähigkeit zur medienadäquaten Inszenierung und Medialisierung der eigenen Positionen zu einer zentralen politischen Machtressource geworden ist. Vermeintliche „Politikmüdigkeit" (Lösche 1998) und „Parteienverdrossenheit" dienen dabei mit als Rechtfertigung dafür, dass sich die Gewichte zugunsten einer „Tele-Politik" (Korte 2001: 10) verschieben. Die Herstellung breitenwirksamer Aufmerksamkeit wird zur conditio sine qua non der Vermittlung politischer Inhalte. Denn nicht nur die Parteien konkurrieren um Publika. Auch innerhalb des Mediensystems tobt, im elektronischen Bereich speziell seit der Dualisierung des Rundfunksystems, ein verschärfter Kampf um Geld und Quoten.

Da Politik in der „Erlebnisgesellschaft" (Schulze) außerhalb von Krisenzeiten einen eher randständigen Stellenwert besitzt, haben es die genuin auf Politik bezogenen Formate und Inhalte schwer, sich gegen populärere Unterhaltungsangebote durchzusetzen und zu behaupten. Für die Präsentation politischer Themen und Kandidaten bieten sich deshalb nicht mehr nur in Wahlkampfzeiten jene medialen Ausweichformate an, die in der öffentlichen Diskussion unter Schlagworten wie „Entertainisierung" und „Talkshowisierung" firmieren. Im Streben nach Sichtbarkeit und Selbstdarstellungschancen suchen politische Akteure die Nähe zur Unterhaltungs- und Pop-Kultur durch Auftritte in reichweitestarken Talkshows, Unterhaltungssendungen und Personality-Shows. Insgesamt gilt, dass politische Legitimitätsbeschaffung mit den Mitteln einer „medienorientierten Kampagnenpolitik" (Baringhorst 199a8: 330; vgl. auch Baringhorst 1998b) an Bedeutung gewinnt.

Auf dem Weg ins „dritte Zeitalter der politischen Kommunikation" (Blumler/Kavanagh 1999) lassen sich gerade am Beispiel von Wahlkämpfen die geschilderten Entwicklungen exemplarisch nachvollziehen. Ein historisch vergleichender Blick auf Modernisierungstrends im Einsatz von Wahlkampfstrategien und -instrumenten ist hier recht aufschlussreich. Pippa Norris hat dazu die typologische Unterscheidung zwischen vormodernen, modernen und postmodernen Kampagnen vorgeschlagen (vgl. Tab. 10). Die Übersicht verdeutlicht die hohe Variabilität von Strukturen, Prozessen, Inhalten und Methoden wahlkampfspezifischer Politikvermittlung.

Die gesellschaftliche Modernisierung wirkt in verschiedenen Dimensionen auf die Entwicklung von Wahlkämpfen ein. Entsprechend der Nachfrage nach kommunikativer Rückkopplung, die sich aus der wachsenden Distanz zwischen Bürgern und Parteien ergibt, wird das Buhlen um die Aufmerksamkeit der Wähler zum Dauerproblem der Demokratie. Sowohl das regelmäßige demoskopische Abtasten der öffentlichen Meinung, als auch die Versuche, diese durch gezielte Medialisierung von Politik zu beeinflussen, bleiben nicht ohne Rückwirkungen auf das politische Tagesgeschäft, auf die „Routinepolitik".

Tabelle 10: Wahlkampfformen und Modernisierungsetappen

	Vormodern	Modern	Postmodern
Wahlkampf-organisation	Lokal und dezentral	National koordiniert	Nationale Koordination, dezentrale Ausführung
Vorbereitungsphase	Kurzfristige bzw. ad-hoc Wahlkämpfe	Langer Wahlkampf	Permanenter Wahlkampf
Zentrale Koordination	Parteiführung	Wahlkampfzentralen, Rückgriff auf spezielle Berater und Parteifunktionäre	Auslagerung von Umfrageforschung, Beratern und spezialisierte Wahlkampfabteilungen
Rückkopplungen	Örtliche Hausbesuche („Klinkenputzen")	Bevölkerungsumfragen	Bevölkerungsumfragen, Beobachtung sog. Fokusgruppen, Internet
Medien	Regionale und überregionale Presse lokal: Handzettel, Poster und Wahlkampfschriften, Radioansprachen	Fernsehpräsenz in breitenwirksamen Kanälen	Zielgruppenspezifische Medienarbeit durch fragmentierte Medienkanäle, gezielte Werbung, gezielte Ansprache des Publikums (Direct-Mailings)
Wahlkampfevents	Örtliche Versammlungen, eingeschränkte Wahlkampftourneen	Medienmanagement, tägliche Pressekonferenzen, TV-Werbung, Phototermine	Ausweitung des Medienmanagements auf „Routine"-Politik, Reden und politische Initiativen
Kosten	Niedriges Wahlkampfbudget	Höhere Produktionskosten für Fernsehspots	Kostensteigerung für Beratung, Forschung und Fernsehspots

(vgl. Norris 1997: 3)

Regieren im Kampagnenstil (vgl. Thunert 1996), wie es die US-amerikani-sche Clinton-Administration beispielhaft praktizierte, erfordert jedoch in zunehmendem Maße Rückgriffe auf methodisches und technisches Politikvermittlungs-„Know-how", das innerhalb der Parteiorganisationen – zumal in Traditionsparteien europäischer Couleur – nicht immer in ausreichendem Maße vorhanden ist. Mehr und mehr werden deshalb wahlkampfspezifische wie überhaupt öffentlichkeitsrelevante Politikvermittlungsaufgaben spezialisierten, professionellen und zunehmend auch externen Experten (vgl. Tenscher 2000; ders. 2003) übertragen. Dieses gerade in Wahlkampfphasen ausgeprägte Politikvermittlungsoutsourcing betrifft gegenwärtig speziell die Optimierung des Medieneinsatzes und insbesondere die Erschließung „neuer Medien" für die Parteienkommunikation.

So verdient im Bereich technischer Innovationen zunächst einmal das Internet als neue politische Kommunikationsplattform in- und außerhalb von Wahlkämpfen Beachtung (vgl. Bieber 2000). Gerade das World Wide Web bietet die Möglichkeit, direkt und interaktiv mit einer großen Zahl von Wählern in Kontakt zu treten. Technologisch gibt es hier durchaus ein Potential, Transparenz und Responsivität des demokratischen Prozesses entscheidend zu verbessern (vgl. Zittel 1997: 25 f.). Die anfangs ausgeprägte, internetspezifische Partizipationseupheurie scheint inzwischen allerdings einer realistischeren Betrachtungsweise gewichen zu sein. Selbst in Wahlkämpfen bleiben die Anwendungsmöglichkeiten des Mediums bisher weit hinter den optimistischen Visionen zurück. Vielmehr reiht sich das Internet als eine preiswerte, zielgruppengenaue und besonders reaktionsschnelle Informations- und Werbeplattform nahtlos in den Reigen der etablierten Mittel der Wahlkampfkommunikation ein. Ähnliches gilt auch für die qualitative und quantitative Evolution des sogenannten „Direct-Mailing" als Kennzeichen zeitgenössischer Wahlkampfführung. Mittlerweile besteht durch diese „quasi-personalisierten Serienbriefverfahren" (vgl. Römmele 2002: 39) relativ problemlos die Möglichkeit, die Inhalte der Mails adressaten- und zielgruppengerecht auf die jeweils angeschriebenen Personen und Zielgruppen zuzuschneiden. Im Grunde handelt es sich hier um eine preisgünstige technische Optimierung eines konventionellen Politikvermittlungs- und Vertriebsweges, dessen besonderer Wert in politisch-instrumenteller Hinsicht allerdings auch darin besteht, dass er den Medienfilter umgeht.

Dass es dem demokratischen Präsidentschaftsbewerber Barack Obama im amerikanischen Präsidentschaftswahlkampf 2008 gelungen ist, mehrere Millionen Wahlhelfer über das Internet zu gewinnen und zu organisieren, Online-Spenden zu einer Hauptfinanzierungsquelle zu machen und mit neuen medialen Foren wie Blogging, Chatrooms oder Internet-Zeitungen Millionen individuell und an den ‚klassischen' Massenmedien vorbei zu erreichen und zu mobilisieren, dürfte auf die Wahlkampfführung auch in Deutschland nicht ohne Folgen bleiben. Einmal mehr hat der Präsidentschaftswahlkampf in den USA gezeigt, wie sehr die Vereinigten Staaten in Sachen Wahlkampfkommunikation das Versuchs- und Beobachtungslabor für den Rest der Welt sind, auch wenn weiterhin Skepsis gegenüber vorschnellen Amerikanisierungsanalogien angebracht ist.

Neben der punktgenauen Ausrichtung des Wahlkampfes an den Bedürfnissen anvisierter Zielgruppen findet eine Professionalisierung auch auf politisch-strategischer Ebene statt. Schließlich begünstigen die gewandelten Rahmenbedin-

12.5 Modernisierungstrends: Wahlkampfkommunikation und Öffentlichkeit im Wandel

gungen auch eine Zentralisierung und Professionalisierung der Strategiefindung. In diesem Kontext gilt vor allem der nicht nur in Deutschland zu beobachtende Aufstieg der sog. „Spin Doctors" als Modernisierungsbeleg. Gemeint sind damit die Wahlkampfberater der Parteien bzw. ihrer Spitzenkandidaten, deren Aufgabe es ist, den „Journalisten eine einheitliche und für ihren Kandidaten positive Interpretation der Wahlkampfdebatte bzw. -inszenierung zu vermitteln" (Esser 2000: 17). Obgleich im europäischen und insbesondere im deutschen Kontext entgegen dem publizistischen Tenor noch keineswegs von amerikanischen Verhältnissen die Rede sein kann, sind die Anzeichen für eine Deinstitutionalisierung politischer Willensbildung, für Macht- und Funktionsverluste der Parteibasis und mehr noch für den keineswegs kampflos hingenommenen politischen Bedeutungsverlust der mittleren Führungs- und Funktionärsschicht unverkennbar. An Stelle des klassischen Werbewahlkampfes gewinnen teil- und vollmedialisierte Wahlkampfformen an Gewicht (vgl. Holtz-Bacha 2000: 43). Denn Medienpräsenz bietet den Parteien ein breitenwirksames und kostengünstiges Wahlkampfforum. Gerade kleinere Parteien, die ihrer Konkurrenz finanziell und organisatorisch unterlegen sind, können auf diesem Terrain an Boden gut machen. Wie man mit spektakulären ‚Möllemannieren' (ein Begriff in Anlehnung an den medienversierten FDP-Politiker Jürgen Möllemann) „Bilder für die Bilder-Macher" (Goergen/Goergen 2000) produzieren und kurzfristig in die Medien bringen, die Partei zugleich aber auch in eine tiefe Glaubwürdigkeitskrise stürzen kann, hat einmal mehr das Beispiel der FDP-Kampagne im NRW-Wahlkampf 2000 gezeigt (vgl. Sarcinelli/Schatz 2002). Wer also die Inszenierungsschraube in der Wahlkampfkommunikation überdreht, kommt leicht in den Geruch des politischen ‚Schaumschlägers' mit der Folge eines nachhaltigem Vertrauensverlustes.

Waren und sind programmatische Diskussionen mehr eine Frage der innerparteilichen Selbstverständigung als eine Frage der Kommunikation mit den Bürgern, so fällt mit Blick auf moderne Wahlkampagnen doch auf, dass Aspekte des politischen Marketings zu Lasten inhaltlicher Diskussionen an Bedeutung gewinnen. Für die Ausgestaltung der Wahlkampfinhalte erscheint die Professionalisierung (vgl. Holtz-Bacha 2000: 47 f.) des „News Managements", also der gezielten Beeinflussung der medialen Berichterstattung durch die Kampagnenplaner, als besonders charakteristisch. Hierunter fällt beispielsweise die Verfeinerung eingesetzter Techniken zur Thematisierung bestimmter politischer Inhalte oder zur strategischen Beeinflussung von Kandidatenimages (vgl. Pfetsch 1998b: 74). So sind moderne Wahlkämpfe durch Ereignis- und Themenmanagement, das in besonderem Masse auf symbolische Politik (vgl. Kap. 8 in diesem Buch) und auch auf sogenannte „Pseudoereignisse" (Boorstin) zurückgreift, gekennzeichnet. Bei diesen handelt es sich um inszenierte Kommunikationsanlässe, welche gezielt auf die Bedürfnisse der Medienöffentlichkeit im Wahlkampf zugeschnitten werden, um deren Aufmerksamkeit durch publikums- und medienadäquate Dramatisierung zu gewinnen. Im Mittelpunkt des Wahlkampfes steht vor allem die medien- und wählerattraktive Präsentation der Kandidaten und Themen einer Partei im Sinne einer erfolgreichen Synchronisierung von Kandidatenimage, Parteiimage und medialer Themenagenda (vgl. Pfetsch/Schmitt-Beck 1994: 233 f.). Hierbei lassen sich politische Themen besonders effizient durch die Verknüpfung mit prominenten Köpfen vermitteln. Entsprechend gilt Personalisierung gerade im Hinblick auf die fernsehgerechte Vermittlung von politischen Kommunikationsangeboten als gängige Methode. Die Präsentationslogik der unterschiedlichen Medien zu antizipieren und entsprechend dann zu instrumentalisieren, gehört zum Handwerkszeug von Wahlkampfmanagern und Öffentlichkeitsarbeitern. Nun ist Personalisierung keine Erfindung des Fernsehzeitalters. Doch gerade für das Fernsehen, das als Bildmedium im Zwang steht, Nachrichten durch Bilder zu vermitteln, bietet sich Personalisierung als Vehikel für die thematische Berichterstattung an. Hier leistet auch die Tendenz zur Anreicherung der Berichterstattung um „Human Touch-Elemente" einer personalisierten Emotionalisierung von Politik Vorschub.

Eng verknüpft mit der Tendenz zur personenzentrierten Politikvermittlung sind zudem Formen des „Negative Campaigning", welche auf die Beschädigung gegnerischer Partei- und Kandidatenimages abzielen, als Element des modernen Kommunikationsrepertoires in Wahlkämpfen. „Grundziel des Negative Campaigning ist eine Polarisierung, mit deren Hilfe der politische Gegner diffamiert und gleichzeitig die eigene Position als Gegenpol charakterisiert wird" (Jakubowski 1998: 404). In Deutschland spielt dieser Aspekt im Vergleich zu den USA nach wie vor eine eher untergeordnete Rolle. Entscheidend dürften dafür politisch-kulturelle Traditionen sein. Nach wie vor steht die deutsche Öffentlichkeit einer spektakulären „Inszenierung von Konflikten oder gar persönlichen Auseinandersetzungen distanziert bis ablehnend" gegenüber (Mielke 2000: 12). Immer noch sind hierzulande ausgeprägte „Beißhemmungen im Umgang mit negativen Wahlkampfinstrumenten [...] allenthalben noch spürbar" (Kaltenthaler 2000b: 34).

Dieser Aspekt verdeutlicht einmal mehr, dass transatlantische Konvergenzen vor allem in instrumenteller Hinsicht zwar durchaus vorhanden sind. Eine Interpretation dieser Entwicklung als Amerikanisierungs-Automatismus führt jedoch in eine falsche Richtung. Zu unterschiedlich sind die politisch-kulturellen Traditionen und institutionellen Bedingungen einer hochgradig individualistischen und staatsfernen Bürgerkultur à la USA im Vergleich zu den nach wie vor deutlich stärker staatszentrierten politischen Kulturen in Europa. Mögen Mittel der politischen Kommunikation und speziell die Art der Wahlkampfführung in Deutschland „amerikanisierte" Züge tragen, so sind Wahlkämpfe und politische Kultur in Deutschland deshalb aber noch längst nicht „amerikanisch".

12.6 Politik als Dauerwahlkampf? – Begrenzung und Entgrenzung

Was auf Wahlkämpfe zutrifft, gilt auch für die journalistische Begleitung und Kommentierung von Wahlkampfstil und -kommunikation. Vielfach beherrschen Übertreibungen das Bild. Nähme man sämtliche Untergangsprognosen für bare Münze, die im Getümmel von Wahlkampfschlachten abgegeben werden oder als Interpretationsrahmen für so manche kleinteilige Wahlkampfstudie herhalten müssen, dann verböte es sich, überhaupt noch von Demokratie zu reden. Zugleich stellt sich die Frage, von welcher Qualität frühere Wahlkämpfe denn tatsächlich waren, wenn der Informationswert moderner Wahlkampagnen im Vergleich zu früheren Wahlkämpfen kontinuierlich ab- und deren Unterhaltungswert beständig zugenommen haben.

Unbestreitbar ist: Aus der Sicht politischer Akteure sind Wahlkämpfe eine moderne Managementaufgabe wie andere auch (vgl. Radunski 1980), allerdings mit nachhaltigen Folgen für Positionserwerb bzw. -verlust und für Machtverteilung. Zumindest auf der Ebene professionalisierter Kommunikation gibt es hier einen parteiübergreifenden Konsens. Die einstmals normativ starke Überhöhung der Wahlkampfkommunikation scheint inzwischen einer politisch weithin entmythologisierten Sicht zu weichen. Das Interesse konzentriert sich mehr und mehr auf politische Wirkungsfragen und auf die Untersuchung eines möglichst effizienten Mitteleinsatzes. Wie man das konkrete Politikvermittlungsgeschäft eines Wahlkampfes letztlich beurteilt, hängt von der Demokratievorstellung ab, die man seinem Urteil zugrunde legt. Aus der Perspektive eines eher normativen, an Aufklärung und Bürgerpartizipation orientierten Demokratieverständnisses mag die Wirklichkeit moderner Politikvermittlung im Wahlkampf tendenziell als Demokratieverlust bzw. -verfall erscheinen. Auf der Basis eines eher realistischen, am Marktmodell orientierten Politikbegriffs lässt sich die wahlkampfspezifische Politikvermittlung hingegen als mehr oder weniger effizientes Verfahren eines politischen Wettbewerbs um Stimmen beurteilen.

Die Vorstellung aber, es gäbe Politik in Reinform, gleichsam gesäubert von Vermittlungs- und Darstellungsmerkmalen, eine Politik, die sich von selbst und eben auch ohne Wahlkampf ‚verkauft', ist eine politische Lebenslüge, ein Relikt obrigkeitsstaatlichen Denkens. Politik, zumal eine demokratischen Ansprüchen genügende, also auf Zustimmung angewiesene, Politik bedarf der öffentlichen Begründung. Dies geht nicht ohne die Politikvermittlung über die Massenmedien. Medienorientierung und medienöffentliche Politikpräsentation sind deshalb konstitutiv für den demokratischen Prozess, gerade im Wahlkampf. Durch die glaubwürdige Vermittlung von Alternativen sollen die Bürgerinnen und Bürger in die Lage versetzt werden sich zu entscheiden. Dabei kommt es auch hier auf die Dosierung an. Denn „Entscheidungspolitik" geht in „Darstellungspolitik" nicht auf, auch wenn Herstellung und Darstellung von Politik „zunehmend zu einer übergreifenden strategischen Orientierung" verschmelzen, „ohne die politische Akteure Durchsetzungsschwierigkeiten und Legitimationsverluste erleiden können" (von Beyme/Weßler 1998: 314).

Ob und wie schnell sich der in Wahlkämpfen sichtbare „Vormarsch der Medienlogik" (Plasser 2000: 56) fortsetzt, wird letztlich von der Geschwindigkeit gesellschaftlicher Modernisierungsentwicklungen und den damit verbundenen Transformationsprozessen der politischen Öffentlichkeit abhängen. In dem Maße, in dem die in Parteitraditionen und politisch-weltanschaulichen Verankerungen begründeten ideologischen Differenzen abnehmen, wird die Orientierung am politischen „Markt" und insbesondere am Medien-, Meinungs- und Unterhaltungsmarkt an Bedeutung gewinnen. Einem Markt also, auf dem immer weniger mit selbstverständlicher Loyalität gerechnet werden kann und der mehr und mehr durch das Kalkül von Nachfrage und Angebot bestimmt sein wird. Dass aber der Nachfrager in diesem Prozess mehr oder weniger zwangsläufig vom „gemeinwohlorientierten" homo politicus zum „egozentrischen" homo oeconomicus mutiert, dafür gibt es weder technologisch, noch politisch und schon gar nicht anthropologisch zwingende Gründe.

Ob homo politicus oder homo oeconomicus, unbestreitbar ist, dass Bürgerinnen und Bürger in der modernen Mediengesellschaft wählerischer geworden sind und Politik damit kommunikationsabhängiger geworden ist. Doch die Modernität einer demokratischen Gesellschaft erschöpft sich keineswegs in der Modernisierung ihrer politischen Kommunikation und schon gar nicht in der professionellen Inszenierung der Wahlkämpfe. Letztere ist vielmehr nur ein Mosaikstein in einem sozialen Gesamtbild, das generell bunter und komplexer geworden ist. Zwar mag es für die Bürger schwieriger geworden sein, das politisch-unpolitische „Kunstwerk" im Ganzen zu überblicken, seine eigene Interpretation der politischen Leistungsbilanz kann ihm auch der modernste Wahlkampf nicht nehmen. So wählen nicht wenige die Option, einen Schritt zurückzutreten und mit etwas mehr Distanz über den politischen Diskurs zu urteilen. Die Zunahme der Wechselwähler und hohe Wahlverweigerungsraten insbesondere bei sog. Nebenwahlen sind dafür sichtbarer Ausdruck.

Um an dieser Stelle die eingangs gewählte Metapher noch einmal aufzunehmen: Die Befürchtung, dass die ‚Liturgie' demokratischer Politik zum bloßen Ritual unter der Kontrolle undurchsichtiger Zeremonienmeister geraten könnte, sollte immer wieder zur kritischen Beschäftigung mit moderner Wahlkampfführung motivieren. Bei aller Kritik stehen jedoch Notwendigkeit und Legitimität von Wahlkämpfen nicht in Frage. Vielmehr ist es die Verwischung vormals vermeintlich klarer Grenzen, an der die Beobachter der Wahlkampfkommunikation Anstoß nehmen.

Eine abschließende Demokratiegewinn- und Demokratieverlustbilanz zu ziehen, fällt umso schwerer, als die inzwischen umfangreiche internationale Forschung zur Wirkung von Wahlkämpfen hier nicht referiert werden kann und auch nicht immer auf deutsche Verhältnisse übertragbar ist. Auf einige zentrale Befunde gilt es gleichwohl aufmerksam zu machen (vgl. Schoen 2005: 528-541):

- Wahlkämpfe regen politisches Interesse an, erfüllen eine Informationsfunktion und steigern die politische Involviertheit.
- Wahlkämpfe können Einstellungen zu Parteien, Kandidaten und politischen Sachfragen beeinflussen.
- Individuelles Wählerverhalten und parteipolitische Kräfteverhältnisse können durch Wahlkämpfe verändert werden.
- Änderungen der Wahlabsicht werden im Verlaufe von Wahlkämpfen insbesondere bei Parteilosen, Personen mit geringer Parteiidentifikation sowie bei wenig interessierten und informierten Bürgern erzielt.
- Gerade die Gruppe der politisch wenig interessierten und politisch informierten Bürger gibt den politischen Eliten Anreize, sich für solche Instrumente und Strategien von Wahlkampfkommunikation zu engagieren, die vielfach zu Kritik Anlass geben.
- Schließlich werden Wahlkampfinformationen selektiv wahrgenommen und verarbeitet, was gegen eine vollkommene Manipulierbarkeit spricht.

Was bedeutet dies mit Blick auf die eingangs getroffene holzschnittartige Unterscheidung zwischen „Wahldemokratie" und „Mitwirkungsdemokratie" (Sartori)? Weder das Modell der „Wahldemokratie" noch das Modell der „Mitwirkungsdemokratie" wird der Realität moderner Wahlkampfkommunikation in Deutschland gerecht. Gegen eine „Wahldemokratie" mit klaren und übersichtlichen Wettbewerbsbedingungen und – idealiter – zwei politischen Anbietern spricht in Deutschland das Verhältniswahlrecht. Aufgrund der gestiegenen und möglicherweise weiterhin steigenden Zahl der im Bundestag vertretenen Parteien werden Wahlen in Deutschland für den Wähler mehr den je zu einer Wahl mit ungewissem Ausgang, weil die Koalitions- und Machtkonstellationen nach der Wahl nicht absehbar sind. Dass Wählerinnen und Wähler darauf nur indirekt im Wahlakt Einfluss nehmen können, ist der Preis, den ein Wahlsystem abverlangt, das mehr zur gerechten Widerspiegelung der politischen Kräfte, als zu einem klaren politischen Führungsauftrag geeignet ist. Von „Mitwirkungsdemokratie" im Kontext von Wahlen zu sprechen, fällt deshalb schwer, weil die skizzierten Elemente modernisierter Wahlkampfkommunikation mehr der Perfektionierung professioneller Politikvermittlung durch Akteure im Sinne einer top-down-Kommunikation dienen, als der Ermöglichung von Kommunikation im Sinne eines Dialogs mit den Bürgern.

Wenn schon nicht der große Partizipations- oder gar Demokratisierungsschub durch Wahlkampfkommunikation erwartet werden kann, so gilt es zumindest einen Befund zu würdigen, den man als Fazit aus den zahlreichen empirischen Studien zur Wirkung von Wahlkämpfen ziehen kann: Wahlkampagnen haben positive Wirkungen dadurch, dass sie einen zumindest retardierenden Faktor in dem langfristig zu beobachtenden Verlust an politischer Unterstützung darstellen (vgl. Schmitt-Beck 2008: 99).

Parlament und Öffentlichkeit

13 Parlamentarische Öffentlichkeit und Öffentlichkeitsarbeit: Zwischen Public Relations und Parlamentsdidaktik

13.1 Parlament und Öffentlichkeit

Öffentlichkeit ist ein unverzichtbares Verfahrenskriterium des demokratischen Prozesses. Der Kampf um die Herstellung von Öffentlichkeit und Demokratie ist untrennbar mit der Entwicklung des modernen Parlamentarismus verbunden. So hat sich das „Parlament aus einem Debattierclub der Oberklassen in eine Repräsentativversammlung" verwandelt hat, „deren Mitglieder den Willen der Wähler zum Ausdruck zu bringen in der Lage sind" (Fraenkel 1991: 209). Zumindest konstitutionell gilt im demokratischen Verfassungsstaat das Parlament als der klassische Ort, an dem die gebotene Öffentlichkeit der Politik ihren sichtbaren Ausdruck finden soll: das Parlament als zentrale politische Kommunikationsagentur, d.h. als Forum, auf dem die Interessen und Alternativen des politischen Gemeinwesens artikuliert und Politik schließlich verbindlich für alle entschieden wird. Einzig direkt vom Volk gewählt ist das Parlament zwar das „formal konkurrenzlose(s) Legitimationsorgan politischer Herrschaft" (Oberreuter 1988: 500) und damit der herausgehobene Ort demokratischer Öffentlichkeit. Als Plattform politischer Kommunikation haben Parlamente jedoch in der modernen Mediengesellschaft ihre privilegierte Stellung verloren.

Der Bundestag verhandelt entsprechend dem Gebot des Grundgesetzes (Art. 42 Abs. 2) öffentlich. Vergleichbare Bestimmungen gibt es auch auf der Länderebene. Seine Öffentlichkeitsfunktion kann das Parlament in der Massendemokratie aber nur mit Hilfe der Medien zur Geltung bringen. Man muss gelegentliche Äußerungen politischer Spitzenakteure, wonach reichweitenstarke Talkshows ein größerer Einfluss zukomme als dem Parlament, nicht unbedingt für bare Münze nehmen, wenngleich solche populären Einschätzungen schon viel über das Ansehen parlamentarischer Arbeit sagen. Wenn es um die Besetzung der aktuellen Themenagenda oder um Aufmerksamkeit für das politische Spitzenpersonal geht, wird man dem auch zustimmen können. Und richtig daran ist nicht zuletzt, dass sich parlamentarische Politik – zumal in der Mediengesellschaft – nicht (mehr) von selbst vermittelt. „War ehedem die Öffentlichkeit der Parlamentsverhandlungen Sensation genug, muss heute Sensationelles im Parlament geschehen, damit es öffentlich wird" (Oberreuter 2002: 317). Im vielstimmigen Chor einer modernen Mediengesellschaft wird parlamentarische Politik zu einem Informationsanbieter unter vielen, dem nicht per se Exklusivität und damit mediale Aufmerksamkeit sicher ist. Auch Parlamente sind von journalistischen Aufmerksamkeitskriterien abhängig und nicht alles parlamentarische Geschehen hat Nachrichtenwert. Weil dabei nicht unbedingt Inhalte, Probleme, Verfahren oder Prozesse, sondern Punktuelles, Neues und Ereignishaftes, möglichst noch in Verbindung mit Spitzenprominenz, Beachtung findet, wird ein Politikbild vermittelt, das dem Bürger die Realität des parlamentarischen Arbeitsalltags eher vorenthält als transparent macht (vgl. Oberreuter 1988: 511).

Verschiedentlich wurde die These aufgestellt, der Anpassungsdruck an die Gesetzmäßigkeiten des Medienbetriebs verändere auf Dauer das parlamentarische System insgesamt. Er führe dazu, dass die repräsentative Demokratie zu einer „präsentativen Demokratie" (Schmolcke 1988) mutiere und sich „das parlamentarisch-repräsentative System in ein medial-präsentatives System" (Sarcinelli 1998d: 550) verwandle. Kennzeichen eines solchen Systemwandels sei, dass parlamentarische Repräsentation wie überhaupt politische Institutionen an Legitimation verlören und Medienpräsenz als neue Machtprämie zu einem Wert an sich werde. – Der empirische Nachweis für einen solchen weittragenden Systemwandel dürfte schwer zu führen sein. Abgesehen davon, dass es zur Bestätigung dieser These eines komplexen Untersuchungsdesigns und mehr noch eines langen Atems bedürfte, wurde die inzwischen viel zitierte These schon an anderer Stelle als zu kurzschlüssig relativiert (vgl. Kap. 5 und 11 in diesem Buch). Sie nimmt Politik ausschließlich als massenmediales Phänomen in den Blick und orientiert sich letztlich an der Gegenüberstellung von eigentlicher politischer Wirklichkeit und dargestellter Wirklichkeit. Dabei kommt zu wenig in den Blick, dass politische Kommunikation nicht lediglich die Schauseite von Politik, sondern integraler Bestandteil des Politischen selbst ist. Außerdem führt der mit einer solch weittragenden Behauptung verbundene Eindruck, in der Mediendemokratie werde die „Unterscheidung zwischen Entscheidungsrationalität und Kommunikationsdramaturgie" (Oberreuter 2002: 318) obsolet, in die Irre.

Denn nicht alles lässt sich medial instrumentalisieren. So gibt es im parlamentarischen Regierungssystem auch viele Orte, Themen, Willensbildungs- und Entscheidungsphasen, die institutionell geradezu medienresistent sind. Ob es beispielsweise die Beratungen in dem für die parlamentarischen Verfahren zentralen Ältestenrat oder die innerfraktionelle Vorklärung von Kompromisslinien in den Fraktionsarbeitskreisen sind, die Abstimmung über die politische Marschrichtung in der Fraktionsführung oder über Monate laufende Interessenabstimmungen und Kompromissbildungen in Ausschüssen – in diese innerparlamentarischen Prozesse erhält die Presse, soweit sie überhaupt interessiert ist, allenfalls Teileinblicke durch Indiskretionen. Es spricht Einiges für die Faustformel: „Je wichtiger ein Gremium für die Entscheidung, umso weniger steht das der Öffentlichkeit offen" (von Beyme 1997: 87). Denn nicht aufzulösen bleibt in der Parlamentsarbeit das Spannungsverhältnis zwischen Transparenz und Effizienz.

In diesem Zusammenhang verdient Interesse, was Gerhard Loewenberg als „Paradox der Transparenz" (Loewenberg 2007: 823) bezeichnet. Transparenz gewähre der Öffentlichkeit Einblick gerade in jene Merkmale des Gesetzgebungsprozesses, die den Erwartungen der Bürger widersprechen. Transparenz erlaube den Blick auf zeitraubende Verhandlungen zahlreicher Entscheidungsträger untereinander; auf Kompromisse über verschiedene Standpunkte, bei denen oft Prinzipien verloren zu gehen scheinen; auf unechte Höflichkeiten der Abgeordneten untereinander in dem Versuch, Konflikte zu mildern; auf komplizierte Verfahren, um die Arbeit zu organisieren und Ergebnisse zu erzielen. Loewenberg sieht darin eine Art öffentlichkeitstheoretisches Paradoxon. „Damit verkörpern Parlamente alles, was der demokratischen Öffentlichkeit an Politik missfällt: Die Zahl ihrer Mitglieder scheint übertrieben groß; sie arbeiten auf eine schwerfällige, anscheinend ineffiziente Art; es gibt Streit und Kompromisse; sie scheinen politische Initiativen zu blockieren und es nicht zu schaffen, die Probleme der Nation zu lösen; die Schwäche einzelner Abgeordneten verleiten manchmal zu der Annahme, alle seien korrupt" (ebenda: 824). Es sei also genau „diese Transparenz der Ursprung des öffentlichen Misstrauens" (ebenda), so Loewenberg mit Verweis auch auf eine einschlägige Studie zum amerikanischen Kongress (vgl. Hibbing/Theiss-Morse 1995).

Diese pointierte Sicht bietet eine biete eine interessante Argumentationslinie in der langen Kontroverse darüber, für welche Parlamentsakte das Gebot der Parlamentsöffentlichkeit als unverzichtbares Element des demokratischen Parlamentarismus gelten soll. (vgl. Linck 1992). Darauf muss hier nicht näher eingegangen werden. In den weiteren Überlegungen interessiert vielmehr die Frage, was parlamentarische Öffentlichkeitsarbeit leisten kann angesichts eines nur punktuellen und auf spektakuläre Ereignisse im Plenum zentrierten Medieninteresses und angesichts eines verbreiteten, auf Unkenntnis und vielfach falsche Vorstellungen gegründeten Parlamentsimages. Denn für Legitimitätszumessung und politisches Grundvertrauen ist ein angemessenes Parlamentsverständnis essentiell (vgl. Oberreuter 1989c; Schüttemeyer 1987: 412).

13.2 Parlamentsimage und Parlamentsverdrossenheit

Erscheinungsbilder oder Images von politischen Institutionen sind außerordentlich zähe Gebilde. Sie entwickeln sich langfristig und in einem komplizierten Geflecht von Informationen, Meinungen, Vorurteilen, sehr subjektiven Vorstellungen jedenfalls und bisweilen auch konkreten Erfahrungen. Natürlich ist Parlamentsimage nicht einfach ein Spiegel der parlamentarischen Wirklichkeit. Images bilden sich in interpersonalen und öffentlichen Kommunikationsprozessen und werden so zu einem Wahrnehmungsfilter zwischen Person und Gegenstand. Weil aber Menschen ihr Verhalten nicht danach ausrichten, was ist, sondern danach, was sie meinen, dass es sei, wird das Parlamentsimage zum Filter für die Wahrnehmung der Parlamentsrealität oder aber die parlamentarische Wirklichkeit wird mangels direkter Erfahrung durch die subjektive Wirklichkeit ersetzt (vgl. z.B. SINUS 1991: 4).

Images politischer Institutionen sind pfadabhängig, d.h. Entstehung und Ausprägung sind immer auch Ergebnis kollektiver Mentalitäten und nationaler politischer Kultur. Das ist nicht zu unterschätzen in einer politischen Kultur wie der deutschen, der Ernst Fraenkel einmal „Parlamentsverdrossenheit" (Fraenkel 1991: 137ff.) attestiert hat, weil er bei Eliten ebenso wie in der Bevölkerung in Deutschland die verbreitete Neigung sah, das Parlament als hoheitliches Staatsorgan zur Verwaltung eines a priori vorgegebenen Gemeinwohls statt als Ort der streitigen Auseinandersetzung um das Bonum Commune zu begreifen.

Nach Jahrzehnten des Wertewandels und eines damit verbundenen allgemeinen Autoritätsverlustes staatlicher Institutionen dürfte dies heute für das Parlamentsverständnis in Deutschland weniger prägend sein als falsche Vorstellungen von der Funktionslogik des parlamentarischen Betriebes in einem parlamentarischen Regierungssystem. Dazu gehören die Unkenntnis über parlamentarische Verfahren, über die enge Verbindung von Regierung und Parlamentsmehrheit, über die Rolle der Opposition und anderes mehr, wie überhaupt die irrige Vorstellung verbreitet ist, der Schwerpunkt parlamentarischer Arbeit liege im Plenum (vgl. Marschall 2002: 181).

Werner Patzelt hat die politischen Missverständnisse (vgl. Patzelt 2003; 2005) der Deutschen und die populären Fehleinschätzungen zum parlamentarischen Regierungssystem in den 1990er Jahren empirisch belegt und als „latenten Verfassungskonflikt" (Patzelt 1999a: 37f.) bezeichnet. Schon früher forderte er, dass neben der Skandale vermeidenden Abstellung von Missständen, Kritik am Kenntnisstand und Erwartungshorizont der Bürger geübt, von Abgeordneten offensiv über die Alltagswirklichkeit ihres Berufs informiert, journalistische Anstrengungen im Bereich der politischen Bildung unternommen und eine Parlamentarismusforschung betrieben werden müsse, die sich des „Wurzelwerks der Parlamente" annehme, nämlich „der perzeptiven wie interaktiven Verschränkungen zwischen Parlamenten und Bevölkerung" (Patzelt 1994: 105).

Mangels unmittelbaren Erlebens spielt dabei das medienvermittelte Parlamentsbild eine entscheidende Rolle. Und im Medienbild des Parlaments hat die Kommunikationsfunktion parlamentarischer Arbeit gegenüber der Gesetzgebungsfunktion im Laufe der Jahre an Gewicht gewonnen. Während die wenig

13.2 Parlamentsimage und Parlamentsverdrossenheit

spektakuläre Arbeitswirklichkeit innerparlamentarischer und kooperativer Verfahren eher argwöhnisch und – wenn überhaupt – dann nur mit mäßigem Interesse beobachtet wird, vermittelt die Medienberichterstattung zum Deutschen Bundestag das Bild eines Redeparlaments. Es wäre von den Medien zu viel verlangt, die wenig aufregende Wirklichkeit des parlamentarischen Alltags abzubilden. Aber zu vermitteln, dass die Teilhabe des Parlaments an der Staatsleitung, dass Deutschlands regierender Parlamentarismus mehr verlangt als nur gelegentlichen „rhetorischen Glanz" (Oberreuter 2002: 306), sollte schon eine wichtige journalistische Aufgabe sein.

Kann diesen Missständen durch Öffentlichkeitsarbeit seitens der Parlamente begegnet werden? Passt dies eigentlich zusammen, Parlamente und PR? Kommt Parlamenten dabei gar eine parlamentsdidaktische Aufgabe zu? Parlamente als eine Art Demokratieschule der Nation vielleicht? Die Spannweite der durch die Öffentlichkeitsarbeit der Parlamente zu leistenden Politikvermittlungsaufgaben reicht in der Tat von parlamentarisch-politischer Public Relations bis zu didaktisch fundierten Bemühungen etwa im Zusammenhang mit Organisation und inhaltlicher Ausrichtung von Besucherbetreuungsprogrammen, von der Bereitstellung unterschiedlicher schriftlicher Informationsangebote bis hin zu Online-Präsentationen und -abrufmöglichkeiten für die individuelle Nachfrage. Das alles kann kein Ersatz für angemessene journalistische Parlamentsberichterstattung sein. Doch bieten sich gerade hier für Öffentlichkeitsarbeit durchaus neue Chancen, am Filter der Massenmedien vorbei differenzierte Informationen bereit zu halten.

Auch wenn man der Öffentlichkeitsarbeit nicht anlasten kann, dass beispielsweise der Deutsche Bundestag in das Mittelfeld der Wertschätzung von Verfassungsorganen und politischen Institutionen gesunken ist (vgl. Thaysen 2002: 311), so interessiert doch, ob und was Öffentlichkeitsarbeit im Grundsätzlichen dazu beitragen kann, parlamentarischer Politik und dem Parlament als Institution mehr positive Beachtung zu schenken. Dabei ist das mit parlamentarischer Öffentlichkeitsarbeit verbundene Anliegen keineswegs neu, wie das folgende Beispiel aus der Geschichte eines Landesparlaments exemplarisch zeigen soll. In einer Verfügung des Präsidenten des Schleswig-Holsteinischen Landtages aus dem Jahr 1946 – man könnte es als "Geburtsurkunde" für die Öffentlichkeitsarbeit des Landesparlaments bezeichnen – heißt es: "Ich rege an, in der Presse den Publikumsbesuch von Landtagssitzungen zu propagieren... Es erscheint mir außerordentlich wünschenswert, dass von dieser Möglichkeit demokratischer Schulung weitgehend Gebrauch gemacht wird. Besonders fruchtbar halte ich einen solchen Besuch für unsere Jugend; sie kann dadurch im Rahmen ihrer staatsbürgerlichen Erziehung mit den demokratischen Einrichtungen bekannt gemacht werden und über die theoretische Schulung durch den Geschichtsunterricht hinaus eine praktische gegenwartsnahe politische Erziehung erhalten. Ferner bitte ich zu erwägen, ob es tunlich ist, nach der nächsten Landtagssitzung durch eine von Amts wegen verfasste Pressenotiz den Stand der Verwaltungsorganisation (Landtag und dessen Aufbau, Kabinett und dessen Mitglieder, Ausschüsse und Ämter sowie deren z.T. neue Bezeichnungen) in großen Zügen dem breiten Publikum bekannt zu geben" (Präsident des Schleswig-Holsteinischen Landtages: 1946).

Diese Verfügung des ersten Präsidenten eines seinerzeit noch nicht frei gewählten Landesparlaments, eines gelernten Pastors im Übrigen, mag aus heutiger Sicht als geradezu naives und betuliches Unterfangen in Sachen politischer Öffentlichkeits- und Bildungsarbeit eines Parlamentes erscheinen. Sie ist aus ihrer Zeit heraus aber ein durchaus verständliches, noch stark von demokratischen Umerziehungsvorstellungen geprägtes Dokument. Gleichwohl lassen sich aus diesem Text, wenn auch in contrario, heute mehr noch als damals virulente Probleme der Politikvermittlung im Kontext von Parlamenten verdeutlichen.

Vom Besuch einer Plenarsitzung wird man sich heute wohl kaum noch „eine demokratische Schulung" oder „eine praktische gegenwartsnahe politische Erziehung" versprechen. Wenn auch oft mit einer gewissen Koketterie und nicht frei von politischem Zynismus raten nicht wenige Parlamentarierinnen und Parlamentarier von der Teilnahme an einer Plenardebatte geradezu ab und fordern gar, wenn auch nur als Gedankenspiel, ein Tribünenverbot, weil der Besuch einer Plenarsitzung das medienvermittelte negative Bild sowie gängige Vorurteile zur parlamentarischen Arbeit nur bestätigen werde. Und geradezu naiv institutionenkundlich muss aus heutiger Sicht anmuten, „durch eine von Amts wegen verfasste Pressenotiz den Stand der Verwaltungsorganisation" (ebenda) dem Publikum bekannt zu machen.

Im Gegensatz allerdings zu der in dem zitierten Text bereits zum Ausdruck gebrachten besonderen Wertschätzung scheint sich die gesamtparlamentarische Informationsarbeit im Sinne einer wohlverstandenen institutionellen Imagepflege durch professionelle Öffentlichkeitsarbeit der Parlamente erst seit einigen Jahren aus einer eher stiefmütterlichen Randexistenz befreit zu haben. Auch die Wissenschaft hat sich relativ spät der Öffentlichkeitsarbeit von Parlamenten intensiver angenommen und dann Anstöße für die praktische Arbeit in den deutschen Parlamenten geben können (vgl. Gregor Mayntz 1992 und 1993; Sarcinelli 1994b; insb. Marschall 1999; sowie Kap. 14 in diesem Buch).

13.3 Die Entzauberung des Parlaments

Wer heute jedoch parlamentsbezogene Öffentlichkeitsarbeit betreiben will oder gar in der Beschäftigung mit der parlamentarischen Demokratie politisch-pädagogische Absichten verfolgt, steht vor ganz anderen Herausforderungen als

13.3 Die Entzauberung des Parlaments

zur Zeit des demokratischen Neuanfangs in der unmittelbaren Nachkriegszeit. Was zur damaligen Zeit noch den Respekt des Neuen und dazu noch auch im Rahmen demokratischer Umerziehung („reeducation") per se Autorität beanspruchen konnte, unterliegt heute dem Verschleiß politischer Gewöhnung. Freilich sind davon die Landesparlamente stärker betroffen als der Deutsche Bundestag. Sie haben im Laufe der Jahrzehnte bundesstaatlicher Entwicklung durch die Unitarisierung politisch zu Gunsten der Landesregierungen an Gewicht verloren und stehen deshalb auch eher selten im Rampenlicht der Öffentlichkeit. Vielleicht gab es den Bonus eines besonderen institutionellen Respekts und einer entsprechenden Beachtung noch kurze Zeit nach der Wiedervereinigung für die Landtage in den neuen Bundesländern, nicht zuletzt im Kontext der Traditionen einer politischen Kultur, in der die Erwartungen an den Staat und seine Institutionen deutlich höher sind als in den sog. alten Bundesländern. Inzwischen hat auch die Parlamente in den neuen Bundesländern die Wirklichkeit des modernen Staates erreicht: Souveränitätsverlust und Steuerungsprobleme (vgl. Hartwich 1987; Mayntz 1996), „Entgrenzung" und „Verflüssigung von Politik" (Beck 1986: 300, 313, 323), „Entzauberung des Staates" (Willke 1983 und 1992) und „neue Staatlichkeit" (Grande/Prätorius 2003), die Einbindung parlamentarischer Politik in „Governance"-Strukturen mit einem dichten Geflecht von staatlichen und nichtstaatlichen Akteuren, die eine Arbeitsteilung zwischen parlamentarischen und kooperativen Politikformen notwendig machen (vgl. Benz 2004).

Öffentlichkeitsarbeit steht angesichts dieser ‚entzauberten' parlamentarischen Wirklichkeit vor der schwierigen Aufgabe, eine vom Medienbild stark abweichende Realität mit politisch eher unübersichtlichen Verhältnissen zu vermitteln. Diese politisch-parlamentarische Realität ist gekennzeichnet durch eine für Effektivität staatlicher Steuerung unabdingbare Kooperation und Verhandlung in Politiknetzwerken. Unterschiedliche Politikarenen sind in den Kooperations- und Verhandlungssystemen lose gekoppelt, entwickeln ihre Eigendynamik, beobachten sich wechselseitig und benutzen diese Beobachtungen für das eigene Operieren. Den parlamentarischen Arenen kommt dabei die Aufgabe der „Abbildung und Austragung gesellschaftlicher Interessendivergenzen in der Öffentlichkeit" (Benz 1998: 215) zu.

Was in der neueren staatstheoretischen und verwaltungssoziologischen Diskussion beschrieben wird, bleibt also nicht ohne Folgen für die deutschen Parlamente: Parlamentarische Politik hat ihre legitimatorische Exklusivität wenn nicht verfassungsrechtlich, so doch realpolitisch weitgehend verloren. Dennoch spielen Parlamente im „kooperativen Staat" (Ritter 1979) im Rahmen der „Neuarrangements von politischen Instrumenten und gesellschaftlichen Einflüssen" (Prätorius 2003: 14) nach wie vor als kommunikative Schalt- und Vermittlungsstellen eine unverzichtbare Rolle. Parlamente bleiben schon aufgrund ihrer Letztentscheidungskompetenz wichtige Knotenpunkt in einem komplexen System von Kommunikationsbeziehungen, öffentlichen, halböffentlichen und diskreten. In diesem Zusammenhang hat Fritz W. Scharpf schon vielfach auf ein gerade auch die parlamentarische Öffentlichkeitsarbeit tangierendes Grundsatzproblem aufmerksam gemacht: Den politischen Funktionsträgern werde weit mehr Ereignisbeherrschung zugeschrieben, als diese auch unter günstigsten Umständen haben könnten. Umgekehrt tendiere die politische und wissenschaftliche Diskussion dazu, alle Verhandlungszwänge als Demokratiedefizit zu registrieren (vgl. Scharpf 1991; vgl. Oberreuter 1989c). In der Tat: Unübersichtlichkeit, Komplexität, Aushandlungsdemokratie oder inner- und zwischeninstitutionelle Problemverflechtung mit starken politischen Vetospielern – dies alles lässt sich in der Regel nicht in ein einfaches Politikbild pressen und medienwirksam vermarkten. Dennoch sind es diese politisch-institutionellen Bedingungen eines weithin ‚entzauberten Parlaments', von denen parlamentarische Öffentlichkeitsarbeit auszugehen hat. Und sie sind nicht schon deshalb Ausdruck eines demokratischen Defizits, weil sie nur schwer transparent gemacht werden können.

Parlamentarische Politik hat aber nicht nur ihre Exklusivität realpolitisch eingebüßt. Sie kann auch kommunikationspolitisch nicht mehr mit einem Aufmerksamkeitsbonus rechnen. Parlamente konkurrieren mit einem wachsenden Informations- und mehr noch Unterhaltungsangebot. Nur wer sich in der Produktion der medialen Wirklichkeit des Außergewöhnlichen noch bemerkbar machen kann, hat eine Chance, die Medienbarrieren zu überspringen und damit überhaupt in der Öffentlichkeit wahrgenommen zu werden. Parlamente sind hier inzwischen also Anbieter unter vielen. Die Verbesserung der Kommunikationsfähigkeit, auch durch verstärkte Orientierung an Medienstrukturen und Berichterstattungsinteressen, wie sie beispielsweise in der Einführung einer Plenar-Kernzeit im Deutschen Bundestag ihren Ausdruck fand, wurde zu einem Daueranliegen parlamentarischer Reformbemühungen (vgl. Ismayr 2000: 312ff.; Marschall 1996).

13.4 Dimensionen parlamentarischer Öffentlichkeitsarbeit in der Gegenwart

Insgesamt sollte deutlich geworden sein, dass Parlamente, wie andere politische und gesellschaftliche Institutionen auch (vgl. Böckelmann 1991), auf die organisierte Herstellung von Öffentlichkeit im Wege aktiver Öffentlichkeitsarbeit angewiesen sind. Auch Parlamente brauchen also eine „angebotsorientierte Kommunikationspolitik" (Sarcinelli 1989b: 297). Parlamente bedürfen eines „Management(s) von Informations- und Kommunikationsprozessen" (Bentele 1998b: 695; Grunig/Hunt 1984: 6), das zwischen den Institutionen und Organisationen und ihrer internen oder externen Umwelt, zwischen Teilöffentlichkeiten und diskreten Beratungen Vermittlungsleistungen erbringt. Sie haben in ihrer politischen Arbeit hinsichtlich der öffentlichen Wirkung ihres Tuns ein mediales Umfeld in Rechnung zu stellen, in dem das Medienpublikum mehr denn je darüber mitbestimmt, was als relevant zu gelten hat und deshalb Aufmerksamkeit erhält. Auch für das Parlament ist deshalb Legitimation durch Kommunikation eine immer wieder einzulösende Bringschuld, die vor allem von der politischen Seite des Parlaments, den Abgeordneten und Fraktionen, dann aber auch von Seiten der Parlamentsverwaltung eingelöst werden muss (vgl. den Redebeitrag von Uwe Thaysen, in: Porzner/Oberreuter/Thaysen 1990: 82).

Freilich kann Öffentlichkeitswirksamkeit allein nicht zum alles bestimmenden Maßstab parlamentarischer Öffentlichkeitsarbeit werden, schon gar nicht der Parlamentsarbeit generell. Aufgabe von Öffentlichkeitsarbeit muss es vor allem sein, Einsicht in und Verständnis für den oft notwendigerweise unspektakulären arbeitsparlamentarischen Alltag zu vermitteln. Hier hat parlamentarische Öffentlichkeitsarbeit einen durchaus mit der politischen Bildung vergleichbaren Auftrag.

Wiewohl immer wieder und nicht selten zu Recht mit kommerzieller Werbung verglichen und in den Geruch von Propaganda kommend ist politische Öffentlichkeitsarbeit/PR keineswegs zwingend auf Einweg-Kommunikation angelegt. Gerade moderne Konzepte von Öffentlichkeitsarbeit gehen über „selling" und „marketing" hinaus und sind langfristig und umfassend angelegt. Sie zielen auf die Organisation von Kommunikation und Interaktion (vgl. Ronneberger/Rühl 1992: 12; vgl. Theis 1992 und Marschall 1999: 100ff.) und haben insofern einen anderen Anspruch als die vordergründige Verkaufsstrategie für ein fertiges Produkt. Hinzu kommt, dass das Parlament in demokratietheoretischer und politisch-praktischer Hinsicht einer in der Öffentlichkeitsarbeit zum Ausdruck zu bringenden Doppelrolle gerecht werden muss: Das Parlament als institutionelles Sprachrohr des Gemeinwillens einerseits und als Bühne zur Artikulation der Partikularwillen andererseits (vgl. Fraenkel 1991: 31ff.). Deshalb sind Parlamente „nicht nur zentrale Politikvermittler, sondern überdies immer noch prominente Orte der Politikformulierung. Sie stehen somit in der Spannung zwischen ihrer Einbindung in die ‚Volkswillensbildung' einerseits und in die ‚Staatswillensbildung' andererseits. Sie leisten einen Beitrag zur ‚Sozialintegration' ebenso wie zur ‚Staatsintegration'" (Marschall 2002: 183; Czerwick 1998: 269).

Hinsichtlich seines öffentlichen Erscheinungsbildes steht das Parlament vornehmlich als Forum, als politische Arena im Mittelpunkt der Aufmerksamkeit. Im Rahmen der „Sitzungsöffentlichkeit" (Linck 1992: 675f.) ist im Prinzip zwar jedermann freier Zutritt möglich, in der Praxis bleibt diese jedoch auf wenige beschränkt. Ohne die „Berichterstattungsöffentlichkeit" (Marcinkowski 2000: 50) wäre parlamentarische Publizität weitgehend auf die mittelbare Öffentlichkeit in Form von Protokollen, Drucksachen und sonstigen Materialien des

Parlaments reduziert. Erst die Massenmedien können gewährleisten, dass aus dem Prinzip parlamentarischer Öffentlichkeit Realität werden kann. Kommt das Parlament als politische Arena („Arenenöffentlichkeit") ins Spiel, so tritt es in der Öffentlichkeit als Sprecher und als ein (kollektiver) Akteur auf (vgl. Marschall 2002: 171) oder besser: als Kollektiv von Kollektiven.

Erfolgreich ist parlamentarische Öffentlichkeitsarbeit dann, wenn sie die Parlamentsberichterstattung in den Medien beeinflusst (vgl. Baerns 1987); wenn die Berichterstattung ohne parlamentarische Öffentlichkeitsarbeit anders ausfiele als mit ihr. Parlamentarische Öffentlichkeitsarbeit nutzt die Kriterien der Selektion und Strukturierung von Nachrichten und ist vor allem effektiv, wenn sie in die Vorstufen und Ausgangsmaterialien von Nachrichten eingreift, durch Ereignismanagement, durch agenturfähige Vorprodukte oder durch nachrichtenfähige Inszenierungen. Das Plenum kann dabei zum Schaufenster eines parlamentarischen Kommunikationsmanagements werden, in dem es nicht um Überzeugungskommunikation unter den Beteiligten geht, sondern um – nicht zuletzt medienadäquate – Darstellungskommunikation für das Publikum außerhalb des Parlaments. Hier betreibt das Parlament Öffentlichkeitsarbeit Wahrnehmung seiner funktionalen Rolle (vgl. Bentele 1998b: 696; 1998b: 136). Czerwick unterscheidet in diesem Zusammenhang „politische Öffentlichkeitsarbeit" von „amtlicher Öffentlichkeitsarbeit" (Czerwick 1998: 258) und schließt in die politische Öffentlichkeitsarbeit neben den Plenaraktivitäten und inszenierten parlamentarischen Ereignissen auch die vielfältigen Bemühungen von Abgeordneten ein, ihren Verpflichtungen zur Repräsentation und Responsivität nachzukommen. Dieser Art von Politikvermittlung spricht er „Basisbezug" insofern zu, als es nicht allein um Information und Aufklärung geht, sondern immer auch um die Transformation von Kommunikation in Macht. Diese Machtpflege gilt für den größeren Rahmen der Fraktionen ebenso wie für die Bürgerkontakte im kleineren Rahmen der Wahlkreispflege durch einzelne Abgeordnete (vgl. Tab. 11).

Im Felde des Journalismus gilt Öffentlichkeitsarbeit als eine wesentliche, in seiner Bedeutung erkennbar gestiegenen (vgl. Weischenberg/Malik/Scholl 2006: 121ff.), Timing und Themen der Berichterstattung stark beeinflussende Informationsgrundlage. Sie realisiert sich im parlamentarischen Bereich im Wesentlichen auf zwei Ebenen. Zum einen auf der Ebene der Fraktionen. Diese Öffentlichkeitsarbeit ist nicht dem Neutralitätsgebot unterworfen und notwendigerweise parteiisch. Allerdings müssen sich auch die Parlamentsfraktionen, sofern ihre Öffentlichkeitsarbeit aus öffentlichen Mitteln bestritten wird, wegen der notwendigen Abgrenzung zu den Aufgaben der Parteien „bei der Öffentlichkeitsarbeit Zurückhaltung auferlegen" (Verfassungsgerichtshof Rheinland-Pfalz, VGH O 3/02: 28). Das gilt teilparlamentarisch im täglichen politisch-kommunikativen Wettbewerb der Fraktionen und – eher dem Ausgewogenheitspostulat verpflichtet und auf die Gesamtinstitution bezogen – gesamtparlamentarisch in den Informationsangeboten der Öffentlichkeitsreferate der Parlamente. Eigentlich ist hier noch die Ebene des bzw. der einzelnen Abgeordneten zu nennen, die ja durch ihre vielfältigen kommunikativen Kontakte „vor Ort" im Wahlkreis oder massenmedial landesweit eine für die Responsivität des Parlaments ganz wesentliche Öffentlichkeitsarbeit betreiben.

Auf der anderen Seite wird die amtliche Öffentlichkeitsarbeit von den Öffentlichkeitsreferaten der Parlamentsverwaltungen verantwortet. Ihr kommt eine peinlich beachtete, parteineutrale und fraktionsübergreifende Informations- und Bildungsfunktion zu.

Mit Blick auf dezidiert politisch-pädagogische Ambitionen parlamentarischer Politikvermittlung ist gelegentlich auch von „Parlamentsdidaktik" die Rede. Was aber unterscheidet nun im Näheren parlamentarische PR von Parlamentsdidaktik? Formal und auch real ist Parlamentsdidaktik Teil der parlamentarischen Öffentlichkeitsarbeit. Parlamentsdidaktik zielt primär auf Multiplikatorenwirkung und ist in der Regel nicht massenmedial adressiert. Sie hat es vor allem auch mit den direkten Kontakten von betreuten Besucherinnen und Besuchern zu tun, die in den Landesparlamenten in die Zehntausende gehen, im Bundeshaus in Bonn im Schnitt zwischen zweihundert- und dreihundert Tausend Personen ausmachten (vgl. Schindler 1988: 915) und im Berliner Reichstag inzwischen auf mehr als 600.000 vom Besucherdienst betreute Personen angestiegen sind. Die Dachterrasse und die Reichstagskuppel, Symbol der Öffnung und Transparenz des Parlaments, besuchen sogar mehr als zwei Millionen Menschen im Jahr.

Unterliegt parlamentarische Öffentlichkeitsarbeit – wie politische Öffentlichkeitsarbeit auch – mehr (auf der Ebene der Fraktionen) oder weniger (auf der Ebene des Gesamtparlaments) dem Machtkalkül, so ist Parlamentsdidaktikdemgegenüber zu verstehen als Informations- und Bildungsarbeit in pädagogischer Absicht. Hier geht es um eine didaktisch begründete Auswahl von Zielen, Inhalten und Methoden im Rahmen der Öffentlichkeitsarbeit der Besucherdienste ebenso wie der parlamentsbezogen Bildungsarbeit für Schulen und andere Bildungseinrichtungen. Dies ist angesichts eines zunehmend medien- und unterhaltungsverwöhnten und zudem sehr disparaten Publikums keine leichte Aufgabe. Dennoch sollte man die Wirkung der in der Regel singulär bleibenden, kurzzeitigen Erfahrungen und Erlebnisse der Besucherinnen und Besucher „vor Ort" nicht unterschätzen. Hier können in kürzester Zeit prägende Eindrücke vermittelt werden, und zwar ‚solche' oder ‚solche'. Pädagogisch-didaktisch anspruchsvolle und motivierende Institutionenvermittlung, ein „aufgeklärter Institutionalismus" in politisch-pädagogischer Absicht, das gehört zum Schwierigsten in der politischen Bildungsarbeit (vgl. Gagel 1989; Sarcinelli 1991b und 1991c).

Tabelle 11: Die Formen parlamentarischer Politikvermittlung im Überblick

Dimensionen parlamentarischer Politikvermittlung	*Zentrale Merkmale*	*Beteiligte Akteure*	*Aktivierte Parlamentsfunktionen*	*Akzent der politischen Willensbildung liegt auf der*
»Basisbezug« a) politische Öffentlichkeitsarbeit b) amtliche Öffentlichkeitsarbeit	Interessentransfer »von unten nach oben« und von »oben nach unten«. Ziel: positive öffentliche Resonanz durch Darstellung parlamentarischer Aktivitäten	zu a) Abgeordnete und Subsysteme des Parlaments zu b) Parlamentsverwaltungen (z.B. Besucherdienst, Öffentlichkeitsreferate)	zu a) Legitimationsfunktion; Artikulationsfunktion; Responsivitätsfunktion; Öffentlichkeitsfunktion; Repräsentationsfunktion zu b) Informationsfunktion; Bildungsfunktion	*»Volkswillensbildung«*
»Systembezug«	Ausgleich von politischen Gegensätzen; Kompromissermittlung, eliteinterne Konsensbildung	Abgeordnete und Subsystme des Parlaments; Koalitionsrunden; Kabinettsmitglieder; Ministerialverwaltung; Ländervertreter; Parteien- und Verbandsvertreter	Integrationsfunktion (Staat u. Gesellschaft); Gesetzgebungsfunktion; Initiativfunktion; Kontrollfunktion	*»Staatswillensbildung«*

Quelle: Czerwick 1998: 269

13.5 Parlamentarische Öffentlichkeitsarbeit: Thesen zur Einlösung einer kommunikativen Bringschuld

Wer politische Öffentlichkeitsarbeit im staatlich-institutionellen Bereich betreibt, muss in Rechnung stellen: Es gibt eine Art Gesamthaftung der Politik bzw. auch eine Art Gesamthaftung der gerne als ‚politische Klasse' diskreditierten Akteure für das öffentliche Erscheinungsbild von Politik. Da kann bei allem Bemühen um eine angemessene parlamentarische Öffentlichkeitsarbeit die Skandalisierung eines einzelnen politischen Ereignisses die Ergebnisse mühsamer Vermittlungsarbeit in kurzer Zeit zunichte machen. Zahlreiche Umfragen bestätigen es: Die Bürgerinnen und Bürger sortieren nicht immer säuberlich nach verfassungstheoretischen Konstrukten, Gewaltenteilungs- bzw. Gewaltenverschränkungsmodellen, in denen die Verantwortlichkeiten von Regierung und Parlament, Mehrheit und Minderheit, zwischen Institutionen und einzelnen Politikern immer fein unterschieden werden. Die Wahrnehmung von Politik erfolgt eher nach Art einer Mischkalkulation, sodass Imageverluste des einen zu Ansehensverlusten des anderen führen können. Dabei geht es allerdings nicht um Nullsummenspiele. Denn Imageverluste des einen bedingen nicht automatisch Imagegewinne des anderen. Dies ist im demokratischen System solange nicht prinzipiell bedenklich, als sich politische Unzufriedenheit nicht generell auf das Vertrauen in das politische System, in die demokratischen Institutionen und in die Demokratie negativ auswirkt (vgl. bereits Schüttemeyer 1986: 139).

Nach wie vor geht die Forschung nicht davon aus, dass das politische System in Deutschland in seinen Grundfesten erschüttert sei (vgl. Fuchs/Klingemann 1995; Cusack 1999; Gabriel 2005). Auch dass die der Tagespolitik fernen Institutionen der Exekutive und Judikative, wie Polizei oder Bundesverfassungsrichter, mehr Unterstützung erfahren als unmittelbar in die täglichen politischen Entscheidungen involvierte und vom Wählerwillen abhängige Institutionen, wie beispielsweise Parteien und eben auch Parlamente, wird nicht verwundern. Schließlich ist das Ansehen von Parlamenten auch innerhalb einer Legislaturperiode starken Schwankungen ausgesetzt (vgl. Gabriel 2005). Das alles setzt parlamentarische Öffentlichkeitsarbeit zwar immer wieder unter Handlungsdruck. Dennoch muss es als demokratische Normalität betrachtet werden. Auch in anderen, deutlich älteren Demokratien ist das negative Parlamentsimage geradezu notorisch. So wird etwa der US-Kongress, zweifellos das weltweit stärkste Parlament, durchweg negativer als alle anderen politischen Institutionen der Vereinigten Staaten bewertet (vgl. Loewenberg: insb. 816).

Im parlamentarischen Regierungssystem Deutschlands mit seinen engen Verflechtungen zwischen Parlament und Regierung einerseits sowie mit seinem Bundestag und Bundesrat verkettenden Verbundföderalismus andererseits erweist es sich als außerordentlich schwierig, das öffentliche Erscheinungsbild des Parlaments nachhaltig zu verändern, losgelöst etwa von der Frage, welches Politikbild Regierungen, Parteien oder generell politische Akteure abgeben; losgelöst auch davon, welche Politik und wie Politik betrieben wird. Dies sollte nicht davon abhalten, Probleme bei der Herstellung parlamentarischer Transparenz zu thematisieren und Perspektiven für die Verbesserung der Öffentlichkeitsarbeit von Parlamenten aufzuzeigen. Dabei sollte man sich keinen Illusionen hingeben: Politische Öffentlichkeitsarbeit kann Politik nicht prinzipiell verändern. Aber sie ist notwendiger Teil der Politikvermittlung in der Mediengesellschaft. Sie kann über Parlamentsarbeit informieren, kann parlamentarische Politik besser verständlich und durchschaubar machen und die Menschen näher an die realen parlamentarisch-politischen Prozesse heranführen. Politische Öffentlichkeitsarbeit bleibt jedoch ein politisches Sekundärphänomen. Sie hat insofern immer dienende Funktion. Auf einige zentrale Problemstellungen gilt es dabei abschließend hinzuweisen:

1. Es gibt eine nicht aufzulösende Spannung zwischen der Binnenkomplexität parlamentarischer Arbeit und der Notwendigkeit vereinfachender Darstellung. Das gilt für die parlamentarisch-politische Arbeit ebenso wie für die parlamentarische Öffentlichkeitsarbeit.
2. Krisenhafte Entwicklungen, politische Skandale oder spektakuläre Konflikte waren immer auch Zeiten, in denen dem Parlament mehr Öffentlichkeit geschenkt wurde oder oft auch abgerungen werden musste. Demgegenüber sind sachpolitische Detailarbeit, arbeitsteilige Routine, unspektakuläres politisches Klein-Klein nicht unbedingt der Stoff, aus dem Nachrichten entstehen. Dies aber bestimmt auch und gerade den parlamentarischen Alltag, den Öffentlichkeitsarbeit transportieren sollte.
3. Der schon von Gerhard Loewenberg (vgl. Loewenberg 1969: 470) in seiner Bundestagsstudie beklagten, zu sehr an Ereignissen und Ergebnissen orientierten Berichterstattung sollte durch eine mehr an parlamentarischen Methoden und Verfahren orientierte Öffentlichkeitsarbeit gegengesteuert werden. – Das Problem wird aber nicht etwa dadurch gelöst, dass man der Öffentlichkeitsarbeit auf Fraktionsebene Ereignisorientierung und der gesamtparlamentarischen Öffentlichkeitsarbeit die Aufgabe der Prozess- und Verfahrensorientierung zuweist.
4. In dem ständigen Balanceakt zwischen parlamentarischer Effizienz und politischer Transparenz ist Öffentlichkeitsarbeit das kommunikative Scharnier. Ohne aktive Herstellung von Öffentlichkeit in den Arbeitsbereichen der parlamentarischen Werkstatt bleibt das plenumszentrierte öffentliche Erscheinungsbild der Parlamente, weil es nur die Oberflächenstruktur abbildet, ein Zerrbild parlamentarischer Wirklichkeit. Solange die entscheidungsrelevanten Prozesse der Parlamentsarbeit in einem intransparenten Halbdunkel verbleiben, können auch alle Bemühungen um eine Parlamentsreform und insbesondere die Attraktivitätssteigerung der Plenarsitzungen das Verhältnis von Parlament und Öffentlichkeit nur marginal verändern.
5. Wenn Öffentlichkeitsarbeit das Grundvertrauen in die parlamentarische Demokratie stärken soll, dann muss sie die Wahrnehmungsmuster, Urteile und auch Vorurteile der Menschen ernst nehmen. Das Publikum ist ein außerordentlich differenziertes Gebilde, und es ist zudem unterhaltungs-

verwöhnt. Auch parlamentarische Öffentlichkeitsarbeit wird angesichts zunehmender gesellschaftlicher Individualisierung und Differenzierung durch eine entsprechend zielgruppenorientierte, in Anspruchsniveau und Machart differenzierte Angebotspalette zielgenauer Informationen vermitteln.

6. Parlamentarische Politik wird von den Menschen als ein Geschehen aus zweiter Hand erfahren, als eine Art medienvermittelter Sekundärparlamentarismus. Umso notwendiger ist es, dass parlamentarische Öffentlichkeitsarbeit mit didaktisch-methodischer Phantasie und auch mit Mut zu Neuem immer wieder die Brücke zu schlagen versucht zwischen dem institutionell-parlamentarischen Getriebe und der Lebenswelt der Menschen.

7. Eine ganz wesentliche Brücke zum Verständnis von Politik und parlamentarischer Demokratie ist das personale Element. Gibt es gegenüber der abstrakten Institution Parlament Skepsis, Misstrauen und Distanz, so zeigt sich durch zahlreiche Studien belegt: Je näher die Bürgerinnen und Bürger an die Akteure – bzw. umgekehrt – herangebracht werden, je mehr die Abgeordneten den Menschen vertraut sind und ihr Handeln konkret nachvollziehbar ist, desto positiver wird ihr Bild. Personalisierung im wohlverstandenen Sinne, auch Herstellung dialogischer Situationen, bleibt deshalb eine ganz wesentliche Vermittlungsschiene vor allem im Rahmen des Besucherdienstes. Dabei kommt es mehr auf die authentische Vermittlung von Politker(innen)persönlichkeiten als auf politische Ausgewogenheit an. Gleichzeitige Diskurse zwischen und mit Vertretern aller Fraktionen erstarren allzu leicht in den Ritualen des Besserwissens.

8. Wenn Öffentlichkeitsarbeit mehr sein soll als ein publikumswirksames Verlautbarungsorgan für Akteurshandeln, dann darf sie Politikvermittlung nicht nur aus der „Täterperspektive" betreiben, sondern muss auch die „Opferperspektive" mit einbeziehen. Das heißt: Nicht nur das Handeln der Abgeordneten, die Arbeit der Institution, sondern auch die Folgen ihres Tuns für die so oft bemühten „Menschen draußen im Lande" sollten durch Öffentlichkeitsarbeit verstärkt in den Blick kommen. Es geht nicht nur darum, von subjektiver Betroffenheit auszugehen und „die Menschen dort abzuholen, wo sie stehen". Es kommt ebenso darauf an, Betroffenheit bei Adressaten herzustellen, wo objektives Betroffensein vorliegt (vgl. Gagel 2000: S. 149ff.). Mehr als bisher muss der parlamentarische Entscheidungsprozess mit den alltäglichen Lebensbedingungen und Erfahrungen der Menschen in Verbindung gesetzt werden (vgl. Loewenberg 2007: 827).

Kurz gefasst lassen sich diese Thesen in folgende Empfehlungen verdichten:
- Einblicke in die parlamentarische „Werkstatt" geben,
- die Normalität des parlamentarischen Alltags zeigen,
- parlamentarische Prozesse und Verfahren transparent machen,
- parlamentarische Komplexität verständlich machen,
- differenzierte und zielgruppengerechte Informationen bieten,
- parlamentarische Politik mit der Lebenswelt der Menschen verbinden,
- Personalisierung als Möglichkeit der Politikvermittlung nutzen und
- „Täter-" und „Betroffenenperspektive" miteinander verbinden.

Parlamente beklagen zu Recht, dass ihr Anteil an der politischen Kommunikation zurückgegangen sei. Diese Entwicklung ist eine Folge nicht nur der Veränderungen der medialen Verhältnisse, sondern auch einer veränderten gesellschaftlichen und politischen Umwelt. Der Rückgang in der öffentlichen Präsenz des Parlaments und der subjektiv empfundene Bedeutungsschwund sind insofern auch das Ergebnis politisch-struktureller und politisch-kultureller Veränderungen. Insgesamt kann es dabei nicht gerade beruhigen, wenn die Zweifel zunehmen, dass das Parlament noch einen Platz in der „Entscheidungsmitte" (Kirchhof 2004: 361) der Demokratie einnimmt. Ist dies im Kern eine politische Herausforderung, so können Parlamente auch im Rahmen parlamentarischer Öffentlichkeitsarbeit einiges tun, um als zentrale „Arenen" der politischen Willensbildung und verbindlichen Entscheidung sowie als herausragende Orte demokratischer Legitimation wahr- und ernst genommen zu werden. Parlamentarische Öffentlichkeitsarbeit wird dabei zwar immer nur eine dienende Funktion einnehmen können. Gleichwohl kann sie dazu beitragen, die viel beschworene „Bringschuld" gegenüber der Öffentlichkeit immer wieder einzulösen.

Dennoch kann die Optimierung von Öffentlichkeitsarbeit und können noch so öffentlichkeitsrelevante Parlamentsreformen das „Paradox der Transparenz" (Loewenberg 2007: 823f.) nicht völlig auflösen: Parlamentarische Öffentlichkeit als Prinzip und Öffentlichkeitsarbeit des Parlaments zielen auf mehr Transparenz. Das ist demokratietheoretisch und politisch-praktisch auch dann geboten, wenn gerade mit vermehrter Transparenz öffentliches Misstrauen immer wieder genährt wird. Denn die Demokratie lebt nicht nur vom Vertrauen in die grundlegenden Prinzipen und Institutionen freiheitlich-demokratischer Ordnung. Sie lebt auch von einem ‚gesunden Maß' an Skepsis und Misstrauen der Bürgerinnen und Bürger. Denn nur so kann der politische Prozess offen gehalten und können institutionelle Verkrustung und Versäulung immer wieder aufgebrochen werden.

14 Arenen parlamentarischer Kommunikation: Vom repräsentativen zum präsentativen Parlamentarismus?

14.1 Einleitung und Problemstellung

Im Zusammenhang mit Analysen zum „Strukturwandel der Öffentlichkeit" (Habermas) und damit verbundenen Verfallsdiagnosen zum demokratischen Prozess rückt immer wieder das Parlament in den Mittelpunkt der politischen und wissenschaftlichen Kritik. Diese aufgreifend widmet sich dieses Kapitel der Frage nach Funktion, Struktur und Wandel parlamentarischer Öffentlichkeit in der repräsentativen Demokratie. Dazu sollen zunächst zwei grundlegend unterschiedliche Verständnisweisen von Parlamentarismus und parlamentarischer Demokratie vorgestellt werden, vor deren Hintergrund dann diskutiert werden kann, ob das erstaunlich medienattraktive klassisch-altliberale Parlamentarismusmodell die Komplexität politischer Wirklichkeit im parlamentarischen Regierungssystem noch angemessen abbilden kann. Mit Blick auf Gegenwart und Zukunft verdient dabei besondere Beachtung, was parlamentarische Öffentlichkeit im Kontext jener Entwicklungen noch leisten kann, die Arthur Benz als „postparlamentarische Demokratie" (Benz 1998) bezeichnet hat.

Die Einbindung des keineswegs mehr handlungssouveränen Parlaments in komplexe Interessenvermittlungs-, Willensbildungs- und Kooperationsstrukturen macht es erforderlich, von tradierten Homogenitätsvorstellungen einer parlamentarischen Öffentlichkeit abzurücken und ein mehrschichtiges Modell öffentlicher, halböffentlicher und nichtöffentlicher parlamentarischer Arenen zu entwickeln. Dieses Modell müsste nicht nur anschlussfähig an empirische politik- und kommunikationswissenschaftliche Forschungen, sondern auch angemessener die Komplexität parlamentarischer Kommunikation in der Mediengesellschaft abbilden. Dabei zeigt sich auch, dass die inzwischen populäre These einer linearen Ablösung des repräsentativen durch einen präsentativen Parlamentarismus einer differenzierten Betrachtung des modernen Parlamentsbetriebes mit seinen unterschiedlichen Arenen und Akteuren nicht Stand hält. Hier ergibt sich eine für parlamentarische Legitimation zentrale Frage: Welche Konsequenzen hat eine zunehmende Orientierung am parlamentarisch-rhetorischen Output. Welche Konsequenzen hat also die Fixierung auf das Parlament als politische „Schaubühne" bei gleichzeitiger Vernachlässigung der komplexer werdenden Inputprozesse in der Realität eines ausdifferenzierten Gremienparlaments?

14.2 Medienattraktive Versammlungsöffentlichkeit und das Ideal des klassisch-liberalen Parlamentarismus

Parlamente sind in Demokratien keine beliebige Institution unter anderen institutionellen Einrichtungen. Zumindest für die meisten parlamentarischen Regierungssysteme gilt, dass das Parlament das einzige unmittelbar demokratisch legitimierte Staatsorgan ist. So konstituiert denn auch das Grundgesetz für die Bundesrepublik Deutschland den Deutschen Bundestag als das „besondere Organ" (Art. 20, 2 GG), mit dem die vom Volke ausgehende Staatsgewalt ausgeübt wird, „dem die Entscheidung über die grundlegenden Fragen des Gemeinwesens anvertraut ist und in dem Kritik und Alternativen zur Geltung zu bringen sind" (Hesse 1995: 246). Insofern kommt dem Parlament nicht nur verfassungsrechtlich ein besonderer Rang zu. Auch politisch ist der Bundestag eingebunden in die „demokratische Gesamtleitung, Willensbildung und Kontrolle" (ebenda: 245).

Als Schlüsselinstitution der Politikvermittlung wie auch der Herstellung kollektiv verbindlicher Entscheidungen ist das Parlament zugleich eine „zentrale politische Kommunikationsagentur", ein äußerst wichtiger und durchaus „leistungsfähiger Knotenpunkt im Netzwerk politischer Kommunikation" (Patzelt, 1998, 431). In der öffentlichen Wahrnehmung des Parlaments als Institution und der parlamentarischen Demokratie als politische Ordnungsform kommt diese verfassungsrechtliche und politische Sonderstellung kaum in den Blick. Das hat vor allem damit zu tun, dass das unübersichtlicher werdende Informations- und Unterhaltungsangebot in der modernen Mediengesellschaft einfache Modelle auch dann attraktiv erscheinen lässt, wenn sie die politische Wirklichkeit nicht hinreichend widerspiegeln.

Zu diesen unverwüstlichen Mustern populärer Parlamentsvorstellungen gehört die in der öffentlichen Parlamentarismuskritik anzutreffende und von prominenter Seite immer wieder kultivierte Orientierung am „klassisch-altliberalen" Modell von Parlamentarismus in der Tradition von John Stuart Mill (vgl. Schuett-Wettschky 1984; ders. 2003). Danach gilt das Parlament als oberstes politisches Entscheidungszentrum mit dem Plenum als Ort der politischen Versammlungsöffentlichkeit. Idealtypisch zeichnet sich dieses Forum durch rationale Argumentation und Überzeugungskommunikation aus. Die Volksvertreter, so die klassisch-liberale Vorstellung von Parlamentarismus, reden und entscheiden als einzelne, mehr oder weniger unabhängige, im Zweifelsfall jedenfalls nur ihrem Gewissen unterworfene Persönlichkeiten in der streitigen Plenardebatte. Fraktionsdisziplin und parteipolitisch motivierte Geschlossenheit werden in dieser Perspektive zum parlamentarischen Sündenfall. – Was wie eine Karikatur alltäglicher Parlamentspraxis, ja als „latenter Verfassungskonflikt" (Schuett-Wettschky 2003: 531; vgl. ebenso Patzelt 1999a) anmuten mag, hat durchaus eine solide verfassungsrechtliche Grundlage. So findet diese an der Tradition des frühliberalen Parlamentarismus orientierte Politikvorstellung im Grundgesetz in Art. 38 ihren Niederschlag.

In diesem Modell parlamentarischer Demokratie kommt nicht in den Blick, dass das Parlament im parlamentarischen Regierungssystem einen dramatischen Machtverlust erfahren hat, dass Regierung und parlamentarische Mehrheit weithin wenn nicht als politische Handlungseinheit, so doch als politische Erfolgsgemeinschaft begriffen werden müssen. Hinzu kommt, dass der moderne Parlamentarismus parteienstaatlich überlagert ist. Entsprechend sind im „Gruppentyp" parlamentarischer Demokratie nicht individuelle Akteure, sondern gesellschaftliche und politische Gruppen die legitimen Träger des politischen Prozesses. Dabei gelten Parteien und Fraktionen als konstitutiv für politische Willensbildung. Demzufolge müssen auch Fraktionsdisziplin und politische Geschlossenheit als notwendige Instrumente des politischen Wettbewerbs angesehen werden. Auch dieses zeitlich jüngere Parlaments- und Politikverständnis hat in Deutschland im Art. 21 des Grundgesetzes mit der hervorgehobenen Stellung der Parteien – erstmals in der deutschen Verfassungsgeschichte – eine verfassungsrechtliche Verankerung erhalten.

Das Transparenzgebot, verstanden als freier Austausch von Argumenten in einem öffentlichen Diskurs, lässt sich im Modell des parteienstaatlichen Parlamentarismus nur in Ausnahmesituationen, in der Regel verbunden mit einer ausdrücklichen Freigabe des Abstimmungsverhaltens, realisieren. Im parteienstaatlichen Parlamentarismus ist parlamentarische Öffentlichkeit demnach nicht binnenkommunikative Überzeugungsöffentlichkeit sondern außenkommunikative Demonstrationsöffentlichkeit. Das Plenum wird zum „Schaufenster", in dem die Argumente der intern bzw. anderswo getroffenen Entscheidungen ‚ausgestellt' werden, um in der Öffentlichkeit nachvollzogen werden zu können.

Im Vergleich beider Parlamentarismusmodelle erweist sich gerade unter massenmedialen Gesichtspunkten das klassisch-altliberale Modell parlamentarischer Demokratie als deutlich attraktiver als das Gruppenkonzept. Mit dem liberalen Parlamentarismusbild lässt sich Repräsentation personalisieren. Das Parlament erscheint Versammlung interessanter Charakterköpfe, deren Reden und Handeln den medialen Aufmerksamkeitserwartungen Rechnung tragen soll. Schließlich lässt sich eine spektakuläre Plenarsitzung mit Konzentration auf prominente Spitzenakteure leichter mediengerecht in Szene setzen als der langwierige und vielfach langweilige arbeitsparlamentarische Alltag disziplinierter Fraktionsmitglieder hinter den zahlreichen verschlossenen Türen eines hoch differenzierten Gremienparlaments.

So ist auch der Gruppentyp parlamentarischer Demokratie schon deshalb medial weniger interessant, weil er gestützt auf vertrauliche interne Vorabklärungen die plenaröffentliche Parlamentskommunikation hochgradig berechenbar, ja im Normalfall weithin überraschungsresistent erscheinen lässt. Wo neue Argumente oder politische Akzente nicht zu erwarten sind, ja eigentlich auch nicht vorgesehen sind, schwindet das Interesse von Massenmedien, für welche die Qualität der Informationen ganz wesentlich von ihrem Neuigkeitswert abhängt. Werner Patzelt konnte in einer empirischen Studie zur Ansicht der Deutschen über Parlament und Abgeordnete nachweisen, „dass in Deutschland die grundlegenden Interpretationsweisen parlamentarischen Geschehens von im Konstitutionalismus des 19. Jahrhunderts herausgebildeten und seither im Generationenwechsel tradierten Annahmen geprägt werden" (Patzelt 1998: 439; ders. 1996a). Bereits ein Jahrzehnt vor Patzelt resümierte Suzanne Schüttemeyer in ihrer umfassenden Analyse von Langzeitdaten zum Parlamentsimage: Das Bild der meisten Bürger sei gekennzeichnet durch eine „Parlamentsgewöhnung" auf „schmaler kognitiver, normativ häufig unzutreffender, zumeist positiv-verschwommener emotionaler Basis" (Schüttemeyer 1986: 272). Dabei sind vor allem die Unterschiede zwischen West- und Ostdeutschland auffallend (vgl. Gabriel 2005). Nevil Johnsons Befund zum 40-jährigen Bestehen des Deutschen Parlaments dürfte auch heute noch zutreffend eine verbreitete Einstellung beschreiben: Der Deutsche Bundestag werde „in einer etwas distanzierten Weise eher als ein tüchtiger Teil des Staatsgefüges, denn als eine Quelle der politischen Autorität und als lebendige Vertretung des Volkes betrachtet" (Johnson, in: Porzner/Oberreuter/Thaysen 1990: 67). Inzwischen ist allerdings auch das Parlament von kontinuierlichem Schwund politischen Institutionenvertrauens betroffen.

Noch in den 60er Jahren hat Ernst Fraenkel auf Ursprung und politische Bedeutung der „Parlamentsverdrossenheit" in Deutschland aufmerksam gemacht. Für den Umstand, dass „Parlamentsverdrossenheit" in den kontinentaleuropäischen Ländern „chronisch" sei, während sie in angelsächsischen Demokratien kaum vorkomme, verwies er auf die Traditionen unterschiedlicher Gemeinwohlperzeptionen. Abgesehen von den spezifisch deutschen Belastungen auf dem Weg zu einem entwickelten parlamentarischen System spiele, so Fraenkel, das Homogenitätsideal, die Vorstellung eines vorgegebenen und dann auch zu realisierenden Bonum Commune in der kontinentaleuropäischen Tradition immer noch eine große Rolle, während diese regulative Idee in der angelsächsischen, realistischen, „empirischen Demokratietheorie" kaum durchschlage (vgl. Fraenkel 1991: 137ff.).

Abgesehen davon, dass von einer allgemeinen Parlamentsverdrossenheit nicht die Rede sein kann, dürften die von Fraenkel genannten Gründe für die Erklärung des eher indifferenten Verhältnisses zum Parlamentarismus in der Gegenwart kaum mehr ins Gewicht fallen. Maßgeblicher erscheint vielmehr, dass es die Massenmedien sind, und von diesen insbesondere das Fernsehen, die das Bild vom Parlament in der Öffentlichkeit prägen. Eine weithin am Plenum orientierte Parlamentsberichterstattung kultiviert die Erwartung einer möglichst medienattraktiven Versammlungsöffentlichkeit und trägt damit zur Verfestigung überkommener klassisch-liberaler Parlamentarismusvorstellungen bei. Die unterschiedlichen Kommunikationsleistungen des Parlaments, seiner Untergliederungen und Akteure kommen dabei nicht in den Blick.

14.3 Das Parlament als Politikvermittler in der (post)parlamentarischen Demokratie

Das verbreitete, eher schlichte Bild plenumszentrierter parlamentarischer Kommunikation steht ganz im Gegensatz zu den in der neueren Repräsentationsforschung und Parlamentssoziologie belegten Befunden umfassender Kommunikationsleistungen von Parlament und Parlamentariern. Zwar hat parlamentarische Politik ihre Exklusivität wenn nicht verfassungsrechtlich, so doch realpolitisch weitgehend verloren (vgl. Kap. 13 in diesem Band), ist der „Rückgang der Bedeutung des Parlaments als Institution" und der „Rückgang der Bedeutung der Parlamentsdebatten für die öffentliche Meinungsbildung" nicht zu übersehen (Hesse 1995: 246f.). Zugleich steigt jedoch die Bedeutung des Parlaments als zentrale kommunikative Schalt- und Politikvermittlungsstelle, ein Funktionswandel, der bisher kaum Beachtung findet.

Die Bedeutungszunahme kommunikativer Leistungen hat in der Repräsentationsforschung dazu geführt, den beiden repräsentationstheoretischen Grundfiguren des „trustee" (Repräsentation als unabhängige treuhänderische Anwaltschaft) und des „delegate" (Repräsentation als abhängige Delegation einer Wählergruppe oder Partei) einen dritten erklärungsrelevanten Repräsentationstypus hinzuzufügen. Der Parlamentssoziologe Dietrich Herzog bezeichnet diesen Repräsentationstypus als „Politik-Vermittler" und „strategischen Koordinator" (Herzog 1989; ders. 1993: 27). Gemeint sind damit nicht allein veränderte Rollenerwartungen an Parlamentarier. Gemeint ist insgesamt der Wandel des Charakters parlamentarisch-repräsentativer Politik als einer in zunehmendem Maße kommunikativen, keineswegs aber primär medienzentrierten Politik.

Wie passt aber zusammen, dass einerseits ein politischer Bedeutungsverlust beklagt, andererseits eine Bedeutungszunahme kommunikativer Aufgaben des Parlaments registriert bzw. postuliert werden. Die Antwort ergibt sich daraus, dass den politischen Institutionen und Funktionsträgern – und dies betrifft insbesondere Parlamente – weit mehr Handlungssouveränität zugeschrieben wird, als diese auch unter politisch günstigen Umständen haben könnten. Auch das konstitutionell exklusive Parlament ist unter den Bedingungen einer „postparlamentarischen Demokratie" (Benz 1998) politisch alles andere als exklusiv. Auf vielfältige Kommunikationsbeziehungen angewiesen und in kooperative Politikformen eingebunden, muss es selbst als Teil eines vielmaschigen „Netzes" (Sartori 1992: 23f.) demokratischer Willensbildungs- und Entscheidungsprozesse gesehen werden.

Auf diese „Realität der vielfach vernetzten und durch Verhandlungen handelnden Politik" hat Fritz Scharpf mehrfach mit der Mahnung hingewiesen, die Verhandlungszwänge nicht per se als Demokratiedefizite zu begreifen (Scharpf 1992: 107). Demokratische Legitimation könne, so Arthur Benz, „in der heutigen Gesellschaft nur durch eine Mischverfassung aus parlamentarischen und kooperativen Politikformen gewährleistet werden", durch die „Verbindung von parlamentarischen Strukturen und Verhandlungssystemen" (Benz 1998: 201 und 208). Deshalb verbiete sich die Idealisierung der parlamentarischen Demokratie ebenso wie die Forderung nach einer alternativen Diskurs- oder Konsensdemokratie. Demokratie müsse vielmehr als „komplexes Arrangement verbundener Arenen" (ebenda: 202) begriffen werden. Zugleich verweist Benz ähnlich wie Scharpf auf das Dilemma solcher komplexer Demokratiemodelle: „Verhandlungen und Kooperation verbessern zwar die Effektivität der Staatstätigkeit, sie sind aber mit Ungleichheit der Beteiligungschancen verbunden, verletzen das Öffentlichkeitsprinzip und entwerten demokratische Kontrollen." Die „Attraktivität des kooperativen Staates" liege in der „Legitimation durch Effektivität" (ebenda: 207). Der output-seitige Legitimationsgewinn werde jedoch „durch Einschränkung der input-seitigen Qualität von Demokratie erreicht" (ebenda: 205).

Benz deutet einen Ausweg aus diesem Dilemma an. Er vermutet, „dass Kooperation in der parlamentarischen Demokratie dann funktioniert und zugleich den normativen Maßstäben demokratischer Legitimation entspricht, wenn die Arenen lose gekoppelt werden" (ebenda: 215). Lose Koppelung verlange sowohl Trennung als auch Verbindung. Einerseits müssten Parlamente ihre Agenda autonom definieren können. Andererseits dürften Verhandlungen nicht an parlamentarische Vorgaben gebunden werden. So wie die Bedeutung des Parlaments als eine von vielen gleichgeordneten Arenen für die Kontrolle kooperierender Staatstätigkeit sinke, steige seine Relevanz als Forum öffentlicher Diskussion.

Auffallend ist bei diesem der politischen Komplexität kooperativen Staatshandelns eher gerecht werdenden Modell, dass auch Benz vom Parlament als Handlungseinheit, als einer Arena ausgeht. Dabei sind in die Politikvermittlungsprozesse der Verhandlungsdemokratie verschiedene parlamentarische Arenen involviert.

Offensichtlich besteht auch hier das Problem, dass einem normativ aufgeladenen, emphatischen Verständnis parlamentarischer Öffentlichkeit Vorschub geleistet wird. In der Folge wird der Blick auf differenzierende empirische Untersuchungsschritte verstellt, mit denen die Funktionen parlamentarischer (Teil)Arenen in verhandlungsdemokratischen Prozessen und unter den Bedingungen einer modernen Mediengesellschaft transparent gemacht und so auch die Leistungsfähigkeit des Parlaments insgesamt adäquat gewürdigt werden können. In diese Richtung zielt der folgende Entwurf unterschiedlicher Arenen parlamentarischer Öffentlichkeit.

14.4 Arenen parlamentarischen Handelns in der Mediengesellschaft

Im Folgenden wird ein Modell vorgestellt, das die verschiedenen (Teil)Arenen parlamentarischen Handelns abbildet, eine Vielzahl außerparlamentarischer Kommunikationskanäle aufzeigt und zudem noch die funktional ausdifferenzierten Kommunikationsziele unterschiedlichster Akteure in den Arenen berücksichtigt. Erste empirische Hinweise für die Plausibilität dieses Arenenmodells parlamentarischen Handelns liefern Stellungnahmen der Sprecher des Deutschen Bundestages und aller Fraktionen der im Deutschen Bundestag vertretenen Parteien. Basis sind acht (von insgesamt ca. 120) Leitfadengesprächen mit Führungspersönlichkeiten, die im Sommer 1999 durchgeführt wurden. Im Mittelpunkt des Forschungsprojektes „Politische Inszenierung als symbiotische Interaktion" stand das „Beziehungsgeflecht" von Politikern, Journalisten und politischen Öffentlichkeitsarbeitern (vgl. Hoffmann 2002; Tenscher 2003). Die Antworten werden in anonymisierter Form wiedergegeben.

Über diese exemplarischen Belegquellen hinaus ist es das Ziel, an dieser Stelle ein heuristisches Modell zu entwerfen, welches sich auch für subnationale Parlamentsebenen und außerdeutsche Kontexte als anschlussfähig erweisen kann. Dieses Modell basiert auf sechs Grundannahmen bzw. Wesensmerkmalen parlamentarischen Handelns in modernen, funktional ausdifferenzierten Gesellschaften, welche im Einzelnen dargestellt werden.

14.4.1 Zwei Sphären parlamentarischen Handelns

Eine Annäherung an parlamentarisches Handeln in der Mediendemokratie muss zunächst dem Umstand Rechnung tragen, dass jedem politischen Wirken sowohl eine herstellende als auch eine darstellende Dimension innewohnt (vgl. bereits Sarcinelli 1987 sowie Kap. 7 in diesem Buch). So findet auch parlamentarisches Handeln in zwei distinkten, sich gleichwohl überlappenden Sphären statt: dem parlamentarischen Entscheidungsbereich einerseits und dem parlamentarischen Darstellungsbereich andererseits (vgl. Abb. 5). Letzterer symbolisiert den präsentativen Bereich parlamentarischen Handelns, gleichsam die parlamentarische Öffentlichkeit. Diese ist jedoch angesichts der Verflechtung von Exekutive, Legislative und „vorpolitischem Raum", wie sie für moderne Parteiendemokratien vor allem in parlamentarischen Regierungssystemen charakteristisch sind, keine isoliert zu betrachtende Größe. Vielmehr stellt parlamentarische Öffentlichkeit eine politischer Öffentlichkeit dar (vgl. Gerhards/Neidhardt 1993; Gerhards 1998). Deren Akteure, Themen und Positionen interagieren, konkurrieren bzw. vermischen sich permanent mit anderen politischen Teilarenen.

Abbildung 5: Parlamentarisches Arenenmodell

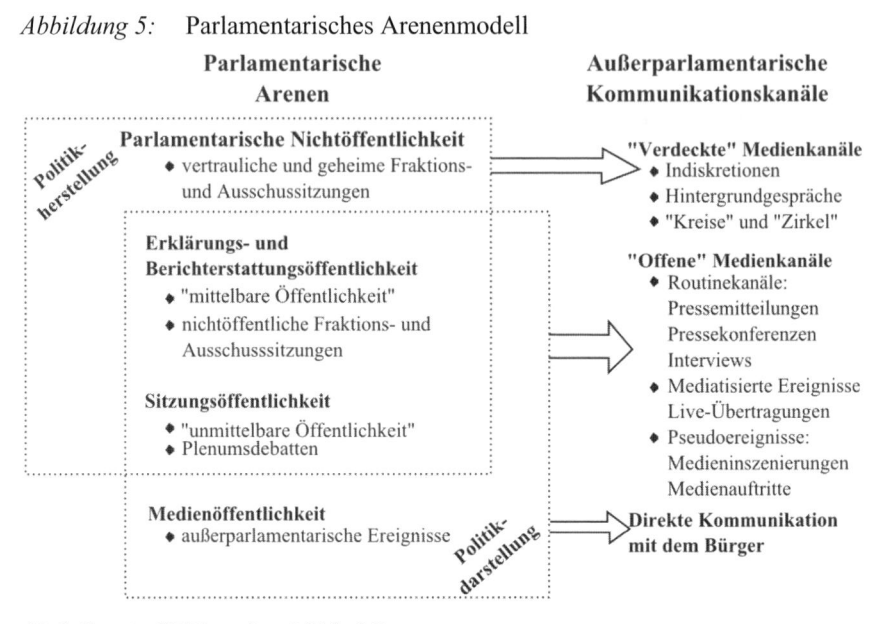

Parlamentarische Arenen	Außerparlamentarische Kommunikationskanäle
Parlamentarische Nichtöffentlichkeit ♦ vertrauliche und geheime Fraktions- und Ausschusssitzungen	**"Verdeckte" Medienkanäle** ♦ Indiskretionen ♦ Hintergrundgespräche ♦ "Kreise" und "Zirkel"
Erklärungs- und Berichterstattungsöffentlichkeit ♦ "mittelbare Öffentlichkeit" ♦ nichtöffentliche Fraktions- und Ausschusssitzungen	**"Offene" Medienkanäle** ♦ Routinekanäle: Pressemitteilungen Pressekonferenzen Interviews ♦ Mediatisierte Ereignisse Live-Übertragungen ♦ Pseudoereignisse: Medieninszenierungen Medienauftritte
Sitzungsöffentlichkeit ♦ "unmittelbare Öffentlichkeit" ♦ Plenumsdebatten	
Medienöffentlichkeit ♦ außerparlamentarische Ereignisse	**Direkte Kommunikation mit dem Bürger**

(Links: *Politikherstellung*; unten: *Politikdarstellung*)

(Vgl. Sarcinelli/Tenscher 2000: 80)

Wie für andere Öffentlichkeiten bzw. Teilöffentlichkeiten, so ist auch für das Bestehen parlamentarischer Öffentlichkeit die Existenz eines Publikums konstitutiv. Die zentrale Funktion parlamentarischer Öffentlichkeit liegt denn auch in der Ermöglichung der Beobachtung parlamentarischen Handelns durch die Gesellschaft. Konkret geht es dabei zum einen um die Aufnahme und Verarbeitung politischer Themen und Meinungen im parlamentarischen Diskussions- und Entscheidungsprozess, zum anderen um die Vermittlung der aus dieser Verarbeitung entstehenden parlamentsöffentlichen Meinungen an die Bürger einerseits und an nichtparlamentarische politische Sphären andererseits.

Die angesprochene Verschränkung politischer Arenen sowie die „Kybernetik" parlamentarischer Öffentlichkeit (vgl. Mirbach 1992) kommt in der Aussage eines Fraktionssprecher (S1) besonders deutlich zum Ausdruck:

„Es ist gesagt worden, die Partei XY hat ein Problem: in der öffentlichen Wahrnehmung wird sie aufgefasst als eine Partei der kalten Marktwirtschaft, herzlos, Zahnärztepartei, immer nur Besserverdiener usw. und sofort. Das ist als ein Problem aufgefasst und erkannt worden, weil das die programmatische Lage eigentlich nicht wiedergibt [...] Um solche Debatten anzustoßen, ist ein Parteitag gut. Wir hatten jüngst einen Parteitag, da gab es einen sozialpolitischen Antrag, der in die Debatte eingebracht wurde und mit diesem Antrag kann man jetzt in die Partei hinein erst einmal wirken. Da gibt es natürlich auch kontroverse Debatten von der Basis oder auch innerhalb der Bundestagsfraktion, weil dieser oder jener Aspekt dem einen oder anderen nicht so gut gefällt – und so wird das Thema dann gesetzt. Um es dann in der Öffentlichkeit, also bei den Journalisten erst mal schmackhaft zu machen, haben wir dann häufig in Hintergrundgesprächen erläutert, warum dieser Antrag aus der Sicht der Partei XY innerhalb der Partei selbst kontrovers beurteilt wird. Denn dann stellen die einfach die Ohren auf und denken: ‚Aha, da entsteht Streit in der Partei XY, das ist eine Geschichte.' Wenn man die dann darauf aufmerksam macht, dass da etwas Kontroverses in der Vorbereitung ist, dann wird das wahrgenommen. Und in dem Moment, in dem die Kontroverse dann aufgefasst und rezipiert wird, haben wir dann die Geschichte in einer breiteren Öffentlichkeit."

Zum einen wird hier auf ein kybernetisches Wechselspiel von Informationsinput, Throughput im Entscheidungsbereich und Output im Sinne des Agenda-Buildings durch die Thematisierungsstrategie „Konflikt" und den „verdeckten" Kommunikationskanal des Hintergrundgesprächs mit Journalisten (s.u.) hingewiesen. Zum anderen zeigt sich hier exemplarisch die dauerhafte Verschränkung von Parteien und Fraktionen bei der Behandlung politischer Themen.

14.4.2 Vier Arenen parlamentarischer Öffentlichkeit

Zweitens unterscheidet das an dieser Stelle vorgestellte Modell parlamentarischen Handelns vier Arenen, welche entlang einer Art von „Öffentlichkeitskontinuum" angesiedelt werden können (vgl. Abb. 5). Dieses reicht von der parlamentarischen Nichtöffentlichkeit, also mehr oder weniger vertraulichen Fraktions-, Arbeitskreis- und Ausschusssitzungen, über die mittelbaren Foren der Erklärungs- und Berichterstattungsöffentlichkeit wie z.B. nichtöffentliche Fraktions- und Ausschusssitzungen sowie die – unmittelbare – Sitzungsöffentlichkeit von öffentlichen Plenar- sowie bisweilen auch Fraktions- und Ausschusssitzungen (vgl. Linck 1992: 675-680) bis hin zur Medienöffentlichkeit außerparlamentarischer Ereignisse, der öffentlichsten und gleichsam entscheidungsfernsten Arena. Ein derart differenziertes Modell offenbart: Nicht nur normativ, sondern auch realiter ist jedes parlamentarische Handeln letztlich zumindest potenziell auf öffentliches Handeln hin angelegt. Dies wird durch die Aussage eines weiteren Fraktionssprechers (S2) bestätigt:

„Das Bonn ist ja ein eigenartiges Pflaster. Es gibt ja eigentlich nichts hier, was irgendwie einer sich hier ausdenkt, was irgendein Ausschuss auf der Tagesordnung hat an Gesetzentwürfen, an Anträgen usw. – es bleibt eigentlich nichts unter der Decke. Ich kann keinen Streit, der in der Fraktion stattgefunden hat, absolut leugnen.

Wir haben xyz potenzielle Schwätzer in dieser Fraktion und die Nähe zu den Medien ist dann doch so groß hier [...] Also kann ich das eigentlich nicht unter dem Deckel halten, denn an jedem Streit sind ja irgendwelche Interessierte, die auch interessiert sind, dass sie, ihr Streit, ihre Meinung transportiert wird und sei es nur, um im Wahlkampf halt vorzeigen zu können: ‚Dafür habe ich gestritten. Dass ich untergegangen bin, okay. Aber bitte sehr, ich habe nicht das Maul gehalten."

Es gibt viele Hinweise, dass dieser noch auf die Bonner Verhältnisse bezogene Befund mit Blick auf die Geschwätzigkeit in der ‚Berliner Republik' ohne Einschränkung bestätigt werden kann.

Im Gegensatz zur Medienöffentlichkeit stehen die Foren parlamentarischer Nichtöffentlichkeit im Mittelpunkt des Entscheidungsprozesses. Schließlich sind es diese eher diskreten Arenen politischer Zielfindung, vertraulicher Interessenabklärung und Kompromissfindung, in denen die für die Leistungsfähigkeit des Parlaments, ja des politischen Systems insgesamt funktional notwendigen Diskussionen „hinter verschlossenen Türen" stattfinden, wo Entscheidungen vorbereitet, ausgehandelt und abgestimmt werden, also „Politik gemacht" wird (vgl. Kapitel 4 in diesen Buch). Diese Einschätzung der Bedeutung von Vertraulichkeit für den parlamentarischen Prozess deckt sich sicherlich nicht mit weit verbreiteten Parlamentarismusvorstellungen, die den in Art. 42, Abs. 1 GG festgelegten Grundsatz der Parlamentsöffentlichkeit fälschlicherweise uneingeschränkt auf jedes parlamentarische Handeln übertragen. Im Mittelpunkt der damit verbundenen Kritik am Parlament stehen jedoch weniger die parlamentarische Nichtöffentlichkeit als vielmehr die drei anderen, in steigendem Maße öffentlichen Parlamentsarenen. In Verbindung mit Bildern aus dem Plenarsaal (unmittelbare Sitzungsöffentlichkeit) sind es vor allem diese Parlamentsarenen, die das öffentliche Image vom Parlament prägen. Wobei immer wieder die Plenardebatten aufgrund ihres offensichtlich „unbefriedigenden Zwittercharakters" (Patzelt 1998: 436) im Mittelpunkt populärer Parlamentarismuskritik stehen. Denn das Plenum gilt einerseits als notwendiger Bestandteil und als abschließende Instanz des parlamentarischen Entscheidungsprozesses. Andererseits ist es eine den medialen Darstellungszwängen unterliegende politische Schaubühne.

Letztlich hat die dauerhafte und gesamtgesellschaftliche Ausbreitung der elektronischen Massenmedien zur Folge, dass parlamentarische Akteure in zunehmendem Maße auch außerparlamentarisch für die Massenmedien und in diesen agieren. Diese vierte Arena parlamentarischer Öffentlichkeit ist das letztlich entscheidende Merkmal des modernen Parlamentarismus. Gerade sie macht es erforderlich, tradierte Parlamentarismusvorstellungen zu hinterfragen. Im Medienzeitalter ist ein Auftritt eines Abgeordneten in einer Talkshow nicht nur symbolisches Handeln, nicht nur „Schaupolitik", sondern eben auch ein wesentlicher Teil seiner Bemühungen um Sichtbarkeit, sei es mit politischen oder mit unpolitischen Themen. Dass solche unter dem Repräsentationsaspekt nicht zu vernachlässigenden Medienauftritte öffentliche Wirkungen erzielen und auch die parlamentarische Diskussion beeinflussen können, ist kein zufälliger Nebeneffekt. Es gehört vielmehr zum selbstverständlichen Repertoire kommunikativer Kompetenz, dass sich Parlamentarier auch auf dieser Arena politisch versiert bewegen können und damit Einfluss auf das innerparlamentarische Geschehen zu nehmen versuchen (vgl. Tenscher 1999).

14.4.3 Parlamentarische Entscheidungs- und Darstellungslogiken

Vor dem Hintergrund dieser unterschiedlichen, mehr oder weniger „öffentlichen" Parlamentsarenen ist zu hinterfragen, an welchen Kommunikationslogiken sich diese orientieren bzw. nach welchen Sinnstrukturen sie funktionieren. Gibt es eine Art Rollenschizophrenie zwischen den Regeln binnenparlamentarischer, nicht-öffentlicher Interessenaushandlungs- und Entscheidungskommunikation einerseits und außerparlamentarischer Darstellungskommunikation andererseits? Generell lässt sich beobachten, dass mit zunehmender Parlamentsöffentlichkeit die Logik der Politikherstellung hinter die Logik der Politikdarstellung zurücktritt. So geht die parlamentarische Expertenkommunikation mit der Öffnung hin zu einem unüberschaubaren Massenmedienpublikum notwendigerweise in eine medien- und publikumsgerechte Laienkommunikation über bzw. wird durch diese ersetzt. Hier öffnet sich dann die Schere zwischen den komplexen, langfristigen, den Regeln der parlamentarischer Geschäftsordnung folgenden und in hohem Maße auf Aushandlung angewiesenen politischen Diskursen im parlamentarischen Willensbildungs- und Entscheidungsbereich einerseits und dem zugespitzten, aktualitätsfixierten, an den Aufmerksamkeitsregeln der Massenmedien orientierenden „Palaver" andererseits (vgl. Gerhards/Neidhardt/Rucht 1998). Überspitzt formuliert bedeutet dies: Erst durch Personalisierung, Konflikhaltigkeit und einen Touch Unterhaltung wird ein parlamentarisch wichtiges Thema zu einem in den Medien und beim Publikum diskutierten Thema.

In unserer Untersuchung macht ein Fraktionssprecher (S1) diesen Unterschied zwischen den Kommunikationslogiken in einer Art „Anleitung zum mediengerechten Verhalten für Parlamentarier" deutlich:

> „Ihr müsst versuchen, das so und so darzustellen. Achtet auf eure Gestik, achtet darauf, wie prägnant ihr formuliert, achtet darauf, dass die Sätze nicht so lang werden. Achtet darauf, dass es nicht so ein intensiver Nominalstil wird, sondern sprecht in lebendigen, klaren, kurzen Sätzen. Seht zu, dass ihr, auch wenn ihr angegriffen werdet, immer freundlich bleibt. Seht zu, dass ihr im Auftreten immer verbindlich seid. Verständlichkeit ist der Schlüssel. Und zugespitzt formulieren müssen sie auch noch. Das

heißt, im Grunde stehen sie vor der schwierigen Aufgabe, Sachverhalte wahrheitsgemäß darzustellen, aber zugleich muss er zugespitzt sein, damit er überhaupt öffentlich wahrgenommen wird. Schwierig. Da muss man die Leute hinkriegen."

14.4.4 Vielfalt außerparlamentarischer Kommunikationskanäle

Jede Arena parlamentarischer Öffentlichkeit verfügt über eine Vielzahl spezifischer Kommunikationskanäle zur Veröffentlichung von Themen und Meinungen. Gleichzeitig können diese Kanäle jedoch auch – neben anderen wie z.b. die Demoskopie – dem Input öffentlicher und veröffentlichter Meinungen in den parlamentarischen Entscheidungsprozess dienen. Deren Nutzung ist letztlich abhängig vom Typus und Status des jeweiligen parlamentarischen Akteurs bzw. der parlamentarischen Organisation, der Professionalität der Politikvermittlung sowie bestehender Kontakte zu Journalisten.

Generell sind die diversen Möglichkeiten, direkt mit den Bürgern in Kontakt zu kommen, von den indirekten, auf die Medienberichterstattung gerichteten, Kommunikationskanälen zu unterscheiden. Stefan Marschall stellt in diesem Zusammenhang und mit Bezug auf das Kommunikationsmanagement des Gesamtparlaments die parlamentarische Öffentlichkeitsarbeit der Pressearbeit gegenüber (vgl. Marschall 1999: 183 ff.). Dabei ist es gleichzeitig ein Zeichen funktionaler Ausdifferenzierung wie ein zentrales Merkmal der Organisation moderner parlamentarischer Politikvermittlung, dass die „klassische" parlamentarische Öffentlichkeitsarbeit in Form von Publikationen, Veranstaltungen, Besucherbetreuung etc. professionalisiert bzw. modernisiert und zugleich von der zunehmend wichtiger werdenden Presse- bzw. Medienarbeit personell und strukturell entkoppelt worden ist. So weist z.B. die Verwaltung des Deutschen Bundestages mittlerweile sowohl ein Referat für Öffentlichkeitsarbeit als auch eines für Presse und Rundfunk auf. Im Gegensatz zu dieser im Wesentlichen politisch ausgewogenen und die politischen Kräfteverhältnisse proportional repräsentierenden Öffentlichkeitsarbeit ist die von den Fraktionen organisierte Öffentlichkeitsarbeit ausgesprochen und notwendigerweise politisch akzentuiert.

Insgesamt kann die intensive und breit gefächerte Nutzung medialer Kommunikationskanäle als ein Wesensmerkmal moderner Parlamentsvermittlung angesehen werden. Mit zunehmender Öffentlichkeit der parlamentarischen Arenen erweitert sich das mediale Kommunikationsspektrum durch außerparlamentarische Medienkommunikation (vgl. Abb. 5). Über verdeckte Medienkanäle wie z.B. Indiskretionen, Hintergrundgespräche, zahlreiche Kreise und Zirkel, in denen der direkte, nichtöffentliche Kontakt mit einzelnen Journalisten gepflegt wird, werden dann auch Informationen aus den Arenen parlamentarischer Nichtöffentlichkeit öffentlich. In der Regel wird auf dieser nichtöffentlichen Entscheidungsebene auch kein direkter Kontakt zu Bürgern aufgenommen. Ab der Ebene der mittelbaren Parlamentsöffentlichkeit erweitert sich die Kommunikationspalette erstens um institutionalisierte und quasi-institutionalisierte Routinekanäle, wie z.B. Pressekonferenzen, Interviews und Pressemitteilungen, zweitens um medialisierte Ereignisse wie Live-Übertragungen von Plenardebatten und drittens Pseudoereignisse für die und in den Massenmedien (vgl. Martenson 1989: 267 ff.; Tenscher 1998). Ein weiterer Fraktionssprecher (S6) fasst die Bedeutung, diese Vielzahl an Kommunikationskanälen zu nutzen, wie folgt zusammen:

> „Ich glaube, dass es nicht optimal funktioniert, indem man z.B. sich entschließt, die Zahl der aus der Fraktion kommenden Pressemitteilungen ins Unendliche zu steigern [...], sondern ich glaube, dass es wichtiger wäre, persönliche Kontakte seitens des Pressebüros mit Medienvertretern zu knüpfen. [...[Und zwar mit dem Ziel, das, was es an Sachangeboten, an Sachvorstellungen und an Sachkonzepten innerhalb der Fraktion zu bestimmten aktuellen Problemen gibt, dann einfach im Sinne der Information den Abnehmern, die als Mittler ja dann gegenüber der Öffentlichkeit fungieren – nämlich den Medien – zur Verfügung zu stellen und doch stärker und besser und eben möglichst auch unverfälschter mit ihnen ins Geschäft zu kommen [...] Wie gesagt, im Zweifelsfall weniger durch die Pressemitteilungen als durch eben das Geduldige – sozusagen durch die Strategie des weichen Wassers [...], wofür eben diese persönlichen Kontakte, die sich eben wirklich nur allmählich aufbauen können und die man dann eben auch entsprechend pflegen muss, dann doch durchsetzen."

14.4.5 Heterogenität der Arenenakteure und deren Kommunikationsziele

Die Nutzung außenparlamentarischer Kommunikationskanäle ist also nicht zuletzt abhängig von den beteiligten Personen bzw. Organisationen des Parlaments und deren jeweiligen Kommunikationszielen. Damit sei daran erinnert, dass „das Parlament" nur der Oberbegriff für die Institution der demokratischen Legislative ist. Für diese wurde die Ermöglichung der Beobachtung parlamentarischen Handelns durch die Gesellschaft als zentrale Funktion identifiziert. Eine weitergehende Analyse offenbart jedoch zusätzliche, akteursspezifische Funktionen und Kommunikationsziele parlamentarischer Öffentlichkeit. Voraussetzung dafür ist eine Differenzierung der Arenenakteure auf gesamtparlamentarischer Ebene (insb. Plenum, Ausschüsse), auf Fraktionsebene (Gesamtfraktionen, Fraktionsarbeitskreise und -gruppen) und auf der Ebene einzelner Abgeordneter. Zu berücksichtigen sind dabei die funktional für die Politikvermittlung ausdifferenzierten Leistungsrollen von Pressesprechern und Öffentlichkeitsarbeitern auf der Ebene von Gesamtparlament und Fraktion. Aus der institutionellen Verflechtung des Parlaments im parlamentarischen Regierungssystem ergibt sich zudem, dass auch Regierungsakteure in unmittelbarer und Parteien in mittelbarer Weise Leistungsrollen in der parlamentarischen Öffentlichkeit übernehmen. Diese agieren untereinander sowie mit Journalisten und verfolgen dabei spezifische Kommunikationsziele, die sich aus den jeweiligen Funktionen im Kontext parlamentarischer Öffentlichkeit ergeben (vgl. Abb. 6). Solche funktionalen, organisatorischen und akteursspezifischen Differenzierungen politischer Kommunikationsleistungen finden bisher nur geringen Niederschlag in der wissenschaftlichen Auseinandersetzung mit politischer PR (vgl. Bentele 1998b, 1998c). Umso wichtiger erscheint es darauf hinzuweisen, dass es sich verbietet, bei einer so komplexen Institution wie dem Parlament von *den* politischen Öffentlichkeitsarbeitern bzw. *der* Öffentlichkeitsarbeit des Parlaments zu sprechen.

Die gesamtparlamentarische Politikvermittlung liegt in den Händen der Parlamentsverwaltung. Sie verfolgt überparteiliche, institutionelle Kommunikationsziele (vgl. Sarcinelli 1994a; Czerwick 1998 und Kap. 13.1). Dazu zählen die neutrale und ausgewogene Information und Darstellung parlamentarischer Institutionen und Prozesse, die Setzung und Deutung von Themen mit gesamtparlamentarischer Relevanz, z.B. die Diätenfrage, aber auch „klassische" Parlamentsfunktionen wie Bildung, Integration und Aufklärung. Diese Funktionen werden auch von einem Sprecher des Deutschen Bundestages (S4) als wesentlich bezeichnet:

> „Also zentral ist die Darstellung der parlamentarischen Arbeit gegenüber den Medien [...] Darstellung dessen, was der Bundestag als Institution macht, nicht die einzelnen Fraktionen in dem Haus. Dafür haben die ihren eigenen Bereich, ... was diese parlamentarische Institution selbst betrifft. Das nach außen darzustellen, auch unter dem Gesichtspunkt, dass dieses Parlament eigentlich in einer parlamentarischen Demokratie die zentrale politische Agentur ist, die Dinge bewegt, was relativ schwierig zu vermitteln ist, denn es konzentriert sich eben fast alles auf die Regierung, die Exekutive. Dann kommt die Opposition und dann kommt vielleicht auch noch mal die Frage: ‚Ja, was ist denn die Institution, in der das Ganze sich abspielt?'"

Diese Art gesamtinstitutioneller „Parlaments-PR" (Marschall 1999) scheint weiterhin eher der klassischen, (alt)liberalen Parlamentarismusvorstellung verhaftet zu sein als dem modernen Parteienwettbewerbsparlamentarismus. Hier schlägt noch eine Repräsentationsidee durch, die von einem a priori vorausgesetzten Gemeinwohl ausgeht (vgl. Fraenkel 1991: 297ff.). Repräsentation als gruppenpluralistisches Phänomen findet dabei in der gesamtparlamentarischen Öffentlichkeitsarbeit als ausgewogene Spiegelung der politischen Kräfteverhältnisse ihren Ausdruck. Demgegenüber dient die Presse- und Öffentlichkeitsarbeit der stärker von Legislaturperioden abhängigen Fraktionen und Abgeordneten in erster Linie kompetitiven, parteigebundenen Kommunikationsinteressen. Die parlamentarische Politikvermittlung wird hier vor allem zur Präsentation eigener Positionen und Personen genutzt. Im Näheren geht es für die Parlamentsfraktionen, für einzelne Abgeordnete und deren professionalisierte Presse- und Öffent-

14.4 Arenen parlamentarischen Handelns in der Mediengesellschaft

lichkeitsarbeiter um positive Selbst- und negative Fremddarstellung, um Thematisierung und Themendeutung in Richtung der Fraktions- und Parteilinie (vgl. Czerwick 1983: 36 ff.). Im Fokus stehen also die Repräsentation parteipolitischer Positionen und insbesondere die Vergegenwärtigung des Konfliktes zwischen Regierung und Opposition. Im Gegensatz zum Selbstverständnis des Gesamtparlaments als einer – trotz Diskontinuitätsprinzip – auf Dauer gestellten Institution können diese als Wettbewerbsfunktionen bezeichnet werden, welche im Endeffekt auf den Erhalt oder den Erwerb von Macht zielen. Für den einzelnen Abgeordneten, der nicht zum engeren Kreis der Bundesprominenz gehört und deshalb auch nicht mit Resonanz in den überregionalen Medien rechnen kann, kommt es dabei vor allem auf die kontinuierliche Präsenz in der Medienöffentlichkeit des Wahlkreises an (vgl. Patzelt 1996b: 494f.).

Die übergeordneten Kommunikationsziele eines Parlamentariers verdeutlicht Fraktionssprecher S2:

„Was muss ich tun, um wiedergewählt zu werden? Ich meine, ihr Handeln (das der Parlamentarier, U.S.) wird bestimmt davon. Der Abgeordnete, der hier nach Bonn kommt, kämpft um einen Platz in einem Ausschuss, von dem er glaubt, dass er mit diesem Thema, das in diesem Ausschuss bearbeitet wird, nicht nur wegen vorhandener Kompetenz, sondern eben auch wegen der öffentlichen Aufmerksamkeit, das einem Thema zuteil wird, relativ schnell einen gewissen Bekanntheitsgrad erreichen kann [...] Alles dient diesem Ziel und danach gestaltet er natürlich auch dann seine Pressearbeit. Die dient dem ja auch, also nicht nur die sachliche Arbeit."

Was in der folgenden Abbildung analytisch unterschieden wird, kann natürlich nicht den gemischten politischen Kommunikationsalltag widerspiegeln. Denn ungeachtet dieser Unterschiede überlagern sich die Kommunikationsinteressen einzelner Abgeordneter, der Fraktionen und des Gesamtparlaments, und zwar in Bezug auf die Ziele Responsivität, Repräsentation und Legitimation (vgl. Kevenhörster 1998; Herzog 1998; Sarcinelli 1998d).

Abbildung 6: Funktionen parlamentarischer Öffentlichkeit

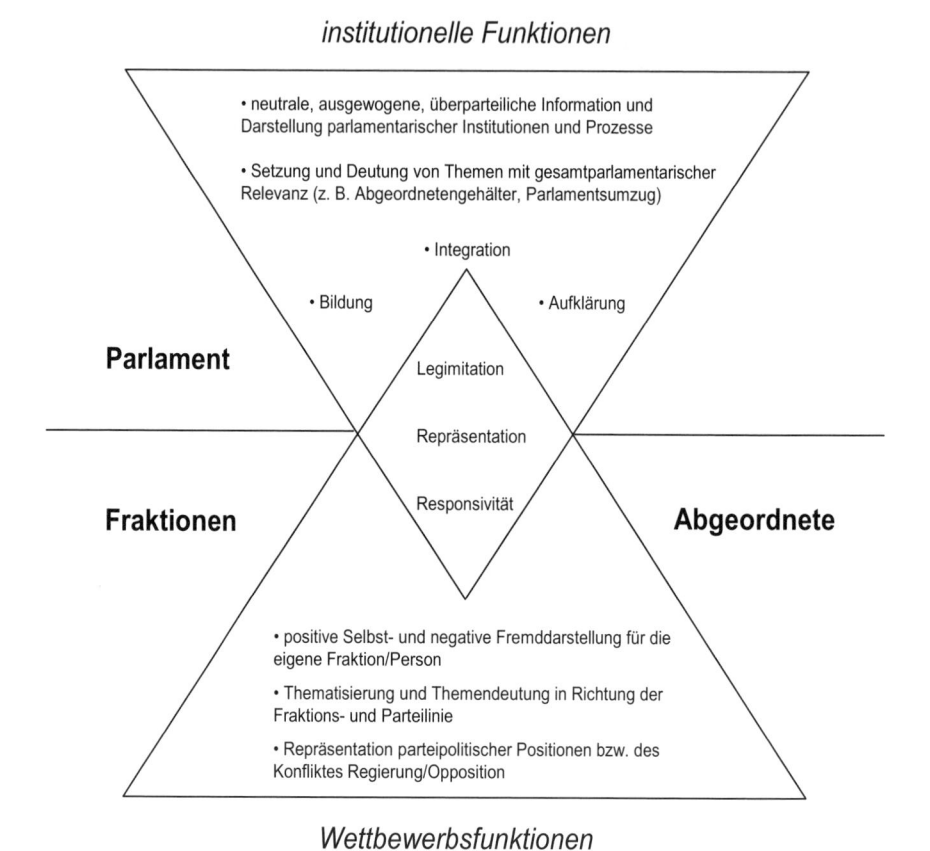

institutionelle Funktionen

- neutrale, ausgewogene, überparteiliche Information und Darstellung parlamentarischer Institutionen und Prozesse
- Setzung und Deutung von Themen mit gesamtparlamentarischer Relevanz (z. B. Abgeordnetengehälter, Parlamentsumzug)

- Integration
- Bildung
- Aufklärung

Parlament

Legimitation

Repräsentation

Responsivität

Fraktionen   **Abgeordnete**

- positive Selbst- und negative Fremddarstellung für die eigene Fraktion/Person
- Thematisierung und Themendeutung in Richtung der Fraktions- und Parteilinie
- Repräsentation parteipolitischer Positionen bzw. des Konfliktes Regierung/Opposition

Wettbewerbsfunktionen

(Vgl. Sarcinelli/Tenscher 2000: 86)

14.4.6 Zur Divergenz der Vermittlungschancen von Themen und Positionen

Nicht jedes im Parlament diskutierte Thema, nicht jede von einem parlamentarischen Arenenakteur geäußerte Meinung ist von öffentlichem Interesse und hat die Chance medialer Resonanz. Dies kommt sowohl der begrenzten Aufmerksamkeit und den limitierten Aufnahmekapazitäten der Bürger als auch der Funktionsfähigkeit demokratischer Entscheidungsfindung entgegen. Allerdings heißt das auch, dass die Möglichkeit zur öffentlichen Repräsentation nicht per se jedem parlamentarischen Arenenakteur in gleichem Maße gegeben ist. Vielmehr hängt die Möglichkeit, die öffentliche Meinung zu mobilisieren, von Neuigkeitswert und Konflikthaltigkeit des Themas, von dessen Relevanz für den politischen Entscheidungsprozess und von dessen mediengerechter Rahmung („framing") ab (vgl. von Beyme/Weßler 1998: 314-317; Gerhards 1992). Von diesen themenspezifischen Faktoren abgesehen variieren die außenparlamentarischen Vermittlungschancen in besonderem Maße mit der Ressourcenausstattung der Arenenakteure bzw. ihrer professionalisierten Politikvermittlungsexperten selbst. Dazu zählen vor allem Prominenz, politische Entscheidungsmacht, Medien- und Darstellungskompetenz, aber ebenso – und weitgehend unabhängig von der parlamentarischen Position und den bekannten Nachrichtenwerten – „Back-Stage"-Kanäle bzw. Kontaktnetze zu Journalisten. Wie wichtig hierbei insbesondere der Faktor „Prominenz" ist (vgl. Peters 1996; vgl. Kap. 10 in diesem Buch), verdeutlicht Fraktionssprecher S5:

> „Sie müssen halt auch richtig baggern, dass sie (die Politikerin, U.S.) wahrgenommen wird erstmal. Und dann die ersten Auftritte, die total in die Hose gehen. Dann muss man halt mit der betreffenden Person reden, dass sie sich nicht entmutigen lässt. Man ist dabei auch Psychologe. Man muss dann aber auch nach außen wirken und rennt dann mit ihr durch die Gegend, macht Redaktionsbesuche, guckt erst mal bei kleineren Zeitungen, geht dann zu den größeren. Baggert in Talk-Shows, dass sie eingeladen wird. Das gehört alles dazu."

Themenunabhängig lässt sich also zusammenfassend sagen: Je bedeutender die parlamentarische Position ist, je mehr Nachrichtenfaktoren ein Politiker auf sich und „sein" Thema vereinigen kann und je besser seine Medienkontakte sind, desto höher sind seine massenmedialen Präsentationschancen. Je geringer diese Faktoren ausfallen, desto mehr muss Legitimationssuche und parlamentarische Repräsentation außermedial, d.h. in direkter Kommunikation mit den Bürgern in Form von Wahlkreisarbeit stattfinden.

14.5 Schlussfolgerungen

Repräsentation und Präsentation sind von jeher zwei Seiten ein und derselben (politischen) Münze. Wer vom Volk gewählt und als dessen Vertreter in ein Parlament entsandt oder wiedergewählt werden will, kommt nicht umhin, sich und sein politisches Handeln vor den Augen und Ohren der Bürger und Wähler darzustellen und zu rechtfertigen. Wer dies nicht oder in zu geringem Maße tut, muss mit Vertrauensentzug, Wahlverlusten und gegebenenfalls mit Nichtnominierung rechnen. Dies erklärt, warum die Frage nach Transparenz und Öffentlichkeit ein Dauerthema der wissenschaftlichen ebenso wie populären Parlamentarismusdiskussion und -kritik ist. Dass sich die Kritik dabei sowohl in medienspektakulären Parlamentsdebatten, als auch in Zeiten eher diskreter Parlamentsroutine entzündet, erscheint widersprüchlich und ist letztlich nur mit überkommenen Parlamentarismusvorstellungen erklärbar.

Jedenfalls ist für parlamentarische Öffentlichkeit oder besser für parlamentarische Öffentlichkeiten bzw. Nichtöffentlichkeiten die klare Arbeitsteilung zwischen Repräsentation und Präsentation nicht typisch. Zutreffend gerade für den Kommunikationsalltag parlamentarischer und nichtparlamentarischer Arenen in der „postparlamentarischen" Verhandlungsdemokratie (Benz) dürfte vielmehr sein, was Klaus von Beyme und Hartmut Weßler im Zusammenhang mit der Unterscheidung zwischen „Entscheidungspolitik" und symbolischer Politik zum Ausdruck brachten: „Im Handeln politischer Akteure verschmelzen Herstellung und Darstellung von Politik zunehmend zu einer übergreifenden strategischen Orientierung, ohne die politische Akteure Durchsetzungsschwierigkeiten und Legitimationsverluste erleiden können" (von Beyme/Weßler 1998: 314; Jarren/Donges/Weßler 1996: 12).

In diesem Zusammenhang ist sowohl die normative Auflading einiger etablierter Parlamentarismuskonzepte als auch die Vernachlässigung gravierender Veränderungen des politischen Prozesses sowie des medialen und soziokulturellen Umfeldes zu hinterfragen. Dieser Wandel erfordert ein Umdenken in der Auseinandersetzung mit der Praxis parlamentarischen Handelns. In diesem Zusammenhang will das an dieser Stelle skizzierte Arenenmodell parlamentarischer Kommunikation einen Rahmen anbieten, mit dessen Hilfe die demokratietheoretisch relevante Forderung nach parlamentarischer Öffentlichkeit nicht einseitig normativ und reduziert auf das „Schaufenster" Plenum, sondern empirisch und in differenzierter Weise beantwortet werden kann. Erste Hinweise für die Überprüfung der Validität der Prämissen wurden gegeben. Gleichwohl ist zu überprüfen, inwieweit sich dieses Modell auch für außerdeutsche Kontexte und subnationale Parlamentsebenen als fruchtbar erweist.

Was ist nun das Neue an dem hier präsentierten Modell parlamentarischer Kommunikation? Zuvorderst erlaubt es einen differenzierten und analytisch hilfreichen Blick auf vier Arenen parlamentarischer Öffentlichkeit, die mehr oder weniger stark der Herbeiführung politischer Entscheidungen (Throughput) oder deren öffentlicher Darstellung dienen. Zwischen diesen Sphären kann es jederzeit zu Wechselwirkungen bzw. Rückkopplungen kommen: Entscheidungsprozesse können öffentlich werden und müssen „präsentabel" sein; andersherum kann jede öffentliche Präsentation wiederum den Inhalt oder den „Spin" des parlamentarischen Diskussionsprozesses beeinflussen. Dabei folgen die Sphären der parlamentarischen Politikherstellung einerseits und der Darstellung parlamentarischen Handelns andererseits einer eigenen Logik. Mit wachsender „medialer Durchdringung" parlamentarischen Handelns ist zu vermuten, dass sich die Schere zwischen dem zunehmend komplexen und auf Verhandlungen angewiesenen parlamentarischen Entscheidungsprozess und dem vielfach auf vordergründige Konfrontation angelegten, kurzlebigen Darstellungsprozess weiter öffnet.

Aus dieser wachsenden Diskrepanz könnten sich fatale Konsequenzen für das allgemeine Verständnis von parlamentarischer Arbeit ergeben. Denn während der Großteil parlamentarischen Handelns nicht öffentlich stattfindet, ist die Wahrnehmung des Parlaments geprägt durch die öffentlichen Parlamentsarenen, insbesondere durch das Fernsehbild des Bundestagsplenums bzw. und viel seltener durch das medienvermittelte Bild der Landtagsplenen. Dies fasste einer der Befragten (S3) wie folgt zusammen:

> „Das, was der Zuschauer von Politik mitbekommt, ist im Wesentlichen natürlich nur die Kulisse und das, was vor der Kulisse eben gespielt wird. Was hinter der Kulisse gemacht wird, was zu politischen Ratschlüssen führt, wie Entscheidungen zustande kommen usw., das entzieht sich meistens seiner Kenntnis. Es wird auch nur selten wirklich dargestellt."

Eine Täuschung über das Wesen parlamentarischen Arbeitens ist so vorprogrammiert (vgl. Patzelt 1996a). Gerade die Zentrierung der Aufmerksamkeit auf den medienöffentlichen Teil parlamentarischen Handelns fördert die Verfestigung von klassisch-altliberalen Parlamentarismusvorstellungen und Erwartungen: Das Parlament als Ansammlung handlungssouveräner politischer Gladiatoren, die in einem rationalen Diskurs zu einem Entscheidungsoptimum finden. Solche Wahrnehmungen und Erwartungen müssen zwangsläufig enttäuscht werden. Dies gilt vor allem dann, wenn die „öffentlichen Schaubühnen" per se mit parlamentarischem Handeln gleichgesetzt werden, während sich die Input-, Throughput- und Outputleistungen des Parlaments in vielfältiger Weise verändern. Davon unbenommen konzentriert sich die öffentliche und d.h. vor allem massenmediale Beobachtung und Wahrnehmung auf die Output-Seite parlamentarischen Handelns. Die Frage nach der Legitimität parlamentarischer Inputleistungen gerät so aus dem Blickfeld. Denn durch die Art der öffentlichen Darstellung kann der Legitimationsgewinn (vgl. Benz 1998: 205) konterkariert zu werden.

Was hier angemahnt werden muss, ist demnach erstens eine dem medienverwöhnten Publikum Rechnung tragende Information über die Funktionslogik des Parlaments und zweitens die Berücksichtigung öffentlicher, auch außerparlamentarischer Arenen in tradierten Parlamentarismusmodellen. So sollte nicht in undifferenzierter Weise in den politischen Abgesang auf die Verhandlungsöffentlichkeit in der Mediendemokratie eingestimmt werden. Auch ist keine Ablösung des repräsentativen durch den präsentativen Parlamentarismus zu erwarten. Zu beobachten ist vielmehr eine medien- und gesellschaftsinduzierte Verlagerung repräsentativen Handelns in öffentliche Arenen mit derzeit nicht absehbaren Konsequenzen für den politischen Prozess einerseits und für die Beobachtung des Politischen andererseits. Vieles deutet aber darauf hin, dass die Einbindung parlamentarischer Arenen in verhandlungsdemokratische Strukturen ebenso zunimmt wie der mediengesellschaftliche Publizitätsdruck. Damit aber droht die Schere zwischen der wachsenden Komplexität parlamentarischer Kommunikationspraxis und einem relativ einfach ‚gestrickten' Parlamentsbild in der Medienöffentlichkeit sich weiter zu öffnen. Solange jedoch nur Letzteres in den Blick kommt, kann es nicht verwundern, wenn das Parlament immer wieder im Zentrum von Legitimitätskrisendiagnosen steht.

Regieren, Repräsentieren und Strategieentwicklung

15 Stilbildung und Machtsicherung: Bundespräsident und Bundeskanzler in der politischen Kommunikation

Mit Rang und Bedeutung eines politischen Amtes steigt auch das Interesse an den Amtsträgern. Die öffentliche Aufmerksamkeit für die politische Spitzenprominenz konzentriert sich dabei nicht nur auf die institutionelle und funktionale, sondern auch auf die personelle Seite. Vielfach lassen sich beide Dimensionen nur schwer trennen. Die Verbindung von „Politik und Persönlichkeit" (vgl. Polak/Sager/Sarcinelli/Zimmer 2008; Hartmann 2007) scheint jedenfalls auch in der Politikwissenschaft wieder an Interesse zu gewinnen. Zur Frage, in welchem Maße das Amt die Person oder die Person das Amt prägt, lassen sich allerdings nur schwer generalisierende Aussagen machen. Das betrifft nicht nur den Vergleich zwischen dem Amt des Staatsoberhauptes und dem des Regierungschefs. Es betrifft auch den Vergleich der unterschiedlichen Amtsträger des gleichen Amtes. Beide Ämter, das des Bundespräsidenten und das des Bundeskanzlers lassen viel Raum für persönlichkeitsbedingte Eigenheiten, die dann in unterschiedlichen Politik- und Kommunikationsstilen ihren Ausdruck finden.

Mag sich die Sehnsucht nach starken politischen Führungspersönlichkeiten vor allem in politisch kritischen Phasen demoskopisch sowie in entsprechendem Medienecho immer mal wieder niederschlagen, so gehört es zur „bürgerlichen Normalisierung" (Seibt 2008: 4) der Bundesrepublik Deutschland, dass es für den politischen Erfolg in beiden Staatsämtern inzwischen nicht mehr unbedingt außeralltäglicher Führungsqualitäten im Sinne von Max Webers charismatischem Herrschaftstyp bedarf. Verfassungsrechtlich sind beide Staatsämter, das Amt des Bundespräsidenten mehr noch als das des Bundeskanzlers, so konstruiert, dass sie persönlichen Stilen spezifischen Raum geben, andererseits aber auch durch rechtliche Vorgaben und institutionelle Konstellationen einen spezifischen, keineswegs aber beliebigen „Handlungskorridor" (Scharpf) schaffen, den es situativ (z.B. Koalitionskonstellationen, parteispezifische Machtgefüge, aktuelle wirtschaftliche oder außenpolitische Lage) zu nutzen gilt.

15.1 Staatsamt und politische Kommunikation

Roman Herzog wird der Satz zugeschrieben, der Präsident habe nichts zu sagen, also müsse er reden (Herzog, zit. nach Roellecke 1999). Bezogen auf ein zweites prominentes Staatsamt ließe sich der Satz umkehren: Der Bundeskanzler bzw. die Bundeskanzlerin hat viel zu sagen, also braucht er bzw. sie nicht zu reden. – Doch dieser Umkehrschluss ist falsch, zumal in einer Zeit, in der Darstellung und Wahrnehmung von Politik ganz überwiegend von den allgemein zugänglichen Massenmedien abhängen. Mehr denn je gilt für die Politik in demokratietheoretischer Hinsicht das Prinzip der „Legitimation durch Kommunikation" (vgl. Kap. 5 in diesem Buch) und politisch-praktisch die Regel, dass Medienpräsenz und Medienkompetenz zu einem zentralen Element politischer Stilbildung ebenso wie politischer Machtsicherung in der Mediengesellschaft geworden sind.

Die Frage allerdings, welche spezifischen kommunikativen Anforderungen in einer Mediengesellschaft an die Amtsträger an der Spitze des Staates gestellt werden und in welcher Weise in politischen Führungsämtern kommunikativ gehandelt werden kann bzw. gehandelt werden muss, ist in der Forschung bisher kaum beleuchtet worden. Sich damit zu beschäftigen, erscheint umso reizvoller, als sich die Kompetenzausstattung der beiden näher zu betrachtenden Ämter nach dem Grundgesetz der Bundesrepublik Deutschland sehr deutlich unterscheidet. ‚Reden' hat für Bundespräsidenten eine andere Bedeutung als für Bundeskanzler. Zielt die Kommunikationspraxis des weitgehend auf staatsrepräsentative Aufgaben reduzierten Bundespräsidenten auf politische „Stilbildung", so ist für den Amtsträger des politisch wichtigsten Staatsamtes, den Bundeskanzler, politische Kommunikation ein Instrument alltäglicher Machtsicherung. Mit beiden Ämtern sind also im demokratischen System sehr unterschiedliche kommunikative Leistungen verbunden. Thesenartig verkürzt ist dabei zu unterscheiden: Im Falle des Bundespräsidenten erschließt sich die Bedeutung politischer Kommunikation nur in Verbindung mit seiner konstitutionellen Machtlosigkeit. Im Falle des Bundeskanzlers erweist sich politische Kommunikation hingegen als unverzichtbares politisches Machtinstrument.

15.2 Der Bundespräsident: Stilbildung durch Staatsrepräsentation

An der Spitze der Bundesrepublik, so schrieb bereits 1956 Theodor Eschenburg in seinem inzwischen vergessenen Standardwerk „Staat und Gesellschaft in Deutschland", stehe ein Mann, „der nur über wenig potestas verfügt, der aber immerhin die Aussicht hat, durch persönliche auctoritas in etwa auszugleichen, was ihm an potestas fehlt" (Eschenburg 1960: 650). – Offenbar konnte man sich lange Zeit und nicht nur in den Anfängen der Bundesrepublik nicht vorstellen, dass das höchste Staatsamt ebenso wie das Amt des Bundeskanzlers auch einmal von einer Frau bekleidet werden kann. Auch das Grundgesetz kennt keine geschlechterneutralen Bezeichnungen. Das soll hier nicht weiter kommentiert werden. Und wenn im weiteren Text für die Inhaber beider Ämter jeweils die männliche Form gewählt wird, dann geschieht dies nur aus Gründen der einfacheren Lesbarkeit. Dass bisher, einschließlich der im Zuge des überraschenden Rücktritts von Bundespräsident Horst Köhler notwendig gewordenen Bundespräsidentenwahl im Frühjahr 2010, Frauen nur in aussichtsloser Lage für das höchste Staatsamt nominiert wurden, soll dabei allerdings nicht unerwähnt bleiben (vgl. Rasche 2009).

Tatsächlich bleiben dem Bundespräsidenten nach der Ordnung des Grundgesetzes für die Bundesrepublik Deutschland einige wenige politische Reservefunktionen im Rahmen einer insgesamt sehr bescheidenen verfassungsrechtlichen Kompetenzausstattung. Im Gegensatz zur Weimarer Reichsverfassung und auch im Gegensatz zu Präsidialverfassungen und zu semipräsidentiellen Systemen (vgl. Hartmann 1994) sind die mit dem Präsidentenamt verbundenen parlamentarisch nicht verantworteten Exekutivaufgaben eng umgrenzt. In parlamentarischen Regierungssystem Deutschlands, das die politische Leitung und Verantwortung weitestgehend dem Parlament und mehr noch der Regierung übereignet hat, bleibt die „selbständige und maßgebende Teilhabe an der obersten Staatsleitung" (Hesse 1995: 274) dem Staatsoberhaupt versagt. In der Sprache des englischen Verfassungstheoretikers Walter Bagehot: Der deutsche Bundespräsident ist nicht „efficient part" sondern „dignified part" und insofern in seinen Funktionen durchaus dem englischen Monarchen vergleichbar (vgl. Bagehot 1867).

15.2.1 Der Bundespräsident: Versuch, den „dignified part" zu umschreiben

Auch mehr als rund sechs Jahrzehnte nach Verabschiedung des Grundgesetzes ist unumstritten, dass sich die auctoritas eines Bundespräsidenten in hohem Maße aus den Möglichkeiten zum symbolischen Handeln ableitet. Tatsächlich ist auch das Agieren von Bundespräsidenten im politischen Alltag überwiegend symbolisch gemeintes Handeln. – Doch was heißt überhaupt symbolisches Handeln? Welcher Art ist symbolische Politik, wenn sie mit Amt und Person des Bundespräsidenten – bisher waren alle Amtsinhaber männlich – in Verbindung gebracht wird? Besteht nicht gerade bei diesem Amt die Gefahr, mehr oder weniger alles zum symbolischen Handeln zu erklären, ein Problem, das sich bei allen Versuchen stellt, vermeintlich ‚wirkliche' Politik von symbolischer Politik zu unterscheiden (vgl. Kap. 8 in diesem Buch)? Angesichts der Unschärfe im Verständnis des Symbolischen erscheint es deshalb umso wichtiger, den mit diesem Amt verbundenen politischen Handlungskern abzustecken? Der staats- und politikwissenschaftlichen Forschung fällt es unverkennbar schwer, diesen Aktionskern präzise zu beschreiben. Denn mehr als alle anderen Repräsentanten von Verfassungsorganen bekleidet der Bundespräsident ein ‚redendes Amt', steht und fällt die Amtsführung mit der politischen Rhetorik des Amtsträgers, wie überhaupt mit dessen kommunikativer Kompetenz. Hier gelten mehr noch als in der Politik überhaupt „Worte als Taten" (Jochum 2000).

Bei den Versuchen zur systematischen Einordnung des Bundespräsidentenamtes in das politische System wird immer wieder und an erster Stelle Repräsentation (vgl. z.B. Katz 1994: 189) als zentrale Aufgabe genannt. Der Bundespräsident sei eine über dem Parteienstreit stehende „pouvoir neutre" (Maunz/ Zippelius 1994: 277). Theodor Heuss sprach in der ersten Rede nach seiner Wahl von einer „Mittleraufgabe" (Heuss 1950), die ihm im Amt zukomme. Heute würde man es als überparteiliche Moderatorenrolle bezeichnen, bei der es darum geht, in eine angemessene Sprache zu bringen, was über den Tag hinaus gilt bzw. gelten soll. Konrad Hesse präzisiert ebenfalls aus verfassungsrechtlicher Sicht: In der Funktion des Staatsoberhauptes trete das Element aktiver Gestaltung zurück zugunsten des Elements der Erhaltung staatlicher Einheit. Die verfassungsmäßige Funktion des Bundespräsidenten bestehe in der Wahrung und der Repräsentation dieser Einheit (vgl. Hesse 1995: 229).

Einheitsbildung kann jedoch in der modernen pluralistischen Gesellschaft und im Rahmen einer freiheitlichen Demokratie weder politisch-weltanschaulich und schon gar nicht ethnisch gemeint sein. Denn in solchen Versuchen politischer Homogenisierung könnten sich immer nur Teile der Gesellschaft wiederfinden. Einheitsbildung muss hier kommunikativ bzw. diskursiv verstanden werden. Denn es ist „die Repräsentation des diskursiven Charakters der Politik, der allein ein ‚Wir' des politischen Gemeinwesens noch zu begründen vermag" (Preuß 2008: 35).

Während im parlamentarischen Regierungssystem der Regierung eine Art „politisches Verantwortungsmonopol" (Patzelt 1997a: 240) zukommt, bietet das Bundespräsidentenamt wie kein anderes Staatsamt die Chance zum politischen Ausgleich wie überhaupt zur politischen Stilbildung (vgl. Sarcinelli 1986 und Kap. 6 in diesem Band). „Stil" meint dabei mehr als ein Ausdrucksmittel, mehr auch als politische Rhetorik, wiewohl Kommunikation und insbesondere die politische Rede das eigentliche Medium darstellt, mit dem ein Bundespräsident politisch Wirkung erzielen kann. Stilbildung ist hier in einem weiteren verfassungspraktischen und politisch-kulturellen Sinne zu verstehen. Verfassungspraktisch insofern, als der verfassungsrechtlich auf Diät gesetzte Bundespräsident kaum „Hüter der Verfassung" sein kann, wohl aber „Hüter der Politik" (Hesse/Ellwein 1992: 305) sein sollte. Zwar hat auch der Bundespräsident, wie jedes

15.2 Der Bundespräsident: Stilbildung durch Staatsrepräsentation 287

oberste Verfassungsorgan auch, eine besondere, die Verfassung ‚hütende' Verantwortung. Im System der checks and balances des politischen Systems in Deutschland ist die Rolle des eigentlichen „Hüters der Verfassung" (Hesse/ Ellwein) gleichwohl dem Bundesverfassungsgericht übereignet. Dies kommt u.a. im verfassungsrechtlichen Privileg zum Ausdruck, ggf. die Parlamentssouveränität dadurch einzuschränken, dass Entscheidungen des Gesetzgebers im Wege einer Normenkontrollklage ganz oder teilweise außer Kraft gesetzt werden können; dass ihm Letztentscheidungsrecht im Streit um Kompetenzen von Verfassungsorganen zukommt oder dass verfassungswidrige Parteien durch das Bundesverfassungsgericht verboten werden können.

Über eine vergleichbare verfassungsrechtliche Vetorolle verfügt das deutsche Staatsoberhauupt nicht. Der Bundespräsident hat „keine gestaltende und leitende, sondern eine pflegende Aufgabe" (ebenda). Politisch-kulturell ist Stilbildung insofern, als dem Bundespräsidenten im Wege politischer Rhetorik privilegierte Möglichkeiten zur Einwirkung auf die öffentliche Meinung und damit zur Beeinflussung der politischen „Deutungskultur" (vgl. Rohe 1994: 162ff.) zur Verfügung stehen. Im vielstimmigen Chor der politischen Kommunikation in einer zunehmend unübersichtlichen Medienlandschaft hat der Bundespräsident wie kein anderer Amtsträger die Chance, sich jenseits der eingetretenen Pfade parteipolitisch motivierter Argumentation zu bewegen und ggf. auch zur parteiübergreifenden politischen Orientierung beizutragen.

Es mag widersprüchlich klingen, doch gerade die konstitutionelle Machtlosigkeit ist eine wesentliche Voraussetzung für die kommunikative Wirkungschance eines Bundespräsidenten. Den Bundespräsidenten damit schon gleich zum „opinion leader" und zum „wichtigste(n) Meinungsbilder des Landes" zu erheben, scheint dann doch mehr einem Wunschbild als der Realität zu entsprechen. Dabei ist sicherlich richtig: „Gerade wegen seiner Schwäche kann der Bundespräsident nicht nur in der Breite der Bevölkerung, sondern auch in den Spitzen des Staates Gehör finden" (Baring 1982: 28). Ob dies dann als „geistige Führung" (Gauger 1992: 16) oder als politische Einmischung und Bevormundung wahrgenommen wird, hängt in hohem Maße davon ab, wie der Amtsträger das Amt „mit einem Menschentum" (Heuss 1950: 9) ausfüllt. Was Theodor Heuss als erster Bundespräsident in seiner unnachahmlichen Diktion zum Ausdruck bringen suchte, würde man heute mit Authentizität und Glaubwürdigkeit umschreiben.

Schon früh erkannte Heuss, was für alle späteren Amtsträger gelten sollte: Das Präsidentenamt ist wie kein zweites Staatsamt persönlichkeitsgeprägt. Gerade weil ihm herkömmliche Machtinstrumente fehlen, lebt es – ganz im Gegensatz etwa zum unmittelbar demokratisch legitimierten und mit weitgehenden Machtbefugnissen ausgestatteten Staatsoberhaupt in Präsidialdemokratien oder auch in semipräsidentiellen Systemen – von dem öffentlichen „Bild", der Ausstrahlung und der persönlichen Glaubwürdigkeit des Amtsträgers. Es ist der „seidene(n) Faden subjektiver Momente" (Isensee 1992: 225), der diesem Amt sein besonderes Gepräge gibt.

In seiner Studie über die „Selbstdarstellung des Staates" hat der Staatswissenschaftler Helmut Quaritsch vor mehr als drei Jahrzehnten eine in diesem Zusammenhang hilfreiche Unterscheidung getroffen. Er unterscheidet zwischen „staatlicher Selbstdarstellung" einerseits und „Staatspflege" andererseits. Die Selbstdarstellung, so Quaritsch, setze den Staat voraus, während die Staatspflege den Staat hervorbringe. Und er verweist dann darauf, dass sich wegen des Zusammenhangs von Hervorbringung und Festigung des Staates Staatspflege und staatliche Selbstdarstellung nicht scharf trennen ließen (vgl. Quaritsch 1977: 13), eine Unterscheidung, die unter den Bedingungen einer modernen Mediengesellschaft und im konkreten Fall allerdings nur schwer zu treffen ist.

Diese Einschätzung notwendiger kommunikativer Verpflichtungen in der Demokratie erscheint generell plausibel. Mit Blick auf unterschiedliche demokratische Institutionen und Akteure bedarf sie jedoch der Differenzierung. So verlagert sich beim Bundespräsidenten das Gewicht seiner Kommunikationsfunktion stärker als bei allen anderen Akteuren und Institutionen des politischen Systems in Richtung des ‚Pols', den Quaritsch als „Staatspflege" umschreibt. Während man „Selbstdarstellung" – idealtypisch – letztlich als Teil des legitimen Kampfes um Macht im demokratischen Wettbewerb bewerten kann, bewegt sich die staatspflegende Leistung eines Bundespräsidenten weitestgehend außerhalb der parteiendemokratischen Machtspiele. Das Amt verpflichtet mehr als alle anderen obersten Verfassungsorgane und politischen Akteure zur gesamtstaatlichen Repräsentation, zur „Staatsrepräsentation". Dabei kann es sich allerdings nicht um die Repräsentation eines wie immer begründeten staatlichen ‚Wesenskerns' handeln, sondern um die Aufgabe, den kommunikativen „Kitt" eines pluralistischen Gemeinwesens immer wieder zu erneuern. Das erfordert mehr als nur rhetorische Versiertheit und telegene Professionalität. Notwendig ist vielmehr eine mit politischer Klugheit gepaarte kommunikative Kompetenz.

15.2.2 Politische Autorität durch Kommunikation – die präsidiale „Soft power" im demokratischen System

Vor allem mit Blick auf die vornehmlich kommunikative Funktion des deutschen Staatsoberhauptes erscheint es gerechtfertigt, den Bundespräsidenten als „Soft power-Akteur" (Jochum 1999: 181) im Rahmen des politischen Systems der Bundesrepublik zu bezeichnen. Der modische Jargon mag zunächst befremden bei einem Amt, bei dem viel von Würde die Rede ist und die kommunikativen Leistungen des Amtsinhabers gerne mit einer Art ‚republikanischem Weihrauch' umgeben werden. Michael Jochum hat jedoch mit dieser Charakterisierung des Bundespräsidenten Wesentliches auf den Punkt gebracht, ohne allerdings den „Pudding" schon an die Wand genagelt, d.h. das politische Handlungs- und Wirkungsfeld genau beschrieben zu haben. – Politikwissenschaftler wissen, dass das kulinarische Bild mit dem Pudding von Max Kaase stammt, der in einem überaus ernsthaften wissenschaftlichen Beitrag die Schwierigkeiten untersuchte, das Wesentliche „politischer Kultur" mit sozialwissenschaftlichen Methoden zu erfassen (vgl. Kaase 1983). – Ähnliche methodische Schwierigkeiten ergeben sich, wenn man sich mit einzelnen Soft power-Elementen bundespräsidialen Handels beschäftigt. Das gilt insbesondere für Fragen des politischen Stils, der politischen Rhetorik, es gilt für die Qualifizierung seines Beitrages zur politischen „Deutungskultur", für die nähere Bestimmung seiner Spielräume zu symbolischer Politik (vgl. dazu auch Kap. 8 in diesem Band) wie überhaupt zu dem, was die mit dem Amt verbundene Staatsrepräsentation ausmacht.

Deshalb müssen hier einige generelle Anmerkungen zum Verständnis von politischer Symbolik bzw. symbolischer Politik eingefügt werden. Während das historische Verständnis von Symbolik in der Politik in hohem Maße orientiert ist z.B. an bedeutsamen Machtinsignien (Zepter, Reichsapfel etc.) oder an historisch einschneidenden Ereignissen, großen Staatsmannsgesten, jedenfalls solchen Anlässen, die Geschichte gemacht haben bzw. geschichtsbuchverdächtig sind, rekurriert die sozial- und kulturwissenschaftliche Debatte über Symbolik und symbolisches Handeln auch auf Alltagsphänomene. Die im Alltagsverständnis verbreitete und durchaus plausible Vorstellung ist dabei, dass symbolisch etwas ist, was für etwas anderes steht; was auf komprimierte Weise etwas Verborgenes optisch, sprachlich oder durch Handlung ausdrückt. Politische Symbolik und symbolisches Handeln in der Politik sind nie bloßes Abbild einer eindeutig vorfindlichen Realität. Vielmehr stellen sie Vehikel für die Darstellung ebenso wie für die Vorstellung, für die Vermittlung ebenso wie für die Wahrnehmung von Realität dar. In einem weiten kulturwissenschaftlichen Verständnis sind sie „Brücke des Verstehens" (vgl. Oelkers/Wegenast 1991), sind oder werden – je nach Erfolg – Teil der „politischen Deutungskultur" (Karl Rohe). Symbolische Politik kann dabei sehr generell als „strategischer Einsatz von Zeichen" verstanden werden, „um den grundsätzlichen Orientierungsbedarf in der Gesellschaft zu bedienen und auf diesem Wege Loyalitäten und Handlungsbereitschaften zu sichern" (Dörner 1993: 200). Wie politische Inszenierung überhaupt so ist symbolische Politik ein „Verfahren der Bedeutungsvermittlung" (vgl. Sarcinelli 2002e: 370; Kap. 8 in diesem Buch), das nicht vorschnell als politische Täuschungs- und Ersatzhandlung missverstanden werden sollte.

Es geht also in einem sehr weiten Verständnis um die „Symbolizität des Politischen" (Rehberg 1997: 114; vgl. auch Cassirer 1953 und Bourdieu 1974), die sich nicht beschränkt auf demonstrative Akte etwa im Rahmen eines Staatsbesuches oder verfassungsrechtlich und politisch relevanter Schlüsselereignisse. Vielmehr schließt das Symbolische durchaus den Alltag des Bundespräsidenten auch im Rahmen der sogenannten Amtsroutine mit ein. Ob sich das Staatsoberhaupt überhaupt öffentlich äußert oder bestimmte Reden in besonderer Weise inszeniert werden (z.B. die „Berliner Reden"), welche Einrichtungen oder Veranstaltungen mit dem Besuch des Bundespräsidenten beehrt oder welche Besucher eingeladen und empfangen werden, dies alles ist mit Akten politischer „Alltagskommunikation" (vgl. Sarcinelli 1992b) verbunden und wird stets in seiner Symbolizität vorbedacht, beobachtet und interpretiert. Dass dabei bestimmte Gesten und deren mögliche Wirkung antizipiert werden, gehört zur professionellen Vorbereitung dieser Kommunikationsanlässe. Denn schon aufgrund des hervorgehobenen Amtes können sich auch aus unverfänglich erscheinenden Alltagssituationen repräsentative Akte mit Verweisungs- und Verdichtungscharakter ergeben.

Wenn es um die publizistische oder auch wissenschaftliche Auseinandersetzung bzw. Kritik an politischer Inszenierung und symbolischer Politik geht, kommt der Bundespräsident interessanterweise so gut wie nicht vor. Dies verwundert umso mehr, als er zu den Akteuren im politischen System gehört, deren auctoritas im Wesentlichen auf symbolische Politik gründet. Die positiven Umfragewerte, die dieses Amt – ähnlich dem Bundesverfassungsgericht oder der Polizei und im Gegensatz zu den Kerninstitutionen der parlamentarischen Parteiendemokratie – bis in die Gegenwart hinein bekommt, sind jedenfalls bemerkenswert. Offensichtlich werden Bundespräsidenten trotz aller persönlichkeitsbedingter Unterschiede als personeller und institutioneller Ausdruck gesamtstaatlicher Repräsentation und Integration wahrgenommen werden.

Das Amt und die bisherigen Amtsträger scheinen einer in der deutschen politischen Kultur immer noch verbreiteten Sehnsucht nach einer dem politischen Streit enthobenen Symbolfigur Rechnung zu tragen. Als eine Art hoher Priester des guten politischen Stils bedienen deutsche Bundespräsidenten in einer heterogenen Gesellschaft mit zunehmend komplexen politischen Verhältnissen ganz offensichtlich verbreitete Bedürfnisse nach Übersichtlichkeit, Integration, Einheit und gesamtstaatlicher Repräsentation. Jedenfalls sind die Chancen eines Bundespräsidenten, mit kommunikativen Anstößen nicht nur anstoßend, sondern vielleicht auch dauerhaft anstößig zu wirken, eher gering. Dies gilt allerdings mehr in seinem Verhältnis zur Öffentlichkeit als zur politischen Klasse. Von Weizsäckers Parteienstaatskritik (vgl. von Weizsäcker 1992; Hofmann/Perger 1992) ist ein vielleicht besonders eklatantes Beispiel dafür, wie ein Bundespräsident den Beifall weiter Teile der Öffentlichkeit bei gleichzeitig erbitterter Kritik durch die politischen Eliten ernten kann.

15.2 Der Bundespräsident: Stilbildung durch Staatsrepräsentation

Wie kein anderes Staatsamt verkörpert das Bundespräsidentenamt Reste eines sakralen und „krypto-monarchischen" Prinzips (vgl. Schwarz 1999: 38). Die präsidiale Rhetorik vermag die auch in der deutschen Gegenwartsgesellschaft nicht völlig verschwundene „Sehnsucht nach Synthese" (Dahrendorf 1971: 151) gerade auch dann zu befriedigen, wenn sie den Konsens im Dissens, das Gemeinsame in den Unterschieden hervorzuheben weiß. Außerhalb des Verdachts der Beteiligung an politischen Machtspielen, hat der eigentlich machtlose Kommunikator im höchsten Staatsamt die Chance zur politischen Orientierung in einer immer unübersichtlicher werdenden Welt von Optionen, von Angeboten und Wahlmöglichkeiten. Dies kann, je nach Charakter der Amtsträger, mal feinsinnig literarisch, mal eher administrativ korrekt, mal bildungsbürgerlich-kritisch, mal lebensfroh, mal hemdsärmelig-direkt oder auch mit der pastoralen Attitüde eines Volkspredigers geschehen. Hier besteht amtsbedingt ein fast beliebiger Spielraum, Persönlichkeitseigenschaften politisch-kommunikativ zur Geltung zu bringen und damit in je spezifischer Weise politisch stilbildend zu wirken.

Die Frage, „Braucht Deutschland einen Bundespräsidenten?" (Gehrlein 2007) kann hier zwar nicht beantwortet werden, verdient unter politisch-kommunikativen Aspekten gleichwohl Interesse. Für den Richter am Bundesgerichtshof und Hochschullehrer Markus Gehrlein spricht in Abwägung geschriebener und ungeschriebener Kompetenzen alles gegen die Notwendigkeit des Amtes eines Bundespräsidenten. Folgt man dieser inhaltlich gut begründeten, allerdings rein juristischen Argumentationslogik, dann wird man dem eine gewisse Plausibilität nicht absprechen können. Dies umso mehr, als Gehrlein den Vorschlag macht, das Amt des Staatsoberhauptes mit dem des Bundesratspräsidenten zu verbinden. Nicht nur verfügten dessen Amtsträger, also jeweils ein Ministerpräsident, über wirkliche Teilhabe an der Staatsgewalt. „Zum anderen würden wegen des turnusmäßigen jährlichen Wechsels im Amt des Bundesratspräsidenten weitaus mehr Personen als gegenwärtig mit dem auf Ausgleich und Neutralität angelegten Amt betraut, was auf die gesamte Politik positiv ausstrahlen könnte" (ebenda: 288).

Dass sich mit einer solchen Verlagerung präsidialer Funktionen auch die mit einem dann neu konstruierten Amt verbundenen kommunikativen Anforderungen und Möglichkeiten ändern würden, erscheint ebenfalls plausibel; liegt doch das „Geheimnis" des Kommunizierens eines Bundespräsidenten gerade darin, politische Kommunikation betreiben zu können ohne – in politischen Normalzeiten – eine relevante Größe im politischen Machtspiel zu sein.

Solange das Amt aber in der gegenwärtigen Form existiert, kommt dem Persönlichkeitsfaktor mehr als bei allen anderen staatlichen Leitungsfunktionen im politischen System Deutschlands eine zentrale Rolle zu. Gerade über die kommunikative Rolle eines Bundespräsidenten oder einer Bundespräsidentin zu reflektieren, hat die Kandidatur von Gesine Schwan zur Bundespräsidentenwahl im Jahr 2009 erneut Anlass gegeben. Unverkennbar für die Kandidatin Partei ergreifend schreibt Ulrich K. Preuß: Die das Amt bekleidende Person solle die Fähigkeit besitzen, „die diskursive Dimension der Politik nicht so sehr darzustellen als vielmehr aktiv zu leben – mit Geist, Witz, Phantasie, Offenheit und Einfühlungsvermögen gegenüber dem Fremden, kritischem Verstand, kommunikativem Genius, zuallererst aber mit jenem Selbstbewusstsein, das auf dem unerschütterlichen Vertrauen in die kommunikativen Wurzeln politischer Autorität gegründet ist" (Preuß 2008: 35). Der Bundespräsident verkörpere nicht mehr „das bessere Selbst des Volkes". Damit er seine repräsentative Arbeit tun kann, „müsse er das Argumentieren zur Lebenskunst machen" (ebenda).

Würde jedoch das Amt in dem von Gehrlein angedachten Sinne verändert, bedürfte es der besonderen „kommunikativen Wurzeln politischer Autorität" (ebenda) nicht mehr. Über kurz oder lang wäre das so neu konstruierte Amt des Staatsoberhaupts Teil des politischen Machtspiels.

15.3 Der Bundeskanzler: Machtsicherung durch Politikpräsentation

„Der Kanzler muß Macht, der Präsident muß Kultur darstellen..." (Roellecke 1999). Das ist sicherlich eine zugespitze Funktionszuweisung, deutet aber doch auf den unterschiedlichen Wesenskern, um den es in der Kommunikation in Verbindung mit den beiden Ämtern geht. Zielt das kommunikative Wirken des Bundespräsidenten im politischen und gesellschaftlichen System der Bundesrepublik auf Staatsrepräsentation und Stilbildung, so war politische Kommunikation schon seit der Gründung der Bundesrepublik für den Inhaber des politisch wichtigsten Staatsamtes, also für den Bundeskanzler, ein Schlüsselinstrument für Machterwerb bzw. Machterhalt. Das „parlamentarische(s) Regierungssystem mit Kanzlerhegemonie" (Steffani 1979: 155) verschafft dem Regierungschef schon qua Amt ein Höchstmaß an Aufmerksamkeit. Dies gilt umso mehr, als Regieren in der Mediengesellschaft mit medialer Dauerbeobachtung verbunden ist.

Die Knappheit der verfassungsrechtlichen Normierungen zum Amt des Bundeskanzlers wie der Bundesregierung insgesamt ist allerdings, ganz im Gegensatz zur sparsamen konstitutionellen Ausstattung des Präsidentenamtes, kein Zeichen einer politisch reduzierten Rolle. Sie ist vielmehr Voraussetzung einer möglichst elastischen und dynamischen Wahrnehmung von politischen Funktionen im Rahmen des parlamentarischen Regierungssystems. Diese Funktionen gehören zum Kanon der verfassungsrechtlichen und vor allem politikwissenschaftlichen Standardliteratur und müssen deshalb hier nicht näher ausgeführt werden, zumal es hier nicht um den Versuch geht, das Amt des deutschen Bundeskanzlers in historisch und international vergleichender Perspektive zu würdigen (vgl. Helms 1996), sondern vor allem darum, die unterschiedliche Bedeutung politischer Kommunikation in Verbindung mit den beiden herausragenden Staatsämtern, nämlich dem des Bundespräsidenten und des Bundeskanzlers, unter den Bedingungen einer modernen Mediendemokratie vergleichend zu betrachten. Dabei kann auch nicht im Detail der Frage nachgegangen werden, welche „Politikstile" für alle bisherigen Amtsträger typisch waren bzw. sind und welche Kommunikations- und Entscheidungskulturen sie jeweils entwickelt haben (vgl. Korte 2000). Hier muss der Verweis genügen, dass sich die Amtsträger hinsichtlich ihrer Partei-, Medien- und Policy-Orientierung deutlich unterscheiden (vgl. Debus 2007). Lediglich auf die Kommunikationsstile der letzten drei Kanzler soll in einem kursorischen Vergleich eingegangen werden (vgl. Kap. 15.4 in diesem Buch).

Im Gegensatz zur Rolle des Staatsoberhauptes stellt die Regierung mit dem Regierungschef und den Kabinettsmitgliedern den aktiven, gestaltenden Teil im „Führungszentrum" des parlamentarischen Regierungssystems. Von der „doppelten Verantwortlichkeit des Weimarer Reichskanzlers gegenüber Staatsoberhaupt und Volksvertretung befreit" (Patzelt 1997b: 188) ist der Bundeskanzler bzw. die Bundeskanzlerin dabei mehr als jeder andere Repräsentant eines obersten Verfassungsorgans in mehrfacher Hinsicht kommunikationsabhängig. Dies gilt zunächst verfassungsrechtlich für seine Verantwortung gegenüber dem Parlament. Aus dessen Mitte wird er gewählt und ohne die Unterstützung der Mehrheitsfraktion(en) kann er nicht regieren. Die Führungsfähigkeit aller bisherigen Bundeskanzler hing denn auch in hohem Maße von ihrer Fähigkeit zur kommunikativen ‚Pflege' ihrer Fraktion(en), dann aber auch von ihrer Verankerung in der Partei ab. Bis auf Bundeskanzler Helmut Schmidt waren alle deutschen Kanzler auch Parteivorsitzende. Die Abgabe des Parteivorsitzes, wie im Falles des Kanzlers Schröder, erwies sich dabei als Machtverlust und politisches Krisensymptom.

Mehr als für jeden anderen obersten Amtsträger ist für den Bundeskanzler „Legitimation durch Kommunikation" politische Maxime und Machtfaktor zugleich. Starke Parteiführer wie etwa Konrad Adenauer und mehr noch Helmut Kohl konnten sich, gestützt auf ihre Partei, durchaus auch gegen verbreitete und anhaltende Kritik in der veröffentlichten Meinung im Amt politisch behaupten.

Bei aller unbestreitbaren Dynamik mediengesellschaftlicher Veränderungen und damit verbundener Kommunikations- und Politikstile bewahrt doch der historisch-vergleichende Blick vor so mancher gegenwartsfixierter Übertreibung und Fehleinschätzung. Dabei gilt es auch in Rechnung zu stellen, dass „Legitimation durch Kommunikation" keine von politischen und gesellschaftlichen Systemumständen unabhängige Variable ist. Zwar gibt es eine Reihe von „institutionelle(n) Konstante(n)" (Glaeßner 1999: 227) wie die besonderen verfassungsrechtlichen Kompetenzen, die politisch-administrative Infrastruktur des Kanzleramtes oder auch die ‚gewohnheitsrechtliche' Praxis einer stark auf den Kanzler ausgerichteten Regierungspraxis, die insgesamt und analog dem britischen Modell die Verschiebung des parlamentarischen Regierungssystems in Deutschland zu einer Art „Prime-ministerial government" begünstigt haben (Niclauß 1990: 135). Zugleich haben aber insbesondere die verfassungsrechtlich kodifizierte Richtlinienkompetenz (Art. 65 GG) und der besondere Schutz durch die hohe Absetzungshürde in Gestalt des konstruktiven Misstrauensvotums (Art. 67 GG) „institutionelle Rahmenbedingungen geschaffen, die es fähigen und/oder charismatischen Führungsfiguren ermöglichen, eine quasi-präsidentielle Rolle zu spielen..." (Glaeßner 1999: 226). Die „Kanzlerhegemonie" (Steffani 1919: 155) des parlamentarischen Regierungssystems weist somit den Amtsinhabern *die* Schlüsselrolle in der Entscheidungs- und Darstellungspolitik zu (vgl. Kap. 7 und 8 in diesem Buch).

Verstärkt werden die Chancen zur Politikdarstellung eines Kanzlers durch die Massenmedien und insbesondere durch das Fernsehen. Dieses Bildmedium schlägt gerade für charismatische Regierungschefs eine Art kommunikative ‚Brücke zum Volk'. Inzwischen gibt es mehr als nur vereinzelte Anzeichen dafür, dass die moderne Mediengesellschaft die demokratische Regierungsweise auch hierzulande nachhaltig beeinflusst. Insbesondere stellt sich die Frage, was „Regieren unter den Bedingungen medialer Allgegenwart" (Pfetsch 1998b) heute und mehr noch in Zukunft heißt. In welcher Weise verändert sich das lange Zeit als „Kanzlerdemokratie" (Niclauß 1988; kritisch dazu Haungs 1989) apostrophierte politische System der Bundesrepublik Deutschlands in der Mediengesellschaft?

Neuerlicher Anlass zu weitgehenden Mutmaßungen über grundlegende Veränderungen demokratischer Regierungsweise in der Mediengesellschaft war der Regierungswechsel in der Folge der Bundestagswahl 1998 (vgl. Sarcinelli 1999c). Die Frage, ob es sich dabei nur um einen Machtwechsel, einen Demokratiewandel oder gar um eine Art Systemveränderung handelte, mag zunächst befremden, ja geradezu systemwidrig erscheinen, widerspricht sie doch der These von der Normalität des demokratischen Wechsels. Weniger dramatisch ausgedrückt geht es bei der These vom Wandel demokratischer Regierungsweise allerdings nicht um eine Art konstitutionellen Bruch als vielmehr um politische Gewichtsverschiebungen, die sich im Vergleich des ausgeschiedenen mit dem 1998 neu ins Amt gekommenen Bundeskanzler gleichsam personalisieren und beispielhaft symbolisieren lassen. Dabei ist klar: Nur bei Revolutionen verändern sich Systeme schlagartig. In Demokratien vollzieht sich Systemwandel eher schleichend. Und bisweilen stellt man erst nach einer Reihe von Jahren fest, dass nicht nur die Politik, sondern auch der Zustand der Republik, ja das System selbst anders geworden sind; dass sich Gewichte und Proportionen verschoben sowie Institutionen und Verfahren des demokratischen Prozesses verändert haben. Dieser Wandel in der ‚Verfassung' der Republik, in der politischen Kultur des demokratischen Gemeinwesens, schlägt sich nicht im Verfassungstext, oft nicht einmal in Gesetzen,

Geschäftsordnungen oder sonstigen Kodifizierungen niederschlagen. Seinen Niederschlag findet er vor allem in der politischen Kommunikationspraxis.

Zwar sind auch die phasenweise besonders hervortretenden Symptome einer medialisierten Politik nicht völlig neu. Spätestens seit den siebziger Jahren bemühen sich die Parteien um eine Professionalisierung vor allem ihrer medienspezifischen Politikvermittlung (vgl. Kap. 12 in diesem Buch), setzen sich viele der in Amerika erprobten Methoden des politischen Marketing durch, haben sich schließlich Organisationen und politisches Personal mehr und mehr einem Dauertest auf Medientauglichkeit zu stellen. Dies alles ist also nicht ganz neu. Neu sind jedoch Umfang und Intensität demonstrativer Öffentlichkeitsbezüge bis hin zu Medienspektakeln und neu ist auch, dass das Mediale selbst Gegenstand der politischen Debatte wird. Was früher allenfalls in heißen Wahlkampfphasen zu beobachten war, nämlich die mediale Politikvermittlung als Thema, also eine Art Metakommunikation, scheint mehr und mehr zur politischen Alltagsrealität zu werden: die Kommunikation als Thema der Kommunikation. Was unter Berlusconi in Italien geradezu exzessiv demonstriert wurde und wird, in den USA unter Reagan und Clinton sowie in Großbritannien unter Blair mehr und mehr den politischen Stil des sichtbaren Ausschnitts der Politik kennzeichnete bzw. kennzeichnet, wurde auch in Deutschland mit dem medienversierten Kanzler Schröder zum Bestandteil des politischen Stils: Auch hierzulande ist Medienpräsenz zum politischen Existenznachweis und Medienkompetenz zu einer ebenso wichtigen wie unsicheren Machtprämie der Regierungschefs geworden (vgl. Kap. 5, 7 und 9 in diesem Buch).

Bei aller Bedeutung, die den Medien für die Politikvermittlung der Regierungschefs mehr als den Bundespräsidenten inzwischen zukommt, darf jedoch bezweifelt werden, dass es letztlich Kommunikationsstrategien waren bzw. sind, wenn Kanzlerkandidaten scheiterten (vgl. Forkmann/Richter 2007). Schon ein kursorischer Vergleich der Politik- und Kommunikationsstile der drei Kanzler Kohl, Schröder und Merkel zeigt, dass Medienperformance und Kommunikationsstile keineswegs Konstanten sind und unter spezifischen macht-, sach- und personalpolitischen Konstellationen politisch sehr unterschiedliche Ausprägungen und Relevanz erfahren können. Denn alle Kanzler sind in Regierungsstil und Führungsverhalten eingebunden „in institutionelle Arrangements" und „in kontingente historisch-politische Kontexte" (Murswieck 2008: 199), die Handlungsspielräume eröffnen und zugleich Macht begrenzen. Das betrifft insbesondere auch den komplexen „regierungsinstitutionellen Kontext" (ebenda: 204; vgl. auch Gebauer 1998), der eine gravierende politisch-administrative Rahmung für die Kanzlermacht darstellt.

15.4 Zur Medialisierung der „Kanzlerdemokratie": Von Kohl über Schröder zu Merkel

Allzu leicht erliegt die gegenwartsfixierte Medienbeobachtung der Neigung, das gerade aktuelle politisch-mediale Geschehen als neu, modern und einzigartig zu beurteilen. Auch die politische Kommunikationsforschung ist von solchen Tendenzen vor allem dann nicht frei, wenn sie sich jeder historisch-vergleichenden Betrachtung enthält. Denn bei aller Dynamik medientechnologischer und mediengesellschaftlicher Veränderungen, die das Regieren in der Bundesrepublik Deutschland im Verlaufe der Jahrzehnte zweifellos nachhaltig beeinflusst hat, ist doch nicht alles neu, was als solches vor allem in der Darstellungspolitik der Regierungschefs deklariert wird. Denn dem Verhältnis der Bundeskanzler zu den Medien kam von den Anfängen der Bundesrepublik Deutschland an eine Schlüsselbedeutung zu. Insofern enthielt die deutsche „Kanzlerdemokratie" schon früh mediendemokratische Züge (vgl. Rosumek 2007).

Natürlich konnte man nach dem Wahlsieg Gerhard Schröders im Herbst 1998 erwarten, dass der telegene Kanzler seine Medienkompetenz auch an der Spitze der Bundesregierung ausspielen und in Verbindung mit dem Aufmerksamkeitsbonus seines Amtes potenzieren würde. Seine Medienkompetenz und Bildschirmpräsenz gab denn auch vielfach Anlass zu Spekulationen und Analysen dazu, ob es vielleicht um mehr als nur um eine quantitative Steigerung, um mehr auch als die besondere rhetorische Kompetenz und Selbstdarstellungskunst eines Spitzenakteurs gehen könnte, nämlich um die Veränderung der Legitimationsbasis des demokratischen Systems insgesamt. Allerdings wurde bereits im ersten Jahr der rot-grünen Koalition auch offenkundig, dass Medienkompetenz nicht alles ist und dass die neue stimmungsdemokratische Legitimationsbasis (vgl. bereits Oberreuter 1987), dass die vermeintlich neue „teledemokratische Fürstenherrschaft" (Sarcinelli 1999c) ein instabiles politisches Fundament darstellt. Nicht zuletzt unterliegt auch die mediale Performance des politischen Spitzenpersonals dem Verschleiß der Gewöhnung. So begünstigt der auf immer wieder Neues fixierte Medienbetrieb den Wechsel auch in den Kommunikationsstilen und verhilft Akteuren zum politischen Aufstieg, die zuvor noch als medial unterbelichtet und als nicht auf der Höhe der Zeit galten.

15.4.1 Das „System Kohl": Persönliche Loyalitäten und Organisationskompetenz in der Parteiendemokratie

Die Dauerkanzlerschaft des Helmut Kohls hat den schleichenden und nach dem Kanzlerwechsel zu Gerhard Schröder dann sichtbar gewordenen Wandel hin zu einem mehr medienorientierten Politikstil lange Zeit überdeckt. Das ‚System

Kohl' basierte auf einem eher medienfernen Legitimationsgeflecht. Es stützte sich auf Institutionen, Mechanismen, Verfahren und insbesondere auch über Jahrzehnte hin gepflegte persönliche Loyalitäten der traditionellen Parteiendemokratie. Die wichtigste politische Währung demokratischer Regierungsweise im Rahmen dieses Parteienstaatsmodells war im Zweifelsfall der Stimmzettel der Parteitagsdelegierten und die Loyalität der persönlich in die Pflicht genommenen Funktionsträger in der Partei. Damit konnte sich der Kanzler zwar nicht immunisieren gegenüber der ‚Macht der Medien'. Gleichwohl gab ihm die Verankerung in der Partei und die Absicherung in einem eng geknüpften Netz von Freundschaft und politischer Loyalität Standfestigkeit gegenüber negativer Medienresonanz und Souveränität beim ‚Aussitzen' von demoskopischen Stimmungstiefs. Misstrauisch gegenüber Teilen gerade der meinungsführenden Medien, die ihn mit Verweis auf Sprache, Gestik, Aussehen und Verhalten über Jahre hin genüsslich als provinzielle Figur verspotteten, konnte sich Kohl auf seine lange personal- und organisationspolitische Erfahrung stützen, vermochte er es doch über viele Jahre, vertraute Personen zu fördern und auf den Leitungsebenen zu platzieren.

Persönlichkeitsgestützte Organisationsloyalität und Mobilisierungsbereitschaft in Wahlkämpfen sicherten ihm dann immer wieder den Machterhalt. Zugespitzt: Im ‚System Kohl' rangierte der Parteienstaat vor der Mediendemokratie; Loyalität suchende, vielfach diskrete Binnenkommunikation wurde zum Abwehrschild gegenüber publizistischer Kritik von außen. Obwohl Kohl bereits in Zeiten einer expandierten Medienlandschaft regierte, zeige sein Beispiel, so Jürgen Hartmann, „dass machtbewusste Politik auch ohne die Maßgaben telegener politischer Kosmetik funktioniert" (Hartmann 2007: 88). Diese Einschätzung bedarf einer mehrfachen Einschränkung. Zum einen stellt sich die Frage, ob sich das Kohl'sche System überhaupt noch unter den mediengesellschaftlichen Bedingungen von Gegenwart und Zukunft entwickeln könnte. Ganz abgesehen davon, dass das Ende der DDR und die Neuordnung der mittel- und osteuropäischen Staatenwelt dem seinerzeit keineswegs mehr fest im Sattel sitzenden Kanzler politische Gestaltungsmöglichkeiten gab, die er mit großem Geschick zu nutzen wusste. Konnte der erfolgreiche ‚Kanzler der Einheit' durch viele Schachzüge im Rahmen einer geschichtsträchtigen „Entscheidungspolitik" eine Mehrheit der Deutschen überzeugen, so bedurfte es dann kaum mehr besonderer „darstellungspolitischer" Maßnahmen. Zum anderen sollte nicht unterschätzt werden, dass Helmut Kohl starke Verbündete an den Spitzen von großen Medienhäusern (z.B. Springer, Kirch) hatte. Auch verfügte der Kanzler stets über ein „Küchenkabinett" mit Mitarbeitern, die selbst zwar kaum in der Öffentlichkeit in Erscheinung traten, die aber mit Kompetenz und „mit feinem Gehör" (vgl. Ackermann 1994) die Verbindung zu den für den Kanzler relevanten Medien pflegten.

15.4.2 Das „System Schröder": mediendemokratische Performance und situatives Regieren

Der Unterschied zum ‚System Kohl' hätte beim Machtwechsel 1998 nicht größer sein können. Wie sein Amtsvorgänger gehörte Gerhard Schröder zur Riege der Ministerpräsidenten, die es in das Kanzleramt geschafft haben. In bundespolitischer Hinsicht besaß Schröder „die geringste Berufserfahrung", war er doch nie Bundesminister. Er nahm von 1980 bis 1986 ein Bundestagsmandat wahr, amtierte von 1990 bis 1998 als Ministerpräsident Niedersachsens, verfügte aber nicht über das „Macht- und Prozesswissen eines Fraktionsvorsitzenden wie seine beiden Vorgänger". Insofern konnte er sich weder wie Helmut Kohl ein „Loyalitäts- und Machtsicherungsnetzwerk in Partei und Fraktion noch wie Schmidt die Regierungs- und Fraktionserfahrung für eine erfolgreiche Personalrekrutierung nutzen" (Murswieck 2003: 131).

Man kann dieses ‚System' in kommunikationsspezifischer Hinsicht und im Vergleich zur Vorgängerregierung als ein System nachholender Modernisierung bezeichnen. Es hatte seine Legitimationsbasis mehr als das aller Vorgänger im Amt in der Mediengesellschaft. Seine Machtprämien waren nicht ausschließlich, aber doch wesentlich stärker als in den parteienstaatlich geprägten Nachkriegsjahrzehnten Medienpräsenz und Medienkompetenz. Wie sich am Ende zeigte, brauchte auch dieses System zur politischen Mobilisierung noch die Parteimaschinerie und Fraktionsloyalität. Ihre Pflege und Disziplinierung war bis zu dessen Rücktritt vor allem Aufgabe des Parteivorsitzenden Lafontaine. Legitimationsbeschaffung nach außen erfolgte durch den Medienkanzler und Legitimationsbeschaffung nach innen durch den Parteivorsitzenden. Verkörperte Lafontaine seinerzeit vor allem „Programm-Willen", so personifizierte Schröder „Macht-Willen". Die Partei aber, so Raschke/Tils in ihrer grundlegenden Strategie-Studie, brauche „einen Macht- *und* einen Programm-Willen" (Raschke 2007: 508).

Diese unterschiedliche Kommunikationsweisen erfordernde und politisch-ideologischen Differenzierungen Raum gebende Doppelsicherung mit eingebauter politischer Blitzableiterfunktion für Sympathieverluste konnte also nicht lange halten. Zudem verträgt sich mit dem Starsystem der modernen Mediengesellschaft eine Doppelspitze ebenso wenig wie mit dem Verfassungsrecht, das eben nur einem, nämlich dem Bundeskanzler, die politische Richtlinienkompetenz zuspricht und damit für den Konfliktfall vorschreibt, wer das Sagen hat bzw. haben sollte (vgl. Walter 1997; Hofmann 1994). Welche politischen Auswirkungen die neuerliche Abgabe des Parteivorsitzes auf das gouvernementale Machtgefüge hatte, lässt sich nun mit zeitlichem Abstand besser einschätzen: Es war der letztlich vergebliche Versuch, die schleichende Machterosion eines seiner Partei entfremdeten Kanzlers durch Übertragung des Parteivorsitzes an die sozialdemokratische Identifikationsfigur Franz Müntefering aufzuhalten.

Trotz der verfassungsrechtlichen Unterschiede zur amerikanischen Präsidialdemokratie und zum parteireformierten britischen „Prime ministerial-Government" stützte sich das ‚System Schröder' ähnlich wie der Regierungsstil eines Tony Blair und vor allem eines Bill Clinton auf den plebiszitären Schulterschluss einerseits und auf die quasi-präsidiale Moderation (vgl. Murswieck 1990) der konkurrierenden Interessen und Machtansprüche andererseits. Hauptadressat seines Agierens war jedenfalls das über die Medien anzusprechende Publikum und nicht mehr das Institutionengeflecht einer heterogenen Massenpartei und die Bundestagsfraktion. Die politische Währung dieses Systems ist die Publikumssympathie, ggf. in der Münze der Einschaltquote, eine instabile Währung also. Bemerkenswert ist diese Entwicklung hin zu einem quasi-plebiszitarisierten Kanzlerstil deshalb, weil sie den Blick gegenüber einer verbreiteten gänzlich anderen Praxis in der Regierungskommunikation trübt. Denn es gibt „einen Trend, immer mehr Themen zumindest zeitweilig aus dem allgemeinen Verfahren zu ziehen (Runde Tische, Gipfel, Kamingespräche)" (Gebauer 1998: 471).

Gerhard Schröder hat diesen Stil durch die Einsetzung von zahlreichen Regierungskommissionen und Expertengremien (vgl. Gloe 2008) verstärkt fortgesetzt. Geschwächt wird damit das Prinzip der „Legitimation durch Verfahren" (Luhmann 1983), weil die damit verbundene Präsidentialisierung des Politikstils die Regeln des politisch-administrativen Alltags relativiert. Dieses Verfahren mag – jeweils entsprechend medienwirksam inszeniert – kurzfristige Aufmerksamkeits- und Imagegewinne zu erzeugen, untergräbt aber auf lange Frist das Vertrauen in die demokratischen Institutionen.

Das Nicht-Strategische und seine von Insidern immer wieder beobachtete „situative und experimentelle Auffassung von Politik" (Raschke/Tils 2007: 507) begünstigten den Kanzler zunächst in seinem politischen ‚Spiel mit den Medien'. Dass sich das ‚System Schröder' im Gegensatz zu Blair und vor allem Clinton dann doch nicht in Reinform hatte ausbilden und vor allem halten können, hat zum einen damit zu tun, dass das Amt des Bundeskanzlers auch die Person prägt und entpolitisierenden Medienauftritten deutlich Grenzen setzt. So erwiesen sich realisierte und schließlich abgesagte Auftritte des Kanzlers in „reinen Amüsierformaten" des Fernsehens als „PR-Desaster" (Rosumek 2007: 241). Das Scheitern der „Spaßkanzler"-Strategie hat jedoch auch mit den Unterschieden zwischen den Regierungssystemen und vor allem mit unterschiedlichen Parteikulturen zu tun. Ganz geht es ohne die Pflege der geradezu anarchischen Traditionspartei SPD mit ihrem zwar ausgedünnten, jedoch immer noch weit verzweigten politisch-weltanschaulichen Wurzelgeflecht nicht. Auch lässt sich dieser „Tanker" (Glotz) trotz aller Modernisierungsfortschritte nicht umstandslos in eine Kampa-Flotte umrüsten. (Kampa hieß bekanntlich der hoch professionelle, organisatorisch ausgelagerte SPD-Politikvermittlungs- und Wahlkampfapparat für den Bundestagswahlkampf 1998.)

"Schröder gelang keine erfolgreiche Führung im Party-Government, weil er die Partei nur von oben und außen zu steuern versuchte, ohne Ansprüche auf Beteiligung an der Richtungsbestimmung anzuerkennen. Ohne deutliche Zeichen von Reziprozität aber ist unter den Bedingungen moderner Sozialdemokratie innere Folgebereitschaft nicht herzustellen" (Raschke/Tils 2007: 511). Schon die innerparteilichen Auseinandersetzungen um das Blair-Schröder-Papier machten deutlich, dass eine marktliberale Modernisierung „ohne Wertbegründung und ideellen Überbau" (ebenda: 513) als politisch-konzeptionelle Basis nicht ausreicht und die stimmungsdemokratische Abhängigkeit verstärkt.

Die Serie von Wahlniederlagen (Europa-, Landtags- und Kommunalwahlen) während der beiden Regierungen Schröder/Fischer und schließlich die Umstände des Regierungswechsels – das Stellen der Vertrauensfrage im Deutschen Bundestag mit anschließend vorgezogenen Neuwahlen – hin zu einer Großen Koalition im Jahre 2005 zeigen, dass es keinen geraden Weg von der Parteiendemokratie in die Mediendemokratie gibt. Mit Widerständen, Brüchen, Rückschlägen und Blockaden ist vor allem dann zu rechnen, wenn wie im Falle der Agenda-Politik der Identitätsbereich einer Partei berührt oder aus der Sicht relevanter Gruppen gar in Frage gestellt und der für sozialdemokratische Reformprojekte unabdingbare offene Diskurs nicht geführt wird (vgl. Schmidt 2007).

Mit der Verweildauer im Amt wurden die strategischen Defizite des Medienkanzlers Gerhard Schröder offenkundig: „ein schwacher Kompass, geringe Verlässlichkeit des Koordinatensystems, Richtungsunsicherheit; fehlende thematisch-programmatische Linienführung (strategische Kommunikation); mangelnde Kompensation eigener Defizite; strategische Führungsschwäche gegenüber der eigenen Partei; keine erkennbaren Gesamtstrategien" (Raschke/Tils 2007: 528). Mediale Performance kann dies eine Weile überspielen. Letztlich folgen Politik und Medien dann aber doch ihrer eigenen Logik.

15.4.3 Das „System Merkel": Pragmatismus, Machtphysik und inszenierte Nicht-Inszenierung

Angela Merkel befindet sich inzwischen in ihrer zweiten Amtszeit als Bundeskanzlerin. Dies erlaubt noch kein fundiertes Urteil zu der Frage, welche Rolle den Medien im ‚System Merkel' und welche Bedeutung dem Kommunikativen im Politikstil der Kanzlerin zukommt. Noch fehlen dazu fundierte, wissenschaftliche Untersuchungen. Insofern kann es hier lediglich um erste, eher essayistische Einschätzungen gehen. Dabei wird vor allem auf journalistische Beobachtungen und Kommentare der bisweilen schon mystifizierten „Machtphysik" (vgl. Schumacher 2006) der Kanzlerin zurückgegriffen.

Sachlich, zurückhaltend, bescheiden und von protestantischer Strenge, das waren die der Kanzlerin in den Anfangsmonaten ihrer Regierung zugeschriebenen Attribute nach Bildung der Großen Koalition. Tatsächlich konnte Angela Merkel nach dem Regierungswechsel 2005 als die Personifizierung eines Gegenmodells zum Medienkanzler Schröder wahrgenommen werden. Im unmittelbaren Kontrast zu ihrem „flamboyanteren" Amtsvorgänger erschien sie zunächst wie „die Verkörperung der Farblosigkeit" (Seibt 2008: 4). Offensichtlich bediente die erste weibliche Chefin an der Spitze der Bundesregierung aber gerade damit eine in Öffentlichkeit und veröffentlichter Meinung verbreitete Sehnsucht nach einem politischen Stilwechsel. Die zunächst unprätentiöse präsidiale Moderation entsprach einerseits dem Naturell einer in der DDR sozialisierten Physikerin, die nach dem Beitritt der DDR zur Bundesrepublik über eineinhalb Jahrzehnte in unterschiedlichen Führungsämtern die politischen Machtspiele der parlamentarischen Parteiendemokratie gründlich gelernt und gelegentlich – wie im Falle des Sturzes von Helmut Kohl als Parteivorsitzender, wie im Zuge der Übernahme des Vorsitzes der CDU/CSU-Bundesfraktion sowie im Zusammenhang mit dem Ausschalten möglicher innerparteilicher Konkurrenten – mit Erfolg praktiziert hatte.

Ihre kalkuliert nüchterne, moderierende Kommunikation erklärt sich jedoch nicht nur aus einer spezifischen politischen und beruflichen Biographie. Er ist auch der Machtkonstellation einer Großen Koalition mit nahezu gleich starken Partnern geschuldet. Hier ließ sich die robuste Regie ihres Amtsvorgängers Gerhard Schröder, der auch im Kabinett seinen Positionen mit mehrmaligen Rücktrittsdrohungen Nachdruck zu verleihen suchte, nicht fortsetzen. Dagegen profilierte sich Angela Merkel vor allem in der Anfangszeit ihrer Regierung als Meisterin des Schweigens. Sie muss sich nicht zu allem äußern, lässt ganz ähnlich wie Helmut Kohl als Kanzler die Debatten treiben, um dann in einem wohl kalkulierten Moment ihre Position zur Geltung zu bringen. Entsprechend kritisch wurde Angela Merkel denn auch als „Kanzlerin des Ungefähren" (Schwennicke 2007: 6) betitelt, als Vertreterin eines schieren politischen Pragmatismus, dem es an Zielen, Richtung und Gestaltungswillen (vgl. Meng 2006) sowie an einer „übergreifenden Leitvision" (Murswieck 2008: 210) fehle.

Zur Halbzeit der ersten Amtsperiode der Kanzlerin hat Karl-Rudolf Korte in Auseinandersetzung mit Richard Mengs Buch „Merkelland" (2006) den neuen Politik- und Kommunikationsstil pointiert und in anschaulicher Weise charakterisiert. Hinter der „neuen Berliner Armutsästhetik" verberge sich graduell ein „protestantisches Politikverständnis". „Das Dienen zieht sich leitmotivisch durch ihre Reden. Sie gibt sich provozierend unpathetisch und manchmal bis zur Schmerzgrenze ernüchternd" (Korte 2007: 11). Das ‚System Merkel' arbeite „mit dem Charme unverdächtiger Harmlosigkeit, wenn es darum gehe, von der einen auf die andere Minute neue Handlungskorridore auszuloten und politische Optionen schnell zu nutzen. Das führe zu „immer neuen Überraschungssiegen der Kanzlerin gerade dann, wenn ihre Gegner sie für geschlagen halten". Als „Meisterin des Abwartens und des politischen Timings" bediene sie sich mühelos der Instrumente des Regierens. Sie sei eine „Tagesintegrationsweltmeisterin" (ebenda). Dass sie zuhören und schweigen kann, keine gute Rednerin ist, wenig Charisma hat und kein – zumindest kein demonstratives – Imagemangement betreibt, unterscheidet sie von dem „Public Communicator" Gerhard Schröder. Zumindest in der Zeit der Großen Koalition gelang es ihr in eher diskreter Kommunikation erfolgreiches Beziehungsmanagement gegenüber Fraktion und Partei zu betreiben und informelle Kommunikationsnetzwerke zu pflegen. Bei allen Unterschieden in der innerparteilichen Verankerung verbindet sie dies wiederum mit dem Kommunikationsstil von Helmut Kohl (vgl. Murswieck 2008: 209).

Zunächst als eine Art Physikerin der Macht erscheinend, die mit sachorientierter Unaufgeregtheit, eher diskret, unideologisch und unbeirrt den Regierungsgeschäften nachgeht, änderte sich doch mit dem Verbleib im Amt und einer damit verbundenen medialen Dauerpräsenz und -beobachtung allmählich das „Bild" der Kanzlerin. Die zeitweisen Führungsprobleme des sozialdemokratischen Koalitionspartners in ihrer ersten Amtsperiode und verstärkte internationale Reputation boten zunächst innen- und außenpolitisch vielfältige Möglichkeiten, sich mit gut getimten Ereignissen, Themen und Bildern als ‚Staatsfrau' und Krisenmanagerin die Medienagenda zu bestimmen. Nach und nach besetzte die Regierungschefin Thema um Thema und nahm bei Bedarf auch auf eigene Wahlaussagen, auf die koalitionspolitische Konkurrenz oder auf politische Zuständigkeiten keine Rücksicht.

Lange Zeit begünstigt durch die Dauerkonjunktur guter Umfragewerte und bisweilen wie das personifizierte Gegenmodell zur Mediendemokratie erscheinend, bedient sich die Kanzlerin inzwischen ebenso diskret wie geschickt der Medien. Dass dies nach wie vor in Stil und Ton deutlich unspektakulärer erscheint als der Kommunikationsstil ihres Amtsvorgängers und immer noch den Eindruck „demonstrative(r) Nichtinszenierung" (Rosumek 2007) zu vermitteln vermag, erschien lange Zeit weniger für mangelnde Kommunikationskompetenz als für die Professionalität einer wohl kalkulierten, auffällig unauffälligen Politikvermittlung zu sprechen.

Hierzu passt auch Merkels Vorliebe für schnelle und moderne Kommunikationsmittel. Das betrifft den versierten Umgang mit dem Short Message Service (SMS), der einer Kanzlerin, die über keine nennenswerte politische Hausmacht in der Partei verfügt, Aktions- und Reaktionsvorsprünge im Umgang mit den jeweils für sie maßgeblichen Spitzenakteuren verschaffen kann. In gleicher Weise benutzt die Kanzlerin – wohl als erste Regierungschefin überhaupt – den zunächst belächelten eigenen Video-Podcast, mit dem sie sich wöchentlich ohne den Filter der allgemeinen Massenmedien an die Internetöffentlichkeit wendet und damit für die Massenmedien immer wieder auch Berichterstattungsanlässe zu schaffen weiß.

Ein Jahr nach Bildung der schwarz-gelben Koalition im Herbst 2009 haben sich die Kommunikationsverhältnisse allerdings gründlich geändert. Konnte sich die Kanzlerin im Zuge der Weltwirtschafts- und der Bankenkrise auf der nationalen und internationalen Bühne als besonnene Krisenmanagerin positionieren, so steht sie inzwischen im Zentrum der Kritik. Zunächst als bürgerliche Wunschkonstellation propagiert, verharrt die Koalition aus CDU/CSU und FDP im Jahr 2010 über viele Monate im demoskopischen Dauertief. Damit aber verblasst das Bild von der unaufgeregten, pragmatischen Problemmanagerin in der Öffentlichkeit. Eine monatelange Phantomdebatte um Steuersenkungen, um die Bedienung von Klientelinteressen, um Dekadenzerscheinungen im Hartz-IV-Milieu, wie überhaupt um koalitionsintere Streitpunkte (z.B. um die Gesundheitsreform und um den Ausstieg vom Atomausstieg) sind nicht nur Ausdruck eines koalitionspolitischen Fehlstarts. Sie stellen auch ein wesentliches Element in Frage, das über mehrere Jahre als Merkels Legitimationsbasis gelten konnte: „ihre von keinem überbordenden Ego verstellte Verpflichtung auf nüchterne Seriosität" (Geis 2010). Immer deutlicher wird die Frage gestellt, wofür die mit der Richtlinienkompetenz ausgestattete und als CDU-Parteivorsitzende amtierende Regierungschefin selbst steht. Das gilt für ihre innerparteiliche Positionierung ebenso wie für ihre Rolle in koalitionsinternen Streitfragen.

Dies alles sollte in seiner politischen Wirkung nicht überbewertet werden. Es sind vorläufige Einschätzungen zur Kommunikationsperformance einer Kanzlerin, die sich in ihrer zweiten Amtsperiode großen politischen Herausforderungen gegenübergestellt sieht. Mag Angela Merkel aus der Sicht einer unterhaltungsverwöhnten Mediengesellschaft lange das Image angeheftet haben, mausgrau, bienenfleißig und staubtrocken zu sein, so bleibt es nicht aus, dass mit zunehmender Amtsdauer das Bild der Regierungschefin ‚Farbe' bekommt. Keineswegs erscheint sie nach mehr als fünf Jahren Amtszeit noch als die perfekte ‚Physikerin der Macht', die den Zusammenhalt der Großkoalitionäre zu gewährleisten weiß. Ihr pragmatischer, gestenarmer und präsidialer Kommunikationsstil wurde in der Zeit Großen Koalition als den Verhältnissen angemessen wahrgenommen. Inzwischen gilt dieser jedoch in ihrer zweiten Amtsperiode als Ausdruck von politischer Führungsschwäche und Machtverlust. – Dies zeigt einmal mehr, wie sehr spezifische politische Kommunikationstile und -praktiken keine kontextfreien Phänomene vermeintlich professioneller Lehrbuchweisheiten sind, sondern Kompetenzanforderungen, die von sachpolitischen Problemlagen und spezifischen Machtkonstellationen, von personellen und institutionellen Faktoren, von langfristigen Anforderungen und von situativen Bedingungen abhäng sind.

Im konkreten Fall der Kanzlerin wird man – ganz ähnlich wie bei ihrem Amtsvorgänger – in Rechnung stellen, dass sie eine „extrem sich selbst überwachende (self-monitoring) Persönlichkeit(en) mit einer stark ausgebildeten Sensitivität gegenüber der Umwelt und wechselnden politischen Situationen" (Murswieck 2008: 212) ist. Hinter dem ‚System Merkel', so könnte man vorläufig bilanzieren, verbirgt sich keineswegs (mehr) ein mediales Mauerblümchen mit eingeschränkter Kommunikationskompetenz, sondern eine Kanzlerin, die ihren eigenen Kommunikationsstil gefunden hat, den Aufmerksamkeits- und Handlungsbonus des Amtes im Umgang auch mit den Massenmedien zu nutzen weiß sowie in der Kommunikation im Rahmen stiller Moderation partei- und koalitionsintern zumindest für einige Jahre erfolgreich war. Dass beides auch nach mehreren Regierungsjahren vielfach noch im Stile einer demonstrativen Nichtinszenierung daherkommt, war lange ein Erfolgsgeheimnis des ‚Systems Merkel'. Es könnte zum politischen Handicap werden, wenn darin nicht mehr eine spezifische Form der „Kunst des kommunikativen Überzeugens" (Gast 2009: 32), sondern ein Ausdruck politischer Schwäche gesehen wird.

15.5 Demokratiegewinne oder Demokratieverluste?

Die hier nur kurz skizzierten Unterschiede in den Kommunikationsstilen der Kanzler machen einmal mehr deutlich, dass sich Politik nicht im Kommunikativen erschöpft, schon gar nicht in medialer Kommunikation. Eine ebenso falsche Vorstellung wäre es allerdings auch, vom mediengesellschaftlichen Modernisierungszug aus- und wieder auf den parteienstaatlichen ‚Traditionsbus' umsteigen zu wollen. Allenfalls um die Weiterentwicklung und Modernisierung der parlamentarischen Parteiendemokratie *in der* Mediengesellschaft kann es gehen (vgl. Kap. 11 in diesem Buch). Zugleich zeigt die Beschäftigung mit Amtsträgern und Ämtern an der Spitze des Staates, dass die Handlungskorridore in Sachen politische Kommunikation zwar unterschiedlich, aber in beiden Fällen auch nicht beliebig groß sind.

Die Amtsträger in beiden hohen Staatsämtern leisten den mediengesellschaftlichen Herausforderungen durchaus ihren spezifischen Tribut. Dabei zeigt der kurze Vergleich der drei letzten Amtsinhaber des politisch wichtigsten Amtes in der Bundesrepublik, dass der Kommunikationstribut in sehr unterschiedlicher Weise gezollt werden kann und durchaus sehr unterschiedliche Kommunikationsstile praktiziert werden können. Ohne prinzipielles Infragestellen ihrer besonderen verfassungsrechtlichen Kompetenzen und politischen Funktionen hat für beide Staatsämter die Medienöffentlichkeit als Bühne, Resonanzboden und Legitimationsplattform an Bedeutung gewonnen. Die Inhaber der beiden politischen Spitzenämter rücken näher an das Medienpublikum heran und beschaffen sich damit eine mediale Legitimationsbasis. Das ist historisch gesehen zwar nicht völlig neu, gewinnt jedoch unter den Bedingungen einer modernen Mediengesellschaft eine neue Dynamik. Weil sich trotz dieser Gemeinsamkeit in der größeren Nähe zu den Medien an der prinzipiellen kommunikationspolitischen ‚Arbeitsteilung' zwischen Kommunikation als politisches Stilmittel des Bundespräsidenten und Kommunikation als politisches Machtinstrument des Bundeskanzlers nichts geändert hat und wohl auch nicht ändert, sind die politischen Folgen auch jeweils unterschiedlich.

Es mag eine gewagte These sein, in diesem Kontext schon von einem sich abzeichnenden Systemwandel oder von einer neuen politischen Ordnung zu sprechen. Auch wenn der empirische Nachweis für solche Einschätzungen aufgrund der Langfristigkeit der keineswegs gradlinig und immer spektakulär verlaufenden mediengesellschaftlichen Wandlungsprozesse schwer zu führen sein dürfte, so verdient Danilo Zolos prognostisches Urteil doch mit Blick auf die skizzierte wachsende Bedeutung des Kommunikativen in der Politik Beachtung. Der italienische Rechtsphilosoph Zolo sieht in der Mediengesellschaft einen neuen Typus politischer Ordnung entstehen, den er als „demokratische Fürstenherrschaft" (vgl. Zolo 1997) bezeichnet. Dabei handelt es sich nicht um ein deutsches Spezifikum. Elemente einer „demokratischen Fürstenherrschaft" scheinen sich mehr oder weniger ausgeprägt in allen entwickelten und über ein modernes Mediensystem verfügenden Gesellschaften durchzusetzen, in Präsidialdemokratien freilich stärker noch als in parlamentarischen Regierungssystemen.

Diese vermeintlich neue Art von Herrschaft als Demokratieverlust und als politisches Verfallsphänomen zu beurteilen, entspricht zwar einem verbreiteten medien- und kulturkritischen Räsonnement, erscheint jedoch demokratietheoretisch keineswegs zwingend. Vertreter der sog. realistischen Demokratietheorie (vgl. Schmidt 2000; Sartori 1992) wie Robert Dahl, Anthony Downs und allen voran der Nationalökonom Josef Schumpeter (vgl. Schumpeter 1987: insb. 427ff.; Bartolini 1995) haben diese Entwicklung schon vor Jahrzehnten prognostiziert, ohne freilich die Auswüchse des heutigen Medienbetriebes auch nur zu ahnen. Ihr Ansatz rekurriert nicht auf Politik, wie sie sein soll, sondern auf die Beschreibung und Erklärung der Funktionsmechanismen des politischen Systems und des Verhaltens rational kalkulierender Menschen in einer offenen Gesellschaft. Demokratie begreifen diese Demokratietheoretiker der realistischen Schule – analog dem ökonomischen Modell – als Konkurrenzkampf um die politische Führung, im Idealfall als Wettbewerb zwischen zwei Anbietern auf dem politischen Markt. Und über die Tauglichkeit des Angebots entscheiden allein die Bürgerinnen und Bürger, deren Rolle sich weithin auf die Auswahl des Führungspersonals beschränkt. Dieses reduktionistische Demokratiemodell lässt zwar durchaus Raum für weitreichende Veränderungen bei den Strategien politischer Stilbildung und Machtsicherung. Als möglicherweise zukunftsfähiges Demokratiemodell kann es allerdings nur überzeugen, wenn den medienpräsenten Amtsträgern nicht „Zuschauerdemokraten" (zum Begriff vgl. Wassermann 1989), sondern medienkompetente, urteils- und entscheidungsfähige Bürger gegenüberstehen (vgl. Kap. 9 in diesem Band).

16 Demokratie unter Kommunikationsstress? Das parlamentarische Regierungssystem in der Mediengesellschaft

Statt einer systematischen Zusammenfassung sollen in diesem abschließenden Kapitel eine Reihe der in diesem Band thematisierten Aspekte noch einmal aufgegriffen und mit einer übergreifenden Fragestellung verbunden werden: Steht die Demokratie unter einem wachsenden Kommunikationsstress? Wie verändert sich das parlamentarische Regierungssystem der Bundesrepublik Deutschland unter dem Einfluss der modernen Mediengesellschaft?

16.1 Politische Legitimation in der Mediengesellschaft

16.1.1 Das Unbehagen an der Kommunikationskultur

Politik als Schauspiel und als inszeniertes Politspektakel – dieser Generalverdacht gehört nicht nur zur rhetorischen Grundausstattung deutscher Stammtische. Er ist auch Gegenstand wissenschaftlicher Beschäftigung, seit über die Frage reflektiert wird, wie eine der Politik angemessene Kommunikation aussehen sollte (vgl. Diekmannshenke 2001; Münkler/Llanque 1998). Umso mehr musste verwundern, welche lebhafte Reaktionen der Saarländische Ministerpräsident Peter Müller mit einem Vortrag zum Thema „Politik und Theater – Darstellungskunst auf der politischen Bühne" (Müller 2002) auslöste. Der Rede unmittelbar vorausgegangen war der dramatische Ablauf einer Bundesratssitzung. Die Länderkammer hatte über das Zuwanderungsgesetz zu entscheiden. Im Verlaufe eines umstrittenen und vom Bundesverfassungsgericht später für verfassungswidrig (BVerfGE 2, BvF 1/02) erklärten Abstimmungsprozesses kam es im Bundesrat zu tumultartigen Reaktionen gerade auf Seiten einiger Vertreter der unionsgeführten Landesregierungen. Diese Aufgeregtheit, so Müller, habe sich nicht spontan ergeben. Die Empörung sei vielmehr verabredet gewesen und man habe Theater gespielt, aber eben doch „legitimes Theater". Es war gewiss nicht der Neuigkeitswert dieser Einschätzung des Saarländischen Ministerpräsidenten, der zu der wohlkalkulierten öffentlichen Resonanz auf diese Äußerungen führte. Vielmehr scheint die auch auf öffentliche Wirkung hin zielende Reflexivität eines Vertreters der politischen Führungselite, der unverblümt über die Spielregeln politischen Handelns in der Mediengesellschaft räsonierte, im verbreiteten „Unbehagen an der Kommunikationskultur" (Voltmer 2002: 369) Irritationen ausgelöst zu haben. Was jedermann ahnt oder weiß, sollte zumindest von Seiten politischer Eliten nicht gesagt werden!

Dabei geht es nicht um die demokratische Selbstverständlichkeit, dass Politik zustimmungsabhängig und deshalb begründungspflichtig ist, Kommunikation und Demokratie insofern zwei Seiten einer Medaille sein sollten. Entscheidender ist die Auseinandersetzung mit der Frage, ob und wie sich die Politik und das parlamentarische Regierungssystem in Deutschland unter den Bedingungen einer dauernden medialen Fremd- und Selbstbeobachtung verändert und welche Anpassungsleistungen es an den modernen Medienbetrieb mit welchen Folgen erbringt. Gewiss erfolgen solche Anpassungen nicht schlagartig, sondern in einem längeren, keineswegs immer kontinuierlich verlaufenden Prozess, bei dem Veränderungen als solche oft schwer und dann auch nur im Vergleich auszumachen sind. Der Blick auf spektakuläre einzelne Ereignisse birgt insofern immer die Gefahr voreiliger Schlussfolgerungen. Insofern lohnt es, einige Aspekte zum systematischen Zusammenhang von Kommunikation, Macht und Medien in Erinnerung zu rufen.

16.1.2 Öffentlichkeit und Demokratie

Für die Politik ist Macht ein unverzichtbares Medium politischer Ordnungsbildung (vgl. Luhmann 2000: 18ff.). Macht stellt jedoch keine materialisierte Größe dar, die dauerhaft speicherbar ist. Das gilt für politische Regime aller Art, besonders aber für demokratische Systeme. Macht basiert auf dem labilen Grund von Meinungen und bedarf der steten kommunikativen Erneuerung. In der bekannten Diktion der Federalist Papers der amerikanischen Verfassungsväter: „All government rest on opinion" (Federalist Papers Nr. 49). Karl W. Deutsch (1973) hat diese Überlegungen in seinem epochalen Werk zur politischen Kybernetik systemtheoretisch weitergeführt und die Überlebensfähigkeit politischer Systeme mit ihrer Kommunikations- und Lernfähigkeit konditioniert. Deshalb erweisen sich Demokratien, in welcher konstitutionellen Form auch immer, historisch anderen politischen Systemen als überlegen. Sie lassen Öffentlichkeit als kritische Instanz zu und stellen so das gesellschaftliche und politische System unter permanenten Lernzwang. Nur mit einer funktionierenden Öffentlichkeit sind politische Systeme fehlerfreundlich und zugleich korrekturfähig.

Wie andere Demokratien anerkennt auch die demokratische Ordnung des Grundgesetzes weder ein Wahrheitsmonopol noch einen homogenen Volkswillen. Deshalb darf der Vorgang der politischen Willensbildung nicht im Dunkeln der Abmachungen oder Entschlüsse von unkontrollierten Mächten erfolgen. Er muss vielmehr „prinzipiell in das Licht der Öffentlichkeit" (Hesse 1995: 62) gerückt werden. Seit der Herausbildung des Bürgertums und im Zuge der Aufklärungsphilosophie ist Öffentlichkeit zur „Chiffre für Freiheit der Diskussion, Vernunft der Argumente und Richtigkeit der Entscheidung", im Kern also zum „Lebensgesetz der Demokratie" (Depenheuer 2000: 7) geworden. In der freiheitlichen Demokratie ergibt sich daher ein „Rechtfertigungsgefälle". Nicht-Öffentlichkeit, Vertraulichkeit und Geheimhaltung stellen die „die Abweichung von der Regel" (Jestaedt 2000: 88) dar. Auch wenn Diskretion und vertrauliche Interessenabklärung vor allem in den Räumen der Entscheidungspolitik unverzichtbar sind (vgl. auch Kap. 4 in diesem Band), müssen sich politische Alternativen letzthin im freien und offenen Austausch bewähren.

Doch darf Legitimation durch Kommunikation nicht auf eine Top-down-Politikvermittlung reduziert werden, die allein einer institutionellen Spitze abverlangt wird. Das durch Kooperation und Politikverflechtung gekennzeichnete, inzwischen wohl etwas voreilig als „postparlamentarisch" charakterisierte politische System der Bundesrepublik stellt in Wirklichkeit ein „komplexes Arrangement verbundener Arenen" (Benz 1998: 201f.) dar, in denen unterschiedliche Kommunikationsleistungen zu erbringen sind. So ist auch der Glaube an eine politische Akzeptanz sichernde „lineare Legitimationshierarchie" (Hoffmann-Riem 2003: 30), die sich allein auf die hoheitlichen Institutionen des Staates konzentriert, längst erschüttert. Und deshalb gilt das Prinzip der Legitimation durch Kommunikation inzwischen für alle anderen relevanten gesellschaftlichen Akteure. Wer im gesellschaftlichen oder politischen Raum Einfluss ausüben will *und* dabei Legitimität beansprucht, kann dies im Letzten dann nur im Lichte der Öffentlichkeit erfolgreich tun.

Aus verfassungsrechtlicher und idealistisch-demokratietheoretischer Sicht mag dieser Anspruch als selbstverständliche Voraussetzung für die „Rationalisierung des politischen Prozesses" (Hesse 1995: 62) erscheinen. Rationalität setzt aber voraus, dass die Massenmedien tatsächlich auch entsprechende Leistungen für das demokratische System erbringen. Ob von einem eher realistischen oder einem eher idealistischen Demokratiekonzept ausgehend – die Zukunft der Demokratie und der Erfolg demokratischer Regierungsweise hängt nicht zuletzt davon ab, ob sich „die Interaktionseffekte" zwischen Politik und Medien als hilfreich für die Lösung politischer Probleme erweisen oder ob sie „problemverstärkende" Wirkung entfalten (Schmidt 2000: 513). Öffentlichkeit ist also nicht per se ein Rationalitätsgarant für den demokratischen Prozess. Nicht selten wird Öffentlichkeit zum „Symbol für die durch Transparenz erzeugte Intransparenz" (Luhmann 2000: 287). Diese lakonische Bemerkung des Systemtheoretikers Niklas Luhmann gewinnt vor allem dann an Gehalt, wenn durch spektakuläre Inszenierungen die Aufmerksamkeit auf politisch Nebensächliches gelenkt wird, derweil in diskreten Verfahren relevante politische Entscheidungen ausgehandelt werden.

16.1.3 Die Medien: Medium, Faktor und Akteur

Bereits in seinem ersten Fernseh-Urteil sprach das Bundesverfassungsgericht davon, dass die Medien nicht nur „Medium", also Forum und Plattform unterschiedlicher Meinungen und Interessen, sondern auch ein „eminenter ‚Faktor' der öffentlichen Meinungsbildung" (BVerfGE 12: 205ff.) seien. Mehr als drei Jahrzehnte nach diesem Urteil hat sich das Mediensystem dynamisch verändert. Der Medienmarkt ist weithin liberalisiert und in hohem Maße kommerzialisiert. Dank technologischer Fortschritte wurden die Möglichkeiten zur Übertragung und Speicherung von Informationen in einer kaum vorstellbaren Weise gesteigert. Das macht inzwischen auch die Grenzen zwischen Individual- und Massenkommunikation fließend. Die quantitative Ausweitung der Anbieter – öffentlich-rechtlicher und privater – im elektronischen Bereich einerseits und die Differenzierung der Angebote bei gleichzeitiger Konzentration mit häufig verschachtelten Konzern- und komplizierten Eigentumsstrukturen andererseits haben die medialen Verhältnisse unübersichtlicher gemacht. Verstärkt werden diese Entwicklungen durch den Trend vom überschaubaren, politisch einstmals noch deutlich profilierten Medienunternehmen zum multimedialen Contentprovider, vom Verleger mit einem auch politisch-weltanschaulichen Impetus hin zum betriebswirtschaftlichen Managertyp, der mit unterschiedlichsten Produkten eine expansive Marktstrategie verfolgt, was gelegentliche einseitige politische Parteinahmen nicht ausschließt.

Dies alles verändert nicht nur den Öffentlichkeitsprozess in Richtung eines mehr und mehr an Gewinnmaximierung interessierten und weniger an den Angelegenheiten der res publica orientierten Publikationsmarktes. Es führt auch dazu, dass sich die Medien weiter von der Politik entfernen. Dabei vergrößert sich die Diskrepanz zwischen der Nachfragelogik des publizistischen Gewerbes und der Eigenlogik des politisch-administrativen Systems. Denn kennzeichnend für den institutionalisierten Politikbetrieb ist nach wie vor weniger die spektakulär inszenierte Politikerentscheidung. Zumindest in der Routinepolitik findet eine wenig publizitätsträchtige Interessenabklärung im Rahmen von Verhandlungssystemen unter Beteiligung staatlicher und gesellschaftlicher Akteure statt. Hier dominieren typischer Weise verwaltungsspezifisches Kleinarbeiten und rechtsstaatliche Verfahren. Auf einem Medienmarkt aber, auf dem die Steigerung der Informationsqualität nicht unbedingt zur Verbesserung von Verkaufszahlen und Einschaltquoten führt, fehlt diesem Ausschnitt politischer Realität jeder medienspezifische Charme.

16.1.4 „Darstellungspolitik" und „Entscheidungspolitik"

Völlig abstinent gegenüber diesem Markt kann sich die Politik jedoch nicht verhalten. Denn Politik und Medien sind aufeinander angewiesen. Im politischen Alltagsgeschäft stehen sie sich nicht in einer Art gewaltenteilendem Verhältnis – Medien als „vierte Gewalt" – gegenüber, so sehr sich dieses Bild als Schulbuchweisheit festgesetzt haben mag und unter Berücksichtigung des Meinungsfreiheitsgebots nach Art. 5 des Grundgesetzes als normatives Regulativ nach wie vor seine Berechtigung hat. Ebenso wenig trifft die Vorstellung einseitiger Abhängigkeit bzw. Instrumentalisierung in der Regel den Kern politisch-medialer Interaktionsbeziehungen. Kennzeichnend für das Beziehungsgeflecht erscheint eher das Bild einer Symbiose auf der Basis eines Tauschverhältnisses. Man braucht sich wechselseitig. Die Politik sucht Publizität, verfügt aber kaum mehr über eigene Publikationsmittel und muss sich deshalb der allgemein zugänglichen Massenmedien als Plattform bedienen. Zugleich sind die Medien für die Politik unverzichtbare Umweltbeobachtungssysteme, zum einen zur Selbstbeobachtung der Politik, zum anderen zur Beobachtung der gesellschaftlichen Umwelt. Die Medien ihrerseits suchen die Nähe zur Politik, weil sie an möglichst exklusiven und kontinuierlich fließenden Informationen interessiert sind.

Wenn die Einschätzung zutrifft, dass sich Politik aufgrund dieser Entwicklungen zunehmend an Logik und Funktionsmechanismen des Medienbetriebs orientieren muss und orientiert, dann stellt sich die Frage nach den Folgen eines möglichen politisch-medialen Verdrängungswettbewerbs. Entkoppelt sich die Logik des Darstellbaren mehr und mehr von der Logik des Entscheidungsnotwendigen? Verdrängt der vermeintliche Zwang zur „Darstellungspolitik" die Notwendigkeiten für unpopuläre „Entscheidungspolitik" (vgl. dazu Kap. 7 in diesem Band)? Welche langfristigen Konsequenzen hat es für die Lösung der großen politischen Aufgaben, wenn Medienattraktivität und Kommunikationskompetenz zu einer mitentscheidenden oder gar entscheidenden Erfolgsprämie werden?

16.1.5 Kommunikationsabhängigkeit und Enttäuschungsanfälligkeit

Dauerkonjunktur hat jedenfalls die Diskussion um eine Professionalisierung der politischen Kommunikation (vgl. Tenscher 2003), die Intensivierung der Öffentlichkeitsarbeit; zunehmend Interesse finden jedenfalls politisches Marketing, professionelles Informations- und Ereignismanagement oder wie immer man die Bemühungen um eine bessere mediale „Politikvermittlung" (vgl. Sarcinelli 1987a und 1998a; Jarren/Sarcinelli/Saxer 1998; Jarren/Donges 2002a und b) nennen mag. Es macht die „Dynamik der Kommunikationsgesellschaft" aus, dass Kommunikation zum „strategischen Spiel (wird), das über Erfolg und Misserfolg von Individuen, Organisationen, gesellschaftlichen Gruppen und ganzen Gesellschaften entscheidet" (Münch 1995: 83).

Für die auf Zustimmung angewiesen Akteure demokratischer Politik steigen die Anforderungen an Kommunikations- und Medienkompetenz zudem auch deshalb, weil sich die politisch-weltanschaulichen Bindungen an die für kollektive Sinnvermittlung maßgeblichen Institutionen der Willensbildung und Interessensvermittlung im Zuge gesellschaftlicher Modernisierung gelockert haben und weiterhin lockern. Ob es um die formelle Parteimitgliedschaft oder um Parteiidentifikation im Sinne einer dauerhaften gefühlsmäßigen politischen Bindung, um die Gewerkschafts- und Verbandszugehörigkeit oder um die Kirchenbindung geht – der Einfluss und Verpflichtungscharakter dieser sozialen Kontexte für ein bestimmtes politisches Verhalten ist zwar nicht gänzlich verschwunden, wie vielfach übertreibend behauptet wird, doch wird er brüchiger. In dem Maße aber, wie politisches Verhalten für eine immer größer werdende Zahl von Bürgern ein Verhalten der „Wahl" ist, also des nutzenorientierten Kalküls im Rahmen kurzfristiger Entscheidungsmotive, wird die Politik auch enttäuschungsanfälliger und damit kommunikationsabhängiger. Deshalb steigt der Einfluss von Information und Kommunikation und wächst auch das politische Interesse an medienadressierter ‚Legitimation durch Kommunikation'.

Das muss nicht unbedingt ein Verlust für die Demokratie sein. Ebenso wenig rechtfertigt der verstärkte Kommunikationsdruck die bedingungslose Unterwerfung politischen Handelns unter eine publikumszentrierte Medienlogik oder schieren Populismus. Hier sollte die Widerstandskraft der Eigenlogik des Politischen nicht unterschätzt werden. Dennoch bleibt unbestreitbar, dass politischer Erfolg in der Mediengesellschaft auch und nicht zuletzt auf der „Galerie", also von den „Laien" des Medienpublikums und nicht allein in den politisch-institutionellen „Arenen" entschieden wird (vgl. Gerhards/Neidhardt 1993). Den Medien- und Meinungsmarkt kompetent zu bedienen, ist demzufolge für zustimmungsabhängige Politik zu einem wichtigen politischen Kompetenzfeld geworden. Das kann allerdings nicht ohne Folgen für die Hauptakteure des parlamentarischen Regierungssystems in einer Parteiendemokratie bleiben.

16.2 Die Parteiendemokratie in der Mediengesellschaft

Parlamentarische Regierungssysteme sind, in welcher Ausprägung auch immer, Parteiendemokratien. Die politische Steuerung des parlamentarischen Betriebs folgt deshalb „nicht der Logik von juristisch abgegrenzten Institutionen-Kooperationen", sondern im Letzten „einer parteipolitischen Logik" (von Beyme 1997: 93). Die Beschäftigung mit dem parlamentarischen Regierungssystem im Medienzeitalter erfordert deshalb besondere Aufmerksamkeit für die Parteien, die trotz wiederholter Abgesänge als Hauptakteure der politischen Willensbildung und Interessensvermittlung (vgl. Kap. 11 in diesem Band) fungieren.

16.2.1 Kein Ende der Parteiendemokratie in der Mediengesellschaft

Der bekannte Spruch, dass Totgesagte länger leben, trifft auch hier zu. Gemessen an der Dauerkonjunktur von Legitimationskrisendiagnosen erscheinen Parteien in Deutschland als eine Art anachronistisches politisches Wunder. Mehr der Steigerung publizistischer Aufmerksamkeit als der Wirklichkeit geschuldet erweisen sich denn auch die Spekulationen über ein „Ende der Parteien" in der Mediengesellschaft. „Nichts spricht für ein nahes Ende der Parteien als Organisationsform, aber nichts auch für ein absehbares Ende ihres schwierigen Umstellungsprozesses" (Meng 1997: 237; vgl. Poguntke 2000: 159, 187 und 244.). Auch wenn sich der Wandel „von der Parteien- zur Mediendemokratie" (vgl. zur Relativierung der These Sarcinelli/Schatz 2002) insgesamt als ein voraussetzungsvollerer, langwierigerer und keineswegs linear sowie auf allen Politikebenen gleich verlaufender Prozess erweist, so fordert der Kampf um öffentliche Aufmerksamkeit doch offensichtlich seinen Tribut.

Lange Zeit war – zeitweise sogar mit bundespräsidialem Segen – die Kritik an der Überdehnung des Parteienstaates und an der Uminterpretation des grundgesetzlichen Mitwirkungs- in einen politischen Allzuständigkeitsanspruch bestimmend (vgl. von Weizsäcker 1992; Hofmann/Perger 1992). Inzwischen hat die parteienkritische Debatte einen anderen Akzent. Bezweifelt wird, ob die Parteien ihr eigentliches politisches Kommunikationsprivileg, die Vermittlung zwischen gesellschaftlicher Vielfalt und staatlicher Einheit, die Transformation von „Volkswillensbildung" in „Staatswillensbildung" (Grimm 1991: 265) zu organisieren, unter den Bedingungen einer modernen Mediengesellschaft noch gewährleisten können. Immer wieder kommt bei der Frage, ob Parteien noch zum Management zunehmender Komplexität und zur Legitimation des Entscheidungsnotwendigen in der Lage sind, die „defizitäre(n) Kommunikation zwischen Parteien und Bürgern" (Stöss 2001: 35) in den Blick. Man habe sich nicht vermitteln können, gehört – ob berechtigt oder nicht – mittlerweile zur Standarderklärung nach politischen Misserfolgen.

Dabei verdient sowohl die externe als auch die interne Kommunikationswirklichkeit der demokratischen Parteien Interesse. Beide sind für die Problemdefinition, für die Formulierung von Alternativen und für die Politikdurchsetzung im parlamentarischen Regierungssystem Deutschlands von zentraler Bedeutung.

16.2.2 „Drinnen" und „draußen": Unterschiedliche Organisations- und Kommunikationswelten

Das Medienbild von Parteien ist organisationsblind und prominenzlastig. Auf wenige Spitzenakteure überwiegend der Bundesebene beschränkt, kommt die komplexe Akteurs- und Organisationswirklichkeit ausdifferenzierter politischer Großbetriebe, wie sie insbesondere die Volksparteien trotz anhaltendem Mitgliederschwund (vgl. Niedermayer 2007) immer noch darstellen, in der Regel nicht in den Blick. Die Parteien als geografisch und politisch-inhaltlich flächendeckende Kommunikationsnetzwerke mit vielen politischen Vorfeldorganisationen finden in den Medien nicht statt. Was zählt und Aufmerksamkeit sichert, sind Prominenz und Dissidenz, möglichst noch in Kombination miteinander.

Verankert in der Gesellschaft und zugleich direkt in die staatliche Ebene hineinwirkend sind die Parteien aber mehr als alle anderen Politikvermittlungsagenturen politische Zwitterwesen mit zwei unterschiedlichen Organisations- und Kommunikationswelten. In dieser „duale(n) Kommunikationslogik" (Wiesendahl 2002: 365; vgl. ders. 1998) der Parteien gibt es ein „drinnen" und „draußen". „Drinnen", das ist Kommunikation mit dem Ziel innergesellschaftlicher und -organisatorischer Interessenwahrnehmung und -integration. „Draußen" bezieht sich auf die Kommunikation mit dem Ziel des politischen Machterwerbs. In beiden Kommunikationssphären, der Parteienbinnenkommunikation wie der Parteienaußenkommunikation, kommen die Medien in unterschiedlicher Weise ins Spiel. Auf der Ebene der Ortsvereine ist massenmediale Kommunikation, sieht man einmal von lokalen Medien ab, von nachgeordneter Bedeutung. Hier gilt es „die primären gesinnungsexpressiven und sozialintegrativen Kommunikationsbedürfnisse der freiwilligen Mitglieder" mit den Resten eines „innerweltlichen Kirchencharakter(s) einstmaliger Gesinnungs- und Weltanschauungsparteien" (Wiesendahl 2002: 365f.) zu befriedigen. Zwar ist nur eine Minderheit der Mitglieder ständig in die Kontakt- und Kommunikationsnetze auf Ortsvereinsebene integriert. Dieser Kommunikationsraum dient jedoch als politisches Sozialisations-, Lern- und Politikvermittlungsumfeld. Er ermöglicht den Parteien „neben der kurzfristigen Mobilisierung von Wählerstimmen immer auch dauerhafte und verlässliche Anbindungen an ihre gesellschaftliche Umwelt ..., für die nicht die Medien, sondern nur Mitglieder und Unterorganisationen und grenzüberschreitende Vorfeldorganisationen von Parteien infrage kommen" (Wiesendahl 2001: 607 f.; vgl. Poguntke 2000).

Trotz einer weithin bedeutungslosen Parteipresse und dem daraus resultierenden Zwang, sich auch als Parteimitglied über die allgemeinen Massenmedien zu informieren, bietet die direkte Mitgliederkommunikation eine spezifische Form der Aneignung und Auseinandersetzung mit gesellschaftlicher und politischer Wirklichkeit, die das medienvermittelte Politikbild ergänzen oder korrigieren kann. Vor allem aber erscheint Mitgliederkommunikation nach wie vor geeignet, ein vom Medienbild relativ unabhängiges institutionelles „Vertrauenskapital" (Wiesendahl 2002: 376) zu erzeugen und zu pflegen. Gerade für die Vermittlung unpopulärer Entscheidungen im parlamentarischen Regierungssystem ist dieser Loyalitätspuffer innerparteilicher Solidarität nicht nur ein Faktor der Stabilität. Er stellt auch ein wichtiges Element politischer Durchsetzungsmacht dar, vor allem wenn es um die Verfolgung langfristiger Ziele geht. Umso problematischer ist zu bewerten, wenn diese vorparlamentarische Kommunikationssphäre von Medien wie von politischen Akteuren immer wieder unterschätzt, damit letztlich politisch marginalisiert und alle Energie auf die publizitätsträchtige Außenkommunikation verwendet wird.

16.2.3 Parteien im Kommunikationsspagat

Die neuen Anforderungen an die „Parteien in der Mediendemokratie" (vgl. von Alemann/Marschall 2002) hat die Parteienforschung inzwischen zu einer ganzen Reihe von parteientypologischen Überlegungen veranlasst: etwa zu der Vorstellung einer Entwicklung weg von Mitglieder- und hin zu „professionalisierten Wählerparteien" (von Beyme 2000), weg von Milieu- und Programmparteien hin zu Dienstleistungsorganisationen, zu Fraktionsparteien, zu staatsnahen „Kartellparteien" (Katz/Mair 1994), professionellen Kaderparteien oder eben auch zu modernen „Medienkommunikationsparteien" (Jun 1999). Gemeinsam ist diesen Konzepten, dass sie von einem Umsteuern der Parteien von der Beteiligung der Mitglieder auf die Befriedigung der Bedürfnisse von Klienten ausgehen (vgl. Weßels 2000: 46).

Tatsächlich experimentieren inzwischen alle Parteien in Deutschland mehr oder weniger intensiv mit z.T. gleichen und z.T. unterschiedlichen Ansätzen organisationspolitischer Modernisierung sowie mit spezifischen institutionellen Arrangements zur Modernisierung ihrer Kommunikationskompetenz. Insgesamt geht es dabei teils um Versuche einer verbesserten mitgliederunabhängigen, teils um eine mitgliederabhängige organisationspolitische Flexibilisierung. Mit beidem soll die innerparteiliche Kommunikation belebt und zugleich die Politikvermittlungskompetenz der Parteien nach außen verbessert werden. Das zielt einerseits auf die Revitalisierung der Mitgliederpartei und andererseits auf die modernisierte Berufspolitikerpartei, die sich in Sachen Demoskopie, Kommunikation und Medien mehr und mehr eines professionellen Handlungswissens bedient, um auf einem zunehmend mobilen Wählermarkt erfolgreich zu sein.

Konzeptionell am weitesten vorangetrieben ist diese Idee im Konzept der „Netzwerkpartei". Ganz auf Kommunikation ausgerichtet zielt das Modell der „Netzwerkpartei" auf die Steigerung der Kommunikationskompetenz eines professionellen Kerns, der inner- und außerparteiliche Kommunikation organisiert, politisch mobilisiert und auf diese Weise „Allianzen auf Zeit" und „lose verkoppelte Interessengemeinschaften" schmiedet (Machnig 2003: 58ff.; vgl. mit weiteren Verweisen Leggewie 2002). Mitglieder – zumal in Großparteien – sind in diesem Organisationskonzept eigentlich ein organisationspolitischer Störfaktor, eine eher lästige Größe. Vielstimmig, umständlich und nicht selten organisations-konservativ behindern Mitglieder doch jede forsche organisationspolitische Modernisierung und straffe Führung. Was mit Blick auf die parteientypologische Debatte als mehr oder weniger einheitlicher Modernisierungstrend erscheinen mag, birgt die Gefahr einer weiteren Vertiefung der „kognitiven Entfremdung" (Wiesendahl 2002: 378) zwischen zwei unterschiedlichen politischen Kommunikationskulturen und Deutungswelten in sich. Dennoch gibt es zum Spagat zwischen einer modernisierten Parteibinnen- und Parteiaußenkommunikation keine Alternative (vgl. Sarcinelli 2007 sowie Kap. 11 in diesem Band).

Allerdings: Auch im Medienzeitalter werden Parteien nicht zu „Event-Agenturen" (vgl. Sarcinelli 2002c). Ein Parteienwettbewerb, der im parlamentarischen Regierungssystem mit dem kurzfristigen Erfolg auf der Medienbühne allein den „homo oeconomicus" einer „Wahldemokratie" im Blick hat, jedoch den „homo politicus" einer nach wie vor durch vergleichsweise große Mitgliederparteien geprägten „Mitwirkungsdemokratie" (Sartori 1992: 113f.) aus den Augen verliert, begibt sich nicht nur geradewegs in eine Modernisierungsfalle. Er macht das parlamentarische Regierungssystem auch schutzlos gegen „launische Stimmungstrends" und „demütigende plebiszitäre Abstrafaktionen" (Wiesendahl 2001: 596). Ein solcher Parteienwettbewerb weicht dann der Wirklichkeit aus, wenn er die Ungewissheiten schwankender Stimmungen mit „Strategien der Risikovermeidung" und „Zukunftsverweigerung" (Kielmansegg 2003) beantwortet. Im Ergebnis entzieht sich die Parteiendemokratie damit langfristig ihre Legitimation, weil die Parteien zunehmend weniger als Repräsentanten gesellschaftlicher Konfliktlagen und politisch-weltanschaulicher Alternativen und mehr als Repräsentanten politischer Stimmungen wahrgenommen werden.

16.3 Das Parlament: medienattraktives Staatsnotariat oder mehr?

16.3.1 Institutioneller Mittelpunkt und Auswanderung der Politik

Auch das Parlament steht nicht außerhalb der Wandlungsprozesse in der Mediengesellschaft. Das verdient umso mehr Interesse, als im parlamentarischen Regierungssystem gemeinhin das Parlament als der wichtigste Ort demokratischer Legitimation gilt. Als „institutionellen Mittelpunkt des politischen Lebens der Bundesrepublik, als das durch freie und gleiche Wahlen hervorgegangene unmittelbar legitimierte ‚besondere Organ', dem die Entscheidung über die grundlegenden

Fragen des Gemeinwesens anvertraut ist und in dem Kritik und Alternativen zur Geltung zu bringen sind" (Hesse 1995: 246), konstituiert denn auch das Grundgesetz den Deutschen Bundestag. Damit kommt dem Parlament die Funktion einer Schlüsselinstitution demokratischer Willensbildung und Entscheidungsfindung zu. Es sollte die „zentrale politische Kommunikationsagentur" (Patzelt 1998: 431) in einem komplexen Netzwerk politischer Kommunikation sein.

Diese normative Zuschreibung für das Parlament als prominenteste politische Bühne und als konstitutioneller politischer Mittelpunkt scheint weit entfernt von der politischen Wirklichkeit. Nicht zu übersehen ist vielmehr – in der medienöffentlichen Darstellung und subjektiven Wahrnehmung wohl mehr als in der Realität – ein Bedeutungsrückgang des Parlaments als Institution. Dies hat verschiedene Ursachen und ist nicht allein die Konsequenz mediengesellschaftlicher Entwicklungen. Der politisch-institutionelle Ansehensverlust hängt vielmehr auch und vor allem mit dem besonderen Gewicht der Regierung als Ort der politischen Initiative und politischen Führung im parlamentarischen Regierungssystem zusammen und mit der schwer vermittelbaren Arbeitswirklichkeit eines in langfristige Planung und komplexe Problembearbeitung involvierten Gremienparlaments (vgl. Weßels 2003). Hier ist die Einhaltung strikter Informations-, Kommunikations- und Verhaltensregeln im Rahmen der Geschäftsordnung von Gesamtparlament und Fraktionen der Preis, den gerade die Fraktionen der Parlamentsmehrheit dafür zahlen müssen, dass sie „auf dem Wege der informalen Mitsteuerung einen substantiellen Beitrag" (Schwarzmeier 2001: 385) zur Formulierung der Regierungspolitik leisten können.

Neben der Gouvernementalisierung und Professionalisierung der Parlamentsarbeit wird außerdem die Auswanderung der Politik in mehr oder weniger prominent besetzte und schon deshalb öffentlich stark beachtete extrakonstitutionelle Gremien, Kreise und Kommissionen beklagt. Die Entinstitutionalisierung der Politik, so ein verbreiteter Eindruck, fördert Intransparenz, verschleiert politische Verantwortlichkeiten, degradiert das Parlament zur politischen Nebenbühne und zum „Stempelkissen" (Marschall 2007: 149) der Nation.

16.3.2 Parlamentarische Arenen: Zwischen Bühne und Entscheidungszentrum

Umso ernster zu nehmen ist die Sorge, dass die „einheits- und identitätsstiftende Funktion des Parlaments" (Grimmer 1993: 196) nicht mehr hinreichend zur Geltung kommt; dass der öffentlich wahrnehmbare parlamentarische Prozess als politisch irrelevant beurteilt und Politik als institutionalisiertes und Legitimation verschaffendes Verfahren nicht mehr mit dem Parlament in Verbindung gebracht wird. Denn trotz seiner legitimatorischen Sonderstellung kann sich der Deutsche Bundestag und schon gar nicht können die Landtage mit einer Art automatischem Aufmerksamkeitsbonus rechnen. Parlamente konkurrieren als Anbieter unter vielen um das knapper werdende Gut Aufmerksamkeit. Diese wird ihnen in der Regel dann geschenkt, wenn das parlamentarische Geschehen möglichst vielen „Nachrichtenfaktoren" (Scherer 1998: 693f.) entspricht, also medialen Darstellungsregeln folgt.

Aber nicht alles hat im parlamentarischen Bereich Nachrichtenwert. Auch hier gibt es ein „Drinnen" und „Draußen" unterschiedlicher Kommunikationswelten, ist „zwischen der Schauseite und ihren alltagspraktisch-operativen Aspekten", zwischen parlamentarischer „Arbeits-, Durchsetzungs- und Darstellungskommunikation" (Patzelt 1998: 437) zu unterscheiden. Kollegialität, Diskretion und Sachlichkeit bestimmen die von Experten dominierte und durchaus leistungsfähige Binnenkommunikation des Bundestages als „Arbeitsparlament" (Steffani), bei der sich das „Spiel über die Bande der Öffentlichkeit" (ebenda) nicht selten gerade dann verbietet, wenn man bei der Durchsetzung erfolgreich sein will. Die parlamentarische „Darstellungskommunikation" dient demgegenüber der Präsentation der zentralen, zumeist bekannten Argumentationsfiguren. Mit ihr werden die wesentlichen Kommunikations- und Entscheidungsprozesse im Plenum (medien)öffentlich ‚ausgestellt'. Bei näherer Betrachtung lässt sich damit ein komplexes „Arenenmodell parlamentarischen Handelns" (vgl. Kap. 14 in diesem Band) mit jeweils spezifischen kommunikativen Anforderungen zeichnen.

16.3.3 Der Bundestag: „In der Mediendemokratie ankommen"

Die Klage über die reduzierte, medienvermittelt wahrzunehmende Parlamentswirklichkeit ist nicht neu (vgl. Loewenberg 2007). Sie gab bereits mehrfach Anlass für Vorschläge zur Parlamentsreform. In der Wissenschaft ebenso wie in der Parlamentspraxis hat sie zu einer intensiven Beschäftigung mit Verbesserungsmöglichkeiten der parlamentarisch-administrativen Öffentlichkeitsarbeit wie auch der politischen Parlamentsarbeit selbst geführt (vgl. Sarcinelli 1994a; Czerwick 1998; Marschall 1999).

Einen neuerlichen, nicht allzu stark beachteten Vorstoß in diese Richtung unternahm die seinerzeitige Vizepräsidentin des Deutschen Bundestages Antje Vollmer im Rahmen eines Zeitungsbeitrages, an dem sich zugleich einige Grundsatzprobleme zur Darstellung und Wahrnehmung des Parlaments in der Medienöffentlichkeit verdeutlichen lassen. Ausgangspunkt ihres Artikels war die baulich-ästhetische Überzeugungskraft und Attraktivität der Parlamentsarchitektur, die Besucherströme vor allem in die Berliner Reichstagskuppel zieht. Die Bürger, so Vollmer, richteten ihre Aufmerksamkeit jedoch „mehr auf die schöne Hülle des deutschen Parlaments als auf die Arbeit, die darin stattfindet" (Vollmer 2002). Und mit Verweis auf die Konkurrenz zu verschiedenen reichweitenstarken Polit-Talkshows im Fernsehen sowie auf das öffentliche Interesse für außerparlamentarische Expertenrunden – sie nennt sie „Nebenparlamente" und „Nebenautoritäten ohne Mandat" – fordert Vollmer, das Parlament wieder mehr zu einer politischen Arena zu machen. Diese solle einen „Gegenpol zum Fernsehen" bilden. Das Parlament müsse in der modernen Mediendemokratie ankommen. Dabei empfiehlt sie einerseits Stilmittel des Medienbetriebs auch zum Gebrauch im parlamentarischen Alltag, wie beispielsweise die „Technik der Zuspitzung" oder die Prominenzierung der Plenardebatten durch die erhöhte Präsenz des politischen Spitzenpersonals. Andererseits rät sie im Grundsätzlichen zu mehr Abstand gegenüber den Medien. Die Fronten dürften nicht verwischt werden. In der Mediendemokratie anzukommen bedeute eben auch, „die Medien als eigenständige Machtsphäre statt als verlängerten Arm des Politischen zu begreifen". Parlamentarier brauchten „Distanz und Unabhängigkeit, während die vermeintliche Nähe und Intimität die Kumpanei sowohl für den Journalisten als auch für den Parlamentarier Unfreiheit gegenüber seinem eigenen Job bedeutet" (ebenda).

Hinter diesen Vorschlägen steckt die begründete Furcht, dass die Vorbehalte gegen Entscheidungsverfahren der repräsentativen Demokratie durch spektakulär in Szene gesetzte Nebenautoritäten ohne demokratische Legitimation, vor allem aber durch Angriffe der selbst ernannten Sprecher der vermeintlichen Volksseele zunehmen und das Vertrauen in die demokratischen Institutionen weiter schwindet. Deshalb plädiert Vollmer für eine den Erwartungen der Mediengesellschaft angepasste Modernisierung des Parlaments- und vor allem des Debattenstils. Damit zielt sie auf die Verbesserung der institutionellen Autorität des Deutschen Bundestages durch eine stärkere Unabhängigkeit der Parlamentarier sowie durch eine moderate Beachtung mediengesellschaftlicher Aufmerksamkeitskriterien.

16.3.4 Das Plenum als Bühne, Staatsnotariat oder Diskursraum?

Die Diagnose zum negativen Erscheinungsbild des Deutschen Bundestages dürfte kaum strittig sein. Mehr Interesse verdient allerdings die Frage, mit welchen politischen Nebenwirkungen eine Therapie verbunden ist, die letztlich auf die Steigerung der Publikums- bzw. Medienattraktivität des Parlaments, genauer des Plenums als beachtete politische Arena zielt. Verbindet sich damit nicht zwangsläufig ein Verständnis von Parlamentarismus, nach dem die Abgeordneten mehr als unabhängige treuhänderische Anwälte („trustee"), denn als abhängige Delegierte einer Wählergruppe oder Partei („delegate") begriffen werden? Das Modell einer parlamentarischen Diskurs- und Versammlungsöffentlichkeit: Das Plenum des Deutschen Bundestages als oberstes Entscheidungszentrum, im Idealfalle eine Art Forum rationaler Argumentation und Überzeugungskommunikation für Volksvertreter, die sich parteipolitisch unabhängig und „nur ihrem Gewissen unterworfen" (Art. 38 GG) nach streitiger Debatte überzeugen lassen und dann entscheiden. Das klingt wie eine idealisierende Karikatur der parlamentarischen Praxis. Jedenfalls geht es an der politischen Wirklichkeit eines „Fraktionenparlaments" vorbei, in dem die Abgeordnetenrechte „weitgehend kolonialisiert" sind, einem „Parteienparlamentarismus", in dem politische „Bekehrung" sogar als „degoutant" empfunden wird (von Beyme 1997: 247 und 249; vgl. auch Herzog 1993a: 27).

Sicherlich war mit diesem neuerlichen Vorstoß zur Belebung der Parlamentsarbeit keine Kehrtwende zurück zum klassisch-liberalen Honoratiorenparlamentarismus beabsichtigt. Vielmehr ging es um Anregungen für eine attraktivere Debattenkultur, Akzentverschiebungen also gegenüber dem sterilen Politikalltag eines disziplinierten Fraktionen- und Parteienparlamentarismus. Diese Impulse wären umso ernster zu nehmen, wenn sie mit parlaments-, wahl- und parteienrechtlichen Überlegungen verbunden würden. Das beträfe etwa die Frage, wie die Stellung der Abgeordneten auch durch neue Regeln in der Geschäftsordnung von Gesamtparlament und Fraktionen wie überhaupt durch eine bessere Beteiligung von Parteimitgliedern und Wählern beim Kandidatenrekrutierungsprozess gestärkt werden kann. Verfassungsrechtlich gesprochen, liefen diese Bemühungen dann auf eine Neujustierung des im Grundgesetz angelegte Spannungsverhältnisses zwischen Abgeordnetenfreiheit (Art. 38 GG) und Parteienstaatlichkeit (Art. 21 GG) hinaus. Für eine moderate Neujustierung spräche, dass sich dieses Verhältnis in der parlamentarischen Praxis des Bundestages inzwischen einseitig in Richtung Parteienparlamentarismus verschoben hat.

Nicht die Steigerung vordergründiger Medienattraktivität wird dem Parlament Legitimitätsgewinn verschaffen, sondern ein neu austariertes Verhältnis „zwischen professioneller, ordnungs- wie geschäftsmäßiger Aufgabenerledigung und – für ein erfolgreiches Parlament ebenso professioneller – Offenheit und Kreativität" (Schüttemeyer 1999: 495). Es sollte sich nicht der Eindruck eines Plenums als öffentliches Staatsnotariat festsetzen, kaum mehr zur Unterhaltung des Publikums geeignet; allenfalls eine Nebenbühne, auf der schließlich abgesegnet wird, was anderswo (vor)entschieden wurde. Zwar sind die Medien auch Bühne und Testgelände für die Trag- und Durchsetzungsfähigkeit von politischen Positionen. Werden jedoch alle rhetorischen Varianten wieder und wieder auf den verschiedensten Medienbühnen durchgeprobt, so darf man sich nicht wundern, wenn die schiere Wiederholung des Bekannten im Plenum des Parlaments zum ‚Aufmerksamkeitskiller' wird.

Vermittelt werden muss vielmehr, dass die Parlamentsdebatte eingebettet ist in ein Mischsystem aus eher vertraulich operierender Konsens- und Verhandlungsdemokratie einerseits und öffentlichkeitsadressierter Mehrheits- und Konfliktdemokratie andererseits (vgl. Marschall 2002). Die Güte dieses unvermeidlich komplexen politischen Kommunikationsgeflechts bemisst sich dann aber nicht allein am schönen Schein inszenierter Parlamentsdebatten, sondern an der Qualität der politischen Problemlösungen. Wenn beides in der Politikvermittlung gelingt, wird dies nicht nur dem Ansehen des Parlaments zuträglich, sondern auch der Akzeptanz des demokratischen Systems insgesamt zugute kommen.

16.4 Medialisierung des Regierungsstils

16.4.1 Regierungssystem mit medialer Kanzlerhegemonie

Regieren heißt in allen liberalen Demokratien Handeln unter den Bedingungen wachsender Unsicherheit. Dafür gibt es eine Reihe von Gründen. Autoritative Entscheidungen werden im Zuge verstärkter partizipatorischer Ansprüche weniger akzeptiert. Parteiprofile werden undeutlicher. Damit aber erscheinen auch politische Vertretungsansprüche heterogener. Steigende Problemkomplexität erfordert die Einbeziehung von institutionellen und fachlichen Autoritäten. Schließlich schafft die zunehmende Entgrenzung des Politischen nationale und internationale Verflechtungen, die den Kooperations- und Koordinationsbedarf ständig erhöhen. So gesehen ist Regieren im Rückblick auf die letzten fünf Jahrzehnte auch in Deutschland „anspruchsvoller, komplizierter und zeitaufwändiger" (Wewer 1999: 519) geworden. Dies hat nicht nur mit den veränderten Rahmenbedingungen des Medienzeitalters zu tun.

Die populäre Charakterisierung des deutschen Regierungssystems als „Kanzlerdemokratie" (vgl. Niclauß 1988; Haungs 1989; Kempf/Merz 2001: 76 ff.) war wissenschaftlich nie unumstritten. Denn bei aller Konstanz politischer Konfliktregelungsbedingungen, was den verfassungsrechtlichen Kompetenzrahmen, was Koalitionsabhängigkeiten, föderale Verflechtung, Verrechtlichung und Problemvernetzung betrifft, gab es immer auch Wandel in den gouvernementalen Entscheidungskulturen, in den institutionellen Machtverhältnissen, den persönlichkeitsbedingten Politikstilen der Regierungsmitglieder und insbesondere der Regierungschefs (vgl. Korte 2000). Gleichwohl hat sich das „parlamentarische Regierungssystem mit Kanzlerhegemonie" (Steffani 1979: 155) auch in Deutschland in Richtung einer „prime-ministerial-government" entwickelt.

Legt man das Augenmerk weniger auf die exekutive Entscheidungsmacht als auf die exekutive Darstellungsmacht, dann verfügt gerade der Kanzler oder die Kanzlerin in der modernen Mediengesellschaft über eine Art mediale Hegemonie. Der alte Slogan „Auf den Kanzler kommt es an" gewinnt im Lichte der ‚Fernsehdemokratie' eine neue Bedeutung (vgl. z.B. Medientenor 2003, Forschungsbericht Nr. 128: 10f.). Wie aber verändern sich Stil und Substanz des Regierens unter den Bedingungen medialer Dauerbeobachtung und Dauerpräsenz? Was heißt es für das exekutive Spitzenpersonal, ‚Politik unter permanenter Medienaufsicht' zu betreiben? Der Wechsel von der Dauerkanzlerschaft Helmut Kohls zur Gerhard Schröder wurde vielfach und vorschnell als eine Art „Systemwechsel" öffentlich wahrgenommen (vgl. Bannas 2002; Korte 2003). Auch wenn dies eine zu kurzsichtige Perspektive ist, so lassen sich doch im – sicherlich etwas holzschnittartigen – Vergleich des „Systems Kohl" und des „Systems Schröder" einige typische Merkmale für Regierungsweisen aufzeigen, die auf Veränderungen in der Machtbasis und in der politischen Legitimationspraxis hinweisen. Erste Einschätzungen zum Kommunikationsstil der Kanzlerin Angela Merkel zeigen allerdings auch, dass es keine lineare Entwicklung hin zu einer mediendemokratischen Herrschaft gibt. Vielmehr scheint die „Kanzlerdemokratie" (Niclauß 1988; 1990) sowohl in institutioneller als auch in personeller Hinsicht hinreichend Raum für die Adaption neuer medialer Techniken, Instrumente, Kommunikationsstrategien und Politikvermittlungsstile zu bieten.

16.4.2 Die Kanzler und die Medien: Kohl, Schröder und Merkel als Beispiel

Dass sich der Langzeitkanzler Helmut Kohl (CDU), der über weite Strecken seiner Kanzlerschaft nicht gerade über die gängigen Attribute eines Medienstars verfügte, zum Ende seiner Amtszeit dennoch zu einer Art politisch-medialem Antistar wurde, sich zugleich eine gewisse Medienresistenz leistete (vgl. etwa die Weigerung dem Nachrichtenmagazin DER SPIEGEL Interviews zu geben) und medialen Anpassungszwängen weithin entzog, sollte über eines nicht hinwegtäuschen: Auch das „System Kohl" verfügte über ein hoch entwickeltes Instrumentarium zur Beobachtung und Beeinflussung der öffentlichen Meinung. Zudem rückten die zunehmende Amtsdauer und die mit dem Jahrhundertereignis der deutschen Einheit verbundene innen- und außenpolitische Schlüsselrolle den Kanzler in den Fokus medialer Aufmerksamkeit. Sprachverhalten, Telegenität und sonstige bei ihm nicht vorhandene Attribute medialer Performance erschienen angesichts der Relevanz substantieller politischer Entscheidungen zunehmend marginal.

Ein wohl noch wichtigerer Schutz gegen mediengesellschaftliche Anpassung bot dem Regierungschef seine parteiendemokratische Verankerung als langjähriger Parteivorsitzender. Denn das „System Kohl" fand seine Hauptlegitimationsbasis in der Partei. Über Jahrzehnte vertraut mit allen Gängen des innerparteilichen Labyrinths, mit Institutionen und Verfahren, vor allem aber gestützt auf ein lange gepflegtes Netz persönlicher Loyalitäten verfügte Kohl über eine solide parteiendemokratische Machtbasis. Die wichtigste politische Prämie demokratischer Regierungsweise im Rahmen dieses Modells war im Zweifelsfall

16.4 Medialisierung des Regierungsstils

seine Chance, auf die Zustimmung der Parteitagsdelegierten und die Loyalität der politischen Freunde und Funktionsträger in der weiten Unionslandschaft zählen zu können. Dieses Jahrzehnte lang vor allem durch informelle Kommunikation gepflegte, „geradezu osmotische Verhältnis" (Hermann Rudolph, zit. nach Niclauß 1988: 140) mit seiner Partei und ihren Funktionsträgern machte den Kanzler zwar für die Medien nicht unangreifbar. Es gab dem langjährigen Amtsinhaber aber eine gewisse Unabhängigkeit von den Tageslaunen der Medienresonanz und Publikumssympathie. Genaue Organisationskenntnis und ständige Pflege persönlicher Beziehungen sicherten die Loyalität von Funktionsträgern und Untergliederungen ebenso wie deren Mobilisierungsbereitschaft in Wahlkämpfen. Zugespitzt: Die parteiendemokratische Machtbasis gab dem Kanzler Schutz bei mediendemokratischen Konflikten. Das verzweigte Netz vertraulicher Binnenkommunikation machte das „System Kohl" teilweise immun gegenüber publizistischer Kritik von außen.

Der Wechsel im Kommunikationsstil hätte 1998 nicht offensichtlicher sein können, bediente doch Gerhard Schröder als Inhaber des politisch wichtigsten Amtes im Staat zunächst alle Erwartungen mediengeneigter Selbst- und Fremdinszenierung. Zunächst schien es, dass wie im Italien unter Berlusconi, wie in den USA unter Reagan und Clinton sowie im Großbritannien unter Blair auch in Deutschland mit einem medienversierten Kanzler Schröder Medienpräsenz und Fernsehkompetenz zum alles bestimmenden Merkmal des Regierungsstils werden würde, ein Wechsel also von der „Kanzlerdemokratie" zu einer Art „Teledemokratie" (vgl. Sarcinelli 1999c). Prägnanten Ausdruck fand diese zunächst wohl auch intendierte Legitimationsverschiebung in dem Kanzlerwort, man müsse jeden Tag so regieren, dass man am nächsten Sonntag Wahlen gewinnen könne. Diese wenige Monate nach Amtsübernahme gemachten Äußerungen wurden später relativiert. Bei aller damit wohl auch verbundenen Ironie, zeugen sie dennoch von der seinerzeitigen politischen Grundeinstellung: Regieren mit direkter und ständiger Legitimationsbeschaffung über die Medien. Nicht die Institutionen der repräsentativen Demokratie und parteiendemokratische Basispflege, sondern das Medienpublikum sollten der bevorzugte Adressat des Regierens sein: Das Spiel mit den Medien als Stil der Politikvermittlung im „System Schröder".

Nicht erst mit Gerhard Schröders vorzeitig beendeter zweiter Amtszeit als Bundeskanzler wurde jedoch offenkundig, dass sich Regieren und politische Führung nicht in Publizitätsgewinn und Publikumssympathie, in „public leadership" und „image management" erschöpfen (Helms 2001: 1497). Politisch auch in ihren früheren Ämtern systematisch unterschätzt, schien Angela Merkel zunächst in jeder Hinsicht, vor allem aber in ihrem Kommunikationsstil, wie ein medialer Anti-Typ, ja wie das personifizierte Gegenmodell zum Medienkanzler Schröder. Sozialisiert in der DDR und ausgebildet als Naturwissenschaftlerin vermittelte sie das Bild einer Physikerin der Macht, in der Politik nach Art einer Versuchsanordnung unpathetisch und „mit dem Charme unverdächtiger Harmlosigkeit" immer wieder „Handlungskorridore auszuloten und politische Optionen schnell zu nutzen" (Korte 2007: 11) weiß. Sehr bald wurde dann aber deutlich, dass sich die Kanzlerin moderner Kommunikationsmittel (z.b. SMS, Podcast) zu bedienen weiß. Der mit dem Amt und seinen nationalen und internationalen Handlungsoptionen verbundene Aufmerksamkeitsbonus ließ mit zunehmender Amtsdauer erkennen, dass sich hinter dem Stil demonstrativer Nichtinszenierung weniger das Desinteresse einer allein an effizienter Problemlösung orientieren Pragmatikerin steckt, als vielmehr professionelles Politikvermittlungskalkül.

Insgesamt machen die unterschiedlichen Politik- und Kommunikationsstile der Kanzler einmal mehr deutlich: Wenn es um den Umgang mit Medien geht, bietet das Amt des Bundeskanzlers bzw. der Bundeskanzlerin unterschiedliche Handlungsoptionen (vgl. Korte 2001: 6 ff.; ders. 2000). Es bringt zugleich aber auch institutionelle Handlungszwänge mit sich, die eine Reduktion auf „teledemokratisches" Agieren als allzu schlichtes Muster für Regierungshandeln erscheinen lassen. „Legitimation aus dem telegenen Schwung", „Telepolitik" (Korte 2001) oder das Prinzip „going public" (Kernell 1993) erweisen sich als ambivalente Kommunikationsstile. Ein Garant für erfolgreiches Regieren in der Mediengesellschaft sind sie nicht. Das politische Schicksal des Medienkanzlers Gerhard Schröder ist dafür sichtbarer Beleg. So ist auch in der „Mediendemokratie" die Partei eine unverzichtbare Machtressource. Gleiches gilt für die Fraktion. Beide bedürfen der ständigen Pflege im Rahmen zumeist wenig spektakulärer Binnenkommunikation (vgl. Walter 1997; vgl. auch Kap. 15 in diesem Band).

16.4.3 Präsidialisierung der Regierung: Stil und Substanz

Auch unter medialen Stressbedingungen folgt Regieren nicht eindimensional einer zwingenden Kommunikationslogik. Unverkennbar ist gleichwohl, dass die besondere Kompetenzausstattung, die Rahmenbedingungen des Amtes des Bundeskanzlers und die Anforderungen des modernen Medienbetriebes, in dem „die elektorale Zugkraft des politischen Führungspersonals immer wichtiger" wird, „Tendenzen zu einem präsidialen Regierungsstil" begünstigen (Poguntke 2000: 356, 359; Glaeßner 1999: 229).

Zu dieser präsidialen Regierungsweise gehört auch der „Trend, immer mehr Themen zumindest zeitweilig aus dem allgemeinen Verfahren zu ziehen (Runde Tische, Gipfel, Kamingespräche)" (Gebauer 1998: 471) und damit Vorentscheidungsverfahren mehr und mehr zu informalisieren. Das ermöglicht diskrete Inklusion und begünstigt stilles Regieren. Unter der Kanzlerschaft von Gerhard Schröder war dies verbunden mit „Netzwerk-Pflege" (Korte 2001: 9; ders. 2008)

16.4 Medialisierung des Regierungsstils

im Rahmen eines korporatistischen Führungsstils. Das Spiel mit vertraulichen „Kanzlerrunden", prominent besetzten „Bündnissen" und „Kommissionen" bietet dabei viele Gelegenheiten zu fernsehgerechten Auftritten. Hier kann dann die auch schon unter früheren Kanzlern zu beobachtende quasi-präsidiale Moderatorenrolle des Regierungschefs zum Tragen kommen (vgl. Murswieck 1990). Nicht weniger medienattraktiv vermochten es die Kanzler, ein Problem als „Chefsache" an sich ziehen und damit Verantwortung, Kompetenz und Führungsstärke zu demonstrieren. Mit solchen gouvernementalen Stilelementen lässt sich öffentlich wirkungsvoll operieren.

Dabei zielt die These einer durch die Medien mit bedingten „Präsidialisierung" nicht auf die konstitutionelle Veränderung des parlamentarischen in ein präsidentielles Regierungssystem, sondern auf die „Veränderung der Verfassungspraxis parlamentarischer Systeme", die eine gewisse Angleichung der Funktionslogik beider Regierungssysteme anzeigt (Poguntke 2000: 362). Diese findet ihren Ausdruck in einer „Schwächung des kollektiven Elementes zugunsten des individuellen, also zugunsten der Vorherrschaft des Regierungschefs" (ebenda: 363). Das personelle und charismatische Moment des Regierens wird gegenüber dem institutionellen gestärkt.

Dass medienattraktives Charisma eines politischen Spitzenakteurs allerdings keine bestimmte Charaktereigenschaft mit einem feststehenden Verhaltensrepertoire darstellt, sondern eine variable Größe, zeigen die kurzen Hinweise auf die Kommunikationsstile der drei Kanzler. Die Verbindung von Amt, Person und Aktion in konkreten politischen Situationen macht es möglich, dass ganz unterschiedliche Eigenschaftszuschreibungen vom Medienpublikum als mehr oder weniger charismatisch empfunden werden können. Was bei dem einen als tröge bewertet wird, wird bei dem anderen zum Ausdruck sachorientierter Bescheidenheit; was im einen Falle als professionelle Darstellungskompetenz beurteilt wird, wirkt im anderen Falle als überzogene politische Show.

Strukturell ist die Stärkung des charismatischen Elements in der Politik mit einer einer Konzentration der exekutiven Macht verbunden, die – zumindest in medialer Optik – den Kanzler gegenüber dem Kollegialorgan Regierung heraushebt und die Aktionseinheit zwischen Regierung und Regierungsfraktionen lockert. Während der Kanzler bzw. die Kanzlerin den überwiegenden Anteil an der Regierungsberichterstattung ausmacht, sind eine Reihe von Kabinettsmitgliedern über weite Strecken blinde Flecken in der Medienlandschaft. Allerdings geht es hier um variable Beziehungen und politische Kräfteverhältnisse, die nicht linear und eindimensional etwa einer Medienlogik folgen. So befand sich das politische Machtzentrum im Verlaufe der letzten Bundesregierungen mal im Kanzleramt, mal im Präsidium der führenden Regierungspartei oder in Koalitionsausschüssen, die aus den Spitzen von Partei, Fraktion und Regierung zusammengesetzt sind.

Man mag darüber streiten, ob die Gewichtsverschiebungen demokratischer Regierungsweise in Deutschland bereits als „Systemwechsel" (Günter Bannas) begriffen werden sollten. Unverkennbar werden jedenfalls Chancen und Neigungen der exekutiven Spitze begünstigt, in der Mediengesellschaft den „Weg zum Volk" direkt über die Medien zu suchen und sich durch Akklamation auf diese Weise eine eigene, quasiplebiszitäre Legitimationsbasis zu verschaffen. Die Dauerkonjunktur von veröffentlichten Umfragewerten unterstützt diese Entwicklung. Für den demokratischen Prozess ist diese Entwicklung folgenreich. Denn ein mehr und mehr medien- und demoskopiefixierter Regierungsstil reduziert zwar institutionelle (Regierung, Partei, Fraktion) Abhängigkeiten. Er macht dafür aber umso abhängiger von politisch-medialen Stimmungen (vgl. Seibt 2002; Meng 2002: 23). Deshalb sind auch Medienperformance und Kanzlercharisma politische ‚Lebensversicherungen' mit schwankendem Kurswert. Was in der Mediendemokratie als Machtprämie für schnellen Aufstieg und kurzfristige politische Durchsetzungsfähigkeit nützt, kann bei veränderter politischer Stimmungslage den politischen Absturz beschleunigen. Denn die Mediendemokratie steht zwar in Konkurrenz zur parlamentarischen Parteiendemokratie. Sie kann diese jedoch nicht auf Dauer überspielen. Deshalb hängt politischer Erfolg in Deutschland – bei aller Medialisierung – weiterhin und auf nicht absehbare Zeit ganz wesentlich von der kontinuierlichen kommunikativen Pflege von Partei und Fraktion als institutioneller Machtbasis ab.

16.5 Die liberale Demokratie im Medienzeitalter

Über die gesellschaftlichen und politischen Wirkungen eines so universalen Phänomens, wie es Kommunikation nun einmal darstellt, lässt sich trefflich streiten. Kein Wunder, dass auch über die hier exemplarisch beleuchteten Tendenzen moderner politischer Kommunikationskultur im parlamentarischen Regierungssystem Deutschlands kräftig spekuliert wird. Ob es um die These vom „Wandel der Parteien- in eine Mediendemokratie" geht, die These vom „Wandel des repräsentativen in ein präsentatives System" oder um die These vom „Wandel der Kanzlerdemokratie in eine Teledemokratie" – bei allen diesen vom Autor in früheren Publikationen vertretenen Thesen handelt es sich nicht um schlagartige Systemveränderungen, sondern um sehr langfristige Wandlungsprozesse unter spezifischen institutionellen, personellen, politisch-kulturellen Bedingungen und in variablen Machtkonstellationen. Dabei muss betont werden, was schon verschiedentlich in diesem Band vertreten wurde: Trotz aller mediengesellschaftlicher Entwicklungstendenzen vollzieht sich dieser Wandel nicht als linearer Prozess im Sinne einer einseitigen Ausrichtung auf die Medienlogik. Allein der

Glaube aber an solche Veränderungen dürfte politisch nicht ohne Folgen sein. Der medienöffentlichen Kommunikation über politische Kommunikation, also der Debatte über die symbiotische Verflechtung von Politik und Medien, die öffentliche Auseinandersetzung und Kritik mit Kommunikationsbedingungen, -strategien und -stilen kann dabei durchaus eine politisch-pädagogische Funktion zukommen (vgl. Kap. 2 in diesem Band).

Bei aller Vorsicht: Vier übergreifende, für die Demokratieentwicklung in Deutschland relevante, Tendenzen verdienen abschließend Beachtung:

1. *Auseinandertriften politischer Kommunikationswelten:* Die beiden Kommunikationswelten „Darstellungspolitik" und „Entscheidungspolitik" driften auseinander (vgl. Kap. 7 in diesem Band). Es verfestigt sich der Eindruck einer politisch-medialen Wirklichkeitsspaltung. Der Aufmerksamkeitswettbewerb verselbständigt sich mehr und mehr gegenüber dem politischen Entscheidungshandeln. Die Investitionen in die ingenieurhafte Planung von Politikdarstellungskompetenz steigen. Kommunikation droht damit eine Art sozialtechnologischer Sonderfall von Politik zu werden und nicht deren integraler Bestandteil. Während sich dies bei Akteuren der politischen Interessenvermittlung (z.B. Parteien, Verbänden etc.), z.T. aber auch bei Akteuren des politisch-administrativen Systems (z.B. Regierung, Parlament etc.) relativ leicht beobachten und analysieren lässt, liegen die Rückwirkungen der „Darstellungspolitik" auf die „Entscheidungspolitik" auch wissenschaftlich noch weithin im Dunkeln. Über Wechselwirkungen werden viele Vermutungen angestellt. Allein es fehlt an empirischen Entscheidungsanalysen in den verschiedenen Politikfeldern.
2. *Resistenz der Eigenlogik des Politischen:* Mutmaßungen über eine generelle Transformation des Politischen mit der Folge einer Kolonisierung der Politik durch die Medien lassen sich zwar durch die eine oder andere Alltagsbeobachtung immer wieder plausibilisieren. Empirisch stehen auch diese Thesen auf schwachen Beinen. Vielmehr spricht einiges dafür, dass es einen gegen Inszenierung widerständigen Kern des Politischen gibt, dass Medienlogik und politische Logik nicht einfach verschmelzen. Darauf deutet auch das gesteigerte, öffentliche Interesse an politischer Authentizität und Glaubwürdigkeit. Vielleicht ist es eine Gegenreaktion, dass mit zunehmender Professionalisierung der Kommunikation Originalität und Unangepasstheit mehr denn je gefragt sind und die Abneigung gegenüber politisch-medialer Stromlinienförmigkeit von politischen Akteuren ohne ‚Ecken und Kanten' wächst.
3. *Öffentlichkeit, Kommunikation und Transparenz:* Für die Demokratie bleibt Öffentlichkeit der Raum, in dem sich die Vorstellungen über alternative Politikentwürfe bewähren müssen. Ob ein Mehr an Medienpräsenz allerdings immer zu einer erhöhten Rationalität und Transparenz des politischen Pro-

zesses beiträgt, hängt von einer Reihe von Voraussetzungen ab: Von der Qualität des politischen Personals, von der Professionalität des Journalismus und von den Qualitätsansprüchen der Bürger, die nicht unterschätzt werden sollten. Letztlich kommt es auf eine politische Kommunikation an, die Politik transparent macht und Bürger nicht auf Distanz halten will, sondern einbezieht. Das zielt nicht auf situative Akklamation, sondern auf Beteiligung, erhöht die Entscheidungskosten, verschafft damit aber auch Legitimationsgewinn.

4. *Die Plebiszitarisierung der Politik:* In Politikdarstellung und Politikwahrnehmung verstärken sich die Tendenzen einer Quasi-Plebiszitarisierung des Politischen. Allerdings vollzieht sich auch diese Entwicklung nicht in Form eines linearen Plebiszitarisierungstrends. Politik erscheint mehr und mehr als medienöffentlicher Dialog zwischen der Politikprominenz und dem Publikum (vgl. Kap. 10 in diesem Buch). Das erhöht die Reichweite für Politik gerade auch in solche Teile der Bürgerschaft hinein, die geringes oder kein politisches Interesse haben. Und die Massenmedien geben – in Verbindung mit der Demoskopie – die Bühne ab, die der Politik die Beobachtung eines vermeintlich dauerpräsenten Volkswillen erlauben. Es höhlt jedoch auf Dauer die Autorität der Institutionen des parlamentarisch-repräsentativen Systems aus. Dafür spricht auch, dass die medienpräsente Politprominenz und die Bürger als Medienpublikum eine gewisse Abneigung gegen das Institutionelle in der Politik zu verbindet (vgl. Seubert 2002).

Verdrängt auf lange Frist die Legitimation des Augenblicks und die Illusion eines medialen „plebiscite de tous les jours" das Vertrauen in die Integrität institutioneller Verfahren als Bedingung einer jeden liberalen Demokratie? Entwickelt sich medienattraktiver Populismus zur „Billigvariante parlamentarischer Demokratie" (Lepenies 2003: 13)? Dies wäre nicht nur verhängnisvoll, weil eine medienfixierte Stimmungsdemokratie anfällig ist für kollektiven Irrtum. Es wäre auch für die liberale Demokratie folgenreich. Denn die freiheitliche Verfassung setzt nicht auf „identitäre Kurzschlüsse" (di Fabio 2002: 10) und auf die Legitimation des Augenblicks, sondern auf die Unterscheidung zwischen Freiheit und Herrschaft, auf das liberale Prinzip einer rechtsverpflichteten, institutionell grundierten Amtsautorität einerseits und das an Verfahren gebundene demokratische Prinzip der Volkssouveränität andererseits. Diese Balance gilt es auch im Medienzeitalter zu halten und auszuhalten. Gefährdet erscheint diese Balance weniger durch „Kommunikationsstress" als vielmehr durch medialen Stress, dem das parlamentarische Regierungssystem auch in Deutschland zunehmend ausgesetzt ist, von dem es sich jedoch nicht die politischen Spielregeln diktieren lassen darf.

17 Politik über den Tag hinaus: Strategie und politische Kommunikation

Politisches Handeln erfordert mehr als „bloßes Hantieren an den Stellschrauben des Systems" (Münkler 2010). Über die Fähigkeit zur Bewältigung tagesaktueller Herausforderungen hinaus bedarf es deshalb auch einer strategischen Perspektive in der Politik, einer Politik über den Tag hinaus. Mit der Frage, welche besonderen Aufgaben sich dabei für das Verhältnis von politischer Strategie und Kommunikation stellen, soll sich das letzte Kapitel dieses Buches beschäftigen.

Strategie im Kontext von Politik, das kann alles oder nichts sein. Jedenfalls teilt der Strategiebegriff mit „Politik" und „Kommunikation" das Schicksal des inflationären Gebrauchs. Kaum ein Lebensbereich, der nicht als politisch charakterisiert, in dem nicht von Kommunikation als Universalmechanismus gesprochen und der Anspruch auf strategische Verfolgung bestimmter Ziele nicht erhoben wird. Das sollte nicht davon abhalten, im Abschlusskapitel zu diesem Buch der Frage nachzugehen, ob und wie eine strategisch angelegte Politik möglich ist; eine Politik, die mehr als auf die „Legitimation des Augenblicks" (vgl. Kap. 16.5) zielt, eine ‚Politik über den Tag hinaus'. Welches sind die Akteure, die Adressaten und die Strukturbedingungen einer entsprechenden Kommunikation und von welcher Qualität können bzw. sollten Politik und Kommunikation in einem strategisch ambitionierten Kontext sein?

Strategien können mit Joachim Raschke und Ralf Tils als „erfolgsorientierte Konstrukte (bezeichnet werden, U.S.), die auf situationsübergreifenden Ziel-Mittel-Umwelt-Kalkulationen beruhen". „Strategisches Handeln" gilt dabei als „zeitlich, sachlich und sozial übergreifend ausgerichtet(es) und an strategischen Kalkulationen orientiert(es)" Tun. Strategie in der Politik unterscheidet sich von anderen Handlungsfeldern dadurch, „dass Politik nicht in Hierarchie oder Markt aufgeht, nicht vordergründig mit Gewalt- oder Tauschverhältnissen analogisiert werden darf, sondern ihren Platz im Spannungsfeld von Machtstreben und Problemlösung findet" (Raschke/Tils 2010: 11f.). „Strategische Politik" wird dabei als ein Politiktyp identifiziert, der sich von anderen Politiktypen wie etwa Routinepolitik oder situative Politik etc. abgrenzen lässt (Raschke/Tils 2008: 127).

Welcher Stellenwert kommt politischer Kommunikation im Rahmen der Trias strategischer Ziel-Mittel-Umweltkalkulationen zu? Wo ist der Ort des Kommunikativen im strategischen Kalkül? Mit Blick auf den skizzierten Charakter politischen Handelns als stets auch kommunikativer Akt sollte Kommunikation nicht etwa als eine vierte Dimension nach Art eines separierten Teilbereichs von Politik verstanden werden. Aber kann Kommunikation „zentraler Operationsmodus" (Marcinkowski 2002: 246; Kap. 1.1 in diesem Buch) auch strategisch angelegter Politik sein? Werden nicht gerade die Medien, wie überhaupt der moderne Kommunikationsbetrieb in der Mediengesellschaft, als Hauptschuldige dafür ausgemacht, dass politische Strategien nicht mehr kommuniziert und deshalb auch kaum noch entwickelt werden können. Politik verliere sich stattdessen zunehmend in Stückwerkstechnik und stimmungsdemokratischer Situationsbewältigung, so der gängige Vorwurf. Diese durchaus verbreitete Meinung unterstellt, dass sich das als wichtig und richtig Erkannte kommunikativ nicht vermitteln lasse und eine Politik ‚über den Tag hinaus' unter den obwaltenden Bedingungen entwickelter Demokratien nicht mehr möglich sei.

17.1 Kommunikation, Politik und Macht

Die Klage politischer Akteure darüber, man habe sich nicht vermitteln können, gehört inzwischen zum Standardrepertoire rhetorischer Begründung und Rechtfertigung von politischen Niederlagen. Damit verbunden ist dann oft die Einschätzung, mit strategisch angelegten politischen Konzepten ließe sich keine Zustimmung organisieren. Angesichts der kurzen Wahlzyklen (Bundestags- und Landtagswahlen) in Deutschland, in denen regelmäßig politische Abstrafung drohe, fehlten Macht und Mut zu strategisch angelegter Politik. Zugleich wird in der politischen Publizistik die Kurzatmigkeit politischer Entscheidungen, das Fehlen von Langfristorientierung und überzeugenden Wertmaßstäben, kurz: die fehlende strategische Perspektive beklagt. So sehr diese Kritik an den Möglichkeiten politischen Handelns in modernen Gesellschaften und am Grad der Einsichtsfähigkeit der Bürgerinnen und Bürger politisch-medialen Alltagsbeobachtungen entsprechen mag, so offenbart sie doch ein problematisches Verständnis zum Verhältnis von Politik und Kommunikation. Danach wird Kommunikation von Politik lediglich als Ausdrucks-, Überzeugungs- oder Verständigungsmittel, als ein mehr oder weniger gebrauchsfähiger Appendix von Politik verstanden. Hier kommt nicht in den Blick, dass Kommunikation integraler Bestandteil von Politik selbst ist und schon immer war! Damit wird in diesem abschließenden Kapitel der Bogen wieder zurückgeschlagen zum Anfang dieses Buches (vgl. Kap. 1.1), der sich mit ideengeschichtlichen und demokratietheoretischen Begründungen für den interdependenten Zusammenhang von Politik und Kommunikation befasst.

Zwar kann man Kommunikation als ein allgegenwärtiges, soziales Phänomen bezeichnen, dem Allerweltscharakter zukommt. Im Zusammenhang mit Politik ist Kommunikation jedoch alles andere als ein Allerweltsphänomen. Um die bereits zu Anfang des Buches zitierte Hannah Arendt noch einmal zu Wort kommen zu lassen: Die „prinzipielle Scheidung von Reden und Handeln (ist) nicht statthaft", so die Politikphilosophin, weil „Reden selbst als eine Art Handeln" aufgefasst werden muss (Arendt 1993: 48; 1960: 214ff.). Für Jürgen Habermas löst Hannah Arendt damit „den Begriff der Macht vom teleologischen Handlungsmodell: Macht bildet sich im kommunikativen Handeln, sie ist ein Gruppeneffekt der Rede, in der für alle Beteiligten Verständigung Selbstzweck ist" (Habermas 1992: 231). Hannah Arendt hat es so ausgedrückt: Macht könne immer erst aus dem Zusammenhandeln der Vielen entstehen (Arendt 1993: 16) und dies geht eben nicht ohne Kommunikation.

Mag Kommunikation bei neorepublikanisch argumentierenden Theoretikern dem Ideal der Verständigung verpflichtet und integraler Bestandteil der Politik selbst sein, so hat sich Kommunikation im Zuge zunehmender funktionaler Differenzierung als ein gesellschaftliches Teilsystem herausgebildet, das im Zeitalter nahezu allgegenwärtiger Massenmedien auf die Fähigkeit zur Erzeugung publizistischer Resonanz und nicht unbedingt auf Verständigung hin angelegt ist. Das gilt für maßgebliche gesellschaftliche Akteure ebenso wie für die Politik. Denn in der modernen Massendemokratie ist mediale Resonanz überhaupt erst die Voraussetzung für Darstellung und Wahrnehmung von Politik und für die wechselseitige Beobachtung aller am Kommunikationsprozess Beteiligten, seien es politische Akteure, journalistische Beobachter oder auch Bürger.

Inzwischen hat sich Kommunikation zu einer eigenständigen Sphäre und zu einer hochspezialisierten Sozialtechnologie entwickelt. Eine wachsende Branche entsprechender Professionen – Sprecher, Öffentlichkeitsarbeiter, Berater, Spindoctors – bieten Kommunikationsdienstleistungen an. Dabei stehen weniger Fragen der strategischen Ausrichtung von Politik im Mittelpunkt des Interesses, als vielmehr medienöffentliche Oberflächenphänomene des Politikvermittlungsbetriebs und Möglichkeiten zur kurzfristigen Optimierung darstellungspolitischer Performance. Kennzeichnend dafür sind etwa Aktualitätsfixierung, mikroperspektivische Sichtweisen bei Vernachlässigung institutioneller und normativer Fragen, Amerikanisierungsanalogien, Verkürzung der Debatte über Erscheinungsweisen und Deformationen politischer Kommunikation auf Wahlkämpfe und Kampagnen, wie überhaupt eine starke Konzentration auf Darstellungspolitik unter Vernachlässigung entscheidungspolitischer Mechanismen und Verfahren (vgl. Kap. 1.3 in diesem Buch). Vielfach wird Kommunikation nicht als integraler Bestandteil von Strategieentwicklung – wie überhaupt von politischem Handeln selbst – begriffen, sondern als eine zur Politik hinzukommende Vermittlungstechnik, die in der Regel am Anfang und am Ende eines Politikzyklus zum Einsatz kommt: Kommunikation als Aufmerksamkeitsgenerator und als Legitimationsbeschaffer, nicht aber als Entwicklungs-, Überzeugungs- und Durchsetzungsbedingung politischer Strategie.

Erscheint eine solche sozialtechnologische Verkürzung des Kommunikativen in der Politik im Generellen problematisch, so wirft sie gerade auch im Zusammenhang mit einer sich als „strategisch" verstehenden Politik viele Fragen auf. Denn „Strategiefragen sind Machtfragen" (Machnig 2008: 39) und Machtfragen sind in der Demokratie immer auch Kommunikationsfragen! Insofern ist Kommunikation eine unverzichtbare, keineswegs aber hinreichende Bedingung von Politik. Politik erschöpft sich nicht in Kommunikation. In der „Routinepolitik" sowie im Verlauf politischer Problembearbeitung und interner Entscheidungsvorbereitung spielt massenmediale Kommunikation eine eher geringe Rolle (vgl. v. Beyme/Weßler 1998: 312ff.). Erst wenn Politik öffentlich werden muss, bei der Identifikation eines Problems und in Phasen der Politikentscheidung, kommt Kommunikation als (medien)öffentliches Phänomen ins Spiel.

17.2 Strategische Politik auf der Vorder- und Hinterbühne

Operativ lässt sich Kommunikation allerdings nicht allein auf die medialen Bühnen der „Darstellungspolitik" beschränken. Vielmehr muss sie auch die Arenen der „Entscheidungspolitik" und die Wechselwirkungen zwischen der Kommunikation auf der Vorder- und auf der Hinterbühne der Politik mit einbeziehen (vgl. Kap. 7 in diesem Buch). Die Generierung strategischer Ziele im demokratischen System ist kein technokratischer Vorgang, sondern ein hoch komplexes, kommunikatives Verfahren unter Beteiligung vieler Akteure. Einen zentralen Ort der Strategieentwicklung zu identifizieren, erweist sich deshalb als schwieriges Unterfangen. Verfassungsrechtliche Kompetenzen (z.B. Richtlinienkompetenz und Ressortverantwortung), politisch-administrative Zuständigkeiten (z.B. zwischen Bund und Ländern) und politischer Willensbildungsauftrag (insb. für Parteien) geben hier Anhaltspunkte, spiegeln jedoch nicht unbedingt die realen Machtverhältnisse als Grundlage für Strategieentwicklung und strategisches Handeln.

Mehr noch als bei der Routinepolitik bildet Kommunikation im Zusammenhang mit strategisch ambitionierter Politik den zentralen „Operationsmodus" (Marcinkowski) „bei der Formulierung, Aggregation, Herstellung und Durchsetzung kollektiv bindender Entscheidungen" (Jarren/Donges 2002a: 42). Das reicht dann weit über den medienöffentlichen Teil hinaus bewegt bzw. bewegt sich außerhalb öffentlicher Debatten und fragt eben nicht nur „nach den Voraussetzungen, Inhalten und Folgen von prinzipiell frei zugänglicher Kommunikation über alle Angelegenheiten von öffentlichem Belang" (Marcinkowski 2002: 244), sondern auch und vor allem nach den Kommunikationsmodi im Rahmen entscheidungspolitischer Binnenkommunikation.

Erweist sich schon der Versuch den systematischen Ort der Kommunikation im Zusammenhang mit strategischer Politik zu identifizieren als schwierig, so kann die in diesem Band näher ausgeführte Unterscheidung zwischen „Entscheidungspolitik" und „Darstellungspolitik" bzw. zwischen „Politikherstellung" und „Politikdarstellung" (vgl. Kap. 7) helfen, die spezifischen Kommunikationsbedingungen zweier Arenen des „Handelns" (Arendt) in Augenschein zu nehmen. Gemeint sind mit dieser eher idealtypischen Gegenüberstellung zwei Kommunikationswelten mit je eigener Funktionslogik. In der Sprache des Theaters gesprochen handelt es sich um die Vorder- und Hinterbühne der Politik, die jeweils unterschiedliche Handlungsbedingungen und Kommunikationsspielräume eröffnen.

Der wissenschaftstheoretische Grundsatzstreit im Zusammenhang mit der Konstruktivismusdebatte darüber, ob es eine eigene als Entscheidungspolitik definierte Realität jenseits massenpublizistischer und kommunikativer Prozesse überhaupt gibt, ist keineswegs trivial oder weltfremd, muss hier aber vernachlässigt werden. Unstrittig dürfte jedenfalls sein, dass sich der Einfluss der Medien in der Sphäre effektiver „Entscheidungspolitik", so Klaus von Beyme mit Blick auf den Gesetzgebungsprozess, „eher bescheiden" (v. Beyme 1997: 88) ausnimmt. Denn zum einen kann Politik die Aufmerksamkeit der Medien nicht dauerhaft binden, weil mediales Interesse selektiv ist und sich nicht unbedingt nach Relevanzkriterien jenseits eigener publizistischer Regeln richtet (vgl. v. Beyme/Weßler 1998: 312ff.). Zum anderen gibt es auch eher medienresistente Entscheidungsmaterien, Entscheidungsstadien und Entscheidungstypen, in denen die politischen Abläufe einer eigenen Logik folgen. Das betrifft vor allem Politiken mit strategischer Reichweite und Eingriffstiefe. So stößt eine Politik der Umverteilung auf lebhafte Medienresonanz. Hingegen findet eine regulative Politik mit geringen Änderungen in der Rechtslage kaum öffentliches Interesse.

Ohne Zweifel sind beide, Darstellungspolitik und Entscheidungspolitik, für den „kommunikativen Referenzrahmen politischer Strategie" (Raschke/Tils 2007: 235) von zentraler Bedeutung. Insofern erscheint es auch fraglich, ob zwischen „politischem Entscheidungshandeln und strategische(r) Kommunikation" (Schmitt-Beck 2008: 71) strikt getrennt werden kann. Denn strategische Kommunikation meint nicht nur öffentlichkeitsorientiertes Handeln politischer Akteure zur Beeinflussung von Einstellungen und Verhalten der als Medienpublikum versammelten Bürgerinnen und Bürger. Politisch Weichen stellend und Durchbrüche erzielend, also strategisch, kann Kommunikation auch in den Entscheidungsbereichen von Politik sein, wenn auch oft und zunächst nicht medienöffentlich. Zudem gibt es vielfältige Wechselbezüge, weil die mediale Resonanz auszuhandelnder Strategien im Entscheidungsbereich mit bedacht werden sollte, vielfach aber im Prozess der Strategieentwicklung nicht als Teil der Strategie selbst mitgedacht wird.

Das reziproke Verhältnis von Strategieentwicklung und –vermittlung bedeutet jedoch nicht, dass Darstellungspolitik und Entscheidungspolitik „zu einer einheitlichen Realitätsebene" verschmelzen (Raschke/Tils 2007: 235). Denn mit Blick auf die jeweils dominanten Merkmale von Entscheidungspolitik und von Darstellungspolitik (vgl. Kap. 7.3 in diesem Buch) ist festzuhalten: Strategische Politik kann nicht auf die Kontinuität medialer Aufmerksamkeit rechnen. Medien interessieren sich in der Regel nicht für das Prozedurale von Politik und für institutionelle Entscheidungsstrukturen. Darstellungspolitik konzentriert sich deshalb auf die politische Momentaufnahme und den Augenblickserfolg. Im Mittelpunkt des darstellungspolitischen Interesses steht der „sichtbare" Ausschnitt (Sartori 1992: 242) einer potentiell publizitätsträchtigen und damit auch zustimmungsrelevanten Politik. Diskrete politische Verhandlungs- und Aushandlungsprozesse, spezielle Verfahrensabläufe und -zwänge, institutionelle und organisatorische Faktoren, nicht zu vergessen den Koordinationsbedarf in Koalitionsrunden, Ressortabstimmungen, Gesetzgebungsverfahren, Bund-Länder-Zuständigkeiten sowie die Relevanz juristischer und fachlicher Aspekte, also die ganze Komplexität „administrative(r) Logik" (Machnig 2008: 40) vorwiegend interner Willensbildung und „Interdependenzbewältigung" (Schimank 2007: 30) im Rahmen politischer Entscheidungsprozesse bleiben dabei weitgehend ausgeblendet. Es spricht einiges für die Faustformel: Je wichtiger ein Gremium für die Entscheidung, umso weniger steht das der Öffentlichkeit offen" (v. Beyme1997: 87).

Deutlich weiter gehen die Vermutungen im Rahmen der Medialisierungs- bzw. Medialisierungsforschung, zu der die deutsche Forschungsgemeinschaft (DFG) eigens ein Schwerpunktprogramm aufgelegt hatte. Hier wird nach der Wirkung von Medien auf „Strukturen von Organisationen und Personenkonstellationen" (Kepplinger 2008: 336) gefragt. Lassen sich auf der Handlungsebene durchaus zahlreiche „reziproke Effekte" (Kepplinger 2007: 305) ausmachen, so steckt die Forschung zur strukturellen Verflechtung von Entscheidungs- und Darstellungspolitik noch in den Anfängen. Tatsächlich scheinen die Medialisierungseffekte wesentlich differenzierter, unspektakulärer und langwieriger zu sein, als die Mutmaßungen über eine generelle Kolonialisierung der Politik durch die Medien insinuieren. So zeigt beispielsweise eine neuere Studie zur Medialisierung von Repräsentation, dass die Informations- und Kommunikationsweisen von Bundestagsabgeordneten keineswegs eindimensional der Medienlogik angepasst sind. Vielmehr lassen sich sehr unterschiedliche Kommunikationsstile im Sinne einer funktionalen Differenzierung interner und externer parlamentarischer Kommunikationsrollen ausmachen (vgl. Knaut 2010). Gerhard Loewenbergs mit Blick auf den parlamentarischen Prozess in den USA als „Paradox der Transparenz" (Loewenberg 2007: 823) bezeichnete Beobachtung dürfte in diesem Zusammenhang von generellem Interesse sein. Einerseits gewähre Transparenz der Öffentlichkeit Einblick in demokratische Prozesse, in zeitraubende Verhandlungen, komplizierte Verfahren und mühsame Kompromissbildung. Genau dies vermittle dann aber den Eindruck der Schwerfälligkeit, der Ineffizienz und Blockade und schüre politisches Misstrauen. Dieses öffentlichkeitstheoretische Paradoxon wirft die Frage nach der Legitimität unterschiedlicher Kommunikationsweisen auf; die Frage vor allem, was von strategisch ambitionierter Politik überhaupt wo, mit welchen Mitteln und mit welchen Folgen kommuniziert werden kann; die

Frage schließlich, wie viel Öffentlichkeit eine Demokratie braucht und wie viel Vertraulichkeit legitimiert werden kann (vgl. Kap. 4 in diesem Buch).

Über die angemessene Grenzziehung zwischen Diskretion und Publizität im konkreten Fall sowie im Verlaufe eines Politik-Zyklus wird man immer wieder streiten. So gilt es der Dauerversuchung der Exekutive entgegenzutreten, stets neue politische Arkanbereiche zu legitimieren. Wähler sowie Organisationsmitglieder haben ein generell höheres Transparenzinteresse als die zur Oligarchiebildung tendierenden Führungsgremien. Parteiaktive fordern mehr Parteiöffentlichkeit und Teilhabe am Herrschaftswissen, Wähler wiederum erwarten anderes als Mitglieder. Insofern erscheint ein Spannungsverhältnis zwischen Partizipation und Transparenz einerseits und einer zumindest zeitweise der massenmedialen Publizität entzogenen, strategischen Kalkülen folgenden Politik andererseits unvermeidlich (vgl. Raschke/Tils 2007: 41). Denn ein gewisses Maß an Vermittlungskompetenz im Rahmen vertraulicher Kommunikation ist nicht nur Bedingung für Sachlichkeit und Gemeinwohldienlichkeit. Sie ist überhaupt eine der Grundvoraussetzungen dafür, dass sich politische Positionen formieren, intern legitimieren und dann im öffentlichen Wettbewerb als Alternativen präsentiert werden können. Allerdings bedarf das vertraulich Ausgehandelte der öffentlichen Prüfung, Begründung und Ratifikation (vgl. van den Daele/Neidhardt 1996: 45), denn der Erfolg strategischer Entscheidungen im demokratischen System wird am Ende nicht in den politisch-institutionellen „Arenen", sondern auf der „Galerie" entschieden (siehe Gerhards/Neidhardt 1993). Allein dies sorgt schon dafür, dass auch in der vertraulichen Kommunikation die Wirkung öffentlicher Resonanz ins Kalkül mit einbezogen wird.

17.3 Strategieentwicklung und Strategievermittlung

Die „demokratische Ambivalenz" (Raschke/Tils 2007: 42) politischer Strategie zeigt sich nicht nur im Spannungsverhältnis von Publizität und Diskretion, sondern auch darin, in welchem Maße Kommunikation als bloßes Herrschaftsmittel oder als Instrument zur Optimierung politischer Prozesse eingesetzt wird. Zugespitzt: Zielt Kommunikation ausschließlich auf die geschickte Präsentation und nachträgliche Legitimation im Sinne von *Strategievermittlung* oder steht Strategie als dauerhafter und inklusiver Kommunikations- und Beteiligungsprozess im Sinne von *Strategieentwicklung* zur Diskussion?

Giovanni Sartoris grobe Unterscheidung zwischen „Wahldemokratie" und „Mitwirkungsdemokratie" (vgl. Sartori 1992: 113 ff.), hinter der sich freilich sehr unterschiedliche – einerseits dem demokratischen Realismus verpflichtete und andererseits mehr idealistische – Demokratiekonzepte verbergen, macht bereits auf exemplarische Weise einige systematische Differenzen in der Gewichtung und Verortung strategischer Diskurse deutlich. Da demokratietheoretische Fragen im Zusammenhang mit Strategie nicht weiter vertieft werden können, soll Sartoris Klassifizierung hier genügen. Das Konzept der Wahldemokratie steht in der Tradition eines ökonomisch-politischen Denkens, wie es von dem Nationalökonomen Joseph A. Schumpeter begründet, von Antony Downs weiterentwickelt wurde und inzwischen im Rahmen des Rational Choice-Ansatzes als eine der Basistheorien für empirische Politikanalyse zentrale Bedeutung bekommen hat. Es gehe nicht um Programme, sondern um die Entscheidung darüber, wer regieren soll. Vor allem die für normative Demokratietheorien unverzichtbare Figur des „mündigen Bürgers" steht in diesem, stark elitedemokratisch gefärbten Ansatz zur Disposition. Hier kann es nur um die Abwägung möglicher Ergebnisse strategischer Entscheidungsalternativen, jedoch nicht um Diskurse über die Entwicklung politischer Strategien selbst gehen.

‚Klassisch' ist hier die Argumentation des Nationalökonomen Joseph A. Schumpeter. Dessen Urteil über das politische Subjekt fällt vernichtend aus. Seine Ausführungen zur politischen Willensbildung und zum politischen Wettbewerb sind Ausdruck eines schlanken, auf die Legitimation allein durch das Verfahren der Elitenauswahl beschränkten Demokratieverständnisses. Dass Kommunikation auf den politischen Konkurrenzkampf mit entsprechenden psychotechnischen Kommunikationspraktiken zielt, wie sie auch den ökonomischen Wettbewerb regulieren, ist für Schumpeter freilich „kein bloßes Beiwerk. Sie gehören zum Wesen der Politik" (Schumpeter 1987: 428).

Leitbild dieser reduktionistischen Sicht von Demokratie ist der homo oeconomicus, ein rational kalkulierendes, letztlich am eigenen Vorteil orientiertes Wesen. Antony Downs (1957) hat diese aus den Wirtschaftswissenschaften importierte Perspektive von „Demokratie als Methode" in seiner „Ökonomischen Theorie der Demokratie" weiterentwickelt. Auch für ihn sind die Wähler Nutzenmaximierer. Im Gegensatz zu Schumpeter hält er sie jedoch für durchaus lernfähig und kompetent, jedenfalls für entscheidungsfähig. Kommunikation zielt nach dieser Lesart letztlich auf die Auswahl von Führerpersönlichkeiten in einem Wettbewerb, der mehr oder eben auch weniger politisch geprägt ist. Der Bürger wird zum (un)politischen Konsumenten, der sich nach kühlem Nutzenkalkül zwischen – idealiter – zwei Produkten auf dem politischen „Markt" entscheidet; eine Kommunikation, die als rational nur dann zu bezeichnen wäre, wenn die Entscheidung auf der eigentlich unwahrscheinlichen Basis vollständiger Informationen erfolgen könnte.

Inzwischen ist die Funktionslogik dieses egozentrierten Entscheidungsmodells von Demokratie, das mit nur wenigen Annahmen auskommt, in der Literatur viel kritisiert und mit guten Argumenten angezweifelt worden. Darauf muss hier nicht im Einzelnen eingegangen werden (vgl. Schmidt 2000: 197-226). Für die Suche nach Spielräumen für strategische Diskurse vermitteln die mit Sartoris

"Wahldemokratie" zu verbindenden Demokratiekonzepte die klare Perspektive, die zugespitzt so auf den Punkt gebracht werden kann: Kommunikation ist der Test für die Marktgängigkeit eines fertigen Produktes. Sie zielt auf Strategie*vermittlung* nach einem abgeschlossenen Strategie*entwicklung*sprozess. Nicht in den Blick kommt bei wahldemokratischen Politikmodellen, dass politische Akteure angesichts der mediengesellschaftlichen Bedingungen auch in parlamentarisch-repräsentativ verfassten Systemen unter erhöhtem Responsivitätsdruck stehen und insofern mehr denn je in der Rolle eines „Politik-Vermittlers" und „strategischen Koordinators" (Herzog 1993 a: 27; vgl. auch Kap. 14.3 in diesem Buch) gefragt sind. Auch „Wahldemokratien" müssen demnach auf die Fähigkeit von Repräsentativorganen zur „Konversion" gegensätzlicher Standpunkte in gemeinwohlverträgliche Problemlösungen und tragfähige politische Strategien (vgl. ebenda: 52) setzen, die durchaus auch politischer Tagesopportunität entgegen stehen können. Schließlich setzt die Mediengesellschaft den parlamentarisch-repräsentativen Betrieb unter Kommunikationsdruck und misst die Leistungsfähigkeit gewählter Akteure nicht zuletzt an ihrer Responsivität. Ob die permanente kommunikative Rückkoppelung zur Sicherung der Partei- und Wählerbasis der Strategiefähigkeit von Politik immer dienlich ist, erscheint zumindest aus Sicht der skizzierten demokratietheoretischen Richtung zweifelhaft.

In kommunikativer Hinsicht deutlich voraussetzungsvoller sind Demokratiekonzepte, die Sartori in die Kategorie „Mitwirkungsdemokratie" einordnet. Deren Theorievarianten knüpfen an das klassische Bürgerbild eines homo politicus an. Partizipatorische bzw. deliberative Demokratiemodelle (vgl. Barber 1998; Saretzki 2010) halten, ganz in der republikanischen Tradition der aristotelischen politischen Tugendlehre stehend, an einem anspruchsvollen Staatsbürgermodell fest. Sie zielen auf die gleiche und dem Gemeinwesen dienliche Teilhabe möglichst aller, nicht nur an der Wahlentscheidung. Demokratie hat sich danach über Wahlen hinaus in einem nie abgeschlossenen Prozess freier Meinungs- und Willensbildung mit dem Ziel der Auseinandersetzung über die öffentlichen Angelegenheiten zu legitimieren. Dabei sollen die Erwartungen möglichst Vieler aufgegriffen und zum Wohle des Ganzen erfüllt werden.

Es geht in diesem eher horizontalen, auf Kommunikation, Verständigung und Konsens gerichteten, prozeduralen Konzept (vgl. Habermas 1992a; 1992b) von Demokratie um einen auf politische Inklusion angelegten und auf Dauer gestellten Kommunikationsprozess. Die Bürger sind nicht auf die Rolle von Adressaten der Strategie*vermittlung* beschränkt. Vielmehr werden Räume für die Beteiligung aller an Strategie*entwicklung*sdiskursen eröffnet. Unschwer erkennbar und in deutlichem Gegensatz zu realistischen Demokratiekonzepten folgen „Mitwirkungsdemokratien" nicht einer rein instrumentellen Logik. Vielmehr stehen dialogische und partizipatorische Ansprüche, Fragen der demokratischen Inklusion, des Diskurses und der konsensualen Verständigung im Mittelpunkt.

„Mitwirkungsdemokratien" fordern Raum für eine dauerhafte und möglichst breite Deliberation und Beteiligung an der *Strategieentwicklung*. So hält die „Mitwirkungsdemokratie" den Anspruch aufrecht, dass Kommunikation kein publikumswirksames, exklusives Elitenspiel sein darf, sondern ein inklusiver demokratischer Prozess, dessen hohe Transaktionskosten mit Legitimitätsgewinnen bei der *Strategievermittlung* gerechtfertigt werden können.

Unverkennbar verschieben sich hier die Gewichte der Legitimitätserzeugung von den institutionalisierten Kanälen der Interessenorganisation, Willensbildung und demokratischen Entscheidung stärker hin zur Zivilgesellschaft. Mit der Auflösung der Volkssouveränität in den zivilgesellschaftlichen Verfahren der permanenten Erzeugung kommunikativer Macht, bleibe, so Habermas, der symbolische Ort der Macht „leer". Seine diskurstheoretisch begründete Erwartung vernünftiger Ergebnisse gründet sich stattdessen auf das Zusammenspiel der institutionell verfassten politischen Willensbildung mit den spontanen, nichtvermachteten Kommunikationsströmen einer nicht auf Beschlussfassung, sondern auf Entdeckung und Problemlösung programmierten, in diesem Sinne dann auch nicht-organisierten und weithin wohl auch nicht-medialen Öffentlichkeit (vgl. Habermas 1990: 43f.): Kommunikation als Raum und Verfahren nie abgeschlossener Strategiediskussion.

17.4 Institutionelle Kontexte: Strategiediskurse, Arenen und Akteure

Die Feststellung, dass strategische Kommunikation „Programm-Willen" und „Macht-Willen" (Raschke/Tils 2000: 508) verbindet und langfristige Orientierung mit der Fähigkeit zur Durchsetzungsmacht im Rahmen des politischen Tagesgeschäfts verknüpft, sollte nicht zu einem handlungstheoretischen Fehlschluss verleiten. Denn Strategien sind nicht allein Produkte des Handelns individueller oder kollektiver Akteure, sondern Ergebnis komplexer Interaktionsbeziehungen zwischen Akteur und System, Person und Institution. „Der institutionelle Rahmen […] konstituiert Akteure und Akteurskonstellationen, strukturiert ihre Verfügung über Handlungsressourcen, beeinflusst ihre Handlungsorientierungen und prägt wichtige Aspekte der jeweiligen Handlungssituation, mit der sich der einzelne Akteur konfrontiert sieht" (Mayntz/Scharpf 1995: 49). Die institutionalistische Perspektive setzt überindividuell an. Insofern interessieren bei der Betrachtung der drei institutionellen Kontexte aus einer eher meso- und makrotheoretischen Sicht die strukturellen Wirkungszusammenhänge.

Die Soziologie begreift Institutionen als Regelsysteme mit bestimmten Handlungslogiken. Mit Institutionen sind Verpflichtungen verbunden, etwa die Einhaltung von Regeln, ein bestimmtes Amtsverständnis oder spezifische Rollenerwartungen. Institutionen reduzieren demnach, so Scharpf, empirische Vielfalt, weil sie „die Präferenzen der Akteure im Hinblick auf die möglichen Optionen" bestimmen (Scharpf 2000: 79). Sie determinieren nicht, aber sie beeinflussen Akteurshandeln. Sie lassen Amtsinhabern oder Mandatsträgern einen spezifischen „Handlungskorridor" (Mayntz/Scharpf 1995: 52). So können die jeweiligen institutionellen Arrangements und Akteurskonstellationen einen für strategische Diskurse stimulierenden oder auch restringierenden Handlungskontext schaffen bzw. ermöglichen. Den Handlungskorridor zu nutzen und ggf. politische Widerstände zu überwinden, darin kann sich schließlich „Leadership" und „strategische Führungsleistung" (Glaab 2007: 327) beweisen.

Drei maßgebliche institutionelle Ausgestaltungen des politischen Systems sollen im Folgenden im Hinblick auf die Frage nach den spezifischen Korridoren für Strategieentwicklungs- und Strategievermittlungsdiskurse hin skizziert werden: der parteiendemokratische, der mediendemokratische und der politisch-administrative Kontext. Auch dabei handelt es sich nicht um isolierte politische ‚Welten', sondern um vielfach miteinander verwobene, handlungsleitende, keineswegs aber determinierende, institutionelle Kontexte im Sinne von Regelsystemen, die politische Handlungen beeinflussen.

17.4.1 Parteiendemokratie (party government): der konkurrenzdemokratische Kontext

Unter den Bedingungen eines für gefestigte europäische Demokratien typischen „party government" sind Parteien die zentrale Machtressource und -basis politischen Handelns. Trotz vielfältiger Umbrüche und einer seit Jahrzehnten diagnostizierten Legitimationskrise der Parteien bleibt die Parteiendemokratie auf nicht absehbare Zeit ein maßgeblicher, wenn nicht der entscheidende institutionelle Kontext für die Entwicklung personeller und programmatischer Alternativen. Sie sollten daher auch der vornehmste Ort politischer Strategieentwicklung und -vermittlung sein. Denn die Parteien sind es, denen – zumal in Deutschland – die verfassungspolitisch privilegierte Aufgabe zukommt, „Volkswillensbildung" und „Staatswillensbildung" (Grimm 1991: 265; vgl. auch Kap. 11 in diesem Buch) miteinander zu verbinden. Zugleich wird zunehmend bezweifelt, dass die Parteien dieser Kommunikations- und Scharnierfunktion noch gerecht werden und Motor strategisch steuernden Wandels sein können. Trotz der zum Teil dramatischen Veränderung der Parteienlandschaft in Deutschland, trotz Mitgliederschwund, schleichender Auszehrung und nachlassender Bindungskraft sind es nach wie vor maßgeblich die Parteien, welche „die Aufrechterhaltung des öffentlichen Raumes" verbürgen und die Sphäre des Politischen verteidigen müssen (Fröhlich 2003: 180f.).

Unter Blockadeverdacht stehend wird nicht selten die Vorbereitung politischer Weichenstellungen an Parteien vorbei betrieben und werden Parteien als Akklamationsmaschinen für Strategien gesehen, die andernorts entwickelt wurden (vgl. Sarcinelli 2007). Beispielhaft für dieses Vorgehen ist die Agenda-Politik der rot-grünen Koalition unter der Kanzlerschaft Gerhard Schröders. Sie kann als exemplarischer Fall eines gouvernementalen Stils angesehen werden, bei dem Kommunikation über eine Reformstrategie gerade in der Phase der Entscheidungsvorbereitung aus den Parteien, wie überhaupt aus den demokratischen Institutionen, in extrakonstitutionelle Kommissionen, Kreise und Ad-hoc-Zirkel verlagert wurde. Ein solcher Strategieansatz erleichtert möglicherweise das frühe Ausschalten von politischen Störfaktoren bei der Entwicklung kühner Strategieentwürfe. Er trocknet jedoch Parteien als Foren demokratischer Willensbildung und Kommunikation aus, beraubt sie ihrer zentralen Politikvermittlerrolle und degradiert sie zu politischen ‚Notariaten', die dann mit der Vermittlung von Strategieentscheidungen selbst in Legitimationsnöte kommen und – so auch im Falle der Agenda-Politik – mit Machtverlust rechnen müssen. Darüber täuscht auch nicht hinweg, dass es kurzfristig immer wieder gelingen kann, in ‚Chefsachenmanier' und mit Solidaritäts- und Geschlossenheitsappellen einen Parteitag zu demonstrativer Zustimmung zu veranlassen. Ganz abgesehen davon, dass offenbar nicht daran gedacht wurde, mit der Agenda-Strategieentwicklung zugleich auch eine Kommunikationsstrategie zu verbinden. Das beginnt bereits bei der Reformsemantik mit ihren nicht gerade anmutenden technokratischen Begriffen (Agenda, Hartz IV-Reformen etc.) und reicht bis zu dem Versäumnis die Reformmaßnahmen mit übergreifenden Leitideen und mit den im Wertehaushalt der Partei verankerten Traditionen und Prinzipien zu verknüpfen; eine Politik also, die „ohne narrativ symbolische Rückendeckung auskommen musste und nicht zuletzt deshalb keine ausreichende Unterstützung innerhalb der SPD fand" (Münkler 2009: 11).

Wer Strategiewandel herbeiführen will, muss mit Symbolen, Bildern, Formeln, Sprachspielen und integrierenden Leitvorstellungen operieren, welche die Komplexität reduzieren, klare Botschaften enthalten und politische Orientierung geben; muss überzeugen können und zugleich Emotionen ansprechen; muss Sachfragen mit Wertorientierungen verbinden und sollte schließlich seine Kommunikationsstrategie im politisch-kulturellen Begriffs- und Themenhaushalt seiner Partei verankern können (vgl. Klein 2007). Denn auch Strategien sind in der Regel pfadabhängig. Wo jedoch der Pfad traditioneller Verankerung in den Ideen und im Begriffsrepertoire einer Partei verlassen wird, erweist sich die Integration eines überzeugenden Kommunikationskonzepts in die politische Strategieentwicklung als umso relevanter.

Politische Strategien, deren Ziele und Zumutungen nicht intensiv in den Parteien und in der Öffentlichkeit diskutiert werden, hängen politisch ‚in der Luft'.

Das Hauptreformvorhaben seiner zweiten Amtsperiode hatte Bundeskanzler Gerhard Schröder im Vorfeld der Wahl weder angekündigt noch innerparteilich vorbereitet. Die Agenda 2010 wurde letztlich als administratives „Top-down"-Programm der Partei und dann auch der Öffentlichkeit mehr aufgenötigt als vermittelt, geschweige denn innerparteilich (mit-)entwickelt. Nicht auf Überzeugung, innerparteiliche Abklärung, Kompromissfindung und damit auch auf Basisverankerung zielte die Agenda-Kommunikation, sondern auf die Folgebereitschaft für eine vermeintlich alternativlose, politisch-administrative Entscheidung.

Seinerzeitige Begründungsversuche offenbaren ein technokratisches Politikverständnis. Die Reformen seien „notwendig und ohne vernünftige Alternative" (Schröder 2003: 3), so Gerhard Schröder als Bundeskanzler und Parteivorsitzender auf dem Sonderparteitag seiner Partei; oder wie es der für die Regierungskoordination zuständige Kanzleramtsminister Frank-Walter Steinmeier ausdrückte: Man habe sich vom Reich der Freiheit in „das Reich des Notwendigen" begeben (Steinmeier 2003). Solche so oder in ähnlichem Wortlaut durchaus auch von Akteuren anderer Parteien verwendeten Legitimationsmuster entsprechen einem klassischen, in der politischen Ideengeschichte bis in die politische Gegenwart hinein immer wieder diskutierten Kommunikationsmodell: Politik als exekutiver Vollzug des Notwendigen, ja des mehr oder weniger Zwangsläufigen – Politik als alternativloses Entscheiden und Handeln.

Aus dem Olymp politikphilosophischer Betrachtung, mag es naheliegen, die Kommunikation der Agenda-Strategie als eine Art „präpolitisches" (Hannah Arendt) Phänomen zu beurteilen. Und in der Tat verschwimmt im vorliegenden Fall die Unterscheidung zwischen Zielen, Zwecken und Mitteln (Arendt 1993: 123ff.); bleiben die Maßstäbe, an denen der Einsatz der Mittel für bestimmte Zwecke beurteilt werden kann, unklar und mutiert dann Kommunikation zum bloßen Akzeptanzmanagement, bei dem es nur noch auf das Wie und auf die ‚Performance' einiger Spitzenakteure anzukommen scheint, wo eigentlich über die mit der Strategie verbundene Leitidee, über die Ziele und Wege, über Zumutungen und Akzeptanzbedingungen hätte gestritten werden müssen. Eine ganz andere Frage ist, ob ein so weitgehender Strategiewechsel wie er mit der Agenda 2010 in der Wirtschafts-, Gesellschafts- und Sozialpolitik vollzogen wurde, auf anderem Wege als durch Quasi-Usurpation der Partei zum fraglichen Zeitpunkt überhaupt hätte innerparteilich durchgesetzt werden können. Von demokratietheoretischer ebenso wie von –praktischer Relevanz erscheint deshalb die Überlegung, ob das kurzfristige machtpolitische Scheitern der Agenda-Protagonisten im Zuge der Durchsetzung der Reformagenda nicht unvermeidlich war: Machtverlust als Preis für strategische politische Weichenstellungen.

Handelt es sich bei der Agenda-Politik um ein besonders drastisches Beispiel politisch-administrativer Strategieentwicklung und Strategievermittlung ohne die der Bedeutung des Reformansatzes angemessene parteiendemokratische Verankerung, so verweist die Forschung schon seit geraumer Zeit auf ein generelles Kommunikationsproblem. Die Rede ist von einer wachsenden Spaltung der Parteien in zwei unterschiedliche „Organisationsrationalitäten und Kommunikationslogiken" (Wiesendahl 2002: 364; 1998: 443). „Mitglieder- und Berufspolitikerpartei" entwickelten sich „kognitiv immer stärker auseinander (ders. 2002: 379). Diskutiert werden Entwicklungen hin zu neuen Parteitypen, die jeweils bestimmte Aspekte des organisatorischen Strukturwandels (Eindringen in den Staat, Kartellbildung, Dominanz von Berufspolitikern, Aufstieg professioneller Experten, medienzentrierte Kommunikation) hervorheben (vgl. Wiesendahl 2004). Für die Frage nach den Kommunikationschancen im Zusammenhang mit Strategiefragen verdient dabei das Austrocknen der Mitgliederkommunikation einerseits und die wachsende Bedeutung von Berufspolitikern sowie eine zunehmende Medien- und Wählerorientierung andererseits Interesse. Uwe Jun hat diese Entwicklung hin zu „professionalisierten Medienkommunikationsparteien" (Jun 2004: 115) mit Blick auf die SPD und auf die Labour Party in Großbritannien untersucht. Vor allen Dingen verkörpert durch den Prototyp der britischen Labour Party würde sich dieser neuartige Typ einer Medienpartei durch professionelles Kommunikationsmanagement, Unterwerfung von Personen und Inhalten unter die Medienlogik, ein entscheidungsdominantes strategisches Zentrum, Flexibilisierung von Politikpositionen und durch den Bedeutungsverlust der Massenmitgliedschaft für Wahlkämpfe auszeichnen. Dass sich eine solche Entwicklung für Strategiefähigkeit und Machtperspektive als verhängnisvoll erweisen kann, zeigt die jüngste Entwicklung der beiden genannten Parteien allerdings auch.

Zwar ist Vorsicht geboten gegenüber einer Generalthese, welche den Wandel von der Parteien- zur Mediendemokratie behauptet (vgl. kritisch dazu Sarcinelli/Schatz 2000) oder die Parteien auf dem Weg vom „Traditionsverein zur Event-Agentur" (Sarcinelli 2002) sieht. Dennoch: Der Strukturbruch zwischen den Kommunikationsanforderungen einer „Mitgliederpartei" einerseits und einer „Medienpartei" andererseits, die Vernachlässigung der Mitgliederlogik und der kontinuierlich abnehmende „Legitimationspuffer einer prinzipiell geneigten Stammwählerschaft" (Bürklin 1992: 36) korrespondieren mit einer wachsenden Bedeutung der Medienlogik. In parteiendemokratischer Sicht erschwert dies die Durchsetzung strategischer Ziele und macht politische Willensbildung abhängiger von den Launen plebiszitärer Stimmungstrends.

Soll den Parteien auch in Zukunft als Ort der Strategieentwicklung und der Strategievermittlung eine privilegierte Rolle zukommen, so sind sie mehr denn je als Politikvermittlungsagenturen im Rahmen der Binnenkommunikation ebenso wie der Außenkommunikation gefragt. Gefordert ist dabei ein „Organisationslernen", das mit Blick auf Einstellungs- und Verhaltensänderungen bei Mitgliedern und Wählern neue institutionelle Arrangements mit komplexen Kommunikations- und Interaktionsprozessen zulässt, in denen die unterschiedlichen Ressourcen und Interessen der Mitglieder mobilisiert bzw. berücksichtigt werden. Dabei kommt es auf die rechte „Balance zwischen Integration und Umweltoffenheit" an. Denn strategiefähig können Parteien nur als hinreichend umweltoffene Organisationen sein, die „über genügend Umweltwissen (verfügen), um auf ihre Umwelt gestaltend Einfluss zu nehmen" (Frey/Wiesendahl 2004: 992f.).

17.4.2 Mediendemokratie: der öffentlichkeitsdemokratische Kontext

Moderne Gesellschaften als Kommunikations- und als Mediengesellschaften zu bezeichnen, ist deshalb angemessen, weil in ihnen Kommunikation ein allgegenwärtiges Phänomen mit nahezu beliebiger Funktionalität geworden ist. Geht es dabei um die Beobachtung gesellschaftlicher Entwicklungen, um Selektion, Verdichtung und Bewertung sowie um die Entdeckung und Deutung von Themen, so kommt darin nicht nur der wirklichkeitskonstituierende Charakter der Massenmedien zum Ausdruck, sondern auch ihre strategische Rolle. Denn in der Mediengesellschaft ist Kommunikation zur Machtprämie, zum „strategischen Spiel" geworden, „das über Erfolg oder Misserfolg von Individuen, Organisationen, gesellschaftlichen Gruppen und ganzen Gesellschaften entscheidet (Münch 1995: 85). Dabei fungieren die Medien einerseits als Resonanzboden und andererseits als Generator für gesellschaftliche Modernisierung. Der alltagssprachlich verbreitete Begriff „Mediendemokratie" unterstellt dabei einen engen Wirkungszusammenhang zwischen Politik und Medien, sollte jedoch nicht in wörtlicher Übersetzung des griechischen Wortstammes als ‚Herrschaft der Medien' überinterpretiert werden. Mag „die Vorstellung einer von den Medien getriebenen Demokratie" verbreitet sein, so wird sie in der Wissenschaft durchweg kontrovers diskutiert (Marcinkowski 2007: 97).

Ebenso wie Parteien, Verbände oder soziale Bewegungen sind die Massenmedien Teil des intermediären Systems, das zwischen gesellschaftlicher Basis und politischer Führung spezifische Vermittlungsleistungen zu erbringen hat. Medien stellen Öffentlichkeit her, dienen als „Politikdarstellungsplattform" für politische Führungseliten ebenso wie als „Politikwahrnehmungsplattform" für Bürgerinnen und Bürger (Sarcinelli 2007: 121). In politischer Hinsicht kommt ihnen dabei eine Doppelrolle zu. Als Umweltbeobachtungs- und Vermittlungssystem (siehe Luhmann 2000: 274ff.) sind sie eine Art ‚Spiegel' der öffentlichen Meinung, also ‚Medium'. Zugleich stellen sie als Wirklichkeitskonstrukteure einen politischen ‚Faktor' dar. Nicht selten nehmen sie die Rolle eines politischen Akteurs ein, der zwar mit keinem politischen Mandat ausgestattet ist, aber im Zweifel beansprucht, als Anwalt der Bürgerinteressen zu handeln.

Interesse verdient in diesem Zusammenhang die Frage, was die „Logik" von Mediengesellschaften ausmacht und welche Rückwirkungen diese auf politische Strategiebildung und -vermittlung haben kann. Aus einer abstrakt systemtheoretischen Sicht, die jedem gesellschaftlichen Teilsystem eine Eigenrationalität zuerkennt, kann Medienlogik nicht in ein anderes, z.B. das politische System, importiert werden. Denn für das politische System sind die Medien „Umwelt", die von der Politik wahrgenommen wird und allenfalls „Irritationen" im politischen System auslösen (vgl. Marcinkowski 1993). Aber, wie andere Institutionalisierungen auch, definieren sie „Handlungskorridore" (Mayntz/Scharpf) und setzen Handlungsanreize für die Politik. Insofern bieten sie nicht nur die Plattform für Publizitätserfordernisse von Staat und Politik. Vielmehr fungieren sie als institutionalisierte Regelsysteme und als Regelwerk, das handlungsleitend wirkt. Ihre strategische Bedeutung liegt in ihrem politisch-institutionellen Charakter. „Medien als politische Institution zu begreifen heißt also gerade nicht, sie als autonome, dem politischen System gleichsam äußerliche Kraft zu konzipieren, sondern als einen Bestandteil desjenigen Regelwerks, mit dessen Hilfe kollektiv verbindliche Entscheidungen erzeugt und durchgesetzt werden [...] Medien gewinnen in dem Maße politische Qualität, wie die durch sie eröffneten Handlungsoptionen von Politik und für Politik genutzt werden. Zugleich bleiben sie in dem Sinne ‚medial', dass die Funktionslogik des publizistischen Regelwerks auf Neuigkeit, Information und Publizität, aber nicht auf kollektiv verbindliches Entscheiden abgestellt ist" (Marcinkowski 1993: 102).

Nun erweist es sich als problematisch generalisierend von Medienlogik zu sprechen, so plausibel auch die Redewendung von der „Ökonomie der Aufmerksamkeit" (vgl. Franck 1998) und so richtig die vielfach beobachtete Generaldiagnose einer zunehmenden Publikums-, Nachfrage-, also Marktorientierung für die Beschreibung des dynamischen Medienwandels sein mag. Tatsächlich lassen sich aber bei differenzierter Betrachtung je nach Medientypus verschiedene Varianten von Medienlogik (vgl. Schatz 2008: 134) unterscheiden. Das betrifft die Strukturierung des Publikums nach erreichbaren Zielgruppen, die Massenattraktivität und Reichweite der Inhalte und Nachrichtenwerte, den Stellenwert bestimmter Darstellungsformen (Bild, Schrift, Wort) und die Nutzbarkeit für politische Kommunikation. Die Befunde differieren dabei erheblich zwischen öffentlich-rechtlichen und privat-kommerziellen Rundfunk- und Fernsehanstalten, Pay-TV, dem privat-kommerziellen Zeitungs-und Zeitschriftenmarkt (Boulevardpresse, meinungsführende überregionale Zeitungen, Lokalpresse etc.) sowie den inzwischen auch für (massen)mediale Informationszwecke genutzten, Internetbasierten Diensten.

Damit ergeben sich dann auch ganz unterschiedliche Antworten auf die Frage nach möglichen Zusammenhängen zwischen Medienlogik und politischer Strategievermittlung. Wer auf hohe Reichweite und Massenattraktivität politischer Botschaften setzt, wird sich eher der privatkommerziellen elektronischen Medien und der Boulevardpresse bedienen. Wer hingegen Multiplikatoren- und

Opinion-Leader-Effekte über Elitemedien erzielen will, sucht eher die Platzierung in überregionalen Qualitätszeitungen und politischen Magazinen. Was politische Instrumentalisierbarkeit und Wirkung anbelangt, so erweist sich das Internet als die am schwersten kalkulierbare Kommunikationsplattform. In der Bereitstellung von Informationen nicht mehr wegzudenken, in potentieller Reichweite und Reaktionsgeschwindigkeit nicht zu übertreffen sowie in den Interaktionsmöglichkeiten (Chats, Weblogs, Foren) noch politisch unterschätzt, beflügelt dieses Medium viele Hoffnungen auf eine digitale Dauerpartizipation. Dabei ist die Frage noch völlig ungeklärt, ob überhaupt und wie das Internet über die Bereitstellung von Informationen und über die Ermöglichung von schnellen Interaktionen in den Prozess der Strategieentwicklung und -vermittlung von politischen Organisationen eingebunden werden kann und wie die im Rahmen von Internetdiskursen artikulierten Interessen in Organisationsdiskurse transformiert werden können.

Trotz aller Differenzierungsnotwendigkeiten lassen sich einige Befunde und Trends benennen. So steht Politik, vor allem strategisch ambitionierte Politik, im Rahmen eines informationellen und mehr noch unterhaltenden Überangebots in einer harten Konkurrenz um Aufmerksamkeit. Kaum mehr überschaubar ist die Zahl der medialen Plattformen. Das erleichtert allen Anbietern möglicher Themen den Zugang zu den Medien, verschlechtert zugleich aber die Chancen politischer Anbieter wahrgenommen zu werden. Der Kampf um Aufmerksamkeit betrifft dabei nicht nur die Fähigkeit zur Thematisierung, die Fähigkeit also ein Thema auf die Agenda zu bringen. Er betrifft auch den Wettbewerb um Relevanz, Gewichtung und Deutungshoheit, kurz um eine politische Perspektive, die über Augenblicksinteressen hinausgeht. Reduzierte Chancen des politischen Systems zur Vermittlung „intentionale(r) Kommunikation" korrespondieren dabei nach Auffassung von Heribert Schatz damit, dass „die Beobachtungs-, Artikulations-, Kritik- und Kontrollleistungen der Medien aus der Sicht der Politik unberechenbarer und selektiver" (ebenda: 167) werden. Dies fördert nicht nur die Neigung zu Infotainment und Politainment (vgl. Dörner 2001), also zu unterhaltenden Formaten der Politikvermittlung. Es fördert auch die latente Neigung zustimmungsabhängiger politischer Akteure, mit medienattraktiven Signalen den Augenblickserfolg über die Generierung aktueller Publikumsaufmerksamkeit zu suchen: Politik nicht als Strategie, sondern als ‚Aktualitätenkino'.

Dieser vielfach empirisch belegten Medienrealität steht „die Gestaltung und Erfüllung kommunikativer Erwartungen" (Raschke/Tils 2007: 426) als normatives Ziel einer strategisch verstandenen Politik gegenüber. Die Bevölkerung wolle nicht nur eine überzeugende Politik, sie wolle auch überzeugt werden, so Raschke und Tils. Insbesondere darin liege der Anteil kommunikativer Politik. Es gehe um „Erwartungssteuerung und Orientierungsvermittlung". Primäre Ziele seien „der Aufbau realistischer Erwartungshorizonte sowie die Etablierung eines sachlich, zeitlich und sozial übergreifenden Orientierungsrahmens, der Zu- und Einordnung unterschiedlicher Politikentscheidungen in einen größeren Politikzusammenhang leiste[t] und durch eine derartige Perspektivierung Akzeptanz generieren" könne (ebenda: 426).

Das ‚mediendemokratische' Dilemma bei der Verfolgung dieser strategischen Ziele hat Richard von Weizsäcker (1992: 157) einmal geradezu dramatisch mit der Formel vom „unheilvollen Umkehrprozess der Wichtigkeiten" umschrieben. Hier gilt es jedoch vor einer generalisierenden Kulturkritik zu warnen, welche die generelle Strategieunfähigkeit von Politik unter mediengesellschaftlichen Bedingungen behauptet. Einer solchen Pauschaldiagnose steht entgegen, dass die konkreten institutionellen und politisch situativen Bedingungen (vgl. Pfetsch 2003: 67) spezifischer Systeme auch unterschiedliche Wirkungen entfalten und spezifische Spielräume für die Verfolgung von Strategien oder für Strategiewechsel bieten. „Grundsätzlich ist davon auszugehen, dass Medieninstitutionen sowohl ermöglichende Effekte haben als auch zu Friktionen und Blockaden politischer Prozesse führen können". Konsequent systemtheoretisch argumentierend kommt Marcinkowski unter Verweis auf Kathleen Thelen zu der Diagnose, dass der Institution Medien „kein fester Platz im politischen Institutionengefüge zugewiesen" sei. Sie vagabundiere vielmehr im bestehenden Netz und lasse sich fallweise an formelle Regeln des Politischen anlagern (Marcinkowski 2007: 105).

17.4.3 Staatlichkeit: der politisch-administrative Kontext

Verbreitet ist die Neigung, politischen Kleinmut oder Strategieversagen mit einer in nationaler und internationaler Hinsicht zunehmend komplexen Welt zu begründen; einer Welt, die aufgrund vielfältiger Interdependenzen politischen Akteuren keine substantiellen politischen Handlungsspielräume mehr lasse. Diese Argumentation kann schon mit Blick auf andere Systeme nicht überzeugen, in denen es durchaus gelingt, weittragende Reformen durchzusetzen. Das zeigt jedenfalls die vergleichende Demokratie- und Staatstätigkeitenforschung (vgl. Schmidt 2005). Dass Politik auch in Deutschland nur im Rahmen eines polyzentrischen Geflechts innergesellschaftlicher und vielfach auch transnationaler Verhandlungsnetzwerke erfolgreich sein kann und die Möglichkeiten zu hierarchischer Steuerung begrenzt sind, gehört zu den Kontextbedingungen politischer Kommunikation in allen modernen Demokratien. Dabei ist und bleibt wohl auf nicht absehbare Zeit der Staat die entscheidende Legitimationsbasis. Denn im staatlichen Rahmen werden Positionen zugewiesen und wird über „Macht haben oder Nicht-Machthaben" (siehe Luhmann 2000) entschieden, eine Grundvoraussetzung für Mehrheitsbildung, Entscheidung und Legitimation von Politik.

17.4 Institutionelle Kontexte: Strategiediskurse, Arenen und Akteure

Auch in kommunikativer Hinsicht folgenreich sind dabei die „Transformationen des Staates" (Leibfried/Zürn 2006a). Was Leibfried und Zürn als „Zerfaserung von Staatlichkeit" und mit Blick auf zunehmende internationale Verflechtungen als „post-nationale Konstellation" beschreiben (Leibfried/Zürn 2006b: 41, 19), wird in der wissenschaftlichen Debatte schon seit Längerem auch mit Blick auf innerstaatliche Verhältnisse als Souveränitätsverlust diskutiert. In ihrer Entscheidungssouveränität eingehegt werden politische Administrationen nämlich nicht nur durch die Einbindung in das internationale System, in transnationale Organisationen und insbesondere in den EU-Kontext, sondern auch durch formelle und informelle Rahmenbedingungen der innerstaatlichen institutionellen Ordnung. Eine „eigentümliche Mischung aus Konkurrenz- und Verhandlungssystem" (Czada/Schmidt 1993: 11) ist dabei für den in Deutschland gegebenen politischen „Handlungskorridor" (Mayntz/Scharpf) kennzeichnend. Dieser wird von politischen Mit- und Gegenspielern, staatlichen Vetospielern (insbesondere Bundesverfassungsgericht und Bundesrat) sowie einspruchsberechtigten „Mitregenten" (insbesondere Gewerkschaften, Verbände, Sozialversicherungsträger) (vgl. Schmidt 2002: 24) mitbestimmt.

Damit wird zwar gerade in Deutschland dem verfassungspolitischen Anliegen, Machtkonzentration zu verhindern, in hohem Maße Rechnung getragen. Jedoch werden jeder forschen Reformstrategie in materieller, institutioneller und prozessualer Hinsicht Fesseln angelegt. Denn das politische Institutionengeflecht in Deutschland ist so konstruiert, dass die „Opposition machtpolitisch stets mit von der Partie ist" (Walter 2004: 83), sei es durch die Ministerpräsidenten und durch den Bundesrat, sei es in öffentlich-rechtlichen Gremien und vor allem im Zusammenhang mit zahlreichen korporatistischen Bündnissen. Angesichts solcher institutioneller Arrangements wird jedes größere Reformvorhaben zum politischen Kraftakt. „Ob sich aus der Verbindung von Konkurrenzdemokratie und Verhandlungsdemokratie produktive Kopplungseffekte oder Entscheidungsblockaden ergeben, hängt [allerdings] [...] davon ab, wie die politischen Akteure mit den Zwängen umgehen, die aus den institutionellen Vorgaben resultieren, ob es also beispielsweise gelingt, die Orientierung an Selektions- und Erfolgskriterien des Parteienwettbewerbs den Funktionserfordernissen eines bundesstaatlichen Verhandlungssystems anzupassen" (Lehmbruch 2000: 28).

Der Gedanke mag nahe liegen, den skizzierten politisch-administrativen Kontext als institutionelle (Blockade-)Struktur zu überwinden und nach einer Reform der Verfassung zu rufen, die weit über die zaghaften Schritte der Föderalismusreform hinausgeht und dann Strategien ‚aus einem Guss' erlaubt, wie dies etwa in Demokratien mit Mehrheitswahlrecht (z.B. Großbritannien) oder in Präsidialsystemen mit strikter Begrenzung der Regierungszeit (z.B. USA) eher möglich ist. Das sind reizvolle akademische Gedankenspiele. Trotz des häufigen

Umbaus und dem dabei allerdings nie grundlegend geänderten institutionellen „Spielregelwerk[s]" der politischen Willensbildung und Entscheidungsfindung" zeichnet sich jedoch keine Änderung der Staatsverfassung ab (Schmidt/Zohlnhöfer 2006: 12), die ein „Durchregieren" erlauben könnte (Czada 2003: 198). Zu stark bestimmen Machtteilung und institutionelle Verflechtung den „Geist der Gesetze" (Montesquieu) und gehören inzwischen zur Staatsräson der Bundesrepublik Deutschland.

Andererseits gibt es auch langfristige Entwicklungen, die darauf schließen lassen, dass sich auch in Kernbereichen des politisch-administrativen Systems Anpassungsprozesse an mediengesellschaftliche Dynamik und Kommunikationsregeln beobachten lassen. Heribert Schatz skizziert dies in seiner Studie zum „Regieren in der Mediengesellschaft" mit Blick auf den Wandel der „klassischen" Verwaltung zur „politischen" Ministerialbürokratie" (Schatz 2008: 154ff.).

Abbildung 7: Handlungslogik der „klassischen" und der „politischen" Ministerialverwaltung

Merkmale	„klassische" Verwaltung	„politische" Verwaltung
Regelausbildung	Verwaltungsjurist	wachsender Anteil von Sozial- und Wirtschaftswissenschaftlern
Rekrutierungs- und Karrieremuster	„Regelbewerber", Laufbahnprinzip	andere Bewerber, Seiteneinsteiger ggf. ohne Erfahrungen im Öffentl. Dienst
Wertorientierung/ Mentalität	eher strukturkonservierend	strukturmodifizierend bis aktivstrukturverändernd
Verhältnis zu den Parteien	loyal zur politischen Führung, ansonsten neutral	häufig Parteimitglied; loyal insb. zum eigenen „Chef"
Binnenkommunikation: Internes Arbeitsverhalten	grundsätzlich kooperativ zwecks Optimierung arbeitsteiliger Entscheidungsfindung	Neue Arbeitsformen wie ad hoc-Gremien und Teamwork; stärkere Konkurrenz- und Konfliktorientierung in parteipolitischen Konflikten
Außenkommunikation: Arbeitsverhalten im Außenverhältnis	nach Vorschrift, eher minimalistisch (hermetisch)	nach Opportunität, eher offen, unter Beachtung politischer Vorgaben; Aufbau informeller Kontaktsysteme bei parteipolitischen Divergenzen
Arbeitstakt/ Temporalstruktur	dem Gegenstand angemessen: eher „Schnecke"	den Außenerwartungen angemessen: eher „Windhund"

Quelle: Schatz 2008: 158 (mit eigenen Modifikationen)

Bezeichnet „klassisch" eine Verwaltung, die mit den herkömmlichen professionsspezifischen Kompetenzen wie Sachlichkeit, parteipolitische Neutralität, politische Loyalität, Verschwiegenheit etc. zu Diensten ist, so waren Kenntnisse über die Durchsetzbarkeit vorgeschlagener Maßnahmen im politischen Raum, Kompetenzen zur „Vermittelbarkeit" also, nicht gefordert. Inzwischen sieht Schatz strukturelle Veränderungen im Aufgabenspektrum der Ministerialbürokratie, in der Öffnung der Rekrutierungs- und Karrieremuster der Beamtenschaft, in der Ausweitung des Instituts des politischen Beamten, in der Rollendiffusion zwischen Beamten und Politikern und in der verstärkten Bildung von Netzwerken unterhalb der politischen Führungsebene. Unter Spitzenbeamten gebe es den Typus des „Mitpolitikers" und „politischen Kommunikators" häufiger als früher. Dies lasse dann vermuten, dass „politische Beamten ohne lange bürokratieinterne Sozialisation für die Medien weitaus aufgeschlossener und damit interessanter sind als der ,reine Laufbahnbeamte' mit seinem bewusst auf den eigenen Tätigkeitsbereich begrenzten Fachwissen und seiner Kommunikation ,nach Vorschrift'" (ebenda: 161).

Vergleicht man die bei Schatz noch hinsichtlich ihrer Handlungslogiken (u.a. Wertorientierung, Arbeitsverhalten, Kommunikationsweise, Arbeitstakt etc.) untersuchten, als „klassisch" und als „politisch" charakterisierte Ministerialbürokratie im Hinblick auf ihre Strategiekompatibilität, so ist der Befund ambivalent. Hinsichtlich der Fach- und Sachkompetenz und zu erwartender Geschlossenheit in der Binnenkommunikation zeigt die „klassische" Ministerialbürokratie klare Vorteile. Geht man hingegen von einem Bedeutungszuwachs der Medienlogik gegenüber der Sachlogik aus, dann erweist sich die „politische" Ministerialbürokratie als flexibler und konfliktfähiger, als offener für politische Vorgaben, zugleich aber auch als anfälliger für die Stimmungsschwankungen medialer Anforderungen. Strategiefähigkeit braucht jedoch beides: Fachkompetenz und Politikvermittlungskompetenz, Standfestigkeit gegenüber politischem Druck von innen und außen und zugleich Sensibilität für legitime gesellschaftliche Anliegen (vgl. Abb. 7).

17.5 Mehr als die Legitimation des Augenblicks - Thesen

Abschließend sollen die hier vorgetragenen Überlegungen in zehn Thesen zu den vielfältigen Interdependenzen von Politik und Kommunikation im allgemeinen und zwischen Kommunikation und strategisch ambitionierter Politik im Besonderen gebündelt und zugespitzt werden.

1. *Kommunikation als Mittel und Ziel von Strategie:* Demokratische Politik ist zustimmungsabhängig und damit auch begründungspflichtig. Deshalb ist jedes demokratische System auf die Legitimation durch Kommunikation angewiesen. Kommunikation sollte dabei nicht nur Mittel zur Erreichung politischer Ziele sein. Sie ist kein Appendix, sondern integraler Teil von Politik, weil Kommunikation selbst politisches Handeln ist. Kommunikation muss Mittel und Ziel von Strategieentwicklung und Strategievermittlung sein.
2. *Kampf um Aufmerksamkeit:* Die Zunahme von Anbietern und Plattformen im Medienmarkt zwingt auch die Politik zur Professionalisierung ihrer expressiven Mittel zur Aufmerksamkeitsgenerierung. Das betrifft in geringerem Maße den Einsatz eigener politischer Kommunikationsmittel und Medien, ganz überwiegend aber den Kampf um Aufmerksamkeit auf dem Markt der allgemein zugänglichen Massenmedien. Das Internet bietet dabei als Plattform neue Formen direkter Zielgruppenansprache und Mobilisierung. Ob und inwieweit es auch als Interaktions- und Kommunikationsmittel strategisch von Bedeutung sein kann, hängt von der Fähigkeit zum Umbau institutionalisierter Willensbildung im intermediären System und von der Entwicklung neuer institutioneller Arrangements ab.
3. *Medienkompetenz als Machtprämie:* Sind die öffentlich zugänglichen Massenmedien in der modernen Mediengesellschaft die maßgeblichen Kommunikationsplattformen politischer Wirklichkeitskonstruktion und Wirklichkeitsauseinandersetzung, so erweist sich deren Beeinflussung als eine zentrale Machtprämie, die nicht erst in der Phase der Strategievermittlung, sondern bereits in der Phase der Strategieentwicklung ins politische Kalkül einbezogen werden muss.
4. *Strategische Kommunikation als Dienstleistung:* Im Zuge funktionaler Differenzierung greift auch die Politik zunehmend auf Kommunikationsdienstleister zurück. Strategischen Charakter bekommen Kommunikationsdienstleistungen aber nur dann, wenn sie über die situative Kampagnenkompetenz hinaus einen Deutungsrahmen mit Leitideen zu vermitteln wissen, in welchen strategische Weichenstellungen sinnhaft integriert werden.
5. *Darstellungs- und Entscheidungskommunikation:* Die Fähigkeit zu Strategieentwicklung und Strategievermittlung setzt nicht nur die Beherrschung der Medienlogik voraus. Sie erfordert auch Kommunikationskompetenzen in den Entscheidungsarenen der Politik. Strategische Kommunikation braucht deshalb die eher diskrete, politisch-administrative Vermittlungs- und Durchsetzungskompetenz ebenso wie die auf Medienöffentlichkeit zielende Darstellungskompetenz. Beide Kommunikationswelten besitzen jeweils eine Eigenlogik. Dass beide Kommunikationswelten aber nicht zu weit auseinandertriften, bedarf permanenter Übersetzungsarbeit.

6. *Kontextspezifische Kommunikationskompetenzen:* Strategieentwicklung und Strategievermittlung sind pfadabhängig und spielen sich in institutionellen Kontexten ab. Eine strategisch ambitionierte Kommunikation weiß sich den institutionell vorgegebenen Präferenzen und Handlungskorridoren nicht nur anzupassen bzw. diese auszufüllen. Strategisch ist Kommunikation vor allem dann, wenn sie auf die Entwicklung und Durchsetzung neuer politischer Handlungsspielräume hin angelegt ist.
7. *Strategie und Kommunikation im Politikzyklus:* Aufmerksamkeit ist ein knappes Gut. Deshalb wäre die Erzeugung von Dauerinteresse für alles Politische eine Überforderung für politische Akteure ebenso wie für Bürgerinnen und Bürger. Allerdings muss strategische Kommunikation auf die legitimationssensiblen Phasen im Politikzyklus zielen bzw. solche Phasen gerade auch in langwierigen Prozessen der Strategieentwicklung immer wieder schaffen.
8. *Strategische Bedeutung politischer Symbolik:* Generierung von Aufmerksamkeit und Urteilsbildung für strategische Ziele erfordert angemessene Vermittlungsstrategien bei der Reduktion von Komplexität. Symbolischer Politik in Form von geeigneten Begriffen, Sprachformeln oder Bildern kann dabei eine legitime Verweis- und Verdichtungsfunktion zukommen. Dass sie auch zu Täuschung und politischem Placebo missbraucht werden, mindert nicht die Notwendigkeit ihres Einsatzes als Instrument weicher Steuerung (vgl. Kap. 8 in diesem Buch).
9. *Befähigung zum Entscheidungsnotwendigen:* Wenn Kommunikation im strategischen Kontext mehr ist als die Information über das Entschiedene, dann muss Kommunikation als politische Führungsaufgabe ernst genommen werden. Denn der Souverän hat nicht nur Anspruch auf Information. Er will und muss auch überzeugt werden, das Entscheidungsnotwendige politisch möglich zu machen.
10. *Mehr als die Legitimation des Augenblicks:* Strategische Qualität bekommen Kommunikation und Politik erst dadurch, dass sie Entwicklungen ‚über den Tag hinaus' möglich machen; dass sie den Neigungen stimmungsdemokratischer Fixierung gegensteuern; dass sie auf mehr zielen, als auf die Legitimation des Augenblicks.

Leiden demokratische Systeme, leidet vor allem die Politik in Deutschland, an „habitueller Lernbehinderung" (Zielcke 2010), wie dies mit Blick auf die Banken- und Euro-Krise gelegentlich diagnostiziert wird? Lebt die Politik inzwischen von der Hand in den Mund, weil nur noch die Erfolgsquote bei Wahlen zählt mit der Konsequenz, dass der Mut zu weitsichtigen Entscheidungen verdrängt wird von kurzfristiger Situationsbewältigung und Anpassung an tatsächlich oder vermeintlich zwingende äußere Umstände? In der nüchternen Sicht Niklas Luhmanns entspricht dies der Funktionslogik moderner Gesellschaften, wenn er konstatiert: „In der heutigen Gesellschaft hängt viel mehr als je zuvor die Zukunft von Entscheidungen ab [...], die schon getroffen worden sind und nicht mehr revidiert werden können (Luhmann, zit. nach Rabe 2010). Dies einfach hinzunehmen, hieße ein zentrales Grundprinzip demokratischer Legitimation aufzugeben: das Prinzip der Revidierbarkeit. Es besagt, dass mit Mehrheit getroffene Entscheidungen mit neuer Mehrheit revidiert werden können und damit Offenheit und Lernfähigkeit des demokratischen Systems gewährleistet sind.

Die Regel, dass politische Institutionen in Demokratien lernfähiger seien als in anderen Systemen, bedarf jedenfalls – vor allem mit Blick auf strategische, politische Weichenstellungen – der empirischen Überprüfung. Gewiss gelang mit der Überwindung der Banken- und Wirtschaftskrise der größte politische ‚Kraftakt' der letzten Jahrzehnte. Doch die damit verbundenen strategischen Entscheidungen im Zusammenhang mit der Mobilisierung unvorstellbar großer Ressourcen und der Abgabe staatlicher Garantien stehen in direktem Zusammenhang mit dem Reparaturbedarf politisch-ökonomischer Fehlentwicklungen früherer Jahre und Jahrzehnte. Es waren national vorangetriebene und international koordinierte, politische Notoperationen, die mangels Zeit weitestgehend von exekutiven Führungseliten vorgenommen wurden: Auf Krisenverarbeitung und -vermeidung abzielende strategische Entscheidungen mit dem Blick zurück. Vergleichbare Kraftanstrengungen und strategische Weichenstellungen für die Erschließung von Zukunftsoptionen erscheinen derzeit unvorstellbar. Dass diese strategischen Entscheidungen innerparteilich und innerparlamentarisch ihrer Bedeutung nicht angemessen diskutiert, geschweige denn auf breiter Grundlage mit der entscheidungsbetroffenen Akteuren der Gesellschaft kommuniziert wurden bzw. nicht umfänglich kommuniziert werden konnten, war sicherlich nicht demokratieförderlich. Denn die Legitimität gerade auch strategischer Weichenstellungen bemisst sich nicht nur an der Akzeptanz gefundener Problemlösungen, sondern auch an der kommunikativen Beteiligung der Bürgerinnen und Bürger sowie der Inklusion vor allem der Organe demokratischer Willensbildung und Entscheidung.

Um die Strategiefähigkeit von Politik wäre es schlecht bestellt, wenn in der Demokratie anpassendes Verhalten die Regel, echtes Lernen aber die Ausnahme wäre. Lernfähig bleibt die Demokratie aber nur, wenn sie nicht zur „postdemokratischen" (vgl. Crouch 2008) Hülle wird; zu einem Gehäuse, in dem es zwar weiterhin die bekannten Institutionen und demokratischen Verfahren gibt, diese kommunikativ jedoch dadurch ausgehöhlt werden, dass die ‚eigentliche' Politik im Schatten einer zuschauerdemokratischen Medienbühne stattfindet oder strategische Weichenstellungen.

Umso mehr gilt: In einer zunehmend fragmentierten und zugleich vernetzten Gesellschaft wird es mehr denn je auf die Fähigkeit zur Organisation von Kommunikationsprozessen ankommen, gerade auch bei der Suche nach Lösungen für politische Probleme, die ‚über den Tag hinaus' reichen. Wo die Bedeutung hierarchischer, staatszentrierter Politiksteuerung ab- und die Vielfalt von Expertise in der Wissensgesellschaft zunimmt, wo politische Handlungsspielräume enger werden, wo die Bindungen an politisch-weltanschauliche Großgruppen erodieren und die Bereitschaft zur konventionellen politischen Beteiligung schwächer wird, wo schließlich die Notwendigkeit gerade für Deutschland offenkundig ist, sich in der „postnationalen Konstellation" auch und gerade europapolitisch einzurichten (vgl. Habermas 2010), da sind „neue kommunikative Politikmodelle" und „Politikformen" (Martinsen 2006: 9 und 29), da ist Phantasie in der Entwicklung neuer institutioneller, legitimitätsförderlicher Arrangements und Beteiligungsmöglichkeiten gefragt, auch und gerade jenseits des massenpublizistischen Betriebs.

Literatur

A

ACKERMANN, EDUARD (1994): *Mit feinem Gehör. Vierzig Jahre in der Bonner Politik.* Bergisch-Gladbach.
ALEMANN, ULRICH VON (1992): Parteien und Gesellschaft in der Bundesrepublik. Rekrutierung, Konkurrenz und Responsivität. In: Mintzel, Alf/Oberreuter, Heinrich (Hg.): *Parteien in der Bundesrepublik Deutschland.* Bonn, S. 89-130.
ALEMANN, ULRICH VON (1996): Parteien in den Wechsel-Jahren? Zum Wandel des deutschen Parteiensystems. In: *Aus Politik und Zeitgeschichte*, B. 6/96, S. 3-8.
ALEMANN, ULRICH VON (1997): Parteien und Medien. In: Gabriel, Oscar W./Niedermayer, Oscar/Stöss, Richard (Hg.): *Parteiendemokratie in Deutschland.* Opladen, S. 478-494.
ALEMANN, ULRICH VON (2001a): *Das Parteiensystem der Bundesrepublik Deutschland.* Bonn.
ALEMANN, ULRICH VON (2001b): Parteien und Medien. In: Gabriel, Oscar W./Niedermayer, Oskar/Stöss, Richard (Hg.): *Parteiendemokratie in Deutschland.* Opladen.
ALEMANN, ULRICH VON/MARSCHALL, STEFAN (2002): *Parteien in der Mediendemokratie.* Wiesbaden.
ARBEITSGRUPPE WAHLANALYSE (1989): Mitgliederbefragung 1988. Bericht über eine Repräsentativbefragung unter Berliner SPD-Mitgliedern im Februar/März1988. In: *Berliner Arbeitshefte und Berichte zur sozialwissenschaftlichen Forschung*, H. 12.
ARD/ZDF-Online-Studie 2009. In: http://www.ard-zdf-onlinestudie.de/index.php?id=-136.
ARENDT, HANNAH (1960): *Vita activa oder vom tätigen Leben.* Stuttgart.
ARENDT, HANNAH (1972): *Wahrheit und Lüge in der Politik.* München.
ARENDT, HANNAH (1993): *Was ist Politik?* Aus dem Nachlaß herausgegeben von Ursula Ludz, München.
ARNOLD, SABINE R./FUHRMEISTER, CHRISTIAN/SCHILLER, DIETER (1998): *Politische Inszenierung im 20. Jahrhundert. Zur Sinnlichkeit der Macht.* Wien/Köln/Weimar.

B

BAERNS, BARBARA (1985): *Öffentlichkeitsarbeit oder Journalismus? Zum Einfluß im Mediensystem.* Köln.
BAERNS, BARBARA (1987): Macht der Öffentlichkeitsarbeit und Macht der Medien. In: Sarcinelli, Ulrich (Hg.): *Politikvermittlung. Beiträge zur Kommunikationskultur.* Bonn, S. 147-160.

BAGEHOT, WALTER (1867): *The English Constitution.* London.
BANNAS, GÜNTER (2002): Das zertrennliche Paar. In: *Frankfurter Allgemeine Zeitung,* 7. 6. 2002, S. 1.
BARBER, BENJAMIN R. (1998): *A Passion for Democracy. American Essays.* Chichester.
BARING, ARNULF/GÖRTEMAKER, MANFRED (1982): *Machtwechsel. Die Ära Brandt-Scheel.* Stuttgart.
BARINGHORST, SIGRID (1998a): Zur Mediatisierung des politischen Protests. Von der Institutionen- zur „Greenpeace-Demokratie"? In: Sarcinelli, Ulrich (Hg.): *Politikvermittlung und Demokratie in der Mediengesellschaft. Beiträge zur politischen Kommunikationskultur.* Bonn, S. 326-344.
BARINGHORST, SIGRID (1998b): *Politik als Kampagne. Zur medialen Erzeugung von Solidarität.* Opladen/Wiesbaden.
BARTOLINI, STEFANO (1995): Parteienkonkurrenz. Analytische Dimensionen und empirische Probleme. In: Nedelmann, Brigitta (Hg.): *Politische Institutionen im Wandel.* Opladen, S. 57-82.
BECK, ULRICH (1986): *Die Risikogesellschaft. Auf dem Weg in eine andere Moderne.* Frankfurt am Main.
BECK, ULRICH (1993): *Die Erfindung des Politischen. Zu einer Theorie reflexiver Modernisierung.* Frankfurt am Main.
BECK, ULRICH (1996): Das Zeitalter der Nebenfolgen und Politisierung der Moderne. In: Beck, Ulrich/Giddens, Anthony/Lash, Scott (Hg.): *Reflexive Modernisierung. Eine Kontroverse.* Frankfurt am Main, S. 19-112.
BECK, ULRICH (1998): Wie wird Politik im Zeitalter der Globalisierung möglich? Eine Einleitung. In: Beck, Ulrich (Hg.): *Politik der Globalisierung.* Frankfurt am Main, S. 7-66.
BECK, ULRICH (2001): Das Zeitalter des „eigenen Lebens". Individualisierung als „paradoxe Sozialstruktur" und andere offene Fragen. In: *Aus Politik und Zeitgeschichte,* H. 29, S. 3-6.
BECKER, BERND (1996): Wozu denn überhaupt Parteimitglieder? Zum Für und Wider verstärkter parteiinterner Partizipationsmöglichkeiten. In: *Zeitschrift für Parlamentsfragen.* 27. Jg., H. 4, S. 712-718.
BECKER, HORST (1998): NRW-SPD von innen – die wichtigsten Ergebnisse. In: Walsken, Ernst-Martin/Wehrhöfer, Ulrich (Hg.): *Mitgliederpartei im Wandel. Veränderungen am Beispiel der NRW-SPD.* Münster, S. 55-72.
BEIERWALTES, ANDREAS (1999) *Demokratie und Medien. Der Begriff der Öffentlichkeit und seine Bedeutung für die Demokratie in Europa.* Baden-Baden.
BEIL, STEFAN/LEPSZY, NORBERT (1995): Die Reformdiskussion in den Volksparteien. In: Konrad-Adenauer-Stiftung (Hg.): *Interne Studien Nr. 80/1995.* Sankt Augustin.
BENHABIB, SEYLA (1997): Die gefährdete Öffentlichkeit. In: *Transit.* H. 13, S. 26-41.
BENTELE, GÜNTER/RÜHL, MANFRED (1993): *Theorien öffentlicher Kommunikation. Problemfelder, Positionen, Perspektiven.* München.
BENTELE, GÜNTER (1998a): Vertrauen. In: Jarren, Otfried/Sarcinelli, Ulrich/Saxer, Ulrich (Hg.): *Politische Kommunikation in der demokratischen Gesellschaft. Ein Handbuch mit Lexikonteil.* Opladen/Wiesbaden, S. 305-311.

BENTELE, GÜNTER (1998b): Öffentlichkeitsarbeit. In: Jarren, Otfried/Sarcinelli, Ulrich/Saxer, Ulrich (Hg.): *Politische Kommunikation in der demokratischen Gesellschaft. Ein Handbuch mit Lexikonteil.* Opladen/Wiesbaden, S. 695-696.
BENTELE, GÜNTER (1998c): Politische Öffentlichkeitsarbeit. In: Sarcinelli, Ulrich (Hg.): *Politikvermittlung und Demokratie in der Mediengesellschaft.* Bonn/Wiesbaden, S. 124-145.
BENZ, ARTHUR (1995): Verhandlungssysteme und Mehrebenen-Verflechtung im kooperativen Staat. In: Seibel, Wolfgang/Benz, Arthur (Hg.): *Regierungssystem und Verwaltungspolitik.* Wiesbaden, S. 83-102.
BENZ, ARTHUR (1998): Postparlamentarische Demokratie? Demokratische Legitimation im kooperativen Staat. In: Greven, Michael Th. (Hg): *Demokratie – eine Kultur des Westens?* Opladen, S. 201-222.
BENZ, ARTHUR (2004): *Governance – Regieren in komplexen Regelsystemen. Eine Einführung.* Wiesbaden.
BERG, KLAUS/KIEFER, MARIE-LUISE (Hg.) (2002): *Massenkommunikation VI. Eine Langzeitstudie zur Mediennutzung und Medienbewertung 1964-2000.* Baden-Baden.
BERGER, PETER L./LUCKMANN, THOMAS (1969): *Die gesellschaftliche Konstruktion der Wirklichkeit. Eine Theorie der Wissenssoziologie.* Frankfurt am Main.
BERGSDORF, WOLFGANG (1983): *Herrschaft und Sprache. Studie zur politischen Terminologie der Bundesrepublik Deutschland.* Pfullingen.
BERGSTRAESSER, ARNOLD (1963): Zum Begriff des politischen Stils. In: Gerhard A. Ritter/Gilbert, Ziebura (Hg.): *Faktoren der politischen Entscheidung. Festschrift für Ernst Fraenkel zum 65. Geburtstag.* Berlin, S. 39-55.
BERKA, WALTER (1986): Politische Kommunikation in der demokratischen Verfassungsordnung. In: Langenbucher, Wolfgang R. (Hg.): *Politische Kommunikation. Grundlagen, Strukturen, Prozesse.* Wien, S. 26-31.
BERMBACH, UDO (1995): Plädoyer für eine ungeteilte Öffentlichkeit. Anmerkungen zum ‚normativen Begriff der Öffentlichkeit' von Habermas. In: Göhler, Gerhard (Hg.): *Macht der Öffentlichkeit – Öffentlichkeit der Macht.* Baden-Baden, S. 25-38.
BERTELSMANN STIFTUNG (1996): *Politik überzeugend vermitteln.* Gütersloh.
BEYME, KLAUS VON (1990): Politikfeldanalyse in der Bundesrepublik. In: Beyme, Klaus von/Schmidt, Manfred (Hg.): *Politik in der Bundesrepublik Deutschland.* Opladen, S. 18-35.
BEYME, KLAUS VON (1993): *Die politische Klasse im Parteienstaat.* Frankfurt am Main.
BEYME, KLAUS VON (1997): *Der Gesetzgeber. Der Bundestag als Entscheidungszentrum.* Opladen.
BEYME, KLAUS VON (1999a): *Das politische System der Bundesrepublik Deutschland. Eine Einführung.* Wiesbaden.
BEYME, KLAUS VON (1999b): Institutionelle Grundlagen der deutschen Demokratie. In: Kaase, Max/Schmid, Günther (Hg.): *Eine lernende Demokratie: 50 Jahre Bundesrepublik Deutschland. WZB-Jahrbuch 1999.* Berlin, S. 19-40.
BEYME, KLAUS VON (2000): *Parteien im Wandel. Von den Volksparteien zu den professionalisierten Wählerparteien.* Wiesbaden.
BEYME, KLAUS VON (2001): Funktionswandel der Parteien in der Entwicklung von der Massenmitgliederpartei zur Partei der Berufspolitiker. In: Gabriel, Oscar

W./Niedermayer, Oskar/Stöss, Richard (Hg.): *Parteiendemokratie in Deutschland.* Bonn, 315-339.
BEYME, KLAUS VON (2004): *Das politische System der Bundesrepublik Deutschland. Eine Einführung.* Wiesbaden. (10., aktualisierte Auflage).
BEYME, KLAUS VON/WEßLER, HARTMUT (1998): Politische Kommunikation als Entscheidungskommunikation. In: Jarren, Otfried/Sarcinelli, Ulrich/Saxer, Ulrich (Hg.): *Politische Kommunikation in der demokratischen Gesellschaft. Ein Handbuch mit Lexikonteil.* Opladen/Wiesbaden, S. 312-323.
BIEBER, CHRISTOPH (1999): Politische Projekte im Internet. Online-Kommunikation und politische Öffentlichkeit. Frankfurt a. M./New York.
BIEBER, CHRISTOPH (2000): Millenium-Campaigning. Der US-Präsidentschaftswahlkampf 2000 im Internet. In: Kamps, Klaus (Hg.): *Trans-Atlantik – Trans-Portabel? Die Amerikanisierungsthese in der politischen Kommunikation.* Wiesbaden, S. 93-110.
BIEBER, CHRISTOPH (2001a): Internet, Parteienkommunikation, Multimediapolitiker. Eine Einführung. In: Bieber, Christoph (Hg.): *Parteipolitik 2.0. Der Einfluss des Internets auf parteiinterne Kommunikations- und Organisationsprozesse.* Bonn, S. 6-28.
BIEBER, CHRISTOPH (2001b): Parteienkommunikation im Internet. Modernisierung von Mitgliederparteien. In: Gabriel, Oscar/Niedermayer, Oskar/Stöss, Richard (Hg.): *Parteiendemokratie in Deutschland.* Bonn, S. 553-569.
BIEBER, CHRISTOPH/EIFERT, MARTIN/GROß, THOMAS/LAMLA, JÖRN (2009): Soziale Netze in der digitalen Welt. In: Bieber, Christoph/Eifert, Martin/Groß, Thomas/Lamla, Jörn (Hg.): *Soziale Netze in der digitalen Welt – Das Internet zwischen egalitärer Teilhabe und ökonomischer Macht.* Frankfurt am Main, S. 11-22.
BIRSCHL, URSULA/LÖSCHE, PETER (1998): Parteien in West- und Ostdeutschland. Der gar nicht so feine Unterschied. In: *Zeitschrift für Parlamentsfragen*, 29. Jg., H. 1, S. 7-24.
BLATTER, JOACHIM (2007): Demokratie und Legitimation. In: Benz, Arthur/Lütz, Susanne/Schimank, Uwe/Simonis, Georg (*Hg.): Handbuch Governance. Theoretische Grundlagen und empirische Anwendungsfelder.* Wiesbaden, S. 271-284.
BLESSING, KARLHEINZ (1993): *SPD 2000. Die Modernisierung der SPD.* Marburg.
BLUMBERG, MELANIE J./BINNING, WILLIAM C. /GREEN, JOHN C. (1999): Do the Grassroots Matter? The Coordinated Campaign in a Battleground State. In: Green, J.C./ Shea, D.M. (Hg.): *The State of the Parties.* Lanham, S. 144-170.
BLUMLER, JAY G. (1996): Medienkritik. Bedingungen ihrer Effektivität. In: Weßler, Hartmut/Matzen, Christiane/Jarren, Otfried/Hasebrink, Uwe (Hg.): *Perspektiven der Medienkritik. Die gesellschaftliche Auseinandersetzung mit öffentlicher Kommunikation in der Mediengesellschaft. Dieter Roß zum 60. Geburtstag.* Opladen, S. 265-274.
BLUMLER, JAY G./KAVANAGH, DENIS (1999): The Third Age of Political Communication. Influences and Features. In: *Political Communication* V. 16. H. 3, S. 209-230.
BÖCKELMANN, FRANK E./NAHR, GÜNTER (1979): *Staatliche Öffentlichkeitsarbeit im Wandel der politischen Kommunikation.* Berlin.
BÖCKELMANN, FRANK (1991): *Pressestellen der öffentlichen Hand (Journalistische Berufsfeldforschung „Pressestellen", Teil III).* München.
BÖCKENFÖRDE, ERNST-WOLFGANG (1991): *Staat, Verfassung, Demokratie. Studien zur Verfassungstheorie und zum Verfassungsrecht.* Frankfurt/New York.

BOLLNOW, OTTO F. (1982): *Studien zur Hermeneutik.* Bern.
BONFADELLI, HEINZ (1994): *Die Wissenskluft-Perspektive. Massenmedien und gesellschaftliche Information.* Konstanz.
BONFADELLI, HEINZ (1998): Jugend, Politik und Massenmedien. Was Jugendliche aus den Medien über Politik erfahren. In: Sarcinelli, Ulrich (Hg.): *Politikvermittlung.* Bonn/Wiesbaden, S. 345-367.
BONFADELLI, HEINZ (2004a): *Medienwirkungsforschung I. Grundlagen und theoretische Perspektiven.* Konstanz. (4., überarb. Auflage).
BONFADELLI, HEINZ (2004b): *Medienwirkungsforschung II. Anwendungen in Politik, Wirtschaft und Kultur.* Konstanz (2., überarb. Auflage).
BOUDON, RAYMOND/BOURRICAUD, FRANCOIS (1992): *Soziologische Stichworte. Ein Handbuch.* Opladen.
BOURDIEU, PIERRE (1974): *Zur Soziologie der symbolischen Formen.* Frankfurt am Main.
BOURDIEU, PIERRE (1985): *Sozialer Raum und ‚Klassen'. Lecon sur la lecon.* Frankfurt am Main.
BOURDIEU, PIERRE (1987): *Sozialer Sinn. Kritik der theoretischen Vernunft.* Frankfurt am Main.
BOURDIEU, PIERRE (1992): *Die feinen Unterschiede. Kritik der gesellschaftlichen Urteilskraft.* Frankfurt am Main (5. Auflage).
BRAUN, DIETMAR (1995): Steuerungstheorien. In: Nohlen, Dieter/Schulze, Rainer-Olaf (Hg.): *Lexikon der Politik. Bd. 1: Politische Theorien.* München, S. 611-618.
BRAUN, DIETMAR (1999): *Theorien rationalen Handelns in der Politikwissenschaft. Eine kritische Einführung.* Opladen.
BRAUN, DIETMAR (2000): Politische Gesellschaftssteuerung zwischen Akteur und System. In: Lange, Stefan/Braun, Dietmar: *Politische Steuerung zwischen Akteur und System. Eine Einführung.* Opladen, S. 99-172.
BRAUNER, GERNOT (1995): Aus der Sicht eines Anwenders. Anmerkungen zu Roland Burkarts Modell verständigungsorientierter Öffentlichkeitsarbeit. In: Bentele, Günter/Liebert, Tobias (Hg.): *Verständigungsorientierte Öffentlichkeitsarbeit. Darstellung und Diskussion des Ansatzes von Roland Burkart.* Leipzig, S. 28-30.
BREIDENBACH, STEPHAN (1995): *Mediation. Struktur, Chancen und Risiken von Vermittlung im Konflikt.* Köln.
BRETTSCHNEIDER, FRANK (2002): *Spitzenkandidaten und Wahlerfolg. Personalisierung – Kompetenz – Parteien. Ein internationaler Vergleich.* Wiesbaden.
BÜRKLIN, WILHEIM (1992): Gesellschaftlicher Wandel, Wertewandel und politische Beteiligung. In: Starzacher, Karl/Schacht, Konrad/Bernd, Friedrich/Leif, Thomas (Hg.): *Protestwähler und Wahlverweigerer. Krise der Demokratie.* Köln, S. 18-39.
BÜRKLIN, WILHELM (1997): Demokratische Einstellungen im Wandel: Von der repräsentativen zur plebiszitären Demokratie. In: Bürklin, Wilhelm/Rebenstorf, Hilke/Kaina, Victoria/Machatzke, Jörg/Sauer, Martina/Schnapp, Kai-Uwe/Welzel, Christian (Hg.): *Eliten in Deutschland. Rekrutierung und Integration.* Opladen, S. 391-420.
BÜRKLIN, WILHELM/KLEIN, MARKUS (1998): *Wahlen und Wählerverhalten. Eine Einführung.* Opladen.

BÜRKLIN, WILHELM/REBENSTORF, HILKE/Kaina, Victoria/Machatzke, Jörg/Sauer, Martina/Schnapp, Kai-Uwe/Welzel, Christian (1997): *Eliten in Deutschland.* Opladen.
BÜRKLIN, WILHELM P./NEU, VIOLA/VEEN, HANS-JOACHIM (1997): *Die Mitglieder der CDU. Interne Studien Nr. 148/199.* Konrad-Adenauer-Stiftung, Sankt Augustin.
BURKART, ROLAND (1993): *Public Relations als Konfliktmanagement. Ein Konzept für verständigungsorientierte Öffentlichkeitsarbeit. Untersucht am Beispiel der Planung von Sonderabfalldeponien in Niederösterreich.* Wien.
BURKART, ROLAND (1995): Das VÖA-Konzept: Eine Replik. In: Bentele, Günter/Liebert, Tobias (Hg.): *Verständigungsorientierte Öffentlichkeitsarbeit. Darstellung und Diskussion des Ansatzes von Roland Burkart.* Leipzig, S.65-80.
BUSEMANN, KATRIN/GSCHEIDLE, CHRISTOPH (2010): Web 2.0: Nutzung steigt – Interesse an aktiver Teilhabe sinkt. In: *Media Perspektiven.* H. 7-8/2010, S. 334-349.

C

CASSIRER, ERNST (1953): *Philosophie der symbolischen Formen.* Darmstadt.
CASSIRER, ERNST (1964): *Philosophie der symbolischen Formen. 1. Teil: Die Sprache; 2. Teil: Das mythische Denken; 3. Teil: Phänomenologie der Erkenntnis.* Darmstadt. (4., unveränderte Auflage).
CASSIRER, ERNST (1969): *Wesen und Wirkung des Symbolbegriffs.* Darmstadt. (4. unveränderte Auflage).
CASSIRER, ERNST (1985): *Philosophische Grundlagen politischen Verhaltens.* Frankfurt am Main.
CLARK, ALISTAIR (2004): The Continued Relevance of Local Parties in Representative Democracies. In: *Politics,* H. 24, S. 35-45.
CLAUS, FRANK/WIEDEMANN, PETER M. (1994): *Umweltkonflikte. Vermittlungsverfahren zu ihrer Lösung. Praxisberichte.* Taunusstein.
COHEN, JESSICA/LANGENHAN, DENISE (2009): Steuerung durch Symbole. In: Göhler, Gerhard/Höppner, Ulrike/De La Rosa, Sybille (Hg.): *Weiche Steuerung. Studien zur Steuerung durch diskursive Praktiken, Argumente und Symbole.* Baden-Baden, S. 139-188.
CROUCH, COLIN (2008): *Postdemokratie.* Frankfurt am Main.
CUSACK, THOMAS R. (1999): Unzufriedenheit der deutschen Bevölkerung mit der Performanz der Regierung und des politischen Systems. In: Kaase, Max/Schmid, Günther (Hg.): *Lernende Demokratie. 50 Jahre Bundesrepublik Deutschland.* Berlin, S. 237-261.
CZADA, ROLAND (2003): Der Begriff der Verhandlungsdemokratie und die vergleichende Policy-Forschung. In: Mayntz, Renate/Streeck, Wolfgang (Hg.): *Die Reformierbarkeit der Demokratie. Innovationen und Blockaden.* Frankfurt a.M., S. 173-203.
CZADA, ROLAND/SCHMIDT, MANFRED G. (1993a): *Verhandlungsdemokratie, Interessenvermittlung, Regierbarkeit. Festschrift für Gerhard Lehmbruch.* Wiesbaden.
CZADA, ROLAND/SCHMIDT, MANFRED G. (1993b): Einleitung. In: Czada, Roland/Schmidt, Manfred G. (Hg.): *Verhandlungsdemokratie, Interessenvermittlung, Regierbarkeit. Festschrift für Gerhard Lehmbruch.* Wiesbaden, S. 7-22.

CZERWICK, EDWIN (1983): *Parlamentarische Kommunikation im Wahlkampf. Strukturen zwischenparteilicher Kommunikation und Interaktion im Deutschen Bundestag während des Bundestagwahlkampfes 1979/80.* Koblenz.
CZERWICK, EDWIN (1998): Parlamentarische Politikvermittlung – zwischen „Basisbezug" und „Systembezug". In: Sarcinelli, Ulrich (Hg.): *Politikvermittlung und Demokratie in der Mediengesellschaft.* Bonn/Wiesbaden, S. 253-272.
CZERWICK, EDWIN (1999): Verhandlungsdemokratie – ein Politikstil zur Überwindung von Politikblockaden. In: *Zeitschrift für Politikwissenschaft*, 9. Jg., H. 2, S. 415-438.
CZERWICK, EDWIN (2001): *Bürokratie und Demokratie. Grundlegung und theoretische Neustrukturierung der Vereinbarkeit von öffentlicher Verwaltung und demokratischem System.* Berlin.

D

DAELE, WOLFGANG VAN DEN/NEIDHARDT, FRIEDHELM (1996): "Regierung durch Diskussion" – Über Versuche, mit Argumenten Politik zu machen. In: Daele, Wolfgang van den/Neidhardt, Friedhelm (Hg.): *Kommunikation und Entscheidung. Politische Funktionen öffentlicher Meinungsbildung und diskursiver Verfahren.* WZB-Jahrbuch 1996. Berlin, S. 9-50.
DAELE, WOLFGANG VAN DEN (2008): Streitkultur. Über den Umgang mit unlösbaren moralischen Konflikten im Nationalen Ethikrat. In: Gosewinkel, Dieter/Schuppert, Gunnar, Volke (Hg.): *Politische Kultur im Wandel von Staatlichkeit.* WZB-Jahrbuch 2007. Berlin, S. 357-384.
DAHRENDORF, RALF (1968): *Für eine Erneuerung der Demokratie in der Bundesrepublik. Sieben Reden und andere Beiträge zur deutschen Politik 1967-1968.* München.
DAHRENDORF, RALF (1971): *Gesellschaft und Demokratie in Deutschland.* München.
DAHRENDORF, RALF (1986): Aktive und passive Öffentlichkeit. Über Teilnahme und Initiative im politischen Prozess moderner Gesellschaften. In: Langenbucher, Wolfgang R. (Hg.): *Politische Kommunikation. Grundlagen, Strukturen, Prozesse.* Wien, S. 56-65.
DAHRENDORF, RALF (1994): Das Zerbrechen der Ligaturen und die Utopie der Weltbürgergesellschaft. In: Beck, Ulrich/Beck-Gernsheim, Elisabeth (Hg.): *Riskante Freiheiten.* Frankfurt am Main, S. 421-436.
DAHRENDORF, RALF (1996): Widersprüche der Modernität. In: Miller, Max/Soeffner, Hans-Georg (Hg.): *Modernität und Barbarei. Soziologische Zeitdiagnose am Ende des 20. Jahrhunderts.* Frankfurt am Main, S. 194-204.
DAHRENDORF, RALF (1998): Die neue Parteienlandschaft. In: *Die Zeit*, 25.6.1998, S. 27.
DALLY, ANDREAS/WEIDNER, HELMUT/FIETKAU, HANS-JOACHIM (1995): *Mediation als politischer und sozialer Prozeß.* Rehburg-Loccum.
DAVIDSON, PHILIPS W. (1968): Public Opinion. Introduction. In: Sills, David L. (Hg.): *International encyclopaedia of the Social Sciences*, Bd. 13, S. 188-197.
DEBUS, TESSA (2007): Regierungsstile deutscher Kanzler. In: *Politische Meinung*, H. 4/2007, S. 69-82.

DECKER, FRANK (1999): Parteien und Parteiensysteme im Wandel. In: *Zeitschrift für Parlamentsfragen,* 30. Jg. 30. H. 2, S. 345-361.
DELHEES, KARL H. (1994): *Soziale Kommunikation. Psychologische Grundlagen für das Miteinander in der modernen Gesellschaft.* Opladen.
DEPENHEUER, OTTO (2000): Öffentlichkeit und Vertraulichkeit. In: Depenheuer, Otto (Hg.): *Öffentlichkeit und Vertraulichkeit. Theorie und Praxis politischer Kommunikation.* Wiesbaden, S. 7-20.
DEPENHEUER, OTTO (2001): Vortrag. In: *Wahrheitssuche zwischen Recht und Politik – Was leistet das neue Untersuchungsausschussgesetz?* Stenographische Mitschrift der Abendveranstaltung der Deutschen Vereinigung für Parlamentsfragen am 16.5.2001, S. 3-11.
DEPENHEUER, OTTO (2002): *Selbstdarstellung der Politik. Studien zum Öffentlichkeitsanspruch der Demokratie.* Paderborn u.a.
DETTERBECK, KLAUS (2002): *Der Wandel politischer Parteien in Westeuropa.* Opladen.
DEUPMANN, ULRICH (1994): Seiteneinsteiger sollen eine Chance erhalten. In: *Das Parlament,* 7.1.1994, S. 5.
DEUTSCH, KARL W. (1973): *Politische Kybernetik. Modell und Perspektiven.* Freiburg i. Br.
DEUTSCH, KARL W. (1986): Einige Grundprobleme der Demokratie in der Informationsgesellschaft. In: Kaase, Max (Hg.): *Politische Wissenschaft und politische Ordnung. Analysen zu Theorie und Empirie demokratischer Regierungsweise. Festschrift zum 65. Geburtstag von Rudolf Wildenmann.* Opladen, S. 40-51.
DEUTSCHER BUNDESTAG (1998): *Deutschlands Weg in die Informationsgesellschaft. Bericht der Enquete-Kommission. Zukunft der Medien in Wirtschaft und Gesellschaft.* Bonn.
DI FABIO, UDO (2002): Ein großes Wort. Verantwortung als Verfassungsprinzip. In: *Frankfurter Allgemeine Zeitung,* 2. 5. 2002, S. 10.
DIEKMANNSHENKE, HAJO (2001): Politische Kommunikation im historischen Wandel. Ein Forschungsüberblick. In: ders./Meißner, Iris (Hg.): *Politische Kommunikation im historischen Wandel.* Tübingen, S. 1-27.
DIENEL, PETER C. (1992): *Die Planungszelle. Der Bürger plant seine Umwelt. Eine Alternative zur Establishment-Demokratie.* Opladen.
DIENEL, PETER C. (1996): Das Modell „Bürgergutachten" als Organ politischen Lernens. In: Claußen, Bernhard/Geißler, Rainer (Hg.): *Die Politisierung des Menschen. Instanzen der politischen Sozialisation. Ein Handbuch.* Opladen, S. 425-442.
DITTBERNER, JÜRGEN/EBBINGHAUSEN, ROLF (1973): *Parteiensystem in der Legitimationskrise. Studien und Materialien zur Soziologie der Partei in der Bundesrepublik.* Opladen.
DONGES, PATRICK (2000): Amerikanisierung, Professionalisierung, Modernisierung? Anmerkungen zu einigen amorphen Begriffen. In: Kamps, Klaus (Hg.): *Trans-Atlantik – Trans-Portabel? Die Amerikanisierungsthese in der politischen Kommunikation.* Wiesbaden, S. 27-42.
DONGES, PATRICK (2002): *Rundfunkpolitik zwischen Sollen, Wollen und Können. Eine theoretische und komparative Analyse der politischen Steuerung des Rundfunks.* Wiesbaden.

DONGES, PATRICK (2005): *Politische Kommunikation in der Schweiz.* Bern.
DONGES, PATRICK/JARREN, OTFRIED (2001): Politische Kommunikation. In: Jarren, Otfried/Bonfadelli, Heinz (Hg.): *Einführung in die Publizistikwissenschaft.* Bern/Stuttgart/Wien, S. 419-438.
DONSBACH, WOLFGANG/JARREN,OTFRIED/KEPPLINGER, HANS MATHIAS/ PFETSCH, BARBARA (1993): *Beziehungsspiele - Medien und Politik in der öffentlichen Diskussion. Fallstudien und Analysen.* Gütersloh.
DORER, JOHANNA/MARSCHICK, MATTHIAS (1995): Whose Side are You on? Anmerkungen zu Roland Burkarts Konzept einer verständigungsorientierten Öffentlichkeitsarbeit. In: Bentele, Günter/Liebert, Tobias (Hg.): *Verständigungsorientierte Öffentlichkeitsarbeit. Darstellung und Diskussion des Ansatzes von Roland Burkart.* Leipzig, S. 31-37.
DÖRNER, ANDREAS (1993): Die Inszenierung politischer Mythen. Ein Beitrag zur Funktion der symbolischen Formen in der Politik am Beispiel des Herrmannsmythos in Deutschland. In: *Politische Vierteljahresschrift,* 34. Jg., H. 2, S. 199-218.
DÖRNER, ANDREAS (1995): *Politischer Mythos und symbolische Politik. Sinnstiftung durch symbolische Formen am Beispiel des Hermannsmythos.* Opladen.
DÖRNER, ANDREAS (1996): *Politischer Mythos und symbolische Politik. Der Hermannmythos: Zur Entstehung des Nationalbewusstseins der Deutschen.* Hamburg 1996.
DÖRNER, ANDREAS (2000): *Politische Kultur und Medienunterhaltung. Zur Inszenierung politischer Identitäten in der amerikanischen Film- und Fernsehwelt.* Konstanz.
DÖRNER, ANDREAS (2001): *Politainment. Politik in der medialen Erlebnisgesellschaft.* Frankfurt am Main.
DÖRNER, ANDREAS (2004): Power Talks. Zur Transformation der politischen Elite in der medialen Erlebnisgesellschaft. In: Hitzler, Ronald/Hornborstel, Stefan/Mohr, Cornelia (Hg.): *Elitenmacht.* Wiesbaden, S. 239-259.
DORSCH, PETRA (1982): Verlautbarungsjournalismus - eine notwendige Medienfunktion. In: *Publizistik,* 27. Jg., S. 530-540.
DOWNS, ANTHONY (1957): *An Economic Theory of Democracy.* New York.
DÜRR, TOBIAS (1999): „Irlandisierung" und kein Ende? Einige Überlegungen zur Zukunft der deutschen Volksparteien nach dem Zerfall ihrer Voraussetzungen. In: Dürr, Tobias/Walter, Franz (Hg.): *Solidargemeinschaft und fragmentierte Gesellschaft. Parteien, Milieus und Verbände im Vergleich.* Opladen, S. 187-208.
DWORSCHAK, MANFRED (2010): Null Blog. In: Der Spiegel, H. 31, S. 120-123.

E

EDELMAN, MURRAY (1976): *Politik als Ritual. Die symbolische Funktion staatlicher Institutionen und politischen Handelns.* Frankfurt am Main.
EDELMAN, MURRAY (1988): *The constructing political spectacle.* Chicago.
EIMEREN, BIRGIT VON/FREES, BEATE (2008): Internetverbreitung: Größter Zuwachs bei Siversufern. In: *Media Perspektiven,* 7/2008, S. 330-343.
EIMEREN, BIRGIT VON/FREES, BEATE (2010): Fast 50 Millionen Deutsche online – Multimedia für alle? Ergebnisse der ARD/ZDF-Onlinestudie 2010. In: *Media Perspektiven.* 7-8/2010, S. 350-358.

ELDER, CHARLES D./COBB, Roger W. (1983): *The Political Use of Symbols*. New York/London.
ELDERVELD, SAMUEL (1964): *Political Parties – A Behavioral Analysis*. New York.
ELLWEIN, THOMAS (1973): *Das Regierungssystem der Bundesrepublik Deutschland*. Opladen.
ELSTER, JON (1986): The Market and the Forum. Three Varieties of Political Theory. In: Elster, Jon/Hylland, Aanund (Hg.): *Foundations of Social Choice Theory*. Cambridge, S. 103-132.
ELSTER, JON (1993): Constitution Making in Eastern Europe. Rebuilding the Boat in the Open Sea. In: *Public Administration* 71, S.169-218.
EMERI, CLAUDE/PARODI, JEAN-LUC (Hg.) (1995): *La selection des présidents*. Paris.
EMMER, Martin/VOWE, Gerhard (2004): Mobilisierung durch Internet? Ergebnisse einer empirischen Längsschnittuntersuchung zum Einfluss des Internet auf die politische Kommunikation. In: *Politische Vierteljahresschrift*, 45. Jg., H. 2, S. 191-212.
EPSTEIN, LEON D. (1967): *Political Parties in Western Democracies*. New York/Washington/London.
ESCHENBURG, THEODOR (1960): *Staat und Gesellschaft in Deutschland*. Stuttgart.
ESSER, FRANK (2000): Spin Doctoring. Rüstungsspirale zwischen politischer PR und politischem Journalismus. In: *Forschungsjournal Neue Soziale Bewegungen*, 13. Jg., H. 3, S. 17-24.
ESSER, FRANK/PFETSCH, BARBARA (Hg.) (2003): *Politische Kommunikation im internationalen Vergleich. Grundlagen, Anwendungen, Perspektiven*. Wiesbaden.
ESSER, FRANK/REINEMANN, FRANK (1999): „Mit Zuckerbrot und Peitsche". Wie deutsche und britische Journalisten auf das News Management politischer Spin Doctors reagieren. In: Holtz-Bacha, Christina (Hg.): *Wahlkampf in den Medien. Wahlkampf mit den Medien*. Opladen/Wiesbaden, S. 41-68.
ESSER, HARTMUT (1999): Die Konstitution des Sinns. In: Honer, Anne/Kurt, Ronald/Reichertz, Jo (Hg.): *Diesseitsreligionen. Zur Deutung der Bedeutung moderner Kultur*. Konstanz, S. 135-150.
EULAU, HEINZ/WAHLKE, JOHN C. (1978): *The Politics of Representation. Continuities in Theory and Research*. Beverly Hills (CA) u.a.
EUROPÄISCHE KOMMISSION (1997): *Grünbuch zur Konvergenz der Branchen Telekommunikation und Informationstechnologie und ihren ordnungspoliischen Auswirkungen. Ein Start Richtung Informationsgesellschaft* (KOM-(97) 623). Brüssel.

F

FALKE, WOLFGANG (1982): *Die Mitglieder der CDU*. Berlin.
FAULSTICH, WERNER (1998): Stars. In: Jarren, Otfried/Sarcinelli, Ulrich/Saxer, Ulrich (Hg.): *Politische Kommunikation in der demokratischen Gesellschaft. Ein Handbuch mit Lexikonteil*. Opladen, S. 726-727.
FIETKAU, HANS-JOACHIM/WEIDNER, HELMUT (1992): Mediationsverfahren in der Umweltpolitik. Erfahrungen in der Bundesrepublik Deutschland. In: *Aus Politik und Zeitgeschichte*, B 39-40, S. 24-34.

FILZMEIER, PETER/PLASSER, FRITZ (2001): Governing as Campaigning: Der permanente Wahlkampf in den USA. In: Filzmeier, Peter/Plasser, Fritz, (Hg.): *Wahlkampf um das Weiße Haus: Presidential Elections in den USA.* Opladen, S. 251-255.
FISHER, JUSTIN (1997): Organizations. Examining the Variation in Constituency Party Membership and Resources. In: Cowley, Philip (Hg.): *British Elections & Parties Review*, Vol. 10. London/Portland, S. 133-150.
FLAIG, BERTHOLD BODO/MEYER, THOMAS/UELTZHÖFER, JÖRG (1994): *Alltagsästhetik und politische Kultur.* Bonn (2., durchgesehene Auflage).
FORKMANN, DANIELA/RICHTER, SASKIA (Hg.) (2007): *Gescheiterte Kanzlerkandidaten. Von Kurt Schumacher bis Edmund Stoiber.* Wiesbaden.
FRAENKEL, ERNST (1991): *Deutschland und die westlichen Demokratien.* Frankfurt am Main. (erweiterte Ausgabe, Erstausgabe 1964).
FRANK, GEORG (1993): Ökonomie der Aufmerksamkeit. In: *Merkur*, 47. Jg., S. 748-761.
FRANK, GEORG (1998): Ökonomie der Aufmerksamkeit. Ein Entwurf. München/Wien. In: Frankfurter Allgemeine Zeitung, 2. 5. 2002, S. 10.
FREY, RUTH/WIESENDAHL, ELMAR (2004): Die politische Partei als lernende Organisation, in: *Utopie kreativ*, H. 168, S. 910-922.
FRÖHLICH, MANUEL (2003): Der irritierte Kompass: Gesellschaftlicher Wandel und die Orientierungsfunktion von politischer Parteien, in: Glaab, Manuela (Hg.): *Impulse für eine neue Parteiendemokratie. Analysen zu Kritik und Reform.* München: 2003, S. 169-183.
FUCHS, DIETER/KLINGEMANN, HANS-DIETER (1995): Citizens and the State. A Relationship Transformed. In: Fuchs, Dieter/Klingemann, Hans-Dieter (Hg.): *Citizens and the State.* Oxford, S. 419-443.

G

GABRIEL, OSCAR W. (1992): Politische Einstellungen und politische Kultur. In: Gabriel, Oscar W. (Hg.): *Die EG-Staaten im Vergleich. Strukturen, Prozesse, Politikinhalte.* Opladen, S. 95-131.
GABRIEL, OSCAR W. (2005): Politische Einstellungen und politische Kultur. In: Gabriel, Oscar W./Holtmann, Everhard (Hg): *Handbuch Politisches System der Bundesrepublik Deutschland.* München/Wien, S. 457-522.
GABRIEL, OSCAR W./NIERDERMAYER, OSKAR (2001): Parteimitgliedschaften. Entwicklung und Sozialstruktur. In: Gabriel, Oscar W./Niedermayer, Oskar/Stöss, Richard (Hg.): *Parteiendemokratie in Deutschland.* Bonn, S. 274-296.
GABRIEL, OSCAR W./WALTER-ROGG, MELANIE (2004): Einleitung. In: Walter-Rogg, Melanie/Gabriel, Oscar W. (Hg.). *Parteien, Parteieliten und Parteimitglieder in einer Großstadt.* Wiesbaden, S. 9-24.
GAGEL, WALTER (1986): Von der Betroffenheit zur Bedeutsamkeit. Der Zusammenhang zwischen subjektiver und objektiver Betroffenheit als Erkenntnisprozeß. In: *Gegenwartkunde*, 37. Jg., H. 1, S. 31-44.
GAGEL, WALTER (1989): Renaissance der Institutionenkunde? Didaktische Ansätze zur Integration von Institutionenkundlichem in dem politischen Unterricht. In: *Gegenwartskunde*, 39. Jg., H. 3, S. 387-418.

GAGEL, WALTER (2000): *Einführung in die Didaktik des politischen Unterrichts*. Opladen.
GAST, HENRIK (2009): „Kanzlerkommunikation" von Adenauer bis Merkel. In: *Aus Politik und Zeitgeschichte*. B 38/2009, S. 27-32.
GAUGER, JÖRG DIETER (1992): Staatsrepräsentation. In: Gauger, Jörg Dieter/Stagl, Justin (Hg.): *Staatsrepräsentation*. Berlin, S. 9-17.
GEBAUER, KLAUS-ECKARD (1998): Regierungskommunikation. In: Jarren, Otfried/Sarcinelli, Ulrich/Saxer Ulrich (Hg.): *Politische Kommunikation in der demokratischen Gesellschaft. Ein Handbuch mit Lexikonteil*. Opladen/Wiesbaden, S. 464-472.
GEERTZ, CLIFFORD (1987): *Dichte Beschreibung. Beiträge zum Verstehen kultureller Systeme*. Frankfurt am Main.
GEHRLEIN, MARKUS (2007): *Braucht Deutschland einen Bundespräsidenten?* In: *Die öffentliche Verwaltung*, 60. Jg., H.7, S. 280-288.
GEIS, MATTHIAS (2010): Autorität. In. *Die Zeit*, 8. Juli 2010.
GEISLER, ALEXANDER/TENSCHER, JENS (2001): „Amerikanisierung" der Wahlkampagne? Zur Modernität von Kommunikationsstrukturen und –strategien im nordrhein-westfälischen Landtagswahlkampf 2000. In: Sarcinelli, Ulrich/Schatz, Heribert (Hg.): *Mediendemokratie im Medienland?*. Opladen, S. 53-118.
GELLNER, WINAND (1995): Medien und Parteien, Grundmuster politischer Kommunikation. In: Gellner, Winand/Veen, Hans-Joachim (Hg.): *Umbruch und Wandel in westeuropäischen Parteiensystemen*. Frankfurt am Main, S. 17 - 33.
GELLNER, WINAND (1997): Individualisierung und Globalisierung? Die Privatisierung des Öffentlichen. In: Rohe, Karl (Hg.): *Politik und Demokratie in der Informationsgesellschaft*. Baden-Baden, S. 25-44.
GELLNER, WINAND/STROHMEIER, GERD (2002): Parteien in Internetwahlkämpfen. In: Alemann, Ulrich von/Marschall, Stefan (Hg.): *Parteien in der Mediendemokratie*. Wiesbaden, S. 189-209.
GERHARDS, JÜRGEN (1991): Die Macht der Massenmedien und die Demokratie. Empirische Befunde. In: *Discussion Paper FS III 91-108*. Berlin.
GERHARDS, JÜRGEN (1992): Dimensionen und Strategien öffentlicher Diskurse. In: *Journal für Sozialforschung*, 32. Jg., H. 3/4, S. 307-318.
GERHARDS, JÜRGEN (1994): Politische Öffentlichkeit. Ein system- und akteurstheoretischer Bestimmungsversuch. In: Neidhardt, Friedhelm (Hg.): *Öffentlichkeit, öffentliche Meinung, soziale Bewegungen*. Opladen, S. 77-105.
GERHARDS, JÜRGEN (1995): Welchen Einfluß haben die Massenmedien auf die Demokratie in der Bundesrepublik Deutschland. In: Göhler, Gerhard (Hg.): *Macht der Öffentlichkeit – Öffentlichkeit der Macht*. Baden-Baden, S. 149-180.
GERHARDS, JÜRGEN (1998): Öffentlichkeit. In: Jarren, Otfried/Sarcinelli, Ulrich/Saxer, Ulrich (Hg.): *Politische Kommunikation in der demokratischen Gesellschaft. Ein Handbuch mit Lexikonteil*. Opladen/Wiesbaden, S. 268-274.
GERHARDS, JÜRGEN/NEIDHARDT, FRIEDHELM (1990): *Strukturen und Funktionen moderner Öffentlichkeit. Fragestellungen und Ansätze*. WZB-Paper FS III 90-101. Berlin.
GERHARDS, JÜRGEN/NEIDHARDT, FRIEDHELM (1993): Strukturen und Funktionen moderner Öffentlichkeit. Fragestellungen und Ansätze. In: Langenbucher,

Wolfgang R. (Hg.): *Politische Kommunikation. Grundlagen, Strukturen, Prozesse.* Wien, S. 52-89.
GERHARDS, JÜRGEN/NEIDHARDT, FRIEDHELM/RUCHT, DIETER (1998a): *Zwischen Palaver und Diskurs. Strukturen öffentlicher Meinungsbildung am Beispiel der deutschen Diskussion zur Abtreibung.* Opladen/Wiesbaden.
GERHARDS, JÜRGEN/SCHÄFER, MIKE S. (2007): Demokratische Internet-Öffentlichkeit? Ein Vergleich der öffentlichen Kommunikation im Internet und in den Printmedien am Beispiel der Humangenomforschung. In: *Publistik.* 52. Jg. H.2, S. 210-228.
GESER, HANS (1999): The Local Party as an Object of Interdisciplinary Comparative Study. In: Saiz, Martin/Geser, Hans (Hg.): *Local Parties in Political and Organizational Perspective.* Westview Press, S. 3-43.
GIDDENS, ANTHONY (1990): *The Consequences of Modernity.* Cambridge.
GIDDENS, ANTHONY (1996): Leben in einer posttraditionalen Gesellschaft. In: Beck, Ulrich/Giddens, Anthony/Lash, Scott (Hg.): *Reflexive Modernisierung. Eine Kontroverse.* Frankfurt am Main, S. 113-194.
GIESECKE, HERMANN (1985): Wozu noch „politische Bildung"? In: *Neue Sammlung.* 25. Jg., S. 465-474.
GIESECKE, HERMANN (1993): *Politische Bildung. Didaktik und Methodik für Schule und Jugendarbeit.* Weinheim, München.
GLAAB, MANUELA (2007): Politische Führung als strategischer Faktor. In: *Zeitschrift für Politikwissenschaft.* 17. Jg., H. 2, S. 303-332.
GLAEßNER, GERT-JOACHIM (1999): *Demokratie und Politik in Deutschland.* Opladen.
GLOE, MARKUS (2008): Expertengremien im System Schröder. In: Kempf, Udo/Merz, Hans-Georg (Hg.): *Kanzler und Minister 1998-2005. Biografisches Lexikon der deutschen Bundesregierungen.* Wiesbaden, S. 108-133.
GLOTZ, PETER (1996): Politisches Wrestling – eine Schlachtbeschreibung. Nachtrag zum Bundestagswahlkampf 1994. In: Bertelsmann Stiftung (Hg.): *Politik überzeugend vermitteln. Wahlkampfstrategien in Deutschland und den USA.* Gütersloh, S. 25-32.
GOERGEN, BARBARA/GOERGEN, FRITZ (2000): Bilder für die Bilder-Macher. In: Altendorfer, Otto/Wiedemann, Heinrich/Mayer, Hermann (Hg.): *Der Moderne Medienwahlkampf. Professionelles Wahlmanagement unter Einsatz neuer Medien, Strategien und Psychologien.* Eichstätt, S. 42-61.
GÖHLER, GERHARD (1987): *Grundfragen politischer Institutionen.* Opladen.
GÖHLER, GERHARD (1990): *Die Rationalität politischer Institutionen.* Baden-Baden.
GÖHLER, GERHARD (1994): Politische Institutionen und ihr Kontext. Begriffliche und konzeptionelle Überlegungen zu einer Theorie politischer Institutionen. In: ders. (Hg.): *Die Eigenart der Institutionen. Zum Profil politischer Institutionentheorie.* Baden-Baden, S. 17-46.
GÖHLER, GERHARD (1995): Einleitung. In: ders. (Hg.) *Macht der Öffentlichkeit – Öffentlichkeit der Macht.* Baden-Baden, S. 7-24.
GÖHLER, GERHARD (1999): Rationalität und Symbolizität der Politik. In: Greven, Michael Th./Schmalz-Bruns, Rainer (Hg.): *Politische Theorie heute: Ansätze und Perspektiven.* Baden-Baden, S. 255-274.

GÖHLER, GERHARD (2005): Symbolische Politik. Symbolische Praxis. Zum Symbolverständnis in der deutschen Politikwissenschaft. In: Stollberg-Rillinger, Barbara (Hg.): *Was heißt Kulturgeschichte des Politischen?* (Zeitschrift für Historische Forschung, Beiheft 35). Berlin, S. 57-69.

GÖHLER, GERHARD (2007a): „Weiche Steuerung". Regieren ohne Staat aus machttheoretischer Perspektive. In: Risse, Thomas/Lehmkuhl, Ursula (Hg.): *Regieren ohne Staat? Governance in Räumen begrenzter Staatlichkeit.* Baden-Baden, S. 87-108.

GÖHLER, GERHARD (2007b): Deliberative Demokratie und symbolische Repräsentation. In: Thaa, Winfried (Hg.): *Inklusion durch Repräsentation.* Baden-Baden, S. 109-125.

GÖHLER, GERHARD (2010): Neue Perspektiven politischer Steuerung. In: *Aus Politik und Zeitgeschichte.* B 2-3/20010, S. 34-40.

GOFFMANN, ERWING (1996): *Wir alle spielen Theater. Die Selbstdarstellung im Alltag.* München (5. Auflage).

GRABER, DORIS/SMITH, JAMES M. (2005): Political Communication Faces the 21st Century. In: *Journal of Communication* 55: 3, 479-507.

GRANDE, EDGAR (1995): Regieren in verflochtenen Verhandlungssystemen. In: Mayntz, Renate/ Scharpf, Fritz W. (Hg.): *Gesellschaftliche Selbstregelung und politische Steuerung.* Frankfurt am Main / New York, S. 327-368.

GRANDE, EDGAR (2000): Charisma und Komplexität. Verhandlungsdemokratie, Mediendemokratie und der Funktionswandel politischer Eliten. In: *Leviathan,* 28. Jg. 2000, S. 122-141.

GRANDE, EDGAR/PRÄTORIUS, RAINER (2003): *Politische Steuerung und neue Staatlichkeit.* Baden-Baden.

GREIFFENHAGEN, MARTIN (1997): *Politische Legitimation in Deutschland.* Gütersloh/Bonn.

GREIFFENHAGEN, MARTIN/GREIFFENHAGEN, SYLVIA (1979): *Ein schwieriges Vaterland. Zur politischen Kultur Deutschlands.* München.

GREVEN, MICHAEL TH. (1987): *Parteimitglieder. Ein empirischer Essay über das politische Alltagsbewusstsein in Parteien.* Opladen.

GREVEN, MICHAEL TH. (1993): Die Parteien in der politischen Gesellschaft sowie eine Einleitung zur Diskussion über eine „allgemeine Parteientheorie". In: Niedermayer, Oskar/Stöss, Richard (Hg.): *Stand und Perspektiven der Parteienforschung in Deutschland.* Opladen, S. 276-292.

GREVEN, MICHAEL TH. (1995): Macht in der Öffentlichkeit der Demokratie. Kritischer Kommentar zu Rainer Schmalz-Bruns. In: Göhler, Gerhard (Hg.): *Macht der Öffentlichkeit – Öffentlichkeit der Macht.* Baden-Baden, S. 75-84.

GREWE, WILHEM (1951): Parteienstaat – oder was sonst? In: *Der Monat,* 3. Jg., S. 563-577.

GRIMM, DIETER (1983): Die politischen Parteien. In: Benda, Ernst/Maihofer, Werner/ Vogel, Hans-Jochen (Hg.): *Handbuch des Verfassungsrechts.* Berlin, S. 317-372.

GRIMM, DIETER (1987): Die Parteien im Verfassungsrecht: Doppelrolle zwischen Gesellschaft und Staat. In: Haungs, Peter/Jesse, Eckhard (Hg.): *Parteien in der Krise?* Köln, S. 132-138.

GRIMM, DIETER (1991): *Die Zukunft der Verfassung.* Frankfurt am Main.

GRIMM, DIETER (1999): Vergiss die Besten nicht. In: *Frankfurter Allgemeine Zeitung*, 1.12.1999, S. 54.
GRIMMER, KLAUS (1993): Der Deutsche Bundestag im parlamentarischen Regierungssystem. In: Westphalen, Raban Graf von (Hg.): *Parlamentslehre. Das parlamentarische Regierungssystem im technischen Zeitalter.* München/Wien; S. 196.
GRÖBEL, JO et al. (1995): Bericht zur Lage des Fernsehens für den Präsidenten der Bundesrepublik Deutschland. Gütersloh.
GROSSENBACHER, RENÉ (1991): Hat die "Vierte Gewalt" ausgedient? Zur Beziehung zwischen Public Relations und Medien. In: Dorer, Johanna/Lojka, Klaus (Hg.): *Öffentlichkeitsarbeit. Theoretische Ansätze, empirische Befunde und Berufspraxis der Public Relations.* Wien, S. 42-49.
GROTHE, THORSTEN/RYBARCZYK, CHRISTOPH (1993): Medien und Politik - eine Problemskizze. In: Donsbach, Wolfgang/Jarren, Otfried/Kepplinger, Hans Mathias/Pfetsch, Barbara (Hg.): *Beziehungsspiele - Medien und Politik in der öffentlichen Diskussion. Fallstudien und Analysen.* Gütersloh, S. 9-44.
GRUBER, BARBARA (1995): *Medienpolitik der EG*. Konstanz.
GUGGENBERGER, BERND (1993): Vom drohenden Verfall der Urteilskraft. Kulturgesellschaft und Medienkultur. In: *Publizistik*, 38. Jg., S. 280-291.
GUGGENBERGER, BERND/OFFE, CLAUS (1984): *An den Grenzen der Mehrheitsdemokratie. Politik und Soziologie der Mehrheitsregel.* Opladen.

H

HABERMAS, JÜRGEN (1971): *Strukturwandel der Öffentlichkeit. Untersuchungen zu einer Kategorie der bürgerlichen Gesellschaft.* Neuwied.
HABERMAS, JÜRGEN (1981): *Theorie des kommunikativen Handelns.* Frankfurt am Main.
HABERMAS, JÜRGEN (1986): Entgegnung. In: Honneth, Axel/Joos, Hans (Hg.): *Kommunikatives Handeln. Beiträge zu Jürgen Habermas „Theorie kommunikativen Handelns".* Frankfurt am Main, S. 327-405.
HABERMAS, JÜRGEN (1990): *Strukturwandel der Öffentlichkeit. Untersuchungen zu einer Kategorie der bürgerlichen Gesellschaft.* Frankfurt am Main (Nachdruck).
HABERMAS, JÜRGEN (1992a): *Faktizität und Geltung. Beiträge zur Diskurstheorie des Rechts und des demokratischen Rechtsstaats.* Frankfurt am Main.
HABERMAS, JÜRGEN (1992b): Drei normative Modelle der Demokratie. Zum Begriff deliberativer Politik. In: Münkler, Herfried (Hg.): *Die Chancen der Freiheit. Grundprobleme der Demokratie.* München, S. 11-24.
HABERMAS, JÜRGEN (2010): Wir brauchen Europa. In: *Die Zeit*, 20. Mai 2010.
HALLER, MICHAEL (2003): Von der Pressefreiheit zur Kommunikationsfreiheit. Über die normativen Bedingungen einer informationsoffenen Zivilgesellschaft in Europa. In: Langenbucher, Wolfgang R. (Hg.): *Die Kommunikationsfreiheit der Gesellschaft. Die demokratischen Funktionen eines Grundrechts.* Publizistik, Sonderheft 4/2003. Wiesbaden, S. 96-111.

HALTON, EUGENE (1992): Zum Vergleich: Die symbolische Selbstrepräsentation der Demokratie. Der Fall Amerikas. In: Gauger, Jörg-Dieter/Stagl, Justin (Hg.): *Staatsrepräsentation*. Berlin, S. 131-156.
HANSJÜRGENS, BERND/ LÜBBE-WOLF, GERTRUDE (Hg.) 2000: *Symbolische Umweltpolitik*. Frankfurt am Main.
HARTH, THILO (2001): Digitale Partizipation. In: Bieber, Christoph (Hg.): *Parteipolitik 2.0. Der Einfluss des Internets auf parteiinterne Kommunikations- und Organisationsprozesse*. Studie für die Friedrich Ebert Stiftung. Bonn, S. 72-88.
HARTMANN, JÜRGEN (1994): Streiter oder Integrator? Zur aktuellen Rollenbestimmung des Bundespräsidenten im Vergleich mit anderen Staatsoberhäuptern. In: *Gegenwartskunde*, 43. Jg., H. 1, S. 5-14.
HARTMANN, JÜRGEN (2007): *Persönlichkeit und Politik*. Wiesbaden.
HARTWICH, HANS-HERMANN (1987): Die Suche nach einer wirklichkeitsnahen Lehre vom Staat. In: *Aus Politik und Zeitgeschichte*, B 46/47, S. 3-20.
HASEBRINCK, UWE (1998): Politikvermittlung im Zeichen individualisierter Mediennutzung. In: Sarcinelli, Ulrich (Hg.): *Politikvermittlung und Demokratie in der Mediengesellschaft*. Bonn/Opladen/Wiesbaden, S. 345-367.
HAUNGS, PETER (1989): Kanzlerdemokratie und Regierungstechnik im Vergleich. In: *Aus Politik und Zeitgeschichte*, B 1/2, S. 28-39.
HEBECKER, EIKE (2002): Digitalisierte Delegierte? Funktionen und Inszenierungsstrategien virtueller Parteitage. In: Alemann, Ulrich von/Marschall, Stefan (Hg.): *Parteien in der Mediengesellschaft*. Wiesbaden, S. 232-254.
HEIDAR, KNUT/SAGLIA, JO (2003): Predestined Parties? Organizational Change in Norwegian Political Parties. In: *Party Politics,* Jg. 9, H. 2, S. 219-239.
HEINRICH, JÜRGEN (1999): Ökonomik der Steuerungs- und Regelungsmöglichkeiten des Mediensystems – Rezepientenorientierung der Kontrolle. In: Imhof, Kurt/Jarren, Otfried/Blum, Roger (Hg.): *Steuerungs- und Regelungsprobleme in der Informationsgesellschaft*. Opladen/Wiesbaden, S. 249-266.
HELLER, HERMANN (1971): *Staatslehre*. Leyden (NL) (3. Auflage).
HELMS, LUDGER (1996): Das Amt des deutschen Bundeskanzlers in historisch und international vergleichender Perspektive. In: *Zeitschrift für Parlamentsfragen*, 27. Jg., H. 4, S. 697-711.
HENNIS, WILHELM (1957): *Meinungsforschung und repräsentative Demokratie*. Tübingen.
HENNIS, WILHELM (1964): Zum Begriff des politischen Stils. In: *Gesellschaft – Staat - Erziehung*, 9. Jg., H. 4. S. 225-242.
HENNIS, WILHELM (1973a): *Die mißverstandene Demokratie*. Freiburg.
HENNIS, WILHELM (2000): Amtsgedanke und Demokratiebegriff. In: Hennis, Wilhelm (Hg.): *Politikwissenschaft und Demokratiebegriff*. Tübingen, S. 127-147.
HERBST, LUDOLF (2010): *Hitlers Charisma. Die Erfindung eines deutschen Messias*. Frankfurt am Main.
HERZOG, DIETRICH (1975): *Politische Karrieren. Selektion und Professionalisierung politischer Führungsgruppen*. Opladen.

HERZOG, DIETRICH (1989): Wozu und zu welchem Ende studiert man Repräsentation- In: Herzog, Dietrich/Weßels, Bernhard (Hg.): *Konfliktpotentiale und Konsensstrategien. Beiträge zur politischen Soziologie.* Opladen, 307-328.
HERZOG, DIETRICH (1992): Zur Funktion der politischen Klasse in der sozialstaatlichen Demokratie der Gegenwart. In: Leif, Thomas/Legrand, Hans-Josef/Klein, Ansgar (Hg.): *Die politische Klasse in Deutschland. Eliten auf dem Prüfstand.* Bonn/Berlin, S. 126-149.
HERZOG, DIETRICH (1993a): Die Funktion des Parlaments in der sozialstaatlichen Demokratie. In: Herzog, Dietrich/Rebenstorf, Hilke/Weßels, Bernhard (Hg.): *Parlament und Gesellschaft. Eine Funktionsanalyse der repräsentativen Demokratie.* Opladen, S. 13-52.
HERZOG, DIETRICH (1993b): Politik als Beruf. Max Webers Einsichten und die Bedingungen der Gegenwart. In: Klingemann, Hans-Dieter/Luthardt, Wolfgang (Hg.): *Wohlfahrtsstaat, Sozialstruktur und Verfassungsanalyse. Jürgen Fijalkowski zum 60. Geburtstag.* Opladen, S. 107-126.
HERZOG, DIETRICH (1998): Responsivität. In: Jarren, Otfried/Sarcinelli, Ulrich/Saxer, Ulrich (Hg.): *Politische Kommunikation in der demokratischen Gesellschaft. Ein Handbuch mit Lexikonteil.* Opladen/Wiesbaden, S. 298-304.
HERZOG, DIETRICH (2004): Elite/Eliten. In: Nohlen, Dieter/Schulze, Rainer-Olaf (Hg.): *Lexikon der Politikwissenschaft. Theorien, Methoden, Begriffe. Bd. 1.* München, S. 173.
HERZOG, ROMAN (1999): Versichern, aber nicht alles weitere der Versicherung überlassen. In: *Frankfurter Allgemeine Zeitung,* 15. 7. 1999.
HESSE, JOACHIM JENS/BENZ, ARTHUR (1990): *Modernisierung der Staatsorganisation. Institutionenpolitik im internationalen Vergleich. USA, Großbritannien, Frankreich, Bundesrepublik Deutschland.* Baden-Baden.
HESSE, JOACHIM JENS/ELLWEIN, THOMAS (1992): *Das Regierungssystem der Bundesrepublik der Bundesrepublik Deutschland.* Opladen (7. Auflage).
HESSE, JOACHIM JENS/ELLWEIN, THOMAS (1994): *Das Regierungssystem der Bundesrepublik der Bundesrepublik Deutschland.* Opladen (8. Auflage).
HESSE, KONRAD (1991): *Grundzüge des Verfassungssystems der Bundesrepublik Deutschland.* Heidelberg (18. Auflage).
HESSE, KONRAD (1995): *Grundzüge des Verfassungsrechts der Bundesrepublik Deutschland.* Heidelberg (20., neubearbeitete Auflage).
HETTERICH, VOLKER (2000): *Von Adenauer zu Schröder – Der Kampf um Stimmen.* Opladen.
HEUSS, THEODOR (1950): *Verhandlungen des Deutschen Bundestages.* 1. Wahlperiode 1949. Bonn, S. 9.
HIBBING, JOHN R./THEISS-MORSE, ELISABETH (1995): *Congress as Public Enemy: Public Attitudes Toward American Political Institutions.* Cambridge.
HILL, HERMANN (1993): Staatskommunikation. Dokumentation der Frühjahrs-Arbeitstage des Deutschen Kommunikationsverbandes BDW e.V. und der Hochschule für Verwaltungswissenschaften Speyer vom 22./23. April 1993. Köln.

HIMMELMANN, GERHARD (1996): Chancen und Grenzen politischer Beteiligung und „Handlungsorientierung" in der Politischen Bildung. In: *Politische Bildung*. 29. Jg., H. 2, S.81-96.

HOECKER, BEATE (2002): Mehr Demokratie via Internet? Die Potentiale der digitalen Technik auf dem empirischen Prüfstand. In: *Aus Politik und Zeitgeschichte*. 52. Jg., B 39-40, S. 37-45.

HOFFMANN, JOCHEN (1994): *Das Politikbild in der Presse am Beispiel der Diskussion um die Pflegeversicherung*. Münster.

HOFFMANN, JOCHEN (2002): *Inszenierung und Interpenetration. Das Zusammenspiel von Eliten aus Politik und Journalismus*. Universität Zürich.

HOFFMANN-LANGE, URSULA (1992): Eliten, Macht und Konflikt in der Bundesrepublik. Opladen.

HOFFMANN-LANGE, URSULA/KÖNIG, THOMAS (1998): Politische Eliten. In: Jarren, Otfried/Sarcinelli, Ulrich/Saxer, Ulrich (Hg.): *Politische Kommunikation in der demokratischen Gesellschaft. Ein Handbuch mit Lexikonteil*. Opladen/Wiesbaden, S. 450-455.

HOFFMANN-LANGE, URSULA/SCHÖNBACH, KLAUS (1979): Geschlossene Gesellschaft. Berufliche Mobilität und politisches Bewußtsein der Medienelite. In: Kepplinger, Hans Mathias (Hg.): *Angepaßte Außenseiter. Was Journalisten denken und wie sie arbeiten*. Freiburg i. Br., S. 49-75.

HOFFMANN-RIEM, WOLFGANG (1996): *Regulating Media. The Licensing and Supervision of Broadcasters in Six Countries*. New York/London.

HOFFMANN-RIEM, WOLFGANG (2000): Politiker in den Fesseln der Mediengesellschaft. In: *Politische Vierteljahresschrift*, 41. Jg., H. 1, S. 107-127.

HOFFMANN-RIEM, WOLFGANG (2003): Mediendemokratie zwischen normativer Vision und normativem Albtraum. In: Donsbach, Wolfgang/Jandura, Olaf (Hg.): *Chancen und Gefahren der Mediendemokratie*. Konstanz, S. 30-39.

HOFFMANN-RIEM, WOLFGANG/SCHULZ, WOLFGANG (1998): Recht der politischen Kommunikation. In: Jarren, Otfried/Sarcinelli, Ulrich/Saxer, Ulrich (Hg.): *Politische Kommunikation in der demokratischen Gesellschaft. Ein Handbuch mit Lexikonteil*. Opladen/Wiesbaden, S. 154-172.

HOFMANN, GUNTER (1994): Wenn einer sagt, wo's langgeht. In: *Die Zeit*, 6. 5. 1994.

HOFMANN, GUNTER/PERGER, WERNER A. (1992): *Die Kontroverse. Weizsäckers Parteienstaatskritik in der Diskussion*. Frankfurt am Main.

HOLTZ-BACHA, CHRISTINA (1999): Wahlkampf 1998. Modernisierung und Professionalisierung. In: Holtz-Bacha, Christina (Hg.): *Wahlkampf in den Medien - Wahlkampf mit den Medien*. Opladen/Wiesbaden, S. 9-23.

HOLTZ-BACHA, CHRISTINA (2000): Wahlkampf in Deutschland. Ein Fall bedingter Amerikanisierung. In: Kamps, Klaus (Hg.): *Trans-Atlantik – Trans-Portabel? Die Amerikanisierungsthese in der politischen Kommunikation*. Wiesbaden, S. 43-56.

HONNETH, AXEL (1997): Individualisierung und Gemeinschaft. In: Zahlmann, Christel (Hg.): *Kommunitarismus in der Diskussion. Eine streitbare Einführung*. o.O., S. 16-23.

I

IMHOF, KURT (2003): Der normative Horizont der Freiheit. In: Langenbucher, Wolfgang R. (Hg.): *Die Kommunikationsfreiheit der Gesellschaft. Die demokratischen Funktionen eines Grundrechts.* Publizistik, Sonderheft 4. Wiesbaden, S. 25-57.

IMMERFALL, STEFAN (1991): Politische Kommunikation von Parteimitgliedern. Ergebnisse einer schriftlichen Befragung von Mitgliedern der CSU und SPD in Südbayern. *Passauer Papiere zur Sozialwissenschaft* Nr. 6, Passau.

IMMERFALL, STEFAN (1993): Politische Kommunikation von Parteimitgliedern. Eine mehrebenenanalytische Fallstudie zur Bundestagswahl 1990. In: *Zeitschrift für Politische Psychologie*, H. 3-4, S. 247-271.

IMMERFALL, STEFAN (1998): Strukturwandel und Strukturschwäche der deutschen Mitgliederparteien. In: *Aus Politik und Zeitgeschichte*, B 1/2, S. 3-12.

INGELHART, RONALD (1989): *Kultureller Umbruch. Wertewandel der westlichen Welt.* Frankfurt/New York.

INITIATIVE PRO DIALOG (2007): *Moderne Wahlkampfkommunikation in Deutschland. Ergebnisse einer bundesweiten Repräsentativerhebung des Meinungsforschungsinstituts dimap.* Berlin.

INITIATIVE PRO DIALOG (2009): *Wege zum Wähler – Mediennutzung und Wahlkampfkommunikation im Superwahljahr 2009. Ergebnisse einer bundesweiten Repräsentativerhebuung des Meinungsforschungsinstituts dimap.* Berlin.

ISENSEE, JOSEF (1992): Staatspräsentation und Verfassungspatriotismus. In: Gauger, Jörg-Dieter/Stagl, Justin (Hg.): *Staatspräsentation.* Berlin, S. 223-241.

ISENSEE, JOSEF (2002): Das Amt als Medium des Gemeinwohls in der freiheitlichen Demokratie. In: Schuppert, Gunnar Folke/Neidhart, Friedhelm (Hg.): *Gemeinwohl – Auf der Suche nach Substanz. WZB-Jahrbuch 2002.* Berlin, S. 241-270.

ISMAYR, WOLFGANG (1997): Die politischen Systeme Westeuropas im Vergleich. In: Isamayr, Wolfgang (Hg.): *Die politischen Systeme Westeuropas.* Opladen, S. 9-52.

ISMAYR, WOLFGANG (1999): 50 Jahre Parlamentarismus in der Bundesrepublik Deutschland. In: *Aus Politik und Zeitgeschichte*, B 20, S. 14-26.

ISMAYR, WOLFGANG (2000): *Der Deutsche Bundestag im politischen System der Bundesrepublik Deutschland.* Opladen.

J

JÄGER, WOLFGANG (1992): *Fernsehen und Demokratie. Scheinplebiszitäre Tendenzen und Repräsentation in den USA, Großbritannien, Frankreich und Deutschland.* München.

JAKUBOWSKI, ALEX (1998): Kommunikationsstrategien in Wahlwerbespots. In: *Media Perspektiven*, H. 8, S. 402-410.

JARREN, OTRFIED (1988): Autonomie, Interdependenz oder Symbiose? Anmerkungen zur Theoriedebatte in der politischen Kommunikation. In. *Publizistik*, 33. Jg., S. 615-632.

JARREN, OTFRIED (1994a): *Medienwandel - Gesellschaftswandel?* Berlin.

JARREN, OTFRIED (1994b): Politik und politische Kommunikation in der modernen Gesellschaft. In: *Aus Politik und Zeitgeschichte*, B 39, S. 3-10.

JARREN, OTFRIED (1994c): Mediengewinne und Institutionen-Verluste? Zum Wandel des intermediären Systems in der Mediengesellschaft. In: Jarren, Otfried (Hg.): *Politische Kommunikation in Hörfunk und Fernsehen.* Sonderheft der Zeitschrift Gegenwartskunde. Opladen, S. 23-34.

JARREN, OTFRIED (1996): Macht und Ohnmacht der Medienkritik oder: Können Schwache Stärken erlangen? In: Weßler, Hartmut/Matzen, Christiane/Jarren, Otfried/Hasebrink, Uwe (Hg.): *Perspektiven der Medienkritik. Die gesellschaftliche Auseinandersetzung mit öffentlicher Kommunikation in der Mediengesellschaft. Dieter Roß zum 60. Geburtstag.* Opladen, S. 307-331.

JARREN, OTFRIED (1998a): Medien, Mediensystem und politische Öffentlichkeit im Wandel. In: Sarcinelli, Ulrich (Hg.): *Politikvermittlung und Demokratie in der Mediengesellschaft.* Opladen/Wiesbaden, S. 74-94.

JARREN, OTFRIED (1998b): Medienpolitische Kommunikation. In: Jarren, Otfried/Sarcinelli, Ulrich/Saxer, Ulrich (Hg.): *Politische Kommunikation in der demokratischen Gesellschaft. Ein Handbuch mit Lexikonteil.* Wiesbaden, S. 616-629.

JARREN, OTFRIED/ALTMEPPEN, KLAUS-DIETER/SCHULZ, WOLFGANG (1993): Parteiintern - Medien und innerparteiliche Entscheidungsprozesse. Die Nachfolge Genschers und die Kür Engholms zum SPD-Kanzlerkandidaten. In: Donsbach, Wolfgang/Jarren, Otfried/Kepplinger, Hans Mathias/Pfetsch, Barbara (Hg.): *Beziehungsspiele – Medien und Politik in der öffentlichen Diskussion. Fallstudien und Analysen.* Gütersloh, S. 111-157.

JARREN, OTFRIED/DONGES, PATRICK (1997): Ende der Massenkommunikation – Ende der Medienpolitik? In: Fünfgeld, Hermann/Mast, Claudia (Hg.): *Massenkommunikation. Ergebnisse und Perspektiven.* Opladen, S.231-252.

JARREN, OTFRIED/DONGES, PATRICK (2000): *Medienregulierung durch die Gesellschaft? Eine steuerungstheoretische und komparative Studie mit Schwerpunkt Schweiz.* Wiesbaden.

JARREN, OTFRIED/DONGES, PATRICK (2002a): *Politische Kommunikation in der Mediengesellschaft. Eine Einführung. Bd. 1: Verständnis, Rahmen und Strukturen.* Wiesbaden.

JARREN, OTFRIED/DONGES, PATRICK (2002b): *Politische Kommunikation in der Mediengesellschaft. Eine Einführung. Bd. 2: Akteure, Prozesse und Inhalte.* Wiesbaden.

JARREN, OTFRIED/DONGES, PATRICK (2006a): *Politische Kommunikation in der Mediengesellschaft. Eine Einführung.* Wiesbaden (2. Aufl.).

JARREN, OTFRIED/DONGES, PATRICK (2006b): Medienpolitik zwischen Politikverzicht, parteipolitischer Interessenwahrung und transnationalen Einflüssen. In: Schmidt, Manfred G./Zohlnhöfer, Reimut (Hg.): *Regieren in der Bundesrepublik Deutschland. Innen- und Außenpolitik seit 1949.* Wiesbaden, 385-403.

JARREN, OTFRIED/DONGES, PATRICK (2007): *Ordnung durch Medienpolitik?* Konstanz.

JARREN, OTFRIED/DONGES, PATRICK/WEßLER, HARTMUT (1996): Medien und politischer Prozeß. Eine Einleitung. In: Jarren, Otfried/ Schatz, Heribert/Weßler, Hartmut (Hg.): *Medien und politischer Prozeß. Politische Öffentlichkeit und massenmediale Vermittlung im Wandel.* Opladen, S. 9-37.

JARREN, OTFRIED/RÖTTGER, ULRIKE (1998): Politiker, politische Öffentlichkeitsarbeiter und Journalisten als Handlungssystem. Ein Ansatz zum Verständnis von politischer PR. In: Rolke, Lothar/Wolff, Volker (Hg.): *Wie die Medien die Wirklichkeit steuern und selbst gesteuert werden.* Opladen/Wiesbaden, S. 199-221.

JARREN, OTFRIED/SARCINELLI, ULRICH (1998): „Politische Kommunikation" als Forschungs- und als politisches Handlungsfeld: Einleitende Anmerkungen zum Versuch der systematischen Erschließung. In: Jarren, Otfried/Sarcinelli, Ulrich/Saxer, Ulrich (Hg.): *Politische Kommunikation in der demokratischen Gesellschaft. Ein Handbuch mit Lexikonteil.* Opladen/Wiesbaden, S. 13 – 20.

JARREN, OTFRIED/SARCINELLI, ULRICH/SAXER, ULRICH (1998): *Politische Kommunikation in der demokratischen Gesellschaft. Ein Handbuch mit Lexikonteil.* Opladen/Wiesbaden.

JESTAEDT, MATHIAS (2000): Zwischen Öffentlichkeit und Vertraulichkeit – Der Staat der offenen Gesellschaft. Was darf er verbergen? In: Depenheuer, Otto (Hg.): *Öffentlichkeit und Vertraulichkeit. Theorie und Praxis politischer Kommunikation.* Wiesbaden, S. 67-110.

JOCHUM, MICHAEL (1999): Funktion und Wirkung symbolischer Akte. In: Jäckel, Eberhard/Möller, Horst/Rudolph, Hermann (Hg.): *Von Heuss bis Herzog. Die Bundespräsidenten im politischen System der Bundesrepublik.* Stuttgart, S. 177-190.

JOCHUM, MICHAEL (2000): *Worte als Taten. Der Bundespräsident im demokratischen Prozess der Bundesrepublik Deutschland.* Gütersloh (2. Auflage).

JUN, UWE (1999): Forza Italia – der Prototyp einer Medienkommunikationspartei? In: Dürr, Tobias/Walter, Franz (Hg.): *Solidargemeinschaft und fragmentierte Gesellschaft: Parteien, Milieus und Verbände im Vergleich.* Opladen, S. 475-491.

JUN, UWE (2004): *Der Wandel der Parteien in der Mediendemokratie. SPD und Labour Party im Vergleich.* Frankfurt a. M.

JUNGK, ROBERT/MÜLLERT, NORBERT R. (1989): *Zukunftswerkstätten. Mit Phantasie gegen Routine und Resignation.* München.

K

KAACK, HEINO (1971): *Geschichte und Struktur des deutschen Parteiensystems.* Opladen.

KAASE, MAX (1982): Partizipatorische Revolution - Ende der Parteien. In: Raschke, Joachim (Hg.): *Parteien und Bürger. Ansichten und Analysen einer schwierigen Beziehung.* Bonn, S. 173-189.

KAASE, MAX (1983): Sinn oder Unsinn des Konzepts „politische Kultur" für die Vergleichende Politikforschung, oder auch: Der Versuch, einen Pudding an die Wand zu nageln. In: Kaase, Max/Klingemann, Hans-Dieter (Hg.): *Wahlen und politisches System. Analysen aus Anlass der Bundestagswahl 1980.* Opladen, S. 144-171.

KAASE, MAX (1986): Massenkommunikation und politischer Prozess. In: Kaase, Max (Hg.): *Politische Wissenschaft und politische Ordnung. Analysen zu Theorie und Empirie demokratischer Regierungsweise. Festschrift zum 65. Geburtstag von Rudolf Wildenmann.* Opladen, S. 357-374.

KAASE, MAX (1989): Fernsehen, gesellschaftlicher Wandel und politischer Prozess. In: Kaase, Max/Schulz, Winfried (Hg.): *Massenkommunikation. Theorien, Methoden,*

Befunde. Kölner Zeitschrift für Soziologie und Sozialpsychologie, Sonderheft 30/1989, S. 97-117.

KAASE, MAX (1995): Demokratie im Spannungsfeld von politischer Kultur und politischer Struktur. In: Link, Werner/Schütt-Wettschky, Eberhardt/Schwan, Gesine (Hg.): *Jahrbuch für Politik*, S. 199-220.

KAASE, MAX (1998a): Demokratisches System und die Mediatisierung von Politik. In: Sarcinelli, Ulrich (Hg.): *Politikvermittlung und Demokratie in der Mediengesellschaft*. Bonn, S. 24-51.

KAASE, MAX (1998b): Politische Kommunikation – Politikwissenschaftliche Perspektiven. In: Jarren, Otfried/Sarcinelli, Ulrich/Saxer, Ulrich (Hg.): *System, Systemwandel und politische Kommunikation*. Wiesbaden, S. 97-137.

KAASE, MAX/LANGENBUCHER, WOLFGANG R. (1986): Medienwirkungen auf Gesellschaft und Politik. In: *Enquete der Senatskommission für Medienwirkungsforschung/DFG*. Unter dem Vorsitz von Winfried Schulz und der Mitarbeit von Jo Groebel. Weinheim, S. 13-27.

KAASE, MAX/SCHULZ, WINFRIED (1989): Perspektiven der Kommunikationsforschung. In: Kaase, Max/Schulz, Winfried (Hg.): *Massenkommunikation. Theorien, Methoden, Befunde*. Kölner Zeitschrift für Soziologie und Sozialpsychologie, Sonderheft 30/1989, S. 9-27.

KAINA, VIKTORIA (2002): *Elitenvertrauen und Demokratie. Zur Akzeptanz gesellschaftlicher Führungskräfte im vereinten Deutschland*. Wiesbaden.

KALTEFLEITER, WERNER (1970): *Die Funktionen des Staatsoberhauptes in der parlamentarischen Demokratie*. Köln/Opladen.

KALTENTHALER, HEIKE (2000a): *Das Geheimnis des Wahlerfolges. Negative Campaigning in den USA*. Frankfurt am Main.

KALTENTHALER, HEIKE (2000b): Negative Campaigning in den USA. (K)ein Szenario für Deutschland. In: *Forschungsjournal Neue Soziale Bewegungen*, 13. Jg., H. 3, S. 25-36.

KÄSLER, DIRK (1991): Der Skandal als Politisches Theater. In: Käsler, Dirk (Hg.): *Der politische Skandal. Zur symbolischen und dramaturgischen Qualität von Politik*. Opladen, S. 9-68.

KANT, IMMANUEL (1983): Beantwortung der Frage: Was ist Aufklärung? In: ders.: Schriften zur Anthropologie, Geschichtsphilosophie und Pädagogik. Darmstadt, S. 53-61.

KATZ, ALFRED (1994): *Staatsrecht. Grundkurs im öffentlichen Recht*. Heidelberg (12. Auflage).

KATZ, RICHARD S./MAIR, PETER (1994): *How parties organize. Change and Adaption in Party Organisations in Western Democracies*. London/Thousand Oaks/New Dehli.

KATZ, RICHARD S./MAIR, PETER (1995): Changing Models of Party Organization and Party Democracy, the Emergence of the Cartel Party. In: *Party Politics*, 1. Jg., H. 1, S. 5-28.

KEMPF, UDO/MERZ, HANS-GEORG (Hg.) (2001): *Kanzler und Minister 1949 – 1989. Biographisches Lexikon der deutschen Bundesregierungen*. Wiesbaden.

KEPPLINGER, HANS MATHIAS (1985): Systemtheoretische Aspekte politischer Kommunikation. In: *Publizistik*, 30. Jg., S. 247-264.
KEPPLINGER, HANS MATHIAS (1989a): *Kommunikation im Konflikt. Zur Theorie der instrumentellen Aktualisierung.* Freiburg/München.
KEPPLINGER, HANS MATHIAS (1989b): Instrumentelle Aktualisierung. Grundlagen einer Theorie publizistischer Konflikte. In: Kaase, Max/Schulz, Winfried (Hg.): *Massenkommunikation. Theorien, Methoden, Befunde.* Opladen, S. 199-220.
KEPPLINGER, HANS MATHIAS (1992): *Ereignismanagement. Wirklichkeit und Massenmedien.* Zürich/Osnabrück.
KEPPLINGER, HANS MATHIAS (1994): Kommunikationspolitik. In: Noelle-Neumann, Elisabeth/Schulz, Winfried/Wilke, Jürgen (Hg.) *Fischerlexikon Publizistik Massenkommunikation.* Frankfurt am Main, S. 116-139.
KEPPLINGER, HANS MATHIAS (1997): Politiker als Stars. In: Faulstich, Werner/Korte, Helmut (Hg.): *Der Star. Geschichte – Rezeption – Bedeutung.* München, S. 176-194.
KEPPLINGER, HANS MATHIAS (1998): *Die Demontage der Politik in der Informationsgesellschaft.* Freiburg/München.
KEPPLINGER, HANS MATHIAS (2007): Politiker als Protagonisten der Medien. In: *Zeitschrift für Politikwissenschaft,* 54. Jg., H. 3, S. 272-295.
KERNELL, SAMUEL (1993): *Going Public. New Strategies of Presidential Leadership.* Washington (DC).
KERSTING, WOLFGANG (1994): *Die Philosophie des Gesellschaftsvertrags.* Darmstadt.
KEVENHÖRSTER, PAUL (1998): Repräsentation. In: Jarren, Otfried/Sarcinelli, Ulrich/Saxer, Ulrich (Hg.): *Politische Kommunikation in der demokratischen Gesellschaft. Ein Handbuch mit Lexikonteil.* Opladen/Wiesbaden, S. 292-297.
KIEFER, MARIE-LUISE (1996): Massenkommunikation 1995. Ergebnisse der siebten Welle der Langzeitstudie zur Mediennutzung und Bewertung. In: *Media Perspektiven.* 5. Jg., S. 234-248.
KIELMANSEGG, PETER GRAF (1971): Legitimität als analytische Kategorie. In: *Politische Vierteljahresschrift,* 12. Jg., S. 367-401.
KIELMANSEGG, PETER GRAF (1988): *Das Experiment der Freiheit. Zur gegenwärtigen Lage des demokratischen Verfassungsstaates.* Stuttgart.
KIELMANSEGG, PETER GRAF (2003): Zukunftsverweigerung. In: *Frankfurter Allgemeine Zeitung,* 23. 5. 2003, S. 11.
KIRCHHEIMER, OTTO (1954): Parteistruktur und Massendemokratie in Europa. In: *Archiv des Öffentlichen Rechts,* 79. Jg., H. 4, S. 301-325.
KIRCHHOF, PAUL (2004): Entparlamentarisierung der Demokratie? In: Kaiser, André/Zittel, Thomas (Hg.): *Demokratietheorie und Demokratieentwicklung. Festschrift für Peter Graf Kielmansegg.* Wiesbaden, S. 359-376.
KLAFKI, WOLFGANG (1991): *Neue Studien zur Bildungstheorie und Didaktik. Zeitgemäße Allgemeinbildung und kritisch-konstruktive Didaktik.* Weinheim/Basel (2. Auflage).
KLEIN, ANSGAR (1992): Politische Eliten in der Demokratie. Zugänge zur Diskussion über die „Politische Klasse". In: Leif, Thomas/Legrand, Hans-Josef/Klein, Ansgar (Hg.): *Die politische Klasse in Deutschland. Eliten auf dem Prüfstand.* Bonn/Berlin, insb. S. 16-34.

KLEIN, JOSEF (1998): Politische Kommunikation als Sprachstrategie. In: Jarren, Otfried/Sarcinelli, Ulrich/Saxer, Ulrich (Hg.): *Politische Kommunikation in der demokratischen Gesellschaft. Ein Handbuch mit Lexikonteil.* Opladen/Wiesbaden, S. 376-395.
KLEIN, JOSEF (2007): HARTZ IV, Agenda 2010 und der „Job-Floater": Die Bedeutung von Sprache in Veränderungsprozessen. In: Weidenfeld, Werner (Hg.): *Reformen kommunizieren? Herausforderungen an die Politik.* Gütersloh, S. 159-205.
KLEINSTEUBER, HANS J. (1989): Massenmedien und Medienpolitik. Presse und Rundfunk als Thema der politischen Wissenschaft. In: Bandemer, Stephan von/Wewer, Göttrik (Hg.): *Regierungssystem und Regierungslehre. Fragestellungen, Analysekonzepte, Forschungsstand.* Opladen, S. 169-179.
KLEINSTEUBER, HANS J. (1998): Medienpolitik. In: Nohlen, Dieter/Schultze, Rainer-Olaf (Hg.): *Politikwissenschaft. Theorien – Methoden – Begriffe.* München, S. 552-554.
KLEINSTEUBER, HANS J. (2003): Medien und Kommunikation im internationalen Vergleich. In: Esser, Frank/Pfetsch, Barbara (Hg.): *Politische Kommunikation im internationalen Vergleich. Grundlagen, Anwendungen, Perspektiven.* Wiesbaden, S. 56-77.
KLINGEMANN, HANS- DIETER (2000): Negative Parteiorientierung und repräsentative Demokratie: Eine vergleichende Analyse. In: Niedermayer, Oskar/Westle, Bettina (Hg.): *Demokratie und Partizipation. Festschrift für Max Kaase.* Opladen, S. 281-312.
KLINGEMANN, HANS- DIETER/RÖMMELE, ANDREA (Ed.) (2002): *Public Information Campaigns & Option Research. A Handbook for the Student & Practitioner.* London/Thousand Oaks (California)/New Delhi.
KLINGEMANN, HANS-DIETER/STÖSS, RICHARD /WEßELS, BERNHARD (1991): Politische Klasse und politische Institutionen. In: Klingemann, Hans-Dieter/Stöss, Richard/Weßels, Bernhard (Hg.): *Politische Klasse und politische Institutionen. Probleme und Perspektiven der Elitenforschung.* Opladen/Wiesbaden, S. 9-38.
KNAUT, ANNETTE (2010): *Abgeordnete des Deutschen Bundestages als Politikvermittler. Zwischen Medialisierung und Informalität.* (Diss. an der Universität Koblenz-Landau, Campus Landau.) Baden-Baden (i. Ersch.).
KNOCHE, MANFRED (1999): Strukturwandel der Öffentlichkeit nach dem Konzentrationsprinzip. In: Wilke, Jürgen (Hg.): *Massenmedien und Zeitgeschichte.* Konstanz, S. 731-745.
KNOCHE, MANFRED/LINDGENS, MONIKA (1993): Grüne, Massenmedien und Öfentlichkeit. In: Raschke, Joachim: *Die Grünen. Wie sie wurden, was sie sind.* Köln, S. 742-768.
KOCK, KLAUS (2001): *Glanz und Elend der PR. Zur praktischen Philosophie der Öffentlichkeitsarbeit.* Wiesbaden.
KOEPPEN, WOLFGANG (1953): Das Treibhaus, Stuttgart (1. Auflage).
KÖNIG, THOMAS (1995): Die Koordination in politischen Verhandlungssystemen. In: *Kölner Zeitschrift für Soziologie und Sozialpsychologie,* 47. Jg., S. 207-232.
KOPPER, GERD G./RAGER, G./LEHMANN, ANNETTE/JOHNSON, SIGNE-LOU (1994): Steuerungs- und Wirkungsmodelle. In: Bruck, Peter A. (Hg.): *Medienmanager Staat. Von den Versuchen des Staates, Medienvielfalt zu ermöglichen. Medienpolitik im internationalen Vergleich.* München, S. 35-181.

KORTE, KARL-RUDOLF (1998): Veränderte Entscheidungskultur. Politikstile der deutschen Bundeskanzler. In: Korte, Karl- Rudolf/Hirscher, Gerhard (Hg.): *Darstellungspolitik oder Entscheidungspolitik. Über den Wandel von Politikstilen in westlichen Demokratien.* Hanns Seidel Stiftung München, S. 13-40.

KORTE, KARL-RUDOLF (2000): Veränderte Entscheidungskultur. Politikstile der deutschen Bundeskanzler. In: Korte, Karl-Rudolf/Hirscher, Gerhard (Hg.): *Darstellungspolitik oder Entscheidungspolitik. Über den Wandel von Politikstilen in westlichen Demokratien.* München, S. 13-37.

KORTE, KARL-RUDOLF (2001): Was kennzeichnet modernes Regieren? Regierungshandeln von Staats- und Regierungschefs im Vergleich. In: *Aus Politik und Zeitgeschichte*, B 5/01, S. 3-13.

KORTE, KARL-RUDOLF (2003): Information und Entscheidung. Die Rolle der Massenmedien im Entscheidungsprozess von Spitzenakteuren. In: *Aus Politik und Zeitgeschichte,* B 43/03, S. 32-38.

KORTE, KARL-RUDOLF (2007): Berliner Armutsästhetik. Wohin führt die Bundeskanzlerin Angela Merkel die Bundesrepublik? In: *Frankfurter Allgemeine Zeitung.* 4. Juni 2007, S. 11.

KORTE, KARL-RUDOLF (2008): Kommunikation und Entscheidungsfindung von Regierungen: Das Beispiel einer Reformkommunikation. In: Sarcinelli, Ulrich/Tenscher, Jens (Hg.): *Politikherstellung und Politikdarstellung.* Köln, S. 20-43.

KORTE, KARL-RUDOLF/HIRSCHER, GERHARD (2000): *Darstellungspolitik oder Entscheidungspolitik. Über den Wandel von Politikstilen in westlichen Demokratien.* München.

KOSELLEK, REINHART (1973): *Kritik und Krise. Eine Studie zur Pathogenese der bürgerlichen Welt.* Frankfurt am Main.

KRIESI, HANSPETER (2001): *Die Rolle der Öffentlichkeit im politischen Entscheidungsprozeß. WZB-Paper P01-701.* Berlin.

KRIPPENDORF, EKKEHART (1962): Das Ende des Parteienstaates. In: *Der Monat*, H. 14, S. 64-70.

KRÖNIG, JÜRGEN (1998): Blair, Cäsar. In: *Die Zeit*, 2. 4. 1998, S. 10.

KROTZ, FRIEDRICH (1996): Verbraucherkompetenz und Medienkompetenz. In: Weßler, Hartmut/Matzen, Christiane/Jarren, Otfried/Hasebrink, Uwe (Hg.): *Perspektiven der Medienkritik. Die gesellschaftliche Auseinandersetzung mit öffentlicher Kommunikation in der Mediengesellschaft.* Opladen, S. 251-263.

KÜBLER, HANS-DIETER (1991): Politische Bildung und Medien. In: *Außerschulische Bildung.* 2/91.

KÜBLER, HANS-DIETER (1999): Medienkompetenz – Dimensionen eines Schlagworts. In: Schell, Fred/Stolzenburg, Elke/Theunert, Helga (Hg.): *Medienkompetenz. Grundlagen und pädagogisches Handeln.* München, S. 25-49.

KUNCZIK, MICHAEL (1994): Public Relations. Angewandte Sozialwissenschaft oder Ideologie? Ein Beitrag zur Ethik der Öffentlichkeitsarbeit. In: Armbrecht, Wolfgang/Zabel, Ulf (Hg.): *Normative Aspekte der Public Relations. Grundlegende Fragen und Perspektiven. Eine Einführung.* Opladen, S. 225-264.

KUTTEROFF, ALBRECHT (1984): Politische Macht und Massenmedien. Veränderungen der politischen Macht und des politischen Selbstverständnisses. In: Falter, Jürgen/Fenner, Christian/Greven, Michael Th. (Hg.): *Politische Willensbildung und Interessenvermittlung.* Opladen, S. 372-380.

L

LAMLA, JÖRN/NECKEL, SIEGHARD (2003): Das Praktische und das Symbolische in der Politik. Am Beispiel politischer Konstruktionen von Ethnizität. In: Nassehi, Armin/Schroer, Markus (Hg.): *Der Begriff des Politischen.* Baden-Baden, S. 619-637.

LANG, KURT/GLADYS ENGEL LANG (1953): The Unique Perspective of Television and its Effect: A Pilot Study. In: *American Sociological Review,* 18, Nr. 1, S. 3-12.

LANGE, HANS-JÜRGEN (1995): *Responsivität und Organisation. Eine Studie über die Modernisierung der CDU von 1973-1989.* Marburg.

LANGE, STEFAN/BRAUN, DIETMAR (2000): *Politische Steuerung zwischen Akteur und System. Eine Einführung.* Opladen.

LANGENBUCHER, WOLFGANG R. (1979): *Politik und Kommunikation. Über die öffentliche Meinungsbildung.* München.

LANGENBUCHER, WOLFGANG R. (1983): Gegenwärtige Trends zur politischen Kommunikation. In: Saxer, Ulrich (Hg.): *Politik und Kommunikation.* München, S. 38-41.

LANGENBUCHER, WOLFGANG R./LIPP, MICHAEL (1982): Kontrollieren Parteien die politische Kommunikation? In: Raschke, Joachim (Hg.): *Parteien und Bürger. Ansichten und Analysen einer schwierigen Beziehung.* Bonn, S. 217-234.

LANGER, SUSANNE K. (1965): *Philosophie auf neuem Wege. Das Symbol im Denken, im Ritus und in der Kunst.* Frankfurt am Main.

LATZER, MICHAEL (1999): Transformation der Staatlichkeit im Kommunikationssektor: Regulierungsansätze für die Mediamatik. In: Imhof, Kurt/Jarren, Otfried/Blum, Roger (Hg.): *Steuerungs- und Regelungsprobleme in der Informationsgesellschaft.* Opladen/Wiesbaden, S. 282-296.

LAU, CHRISTOPH (1997): Gesellschaftsdiagnose ohne Entwicklungstheorie. In: Glatzer, Wolfgang (Hg.): *Die Modernisierung moderner Gesellschaften – Ergänzungsband.* Frankfurt am Main.

LEGGEWIE, KLAUS (2002): Netzwerkparteien? Parteien in der digitalen Öffentlichkeit. In: Alemann, Ulrich von/Marschall, Thomas (Hg.): *Parteien in der Mediendemokratie.* Wiesbaden, S. 172-188.

LEHMBRUCH, GERHARD (1998): *Parteienwettbewerb im Bundesstaat. Regelsysteme und Spannungslagen im Institutionengefüge der Bundesrepublik Deutschland.* Wiesbaden.

LEHNER, FRANZ (1986): Konkurrenz, Korporatismus und Konkordanz. Politische Vermittlungsstrukturen und wirtschaftspolitische Steuerungskapazitäten in modernen Demokratien. In: Kaase, Max (Hg.): *Politische Wissenschaft und politische Ordnung.* Opladen, S. 446-471.

LEIBFRIED, STEPHAN/ZÜRN, MICHAEL (Hg.) (2006a): *Transformationen des Staates.* Frankfurt a. M.

LEIBFRIED, STEPHAN/ZÜRN, MICHAEL (2006b): Von der nationalen zur postnationalen Konstellation. In: dies. (Hg.): *Transformationen des Staates*. Frankfurt a. M., S. 19-65.
LEIBHOLZ, GERHARD (1966): *Das Wesen der Repräsentation und der Gestaltwandel der Demokratie im 20. Jahrhundert*. Berlin (3. Auflage).
LEINEMANN, JÜRGEN (2004): *Höhenrausch. Die wirklichkeitsleere Welt der Politiker*. München.
LEPENIES, WOLF (2003): Der Held betritt den Alltag. In: *Süddeutsche Zeitung*, 9. Oktober 2003, S. 13.
LINCK, JOACHIM (1992): Die Parlamentsöffentlichkeit. In: *Zeitschrift für Parlamentsfragen*, 23. Jg., H. 4, S. 673-708.
LINDEN, MARKUS (2003): Abschied von den Volksparteien? Zur These von der „Personalisierung der Politik". In: *Zeitschrift für Politikwissenschaft*, Jg. 13, S. 1205-1234.
LINNEMANN, RAINER (1995): *Die Parteiorganisation der Zukunft. Innerparteiliche Projektarbeit*. Münster/New York.
LIPPMANN, WALTER (1922): *Public Opinion*. New York (deutsch 1990: Die öffentliche Meinung. Reprint des Publizistik-Klassikers. Bochum).
LÖFGREN, KARL/SMITH, COLIN (2003): Political Parties and Democracy in the Information Age. In: Gibson, Rachel/Nixon, Paul/Ward, Stephen (Hg.): *Political Parties and the Internet. Net Again?* London/New York, S. 39-51.
LÖSCH, BETTINA (2005): *Deliberative Politik. Moderne Konzeptionen von Öffentlichkeit, Demokratie und politischer Partizipation*. Münster.
LÖSCHE, PETER (1995): Parteiverdrossenheit ohne Ende? Polemik gegen das Lamentieren deutscher Politik, Journalisten, Politikwissenschaftler und Staatsrechtler. In: *Zeitschrift für Parlamentsfragen*, 26. Jg., H. 1, S. 149-159.
LÖSCHE, PETER (1996): Lose verkoppelte Anarchie. In: *Der Spiegel*, H. 30/96, S. 25.
LÖSCHE, PETER (1998): Parteienverdrossenheit ohne Ende? Polemik gegen das Lamentieren deutscher Politiker, Journalisten, Politikwissenschaftler und Staatsrechtler. In: Oberreuter, Heinrich (Hg.): *Ungewissheiten der Macht. Parteien, Wähler, Wahlentscheidung*. München, S. 159-176.
LÖSCHE, PETER (2000a): Die SPD in den 90er Jahren. In: Woyke, Wichard (Hg.): *Parteien und Parteiensystem in Deutschland*. Schwalbach/Ts., S. 8-17.
LÖSCHE, PETER (2000b): Verkalkt – verbürgerlicht – verprofessionalisiert. Der bittere Abschied der SPD von der Mitglieder- und Funktionärspartei. In: *Universitas*. H. 650, S. 779-793.
LOEWENBERG, GERHARD (1969): *Parlamentarismus im politischen System der Bundesrepublik*. Tübingen.
LOEWENBERG, GERHARD (2007): Paradoxien des Parlamentarismus. In: *Zeitschrift für Parlamentsfragen*. 38. Jg. 2007. H. 4, S. 816-827.
LÖWENTHAL, RICHARD (1979): Politische Legitimität und kultureller Wandel in Ost und West. In: Löwenthal, Richard: *Gesellschaftswandel und Kulturkrise. Zukunftsprobleme der westlichen Demokratien*. Frankfurt am Main, S. 101-132.
LUHMANN, NIKLAS (1970): Öffentliche Meinung. In: *Politische Vierteljahresschrift*, 11. Jg., H. 1, S. 2-28.
LUHMANN, NIKLAS (1973): *Vertrauen. Ein Mechanismus der Reduktion sozialer Komplexität*. Stuttgart.

LUHMANN, NIKLAS (1983): *Legitimation durch Verfahren.* Frankfurt am Main.
LUHMANN, NIKLAS (1990). Öffentliche Meinung. In: Luhmann, Niklas (Hg.): *Soziologische Aufklärung.* Opladen.
LUHMANN, NIKLAS (1991): Steuerung durch Recht? Einige klarstellende Bemerkungen. In: *Zeitschrift für Rechtssoziologie*, 12. Jg., H. 1, S. 142-146.
LUHMANN, NIKLAS (1992a): *Beobachtungen der Moderne.* Opladen.
LUHMANN, NIKLAS (1992b): Die Beobachtung der Beobachter im politischen System. Zur Theorie der öffentlichen Meinung. In: Wilke, Jürgen (Hg.): *Theorie, Methoden, Befunde. Beiträge zu Ehren von Elisabeth Noelle-Neumann.* Freiburg, S. 77-86.
LUHMANN, NIKLAS (1995): *Die Realität der Massenmedien.* Opladen.
LUHMANN, NIKLAS (2000): *Die Politik der Gesellschaft.* Frankfurt am Main.
LUSOLI, WAINER/WARD, STEPHEN (2003): *Digital Rank-and-File: Party Activists' Perception and Use of the Internet,* Paper für das Annual Meeting of the American Political Science Association. Philadelphia, August 2003, S. 28-31.

M

MACHIAVELLI, NICCOLO (1990) [1513]: *Der Fürst.* Aus dem Italienischen von Friedrich von Oppeln-Bronikowski. Mit einem Nachwort von Horst Günther. Frankfurt am Main.
MACHNIG, MATTHIAS (2000): Auf dem Weg zur Netzwerkpartei. In: *Die Neue Gesellschaft/Frankfurter Hefte,* Jg. 47, S. 654-660.
MACHNIG, MATTHIAS (2001): Organisation ist Politik – Politik ist Organisation. In: *Forschungsjournal Neue Soziale Bewegungen,* 14. Jg., S. 30-39.
MACHNIG, MATTHIAS (2003): Den Letzten beißen die Wahlen. Parteien im Wandel der Zeit. In: Sarcinelli, Ulrich/Tenscher, Jens (Hg.): *Machtdarstellung und Darstellungsmacht.* Baden-Baden, S. 61-68.
MACHNIG, MATTHIAS (2008): Das Strategieparadox, in: *Forschungsjournal Neue Soziale Bewegungen,* H. 1, S. 11-24.
MACHO, THOMAS (1993): Von der Elite zur Prominenz. Zum Strukturwandel politischer Herrschaft. In: *Merkur,* 47. Jg., H. 534/535, S. 762-769.
MAHRENHOLZ, ERNST GOTTFRIED (1993): Öffentlichkeit als Konstitutivum einer demokratisch verfassten Gesellschaft. In: Akademie der Diözese Rottenburg-Stuttgart (Hg.): *Chronik '92.* Stuttgart, S. 106-108.
MAIHOFER, WERNER (1992): Realität der Politik und Ethos der Republik. In: Apel, Karl-Otto/Kettner, Matthias (Hg.): *Zur Anwendung der Diskursethik in Politik, Recht und Wissenschaft.* Frankfurt, S. 84-126.
MAIR, PETER/MÜLLER, WOLFGANG C./PLASSER, FRITZ (Hg.) (1999): *Parteien auf komplexen Wählermärkten.* Wien.
MAIZIÈRE, THOMAS DE (2003): Politiker in der Mediendemokratie. In: Donsbach, Wolfgang/Jandura, Olaf (Hg.): *Chancen und Gefahren der Mediendemokratie.* Konstanz, S. 40-46.
MANDT, HELLA (1995): Legitimität. In: Nohlen, Dieter/Schultze, Rainer-Olaf (Hg.): *Lexikon der Politik.* Bd. I: Politische Theorien. München, S. 284-298.
MARCINKOWSKI, FRANK (1993): *Publizistik als autopoietisches System. Politik und Massenmedien. Eine systemtheoretische Analyse.* Opladen.

MARCINKOWSKI, FRANK (2002): Politische Kommunikation und politische Öffentlichkeit. Überlegungen zur Systematik einer politikwissenschaftlichen Kommunikationsforschung. In: ders. (Hg.): *Politik der Massenmedien. Heribert Schatz zum 65. Geburtstag.* Köln, S. 237 – 256.
MARCINKOWSKI, FRANK (2007): Medien als politische Institution. Politische Kommunikation und der Wandel von Staatlichkeit. In: Wolf, Klaus-Dieter (Hg.): *Staat und Gesellschaft – fähig zur Reform?* 23. Wissenschaftlicher Kongress der Deutschen Vereinigung für Politische Wissenschaft. Baden-Baden, 97-108.
MARGETTS, HELEN (2001): *The Cyber Party.* Paper für die ECPR Joint Sessions „The Cause and Consequences of Organizational Innovation in European Political Parties". Grenoble.
MARSCHALL, STEFAN (1996): Parlamentsreform 1995: Geschichte, Hintergründe, Konsequenzen. In: *Zeitschrift für Parlamentsfragen,* 27. Jg., S. 279-293.
MARSCHALL, STEFAN (1998): Wirkungen von Online-Kommunikation auf das Kommunikationsmanagement von Organisationen. In: Rössler, Patrick (Hg.): *Online-Kommunikation. Beiträge zu Nutzung und Wirkung.* Opladen, S. 189-205.
MARSCHALL, STEFAN (1999): *Öffentlichkeit und Volksvertretung. Theorie und Praxis der Public Relations von Parlamenten.* Wiesbaden.
MARSCHALL, STEFAN (2001a): Parteien im Internet – Auf dem Weg zu internetbasierten Mitgliederparteien. In: *Aus Politik und Zeitgeschichte,* B 10, S. 38-46.
MARSCHALL, STEFAN (2001b): Virtuelle Parteibuchinhaber-Chancen und Grenzen internet-basierter Parteimitgliedschaft. In: Bieber, Christoph (Hg.): *Parteipolitik 2.0. Der Einfluss des Internets auf parteiinterne Kommunikations- und Organisationsprozesse.* Studie für die Friedrich Ebert Stiftung. Bonn, S. 29-47.
MARSCHALL, STEFAN (2002): Parlamentarische Öffentlichkeit – eine Feldskizze. In: Oberreuter, Heinrich/Kranenpohl, Uwe/Sebaldt, Martin (Hg.): *Der Deutsche Bundestag im Wandel. Ergebnisse neuerer Parlamentarismusforschung.* Opladen, S. 169-186.
MARSCHALL, STEFAN (2007): *Das politische System Deutschlands.* Konstanz.
MARTENSON, STEN (1989): Parlament, Öffentlichkeit und Medien. In: Schneider, Hans-Peter/Zeh, Wolfgang (Hg.): *Parlamentsrecht und Parlamentspraxis in der Bundesrepublik Deutschland. Ein Handbuch.* Berlin/New York, S. 261-288.
MARTINSEN, RENATE (2006): *Demokratie und Diskurs. Organisierte Kommunikationsprozesse in der Wissensgesellschaft.* Baden-Baden.
MAUNZ, THEODOR/ZIPPELIUS, REINHOLD (1994): *Deutsches Staatsrecht.* München (20. Auflage).
MAYNTZ, GREGOR (1992): *Zwischen Volk und Volksvertretung. Entwicklung, Probleme und Perspektiven der Parlamentsberichterstattung unter besonderer Berücksichtigung von Fernsehen und Deutschem Bundestag.* Universität Bonn: Dissertation.
MAYNTZ, GREGOR (1993): Die Fernsehberichterstattung über den Deutschen Bundestag. Eine Bilanz. In *Zeitschrift für Parlamentsfragen,* 24. Jg., H. 3, S. 351-366.
MAYNTZ, RENATE (1993). Policy-Netzwerke und die Logik von Verhandlungssystemen. In: Héritier, Adrienne (Hg.): *Policy-Analyse. Kritik und Neuorientierung.* Opladen, S. 39-56.

MAYNTZ, RENATE (1996): Politische Steuerung: Aufstieg, Niedergang und Transformation einer Theorie. In: Mayntz, Renate (Hg.): *Soziale Dynamik und politische Steuerung. Theoretische und methodologische Überlegungen.* Frankfurt am Main/New York, S. 263-292.
MAYNTZ, RENATE/SCHARPF, FRITZ W. (1995): Der Ansatz des akteurszentrierten Institutionalismus. In: Mayntz, Renate/Scharpf, Fritz W. (Hg.): *Gesellschaftliche Selbstregelung und politische Steuerung.* Frankfurt am Main/New York, S. 39-72.
MECKEL, MIRIAM (2008): Für einen digitalen Marschallplan. In: *Süddeutsche Zeitung* vom 21. Oktober 2008, S. 40.
MEDIATOR (1996): *Mediation in Umweltkonflikten. Verfahren kooperativer Problemlösung in der BRD. Projektbericht.* Oldenburg.
MEDIENPÄDAGOGISCHER FORSCHUNGSVERBUND SÜDWEST (Hg.) (2009): JIM 2009. Jugend, Information, (Multi-)Media. Basisstudie zum Medienumgang 12- bis 19-Jähriger in Deutschland. Stuttgart.
MEIER, CHRISTIAN (1983): *Die Entstehung des Politischen bei den Griechen.* Frankfurt a.M.
MEIER, WERNER A. (2004): Gesellschaftliche Folgen der Medienkonzentration. In: *Aus Politik und Zeitgeschichte. Beilage zur Wochenzeitung „Das Parlament".* B 12-13/04, S. 3-6.
MENG, RICHARD (1997): *Nach dem Ende der Parteien. Politik in der Mediengesellschaft.* Marburg.
MENG, RICHARD (2002): *Der Medienkanzler. Was bleibt vom System Schröder?* Frankfurt am Main.
MENG, RICHARD (2006): *Merkelland. Wohin führt die Kanzlerin?* Köln.
MERTEN, KLAUS/SCHMIDT, SIEGFRIED J./WEISCHENBERG, SIEGFRIED (1994): *Medien und Kommunikation. Ein einführendes Lehrbuch.* Opladen.
MEYER, THOMAS (1992a): *Die Inszenierung des Scheins. Voraussetzungen und Folgen symbolischer Politik.* Frankfurt am Main.
MEYER, THOMAS (1992b): SPD, Politische Klasse und politische Kultur. Anmerkungen zu einer spannungsreichen Beziehung. In: Leif, Thomas/Legrand, Hans-Josef/Klein, Ansgar (Hg.): *Die politische Klasse in Deutschland. Eliten auf dem Prüfstand.* Bonn/Berlin, S. 172-190.
MEYER, THOMAS (1994): *Die Transformation des Politischen.* Frankfurt am Main.
MEYER, THOMAS (2001): *Mediokratie. Die Kolonisierung der Politik durch die Medien.* Frankfurt am Main.
MEYER, THOMAS/SCHERER, KLAUS-JÜRGEN/ZÖPEL, CHRISTOPH (1992): *Parteien in der Defensive. Plädoyer für die Öffnung der Volkspartei.* Köln.
MEYROWITZ, JOSHUA (1987): *Die Fernseh-Gesellschaft. Wirklichkeit und Identität im Medienzeitalter.* Weinsheim-Basel.
MEYROWITZ, JOSHUA (1990): *Wie Medien unsere Welt verändern. Die Fernsehgesellschaft II.* Weinheim/Basel.
MIELKE, GERD (2000): Vorwort. In: Kaltenthaler, Heike (Hg.): *Das Geheimnis des Wahlerfolges. Negative Campaigning in den USA.* Frankfurt am Main u.a., S. 9-13.
MIELKE, GERD (2003): Platzhirsche in der Provinz. Anmerkungen zur politischen Kommunikation und Beratung aus landespolitischer Sicht. In: Sarcinelli, Ulrich/

Tenscher, Jens (Hg.): *Machtdarstellung und Darstellungsmacht. Beiträge zu Theorie und Praxis moderner Politikvermittlung.* Baden-Baden, S. 87-104.

MIELKE, GERD (2005): Agenda-Setting in der Landespolitik: Anmerkungen zum Paradigma der Mediendemokratie. Ein Werkstattbericht aus Rheinland-Pfalz. In: Häubner, Dominik/Mezger, Erika/Schwengel, Hermann (Hg.): *Agenda-Setting und Reformpolitik. Strategische Kommunikation zwischen verschiedenen politischen Welten.* Marburg, S. 229-248.

MINTZEL, ALF/OBERREUTER, HEINRICH (1992): Zukunftsperspektiven des Parteiensystems. In: Mintzel, Alf/Oberreuter, Heinrich (Hg.): *Parteien in der Bundesrepublik Deutschland.* Bonn.

MIRBACH, THOMAS (1992): Eine kybernetische Auflösung des Repräsentationsproblems? In: *Zeitschrift für Parlamentsfragen,* 22. Jg., H. 4, 658-672.

MOMMSEN, WOLFGANG J. (1974): *Max Weber: Gesellschaft, Politik und Geschichte.* Frankfurt am Main.

MOMMSEN, WOLFGANG J. (1989): Politik und politische Theorie bei Max Weber. In: Weiß, Johannes (Hg.): *Max Weber heute. Erträge und Probleme der Forschung.* Frankfurt am Main, S. 515-542.

MÜLLER, ALBRECHT (1998): *Von der Parteiendemokratie zur Mediendemokratie. Beobachtungen zum Bundestagswahlkampf 1998.* Düsseldorf.

MÜLLER, MARION G. (1997): *Politische Bildstrategien im amerikanischen Präsidentschaftswahlkampf 1828-1996.* Berlin.

MÜLLER, MARION G. (2002a): Parteitage in der Mediendemokratie. In: Alemann, Ulrich von/Marschall, Stefan (Hg.): *Parteien in der Mediendemokratie.* Wiesbaden, S. 147-172.

MÜLLER, MARION G. (2002b): Parteitagskommunikation: Funktionen, Strukturen, Trends von Parteitagen in Deutschland und den USA. In: Schatz, Heribert/Rössler, Patrick/Nieland, Jörg, Uwe (Hg.): *Politische Akteure in der Mediendemokratie.* Wiesbaden, S. 65-78.

MÜLLER, MARION G. (2003): *Grundlagen der visuellen Kommunikation.* Konstanz.

MÜLLER, KAY/WALTER, FRANZ (2004): *Graue Eminenzen der Macht. Küchenkabinette in der deutschen Kanzlerdemokratie. Von Adenauer bis Schröder.* Wiesbaden.

MÜLLER, PETER (2002): Das haben wir dann gemacht. In: *Frankfurter Allgemeine Zeitung,* 28. 3. 2002, S. 11.

MÜLLER-SCHÖLL, ULRICH (1995): Erfolgs- vs. Verständigungsorientierung. Kritisches Statement zu Roland Burkarts Konzept einer verständigungsorientierten Öffentlichkeitsarbeit. In: Bentele, Günter/Liebert, Tobias (Hg.): *Verständigungsorientierte Öffentlichkeitsarbeit. Darstellung und Diskussion des Ansatzes von Roland Burkart.* Leipzig, S. 43-46.

MÜNCH, RICHARD (1991): *Dialektik der Kommunikationsgesellschaft.* Frankfurt am Main.

MÜNCH, RICHARD (1995): *Die Dynamik der Kommunikationsgesellschaft.* Frankfurt am Main.

MÜNKLER, HERFRIED (1993): Politische Kommunikation bei Klassikern politischen Denkens. In: von Alemann, Ulrich/Loss, Kay/Vowe, Gerhard (Hg.): *Fernstudieneinheit >Politik<.* Bd. 3: Spezialisierung. Teilband 4, Berlin.

MÜNKLER, HERFRIED (2009): *Die Deutschen und ihre Mythen.* Berlin.
MÜNKLER, HERFRIED (2010): Mythischer Zauber. In: *Frankfurter Allgemeine Zeitung,* 10.8.2010.
MÜNKLER, HERIFRIED/LLANQUE, MARKUS (1998): Ideengeschichte (Politische Philosophie), In: Jarren, Otfried/Sarcinelli, Ulrich/Saxer, Ulrich (Hg.): *Politische Kommunikation in der demokratischen Gesellschaft. Ein Handbuch mit Lexikonteil,* Opladen/Wiesbaden, S. 65-80.
MURSWIECK, AXEL (1990): Die Bundesrepublik Deutschland – Kanzlerdemokratie, Koordinationsdemokratie oder was sonst? In: Hartwich, Hans-Hermann/Wewer, Göttrik (Hg): *Regieren in der Bundesrepublik,* Bd. 1. Opladen, S. 151-169.
MURSWIECK, AXEL (1991): Führungsstile in der Politik in vergleichender Perspektive. In: Hans-Hermann Hartwich/Göttrik, Wewer (Hg.): *Regieren in der Bundesrepublik. Formale und informale Komponenten des Regierens. Band 2,* Opladen, S. 81-95.
MURSWIECK, AXEL (2003): Des Kanzlers Macht: Zum Regierungsstil Gerhard Schröders. In: Egle, Christoph u.a. (Hg.): *Das rot-grüne Projekt.* Wiesbaden, S. 117-135.
MURSWIECK, AXEL (2008): Von Schröder zu Merkel – eine Frage des (Regierungs-) Stils? Zu den Machtressourcen der Bundeskanzlerin in einer großen Koalition. In: Tenscher, Jens/Batt, Helge (Hg.): *100 Tage Schonfrist. Bundespolitik und Landtagswahlen im Schatten der Großen Koalition.* Wiesbaden, S. 199-214.

N

NEDELMANN, BRIGITTA (1995): Gegensätze und Dynamik politischer Institutionen. In: Nedelmann, Brigitta (Hg.): *Politische Institutionen im Wandel.* Opladen, S. 15-40.
NEIDHARDT, FRIEDHELM (Hg.) (1994a): Öffentlichkeit, öffentliche Meinung, soziale Bewegungen. In: *Kölner Zeitschrift für Soziologie und Sozialpsychologie,* Sonderheft 34. Opladen.
NEIDHARDT, FRIEDHELM (1994b): Öffentlichkeit, öffentliche Meinung, soziale Bewegungen. In: *Kölner Zeitschrift für Soziologie und Sozialpsychologie,* Sonderheft 34/1994, Opladen, S. 7-41.
NEIDHARDT, FRIEDHELM (1995): Öffentliche Diskussion und politische Entscheidung. Der deutsche Abtreibungskonflikt 1970-1990. In: Van den Daele, Wolfgang/ Neidhardt, Friedhelm (Hg.): *Kommunikation und Entscheidung. Politische Funktionen öffentlicher Meinungsbildung und diskursiver Verfahren* (WZB-Jahrbuch 1996). Berlin, S. 53-82.
NEUBERGER, CHROSTOPH (2004): *Wandel der aktuellen Öffentlichkeit im Internet.* (Gutachten im Auftrag des Büros für Technikfolgen-Abschätzung beim Deutschen Bundestag im Rahmen des Projekts „Analyse netzbasierter Kommunikation unter kulturellen Aspekten"). IFK Universität Münster (Masch. Man.)
NEUBERGER, CHROSTOPH (2005): Formate der aktuellen Internetöffentlichkeit. Über das Verhältnis von Weblogs, Peer-to-Peer-Angeboten und Portalen zum Journalismus – Ergebnisse einer explorativen Anbieterbefragung. In: *Medien und Kommunikationswissenschaft.* 53. Jg., H. 1, S. 73-92.
NEWIG, JENS (2004): Symbolische Gesetzgebung: Umweltpolitik unter gesellschaftlichen Macht und Informationsasymmetrien. In: *Zeitschrift für Politikwissenschaft.* 14. Jg., H. 3, S. 813-851.

NICLAUß, KARLHEINZ (1988): *Kanzlerdemokratie.* Stuttgart u.a.
NICLAUß, KARLHEINZ (1990): Kanzlerdemokratie – Bonner Regierungspraxis von Konrad Adenauer bis Helmut Kohl. In: Hartwich, Hans-Hermann/Göttrik, Wewer (Hg.): *Regieren in der Bundesrepublik. Band 1. Konzeptionelle Grundlagen und Perspektiven der Forschung.* Opladen, S. 133-144.
NIDA-RÜMELIN, JULIAN (2003): Mit der Lüge leben. In: *Die Zeit,* 9. 1. 2003, S. 33.
NIEDERMAYER, OSKAR (1999): Die Bundestagswahl 1998: Ausnahmewahl oder Ausdruck langfristiger Entwicklungen der Parteien und des Parteiensystems? In: Niedermayer, Oskar (Hg.): *Die Parteien nach der Bundestagswahl 1998.* Opladen, S. 9-36.
NIEDERMAYER, OSKAR (2000): Modernisierung von Wahlkämpfen als Funktionsentleerung der Parteibasis. In: Niedermayer, Oskar/Westle, Bettina (Hg.): *Demokratie und Partizipation. Festschrift für Max Kaase.* Wiesbaden, S. 192-210.
NIEDERMAYER, OSKAR (2002): Nach der Vereinigung: Der Trend zum fluiden Fünfparteiensystem. In: Gabriel, Oscar W./Niedermayer, Oskar/Stöss, Richard (Hg.): *Parteiendemokratie in Deutschland.* Bonn (2., aktualisierte Auflage), S. 107-127.
NIEDERMAYER, OSKAR (2007): Parteimitgliedschaften im Jahre 2006. In: *Zeitschrift für Parlamentsfragen.* 38. Jg., H. 2, S. 368-375.
NIEDERMAYER, OSKAR/STÖSS, RICHARD (1993): *Stand und Perspektiven der Parteienforschung in Deutschland.* Opladen.
NIPPERDEY, THOMAS (1993): *Deutsche Geschichte 1800-1866. Bürgerwelt und starker Staat.* München.
NIPPERDEY, THOMAS (1994): *Deutsche Geschichte 1866-1918. Bd. 1: Arbeitswelt und Bürgergeist.* München.
NOELLE-NEUMANN, ELISABETH (1989): *Öffentliche Meinung. Die Entdeckung der Schweigespirale.* Frankfurt am Main/Berlin.
NOELLE-NEUMANN, ELISABETH (2002a): Öffentliche Meinung. In: Noelle-Neumann, Elisabeth/Schulz, Winfried/Wilke, Jürgen (Hg.): *Fischer Lexikon Publizistik Massenkommunikation.* Frankfurt am Main, S. 393-409.
NOELLE-NEUMANN, ELISABETH (2002b): Einleitung. In: Noelle-Neumann, Elisabeth/Schulz, Winfried/Wilke, Jürgen (Hg.): *Fischer Lexikon Publizistik Massenkommunikation.* Frankfurt am Main, S. 9-14.
NORRIS, PIPPA (1997): Introduction: The Rise of Postmodern Political Communications? In: Norris, Pippa (Hg.): *Politics and the Press. The News Media and Their Influence.* Boulder (CO), S. 1-21.
NOWOTNY, HELGA (1992): Kommunikation, Zeit, Öffentlichkeit. In: Hömber, Walter/Schmolke, Michael (Hg.): *Zeit, Raum, Kommunikation.* München, S. 17-29.

O

OBERREUTER, HEINRICH (1982): *Übermacht der Medien. Erstickt die demokratische Kommunikation?* Zürich/Osnabrück.
OBERREUTER, HEINRICH (1986a): *Wahrheit statt Mehrheit? An den Grenzen der parlamentarischen Demokratie.* München.

OBERREUTER, HEINRICH (1986b): Parlament und Öffentlichkeit. In: Langenbucher, Wolfgang R. (Hg.): *Politische Kommunikation. Grundlagen, Strukturen, Prozesse.* Wien, S. 70-79.
OBERREUTER, HEINRICH (1987): *Stimmungsdemokratie. Strömungen im politischen Bewusstsein.* Osnabrück.
OBERREUTER, HEINRICH (1988): Parlament und Medien in der Bundesrepublik Deutschland. In: Thaysen, Uwe/Davidson, Roger H./Livingston, Robert G. (Hg.): *US-Kongress und Deutscher Bundestag. Bestandsaufnahmen im Vergleich.* Opladen, S. 500-515.
OBERREUTER, HEINRICH (1989a): Mediatisierte Politik und politischer Wertewandel. In: Böckelmann, Frank E. (Hg.): *Medienmacht und Politik. Mediatisierte Politik und politischer Wertewandel.* Berlin, S. 31-41.
OBERREUTER, HEINRICH (1989b): Entmachtung des Bundestages durch Vorentscheider auf höchster politischer Ebene. In: Hill, Hermann (Hg.): *Zustand der Gesetzgebung.* Berlin, S. 121-139.
OBERREUTER, HEINRICH (1989c): Zwischen traditionellem und aufgeklärtem Parlamentsverständnis. In: *Aus Politik und Zeitgeschichte,* B 37-38/89, S. 28-39.
OBERREUTER, HEINRICH (1990): Defizite der Streitkultur in der Parteiendemokratie. In: Sarcinelli, Ulrich (Hg.): *Demokratische Streitkultur. Theoretische Grundpositionen und Handlungsalternativen in Politikfeldern.* Opladen, S. 77-100.
OBERREUTER, HEINRICH (1992): Politische Parteien: Stellung und Funktion im Verfassungssystem der Bundesrepublik. In: Mintzel, Alf/Oberreuter, Heinrich (Hg.): *Parteien in der Bundesrepublik Deutschland.* Bonn, S. 15-40.
OBERREUTER, HEINRICH (1996): *Parteiensystem am Wendpunkt? Wahlen in der Fernsehdemokratie.* München/Landsberg a. Lech.
OBERREUTER, HEINRICH (1998): Macht durch Wahlen. Die Parteien. In: Oberreuter, Heinrich (Hg.): *Ungewissheiten der Macht. Parteien, Wähler, Wahlentscheidung.* München, S. 19-41.
OBERREUTER, HEINRICH (2002): Parlamentarismus in der Bundesrepublik Deutschland: eine Bilanz. In: Oberreuter, Heinrich/Kranenpohl, Uwe/Sebaldt, Martin (Hg.): *Der Deutsche Bundestag im Wandel. Ergebnisse neuerer Parlamentarismusforschung.* Opladen. 303-320.
OELKERS, JÜRGEN/WEGENAST, KLAUS (1991): *Das Symbol – Brücke des Verstehens.* Stuttgart/Berlin/Köln.
OFFE, CLAUS (1976): Editorial. In: Edelman, Murray: *Politik als Ritual. Die symbolische Funktion staatlicher Institutionen und politischen Handelns.* Frankfurt am Main/New York, S. VII-X.

P

PAPADOPULOS, YANNIS (2004): Governance und Demokratie. In: Benz, Arthur (Hg.): *Governance – Regieren in komplexen Regelsystemen. Eine Einführung.* Wiesbaden, S. 215-238.
PATZELT, WERNER J. (1993): *Abgeordnete und Repräsentation. Amtsverständnis und Wahlkreisarbeit.* Passau.

PATZELT, WERNER J. (1994): Abgeordnete, Parlamente und Bürger: Erwartungen und Enttäuschungen. In: Sarcinelli, Ulrich (Hg.): *Öffentlichkeitsarbeit der Parlamente. Politikvermittlung zwischen Public Relations und Parlamentsdidaktik.* Baden-Baden, S. 85-105.
PATZELT, WERNER J. (1996a): *Ist der Souverän aufgeklärt? Die Ansichten der Deutschen über Parlament und Abgeordnete. Forschungsbericht.* Dresden.
PATZELT, WERNER J. (1996b): Deutschlands Abgeordnete: Profil eines Berufsstands, der weit besser ist als sein Ruf. In: *Zeitschrift für Parlamentsfragen.* 27. Jg., H. 3, S. 462-502.
PATZELT, WERNER J. (1997a): Der Bundespräsident. In: Gabriel, Oscar W./Holtmann Everhard (Hg.): *Handbuch Politisches System der Bundesrepublik Deutschland.* München/Wien, S. 229-243.
PATZELT, WERNER J. (1997b): Die Bundesregierung. In: Gabriel, Oscar W./Holtmann, Everhard (Hg.): *Handbuch Politisches System Bundesrepublik Deutschland.* München/Wien, S. 181-205.
PATZELT, WERNER J. (1998): Parlamentskommunikation. In: Jarren, Otfried/Sarcinelli, Ulrich/Saxer, Ulrich (Hg): *Politische Kommunikation in der demokratischen Gesellschaft. Ein Handbuch mit Lexikonteil.* Opladen/Wiesbaden, S. 431-441.
PATZELT, WERNER J. (1999a): Politikverdrossenheit, populäres Parlamentsverständnis und die Aufgaben der politischen Bildung. In: *Aus Politik und Zeitgeschichte.* B 7-8/1999, S. 31-38.
PATZELT, WERNER J. (1999b): Parlamentarische Rekrutierung und Sozialisation. Normative Erwägungen, empirische Befunde und praktische Empfehlungen. In: *Zeitschrift für Parlamentsfragen.* 46. Jg. H. 2, S. 243-283.
PATZELT, WERNER J. (2001): Parlamente und ihre Symbolik. Aufriss eines Forschungsfeldes. In: ders.: *Parlamente und ihre Symbolik. Programm und Beispiele institutioneller Analyse.* Wiesbaden, S. 39-76.
PATZELT, WERNER J. (2003): Parlamente und Ihre Funktionen. In: Patzelt, Werner (Hg.): *Parlamente und ihre Funktionen. Institutionelle Mechanismen und institutionelles Lernen im Vergleich.* Wiesbaden, S. 13-49.
PATZELT, WERNER J. (2005): Warum verachten die Deutschen ihr Parlament und lieben ihr Verfassungsgericht? Ergebnisse einer vergleichenden demoskopischen Studie. In: *Zeitschrift für Parlamentsfragen.* 36. Jg. H. 3, S. 517-538.
PEDERSEN, KARINA et al. (2004): Sleeping or Active Partners? Danish Party Members at the Turn of the Millenium. In: *Party Politics,* Jg. 10, H. 4, S. 367-383.
PERLOT, FLOOH (2008): *Deliberative Demokratie und Internetforen – nnur eine virtuelle Diskussion?* Baden-Baden.
PETERS, BIRGIT (1994): „Öffentlichkeitselite" – Bedingungen und Bedeutungen von Prominenz. In: *Kölner Zeitschrift für Soziologie und Sozialpsychologie,* Sonderheft 34/1994, S. 191-213.
PETERS, BIRGIT (1996): *Prominenz. Eine soziologische Analyse ihrer Entstehung und Wirkung.* Opladen/Wiesbaden.
PETERSEN, JENS (2001): Der kurze Traum zum langen Albtraum. Berlusconi führt Italien an die Schwelle zur Teledemokratie. In: *Frankfurter Allgemeine Zeitung,* 25. 4. 2001.

PFETSCH, BARBARA (1998a). Regieren unter den Bedingungen medialer Allgegenwart. In: Sarcinelli, Ulrich (Hg.): *Politikvermittlung und Demokratie in der Mediengesellschaft.* Opladen/Wiesbaden/Bonn, S. 233-252.
PFETSCH, BARBARA (1998b): Government News Management. In: Graber, Doris A. u.a. (Hg.): *The Politics of News. The News of Politics.* Washington D.C., S. 70-93.
PFETSCH, BARBARA (1998c): Bürger und Publikum. In: Jarren, Otfried/Sarcinelli, Ulrich/Saxer, Ulrich (Hg.): *Politische Kommunikation in der demokratischen Gesellschaft. Ein Handbuch mit Lexikonteil.* Opladen/Wiesbaden, S. 406-413.
PFETSCH, BARBARA (2000): Strukturbedingungen der Inszenierung von Politik in den Medien. Perspektiven von politischen Sprechern und Journalisten. In: Niedermayer, Oskar/Westle, Bettina (Hg.): *Demokratie und Partizipation. Festschrift für Max Kaase.* Opladen/Wiesbaden, S. 141-164.
PFETSCH, BARBARA (2001): *Politische Kommunikationskultur. Eine vergleichende Untersuchung von politischen Sprechern und Journalisten in der Bundesrepublik und den USA.* Berlin.
PFETSCH, BARBARA (2003): *Politische Kommunikationskultur. Politische Sprecher und Journalisten in der Bundesrepublik und in den USA im Vergleich.* Wiesbaden.
PFETSCH, BARBARA/DAHLKE, KERSTIN (1996): Politische Öffentlichkeitsarbeit zwischen Zustimmungsmanagement und Politikvermittlung. Zur Selbstwahrnehmung politischer Sprecher in Berlin und Bonn. In: Jarren, Otfried/Schatz, Heribert/Weßler, Hartmut (Hg.): *Medien und politischer Prozeß. Politische Öffentlichkeit und massenmediale Politikvermittlung im Wandel.* Opladen, S. 137-154.
PFETSCH, BARBARA/SCHMITT-BECK, RÜDIGER (1994): Amerikanisierung von Wahlkämpfen? Kommunikationsstrategien und Massenmedien im politischen Mobilisierungsprozeß. In: Jäckel, Michael/Winterhoff-Spurk, Peter (Hg.): *Politik und Medien. Analysen zur Entwicklung der politischen Kommunikation.* Berlin, S. 231-252.
PICKEL, GERD/PICKEL, SUSANNE (2006): *Politische Kultur und Demokratieforschung. Eine Einführung. Grundbegriffe, Theorien, Methoden.* Wiesbaden.
PLASSER, FRITZ (1985): Elektronische Politik und politische Technostruktur reifer Industriegesellschaften - ein Orientierungsversuch. In: Plasser, Fritz/Ulram, Peter A./Welan, Manfred (Hg.): *Demokratierituale.* Wien/ Köln/Graz.
PLASSER, FRITZ (2000): Amerikanisierung der Wahlkommunikation in Westeuropa: Diskussions- und Forschungsstand. In: Bohrmann, Hans u.a. (Hg.): *Wahlen und Politikvermittlung durch Massenmedien.* Wiesbaden, S. 49-68.
PLASSER, FRITZ/SCHEUCHER, CHRISTIAN/SENFT, CHRISTIAN (1998): *Praxis des politischen Marketings aus Sicht westeuropäischer Politikberater und Parteimanager. Ergebnisse einer Expertenbefragung.* Wien.
PLASSER, FRITZ/SOMMER, FRANZ/SCHEUCHER, CHRISTIAN (1996): Medienlogik. Themenmanagement und Politikvermittlung im Wahlkampf. In: Plasser, Fritz u.a. (Hg.): *Wahlkampf und Wählerentscheidungen. Analyse zur Nationalratswahl 1995.* Wien, S. 85-118.
PLASSER, FRITZ/ULRAM, PETER A. (1982): *Das Unbehagen im Parteienstaat.* Wien.
POGUNTKE, THOMAS (2000): *Parteiorganisation im Wandel. Gesellschaftliche Verankerung und organisatorische Anpassung im Vergleich.* Wiesbaden.

POLIS (2004): Neumitglieder 2004. *Ergebnisse der Befragung im September 2004*, o.O.
POLLAK, JOHANNES/SAGER, FRITZ/SARCINELLI, ULRICH/ZIMMER, ANNETTE (Hg.) (2008): *Politik und Persönlichkeit*. Wien 2008.
PORZNER, KONRAD/OBERREUTER, HEINRICH/THAYSEN, UWE (1990): *40 Jahre Deutscher Bundestag*. Baden-Baden.
PRÄSIDENT DES SCHLESWIG-HOLSTEINISCHEN LANDTAGES: *Verfügung vom 16.Mai 1946* (im Archiv des Verfassers).
PRÄTORIUS, RAINER (2003): „Staatlichkeit" – Kein Negrolog. In: Grande, Edgar/Prätorius, Rainer (Hg.): *Politische Steuerung und neue Staatlichkeit*. Baden-Baden, S. 11-18.
PREUSS, ULRICH K. (2008): Das ist die Amtsperson, die für uns streitet. In: *Frankfurter Allgemeine Zeitung* vom 11. August 2008, S. 35.
PRITTWITZ, VOLKER VON (2000): Symbolische Politik – Erscheinungsformen und Funktionen am Beispiel der Umweltpolitik. In: Hansjürgens, Bernd/Lübbe-Wolff (Hg.): *Symbolische Umweltpolitik*. Frankfurt am Main, S. 259-276.
PROSS, HARRY (1974): *Politische Symbolik. Theorie und Praxis der öffentlichen Kommunikation*. Stuttgart u.a.
PUHE, HENRY/WÜRZBERG GERD H. (1989): *Lust & Frust. Das Informationsverhalten des deutschen Abgeordneten*. Köln.

Q

QUARITSCH, HELMUT (1997): *Probleme der Selbstdarstellung des Staates*. Tübingen, S. 13.
QUAST, THOMAS (1999): Reflexive Medienberichterstattung in der Legitimation und Selbstregulation des (Systems) Journalismus – Selbstreferenz oder Selbstreverenz. In: Imhof, Kurt/Jarren, Otfried/Blum, Roger (Hg.) *Steuerungs- und Regelungsprobleme in der Informationsgesellschaft*. Wiesbaden, S. 208-223.

R

RABE, JENS-CHRISTIAN (2010): *Menschenbilder, so was Grausliches*. Über zwei neue Bücher mit und über den Soziologen Niklas Luhmann und die wachsende zeitdiagnostische Anziehungskraft seines Denkens. In: Süddeutsche Zeitung, 2.08.2010.
RADUNSKI, PETER (1980): *Wahlkämpfe. Moderne Wahlkampfführung als politische Kommunikation*. München/Wien.
RADUNSKI, PETER (1986): Politisches Kommunikationsmanagement. Die Amerikanisierung der Wahlkämpfe. In: Bertelsmann-Stiftung (Hg.): *Politik richtig vermitteln*. Gütersloh, S. 33-52.
RADUNSKI, PETER (1991): Fit für die Zukunft? Die Volksparteien vor dem Superwahljahr 1994. In: *Sonde*. H. 4/1991, S. 3-8.
RADUNSKI, PETER (1996): Politisches Kommunikationsmanagement. Die Amerikanisierung der Wahlkämpfe. In: Bertelsmann Stiftung (Hg.): *Politik überzeugend vermitteln. Wahlkampfstrategien in Deutschland und den USA. Analysen von Politkern, Journalisten und Experten*. Gütersloh, S. 33-52.

RADUNSKI, PETER (2004): Wahlkampf im Wandel. Politikvermittlung gestern – heute – morgen. In: Sarcinelli, Ulrich/Tenscher, Jens (Hg.): *Machtdarstellung und Darstellungsmacht.* Baden-Baden, S. 183-198.
RASCHKE, JOACHIM (1994): Demokratie als Ausrede. In: *Der Spiegel,* 4/1994, S. 52f.
RASCHKE, JOACHIM/TILS, RALF (2007): *Politische Strategie. Eine Grundlegung.* Wiesbaden.
RASCHKE, JOACHIM/TILS, RALF (2008): Politische Strategie, in: *Neue soziale Bewegungen.* H. 1, S. 11-24.
RECKE, MARTIN (1998): *Medienpolitik im digitalen Zeitalter. Zur Regulierung der Medien und der Telekommunikationspolitik in Deutschland.* Berlin.
REDERER, KLAUS (2000): Politik Online: *Die politischen Parteien im Internet.* Berlin.
REHBERG, KARL-SIEGBERT (1997): Institutionenwandel und die Funktionsveränderung des Symbolischen. In: Göhler, Gerhard (Hg.): *Institutionenwandel.* Opladen, S. 94-120.
REHBERG, KARL-SIEGBERT (2001): Weltrepräsentanz und Verkörperung. In: Melville, Gert (Hg. im Auftrag des Sonderforschungsbereichs 537): *Institutionalität und Symbolisierung. Verstetigungen kultureller Ordnungsmuster in Vergangenheit und Gegenwart.* Köln/Weimar/Wien, S. 3-49.
REICHART-DREYER, INGRID (2001): Parteireform. In: Gabriel, Oscar W./Nieder-mayer, Oskar/Stöss, Richard (Hg.): *Parteiendemokratie in Deutschland.* Bonn, S. 570-591.
REITZE, HELMUT/RIDDER, CHRISTA (Hg.) (2006): *Massenkommunikation VII. Eine Langzeitstudie zur Mediennutzung und Medienbewertung 1964-2005.* Baden-Baden 2006.
RENN, ORTWIN/OPPERMANN, BETTINA (1998): Politische Kommunikation als Partizipation. In: Jarren, Otfried/Sarcinelli, Ulrich/Saxer, Ulrich (Hg.): *Politische Kommunikation in der demokratischen Gesellschaft. Ein Handbuch mit Lexikonteil.* Opladen/Wiesbaden, S. 352-361.
RETTICH, MARKUS/SCHATZ, ROLAND (1998): *Amerikanisierung oder die Macht der Themen. Bundestagswahl 1998. Die Medien-Tenor Analyse der Berichterstattung und ihre Auswirkung auf das Wählervotum.* Bonn u.a..
RICHARDSON, JEREMY/GUSTAFSSON, GUNNEL/GRANT. JORDAN (1982): The Concept of Political Style. In: Richardson, Jeremy/Gustafsson, Gunnel/Grant, Jordan (Hg.): *Political Styles in Western Europe?* London/Boston/Sydney, S. 1-16.
RIESCHER, GISELA (2004): Zeit und Politik. In: Nohlen, Dieter/Schultze, Rainer-Olaf (Hg.): *Lexikon der Politikwissenschaft. Bd. 2 N-Z. Theorien – Begriffe – Methoden.* München (aktualisierte und erweiterte Auflage), S. 1127-1132.
RITTER, ERNST-HASSO (1979): Der kooperative Staat. Bemerkungen zum Verhältnis von Staat und Wirtschaft. In: *Archiv des öffentlichen Rechts,* H. 104, S. 389-413.
ROEGELE, OTTO B. (1979): Massenmedien und Regierbarkeit. In: Hennis, Wilhelm/ Kielmansegg, Peter Graf/Matz, Ulrich (Hg.): *Regierbarkeit. Studien zu ihrer Problematisierung.* Stuttgart, S. 177-210.
ROELLECKE, GERD (1999): Versichern, aber nicht alles weitere der Versicherung überlassen. In: *Frankfurter Allgemeine Zeitung,* 15. 7. 1999.
ROHE, KARL (1992): *Wahlen und Wählertraditionen in Deutschland.* Frankfurt am Main, S. 17.

ROHE, KARL (1994): *Politik. Begriffe und Wirklichkeit.* Stuttgart/Berlin/Köln.
ROLAND STURM (1985): Die Politikstilanalyse. Zur Konkretisierung des Konzeptes der Politischen Kultur in der Policy-Analyse. In: Hans-Hermann Hartwich (Hg.): *Policy-Forschung in der Bundesrepublik Deutschland. Ihr Selbstverständnis und ihr Verhältnis zu den Grundfragen der Politikwissenschaft.* Opladen, S. 111-116.
RÖMMELE, ANDREA (2002): *Direkte Kommunikation zwischen Parteien und Wählern. Postmoderne Wahlkampftechnologien in den USA und der BRD.* Wiesbaden.
RONNEBERGER, FRANZ (1977): *Legitimation durch Information.* Düsseldorf, Wien.
RONNEBERGER, FRANZ (1978a): *Kommunikationspolitik I. Institutionen, Prozesse, Ziele.* Mainz.
RONNEBERGER, FRANZ (1978b): *Kommunikationspolitik III. Kommunikationspolitik als Medienpolitik.* Mainz.
RONNEBERGER, FRANZ (1983): Das Syndrom der Unregierbarkeit und die Macht der Medien. In: *Publizistik,* 28. Jg., S. 487-511.
RONNEBERGER, FRANZ/RÜHL, MANFRED (1992): *Theorie der Public Relations. Ein Entwurf.* Opladen.
RONNEBERGER, FRANZ/WALCHSHÖFER, JÜRGEN (1975): Parteien als Kommunikationssysteme. In: *Strukturprobleme des lokalen Parteiensystems,* mit Beiträgen von Oscar W. Gabriel u.a. Bonn, S. 1-64.
ROSUMEK, LARS (2007): *Die Kanzler und die Medien. Acht Porträts von Adenauer bis Merkel.* Frankfurt a. M./New York.
ROTH, REINHOLD (1987): Parteimanagement und politische Führungseliten in der Politikvermittlung. In: Sarcinelli, Ulrich (Hg.): *Politikvermittlung. Beiträge zur politischen Kommunikationskultur.* Bonn/Opladen/Wiesbaden, S. 184-202.
RÖTTGER, ULRIKE (1997): *PR-Kampagnen. Über die Inszenierung von Öffentlichkeit.* Opladen.
RÖTTGER, ULRIKE (2001): Public Relations. In: Jarren, Otfried/Bonfadelli, Heinz (Hg.): *Einführung in die Publizistikwissenschaft.* Bern/Stuttgart/München, S. 259-284.
RUCHT, DIETER (1993): Parteien, Verbände und Bewegungen als Systeme politischer Interessenvermittlung. In: Niedermayer, Oskar/Stöss, Richard (Hg.): *Stand und Perspektiven der Parteienforschung in Deutschland.* Opladen, S. 251-275.
RÜHL, MANFRED (1973): Politik und öffentliche Kommunikation. Auf dem Weg zu einer Theorie der Kommunikationspolitik. Franz Ronneberger zum 60. Geburtstag. In: *Publizistik.* 18. Jg., S. 5-25.
RUß-MOHL, STEFAN (1999): Selbststeuerung des Mediensystems durch Medienjournalismus und Medien-PR. In: Imhof, Kurt/Jarren, Otfried/Blum, Roger (Hg.): *Steuerungs- und Regelungsprobleme in der Informationsgesellschaft.* Wiesbaden, S. 197-207.

S

SARCINELLI, ULRICH (1986): Politischer Stil – eine vergessene Kategorie? In: *Civis,* H. 4, S. 27-34.
SARCINELLI, ULRICH (1987a): *Politikvermittlung. Beiträge zur politischen Kommunikationskultur.* Bonn/Stuttgart.

SARCINELLI, ULRICH (1987b): *Symbolische Politik. Zur Bedeutung symbolischen Handelns in der Wahlkampfkommunikation der Bundesrepublik Deutschland.* Opladen.

SARCINELLI, ULRICH (1989a): Parlamentarische Sozialisation in der Bundesrepublik Deutschland: zwischen politischer „Sonderkultur" und Basislegitimation. In: *Zeitschrift für Parlamentsfragen*, 20. Jg., H. 3, S. 388-407.

SARCINELLI, ULRICH (1989b): Symbolische Politik und politische Kultur. Das Kommunikationsritual als politische Wirklichkeit. In: *Politische Vierteljahresschrift*, Jg. 30, H. 2, S. 292-309.

SARCINELLI, ULRICH (1989c): Überlegungen zur Kommunikationskultur. Symbolische Politik und politische Kommunikation. In: Mahle A. Walter (Hg.): *Mediennutzung und Medienangebot.* Berlin, S. 129-144.

SARCINELLI, ULRICH (1991a): Politikvermittlung in der Demokratie. Aufgaben für das Fernsehen. In: Weiß, Ralph (Hg.): *Aufgaben und Perspektiven des öffentlich-rechtlichen Fernsehens.* Baden-Baden/Hamburg, S. 59-70.

SARCINELLI, ULRICH (1991b): Politische Institutionen, Politikwissenschaft und politische Bildung. Überlegungen zu einem "aufgeklärten Institutionalismus". In: *Aus Politik und Zeitgeschichte*, B 50/91, S. 41-50.

SARCINELLI, ULRICH (1991c): Der Deutsche Bundestag als Lernort – Thematische Schwerpunkte und didaktische Aspekte. In: *Bundestag, Bundesrat, Landesparlamente. Parlamentarismus und Föderalismus im Unterricht und in der politischen Bildung.* Mit Beiträgen von Anton Böhringer u.a. Darmstadt, S. 185-225.

SARCINELLI, ULRICH (1992a): Massenmedien und Politikvermittlung. Eine Problem- und Forschungsskizze. In: Wittkämper, Gerhard W. (Hg.): *Medien und Politik.* Darmstadt, S.37-62.

SARCINELLI, ULRICH (1992b): „Staatsrepräsentation" als Problem politischer Alltagskommunikation. Politische Symbolik und symbolische Politik. In: Gauger, Jörg Dieter/Stagl, Justin (Hg.): *Staatsrepräsentation.* Berlin, S. 159-174.

SARCINELLI, ULRICH (1993a): "Verfassungspatriotismus" und "Bürgergesellschaft" oder: Was das demokratische Gemeinwesen zusammenhält. In: *Aus Politik und Zeitgeschichte*, B 34, S. 3-15.

SARCINELLI, ULRICH (1993b): Parlamentsbesuche: Wege und Hindernisse bei der Auseinandersetzung mit parlamentarischer Wirklichkeit. In: *Gegenwartskunde*, Jg. 42, H. 4, S. 449-459.

SARCINELLI, ULRICH (1994a): *Öffentlichkeitsarbeit der Parlamente. Politikvermittlung zwischen Public Relations und Parlamentsdidaktik.* Baden-Baden.

SARCINELLI, ULRICH (1994b): Mediale Politikdarstellung und politisches Handeln. In: Jarren, Otfried (Hg.): *Politische Kommunikation in Hörfunk und Fernsehen. Elektronische Medien in der Bundesrepublik Deutschland.* Sonderheft 8 der Zeitschrift Gegenwartskunde. Opladen, S. 23-34.

SARCINELLI, ULRICH (1995): Aufklärung und Verschleierung. Anmerkungen zur Symbolischen Politik. In: Klein, Ansgar/Braun, Ingo/Schroeder, Christine/Hellmann, Kai-Uwe (Hg.): *Kunst, Symbolik und Politik. Die Reichstagsverhüllung als Denkanstoß.* Opladen, S. 325-338.

SARCINELLI, ULRICH (1997a): Demokratiewandel im Zeichen medialen Wandels? Politische Beteiligung und politische Kommunikation. In: Klein, Ansgar/Schmalz-

Bruns, Rainer (Hg.): *Politische Beteiligung und Bürgerengagement in Deutschland.* Bonn, S. 314-346.

SARCINELLI, ULRICH (1997b): Von der Parteien- zur Mediendemokratie? In: Schatz, Heribert/Jarren, Otfried/Knaup, Bettina (Hg.): *Machtkonzentration in der Multimediagesellschaft? Beiträge zur Neubestimmung des Verhältnisses von politischer und medialer Macht.* Opladen, S. 34-45.

SARCINELLI, ULRICH (1997c): De la democracia parlamentaria y representativa a la democracia de los medios? In: Konrad-Adenauer-Stiftung. Asociatión Civil Centro Interdisciplinario de Estudios sobre el Desarrollo Latinoamericano: *Contribunitiones.* Buenos Aires, S. 7-24.

SARCINELLI, ULRICH (Hg.) (1998a): *Politikvermittlung und Demokratie in der Mediengesellschaft. Beiträge zur politischen Kommunikationskultur.* Opladen/Wiesbaden/Bonn.

SARCINELLI, ULRICH (1998b): Parteien und Politikvermittlung: Von der Parteien- zur Mediendemokratie? In: Sarcinelli, Ulrich (Hg.): *Politikvermittlung und Demokratie in der Mediengesellschaft.* Bonn/Opladen/Wiesbaden, S. 273-296.

SARCINELLI, ULRICH (1998c): Legitimität. In: Jarren, Otfried/Sarcinelli, Ulrich/Saxer, Ulrich (Hg.): *Politische Kommunikation in der demokratischen Gesellschaft. Ein Handbuch mit Lexikonteil.* Opladen/Wiesbaden, 254-267.

SARCINELLI, ULRICH (1998d): Repräsentation oder Diskurs. Zu Legitimität und Legitimitätswandel durch politische Kommunikation. In: *Zeitschrift für Politikwissenschaft,* Jg. 8, H. 2, S. 549-569.

SARCINELLI, ULRICH (1998e): Im Kampf um öffentliche Aufmerksamkeit. In: *Frankfurter Allgemeine Zeitung,* 24.9.1998.

SARCINELLI, ULRICH (1998f): Zum Verhältnis von repräsentativer und elektronischer Demokratie. In: Bürger und Staat in der Informationsgesellschaft, hrsg. von der Enquete-Kommission „Zukunft der Medien in Wirtschaft und Gesellschaft. Deutschlands Weg in die Informationsgesellschaft" des Deutschen Bundestags. In: *Zur Sache 9/98,* Bonn 1998, S. 215-220.

SARCINELLI, ULRICH (1999a): „Staatspflege" und „Selbstdarstellung". Die Amtsführung des Bundespräsidenten als symbolische Politik. In: Jäckel, Eberhard/Möller, Horst/Rudolph, Hermann (Hg.): *Von Heuss bis Herzog. Die Bundespräsidenten im politischen System der Bundesrepublik.* Stuttgart, S. 191-199.

SARCINELLI, ULRICH (1999b): Zum Wandel der Parteiendemokratie in der Mediengesellschaft. In: Roters, Gunnar/Klingler, Walter/Gerhards, Maria (Hg.): *Information und Informationsrezeption.* Baden-Baden, S. 225-236.

SARCINELLI, ULRICH (1999c): „Teledemokratische Fürstenherrschaft" – ein Jahr nach der Bundestagswahl 1998. Nur Machtwechsel oder auch Demokratiewandel? In: *Gegenwartskunde,* 48. Jg., H. 4, S. 273-296, 395-403.

SARCINELLI, ULRICH (2001): Politische Klasse und Öffentlichkeit. In: Von Arnim, Hans Herbert (Hg.): *Politische Klasse und Verfassung.* Berlin, S. 111-132.

SARCINELLI, ULRICH (2002a): Politik als „legitimes Theater"? Über die Rolle des Politischen in der Mediendemokratie. In: *Vorgänge.* 41. Jg. H. 2, S. 10-22.

SARCINELLI, ULRICH (2002b): Politische Kommunikation in der deutschen Politikwissenschaft. In: Marcinkowski, Frank (Hg.) 2001: *Politik der Massenmedien. Heribert Schatz zum 65. Geburtstag.* Köln, S. 226-236.

SARCINELLI, ULRICH (2002c): Vom Traditionsverein zur Event-Agentur? Anmerkungen zur jugendrelevanten Modernisierung der Parteien in der Mediengesellschaft. In: Alemann, Ulrich von/Marschall, Stefan (Hg.): *Parteien in der Mediendemokratie.* Wiesbaden, S. 347-363.

SARCINELLI, ULRICH (2002d): Kommunikative Handlungsoptionen in politischen Führungsämtern. Stilbildung und Machtsicherung durch politische Kommunikation am Beispiel des deutschen Bundespräsidenten und des Bundeskanzlers. In: Imhof, Kurt/Blum, Roger/Jarren, Otfried (Hg.): *Integration und Medien.* Wiesbaden, S. 247-259.

SARCINELLI, ULRICH (2002e): Politische Inszenierung/Symbolische Politik. In: Greiffenhagen, Martin/Greiffenhagen, Sylvia (Hg.): *Handwörterbuch zur politischen Kultur der Bundesrepublik Deutschland. Ein Lehr- und Nachschlagewerk.* Opladen/Wiesbaden, S. 370-379.

SARCINELLI, ULRICH (2002f): Die politische Kommunikationsforschung in der deutschen Politikwissenschaft am Scheideweg: Vom Nischendasein zur Forschungsperspektive in politikwissenschaftlichen Kernbereichen. In: Schatz, Heribert/Rössler, Patrick/Nieland, Jörg-Uwe (Hg.): *Politische Akteure in der Mediendemokratie. Politiker in den Fesseln der Medien?* Wiesbaden, S. 327-338.

SARCINELLI, ULRICH (2003a): Demokratie unter Kommunikationsstress? Das parlamentarische Regierungssystem in der Mediengesellschaft. In: *Aus Politik und Zeitgeschichte. Beilage zur Wochenzeitung „Das Parlament",* B 12-13/2004, S. 39-46.

SARCINELLI, ULRICH (2003b): Parteien in der Kommunikationsfalle? Zwischen politischem Traditionsverein und Event-Agentur. In: Sarcinelli, Ulrich/Tenscher, Jens (Hg.): *Machtdarstellung und Darstellungsmacht. Beiträge zu Theorie und Praxis moderner Politikvermittlung.* Baden-Baden, S. 49-60.

SARCINELLI, ULRICH (2004): „Seiltänzer an der institutionellen Leine?" Zum kommunikativen Handlungsspielraum politischer Eliten in der Medienarena. In: Hitzler, Ronald/Hornborstel, Stefan/Mohr, Cornelia (Hg.) *Elitenmacht.* Wiesbaden, S. 225-237.

SARCINELLI, ULRICH (2006): Zur Entzauberung von Medialisierungseffekten: Befunde zur Interdependenz von Politik und Medien im intermediären System. In: Imhof, Kurt u.a. (Hg.): *Demokratie in der Mediengesellschaft.* (Mediensymposium Luzern 2004) Wiesbaden, S. 117-122.

SARCINELLI, ULRICH (2007): Parteienkommunikation in Deutschland: zwischen Reformagentur und Reformblockade. In: Weidenfeld, Werner (Hg.): *Reformen kommunizieren. Herausforderungen an die Politik.* Gütersloh S. 109-145.

SARCINELLI, ULRICH (2008): Öffentliche Meinung. In: Andersen, Uwe/Woyke, Wichard (Hg.): *Handwörterbuch des politischen Systems der Bundesrepublik Deutschland.* Wiesbaden (6. Auflage), S. 482-491.

SARCINELLI, ULRICH/WISSEL, MANFRED (1997): "Internetisierung" von Öffentlichkeit und Demokratie. Trends, Chancen und Probleme für Politikvermittlung und politische Bildung im Onlinezeitalter. In: Friedrich-Ebert-Stiftung (Hg.): *Jahrbuch für politische Bildung 1996.* Bonn, S. 31-44.

SARCINELLI, ULRICH/WISSEL, MANFRED (1998): Mediale Politikvermittlung, politische Beteiligung und politische Bildung. In: Sarcinelli, Ulrich (Hg.): *Politikvermittlung und Demokratie in der Mediengesellschaft. Beiträge zur politischen Kommunikationskultur.* Bonn/Opladen/Wiesbaden, S. 408-427.

SARCINELLI, ULRICH/ SCHATZ, HERIBERT (2002): *Mediendemokratie im Medienland? Inszenierungen und Themensetzungsstrategien von Medien und Parteieliten am Beispiel der nordrhein-westfälischen Landtagswahl im Jahr 2000.* Opladen.

SARCINELLI, ULRICH/TENSCHER, JENS (2000): Vom repräsentativen zum präsentativen Parlamentarismus? Entwurf eines Arenenmodells parlamentarischer Kommunikation. In: Jarren, Otfried/Imhoff, Kurt/Blum, Roger (Hg.): *Zerfall der Öffentlichkeit?* Wiesbaden, S. 74-96.

SARCINELLI, ULRICH/TENSCHER, JENS (Hg.) (2002): *Machtdarstellung und Darstellungsmacht. Beiträge zu Theorie und Praxis moderner Politikvermittlung.* Baden-Baden.

SARCINELLI, ULRICH/TENSCHER, JENS (Hg.) (2008): *Politikherstellung und Politikdarstellung. Beiträge zur politischen Kommunikation.* Köln.

SARETZKI, THOMAS (1996): Wie unterscheiden sich Argumentieren und Verhandeln? Definitionsprobleme, funktionale Bezüge und strukturelle Differenzen von zwei verschiedenen Kommunikationsmodi. In: Prittwitz, Volker von (Hg.): *Verhandeln und Argumentieren. Dialog, Interessen und Macht in der Umweltpolitik.* Opladen, S. 19-39.

SARETZKI, THOMAS (2010): Strategie als Herausforderung für die deliberative Demokratietheorie. In: Raschke, Joachim/Tils, Ralf (Hg.): *Strategie in der Politikwissenschaft. Konturen eines neuen Forschungsfelds*, Wiesbaden, S. 151-179.

SARTOR, RALPH (2000): *Symbolische Politik. Eine Neubewertung aus prozess- und rezeptionsorientierter Perspektive.* Wiesbaden.

SARTORI, GIOVANNI (1992): *Demokratietheorie. Eine Einführung.* Darmstadt

SAXER, ULRICH (1992): *Bericht aus dem Bundeshaus. Eine Befragung von Bundeshausjournalisten und Parlamentariern in der Schweiz.* Zürich.

SAXER, ULRICH (1993) (1993): Public Relations und Symbolpolitik. In: Armrecht, Wolfgang/Venarius, Horst/Zabel, Ulf (Hg.): *Image und PR: Kann Image Gegenstand einer Publik Relations-Wissenschaft sein?* Opladen, S. 165-187.

SAXER, ULRICH (1994): Norm und Gegennorm: Probleme von Normenverträglichkeit in der PR-Arbeit. In: Armbrecht, Wolfgang/Zabel, Ulf (Hg.): *Normative Aspekte der Public Relations. Grundlegende Fragen und Perspektiven. Eine Einführung.* Opladen, S. 195-224.

SAXER, ULRICH (1998a): System, Systemwandel und politische Kommunikation. In: Jarren, Otfried/Sarcinelli, Ulrich/Saxer, Ulrich (Hg.): *Politische Kommunikation in der demokratischen Gesellschaft. Ein Handbuch mit Lexikonteil.* Wiesbaden, S. 21-64.

SAXER, ULRICH (1998b): Mediengesellschaft: Verständnisse und Missverständnisse. In: Sarcinelli, Ulrich (Hg.): *Politikvermittlung und Demokratie in der Mediengesellschaft. Beiträge zur politischen Kommunikationskultur.* Bonn, S. 52-73.

SCARROW, SUSAN E. (1996): *Parties and their Members. Organizing for Victory in Britain and Germany.* Oxford.

SCHARPF, FRITZ W. (1970): *Demokratietheorie zwischen Utopie und Anpassung.* Konstanz.
SCHARPF, FRITZ W. (1989): Politische Steuerung und politische Institutionen. In: Hartwich, Hans-Hermann (Hg.): *Macht und Ohnmacht politischer Institutionen.* 17. Wissenschaftlicher Kongreß der DVPW 12. bis 16. September 1988 in der Technischen Hochschule Darmstadt. Tagungsbericht. Im Auftrag der Deutschen Vereinigung für Politische Wissenschaft. Opladen, S. 17-29.
SCHARPF, FRITZ W. (1991): Die Handlungsfähigkeit des Staates am Ende des zwanzigsten Jahrhunderts. In: *Politische Vierteljahresschrift*, 32. Jg., S.621-634.
SCHARPF. FRITZ W. (1992): Die Handlungsfähigkeit des Staates am Ende des zwanzigsten Jahrhunderts. In: Kohler-Koch, Beate (Hg.): *Staat und Demokratie in Europa.* Opladen, S. 93-115.
SCHARPF, FRITZ W. (1993): Versuch über die Demokratie im verhandelnden Staat. In: Czada, Roland/Schmidt, Manfred G. (Hg.): *Verhandlungsdemokratie, Interessenvermittlung, Regierbarkeit.* Opladen, S. 25-50.
SCHARPF, FRITZ W. (2000): *Interaktionsformen. Akteurszentrierter Institutionalismus in der Politikforschung.* Opladen.
SCHARPF, FRITZ W./MAYNTZ, RENATE (1995): Der Ansatz des akteurszentrierten Institutionalismus. In: Mayntz, Renate/Scharpf, Fritz W. (Hg.): *Gesellschaftliche Selbstregelung und politische Steuerung.* Frankfurt am Main, S. 39-72.
SCHATZ, HERIBERT (1978): Zum Stand der politikwissenschaftlichen Massenkommunikationsforschung. In: Bermbach, Udo (Hg.): *Politische Wissenschaft und politische Praxis.* In: *Politische Vierteljahresschrift*, Sonderheft 9, S. 434-454.
SCHATZ, HERIBERT (1979): Ein theoretischer Bezugsrahmen für das Verhältnis von Politik und Massenkommunikation. In: Langenbucher, Wolfgang R. (Hg.): *Politik und Kommunikation.* München, S. 81-92.
SCHATZ, HERIBERT u.a. (1981): *Fernsehen und Demokratie. Eine Inhaltsanalyse der Fernsehnachrichtensendungen von ARD und ZDF vom Frühjahr 1977.* Opladen.
SCHATZ, HERIBERT (2008): Regieren in der Mediengesellschaft. Zur Medialisierung von Politik und Verwaltung in der Bundesrepublik Deutschland, in: Jann, Werner/König, Klaus (Hg.): *Regieren zu Beginn des 21. Jahrhunderts. Tübingen*, S. 127-173.
SCHATZ, HERIBERT/HABIG, CHRISTOFER/IMMER, NICOLAUS (1990): Medienpolitik. In: Beyme, Klaus von/Schmidt, Manfred G. (Hg.): *Politik in der Bundesrepublik Deutschland.* Opladen, S. 330-359.
SCHEER, HERMANN (1979): *Parteien kontra Bürger? Die Zukunft der Parteien.* München/Zürich.
SCHELL, FRED/STOLZENBURG, ELKE/THEUNERT, HELGA (Hg.) (1999): *Medienkompetenz. Grundlagen und pädagogisches Handeln.* München.
SCHELSKY, HELMUT (1983): *Politik und Publizität.* Stuttgart-Degerloch.
SCHENK, MICHAEL (1995): *Soziale Netzwerke und Massenmedien. Untersuchungen zum Einfluß der persönlichen Kommunikation.* Tübingen.
SCHENK, MICHAEL (1998): Mediennutzung und Medienwirkung als sozialer Prozeß. In: Sarcinelli, Ulrich (Hg.): *Politikvermittlung und Demokratie in der Mediengesellschaft.* Opladen/Wiesbaden/Bonn, S. 387-407.

SCHERER, HELMUT (1998): Öffentliche Meinung. In: Jarren, Otfried/Sarcinelli, Ulrich/Saxer, Ulrich (Hg.): *Politische Kommunikation in der demokratischen Gesellschaft. Ein Handbuch mit Lexikonteil.* Opladen/Wiesbaden, S. 693-694.
SCHEUNER, ULRICH (1966): *Das Amt des Bundespräsidenten als Aufgabe verfassungsrechtlicher Gestaltung.* Tübingen.
SCHIEREN, STEFAN (1996): Parteiinterne Mitgliederbefragungen: Ausstieg aus der Professionalität? Die Beispiele der SPD auf Bundesebene und in Bremen sowie der Bundes-F.D.P.. In: *Zeitschrift für Parlamentsfragen,* 27. Jg., H. 2, S. 214-229.
SCHILLER, DIETMAR (2002): Nachrichtenfaktor Parlament. Deutscher Bundestag und britisches *House of Commons* im Fernsehen. In: Oberreuter, Heinrich/Kranenpohl, Uwe/Sebaldt, Martin (Hg.): *Der Deutsche Bundestag im Wandel. Ergebnisse neuerer Parlamentarismusforschung,* S. 215-240.
SCHINDLER, PETER (1988): *Datenhandbuch zur Geschichte des Deutschen Bundestages 1980 bis 1987.* Baden-Baden.
SCHLUCHTER, W. (1985): *Aspekte bürokratischer Herrschaft.* Frankfurt am Main.
SCHMALZ-BRUNS, RAINER (1994): *Reflexive Demokratie. Die partizipatorische Transformation moderner Politik.* Hamburg.
SCHMIDT, JAN/UWE HASEBRINK/PAUS-HASEBRINK, INGRID (Hg.) (2009): *Heranwachsen mit dem Social Web: Zur Rolle von Web 2.0-Angeboten im Alltag von Jugendlichen und jungen Erwachsenen.* Berlin.
SCHMIDT, MANFRED G. (1998): *Demokratietheorien. Eine Einführung.* Opladen.
SCHMIDT, MANFRED G. (2000): *Demokratietheorien. Eine Einführung.* Opladen (3. überarbeitete und erweiterte Aufl.).
SCHMIDT, MANFRED G. (2002): Politiksteuerung in der Bundesrepublik Deutschland, in: Nullmeier, Frank/Saretzki, Thomas (Hg.): *Jenseits des Regierungsalltags. Strategiefähigkeit politischer Parteien.* Frankfurt a. M., S. 23-38.
SCHMIDT, MANFRED G./ZOHLNHÖFER, REIMUT (2006): „Rahmenbedingungen politischer Willensbildung in der Bundesrepublik Deutschland seit 1949", in: Schmidt, Manfred G./Zohlnhöfer, Reimut (Hg.): *Regieren in der Bundesrepublik Deutschland. Innen- und Außenpolitik seit 1949.* Wiesbaden, S. 11-29.
SCHMIDT, VIVIEN A. (2007): Die Bedeutung des öffentlichen Diskurses für sozialdemokratische Reformvorhaben in Europa. In: Becker, Franz/Duffek, Karl/Mörschel, Tobias (Hg.): *Sozialdemokratische Reformpolitik und Öffentlichkeit.* Wiesbaden.
SCHMITT-BECK, RÜDIGER (2000): *Politische Kommunikation und Wählerverhalten – Ein internationaler Vergleich.* Wiesbaden.
SCHMITT-BECK, RÜDIGER/FARRELL, DAVID M. (2002): Studying Political Campaigns and their Effects. In: Schmitt-Beck, Rüdiger/Farrell, David M. (Hg.): *Do Political Campaigns Matter? Campaign Effects in Elections and Referendums.* London/New York, S. 1-21.
SCHOEN, HARALD (2005): Wahlkampfforschung. In: Falter, Jürgen/Schoen, Harald (Hg.): *Handbuch Wahlforschung.* Wiesbaden, S. 503-542.
SCHÖNBOHM, WULF (1984): *Die CDU wird moderne Volkspartei.* Stuttgart.
SCHMOLKE, MICHAEL (1988): Von der repräsentativen zur präsentativen Demokratie. Die Teilhabe der Medien an der Macht. In: *Freie Argumente,* 15.1.1988, Folge 3, S. 25-31.

SCHOLTEN-REICHLING, HEIKE/JARREN, OTFRIED (2001): Medienpolitik und Medienethik. In: Jarren, Otfried/Bonfadelli, Heinz (Hg.): *Einführung in die Publizistikwissenschaft.* Bern/Stuttgart/Wien, S. 231-255.
SCHÜTTEMEYER, SUZANNE (1986): *Bundestag und Bürger im Spiegel der Demoskopie.* Opladen.
SCHÜTTEMEYER, SUZANNE (1987): Der Bundestag im Urteil der Bürger. Zur Parlamentarismusperzeption in der Bundesrepublik. In: Berg-Schlosser, Dirk/Schissler, Jakob (Hg.): *Politische Kultur in Deutschland. Bilanz und Perspektiven der Forschung* (PVS-Sonderheft 18). Opladen.
SCHÜTTEMEYER, SUZANNE (1999): 50 Jahre deutscher Parlamentarismus. In: Ellwein, Thomas/Holtmann, Everhard (Hg.): *50 Jahre Bundesrepublik Deutschland. Rahmenbedingungen – Entwicklungen – Perspektiven* (PVS-Sonderheft 30/1999), S. 482-495.
SCHÜTTEMEYER, SUZANNE/STURM, ROLAND (2005): Der Kandidat – das (fast) unbekannte Wesen: Befunde und Überlegungen zur Aufstellung der Bewerber zum Deutschen Bundestag. In: *Zeitschrift für Parlamentsfragen.* 36. J. H. 3, S. 539-553.
SCHÜTZ, WALTER (1999): *Medienpolitik. Dokumentation der Kommunikationspolitik in der Bundesrepublik Deutschland von 1945 bis 1990.* Konstanz.
SCHULTZE, RAINER-OLAF (2004): Verhandlungssystem. In: Nohlen, Dieter/Schultze, Rainer-Olaf (Hg.): *Lexikon der Politikwissenschaft.* Bd. N-Z. Theorie – Begriffe – Methoden. München (aktualisierte und erw. Auflage), S. 1057-1058.
SCHULZ, WINFRIED (1976): *Die Konstruktion von Realität in den Nachrichtenmedien. Analyse der aktuellen Berichterstattung.* Freiburg.
SCHULZ, WINFRIED (1987): Politikvermittlung durch Massenmedien. In: Sarcinelli, Ulrich (Hg.): *Politikvermittlung. Beiträge zur politischen Kommunikationskultur in der Bundesrepublik Deutschland.* Bonn, S. 129-144.
SCHULZ, WINFRIED (1989): Massenmedien und Realität. In: *Kölner Zeitschrift für Soziologie und Sozialpsychologie,* H. 30, S. 135-147.
SCHULZ, WINFRIED (Hg.) (1992): *Medienwirkungen. Einflüsse von Presse, Radio und Fernsehen auf Individuum und Gesellschaft. Forschungsbericht / DFG, Deutsche Forschungsgemeinschaft.* Weinheim.
SCHULZ, WINFRIED (1997): *Politische Kommunikation. Theoretische Ansätze und Ergebnisse empirischer Forschung.* Opladen/Wiesbaden.
SCHULZ, WINFRIED (1998): Wahlkampf unter Vielkanalbedingungen. In: *Media Perspektiven,* H. 8, S. 378-391.
SCHULZ, WINFRIED (2006): Medialisierung von Wahlkämpfen und die Folgen für das Wählerverhalten. In: Imhof, Kurt u.a. (Hg.): *Demokratie in der Mediengesellschaft.* (Mediensymposium Luzern 2004) Wiesbaden, S. 41-57.
SCHULZE-FELITZ, HELMUTH (1984): *Der informale Verfassungsstaat. Aktuelle Beobachtungen des Verfassungslebens der Bundesrepublik Deutschland im Lichte der Verfassungstheorie.* Berlin.
SCHUMACHER, HAJO (2006): *Machtphysik. Führungsstrategien der CDU-Vorsitzenden Angela Merkel im innerparteilichen Machtgeflecht.* Berlin.
SCHUMPETER, JOSEPH A. (1987): *Kapitalismus, Sozialismus und Demokratie.* Tübingen.

SCHUPPERT, GUNNAR FOLKE (2003): Governance-Leistungen der Zivilgesellschaft. In: Gosewinkel, Dieter/Rucht, Dieter/van den Daele, Wolfgang/Kocka, Jürgen (Hg.): *Zivilgesellschaft – national und transnational*. WZB-Jahrbuch 2003. Berlin, S. 245-264.
SCHWARZ, HANS-PETER (1999): Von Heuss bis Herzog. In: Jäckel, Eberhard/Möller, Hermann Horst/Rudolph, Hermann (Hg.): *Von Heuss bis Herzog*. Stuttgart, S. 17-41.
SCHWARZMEIER, MANFRED (2001): *Parlamentarische Mitsteuerung. Strukturen und Prozesse informalen Einflusses im Deutschen Bundestag*. Wiesbaden.
SCHWENNICKE, CHRISTOPH (2007): Die Kanzlerin des Ungefähren. Angela Merkel hat schnell im Amt Fuß gefasst – auch weil sie es versteht, sich nicht ganz festzulegen. In: *Süddeutsche Zeitung*. 18. Juli 2007, S. 6.
SEIBT, GUSTAV (2002): *Die Betrogenen. Was heißt hier Stimmungspolitik und Wahrheit*. In: Süddeutsche Zeitung vom 21. Oktober 2002.
SEIBT, GUSTAV (2008): Die Gesetze der Macht. In: *Süddeutsche Zeitung*. 9. September 2008.
SENNETT, RICHARD (1986): *Verfall und Ende des öffentlichen Lebens. Die Tyrannei der Intimität*. Frankfurt am Main.
SENNETT, RICHARD (1998): *Der flexible Mensch. Die Kultur des neuen Kapitalismus*. Berlin.
SEUBERT, SANDRA (2002): Paradoxien des Charisma. Max Weber und die Politik des Vertrauens. In: *Zeitschrift für Politikwissenschaft*, 12. Jg., H. 3, S. 1123-1148.
SEYD, PATRICK/WHITELEY, PAUL (1992): *Labour's Grass Roots. The Politics of Party Membership*. Oxford.
SFB-Bielefeld (2000): *Das Politische als Kommunikationsraum in der Geschichte*. Antrag auf Finanzierung des Sonderforschungsbereichs 1831. Bielefeld.
SINUS-INSTITUT (1991): *Das Ansehen der Parlamente in der Öffentlichkeit. Zum Bild und Verständnis des Parlamentarismus in der Bundesrepublik Deutschland*. Heidelberg (Unveröffentlichte. Projektskizze).
SMITH, GORDON (1996): Das stabile Parteiensystem. In: Oberreuter, Heinrich (Hg.): *Parteiensystem am Wendepunkt? Wahlen in der Fernsehdemokratie*. München, Landsberg a. L.
SOEFFNER, HANS-GEORG (1986): Stil und Stilisierung. Punk oder die Überhöhung des Alltags. In: Soeffner, Hans Georg (Hg.): *Stil. Geschichten und Funktionen eines kulturwissenschaftlichen Diskurselements*. Frankfurt a. M., S. 317-341.
SOEFFNER, HANS-GEORG (1998): Erzwungene Ästhetik. Repräsentation, Zeremoniell und Ritual in der Politik. In: Willems, Herbert/Jurga, Martin (Hg.): *Inszenierungsgesellschaft. Ein einführendes Handbuch*. Opladen, S. 215-234.
SOEFFNER, HANS-GEORG (2000): *Gesellschaft ohne Baldachin. Über die Labilität von Ordnungskonstruktionen*. Weilerswist.
SOEFFNER, HANS-GEORG/TÄNZLER, DIRK (Hg.) (2002a): *Dirk Tänzler [Hg.], Figurative Politik. Zur Performanz der Macht in modernen Gesellschaften*. Opladen 2002.
SOEFFNER, HANS-GEORG/TÄNZLER, DIRK (2002b): Figurative Politik. Prolegomena zu einer Kultursoziologie politischen Handelns. In: dies. (Hg.): *Figurative Politik. Zur Performanz der Macht in der modernen Gesellschaft*. Opladen 2002, S. 17-34.
SPIEGEL-Interview mit Bundeskanzler Gerhard Schröder. In: *Der Spiegel*, H. 31/1999.

STACHURA, MATEUZS (2010): Politische Führung: Max Weber heute. In: *Aus Politik und Zeitgeschichte*. B 2-3/2010, S. 22-27.
STANOEVSKA-SLABEVA, KATARINA (2008): Web 2.0 – Grundlagen, Auswirkungen und zukünftige Trends. In: Meckel, Miriam/Stanoevska-Slabeva, Katarina (Hg.): *Web 2.0. Die nächste Generation*. Baden-Baden, S. 13-38.
STEFFANI, WINFRIED (1979*): Parlamentarische und präsidentielle Demokratie*. Opladen.
STEFFANI, WINFRIED (1994): Öffnung ermöglicht erweiterte innerparteiliche Mitwirkung. In: *Das Parlament*, 7. 1. 1994, S. 7.
STIFTUNG MITARBEIT (1996): *Bürgergutachten ÜSTRA. Attraktiver Öffentlicher Personennahverkehr in Hannover*. Bonn.
STÖSS, RICHARD (2001): Parteienstaat oder Parteiendemokratie? In: Gabriel, Oscar W./Niedermayer, Oskar/Stöss, Richard (Hg.): *Parteiendemokratie in Deutschland*. Bonn, S. 13-35.
STREECK, WOLFGANG (1987): Vielfalt und Interdependenz. Überlegungen zur Rolle von intermediären Organisationen in sich verändernden Umwelten. In: *Kölner Zeitschrift für Soziologie und Sozialpsychologie*, H. 39, S. 471-495.
SUCKOW, ACHIM (1989): *Lokale Parteiorganisationen – angesiedelt zwischen Bundespartei und lokaler Gesellschaft*. Oldenburg.

T

TÄNZLER, DIRK (2004): Der Charme der Macht. Zur medialen Inszenierung politischer Eliten am Beispiel Franklin D. Roosevelts. In: Hitzler, Ronald/Hornborstel, Stefan/Mohr, Cornelia (Hg.): *Elitenmacht*. Wiesbaden, S. 275-291.
TENSCHER, JENS (1998): Politik für das Fernsehen - Politik im Fernsehen. Theorien, Trends und Perspektiven. In: Sarcinelli, Ulrich (Hg.): *Politikvermittlung und Demokratie in der Mediengesellschaft*. Bonn/Opladen/Wiesabden, S. 184-209.
TENSCHER, JENS (1999): „Sabine Christiansen" und „Talk im Turm". Eine Fallanalyse politischer Fernsehtalkshows. In: *Publizistik*, Jg. 44, H. 3, S. 317-333.
TENSCHER, JENS (2000): Politikvermittlungsexperten. Die Schaltzentralen politischer Kommunikation. In: *Forschungsjournal Neue Soziale Bewegungen*, Jg. 13, H. 3, S. 7-16.
TENSCHER, JENS (2002a): Talkshowisierung als Element moderner Politikvermittlung. In: Tenscher, Jens/Schicha, Christian (Hg.): *Talk auf allen Kanälen. Akteure, Angebote und Nutzer von Fernsehgesprächssendungen*. Wiesbaden, S. 55-71.
TENSCHER, JENS (2002b): Partei- und Fraktionssprecher. Annäherungen an Zentralakteure medienorientierter Parteienkommunikation. In: Alemann, Ulrich von/ Marschall, Stefan (Hg.): *Parteien in der Mediendemokratie*. Wiesbaden, S. 116-146.
TENSCHER, JENS (2003): *Professionalisierung der Politikvermittlung? Politikvermittlungsexperten im Spannungsfeld von Politik und Massenmedien*. Wiesbaden.
THAYSEN, UWE (1988): Repräsentation in der Bundesrepublik Deutschland. In: Thaysen, Uwe/Davidson, Roger/Livingston, Robert G. (Hg.): *US-Kongress und Deutscher Bundestag. Bestandsaufnahmen im Vergleich*, Opladen, S. 500-515.
THAYSEN, UWE (2002): Parlamentarismus. In: Greiffenhagen, Martin/Greiffenhagen, Sylvia (Hg.): *Handwörterbuch zur politischen Kultur in der Bundesrepublik Deutschland*. Wiesbaden, S. 308-313.

THEIS, ANNA H. (1992): Inter-Organisationsbeziehungen im Mediensystem: Public Relations aus organisationssoziologischer Perspektive. In: *Publizistik*, Jg. 37, H. 1, S. 25-36.
THOMAS, GINA (1998): *Cool Britannia – Tony Blair und die Regierungskunst der Selbstanpreisung.* In: *Frankfurter Allgemeine Zeitung,* 2. 5. 1998, S. 35.
THUNERT, MARTIN (1996): Regieren als permanente Kampagne. In: *Aus Politik und Zeitgeschichte,* B 43, S. 14-24.
THUNERT, MARTIN (2004): Es ist immer Wahlkampf: Permanent Campaigning als moderner Regierungs- und Politikstil. In: Karp, Markus/Zolleis, Udo (Hg.): *Politisches Marketing.* Münster, S. 221-231.
TOCQUEVILLE, ALEXIS DE 1985 (1835): *Über die Demokratie in Amerika.* Stuttgart.
TONNENMACHER, JAN (1996): *Kommunikationspolitik in Deutschland. Eine Einführung.* Konstanz.
TÖNNIES, FERDINAND (1922): *Kritik der öffentlichen Meinung.* Berlin.
TRAPPEL, JOSEF/MEIER, WERNER/SCHRAPE, KLAUS/WÖLK, MICHAELA (2002): *Die gesellschaftlichen Folgen der Medienkonzentration. Veränderungen in den demokratischen und kulturellen Grundlagen der Gesellschaft.* Opladen.

U

UNGER, SIMONE (2010): *Parteien und Politiker in sozialen Netzwerken. Eine Modernisierung der externen Parteienkommunikation im Rahmen der Onlinekampagne zur Bundestagswahl 2009.* Phil. Diss. Universität Koblenz-Landau. Landau (i. Vorb.).

V

VEEN, HANS-JOACHIM/NEU, VIOLA (1995): *Politische Beteiligung in der Volkspartei - Erste Ergebnisse einer repräsentativen Untersuchung unter CDU-Mitgliedern.* Sankt Augustin.
VOIGT, RÜDIGER (1989): *Politik der Symbole. Symbole der Politik.* Opladen.
VOLLMER, ANTJE (2002): Befreit das deutsche Parlament. In: *Die Zeit,* 14. März 2002, S. 12.
VOWE, GERHARD (2003): Medienpolitik – Regulierung der medialen öffentlichen Kommunikation. In: Bentele, Günter/Brosius, Hans-Bernd/Jarren, Otfried (Hg.): *Öffentliche Kommunikation. Handbuch Kommunikations- und Medienwissenschaft.* Wiesbaden, S. 210-227.
VOWE, GERHARD/OPTZ, STEPHANIE/DOHLE, MARCO (2008): Medienpolitische Weichenstellungen in Deutschland – Rückblick. In: *Medien & Kommunikationswissenschaft.* H. 2, S. 159-186.

W

WÄHLER IM TANK. In: Frankfurter Allgemeine Zeitung, 7. September 1996, S. 35.
WALTER, FRANZ (1995a): Partei der ewigen 70er: Zur Krise der SPD in der Ära Scharping. In: *Politische Vierteljahresschrift,* 36. Jg., H. 4, S.706-718.
WALTER, FRANZ (1995b): Verstaubte Fortschrittlichkeit der siebziger Jahre. In: *Frankfurter Allgemeine Zeitung,* 13. 10. 1995.

WALTER, FRANZ (1997): Führung in der Politik. Am Beispiel sozialdemokratischer Parteivorsitzender. In: *Zeitschrift für Politikwissenschaft*, 7. Jg., H. 4, S. 1287-1336.
WALTER, FRANZ (2004): *Abschied von der Toscana. Die SPD in der Ära Schröder.* Wiesbaden.
WALTER, FRANZ/DÜRR, TOBIAS (2000): *Die Heimatlosigkeit der Macht. Wie die Politik in Deutschland ihren Boden verlor.* Berlin.
WANGEN, EDGAR (1983): *Polit-Marketing. Das Marketing-Management der politischen Parteien.* Opladen.
WARD, STEPHAN/GIBSON, RACHEL/NIXON, PAUL (2003): Parties and the Internet: An Overview. In: Ward, Stephen/Gibson, Rachel/Nixon, Paul (Hg.): *Political Parties and the Internet. Net Again?* London/New York, S. 11-38.
WARD, STEPHAN/LUSOLI, WAINER/GIBSON, RACHEL (2002): Virtually participation: A survey of online party members. In: *Information Polity*, Jg. 7, S. 199-215.
WASSERMANN, RUDOLF (1989): *Die Zuschauerdemokratie.* München.
WEBER, MAX (1922): *Wirtschaft und Gesellschaft*, Tübingen.
WEBER, MAX (1966): *Staatssoziologie.* Berlin.
WEBER, MAX (1968): *Politik als Beruf.* Berlin.
WEBER, MAX (1980): *Wirtschaft und Gesellschaft. Grundriss der verstehenden Soziologie.* Tübingen (5. Auflage).
WEBER, MAX (1996): Gesammelte Schriften. Opladen (5. Auflage).
WEISCHENBERG, SIEGFRIED/MALIK, MAJA/SCHOLL, ARMIN (2006): *Die Soufleure der Mediengesellschaft. Report über Journalisten in Deutschland.* Konstanz.
WEIZSÄCKER, RICHARD VON (1992): *Im Gespräch mit Gunter Hofmann und Werner A. Perger.* Frankfurt.
WELZ, HANS-GEORG (2002): Politische Öffentlichkeit und Kommunikation im Internet. In: *Aus Politik und Zeitgeschichte.* B 39-40, S. 3-11.
WEßELS, BERNHARD (2000): Verbände, Parteien und Interessenvermittlung – Erosion oder Stabilität. In: Klingemann, Hans-Dieter/Neidhardt, Friedhelm (Hg.): *Zur Zukunft der Demokratie. Herausforderungen im Zeitalter der Globalisierung* (WZB-Jahrbuch 2000). Berlin, S. 27-49.
WEßELS, BERNHARD (2005): *Abgeordnetenbefragung 2003. Kurzfassung und Dokumentation der Ergebnisse.* (= www.wzb-berlin.de/zkd/dsl/download.de.htm.) Berlin.
WESTERMEIER, TILL (2001a): *Was passiert, wenn eine Partei im Netz tagt? Der „virtuelle Parteitag" von Bündnis 90/Die Grünen aus soziologischer Sicht.* Freiburg.
WESTERMEIER, TILL (2001b): Zur Funktionsweise virtueller Parteitage. In: Bieber, Christoph (Hg.): *Parteipolitik 2.0. Der Einfluss des Internets auf parteiinterne Kommunikations- und Organisationsprozesse. Studie für die Friedrich Ebert Stiftung.* Bonn, S. 48-71.
WESTLE, BETTINA (2002): Politische Kultur. In: Lauth, Hans-Joachim (Hg.): *Vergleichende Regierungslehre. Eine Einführung.* Wiesbaden, S. 319-341.
WEWER, GÖTTRICK (1999): Regieren in Bund und Ländern (1948-1998). In: Ellwein, Thomas/Holtmann, Everhard (Hg.): *50 Jahre Bundesrepublik Deutschland. Rahmenbedingungen – Entwicklungen – Perspektiven* (PVS Sonderheft 30/1999), S. 496-515.

WIELHOUWER, PETER W. (2000): The Mobilization of Campaign Activists by the Party Canvass. In: *American Political Quarterly,* Jg. 27, H. 2, S. 177-200.
WIESENDAHL, ELMAR (1992): Volksparteien im Abstieg. In: *Aus Politik und Zeitgeschichte,* B 34-35/92, S. 3-14.
WIESENDAHL, ELMAR (1996): Parteien als Instanzen der politischen Sozialisation. In: Claußen, Bernhard/Geißler, Rainer: *Die Politisierung des Menschen.* Opladen, S. 401-424.
WIESENDAHL, ELMAR (1997): Noch Zukunft für die Mitgliederparteien? Erstarrung und Revitalisierung innerparteilicher Partizipation. In: Klein, Ansgar/Schmalz-Bruns, Rainer (Hg.): *Politische Beteiligung und Bürgerengagement in Deutschland. Möglichkeiten und Grenzen.* Bonn, S. 349-381.
WIESENDAHL, ELMAR (1998a). Parteienkommunikation. In: Jarren, Otfried/Sarcinelli, Ulrich/Saxer, Ulrich (Hg.): *Politische Kommunikation in der demokratischen Gesellschaft. Ein Handbuch mit Lexikonteil.* Opladen/Wiesbaden, S. 442-449.
WIESENDAHL, ELMAR (1998b): *Parteien in Perspektive. Theoretische Ansichten der Organisationswirklichkeit politischer Parteien.* Opladen/Wiesbaden.
WIESENDAHL, ELMAR (2001): Die Zukunft der Parteien. In: Gabriel, Oscar W./Niedermayer, Oskar/Stöss, Richard (Hg.): *Parteiendemokratie in Deutschland.* Bonn, S. 592-619.
WIESENDAHL, ELMAR (2002): Parteienkommunikation parochial. Hindernisse beim Übergang ins Online-Parteienzeitalter. In: Alemann, Ulrich von/Marschall, Stefan (Hg.): *Parteien in der Mediendemokratie.* Wiesbaden, S. 364-389.
WIESENDAHL, ELMAR (2004): „Parteitypen". In: Nohlen, Dieter/Rainer-Olaf Schultze. *Lexikon der Politikwissenschaft. Theorien, Methoden, Begriffe.* Bd. 2. München, S. 645-647.
WIESENDAHL, ELMAR (2006): *Mitgliederparteien am Ende?* Wiesbaden.
WILDENMANN, RUDOLF (1989): *Volksparteien. Ratlose Riesen?* Baden-Baden.
WILDENMANN, RUDOLF/KAASE, MAX (1982): *Führungsschicht in der Bundesrepublik Deutschland.* Fakultät für Sozialwissenschaften der Universität Mannheim. Mannheim.
WILHELM, BERNHARD (1994): Medienpolitik. In: Schiwy, Peter/Schütz, Walter J. (Hg.): *Medienrecht. Stichwörter für die Praxis.* Neuwied/Krieftel/Berlin, S. 228-234.
WILLEMS, HERBERT /JURGA, MARTIN (1998): *Inszenierungsgesellschaft. Ein einführendes Handbuch.* Opladen/Wiesbaden.
WILLKE, HELMUT (1983): *Entzauberung des Staates. Überlegungen zu einer societalen Steuerungstheorie.* Königstein.
WILLKE, HELMUT (1992): *Ironie des Staates. Grundlinien einer Staatstheorie polyzentrischer Gesellschaft.* Frankfurt am Main.
WILLKE, HELMUT (1995): *Systemtheorie III: Steuerungstheorie. Grundzüge einer Theorie der Steuerung komplexer Sozialsysteme.* Stuttgart/Jena.
WINDHOFF-HERETIER, ADRIENNE (1987): *Policy-Analyse. Eine Einführung.* Frankfurt/New York.
WINKELMANN, JOHANNES (1998): *Max Weber. Gesammelte politische Schriften.* Tübingen.

WULFF-NIENHÜSER, MARIANNE (1999): Zu diesem Buch. In: Schütz, Walter (Hg.): *Medienpolitik. Dokumentation der Kommunikationspolitik in der Bundesrepublik Deutschland von 1945 bis 1990.* Konstanz, S. 13-28.

Z

ZELLE, CARSTEN (1996): Parteien und Politiker in den USA: Personalisierung trotz „party revival". In: *Zeitschrift für Parlamentsfragen*, 27. Jg., H. 2, S. 317-335.

ZIELCKE, ANDREAS (2010): Obszöner Hautgout. Ist Politik *lernunfähig?* In: *Süddeutsche Zeitung*, 17. Mai 2010.

ZILLEßEN, HORST/BARBIAN, THOMAS (1992): Neue Formen der Konfliktregelung in der Umweltpolitik. In: *Aus Politik und Zeitgeschichte*, B 39-40, S. 14-23.

ZITTEL, THOMAS (1997): Über die Demokratie in der vernetzten Gesellschaft. Das Internet als Medium politischer Kommunikation. In: *Aus Politik und Zeitgeschichte*, B 42, S. 23-29.

ZITTEL, THOMAS (2008): Die elektronische Wählerkommunikation von Abgeordneten aus vergleichender Perspektive – Medienwandel oder Demokratiewandel? In: *Zeitschrift für Politikwissenschaft*, 18. Jg. H. 2, S. 185-208.

ZOLO, DANILO (1997): Die demokratische Fürstenherrschaft. Für eine realistische Theorie der Politik. Göttingen.

Nachweise

Kap 12: Überarbeitung und in der 2. Aufl. erweiterte Fassung des Beitrages: Modernisierung von Wahlkämpfen und Modernisierung von Demokratie. In: Dörner, Andreas/Vogt, Ludgera (Hg.): Wahl-Kämpfe. Betrachtungen über ein demokratisches Ritual. Frankfurt am Main 2002, S. 43-68 (zus. mit Alexander Geisler).

Kap. 14: Überarbeitung des Beitrages: Vom repräsentativen zum präsentativen Parlamentarismus? Entwurf eines Arenenmodells parlamentarischer Kommunikation. In: Jarren, Otfried/Imhof, Kurt/Blum, Roger (Hg.): Zerfall der Öffentlichkeit?.Wiesbaden 2000, S. 74-96. (zus. mit Jens Tenscher)

Journalismus

Christina Holtz-Bacha (Hrsg.)
Die Massenmedien im Wahlkampf
Das Wahljahr 2009
2010. 375 S. Br. EUR 39,95
ISBN 978-3-531-17414-3

Olaf Jandura / Thorsten Quandt (Hrsg.)
Methoden der Journalismusforschung
2011. ca. 350 S. Br. ca. EUR 29,95
ISBN 978-3-531-16975-0

Josef Kurz / Daniel Müller / Joachim Pötschke / Horst Pöttker / Martin Gehr
Stilistik für Journalisten
2., erw. u. überarb. Aufl. 2010. 369 S. Br. EUR 34,95
ISBN 978-3-531-33434-9

Thomas Leif (Hrsg.)
Trainingshandbuch Recherche
Informationsbeschaffung professionell
2., erw. Aufl. 2010. 232 S. Br. EUR 29,95
ISBN 978-3-531-17427-3

Thomas Morawski / Martin Weiss
Trainingsbuch Fernsehreportage
Reporterglück und wie man es macht – Regeln, Tipps und Tricks. Mit Sonderteil Kriegs- und Krisenreportage
2. Aufl. 2011. ca. 245 S. Br. ca. EUR 19,95
ISBN 978-3-531-17609-3

Andreas Wrobel-Leipold
Warum gibt es die Bild-Zeitung nicht auf Französisch?
Zu Gegenwart und Geschichte der tagesaktuellen Medien in Frankreich
2010. 169 S. Br. EUR 19,95
ISBN 978-3-531-17543-0

Erhältlich im Buchhandel oder beim Verlag.
Änderungen vorbehalten. Stand: Juli 2010.

www.vs-verlag.de

VS VERLAG

Abraham-Lincoln-Straße 46
65189 Wiesbaden
Tel. 0611.7878-722
Fax 0611.7878-400